泉州年鉴

2021（总第21卷）

中共泉州市委　泉州市人民政府 主办

中共泉州市委党史和地方志研究室 编纂

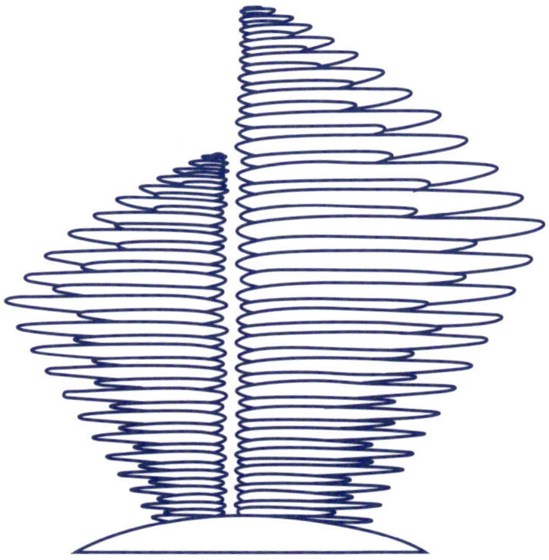

方志出版社
Publishing House of Local Records

图书在版编目（CIP）数据

泉州年鉴. 2021 / 中共泉州市委党史和地方志研究室编. -- 北京：方志出版社，2021.12
ISBN 978-7-5144-5054-5

Ⅰ. ①泉… Ⅱ. ①中… Ⅲ. ①泉州－2021－年鉴
Ⅳ. ①Z525.73

中国版本图书馆CIP数据核字(2021)第275703号

泉州年鉴（2021）

编　　者：中共泉州市委党史和地方志研究室
责任编辑：刘方圆

出 版 者：方志出版社
地　址　北京市朝阳区潘家园东里9号（国家方志馆4层）
邮　编　100021
网　址　http://www.zgfzcb.cn
发　　行：方志出版社图书营销中心
电话（010）67110500
经　　销：各地新华书店
印　　刷：福州报业鸿升印刷有限责任公司

开　　本：889×1194　1/16
印　　张：30
字　　数：924千字
版　　次：2021年12月第1版　2021年12月第1次印刷
印　　数：0001～1000册

ISBN 978-7-5144-5054-5　**定价**：320.00元

《泉州年鉴》编辑委员会

《泉州年鉴》总编室

主　　编	张惠评
编　　委	尤剑国　叶芬蓉　高友土　许晓松
执行主编	许晓松
责任编辑	谢晓艺　刘楷彬　陈建强　吴远鹏　吴寿民
编辑人员	张树盛　郑新锋　胡新尚　陈雪娥　陈雄南
	林国贤　黄种生　周　芸　刘志家　和秀鹏
	吴秀芝　郑燕红　高　磊　郭延杰　何佳媚
	郑　莹　黄泽聪　柯　峥　林明华
编　　务	陈建伟　郑泽虹　刘长庆　杜世清　谢小美

编 辑 说 明

一、《泉州年鉴》是由中共泉州市委、泉州市人民政府主办，中共泉州市委党史和地方志研究室组织编纂的年度地方资料性文献，创办于2000年，2021卷为第21卷。

二、《泉州年鉴（2021）》以马克思列宁主义、毛泽东思想、邓小平理论、“三个代表”重要思想、科学发展观、习近平新时代中国特色社会主义思想为指导，坚持辩证唯物主义和历史唯物主义的立场、观点和方法，实事求是地记载泉州市2020年经济、政治、文化、社会等方面的建设发展状况，反映物质文明、政治文明、精神文明、社会文明、生态文明建设的新成就、新经验以及出现的新情况、新问题，为社会各界和海外人士了解泉州、研究泉州、置业泉州、游历泉州提供尽可能全面、翔实的地情资料。

三、《泉州年鉴（2021）》设有图说泉州、年度聚焦、专记、大事记、市情概览、中共泉州市委员会、泉州市人民代表大会、泉州市人民政府、政协泉州市委员会、纪检监察、民主党派和工商联、群众团体、外事 侨务 台港澳事务、法治、军事、退役军人事务、应急管理、自然资源与规划管理、生态环境、经济管理、市场监督管理、财政 税务、金融、口岸综合管理、农业 农村、工业、开发园区建设、信息业、经贸与技术合作、民企与泉商、交通 邮政、商贸流通服务业、旅游业、城乡建设与管理、教育、科学技术、社会科学、文化、卫生 体育、社会民生、县域概览、荣誉 人物、附录等，类目下设分（子）目，条目为内容的基本载体形式。

四、《泉州年鉴（2021）》记述的时限为2020年1月1日至12月31日，部分选介资料、相关链接及图表跨年度选编。

五、《泉州年鉴》文字、标点符号、计量单位均依国家现行规范；文中凡简称“党员”均指中国共产党党员，“省、全省”均指福建省，“市、全市”均指泉州市。对于缩略语、简称、术语，出现频率较少的，随文注释，出现频率较多的，在书后“相关名词解释”中统一解释。

六、《泉州年鉴》统计数据采用《泉州统计年鉴》的数据；业务部门的数据出自各供稿单位，如个别数据与统计部门提供的数据有差异，以统计部门提供的为准。全文中除特别注明外，泉州市统计数据不含金门县。

七、《泉州年鉴》资料除了由全市各级机关、群众团体、企事业单位提供外，部分由编辑人员采编。

泉州市地图

比例尺 1：860 000

编制单位：福建省地图出版社　审图号：泉S〔2021〕34号　资料截至：2020年12月

城市名片

国务院首批公布的历史文化名城

首届东亚文化之都

“海上丝绸之路”起点城市

国家级文化生态保护区

闽南文化生态保护核心区

全国文明城市

全国卫生先进城市

中国优秀旅游城市

国家森林城市

国家园林城市

全国文化模范城市

国家环保模范城市

全国绿化模范城市

国际花园城市

国家生态市

最佳中国魅力城市

国家创新示范区

全国综合配套改革试点城市

全国金融服务实体经济综合改革试验区

国家产融合作试点城市

中国工艺美术之都

中国十大品牌城市

中国品牌经济城市

全国改革开放18个典型地区之一

共和国60年中国最具投资潜力城市

国家民营经济综合改革试点地区

国家知识产权示范城市

中国优秀创新型城市

全国技术创新工程示范城市

全国制造业信息化工程重点城市

全国十佳和谐可持续发展城市

国家行政服务标准化试点城市

国家公共文化服务体系示范区

中国民族民间文化保护工程综合性试点城市

“中国制造2025”唯一地方试点城市

大陆居民赴台湾地区个人旅游试点城市

国家知识产权运营服务体系建设重点城市

国家级海峡两岸集成电路产业合作试验区

国家跨境电子商务综合试验区

跨境电商零售进口试点城市

国家电子商务示范城市

“宽带中国”示范城市

国家信息消费试点城市

信息惠民国家试点城市

全国50个5G商用城市

两岸冷链物流产业合作城市

全国预包装食品出口试点

服务型制造示范城市

“一带一路”建设案例城市

全国未成年人思想道德建设工作先进城市

中国快递示范城市

【泉州新貌——晋江两岸掠影】

2016—2020年，泉州市坚持古城提质、新城集聚，城乡面貌明显提升。中心城区面积由206.5平方千米拓展至235平方千米，城镇化率从63.6%提高到68.5%。图为日新月异的泉州市晋江两岸（2020年拍摄）

（图/张九强）

【推介泉州】

2020年8月29日，泉州市产业链招商推介会暨项目集中签约活动举行。此次活动联动“线上”“线下”，采取“主会场+13个县域分会场+北京、上海、深圳等驻外分会场+现场直播”方式进行，通过“现场签约”“云上签约”，共有158个重大项目落户泉州，总投资超1000 亿元。现场还“屏对屏”向客商推介泉州产业布局发展情况及重点产业链招商项目　　（图/陈英杰）

暨项目签约活动
金拉集团
水务集团

【数字泉州】

图为泉州市市长王永礼（前排中）一行走访华为展位

2020年10月12日，由中国科协、福建省政府主办，泉州市政府参与承办的第三届数字中国建设峰会智能制造分论坛在福州海峡国际会展中心举行。论坛主题为“智能制造助力高质量发展超越”，吸引50家国家级行业协会的负责人和高等院校教授专家、超100家智能制造领域知名企业代表、超200家省内智能制造重点企业负责人等参会。图为论坛上举行的泉州市数字经济重点项目集中签约仪式　　（图/陈起拓）

经济重点项目集中签约仪式
新城--云创联航
数字经济园项目
晋江市东石镇人民政府
福建青创联航信息技术
限公司
安芯半导体装备及耗材
研发制造生产线项目
甲方：泉州半导体高新技术产业
园区南安分园区管理委员会
乙方：福建安芯半导体科技
有限公司
环保包装袋智能
工厂项目
甲方：惠安县人民政府
乙方：福建南王环保科技股份
有限公司

【考古新发现】

2020年11月15日,中国社会科学院考古研究所泉州工作站揭牌暨泉州考古系列活动在泉州举行。泉州古城历史变迁脉络清晰，城市格局肌理延续完整，地上地下文化遗存丰富，相关城池建设、城市生活反映出中国传统文化传承及多元文化兼容并蓄等特点　　（资料图片）

【全球商业遥感卫星福建站落户安溪】

2020年12月20日，全球商业遥感卫星福建站揭牌仪式暨空天大数据企业入驻签约仪式在数字福建（安溪）产业园举行。全球商业遥感卫星福建站建成后具备年接收40～80颗遥感卫星和处理、分发PB级高分辨率空天数据的能力，可应用于国土普查、环境监测、应急救灾、城市规划、空间科学研究等众多行业领域

（图/郑一君）

2020年1月4日，泉州市委书记康涛（左三）、泉州市市长王永礼（左四）在泉州晚报社“两会”访谈室看望新闻工作者（图/陈起拓）

2020年2月20日，福医二院第二批支援湖北医疗队启程驰援武汉。图为出征仪式上，泉州市委书记康涛（中）、泉州市市长王永礼（右）为医疗队加油壮行（图/陈英杰）

2020年6月22日，泉州市委书记康涛（右二）在晋江农村集体资产资源资金监管服务中心调研农村集体“三资”管理（图/陈起拓）

2020年11月18日，泉州市市长王永礼（左五）在安溪县剑斗镇调研泉州白濑水利枢纽工程剑斗新集镇安置点项目

（图/陈晓东）

2020年7月9日，泉州市人大常委会主任陈灿辉（前排左三）开展城市快速通道规划建设进展情况调研

（图/王虎文）

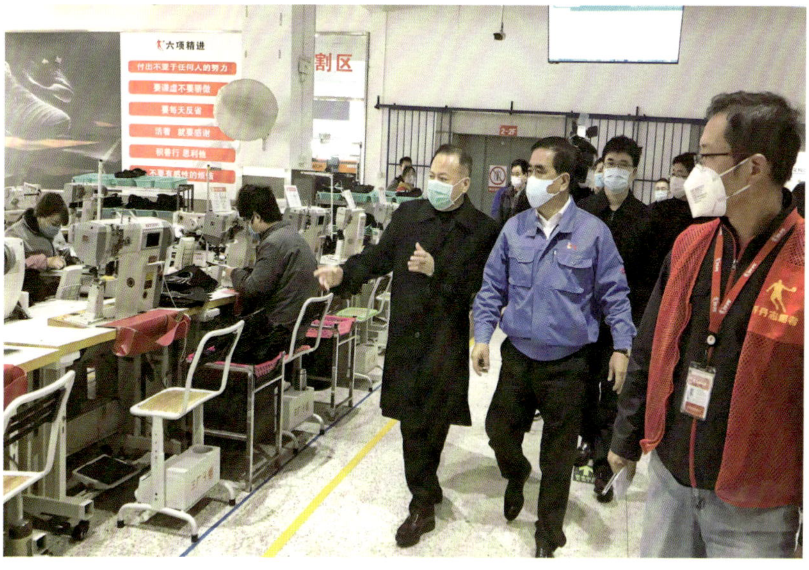

2020年2月18日，泉州市政协主席李转生（前排左一）调研重点龙头企业（图/市政协）

创 新 泉 州

2020年，泉州市实施科技创新工程，获批“科创中国”试点城市。新增高新技术企业350家、科技小巨人领军企业141家。

【创新泉州·双创样板】

2020年1月2日，安溪铁观音“新品牌计划”大会举行 （资料图片）

【创新泉州·双创样板】

①	②
③	④
⑤	

① 2020年5月6日，德化县税务局对陶瓷出口企业进行走访调研，并从财税视角提出相关建议措施，图为税务工作人员指导纳税人网上办理业务（图/吴有森 陈少敏）

② 2020年5月24日，泉州市首个高品质科创社区&泉州产业加速器、“知创福建”泉州领秀科创园工作站启动，图为“科技成果产业化合作”圆桌论坛（图/泉州晚报社）

③ 2020年9月27日，以“材料创新，造福人类；科技引领，赋能经济”为主题的首届中国·海丝新材料高峰会议在泉州召开（图/市科技局）

④ 2020年10月28日，2020年泉州电商创新创意创造大赛暨首届电商主播大赛启动（图/刘 倩 柯丽萍）

⑤ 2020年11月6日，全国茶产业标准化高峰论坛在安溪举行（图/吴明娜）

【创新泉州 · 品牌之都】

2020年4月18日，2020中国（石狮）网上直播交易会现场　　（图/许小雄 颜华新）

2020年4月27日，安溪开茶节在西坪镇开幕　　（图/刘伯怡）

2020年6月13日，第十六届南安水暖泵阀交易会开幕　　（图/刘志高）

2020年9月7日，第十三届海峡两岸（泉州）农产品采购订货会开幕。图为直播带货现场　　（图/林劲峰）

【创新泉州·品牌之都】

2020年10月17日，2020年中国德化陶瓷博览会暨茶具文化节开幕　　　　（图/陈小阳）

2020年10月30日，第六届中国（泉州）海上丝绸之路国际品牌博览会开幕　　（图/吴寿民）

2020年11月13日，第六届中国（惠安）国际雕刻艺术品博览会开幕　　　　（图/惠安速报）

2020年12月18日，第23届海峡两岸纺织服装博览会、第二届中国校园服饰国际博览会在石狮开幕，图为展会现场　　　　（图/吴炯雯）

智造泉州

2020年，泉州市启动千亿产业集群改造提升行动，实施强链补链、科技赋能等项目710个，新增数字化、智能化生产线124条，培育省级智能制造试点示范企业21家，新增“上云上平台”企业1000家，筛选培育明星梯队企业141家。

【智造泉州 · 产业转型】

2020年，泉州市企业一手抓疫情防控，一手抓复工复产，依靠智能化技术升级，生产更有保障。图为福建汇龙化纤纺织实业有限公司纺织车间里，制作面料的智能设备正飞速运转

（图/李荣鑫）

2020年，科技助力泉州企业跑出复工复产“加速度”，图为泉州某纺织企业生产车间 （图/李荣鑫）

【智造泉州·产业转型】

百隆公司智能化纸板生产线（2020年拍摄） （图/李荣鑫）

2020年，德化县陶瓷制品有80%销往海外190多个国家和地区，图为德化某陶瓷企业生产车间 （图/瓷都德化）

【智造泉州·产业转型】

2020年，晋江市推进数字变革，让数字赋能传统产业，助力产业转型升级，图为晋江某企业的智慧工厂车间　（图/王宇静 张振裕）

2020年，南益电脑针织有限公司采用业内领先的APS智能排单系统，通过新型自动化纺织设备与智能软件系统的相互集成，实现生产线的自动化、数字化、信息化、智能化，图为一名员工同时看管生产线上数架机台　（资料图片）

【智造泉州·产业转型】

2020年12月5日，2020年泉州智能装备博览会暨中国（泉州）铸造工业展览会在南安开幕。展会集中展示各类智能设备和先进技术，图为展会现场（图/嘉 晓）

2020年12月15日，南安高斯康实业有限公司生产车间内，一条汽车安全带牵引导管全自动柔性生产线在高效运行，该生产线由泉州华中科技大学智能制造研究院联合该企业研发，生产效率翻倍提升（图/陈起拓）

“海丝”泉州

2020年，泉州市有序推进“泉州：宋元中国的世界海洋商贸中心”申遗，完成遗产点文物考古、保护修缮和环境整治，发布南外宗正司、市舶司、安溪冶铁、德化窑遗址等考古成果。

【世界文化遗产申报】

●“泉州：宋元中国的世界海洋商贸中心”申报世界文化遗产

2020年1月27日，“泉州：宋元中国的世界海洋商贸中心”申报世界文化遗产文本提交联合国教科文组织世界遗产中心。泉州遗产点共有22处，包括九日山祈风石刻、市舶司遗址、德济门遗址、天后宫、真武庙、南外宗正司遗址、泉州府文庙、开元寺、老君岩造像、清净寺、伊斯兰教圣墓、草庵摩尼光佛造像、磁灶窑址（金交椅山窑址）、德化窑址（尾林—内坂窑址、屈斗宫窑址）、安溪青阳下草埔冶铁遗址、洛阳桥、安平桥、顺济桥遗址、江口码头、石湖码头、六胜塔、万寿塔。

九日山祈风石刻

【世界文化遗产申报】

市舶司遗址

德济门遗址

天后宫

（本版图片/吴寿民 2020年拍摄）

【世界文化遗产申报】

真武庙

南外宗正司遗址

泉州府文庙

【世界文化遗产申报】

①	②
③	④

① 开元寺

② 老君岩造像

③ 清净寺

④ 伊斯兰教圣墓

（本版图片/吴寿民 2020年拍摄）

【世界文化遗产申报】

草庵摩尼光佛造像

磁灶窑址（金交椅山窑址）

德化窑址（尾林—内坂窑址、屈斗宫窑址）

【世界文化遗产申报】

安溪青阳下草埔冶铁遗址

洛阳桥（本版图片/吴寿民 2020年拍摄）

【世界文化遗产申报】

顺济桥遗址

安平桥

江口码头

【世界文化遗产申报】

石湖码头

姑嫂塔

六胜塔　　（本版图片/吴寿民 2020年拍摄）

【“海丝”泉州·文化传承】

2020年6月25日，“海丝泉州、粽情古城”外国友人游古城活动举行。图为古城讲解员向外国友人讲解清净寺的历史　　（图/李芸生）

2020年9月1日，国家文物局在泉州调研“申遗”和遗产保护工作　　（图/市申遗办）

2020年9月12日，“泉州：宋元中国的世界海洋商贸中心”系列遗产讲解培训开班　　（图/市申遗办）

美 丽 泉 州

2020年，泉州市推进古城综合提升工程，中山中路保护提升项目进入工程收尾，承天巷、旧馆驿等29条古城街巷启动保护提升。提升城市生态景观，晋江下游南岸生态整治、百崎湖启动区、蚶江湿地公园等11个生态连绵带项目基本完工。

【美丽泉州 · 城市建设】

2020年3月，泉州市区丰海路道路两边的木棉花和洋紫荆迎风开放
（图/陈晓东）

2020年4月19日，泉州古城“小山丛竹”复建工程一期景观和建筑类完工
（图/吴寿民）

【美丽泉州·城市建设】

泉州市区江滨北路天桥不仅可使行人避开车流过街，还是网红打卡点，图为中骏天峰人行天桥（2020年拍摄）　（图/陈晓东）

泉州老城区古榕巷口袋公园（2020年拍摄）　（图/陈晓东）

【美丽泉州·城市建设】

晋江八仙山公园核心景区的八仙阁是纯闽南古建筑风格，整座阁楼采用现代建筑技术与古代闽南建筑风格相结合的手法建造（2020年拍摄） （图/林劲峰）

晋江南岸生态公园俯瞰（2020年拍摄） （图/陈起拓）

【美丽泉州·城市建设】

环境优美的丰泽区城东新区住宅小区（2020年拍摄）（图/吴寿民）

泉州中心市区东海总部经济区远眺（2020年拍摄）（图/许哲宗）

【美丽泉州·美丽乡村】

2020年，泉州市各地启动乡村建筑风貌提升行动，改善农村人居环境，村容村貌焕然一新，图为安溪县参内镇田底村俯瞰

（图/陈小阳）

2020年3月，洛江区虹山乡油菜花田迎来盛花期，图为上学途中的孩子经过盛放的油菜花田

（图/张九强）

【美丽泉州 · 美丽乡村】

2020年4月，永春县仙夹镇东里村油桐花绽放，游客驻足观赏拍照　　（图/姚德纯）

丰泽区华大街道城东社区花港路两侧景观突出展示碗窑陶瓷文化和城东乡村文化（2020年拍摄）（图/陈晓东）

福建省乡村振兴试点村、泉州首届美丽乡村之一的惠安县崇武镇潮乐村俯瞰（2020年拍摄）（资料图片）

【美丽泉州·美丽乡村】

惠安县螺阳镇前康村田园风光（2020年拍摄）（图/王柏峰）

晋江九十九溪流域水岸景观（2020年拍摄）（图/秦 越）

晋江市紫星村开展房前屋后、铁路沿线绿化美化工作（2020年拍摄）（图/许雅玲）

【美丽泉州·生态泉州】

2020年元宵节，泉州西湖公园桃花岛桃花绽放

（图/庄丽祥）

九仙山风景区人工湖（2020年拍摄）

（图/李宏图 方丽萍）

鲤城区芳草园广场异木棉盛开，成为市民休闲的“打卡点”（2020年拍摄） （图/吴寿民）

泉州东海大街与港湾街交叉路口柯石排洪渠魁屿公园，由绿岛湿地、湿地栈道、草坪台阶广场、印象海礁、净水科普池等景观组成生态绿廊（2020年拍摄）

（图/陈晓东 王树帆）

【美丽泉州·生态泉州】

泉州市第一批乡村振兴典型示范村——德化县国宝乡佛岭村一隅（2020年拍摄） （图/陈小阳）

游客在桃花盛开的永春县北溪文苑风景区内休闲（2020年拍摄） （图/康庆平）

泉州市重点项目惠安县林口至聚龙道路景观环境综合提升工程俯瞰（2020年拍摄） （图/林劲峰）

【美丽泉州·生态泉州】

泉州台商投资区百崎湖畔“海丝生态园”油菜花绽放（2020年拍摄） （图/陈智勇）

石狮市生态峡谷旅游路俯瞰（2020年拍摄） （图/李荣鑫）

幸 福 泉 州

2020年，泉州市坚持惠民利民富民，居民收入增长高于经济增长，“四心”工程、民生“XIN”行动深入实施，36个为民办实事项目顺利兑现。

【幸福泉州·教育发展】

2020年12月，泉州市刺桐幼儿园刺桐新村园区重建落成，图为该园教学楼和室外游地　（图/刺桐幼儿园）

2020年5月23日，丰泽幼儿园城东校区全面完工。该项目占地15公顷，总建筑面积17648平方米，按30个班每班30人的规模建设　（图/王树帆）

位于晋江市安海镇的养正中学新校区（2020年拍摄）　（图/陈　钧）

【幸福泉州 · 民生保障】

2020年1月17日，泉州火车站开行4趟动车务工专列，2000多名员工搭乘平安返乡专列返乡，图为“平安返乡专列”欢送仪式　　（图/林劲峰）

2020年5月1日，泉州公交集团公共人力三轮车“小红”上路运行

（图/蔡文强）

【幸福泉州 · 民生保障】

2020年8月8日，泉州市第十二个“全民健身日”启动，图为启动仪式上的文艺表演
（图/李冠鹏 林楷煜）

2020年8月10日，泉州市“共筑健康梦 清风海丝行”全民健身徒步活动举行
（图/张九强）

【幸福泉州 · 民生保障】

2020年5月20日，德化县爱心幸福城“爱心联盟”成立暨爱心公益周活动启动　（图/许华森　李宏图）

2020年10月23日，泉州市各地举行重阳节活动，图为“我们的节日·重阳”启动仪式　（图/林婉清　连江水）

【幸福泉州·民生保障】

泉州市青年志愿者骑乘公共自行车开展志愿活动（2020年拍摄）
（图/王柏峰）

【幸福泉州・文化繁荣】

2020年4月18日，泉州市图书馆东海新馆恢复开馆。图为小朋友在馆内阅读
（图/陈智勇）

2020年6月13日，泉州市在清源山风景区举行2020年“文化和自然遗产日”系列主题活动
（图/吴炯雯）

【幸福泉州 · 文化繁荣】

2020年9月25日，泉州市第十四届“书香泉州”全民读书月系列活动在泉州图书馆启动
（图/吴寿民）

2020年10月22日，2020年福建省全民健身运动会泉州市第21届太极拳健身赛举行
（图/吴聪伟）

【幸福泉州 · 文化繁荣】

2020年11月5日，芗剧新编现代戏《谷文昌》在泉州市区梨园古典剧院上演　　（图/陈智勇 苏 雷）

2020年11月16日，原泉州美食城项目更名为“刺桐时代村”，正式对外开放，图为大型演艺“刺桐时代秀”演员与游客互动　　（图/蔡紫旻）

目　录

中共泉州市委员会

泉州市人民代表大会

泉州市人民政府

政协泉州市委员会

纪检监察

民主党派和工商联

群众团体

外事 侨务 台港澳事务

法 治

军　事

退役军人事务

应急管理

自然资源与规划管理

生态环境

经济管理

市场监督管理

财政 税务

金 融

口岸综合管理

农业 农村

工 业

开发园区建设

信息业

经贸与技术合作

民企与泉商

交通 邮政

商贸流通服务业

旅游业

城乡建设与管理

教 育

科学技术

社会科学

文 化

卫生 体育

社会民生

县域概览

荣誉 人物

附 录

年度聚焦

泉州市产业链招商推介会暨项目集中签约活动举行

2020年8月29日，泉州市产业链招商推介会暨项目集中签约活动举行。市领导康涛、王永礼、张永宁、洪自强、吕刚等在主会场参加活动。此次活动联动“线上”“线下”，采取“主会场 +13个县域分会场 + 北京、上海、深圳等驻外分会场 + 现场直播”方式进行，通过“现场签约”“云上签约”，共有158个重大项目落户泉州，总投资1000亿元。现场还“屏对屏”向客商推介泉州产业布局发展情况及重点产业链招商项目。

市委书记康涛表示，2020年以来，泉州市学习贯彻习近平总书记重要讲话重要指示批示精神，落实中央、省委部署，紧抓大产业大项目，稳当前谋长远，育新机开新局。签约落户的项目，增强泉州变中抢机的底气，将有力赋能产业升级、产城融合，让泉州发展家底更实、后劲更足、前景更广。市委十二届十二次全会对全方位推动高质量发展超越做出具体部署。泉州将抢抓窗口机遇，大抓逆周期投资，加快新经济拓展、老产业链提升，布局新基建新经济、新材料、新组团、新交通，提升传统千亿产业集群，构建更紧密产业生态圈；高标准高起点推进“跨江发展、跨域融合”，推动城市由散到聚。全方位推动高质量发展超越需要更多硬核项目、有力支撑。各级各部门将把签约项目纳入“一把手”工程，量身定制“政策包”，“一企一策”专人专班、精准服务，用心用情造好环境，确保项目早投产、早见效。

市长王永礼表示，此次活动是2020年启动产业链招商季以来的再动员，也是项目比拼阶段性成果的集体晾晒、“新”“老”两方面逆周期投资的云上推介和服务招商服务项目的公开承诺。各级政府各部门要昂扬敢拼、会拼、精准拼的精气神，拿出泉州人的闯劲，比前期进展、比招商签约、比项目开工，跑出发展加速度，掀起比学赶超火热氛围。要狠抓惠企政策兑现落地，以最大的诚意、最高的效率、最务实的作风，把每个项目服务好、保障好，让企业家在泉州这片热土投资有更大的回报、更广的空间、更好的体验。希望企业家和乡贤多参与、多牵线、多宣传、多推介，常到泉州寻找共赢发展的新商机。

国家发改委共建“一带一路”推进会在泉州召开

2020年9月10—11日，国家发改委共建“一带一路”推进会在泉州召开。国家发改委副主任兼国家统计局局长宁吉喆，代省长王宁，省委常委、副省长赵龙，市长王永礼，市委常委、常务副市长洪自强等出席全体会议。宁吉喆在讲话中指出，“一带一路”建设在稳妥有序应对疫情防控、着力凝聚合作共识、加强六廊六路建设、推进规则标准法律对接、提升贸易自由化便利化水平、加强产业投资合作、提升金融服务能力、促进民心相通等方面取得令人瞩目的成就。要推进构建人类命运共同体伟大实践，推进“一带一路”建设高质量发展。

王宁表示，福建将学习借鉴兄弟省市的好经验、好做法，秉持共商共建共享原则，发挥独特优势，实施丝路海运、丝路飞翔、数字丝路、丝路投资、丝路贸易、人文海丝、生态海丝、海丝茶道八大工程，推进“海丝”核心区建设走深走实，为共建“一带一路”高质量发展、加快形成新发展格局做出新贡献。会前，王宁与宁吉喆一行就经济形势、共建“一带一路”、统计普查调查工作进行交流。双方表示，将贯彻习近平总书记重要讲话重要指示批示精神，共同推动福建在区域开放合作、“海丝”核心区建设、统计改革创新等方面先行先试，全方位推动高质量发展超越，更好服务全国大局。

王永礼代表市委、市政府向与会者表示欢迎。王永礼表示，泉州将以这次会议为契机，推进“一带一路”重点工作和重点项目建设，打造“海丝”综合交通、经贸合作、文化交流展示、华人华侨民心相通、海上丝绸之路城市联盟五个“重要门户城市”，加快全方位推动高质量发展超越。在泉州期间，与会人员走访调研泉州海外交通史博物馆、石狮市石湖港区、南安市泛家居英良体验馆。

泉州市承办第三届数字中国建设峰会智能制造分论坛

2020年10月12日，由中国科学技术协会、省政府主办，泉州市政府参与承办的第三届数字中国建设峰会智能制造分论坛在福州海峡国际会展中心举办。省委常委周联清，中国工程院院士谭建荣，中国科协智能制造学会联合体常务副秘书长吴幼华，泉州市委副书记、市长王永礼，副市长吕刚等出席活动。论坛主题为“智能制造助力高质量发展超越”，吸引50家国家级行业协会的负责人和高等院校教授专家、超100家智能制造领域知名企业代表、超200家省内智能制造重点企业负责人，以及新闻媒体记者代表等与会。

周联清在致辞中说，2020年是习近平总书记倡导推动“数字福建”建设20周年。当年，习近平总书记极具前瞻性地提出建设“数字福建”战略构想，开启了数字中国建设的思想源头和实践起点。福建省委和省政府牢记习近平总书记嘱托，围绕产业链部署创新链、围绕创新链布局产业链，以智能制造为主攻方向推动产业技术变革和优化升级，推进互联网、大数据、人工智能同实体经济深度融合，推动生产方式向柔性、智能、精细转变，取得积极成效。福建省正贯彻习近平总书记重要讲话重要指示批示精神，加快建设高水平创新型省份，全方位推动高质量发展超越。希望与会专家学者和企业家积极交流思想、推动深化合作，为加快数字中国建设进程、推动智能制造高质量发展做出更大贡献。

王永礼代表泉州市委、市政府感谢主办、协办单位给予泉州难得的展示推介机会。王永礼表示，泉州制造业规模总量大，产业转型升级对包括智能化、数字化、网络化改造在内的智能制造需求十分迫切。泉州各级各有关部门一任接着一任干、一届接着一届推，智能制造发展迈出大步，营商环境赢得良好口碑和舒适体验。欢迎专家学者、企业家多到泉州考察、投资、创业，在泉州找到丰富的应用场景和广阔的市场空间。泉州将用心用情做好每一个企业、每一个项目的政策保障和具体服务工作，推进智能化改造、数字化转型，为福建全方位推动高质量发展超越做出更大贡献。

论坛上，市政府与思爱普（中国）有限公司、华为技术有限公司分别签署战略合作协议。思爱普（SAP）是全球第三大软件公司，此次签署战略合作协议，双方重点围绕泉州“八大千亿产业集群”转型升级，建设全省首家SAP工业互联网创新中心。市政府与华为签署战略合作协议后，双方重点加强在数字经济、数字政府、数字城市等领域的合作。15个数字经济重点项目集中签约，项目总投资额86.6亿元，涵盖数字经济园区、工业互联网、人工智能、卫星应用、集成电路、平台经济、5G+智慧工厂、跨境电商等多个领域，包括捷云科创园、云知声智能科技项目、泉港陆地港项目二期、青创城品牌服装网批云市场、晋南新城——云创联航电商数字经济园、安芯半导体装备及耗材研发制造生产线等项目。7位在智能制造领域具有影响力的专家学者和企业家发表主旨演讲。会前，王永礼还与思爱普全球高级副总裁库尔特·鲍尔、华为技术有限公司副总裁杨瑞凯等座谈交流，走访数字泉州、中国移动、华为等展位。

中国社科院考古研究所泉州工作站揭牌

2020年11月15日，中国社会科学院考古研究所泉州工作站揭牌暨泉州考古系列活动在泉州举行。中国社会科学院考古研究所所长陈星灿，泉州市市长王永礼、副市长周真平，省文物局局长傅柒生等相关领导和专家代表出席。与会领导和专家认为，泉州古城历史变迁脉络清晰，城市格局肌理延续完整，地上地下文化遗存丰富，相关城池建设、城市生活反映出中国传统文化传承及多元文化兼容并蓄等特点，对泉州的考古价值给予肯定、对考古工作充满信心。泉州也将以此为契机，在前期考古工作成果的基础上，用考古实证增强历史厚度，用考古物证提高“申遗”价值信度。

中国社会科学院考古研究所是国内权威的考古研究机构，参与泉州南外宗正司、市舶司等考古研究工作，取得丰硕成果。此次社科院在泉州设置工作站，并与泉州签订长效合作协议，拉开社科院考古研究所与泉州市文物考古研究机构长效合作的序幕，对推进泉州市考古研究工作，培养文博和考古人才，以及考古能力建设和发展等均具有重要意义。根据合作协议，中国社会科学院考古研究所将与泉州在考古、文物保护修复、学术研究、人才培养、学术期刊等方面开展合作。现场发布《泉州南外宗正司遗址2019年度考古发掘报告》，并举行泉州古城考古成果陈列展。泉州南外宗正司是南宋时期管理迁居泉州的赵氏皇族群体的机构，其遗址位于泉州肃清门西南、开元寺南侧，推测占地面积45000平方米。其地唐时为放生池，后于池中建有水陆堂，唐末扩为水陆院，北宋时仍为寺院，南宋时改为南外宗正司，司内建有惩劝所、自新斋、芙蓉堂、天宝池等建筑。此次考古发掘在遗址的中、东、南部，揭露出与南外宗正司相关的三处台基和其上建筑基址、水池遗迹岸线等，明确泉州南外宗正司遗址的范围和建筑基础及建筑技术，也明确市舶司遗址确有朝向162度和159度的大型较高等级建筑群的存在，实现考古发掘预期目标。

中国泉州文化遗产研究院成立

2020年12月21日，北京大学与泉州探索共建的两大文化遗产研究保护利用创新平台——中国泉州文化遗产研究院、北京大学考古文博学院（安溪）研究中心，分别在泉州师范学院和安溪成立，并进行共建签约。

中国泉州文化遗产研究院（以下简称“研究院”）由北京大学考古文博学院、泉州师范学院、市文旅局合作共建。研究院成立后，将以继续深化“泉州：宋元中国的世界海洋商贸中心”研究为主线，以考古学、历史学、人类学、社会学等学科为视角，整合各方创新资源，推进协同攻关，打造集“学术研究、人才培养、考古发掘、文物展示、智库服务”五位一体的文化遗产研究保护利用创新平台。北京大学考古文博学院是中国高等院校中成立的第一个考古学教学研究机构，学科覆盖面宽、教研力量雄厚，为中国文化遗产事业培养大批优秀专业人才。研究院将发挥泉州历史文化及区域优势，以及北京大学考古文博学院的学科及人才优势，助力“泉州：宋元中国的世界海洋商贸中心”申报世界文化遗产，发掘、保护、诠释及传播泉州优秀文化遗产。北京大学考古文博学院学术委员会主任孙华任研究院院长。孙华表示，中国是文明古国，通过古代陆上丝绸之路和海上丝绸之路，与世界紧密联系在一起，经由丝绸之路的沟通联系，宋元泉州已经是外向型城市。梳理中国古代国际交往的历史，寻找与文化交流有关的遗产作为古代各国交流的物证，也是为“一带一路”倡议奠定学术基础。

北京大学考古文博学院（安溪）研究中心（以下简称“研究中心”）成立后，将结合安溪青阳下草埔冶铁遗址保护展示和安溪文化遗产研究，搭建起考古发掘、田野调查、暑期课堂、人才培养相结合的创新平台，助力地方优秀文化遗产的保护、利用和传播。研究中心还将在下草埔冶铁遗址建立考古工作站，开展考古发掘，丰富该遗址的文化内涵和文物价值。

省委书记尹力到泉州调研

2020年12月29—30日，省委书记尹力到泉州调研，省长王宁和省领导周联清、郑新聪、庄稼汉、林钟乐参加有关活动。

尹力到晋江经验馆，学习习近平总书记当年七到晋江、调研总结的“晋江经验”。尹力指出，习近平总书记提出的“晋江经验”，是对晋江发展的深刻总结、对改革开放规律的深刻把握、对中国特色社会主义发展道路的深刻思考，极具前瞻性、战略性、指导性，具有十分重要的现实指导意义。晋江的发展历程是福建省乃至中国改革开放的一个缩影。谱写全面建设社会主义现代化国家福建新篇章，必须弘扬“晋江经验”，在实践中深化认识，引导各级党委和政府坚持做实做强做优实体经济，打造一流的营商环境，争当社会主义现代化建设、推动高质量发展的主力军。

尹力到安踏集团了解企业生产经营和科技研发等情况。尹力强调，要牢记习近平总书记嘱托，实实在在、心无旁骛做主业，加大科技创新研发力度，为企业发展赋能，让企业插上科技的翅膀。要发挥晋江体育产业优势，促进体育场馆综合开发利用与体育赛事、工业旅游有机结合。在盼盼食品集团，尹力希望企业把好食品安全和质量关，注入新的科技成果，把食品工业民族品牌做得质量优、规模大、影响力强；要抓好非公企业党建，坚持把支部建在车间上，促进企业健康发展。在晋江五店市传统街区，尹力指出，地方传统建筑记载着当地历史、寄托着乡愁，是宝贵的历史文化财富，一定要保护好，把这些富有特色的符号更好地体现在现代建筑中，让城市建设更有特色、更有魅力。

在华侨大学，尹力到陈嘉庚纪念堂，参观校史馆，了解华侨大学60年来的发展历程，并为学校师生上思政课。尹力指出，华侨大学师生学习贯彻习近平总书记重要讲话重要指示批示精神和中共十九届五中全会精神，关键是要始终坚定信心、保持定力，坚定不移听党话、跟党走。推动高校高质量发展，是全面建设社会主义现代化国家的题中应有之义。希望华侨大学在新发展阶段，担负起在贯彻新发展理念、构建新发展格局中的新使命；要贯彻党的教育方针，坚持立德树人、以侨立校，更好地传播中华文化，服务华侨、服务地方经济社会发展。华大学生要把个人理想融入实现中华民族伟大复兴中国梦的伟大实践中，共同把华侨大学这块金字招牌擦得更亮。尹力还在泉州主持召开全省侨胞侨商座谈会。

泉州市经济总量首次突破万亿元

泉州市统计局发布2020年全市主要经济指标完成情况：经初步核算，2020年全市完成地区生产总值10158.66亿元，增长2.9%。在“十三五”收官之年，泉州市经济总量首次突破万亿元，连续22年位居福建省首位。2020年尽管受到新冠肺炎疫情影响，泉州市在做好疫情防控基础上推动经济逐步恢复常态，社会各项事业取得新成效。三次产业方面，2020年，全市第一产业增加值226.60亿元，增长1.8%；第二产业增加值5808.15亿元，增长2.8%，第三产业增加值4123.91亿元，增长3.2%。三次产业比重为2.2∶57.2∶40.6。其他主要经济指标方面，规模以上工业增加值增长3.0%；农林牧渔业总产值411.42亿元，增长1.8%；实际利用外资（验资口径）46.39亿元，增长5.1%。改革开放以来，泉州秉持爱拼敢赢精神，抓住机遇、心无旁骛做实业，经济总量连上新台阶，综合实力不断提升，从一方水土难养一方人到小康富裕，从工业基础一穷二白到制造业大市，实现历史性的进步和变化。习近平总书记在福建工作期间，6年内7次到晋江调研，2002年亲自总结“晋江经验”，成为泉州的制胜法宝。市统计局数据显示，1978年，泉州GDP仅为7.79亿元。从1978年到2002年突破千亿元大关，泉州用了25年；从千亿元到2013年突破五千亿元，用了11年；从五千亿元到2020年突破万亿元，仅用7年。

专 记

泉州市全力防控新型冠状病毒肺炎疫情

2020年，突如其来的新型冠状病毒肺炎疫情给人民生命健康带来严重威胁，对经济社会发展产生空前冲击。在以习近平同志为核心的党中央领导下，在省委、省政府领导下，泉州市坚持“人民至上、生命至上”理念，第一时间启动突发公共卫生事件一级响应，大年初一转入指挥部体制，打响疫情防控的人民战争、总体战、阻击战。全市4万多名医务工作者参与疫情防控，护佑人民群众生命健康安全；500多家企业协作联产，半月多就造出防疫物资新产业链；3500多名市、县两级党员干部闻令而动，自带被褥分赴村居一线；公安干警、镇街村居干部及其他一线人员日夜坚守，守护千家万户的幸福安宁；侨胞和台港澳乡亲、企业家捐款捐物，展现家国情怀。全市总确诊人数控制在较低水平，实现确诊患者零死亡、医护人员零感染。泉州市4人被中共中央、国务院、中央军委授予“全国抗击新冠肺炎疫情先进个人”称号，60人被省委、省政府授予“福建省抗击新冠肺炎疫情先进个人”称号，35个单位被省委、省政府授予“福建省抗击新冠肺炎疫情先进集体”称号。

优化疫情防控策略

市新型冠状病毒感染的肺炎疫情应急指挥部召开工作会议200多场次，研究出台政策文件240余份，以超常举措抓紧抓实抓细疫情防控。市、县、乡、村四级快速高效运作，党政主要领导半天调研督导、半天坐镇指挥、晚上集体会商，市领导带队全覆盖巡回检查。市、县两级抽调3500多名机关干部分赴村居一线开展防控，基层党员冲锋在前。起草、修订各类防控导则、医疗救治文件、方案、预案等200多份，落实疫情应急性、超常规防控、常态化等不同阶段防控工作任务和要求。创新运用“大数据+网格化”手段，研发“智慧防控小程序”、探索企业“区隔化”管理等，地毯式排查26万人次。坚持“外防输入、内防反弹”，落实“四早”“人物同防、多病共防”等策略，加强中高风险地区、境外进入人员管控，建立多渠道、多触点预警触发机制，加快“应检尽检”“适时抽检”“愿检尽检”“一线两重点”工作，指导落实各类大型商贸、考试、会议等疫情防控工作。加强进口冷链食品疫情防控，开展新冠疫苗紧急使用工作，做好疫情流行病学调查、密切接触者追踪管理和疫点消毒处置工作，开展疫情防控、医疗救治等业务“大培训”活动。组织开展重点人群新冠病毒疫苗紧急接种工作，制定出台新冠病毒疫苗紧急使用方案、工作方案及配套技术方案，做好全员培训、设置接种点、重点人群摸底调查、疫苗采购、医疗救治保障工作等工作。

强化疫情医疗救治

落实“四集中”和预检分诊制度，规范发热门诊设置，建设市第一医院传染病院区，加强50家发热门诊和63家发热诊室能力建设，落实发热病人就医导则和核酸检测，实行划片包干管理，“点对点”转诊，登记发热病人就医信息，及时报告，形成发热病人闭环管理。严格外地出院病例返回泉州复诊管理，实行“点对点”转运21人次。严格“戴口罩、测体温、核健康码”三项措施，落实医疗机构工作人员、入（住）院患者、陪护人员核酸检测应检尽检，加密检测频次。严密处置新冠肺炎病例69例（其中境外输入22例）、无症状感染者14例（其中境外输入11例），有力有效阻击国内传入、境外输入疫情。

调度防疫物资

发挥民生消费品制造大市优势，政企合力调度资源、协作联产、技术攻关等，半个月形成防疫物资生产链。全市口罩日产能从疫情初期6万只增长到2345万只，防护服日产能从“零”增长到20万件。国内疫情发生后，收到海外侨亲捐赠口罩1200多万个、防护服7万多件、救护车16辆等物资；泉州市筹集4000多万元物资，驰援境外30多个泉州籍社团，组织26名医护人员驰援香港。

扩充核酸检测能力

全市核酸检测机构从5家增至53家，建设市第一医院核酸检测基地，数量全省最多，是全省首个县级核酸检测全覆盖的设区市。全市配置PCR扩增仪113台、一体机9台，最大日检测能力达8万份。拥有采样队1337支7992人（市级应急采样队4680人），标本转运救护车346辆（市级应急转运车180辆），PCR上岗证检测人员500名（市级检测应急队207名）。储备试剂90万份、5人份试管28.7万支、10人份试管26.5万支。

完善疫情应急处置

落实聚集性疫情处置5条关键举措，以核酸检测为基础，制定泉州市大规模人群核酸筛查检测工作方案及组织实施方案，研发“泉州市核酸检测数据溯源平台”，解决受检人员、采样点、检测试管、转运车、实验室全程信息化链接。组建疾控专家组，成立市、县两级疫情防控专家队18支180人、111支疫情流调队伍666人。建立储备管理制度，梳理防护物资、检测试剂、医疗药品、消杀药械等物资和设备储备，落实市级医疗机构30天使用量的储备任务。准备隔离床位1850张，15天内建成泉州版“火神山”医院，做好市海峡体育中心“方舱医院”建设和开设准备工作，督促各县（市、区）做好方舱医院改造建设预案工作。加强卫生应急工作，编制完善全市应对新冠肺炎疫情应急预案和秋冬季专项应急预案。落实疫情信息的日报告、零报告制度。加强卫生应急队伍精细化管理，全市建立卫生应急救援队伍41支1254人。开展秋冬季新冠肺炎疫情应急处置演练。强化联防防控，加强与海关、公安、教育、市场监管等沟通协作，落实新冠肺炎等传染病疫情的协同处置，完善卫生应急物资储备机制。

2020年2月8日，泉州市防控疫情的新闻照片登上央视元宵节特别节目大屏幕，图为节目现场，大屏幕显示泉州晋江国际机场防疫一线的现场照片　（图/陈英杰）

全市新基建新经济基地建设比拼

2020年，泉州市加强新型基础设施建设，加快发展人工智能、数字经济等新业态新模式，培育新动能，打造经济高质量发展新引擎，梳理13个发展基础好、潜力大的新基建新经济基地，开展比拼活动，加速抢滩布局新基建新经济。活动实行“龙头（平台）+产业链+基金+方案+专班”运作模式，力争用5年时间，打造百亿传感智造产业、百亿时空产业、百亿新型数字显示产业、百亿知创产业、千亿半导体产业。

龙头（平台）引领

全市落地三安、矽品、西人马等一批行业领军企业，以及一批高端创新研发平台，包括中科系的中科院泉州装备所、国科大智能制造学院，高校类的华中科大智能制造研究院、哈工大工程技术研究院，产业类的清源石化创新实验室、沈阳铸造研究所等。以中科院国家授时中心为平台的时空产业基地，围绕大科学装置和时空大数据传输等，打造高科技时空大数据产业园区，与上海的中国北斗产业技术创新西虹桥基地在技术研发及产业链上形成互助、互补，发挥国家授时中心在国际国内时间空间领域的权威地位，引入5G产业、北斗导航产业等产业核心龙头企业。

产业链招商

突出产业链招商选资，由龙头企业（高端平台）开单，纵向沿产业链上下游延伸，横向按人才、基金、园区等配套进行拓展，每个基地每年要孵化、引进、培育、发展若干家有一定体量、成套性强的企业与项目。集成电路产业基地依托晋华、矽品等龙头项目集聚产业链上下游项目，基本构建集成电路设计—制造—封装测试—装备材料—终端应用的全产业链生态圈，未来致力打造全球重要的内存生产基地。

基金配套

市级产业股权投资基金体系加快运作，参股设立新兴产业、集成电路、技改、创新创业创造投资、兼并重组等子基金，总规模近100亿元，已参投一批新基建新经济项目。

工作方案

每个基地按照功能定位，制定发展目标，细化年度建设方案与计划，逐月逐季倒排形象进度和投资进度，落到属地、部门、具体责任人，确保每年都能孵化、引进、培育、发展若干家有一定体量、成套性强的企业与项目。

专班服务

实行“专班+专家”模式，组成包括1名市领导、1名市政府办领导、1名属地政府领导、1个市直部门、1家有条件的国有企业或院所中心组成的服务专班，实行市领导直通车制度，基地建设问题直报市领导，“一对一”挂钩服务保障。同时，从科研院所、高等院校、行业领军企业、社会专业机构和金融机构等单位聘请专家学者，为基地发展、产业规划、重大招商项目等提供咨询评估服务。

工作成效

通过十个多月的建设比拼，取得显著成效，截至年底，13个基地新增签约项目（企业）264个、总投资335亿元，新增开工项目（企业）238个、总投资251亿元，新增投产项目（企业）177个、总投资115亿元。基地在龙头带动、产业建链补链、人才引进等方面都有不错的成效，时空产业基地，由中科院国家授时中心领衔，启动建设大科学装置，对接落地一批时空科技研发、应用赋能等产业链项目；知创产业基地，加快中国（泉州）知识产权保护中心建设，中心建成后将面向泉州市智能制造和半导体产业领域提供集快速审查、快速确权、快速维权为一体的产业知识产权快速协同保护；新型数字显示产业基地，依托瑞驰的超短焦镜头专利技术、科复时代的资源整合优势和京东的数据流量优势，共同打造新型显示科技创新中心，基地已签约落地松下、晟彩投影显示产品全国销售中心等项目；传感智能制造基地，引进中国工程院薛群基院士团队，推动中国科学院宁波材料技术与工程研究所在洛江共建全市首个新型环保防腐涂料工程中心，为石墨烯产业研发应用及填补国家海洋防腐涂料建设空白寻找新突破口，争取形成产业基地建设新增长点；“芯谷”南安基地，三安半导体项目完成投资120亿元，自比拼以来新增10.2亿元产值，安芯半导体项目完成生产值8800万元，出货30多台光刻机；数字福建（安溪）产业基地，签约落地全球商业遥感卫星地面接收站网及空天大数据产业园、中影星光（安溪）电影小镇、安溪中关村信息谷创新中心、国家电影资料馆影视数字化中心等行业突破且社会影响大的项目。

聚城畅通工程实施

2020年4月20日，泉州市政府印发《2020 年泉州市中心市区“聚城畅通”工程实施方案》，围绕2020年市政府工作报告“构建环湾交通大轮廓”的工作要求，以“支撑环湾环城发展，强化环湾辐射带动”为总体目标导向，突出抓重点、补短板、强弱项，启动实施19个中心市区“聚城畅通”工程项目，总里程122千米，构建与泉州市经济社会发展相适应、与环湾城市功能和城市形象相匹配的快速化交通体系。项目前期由市资源规划局整体谋划推进，9月，市城建办成立后，移交市城建办负责统筹协调推进工程建设。市城建办建立每月协调调度、督查通报的机制，运用“挂牌督战作战图”的形式，推进“聚城畅通”工程高标准、高效率、高水平建设。截至年底，刺桐路北拓至福厦铁路惠安站前期设计、开展中心市区至安溪龙门快速通道前期研究、降低泉州湾跨海大桥通行费用、设置高速东星和霞美出入口4个项目完成研究任务；站前大道南延伸接池峰路、刺桐大桥南节点改造提升、武荣大桥、江滨南路南安段、晋江西滨至石狮大道段（石狮段）、通港东街快捷化改造子项目晋江大桥下掉头匝道、省道215线7个项目落地开工；北迎宾二期改造工程、晋江西滨至石狮大道段（晋江段）、通港东街快捷化改造子项目后渚大桥西节点提升及通港东街快捷化改造项目、县道335复线、新华路北拓工程规划建设工程等项目前期工作顺利推进；晋新路快捷化改造、池峰路南延伸至凤池路、凤池路快捷化提升3个项目未完成项目立项；晋江世纪大道南延伸至南翼新城科院路（南安段、G324南安提升段）两个项目无实质性进展。

“一重环湾快速路”工程：包含打通晋江西滨至石狮大道、后渚大桥至东海立交快捷化、晋新路快捷化改造3个项目，总长约14.5千米，近期设计时速60千米/小时，远期设计时速80千米/小时。将连接石狮大道、晋江大桥、台商区东西主干道等快速路，形成51千米的环泉州湾快速交通线路，加速环湾核心区集聚。

“中环城路”工程：包含打通站前大道鲤城段南延接池峰路段、池峰路南延伸至凤池路、凤池路快捷化提升、刺桐大桥南节点改造提升4个项目，项目总长约9千米。将与城东至北峰快速通道、普贤路、站前东西大道、通港东街等干道形成50千米环形快速路体系，在服务中心城区内部交通的同时，快速疏解中心城区向外交通。

“多向放射线”工程：包含三条放射线9个项目，该工程将对拉大城市框架，强化环湾核心区对南翼、北翼及西部三大门户地区的辐射，强化与南翼、北翼战略提升带间的快速联系。南翼新城放射线：晋江世纪大道南延伸至南翼新城科院路，总长约12.7千米。北翼新城放射线：刺桐路北拓至福厦铁路惠安站和北迎宾二期改造工程。西部内陆放射线：武荣大桥、江滨南路南安路段建设、省道215及与其相连接的县道335复线和开展中心市区到安溪龙门快速通道前期研究。

“15分钟快速路系统”工程：包含以政府购买服务方式降低泉州湾跨海大桥通行费用，构成快速路闭环，设高速东星、霞美出入口接中环城路两个项目。通过降费通行等方式，提升跨海大桥利用效能，与一重环湾快速路形成快速闭环，实现高快共线。

“中心城区路网”工程：包含新华路北拓（S307至站前东西大道段）1个项目，约4.2千米。有利于增强古城区与北峰片区、泉州动车站综合枢纽交通联系，助力北峰片区开发建设。

“21世纪海上丝绸之路先行区”建设

2020年，泉州市委、市政府贯彻省委、省政府关于“海丝核心区”建设决策部署，主动融入国家“一带一路”布局和福建省“海丝核心区”建设，建设“海丝”重要门户城市。

贯彻落实国家“一带一路”和省“海丝核心区”建设工作部署

国家发展改革委于9月10—11日在泉州召开共建“一带一路”2020年重点工作推进会，在市委、市政府统一部署下，市发改委配合国家发展改革委做好会务、调研以及防疫、保密等各项保障服务工作，完成各项议程，取得良好成效，得到国家发改委专函肯定表扬。配合国家和福建省，做好泉州“海丝核心区”建设工作及“海丝”重点项目进展情况等资料报送工作，梳理报送泉州市企业到境外投资情况等信息。

构建“海陆”互联互通新通道

丝路飞翔方面：2020年，泉州晋江国际机场通航国际（地区）航点19个，完成国际（地区）航班起降1189架次，旅客吞吐量9.5万人次。强化协调服务，克服疫情对通航带来的不利影响，推进泉州与“海丝”沿线国家和地区的互联互通。丝路海运方面：贯彻落实省、市两级“丝路海运”实施方案，鼓励港航企业加入“丝路海运联盟”、新开辟国际集装箱航线、拓展海铁联运，创新航运服务模式。2020年，辖区外贸集装箱班轮航线14条（含内支线2条），“丝路海运”航线5条（马尼拉3条、越南线1条、日本线1条），“丝路海运”航线完成集装箱吞吐量42240.5标箱，航班数262。港口方面：推进航运港口等一批重大基础项目。石湖作业区5号、6号泊位进行箱内回填、南围堰抛填等；锦尚作业区2号泊位扩建及4号泊位工程进行沉箱安装等；石井作业区16～17号泊位开展南北护岸抛石；围头湾湾口10万吨级航道工程已交工，满足10万吨级集装箱船乘潮单向通航；泉州湾航道二期工程（秀涂、锦尚）建成投入使用，保障锦尚作业区1～3号泊位船舶通航需求；围头湾石井航道二期工程项目开展招投标，项目建成后，可解决航道通过能力不足的问题，提高石井作业区港口通航能力，推进作业区及后方园区整体开发。推动兴泉铁路泉州段工程建设。

深化“海丝”经贸产业合作

深化经贸交流，引进项目落地生根。创新招商引资方式，优化外资营商环境，吸引“海丝”沿线国家和地区到泉州投资。2020年，新批“海丝”沿线国家投资项目28个，投资总额1.8亿美元，合同外资4952万美元，投资行业涉及医疗卫生、金属制造、纺织服装批发销售、文化传媒等。加快“海丝”经贸平台建设。推动泉州综合保税区、晋江陆地港、泉州购跨境电商平台、中兴海丝路跨境电商服务平台等平台建设。泉州综合保税区推动保税维修发展，创新“交换件”“周转件”模式，拓展企业在国内航空领域的市场；陆地港跨境电商板块依托泉州国际快件监管中心和泉州跨境电商监管中心“双中心模式”开展对外贸易。提出对在“一带一路”国外经贸园区建设方面重点支持，对引导民营企业“抱团出海”开展对外投资合作提供保障。推动中意“两国双园”项目建设，加快推进建设“中意（泉州）时尚创意谷”“意大利CSMT（泉州）中心”项目。7月，协助省外办、商务厅举办福建·意大利经贸合作在线推介会，重点宣传推介中意“两国双园”项目；与意大利蒙卡洛集团达成合作建设“意大利对外交流中心项目”意向。

深化“海丝”文化交流合作

推动“海丝”古城提质、新城集聚。盘活古城闲置资源，采取租赁引进、引导集聚和民资回归等办法，促进“东亚之窗文创园”等一批文化产业园区加快建设、招商运营。蔬菜公司盒子工程整改完成，故事实验室工程验收，街区商户入驻率达90%；1916创意产业园获评“第三批国家工业遗产项目”；“东亚之窗”文创园项目招商中。实施“海丝”文艺精品工程。借助泉州市丰富的“非遗”资源平台，开展“海丝”文化系列主题活动，举办第三届中小学生“魅力海丝行”英语小导游网络公益活动、第三届泉州市“贤銮杯”海丝小记者年度好新闻奖评选活动。做优、用好“海丝”游学基地，完善活动课程路线，提高“海丝”游学质量，吸引更多海内外学生到泉州游学。推进“海丝”文化传承发展，撰写《丝绸之路经济通史·秦汉卷》《丝绸之路经济通史·清代卷》两部学术专著，出版《海丝文化研究》第一辑。讲好“海丝”故事。挖掘22处遗产点的文史价值，编制22处遗产点简介和讲解词，并通过官方微信等平台进行推广宣传，同时开展遗产讲解员培训，通过对遗产文史资料挖掘整理和讲解员专业讲解宣传，增强泉州文化自信和遗产保护的责任感。投资1.5亿元打造“泉州海丝唐卡百米长卷”，旨在以唐卡精致的笔法，全景式描绘古泉州“市井十洲人”的繁荣景象和自然风光，再现“海上丝绸之路”起点当时的社会风貌。

共建“海丝”门户城市

拓展海陆丝绸之路友好城市。推动与菲律宾怡朗市建立友好城市关系，两市结好议案经市人大审议通过，按程序报批。2020年新冠肺炎疫情突如其来，一些国际友城纷纷致函泉州市，表示慰问和声援。韩国光州广域市向泉州市捐赠5000个KF94口罩。随着新冠肺炎疫情在全球蔓延，泉州市及下辖的石狮市、晋江市、南安市与各友城保持密切联系，关注其疫情发展，筹集一批防疫物资捐赠给友城，并以市长名义向相关友城致函慰问。与各友城分享抗疫经验。5月2日，德国《莱法州报》刊发题为《泉州的日常生活新常态》的报道，文章重点介绍泉州市应对疫情采取的一系列防控措施。做好侨务统战工作。加快建设南洋华裔寻根谒祖服务平台，年初克服疫情影响，抓紧签订建设合同，修缮并投用项目一期建设中心；推进需求调研、深化设计和软件开发，族谱数字化系统、侨情管理系统、文献管理系统、统一管理门户系统进入试用阶段；其余子系统基本完成需求调研，进入开发阶段。委托市交发信息公司（后变更为大数据公司）作为代建管理单位，5月启用项目一期建设中心，代建、监理、中标方等参建单位集中办公，加强集中管理、科学管理。族谱数字化稳步推进。完成105套族谱的分析梳理，约3万页族谱的结构化录入，同时推进数据关联技术攻关。征集、扫描8000册族谱，总量居全省各收藏机构前列。深化海外泉州籍精英接引活动，推进民企、侨企项目合作，做好二、三代青年华裔工作，推动参与“海丝先行区”建设。发挥海陆丝绸之路城市联盟平台作用。组织企业参加省商务厅主办的福建与东盟，与印度尼西亚、韩国、西班牙等经贸合作云对接会、在线推介会，福建外贸云展会、福建品牌（香港）线上展、亚马逊全球开店对接会，以及第127届网上广交会、全闽乐购直播节等十多场次对接培训活动。深化泉台港澳合作。新冠肺炎疫情发生以来，泉州市全力协助台胞台企应对疫情，支持台资企业复工复产。宣传讲解《致在闽广大台胞台企的信》《战“疫”期间在闽台企重点法务及健康防护指南》。挂钩服务重点特色台企，引导台企用好省台港澳办《政策性金融支持台企稳定生产方案》《进一步支持台湾青年就业创业基地发展八条措施》以及各级各部门出台的支持企业复工复产政策措施，协助台企解决实际困难。引导相关宫庙、社团组织、民间人士等加强与台湾的线上沟通联系，开展后续对台交流活动的对接。

决战决胜脱贫攻坚

2020年年底，泉州市农村建档立卡对象（1.07万户3.2万人）年人均纯收入达到1.7万元、比2019年增长32%，超过现行脱贫标准，较2015年底（4130元）增长300%，稳定实现“一超过、两不愁、三保障”的脱贫目标。181个建档立卡贫困村集体经济收入全部达到10万元以上，基础设施和基本公共服务全部达到贫困村退出标准。2020年，泉州市在省对市年度成效考核中获评“好”的等次。

泉州市坚持在疫情防控常态化下统筹推进脱贫攻坚工作，做到疫情防控与脱贫攻坚两不误，高质量完成福建省部署的各项重点任务。扶贫对象动态管理工作全面完成，采集1.07万户3.2万人、181个建档立卡村基础信息，为“十四五”扶贫工作奠定基础。扶贫小额信贷放贷3.48亿元，助力6443户贫困户发展生产，贫困户覆盖面58.94%。雨露计划落实补助对象707人，实现应补尽补。扶贫项目库入库项目1711个，资金规模7.11亿元。培训认定创业致富带头人552人、带动贫困户1697人，培训创业农户513人，超额完成福建省下达的任务。12317信访平台受理投诉2起，全部按规定程序处理完毕。9个有省内对口帮扶任务的县（市、区）拨付11620万元帮扶资金，党政主要领导均开展交流互访，7个共建产业园区各引进2家企业入驻。第五轮整村推进省派驻点村村均投入303万元，超额完成任务指标（60万元）4倍。

国家公共文化服务体系示范区创建

2020年，泉州市推进公共文化服务标准化、均等化建设，基本建成市、县、乡、村四级公共文化服务设施网络；市级拥有“一中心、一公园、五剧院、七展馆”（市公共文化中心，海丝艺术公园，泉州影剧院、木偶剧院、梨园古典剧院、南音艺苑、歌舞剧院，闽台缘博物馆、海外交通史博物馆、市博物馆、图书馆、艺术馆、少儿图书馆、非遗馆）等一批重要文化设施，其中，市公共文化中心总建筑面积32.68万平方米，总投资33亿多元。建成163个乡镇（街道）综合文化站，2528个村（社区）综合文化服务中心，232处“百姓书房”。全市图书馆藏书量1093万册，人均占有公共图书1.25册。

推动公共文化服务提质增效

实施文化设施提升工程。按照“规划新建一批、改造提升一批、整合利用一批”的思路，解决公共文化基础设施薄弱问题。每千人公共文化设施面积287.7平方米，达到全省先进水平。实施文化惠民服务工程。组织梨园、高甲、木偶、南音及音乐舞蹈等各类基层文化活动，创作一批惠民文化艺术作品。实施公共文化产品数字化工程。“线上”方面建成标准统一、互联互通的公共数字文化服务平台“泉州文化云”。“线下”方面推进“互联网+文化”建设，建成投用46台“24小时街区自助图书馆”；全市图书馆、乡镇文化站、村（社区）综合文化中心都设有电子阅读室，同时实现Wi-Fi全覆盖。此外，探索机关、学校、企事业单位的电子阅览室向公众开放。实施公共文化服务品牌示范工程。以“政府搭台、群众参与”的形式，生成温陵讲坛、中小学南音比赛、威远楼之夏戏剧节、闽南美好生活嘉年华、古韵鲤城、吉祥泉港、大美晋江以及文化科技卫生“三下乡”集中服务活动等28个公共文化活动示范品牌，实现常态化开展活动，年均活动超800场（次）。实施社会公众参与公共文化服务工程。通过开设宣传栏、印发小册子、开通微信公众号等形式，提升知晓率和参与度。群众成为公共文化活动的主体，参与各地各有关单位开展的“一县一品、一乡镇（街道）一特色”群众文化活动。开展群众参与公共文化服务需求反馈评议，让群众参与公共文化服务的反馈和评议，提高公共文化服务的精准度。

探索公共文化服务创新

围绕国家公共文化服务体系示范区创建、构建共建共享的公共文化服务体系，在实现公共文化服务标准化、均等化、公益化上，探索公共文化服务共建共享的新机制、新做法、新亮点。探索文化艺术活动服务新形式。将政府主办的海上丝绸之路国际艺术节、亚洲艺术节、“东亚文化之都”活动年、世界闽南文化节、国际南音大会唱、国际木偶节等高规格的文化品牌活动下沉到乡村、社区、学校、工厂，且所有项目均向市民免费开放，在“家门口”就能欣赏到文化艺术精品，打造百姓“家门口”的文化盛宴。创设“非遗”服务公众的新载体。利用泉州“非遗”大市的资源优势，打造向群众提供公共文化服务的平台。如建筑面积近9000平方米、馆藏展品500多件的泉州非遗馆建成并面向公众免费开放，成为闽南“非遗”传承保护、参观学习、教育培训、旅游休闲和交流展示的重要平台，实现优秀文化资源的共建共享。推动服务均等化的新实践。坚持公共文化服务工作重心下移、资源下移、服务下移，满足当地留守人员、外来务工等特殊群体的文化需求。泉州开发区清濛产业园区采取“企业自建、财政补助”办法，在全区设立100多家企业文化活动阵地。德化县开展“墟日文化车”、成立“进城人员俱乐部”等，为留守村民、进城务工人员送文艺表演、送书。尝试资源共建共享的新做法。通过政策扶持，引导机关单位、学校、企业和个人拥有的文化资源对社会公众开放。如福州大学晋江科教园图书馆12万册藏书向社会公众免费开放。各地还利用旧校舍、古厝、祠堂、旧厂房、售楼部等闲置资源改造成公共文化设施，用于乡镇文化站、村级文化服务中心、书吧、博物馆等，促进公共文化空间共建共享。打造文化服务惠民的新样板。市委、市政府连续多年将公益性惠民演出、村文化中心建设纳入为民办实事项目；同时，通过政府财政补贴，鼓励演艺团体、乡镇文化群团组织“送文艺下乡”、巡回演出等，实现公共文化服务良性运行。

海上丝绸之路艺术公园帆影雕塑广场（2020年拍摄）　（图/泉州台商投资区）

“泉州：宋元中国的世界海洋商贸中心”申报世界文化遗产

2020年1月27日，“泉州：宋元中国的世界海洋商贸中心”申报世界文化遗产文本提交联合国教科文组织世界遗产中心。2020年，泉州完成4个新增点南外宗正司遗址、市舶司遗址、德化窑址、安溪冶铁遗址野外考古工作；完成府文庙大成门修缮，启动蔡襄祠、九日山祈风石刻等修缮工作；按照新申报主题的遗产区、缓冲区完成遗产界碑界桩更新安装。完成8个遗产点现场展示馆提升，启动申遗总馆展示提升；完成中英文智慧讲解，向社会招募200名中英讲解员进行专业培训。与中国社会科学院、北京大学在人才培养、考古、文物保护等方面建立长期合作机制，中国社会科学院考古研究所在泉州设立工作站，与北京大学合作建立“中国泉州文化遗产研究院”“北京大学考古文博学院（安溪）研究中心”。挂牌成立泉州文物考古研究所，推动考古工作。泉州市政府联合福建省文物局、中国社会科学院考古研究所主办泉州城考古学术研讨会，中国社会科学院、北京大学、清华大学、中国人民大学、复旦大学等高等院校及国内考古机构34个50多名专家、学者出席会议，提交论文32篇，为“申遗”营造良好学术氛围。按照福建省关于第44届世界遗产大会工作要求，落实好“六个一批”（公布一批、启动一批、展示一批、完成一批、预备一批、表彰一批），涉及67项，完成64项，完成率96%（推进中的3项是展示工作）。在福建全省率先推动文物行政执法与刑事司法衔接，泉州市文化广电和旅游局与泉州市中级人民法院、泉州市人民检察院签订文化遗产保护联合行动备忘录，泉州市中级人民法院设立“海丝”史迹巡回法庭，泉州市人民检察院将遗产保护纳入公益诉讼。建立遗产保护志愿者队伍，志愿者500名，参与遗产讲解、遗产保护、安全检查等业务，达成“保护遗产人人有责”的共识。

农村人居环境整治“一革命四行动”

2020年，泉州市农村人居环境整治三年行动全面完成，超额完成各项主要目标任务指标，通过福建省全面考核验收。

农村“厕所革命”方面：全市完成新建改造农村户厕5.2万户、农村公厕1489座，分别超额完成20.9%、148%，农村户厕无害化率99.80%。

农村生活垃圾治理方面：全市乡村生活垃圾治理常态机制实现全覆盖，超额完成行动方案要求覆盖90%行政村的任务，“户分类、村收集、镇转运、县处理”处置体系进一步巩固完善。

农村生活污水治理方面：全市共建设农村污水治理设施1865个，新建改造三格化粪池18万户，农村生活污水治理率75%。

农房整治方面：全市共整治既有农房（裸房）3.37万栋，农村建房通用图集推广力度加大，引导村民合理有序建房。村庄规划编制步伐加快，基本完成全市村庄分类工作，按照“多规合一”要求完成208个村庄规划编制工作。

村容村貌提升方面：全市村庄房前屋后共整治2046个村，整治率99.56%；完成村庄绿化813个村、395公顷，农村公路建设760千米。

“十三五”期间泉州市经济社会发展成就

“十三五”时期是全面建成小康社会决胜阶段。面对错综复杂的国际形势、艰巨繁重的改革发展稳定任务特别是突如其来的新冠肺炎疫情的冲击，泉州市坚持稳中求进工作总基调，以供给侧结构性改革为主线，践行新发展理念，推动高质量发展，传承弘扬“晋江经验”，促进经济平稳健康发展，保持社会和谐稳定，完成“十三五”规划确定的主要目标和任务，全面建成小康社会，为开启全面建设社会主义现代化新征程奠定基础。

经济实力稳步增强 总量跃居全国地级市四强

“十三五”期间，泉州市坚持发展为先、实业为本，全市经济实力显著增强，获国家创新型城市、国家生态市、国家级服务型制造示范城市、中国快递示范城市、国家公共文化服务体系示范区、全国基层中医药工作先进单位、国家节水型城市等新的城市名片。

经济总量迈入万亿城市行列。地区生产总值连跨4个千亿大关，2018年全市地区生产总值9019.24亿元，提前两年完成“十三五”规划目标。2020年，全市地区生产总值10158.66亿元，在“十三五”收官之年，迈入地区生产总值万亿城市行列，总量连续22年保持全省首位，2016—2020年年均增长7.2%。2020年，全市地区生产总值总量占全国比重1.0%，比2015年提高0.1个百分点，在全国各大城市中排名由2015年的第23位上升到第18位，在全国地级市中排名由2015年的第7位跃居为第4位。2016年，全市人均地区生产总值8.1031元（折合1.22万美元），跨入世界银行国别收入分组标准高收入经济体门槛（1.2万美元）。

社会生产力水平进一步提高。2020年，全市工业总产值超过两万亿元，连续28年居全省首位，工业增加值占地区生产总值比重50.4%，是全省唯一占比超50%的设区市。2019年，全员劳动生产率比2015年提高45.8%，增幅比全国平均水平高16.7个百分点。

经济发展效益不断改善。地方财力增强，2020年，全市完成一般公共预算总收入813.32亿元，地方一般公共预算收入454.04亿元，一般公共预算支出715.14亿元；“十三五”时期，一般公共预算总收入累计4071.96亿元，地方一般公共预算收入累计2252.33亿元，一般公共预算支出3241.25亿元，分别是“十二五”时期的1.25倍、1.36倍和1.55倍。企业效益不断提升，2020年规模以上工业企业利润总额1221.99亿元，比2015年增长50.3%。

经济结构持续优化 产业转型升级成效明显

“十三五”期间，泉州市坚持制造立市、创新发展，制定18个重点产业转型升级路线图，实施传统强链、重化补链、高新建链，推动纺织鞋服、建材家居、食品饮料、纸业印刷等传统优势产业保持中高速发展，做大做强石油化工和机械装备等重化产业，加快培育新一代信息技术、新材料、新能源等新兴产业，壮大特色现代农业、现代服务业和海洋经济。新增食品饮料、工艺制品、纸业印刷、电子信息等千亿产业集群，形成九大实体经济千亿产业集群。

产业结构优化升级。全市三次产业增加值比例由2015年的2.7∶61.9∶35.4调整为2020年的2.2∶57.2∶40.6。第三产业带动作用显著增强。2020年，全市第三产业增加值占地区生产总值比重40.6%，占比创历史新高，比2015年提高5.2个百分点，对经济增长的贡献率41.9%，比2015年提高5.0个百分点；2016—2020年，全市第三产业增加值年均增长8.8%，比同期地区生产总值增速快1.6个百分点。2020年，以信息技术、租赁商务、科教文卫等行业为主的其他服务业增加值占第三产业增加值的比重31.5%，比2015年提高2.5个百分点。工业生产稳中提质。2016—2020年，全市工业增加值年均增长6.7%，其中规模以上工业增加值年均增长7.6%。2016—2020年，全市高新技术产业规模以上增加值年均增长8.3%，高于全市平均水平0.7个百分点，占规模以上工业增加值比重由2016年的14.4%提高至2020年的20.3%。

三大需求协调拉动。重点领域投资持续较快增长。2016—2020年，全市固定资产投资年均增长7.5%。其中，民间投资年均增长12.9%，增速比全市固定资产投资高5.4个百分点；工业投资年均增长14.8%，增速比全市固定资产投资高7.3个百分点；先进制造业投资年均增长17.8%，高于全市工业投资平均水平3.0个百分点；工业技改投资年均增长14.6%，高于固定资产投资增速7.1个百分点。消费市场活力持续增强。2020年，全市社会消费品零售总额5228.87亿元，居全省首位，2016—2020年年均增长9.3%，高于全省平均水平0.6个百分点。电子商务和网络消费异军突起，2016—2020年，全市限上商贸企业网上零售额年均增长37.7%。外贸结构更趋优化。2020年，全市海关出口额1503.61亿元，2016—2020年，年均增长5.9%。2020年，全市机电产品出口额267.78亿元，占全市出口商品总额的13.6%，比2015年提高7.7个百分点。

科技创新作用凸显 创新要素加快集聚

“十三五”期间，泉州市坚持创新驱动战略，加快建设国家自主创新示范区和国家创新型城市，打造创新生态系统。

研发投入强度加大。新引进泉州天津大学集成电路及人工智能研究院、国科大智能制造学院、云箭技术创新研究院等高端创新平台。实施人才“港湾计划”，累计认定高层次人才1.50万人次，新增院士工作站41家，享受国务院特殊津贴87人、国家级博士后科研工作站25家。2019年，全市研发（R&D）经费支出120.98亿元，比2015年增长78.2%，2016—2019年年均增长15.5%；研发经费投入强度为1.22%，比2015年提高0.15个百分点。

科技创新硕果累累。2020年末，全市拥有国家高新技术企业1037家，省级高新技术企业906家，拥有省级、市级工程技术研究中心分别达85个和201个，228家企业被评为福建省创新型企业。2016—2020年，全市专利授权量18.09万件，发明专利授权量1.14万件，分别是“十二五”时期的2.8倍和4.5倍。2020年年末，全市每万人口发明专利拥有量10.44件，比2015年提高7.35件。获批国家知识产权运营服务体系建设重点城市。

数字建设加快赋能。2020年末，全市光缆线路总长度超过31万千米，移动基站总数5.21万个，其中5G基站超1万个，全部行政村实现100%光纤覆盖与4G网络覆盖，主城区、各县城和重点乡镇实现5G信号连续覆盖。探索5G赋能传统产业，智慧工厂、智慧园区、智慧物流、远程医疗等场景应用得到快速发展，落地5G场景应用超过50项。通过“汇聚共享平台”建设为政务事项提供数据共享服务，汇聚数据超过20亿条，实现与省级政务数据汇聚共享平台、“一照一码”审批信息共享平台的数据实时对接。建成市级“互联网+政务服务”一体化行政服务平台，实现市、县两级审批事项网上可办率97.53%，“一趟不用跑”比例67.72%。

教育水平不断提升。基础教育巩固发展，乡村小规模学校全部实现达标，2019年全市文盲、半文盲人口比重由2015年的6.05%下降至5.69%。高等教育进入普及化阶段，2019年全市大专以上学历人口占比10.43%，比2015年提高1.72个百分点；2020年全市普通高校本专科在校生17.45万人，研究生6219人，分别是2015年的1.4倍和1.6倍。

新型城镇化建设加快 城乡面貌明显提升

“十三五”期间，泉州市坚持古城提质、新城集聚，全面推进乡村振兴，城乡面貌明显提升。

古城新城齐头并进。古城开展国家生态修复、城市修补试点，古大厝修旧如旧，古街巷活化保护，6.41平方千米古城逐步成为见人见物见生活的“活样本”。海丝新城加快环湾向湾发展，绿化景观明显提升，衔接山线水线绿道，构建“蓝绿交织”城市风景线，人口、产业、公共服务加速集聚，环湾建成区由2015年年末的206.5平方千米拓展至235平方千米，全市常住人口城镇化率由2015年的63.6%提高至68.5%（预计数）。2020年年末，全市常住人口878万人（预计数），户籍人口766.14万人，5年累计分别新增27万人和43.69万人。

乡村振兴扎实推进。编制完成145个乡村振兴试点村规划，加快创建23条示范线路，完成农村人居环境整治“一革命四行动”任务，实现所有乡镇和行政村生活垃圾治理常态化，农村环境面貌和生产生活条件大幅改善。2020年，开展全国深化农村公路管理养护体制改革试点，建成农村公路路网239千米，实施生命防护工程912千米。2020年，农村饮水安全受益人口10.85万人，比2016年翻一番。全市建设乡村一体化村卫生所（室）1869家，实现村级医疗卫生服务全覆盖，拥有乡村医生4615人。

基础设施日益完善。2020年年末，全市铁路总里程360千米，比2015年年末增加29.15千米；其中高铁里程86.97千米。公路通车总里程18147千米，比2015年年末增加1270千米；其中高速公路里程680千米，比2015年年末增加106千米。“十三五”时期，公交服务体系不断健全，公交营运线路由71条增至132条，中心市区57条线路实现“一元一票制”，中心市区全部实现公交营运车辆清洁新能源化。2020年年末，全市固定宽带用户407.63万户，是2015年年末的1.8倍，固定宽带家庭普及率132.7%；全市移动互联网用户881.06万户，比2016年年末增加137.06万户，移动宽带用户普及率123.5%；全市4G电话用户859.62万户，比2016年年末增加262.62万户，5G套餐用户198.55万户。

污染防治力度加大 生态保护修复全面加强

“十三五”时期，泉州市坚持“绿水青山就是金山银山”的绿色发展理念，以生态连绵带统筹山水林田湖草系统治理，形成一批国家生态文明试验区建设项目和制度成果，城乡人均环境持续改善，蝉联国家卫生城市，获国家森林城市、中国人居环境范例奖。

能源消费结构不断优化。2019年，全市天然气、一次电力等清洁能源消费占能源消费总量的比重分别为11.52%和3.50%，比2015年提高1.23个和2.06个百分点。2020年，全市单位地区生产总值能耗比2015年下降20.7%，降幅大于全省平均水平3.8个百分点。

污染防治力度加大。2020年，辖区内各城市、县城环境空气质量均达到国家二级标准，泉州市区空气质量优良天数357天，占总天数的97.5%。13个县级以上饮用水水源地Ⅲ类达标率保持100%。主要流域14个国、省控断面Ⅰ类～Ⅲ类水质比例100%，晋江流域13个国、省控断面Ⅰ类～Ⅱ类水质比例46.2%，58个小流域监测断面Ⅰ类～Ⅲ类水质比例93.1%。36个近岸海域国、省控站位一、二类水质比例91.7%。

生态保护修复全面加强。泉州市本级和10个县（市、区）建成国家生态市、县、区并获命名；德化县、永春县、鲤城区、安溪县获评国家生态文明建设示范县（区）。2020年年末，全市有自然保护区5个，全市森林覆盖率58.7%，活立木总蓄积量4738.8万立方米，比2015年年末增长24.4%，森林蓄积量为4380.6万立方米，比2015年年末增长20.0%。

民生福祉持续改善 人民生活水平日益提高

“十三五”期间，泉州市坚持以人为本、保障民生，群众生活更加殷实。高质量打赢脱贫攻坚战，提前两年实现现行扶贫标准下建档立卡贫困人口全部脱贫、贫困村全部摘帽。创造性开展“强基促稳”三年行动，滚动推进民生补短板“四心”工程和“XIN”行动，人民生活水平显著提高，疫情防控取得重大战略成果。

居民收入稳步增加。2020年，全市居民人均可支配收入4.08万元，比2015年增长42.1%，2016—2020年年均增长7.3%。其中，城镇居民人均可支配收入5.10万元，比2015年增长36.8%，2016—2020年年均增长6.4%；农村人均可支配收入2.35万元，比2015年增长48.0%，2016—2020年年均增长8.2%。

居民生活质量明显提升。2020年，全市居民恩格尔系数34.8%，比2015年下降0.4个百分点；吃穿用有余，家电全面普及，汽车快速进入寻常百姓家，2020年年末，全市每百户居民家用汽车拥有量39.3辆，比2015年末增加7.5辆；居住条件持续改善，2020年末，全市居民人均住房建筑面积68.5平方米，比2015年增加4.5平方米。

居民消费较快增长。2020年，全市居民人均生活消费支出25161元，比2015年增长29.5%，2016—2020年年均增长5.3%。升级类商品消费占比提升，2020年全市限额以上单位零售额中，家用电器和音像器材类占比由2015年的3.3%提升至5.0%，中西药品类占比由2015年的1.5%提升至2.1%，家具类由2015年的1.2%提升至2.5%，建筑及装潢材料类占比由2015年的2.8%提升至3.2%。

卫生健康事业扎实推进。2020年末，全市有医疗卫生机构（不含村卫生室）2036家，比2015年年末增长50.7%。其中，医院128家，乡镇卫生院126家，社区卫生服务中心40家，预防疾病控制中心13家，妇幼保健院（所）13家。2020年年末，全市有卫生技术人员5.15万人，其中执业（助理）医师1.96万人，注册护士2.23万人，分别比2015年末增长38.5%、39.2%和41.2%。全市医疗卫生机构建设床位数4.87万张，比2015年年末增长46.8%。疾控检测能力不断提升，在新冠肺炎疫情突如其来时率先在全省实现市、县所有疾控中心均开展新冠病毒核酸检测，为疫情防控提供权威的技术支撑。抓好疫情防控和医疗救治工作，严密处置新冠肺炎病例69例（其中境外输入22例）、无症状感染者14例（其中境外输入11例），阻击国内传入、境外输入疫情。

社会保障水平持续提高。建立全市统一的城乡居民基本医保制度，实现城乡低保标准一体化。2020年年末，全市参加城乡居民基本医疗保险人数605.85万人，基本医保参保人数居全省第一。2020年年末，全市参加养老保险人数551.85万人，比2015年年末增加51.26万人。2020年年末，全市收养性社会福利单位682个，比2015年年末新增300个。获评开展国家居家和社区养老服务改革优秀试点城市，入选全国居家和社区养老服务改革试点、家政服务业提质扩容“领跑者”行动重点推进城市。2020年年末，全市社区服务机构和设施3541个，其中，社区养老机构和设施189个，社区互助型养老设施617个；全市养老服务床位4.68万张。

文脉传承深入人心
文化旅游体育事业蓬勃发展

“十三五”期间，泉州市坚持保护历史、传承文脉，文化自信深入人心。

文化强市建设初显成效。“泉州：宋元中国的世界海洋商贸中心”列入选中国世界遗产申报项目。国家级闽南文化生态保护区通过验收，新增国家级文物保护单位13处、世界非物质文化遗产1项、记忆名录1项，成为全国唯一拥有联合国教科文组织全部三大类别“非遗”名录城市。市公共文化中心、非物质文化遗产馆投入使用。举办金砖国家治国理政研讨会、海丝国际艺术节等重大活动，城市影响力进一步提升。

公共文化体育服务设施加快普及。“十三五”期间，建成泉州大剧院、市图书馆（新馆）、歌舞剧院、市非物质文化遗产馆等一批公共文旅场馆。2020年年末，全市有国有艺术表演团体12个，群众艺术馆1个，文化馆11个，乡镇文化站163个。全市影（剧）院 74个，博物馆（纪念馆）18个（含民营博物馆），公共图书馆14个，分别比2015年增加40个、6个和3个。全市图书馆藏书总量1093万册，电子图书（含电子期刊）643.87万册，分别是2015年年末的2.7倍和2.0倍。2020年年末，全市有线广播电视传输干线总长4.57万千米，比2015年增长99.1%；广播、电视综合人口覆盖率分别为99.69%和97.93%。

旅游产业日益壮大。德化获评国家级全域旅游示范区，晋江、惠安、永春获评省级全域生态旅游示范县，泉州古城获评省级文化生态旅游示范县。“十三五”期间，全市新增A级景区10个，省级度假区、生态旅游示范区、养生旅游休闲基地等近20个，培育一批“古城徒步穿越”“闽南美好生活嘉年华”“一县一特色”等活动品牌，“宋元中国·海丝泉州”渐入人心，泉州市入选新浪旅游年度盛典“2018年最值得期待的旅游目的地”。“十三五”期间，全市接待国内外游客3.10亿人次，实现旅游收入4710.36亿元，分别比“十二五”时期增长60.5%和108.6%。

体育事业健康发展。2019年年末，全市有各类体育场地2.28万个，体育场地面积1856.84万平方米，体育场地面积、数量分别位居全省第一、第二。“十三五”期间，全市新建561项全民健身场地设施项目，全市运动员取得5人次世界冠军、23人次亚洲冠军和74人次全国冠军。举办国际大体联足球世界杯、环泉州湾国际公路自行车赛等重大活动，申办第18届世界中学生运动会。

大　事　记

1月

1日　泉州非物质文化遗产馆开馆。该馆位于泉州侨乡体育中心内，建筑面积9000多平方米，展陈面积6500多平方米。常设展区展出各类“非遗”展品650多件，是国内最大的非物质文化遗产馆。

3—6日　中国人民政治协商会议第十二届泉州市委员会第四次会议召开。市政协主席李转生作泉州市政协第十二届常委会工作报告。经选举，刘志平、王春金当选政协第十二届泉州市委员会副主席。

4—7日　泉州市第十六届人民代表大会第五次会议召开。市长王永礼作市政府工作报告，市人大常委会主任陈灿辉作市人大常委会工作报告。经选举，吴汉宗、黄阳春当选泉州市第十六届人民代表大会常务委员会副主任。

10日　国家科学技术奖励大会在北京举行。泉州企业三安光电作为“高光效长寿命半导体照明关键技术与产业化”项目的主要完成单位之一，与中科院半导体所等单位联袂获国家科学技术进步奖一等奖。

17日　商务部、发改委、财政部、海关总署、国税总局、市场监管总局六部委印发《关于扩大跨境电商零售进口试点的通知》，将泉州等50个城市（地区）及海南全岛纳入跨境电商零售进口试点范围。

22日　泉州市成立由市长王永礼担任组长的新型冠状病毒肺炎防控工作领导小组。泉州市新型冠状病毒肺炎防控工作领导小组出台《泉州市新型冠状病毒肺炎疫情防控工作方案》，要求做好疫情防控工作。

26日　泉州市医护团队举行出征仪式，到湖北支援开展新型冠状病毒肺炎医疗救治工作。

2月

8日　《泉州市防控新型冠状病毒肺炎疫情应急指挥部办公室关于做好疫情防控期间企业复工有关工作的通知》发布，在落实各项疫情防控措施的前提下，指导企业分类分批有序复工。

13日　泉州市贸促会为市内一家内贸企业出具一份不可抗力事实性证明书，系全国首份内贸企业涉内合同的不可抗力事实性证明书。

19日　市防控新型冠状病毒感染的肺炎疫情应急指挥部办公室印发《泉州市打通“五难”操作链实施方案》，聚焦企业用工难、疫情防控难、交通物流难、供应链协同配套难、市场拓展难“五难”问题，为企业复工复产保驾护航。

是日13时45分，瑞丽航空公司DR5345航班（芒市—泉州晋江）降落泉州晋江国际机场，云南省保山市施甸县101名务工人员到达泉州。此系突如其来的新冠肺炎疫情发生以来，福建省首班企业返岗务工人员包机。

3月

2日　国乔泉港石化项目通过福州、泉州、高雄三地视频连线的方式进行签约，标志这个年产100万吨丙烷脱氢及90万吨聚丙烯的项目落地泉港石化工业园区。

6日　随着泉州市定点医院最后一例新冠肺炎确诊病例治愈出院，泉州新冠肺炎确诊病例清零。自1月23日泉州市报告首例确诊病例以来，全市报告47例（包括1例危重型、3例重型）确诊新冠肺炎病例已全部治愈，实现确诊患者零死亡、医务人员零感染。

7日 鲤城区欣佳酒店发生楼体坍塌事故。事故发生后，国家有关部委通过视频连线、派出工作组等指导救援；福建省、泉州市、鲤城区立即组织现场搜救和医疗救治工作。至12日，71名受困人员全部搜救出，其中29人遇难。事故共造成29人死亡、42人受伤。

10日 省委常委、常务副省长张志南代表省委、省政府到福建医科大学附属第二医院和泉州市第一医院看望慰问正在接受治疗的鲤城区欣佳酒店楼体坍塌事故受伤人员。

12日 为贯彻落实中央领导指示精神和批示要求，依据《生产安全事故报告和调查处理条例》有关规定，国务院决定成立福建省泉州市欣佳酒店"3·7"坍塌事故调查组并开展调查工作。

18日 通过云端视频连线，全市各地集中举行开竣工活动，全市开竣工项目53个，总投资191亿元，其中参加全省重大项目视频连线集中开工的重大项目30个，总投资148亿元。

19日 全市一批重大项目集中"云签约"。全市81个重大项目集中签约，总投资440多亿元，其中10亿元以上项目19个。

26日 横跨泉州安海湾的7.5千米跨海大桥合龙，标志全长27.3千米的泉厦漳城市联盟路泉州段全线贯通。

4月

1日 经泉州海关驻石狮办关员按新规快速验收，福建省力菲克药业有限公司生产的医用防控物资，在泉州港石湖港区通过海运方式运往菲律宾。此系商务部、海关总署、国家药品监督管理局发布关于有序开展医用物资出口的公告以来，泉州海关关区按新规验放的以货运渠道出口的首批医用防控物资。

12日 全省最大的县级粮食储备库——晋江市粮食储备库（金井库）投入使用，首次装粮入库12660吨。

14日 泉州市第三批援鄂医疗队（福建省第十一批支援湖北医疗队）67名队员完成驰援武汉抗击新冠肺炎疫情的各项任务，全部平安凯旋。至此，泉州市支援湖北武汉的94名援鄂医护人员全部返回泉州。

18日 国际古迹遗址日活动在北京举行，国家文物局副局长宋新潮介绍，中国2020年申遗项目名称为"泉州：宋元中国的世界海洋商贸中心"。

25日 全市各地第二批重大项目集中"云签约"。全市71个重大项目集中签约，涵盖纺织鞋服、建材家居、医疗健康、机械装备、高端半导体、电商直播等多个领域，总投资超千亿元，其中10亿元以上项目15个，百亿元以上项目2个，最大单体项目投资额360多亿元。

26日 全省重大招商项目集中"云签约"活动举行。此次签约采取视频连线形式进行，泉州市列入该批集中"云签约"的重大招商项目共71个，总投资1022亿元。

28日 《泉州市促"六稳""六保"追赶行动方案》出台，推动"六稳"（稳就业、稳金融、稳外贸、稳外资、稳投资、稳预期）、"六保"（保居民就业、保基本民生、保市场主体、保粮食能源安全、保产业链供应链稳定、保基层运转）落到实处。

5月

2日 2020年市委1号文件《关于抓好"三农"领域重点工作 确保如期实现全面小康的实施意见》印发。文件强调，2020年是打赢脱贫攻坚战收官之年，是全面建成小康社会目标实现之年，泉州市将贯彻2020年中央1号、省委1号文件精神，落实中央、省的决策部署，统筹抓好新冠肺炎疫情防控和"三农"领域重点工作，强化举措，狠抓落实，集中力量打赢脱贫攻坚战，补上全面小康"三农"领域突出短板。

8日 全国县域经济和地理标志专业研究机构与社会智库北京中郡经济发展研究所利用公开数据，在上年度相关研究报告的基础上，完成并发布《2020县域经济品牌化发展实证分析报告》，并发布全国县域商标有效注册量前100名县市名单。泉州晋江、南安、石狮、安溪、惠安、德化6个县（市）入选，入选数量居全省首位、全国前列。

13日 福布斯发布第18期全球企业2000强榜单。12家泉州籍企业上榜，分别位于中国、新加坡和菲律宾，在泉州本土的企业有安踏体育、恒安国际和达利食品。

27日 省发改委会同省水利厅转下达国家补助福建省"五江一溪"防洪工程、坡耕地水土流失综合治理项目2020年第一批中央预算内投资4.05亿元。其中，泉州市获中央资金补助9500万元，占全省总额近1/4。

28日 福建省支持工业（产业）园区标准化建设融资对接视频

会举行。在泉州市中小企业公共服务平台分会场上，17家工业（产业）园区、企业与9家银行举行银企合作签约，签约总金额超100亿元，占全省签约总额515亿元的19.51%，居全省前列。

30日 位于泉州府文庙的泉州正音书院揭牌落成，系泉州市启动复建书院工作以来投用的首个书院。

6月

11日 由泉州市商务局、泉州经济技术开发区管委会、泉州广播电视台主办的“云上集市·泉州市产业直播购物节”、泉州首届产业直播大赛、京东泉州特产馆上线活动在泉州开发区濛创伟业共享直播基地同步启动。

13日 世界文化和自然遗产日，泉州市以“文物赋彩 全面小康”“非遗传承 健康生活”为主题，分别在洛阳桥、清源山举行2020年“文化和自然遗产日”系列主题活动。

14日 福建省经济信息中心发布2019年福建省数字经济发展指数评价结果。报告显示，泉州市数字经济发展指数77.78，位列全省第三位。

16日 第十七届（2020年）中国慈善榜在北京发布，石狮市公安局永宁派出所教导员蔡海炳被授予年度慈善榜样最美志愿者称号。

18日 由中央广播电视总台编撰的《2019中国城市营商环境报告》发布。报告显示，泉州营商环境走在全国前列，在百座经济活跃城市综合排名中列第15名。

29日 全省首个以机关党建为主题的党建展馆——泉州市机关党建体验馆（泉州台商投资区）开馆。

30日 由中共泉州市委宣传部、市发改委、科技局、工信局、商务局、金融监管局等主办的2019年泉州经济年会年度峰会在市区富力万达文华酒店举行。该届经济年会年度峰会因疫情防控原因推迟至是日举办，以“创新转型 行稳致远”为主题，共商时代机遇下如何为泉州经济发展添动力、增实力，全方位推动高质量发展超越。

7月

1日 泉州市调整职工医保缴费上下限基数，调整后，每月最低缴费基数不低于3488.4元，最高缴费基数不超过1.74万元。

5日 为贯彻落实习近平总书记关于构建亲清新型政商关系的论述，传承弘扬“晋江经验”，打造一流营商环境，泉州市印发《公职人员政商交往负面清单》，针对公职人员与民营企业及其经营管理人员交往行为，明确提出“八个不得”，细化政商交往规范。

10日 泉州白濑水利枢纽工程建设征地移民安置工作动员会和培训会在安溪召开，标志近10年来全省移民体量最大的项目启动移民安置工作。

14日 省委书记于伟国对泉州市委领导班子及其成员履行主体责任情况进行检查，并开展集体约谈。

16日 泉州市西溪流域河长签发全省首个流域河长令——晋江西溪流域1号河长令。

20—22日 第四届海峡两岸食品交易会、第七届闽台（泉州）食品交易会暨首届线上食品交易会在晋江举行，693家企业参会。该届食品交易会是2020年疫情防控期间如期举办的国内第一个食品专业展会，展会规模、参展企业创历届之最。

26日 泉州古城数字文创动漫基地建设启动，该项目将推动古城文旅产业转型升级，使之成为重振古城经济的重要支点。

27日 中国轻工业联合会发布2019年度轻工业二百强企业、轻工业科技百强企业、轻工业食品行业五十强企业、轻工业装备制造行业五十强企业名单，五家泉州企业入选2019年度中国轻工业二百强企业。

28日 泉州台商投资区台胞医保服务中心（泉州市医疗保障基金管理中心台胞医保服务中心）揭牌仪式在泉州台商投资区德润产业园举行，此系全市首个台胞医保服务中心，也是大陆首个在台商投资区设立的台胞医保服务中心，让在泉州台胞享受到医保双向服务。

8月

1日 根据全省统一部署，泉州市开始承接部分厦门口岸入境人员的集中医学观察工作。

6日 国际中学生体育联合会官方网站宣布，受到新冠肺炎疫情影响，原定于2020年10月17—24日在晋江举行的第18届世界中学生夏季运动会延期至2021年10月16—23日举行。

14日 省政府审议通过《福建省乡镇便捷通高速工程实施方案》。泉州市规划新增4个高速互通，分别是沈海高速东星互通、泉厦漳城市联盟路彭田互通、沈海高速紫山互通、泉南高速锦斗互通，占全省11个新增高速互通总数的36.4%，总投资67.1亿元。

2020年市区民办小学招生电脑派位举行，系泉州市民办小学首次实行电脑派位录取。

16日 泉州市晋江蓝色海湾综合整治行动工程项目入围2020年中央财政支持海洋生态保护修复项目，项目总投资3.51亿元，申请中央资金1.87亿元。

23日 2020年福建省科技活动周开幕，由市科技局、市委人才办、泉州市人才创新共享联盟主办，丰泽区委人才办、泉州华中科技大学智能制造研究院协办的泉州市人才创新共享联盟成果“云端展会”上线。

29日 泉州市产业链招商推介会暨项目集中签约活动举行，158个重大项目落户泉州，总投资超1000亿元。

9月

6日 为探索对台金融服务机制，扶持台商台胞在泉州就业创业发展，中国人民银行泉州市中心支行会同市台港澳办制发《泉州市台商台胞金融信用证书颁发工作方案》，启动台商台胞金融信用证书颁发工作。

7—9日 第十三届海峡两岸（泉州）农产品采购订货会在南安·福建成功国际会展中心举行。该届采购订货会有采购商团组32个、参展团组12个，参展企业逾470家。

8日 全国抗击新冠肺炎疫情表彰大会在北京人民大会堂举行。大会对全国抗击新冠肺炎疫情先进个人、先进集体，全国优秀共产党员、全国先进基层党组织进行表彰。泉州市四名抗疫一线的工作者获表彰。

8日 泉州市在厦门举行外资项目集中签约仪式，22个外资项目签约，投资总额203.7亿元，拟利用外资119.3亿元。

10—11日 国家发改委共建“一带一路”推进会在泉州召开。国家发改委副主任兼国家统计局局长宁吉喆，代省长王宁，省委常委、副省长赵龙等出席会议。

11日 2020厦门国际投资贸易洽谈会暨丝路投资大会闭幕，泉州市签约外资项目42个，投资总额192.7亿元，拟利用外资110.8亿元。其中，合同项目35个、意向项目7个。

13日 省发改委批复同意成立两家“6·18”协同创新院产业技术分院，其中1家落地泉州市，将依托位于德化县的陶瓷工业设计研究院（福建）有限公司成立协同创新院陶瓷产业分院。

15日 商务部、发改委、财政部等七部委下发《关于加快推进市场采购贸易方式试点工作的函》，决定在全国新设17家市场采购贸易方式试点单位，晋江国际鞋纺城在列。

16日 福建—东盟友城大会省市长论坛暨线上签约仪式，通过多点连线的方式在福州和东盟各地举行。签约环节中，泉州市与菲律宾怡朗市签署建立友好城市关系协议书，正式结为友好城市。

24—25日 全国政协副主席何厚铧带领澳门特别行政区全国政协委员考察团到泉州，围绕“深化闽澳合作，共同参与‘一带一路’建设”主题开展考察活动。

27日 由国家制造强国建设战略咨询委员会、中国纺织机械协会、中国电子技术标准化研究院（智能制造系统解决方案供应商联盟）等主办的“智能制造进园区”活动在泉州启动。泉州是此次活动首站。活动内容包括主题报告、信息发布、经验分享等。

10月

12日 由中国科学技术协会、省政府主办，泉州市政府参与承办的第三届数字中国建设峰会智能制造分论坛在福州海峡国际会展中心举办。论坛主题为“智能制造助力高质量发展超越”。论坛上，市政府与思爱普（中国）有限公司、华为技术有限公司分别签署战略合作协议。15个数字经济重点项目集中签约，项目总投资额86.6亿元。

14日 闽西南协同发展区科技合作领导小组第三次工作会议在泉州召开，总结2020年以来闽西南协同发展区的科技合作情况，并研究下一步工作计划。

20日 全国双拥模范城（县）命名暨双拥模范单位和个人表彰大会在北京举行。泉州市获全国双拥模范城“九连冠”，晋江市、石狮市、南安市蝉联“七连冠”“六连冠”“四连冠”，实现“一带三”目标，受命名表彰数量位居全国设区市前列。

22日 泉州市举行2020年石化专场招商推介会暨项目签约活动，18个石化产业投资项目落户泉州，总投资金额502.63亿元。

23日 全市首部移动式机动车尾气遥感监测车在洛江区万虹路上路测试。

28日 由泉州市政府、省商务厅指导，市商务局、市总工会、市人社局等主办，市电子商务中心和市跨境电商协会协办的2020年泉州电商创新创意创造大赛暨首届电商主播大赛启动。

10月30日至11月1日 第六届中国（泉州）海上丝绸之路国际品牌博览会在中国石狮国际食品城举行。展会规模扩大到2.6万平方米，吸引30多个国家和地区的400多家企业参展，展品逾万种。

11月

1日 华侨大学建校60周年纪念大会在泉州召开。第十三届全国人大常委会副委员长、华侨大学董事会董事长蔡达峰，中共中央统战部副部长谭天星，省委常委周联清出席并讲话。

4日 泉州市召开企业家、专家学者座谈会，学习贯彻中共十九届五中全会精神，围绕科学谋划“十四五”规划和2035年远景目标听取意见建议。

15日 中国社会科学院考古研究所泉州工作站揭牌暨泉州考古系列活动在泉州举行。

16日 2020年闽侨青年精英“海丝”云端对话活动在泉州举行，30多个国家和地区的近百名海外青年侨胞和全球9个分会场线上线下共1600多名闽籍青年参加活动，共商创新创业。

18—20日 省委常委、省纪委书记、省监委主任李仰哲到泉州，围绕学习贯彻中共十九届五中全会精神、推进反腐败国际追逃追赃工作开展调研。

19日 由文化和旅游部非物质文化遗产司、中国非物质文化遗产保护中心、省文旅厅主办，福建省艺术馆（福建省非物质文化遗产保护中心）、市文旅局承办的表演艺术类联合国教科文组织非物质文化遗产名录（名册）项目后继人才培养经验交流活动在泉州举行。

24日 全国劳动模范和先进工作者表彰大会在北京人民大会堂举行，泉州市11人参加大会并接受表彰。

25日 胡润研究院在广东佛山发布“2020年中国500民营企业”榜单。9家泉州籍企业进入榜单，涉及体育用品、LED、新能源、房地产、食品等产业和领域。

27日 由中国电子学会、市政府等主办的智能人机交互高峰论坛在泉州举行。12个项目现场签订合作协议，部分协同创新机构现场揭牌。

12月

3日 全国人大常委会副委员长艾力更·依明巴海带领调研组到泉州对教育法修改开展专题调研。

8日 省政府公布第十批省级文物保护单位名单及保护范围，全省65处，其中泉州市9处。

17日 由中国与马来西亚联合申报的“送王船——有关人与海洋可持续联系的仪式及相关实践”列入联合国教科文组织人类非物质文化遗产代表作名录，泉州市为共同申报单位。

18日 第23届海峡两岸纺织服装博览会暨2020石狮国际时装周、第二届中国校园服饰国际博览会在石狮开幕。该届博览会以“融合创新，共享时尚新生活”为主题，设面料馆、辅料馆、校服馆、台湾馆、网商馆六个专业馆，展出面积超3万平方米。

20日 全球商业遥感卫星福建站揭牌仪式暨空天大数据企业入驻签约仪式在数字福建（安溪）产业园举行。

21日 北京大学与泉州探索共建的两大文化遗产研究保护利用创新平台——中国泉州文化遗产研究院、北京大学考古文博学院（安溪）研究中心，分别在泉州师范学院和安溪成立，并进行共建签约。

24日 中共泉州市委十二届十三次全会召开，学习贯彻习近平新时代中国特色社会主义思想和习近平总书记对福建工作重要讲话重要指示批示精神，贯彻落实中共十九届五中全会和省委十届十一次全会精神，听取和讨论市委书记康涛受市委常委会委托作的工作报告，审议通过《中共泉州市委关于制定泉州市国民经济和社会发展第十四个五年规划和二〇三五年远景目标的建议》。

25日 泉厦漳城市联盟路泉州段高速公路通车运营。该路段与晋长高速、南惠高速连接，全长27.2千米，为双向六车道高速公路。

29—30日 省委书记尹力到泉州调研。省长王宁和省领导周联清、郑新聪、庄稼汉、林钟乐参加有关活动。尹力到晋江经验馆，学习习近平总书记当年七到晋江、调研总结的“晋江经验”；到安踏集团了解企业生产经营和科技研发等情况；到华侨大学了解华侨大学60年来的发展历程，并为学校师生上思政课。尹力还在泉州主持召开全省侨胞侨商座谈会。

市情概览

自然地理

【位置、面积】 泉州市地处福建省东南沿海，东与台湾省隔海相望，南与厦门市的同安区、翔安区接壤，西与漳州市的华安县、长泰县和龙岩市的漳平市毗邻，北与三明市的大田县、尤溪县和福州市的永泰县以及莆田市的仙游县界连，是福建省三大中心城市之一。陆地辖区东西最大距离149.3千米，南北最大距离158.6千米。泉州市总面积22375平方千米。其中，陆域总面积11015平方千米（包括金门县），占49.23%；海域面积11360平方千米，占50.77%。

【地质地貌】 按全国地貌区划位置，泉州市西部及西北部山地属闽浙火山岩中—低山亚区的一部分，东南部属闽粤沿海花岗岩丘陵亚区的一部分。东部海岸线曲折，发育有半岛、岛屿和港湾。泉州市地势西北高、东南低，由内地至沿海逐渐下降。即由中山—低山—高丘陵—低丘陵—台地—平原递变，至半岛、岛屿上出现地貌逆差现象，即由平原—台地—丘陵升高。泉州市地貌类型复杂多样，山地及丘陵约占总土地面积79%，平原及台地约占21%。地貌以山地、丘陵为主。山地均属戴云山山脉及其延伸的支脉、余脉，构成西北及中部的大山带。西北部戴云山盘踞德化县全境，海拔1856米，山脊走向为北东—南西向或北西—南东向，大部分地区海拔700米，千米以上山峰多达258座（其中高于1500米的有22座），素有闽中屋脊之称。西部有香岭尖—同发山—妙高山山脉（海拔多在500～800米）、鼎山—大雾山山脉（海拔800～1000米）、天湖山—鹅角冠山脉。中部有梦仙山—天柱山—朝天山山脉、天马山—玳瑁山山脉（海拔800～1000米）。东部有石印山脉（海拔800～1000米）、园林山—五台山山脉、大磨山—大雾山山脉。丘陵分布于山地外侧及河流两岸或河谷盆地的边缘，在沿海一带也有广泛分布，并逼近海岸或伸入海中，组成半岛和岛屿。泉州市东濒海洋，海岸线总体呈北东—南西向，迂回曲折，实际总长度541千米（全省第四位）。港湾众多，大小港湾约有49个，其中较大的港湾自北而南有湄洲湾、大港、泉州港、深沪湾、围头湾和安海湾等。这些港湾大致呈西北—东南向内陆深入21～35千米，深度一般较大，掩护条件好，水域广阔，湾内包含若干支港、支湾，建港条件甚为优越。湄洲湾的秀屿和肖厝港，为不可多得的深水良港；泉州湾内的秀涂、蟳埔、石湖等港口具备深水条件，可建万吨级码头。此外湾内有282.65平方千米的海滩，沿海0～20米等深线的浅海面积739.77平方千米，分布有51个岛礁，总面积11.98平方千米。

【气候】 2020年，泉州市气候少冷寒、多暖热，汛期总体平稳，但仍出现最暖冬季、春季强对流频发广发、高温过程频现、较大范围气象干旱等极端天气气候事件。全市气象灾害造成直接经济损失100万元，与近10年相比明显较轻，气候年景较好。全市年平均气温21.3℃，比常年偏高0.9℃，为1981年以来新高，其中永春21.7℃、惠安21.4℃为1981年以来新高；年降水量1020.9毫米，比常年偏少548.8毫米，为1981年以来最少，其中惠安518.7毫米、晋江710.6毫米、南安820毫米为1981年以来最少；年日照时数1934.7小时，比常年偏多112.5小时。台风登陆个数少，影响个数偏少，影响以大风为主、程度较轻。台风“米克拉”登陆漳浦沿海，泉州市遭受风雨影响。

气温 2020年，泉州市四季

气温皆偏高，其中冬季、夏季平均气温为1981年以来历史同期最高。2019/2020年冬季（2019年12月至2020年2月）平均气温14.3℃，为1981年以来历史同期第三高，其中惠安14.9℃，较常年偏高2℃，为历史同期最高；夏季平均气温28.3℃，与1981年并列为第一高，其中安溪29.4℃、永春28.6℃均为1981年以来第一高。高温过程偏多偏强，经历14次高温过程。春、夏、秋三季皆出现高温过程，气温≥35℃高温日数，晋江27天、南安69天、安溪70天、永春58天，刷新本站历史纪录；其中气温≥37℃高温日数，南安20天、安溪28天，刷新本站历史纪录。极端最高气温，晋江39.2℃（9月1日）、南安39.9℃（7月14日）、永春39.7℃（7月14日）刷新本站历史纪录。

降水　2020年，泉州市降水偏少，其中春季、夏季降水偏少尤为突出，且暴雨呈分散性，持续天数较短，强度偏弱。6月中旬至9月中旬，持续温高雨少致泉州市出现气象干旱，逾半数县（市）出现气象特旱；10月中旬至12月中旬，持续少雨致气象干旱再度发生。强对流天气频发，影响范围广。春季出现四次冰雹天气：3月27日、4月21日、5月6日、5月16日出现冰雹天气，其中5月6日出现历史罕见的全市性（6个县25个镇）大范围冰雹天气，最大冰雹直径达40毫米，历史罕见。夏季短时强降水强度强，小时降水破历史极值，8月26日永春本站（18:25—19:25）1小时雨量112.4毫米，突破自建站以来小时雨量历史极值（99.5毫米）。

日照　2020年，泉州市平均年日照时数为1934.7小时，比常年偏多112.5小时，比2019年多44.5小时。各县（市）年日照时数1770.2小时（德化）～2160.8小时（惠安），属正常～异常偏多：日照时数距平为-37.4小时（晋江）～249.3小时（安溪），异常度为-0.2（晋江）～1.8（安溪、永春）。

【水文】　2020年，泉州市平均降水量1155.5毫米，折合年水量129.88亿立方米。全市地表水资源量52.53亿立方米，地下水资源量20.14亿立方米，地表水和地下水不重复量0.18亿立方米，水资源总量52.71亿立方米，人均拥有水资源量为603立方米，全市出境水量17.566亿立方米。

资　源

【土地资源】　2020年，泉州市有耕地14.51万公顷，园地11.09万公顷，林地56.10万公顷，草地3.46万公顷，城镇村及工矿用地14.46万公顷，交通运输用地3.26万公顷，水域及水利设施用地6.08万公顷，其他土地3.91万公顷。

【矿产资源】　2020年，泉州市有可开发利用矿种18种，其中煤、铁、金、水泥用灰岩、陶瓷土、建筑石料为主要开发矿种。

【海洋资源】　2020年，泉州市大陆海岸线541千米，海域面积1.14万平方千米。海岛293个，其中，500平方米以上的无居民海岛162个。拥有湄洲湾、大港湾、泉州湾、深沪湾、围头湾五大海湾。

【水资源】　泉州市境内溪流密布，发源于境内流域面积100平方千米以上的河流有34条。其中晋江水系15条，九龙江水系5条，闽江水系9条，单独入海5条。晋江、洛阳江为泉州市主要河流，全市多年平均水资源总量为98.22亿立方米，其中主要供水水源晋江为福建省第三大河，流域面积5629平方千米，河长182千米，多年平均水资源总量50.81亿立方米，洛阳江（含黄塘溪）流域面积371平方千米，河长39千米，多年平均水资源总量2.317亿立方米。全市地表水资源量52.53亿立方米，地下水资源量20.14亿立方米，地表水和地下水不重复量0.18亿立方米，水资源总量52.71亿立方米，人均拥有水资源量为603立方米，全市出境水量17.568亿立方米。

截至2020年年底，全市20座大中型水库总蓄水量5.58亿立方米，占正常库容的53.42%，比上年减少6317万立方米，比多年平均减少2839万立方米。其中：山美水库水位90.62米，蓄水量3.63亿立方米，占正常库容76.94%，比上年增多4578万立方米，比多年平均多4481万立方米；惠女水库水位66.87米，蓄水量3744万立方米，占正常库容的47.39%，比上年偏少1006万立方米，比多年平均偏少1625万立方米。全市建成各类水利工程6万多处，其中，水库462座（大型2座、中型18座、小型442座），总库容达15.68亿立方米；泵站94处，水井工程2万多口，各类堤防总长896千米。初步形成以山美水库为主要水源、以龙门滩引水为补充、以各大中型水库为支撑、以金鸡拦河闸为分水枢纽、以南北渠和湄南工程为主要输水通道的沿海配供水网络体系。

【森林资源】　2020年，泉州市有土地总面积109.97万公顷，其中林业用地68.33万公顷，占全市土地总面积的62.1%，非林地41.49万公顷，占37.9%，森林覆盖率58.7%。在林业用地面积中，乔木地面积51.98万公顷，占林业用地面积的76.0%，竹林地面积3.19万公顷，占4.6%，疏林地1.03万公顷，占1.5%，灌木林地9.53万公顷，占13.9%，未成林造林地1.02万公顷，占1.4%，苗圃地209公顷，无林地1.57万公顷，占2.2%。全市区划生态公益林面积26.39万公顷，占全市林地面积的38.6%。

泉州市野生动物资源丰富，记录有两栖类2目7科32种，爬行类3目13科61种，鸟类19目51科260种，哺乳类6目14科32种。国家一级重点保护野生动物有鼋、蟒蛇、黑鹳、黄腹角雉、华南虎、豹、云豹、金斑喙凤蝶、中华白海豚、中华鲟、红珊瑚等11种。国家二级重点保护动物有蛇雕、大灵猫、黑熊、穿山甲等57种。

泉州市野生植物资源丰富，记录有野生维管束植物212科903属2201种（包括逸生和归化种），其中蕨类植物42科84属199种，裸子植物8科15属20种，被子植物162科804属1982种。其中，国家一级重点保护野生植物有银杏、南方红豆杉、水松、伯乐树等4种。国家二级重点保护植物有半枫荷、花榈木、桫椤等17种，省级重点保护植物有油杉、长苞铁杉、福建青冈等11种。

泉州市按照"全面保护、生态优先、合理利用、良性发展"的原则，在典型的森林、湿地和野生动植物重点分布区和生物多样性富集区，建立包括地质遗迹、森林、湿地和野生动植物等类型的省级以上自然保护区5个，分别是福建深沪湾海底古森林遗迹自然保护区、德化戴云山国家级自然保护区、永春牛姆林省级自然保护区、安溪云中山省级自然保护区、泉州湾河口湿地省级自然保护区，总面积2.49万公顷，自然保护小区总面积1.80万公顷。自然保护区及保护小区的建设基本涵盖泉州市生物多样性最丰富的精华地带，东南沿海典型的山地森林生态系统、泉州湾河口湿地生态系统、晋江源头森林生态系统得到有效保护。有效保护脊椎动物99科420种，其中，国家Ⅰ、Ⅱ级保护动物40种，省级保护动物29种。福建深沪湾海底古森林遗迹自然保护区位于福建省东南沿海晋江侨乡，是1992年国务院批准设立的国家级海洋自然保护区。主要保护对象为距今7500多年历史的海底古森林遗迹、距今9000～25000多年的古牡蛎礁遗迹和深沪湾典型海岸带地质地貌。戴云山是中国东南地区重要的昆虫和植物模式物种产地，保存有最完好的原生性黄山松群落，是中国单位面积生物多样性程度最高的保护区之一，是闽中重要水源涵养区及重点生态功能区。泉州湾河口湿地地处东亚到澳大利西亚候鸟迁飞的大通道上，良好的生态每年吸引着成百上千的水鸟在这里越冬、觅食、停歇，成为鸟类的乐园，是泉州市野生动物疫源疫病的重要监测区域。云中山主要保护对象为晋江、九龙江源头生态系统及珍稀濒危动植物物种，被誉为"天然植物园""珍稀濒危野生动物的基因库"。牛姆林赢得"闽南西双版纳"的美誉，是一座天然绿色基因库。

经初步调查，全市湿地面积9.62万公顷。根据《全国湿地资源调查技术规程（试行）》划分的5类34型湿地中，泉州仅有近海与海岸湿地、河流湿地、人工湿地三大湿地类型分布。其中，近海与海岸湿地面积6.97万公顷，占全市湿地总面积的72.49%，河流湿地面积1.13万公顷，占全市湿地总面积的11.39%，人工湿地1.52万公顷，占全市湿地总面积的15.43%。

环境质量

【概况】 2020年，泉州市环境质量状况总体保持良好。中心市区空气质量达标天数比例为97.5%，晋江流域13个国、省控断面Ⅰ～Ⅲ类水质比例100%，县级以上13个饮用水水源地Ⅲ类水质达标率100%，小流域58个监测断面Ⅰ～Ⅲ类水质比例93.1%，近海海域36个监测站位一、二类水质比例91.7%。

【大气环境质量】 2020年，泉州市区空气质量优良天数比例97.5%（比上年提高1.1个百分点），发生9天轻度污染，空气质量综合指数2.73（比上年改善0.5），六项主要污染指标均优于二级标准，其中，SO_2、CO、NO_2、PM10平均浓度达到国家一级标准。

【水环境质量】 2020年，泉州市晋江流域14个国、省控断面Ⅰ～Ⅲ类水质比例100%。县级以上13个集中式饮用水水源地Ⅰ～Ⅲ类水质达标率保持100%。

主要湖库水环境质量，山美水库、惠女水库总体水质均为Ⅱ类。列入省重点考核的58个小流域水质监测断面Ⅰ～Ⅲ类水质比例为93.1%。12月监测结果表明，实际开展监测的23个内河入江口中，达Ⅳ类水质点位3个，达Ⅴ类水质点位3个，劣Ⅴ类水质点位17个。泉州市36个近岸海域国、省控站位一、二类水质比例91.7%，达到省考核目标要求。

【声环境质量】 2020年，泉州市区设4个声环境功能区质量测点，泉州市区昼间声环境功能区质量达标率100%，晋江市区昼间达标率66.7%，石狮市区和南安市区的昼间声环境功能区质量达标率均为100%，均与上年同期持平。全市城市（县城）区域声环境质量总体一般，南安市区、德化县城昼间区域声环境质量等级为二级（较好），泉州市区、晋江市区、安溪县城、永春县城、惠安县城和泉港区昼间区域声环境质量等级均为三级水平（一般）。泉州市区及各县（市、区）昼间城市道路交通声环境质量中安溪县城的昼间道路交通噪声强度等级为一级（好），泉州市区、南安市区、永春县城、德化县城、惠安县城和泉港区的昼间道路交通噪声强度等级为二级水平（较好），晋江市区的昼间道路交通噪声强度等级为三级水平（一般）。

人文历史

【建置沿革】 泉州古时有温陵、刺桐、清源、泉南等别称。早在旧石器时代，泉州就有人类生息繁衍。夏、商两代，泉州在地理区划上属扬州。周朝为七闽地。秦属闽中郡。汉初属闽越国地，后属冶县地。三国吴永安三年（260年），析侯官县地置东安县（治所在今南安市丰州镇）。西晋末年，河洛人衣冠南渡，定居于晋江、洛阳江两岸，泉州自此兴起。唐久视元年（700年），置武荣州，辖南安、莆田、龙溪、清源4个县。景云二年（711年），武荣州改为泉州，隶属闽州都督府，仍辖南安、莆田、龙溪、清源4个县，泉州建制自此开始，以后凡称“泉州”即指今泉州。元代，泉州设有行省，辖南安、晋江、永春、同安、德化、安溪、惠安7个县。明代，设泉州府，辖晋江、南安、同安、惠安、安溪、永春、德化7个县。清代，设有泉州府、永春州，分别辖晋江、南安、同安、惠安、安溪5个县和德化、大田2个县。民国时期，设有行政督察区，辖永春、安溪、金门、南安、晋江、惠安、莆田、仙游、同安9个县。1949年8月31日，泉州城解放，同年9月设立地委、行署，辖晋江、南安、同安、惠安、安溪、永春、仙游、莆田、金门9个县。1971年改为地区，辖泉州市和晋江、惠安、南安、同安、安溪、永春、德化、金门8个县。1985年5月，国务院批准撤销晋江地区，泉州市升为地级市。1986年1月，泉州市人民政府正式成立。2020年辖鲤城、丰泽、洛江、泉港4个区，石狮、晋江、南安3个市，惠安、安溪、永春、德化、金门5个县和泉州经济技术开发区、泉州台商投资区。

【历史文化】 泉州历史悠久，经济开发早在周秦时期就已开始。西晋末年，中原战乱，中原士族大批进入今泉州地域，多沿江而居，晋江由此得名。他们带来先进的生产工艺和文化知识，使晋江两岸得到迅速开发。泉州是国务院首批历史文化名城、东亚文化之都、古代“海上丝绸之路”起点城市，文化积淀深厚，素有“海滨邹鲁”“世界宗教博物馆”“光明之城”的美誉。全市有全国重点文物保护单位44处，省级文物保护单位96处，各级不可移动文物近3000处，文物数量众多。极负盛名的有中国现存最早的伊斯兰教清真寺、世界唯一的摩尼光佛像石刻、中国最大的老君石刻造像、葬有唐代到泉州传教的穆罕默德门徒三贤、四贤的灵山圣墓、千年古刹开元寺及东西塔、记载古代海上交通和贸易的九日山祈风崖刻、广受台胞和海外侨胞信众膜拜的天后宫妈祖、民族英雄郑成功史迹与陵墓、宋代蔡襄力推修建的洛阳桥、号称“天下无桥长此桥”的安平桥，以及与惠东民俗、海滨风光、石雕艺术融于一体的崇武古城等。丰富的人文景观、别具一格的民俗风情和秀出东南的自然风光交相辉映，使泉州成为一个全国乃至国际性的旅游胜地。泉州市有国家级“非遗”项目34项，福建省级“非遗”项目98项，市级“非遗”项目224项，县级“非遗”项目505项；有国家级“非遗”传承人53人，福建省级“非遗”传承人169人（含国家级53人），市级“非遗”传承人603人（含省级169人）。“非遗”项目涵盖民间文学、传统音乐、传统舞蹈、传统戏剧、曲艺、传统体育游艺与杂技、传统美术、传统技艺、传统医药、民俗10个类别。泉州保留着弥足珍贵的戏曲文化遗产，有梨园戏、高甲戏、打城戏、“嘉礼”戏等剧种，其中蜚声海内外的有：晋唐士乐余韵南音、宋元南戏“活化石”梨园戏和中国一绝“提线木偶”。泉州是中国历史上对外通商的重要港口，有上千年的海外交通史。自唐代开始，即为中国南方四大对外通商口岸之一。宋元时期，泉州港跃居四大港之首，以“刺桐港”之名驰誉世界，成为与埃及亚历山大港媲美的“东方第一大港”，呈现“市井十洲人”“涨海声中万国商”的繁荣景象。

【地方特产】 泉州地方特产众多。其中，茶叶类主要有安溪铁观音（中国十大名茶之一）、本山茶、黄金桂、毛蟹茶、永春佛手等。果蔬类主要有泉州龙眼、永春芦柑、永春岵山荔枝、德化梨、安溪长坑淮山、红心地瓜、南安洪濑紫薯、德化十八格黄花菜等。畜禽类主要有德化黑鸡、德化黑兔、德化黑羊、永春白番鸭等。特色美食类主食主要有咸饭、泉州烧肉粽、萝卜饭、芥菜饭、花菜饭、卤肉饭、芋仔饭、壶仔饭、泉州炒油饭、鱼仔粥、鸭仔粥、卤面、面线糊、湖头米粉、豆签、浮粿、粉团、豆粽、甜粽、肉粽、番薯粉粿条、澳茄粿、酸菜鸡丝面等；汤类主要有永春白鸭汤、黑豆龙骨汤、苦菜大肠汤、马鲛羹、香菇豆猪舌汤、灌肠仔汤、石狮牛肉羹、藕段排骨汤、萝卜排骨汤、玉米排骨汤、水豆腐汤、七彩干贝汤、肉燕汤、猪血汤等；包子主要有水晶包、肉夹包、东方包、菜包、水煎包等；素菜主要有安溪水瓮菜、润饼菜、窖菜、凉拌苦瓜、辣油笋菜、蒜泥茄子、香油拌海带等；荤菜主要有洪濑鸡爪、崇武鱼卷、西街田螺、姜母鸭、鳗鱼干炖猪脚、焖猪肘、烘猪脚、牛排（有别于西餐牛排）、水门巷炖羊肉、猪血小肠、蚝、清蒸金枪鱼、文蛤蒸蛋、酱香花蛤、蒸油蛤、炒泥蚶、蒸苦螺、炒竹蛏、炒大头螺、鲨鱼冻、芥菜炒虾皮、十香全鸭、香芋焖鸭等；甜品主要有满煎糕、石花膏、茜草粿（仙草蜜）、橘红糕、绿豆饼、粕丸、麻糍、榜舍龟、碗糕、花生汤、豆沙饼、石狮塘头甜粿、石狮芋圆、芋饼、芋蓉（芋泥）、土笋冻、柿饼、菜头酸、糖醋莲藕片、贡糖、椰子饼、雪拉膏、四果汤等。

台胞 华侨华人

【台胞】 泉州是台湾汉族同胞主要

祖籍地，根据1926年台湾地区人口调查数据，台湾汉族同胞中44.8%祖籍属泉州府。台湾地名与泉州相同的有180多处。泉州与台湾两地有地缘相近、血缘相亲、文缘相承、商缘相通、法缘相循的密切关系。地缘是泉州与台湾之间一切渊源的基础和前提，泉州位于福建沿海中部，与台湾地缘的关系最近。地理位置上，泉州市是大陆陆地距离台湾最近的区域。人口地理祖地根源，血缘相亲。历史上泉州曾有三次迁居台湾的高潮，仅民国34年（1945年）前后泉州人赴台就有10万余人，一大批泉州籍人士在岛内各界和台湾民众中有举足轻重的影响。文化地理共性突出，文缘相承。两地有共同的方言、相似的建筑风格、相同的戏曲艺术和民间信仰。经济地理互通互补，商缘相通。泉州一直是两岸经济往来最靠前的连接点，据记载，早在隋朝，泉州与台湾两地就有商贸往来。宋元时期，台湾作为泉州海上交通的中转站，通商贸易络绎不绝。即使在两岸关系紧张时期，泉州与台湾的民间贸易也未曾停止。政治地理历史归属，法缘相循。宋代，中央政府曾将澎湖划归泉州晋江县管辖；元代在澎湖设置巡检司，隶属泉州同安县。金门县历来都属泉州所辖。因泉州与台湾渊源关系的特殊性，泉州曾在两岸交往史上创下不少“第一”，如第一艘台轮停靠，第一次进行两岸小额贸易，第一个设置台轮停泊点，第一家台资企业上市等，曾被誉为两岸关系的“晴雨表”“窗口”。全国性对台宣传基地、祖国大陆唯一的对台博物馆——中国闽台缘博物馆在泉州建成开馆，比较系统地印证泉州与台湾两地关系的历史渊源脉络，更加凸显泉州市对台文化交流的窗口地位。

【华侨华人】 泉州市是全国著名地级市侨乡，有1700多年的华侨史。分布在世界130多个国家和地区的泉州籍华侨华人有948万人，90%居住在“海上丝绸之路”沿线，其中100万人以上的有印度尼西亚、马来西亚、菲律宾、新加坡。泉州人出国历史悠久。早在三国吴永安三年（260年），已有域内居者移居菲律宾。隋朝灭陈（589年）后，闽浙动乱，引发今泉州地区历时近30年的第一次出国潮。唐武德五年（622年）后，泉州人口开始剧增。地不足耕和拥有良好港湾、罕有台风登陆，使泉州港逐渐成为“海上丝绸之路”重要起点。至唐大历年间（766—779年），泉州涌现“市井十洲人”“还珠入贡频”的兴盛景观。随泉州海商船舶出国未归者渐多。唐乾符五年（878年），黄巢义军入闽，破惠安、驻南安、攻泉州城，城郊多残破；泉州人出现大规模移居东南亚浪潮。此后，泉州人出国经商、谋生潮流延续千年之久。清代泉州人出国高潮迭起。清初的“海禁”“迁界”，造成人民流离失所。濒海船户、渔民、商贾，或随郑成功东渡台湾，或辗转流寓南洋，就连山区德化县也有徐奇勋因往南洋经营致富。康熙二十二年（1683年），清军入台湾，实现祖国统一。而原来随郑成功渡台的泉州籍一部分官兵，相继乘船赴小吕宋或爪哇、马六甲各处。翌年，“海禁”解除。此后，从安海、后渚经厦门、澳门、广州往国外的泉州人，见于各侨乡族谱的记载，不胜枚举。辛亥革命前夕，新马地区“三生馆”领袖戴炎、蔡水应及拳师魏木器都是逃亡国外的泉州“三合会”会员。泉州南门外亭店村杨嘉种及其宗亲牵引出洋前往菲律宾的，至第一次世界大战期间有600多人；泉州新门外树兜村蒋备球及其族亲往印尼泗水的，至民国初达千人以上。在明、清“海禁”期间，1942—1945年东南亚沦陷日军期间，和1966年7月至1971年5月对出境严格限制时期，泉州人移居国外人数较少。1972年1月，泉州地区恢复出境审批，泉州再现新移民出国高潮。旅外泉州籍乡亲在当地有很强的经济实力、政治影响力和社会活动能力，成为推动中国与“海上丝绸之路”国家开展经贸文化交流合作的纽带和桥梁。

人口

【概况】 第七次全国人口普查数据显示，2020年11月1日零时，泉州市常住人口878.23万人；全市有家庭户295.96万户，集体户20.99万户，家庭户人口811.1万人，集体户人口67.13万人。平均每个家庭户的人口2.74人；全市常住人口中，男性人口458.65万人，占52.22%；女性人口419.58万人，占47.78%。常住人口性别比（以女性为100，男性对女性的比例）109.31。

【年龄结构】 第七次全国人口普查数据显示，2020年11月1日零时，泉州市常住人口中，0～14岁人口181.08万人，占20.62%；15～59岁人口581.14万人，占66.17%；60岁及以上人口116.01万人，占13.21%，其中65岁及以上人口为79.06万人，占9.00%。

【文化结构】 第七次全国人口普查数据显示，2020年11月1日零时，泉州市常住人口中，拥有大学（指大专及以上）文化程度的人口92.17万人；拥有高中（含中专）文化程度的人口108.38万人；拥有初中文化程度的人口316.82万人；拥有小学文化程度的人口259.16万人（以上各种受教育程度的人包括各类学校的毕业生、肄业生和在校生）；全市常住人口中，15岁及以上人口的平均受教育年限9.30年；全市常住人口中，文盲人口（15岁及以上不识字的人）17.02万人。

【城乡结构】 第七次全国人口普查数据显示，2020年11月1日零时，泉州市常住人口中，居住在城镇的人口601.27万人，占68.5%；居住在乡村的人口276.96万人，占31.5%；全市常住人口中，人户分离人口359.28万人，其中，市辖区内人户分离人口23.52万人，流动人口335.76万人。

【外国人服务管理】 2020年，泉州市加强外国人服务管理，全年接待外宾（含外国驻华使领馆官员）团组11批72人次；办理外国人访华邀请函100批234人次。参与抗疫国际合作，协调向5个市级友好城市捐赠防疫物资，捐赠医用口罩43万个、防护服3100套、额温枪700支。

2020年泉州市及各县人口数及其构成情况表

表1

地　区	常住人口数（人）	占常住人口比重（%）	
		男	女
全　市	8782285	52.22	47.78
鲤城区（含泉州经济开发区）	428361	51.35	48.65
鲤城区	396112	51.16	48.84
泉州经济开发区	32249	53.67	46.33
丰泽区	698557	51.35	48.65
洛江区	247172	51.54	48.46
泉港区	354296	50.42	49.58
石狮市	685930	53.45	46.55
晋江市	2061551	53.38	46.62
南安市	1517514	52.41	47.59
惠安县（含泉州台商投资区）	1030626	50.14	49.86
惠安县	781397	49.65	50.35
泉州台商投资区	249229	51.68	48.32
安溪县	1003599	52.82	47.18
永春县	422531	51.33	48.67
德化县	332148	52.92	47.08

说明：数据来源为第七次全国人口普查初步汇总数据

2020年泉州市及各县（市、区）常住人口年龄构成情况表

表2

地　区	占常住人口比重（%）			
	0～14岁	15～59岁	60岁及以上	
				其中：65岁及以上
全　市	20.62	66.17	13.21	9.00
鲤城区（含泉州经济开发区）	19.19	68.39	12.41	8.33
鲤城区	19.28	67.55	13.18	8.89
泉州经济开发区	18.18	78.75	3.08	1.45
丰泽区	17.29	72.88	9.82	6.34

续表2

地区	占常住人口比重（%）			
	0～14岁	15～59岁	60岁及以上	
				其中：65岁及以上
洛江区	20.17	67.83	12.01	8.12
泉港区	23.23	60.16	16.62	11.30
石狮市	18.26	72.14	9.60	6.16
晋江市	18.33	71.57	10.10	6.69
南安市	21.71	62.62	15.67	10.89
惠安县（含泉州台商投资区）	21.84	63.23	14.94	10.41
惠安县	22.53	62.23	15.25	10.67
泉州台商投资区	19.67	66.37	13.96	9.59
安溪县	25.25	59.37	15.38	10.67
永春县	21.16	59.23	19.61	13.93
德化县	22.67	63.29	14.04	9.60

说明：数据来源为第七次全国人口普查初步汇总数据

民族 宗教

【民族】 泉州市人口以汉族为主。根据2010年第六次全国人口普查数据，少数民族有53个，以回族、土家族、苗族和畲族居多。

【宗教】 泉州市历史上有佛教、道教、伊斯兰教、景教（古天主教的一个支派）、天主教、印度教（婆罗门教）、基督教、摩尼教（明教）、拜物教、犹太教等诸多宗教，其历史悠久、史迹丰富，在海内外有很大影响，被誉为世界宗教博物馆。

行政区划

【概况】 2020年，泉州市辖鲤城、丰泽、洛江、泉港4个区，石狮、晋江、南安3个市（县级），惠安、安溪、永春、德化、金门5个县及泉州经济技术开发区、泉州台商投资区2个管委会，30个街道、110个镇、22个乡（其中1个民族乡），477个社区、2055个村。

【区划调整】 2020年，泉州市新设立5个社区：丰泽区东海街道滨海社区、北峰街道万科城社区、晋江市新塘街道晋良社区、紫帽镇紫祥社区、南安市仑苍镇水暖城社区。6月28日，省政府批复安溪县参内乡撤乡设镇和和长坑乡恢复原名设镇，同意撤销安溪县参内乡，设置参内镇，行政区域不变，政府驻地不变；同意撤销长坑乡，设置长卿镇，以原长坑镇的行政区域为长卿镇的行政区域，政府驻地不变。

经济社会发展

【综合】 2020年，泉州市实现地区生产总值10158.66亿元，按可比价格计算，比上年增长2.9%，经济总量连续22年保持全省第一。其中，第一产业增加值226.60亿元，增长1.8%；第二产业增加值5808.15亿元，增长2.8%；第三产业增加值4123.91亿元，增长3.2%。第一、二、三产业对地区生产总值增长的贡献率分别为1.3%、56.8%和41.9%。三次产业比例为2.2∶57.2∶40.6。全年全市城镇新增就业人员10.10万人，有3.12万名城镇失业人员实现再就业；全年培训各类劳动者10.15万人。年末城镇登记失业率为2.07%。全年市辖区居民消费价格比上年上涨2.5%，其中，消费品价格上涨3.6%，服务项目价格上涨0.6%。12月，全市新建商品住宅销售价格同比上涨5.5%，二手住宅交易价格同比上涨4.5%。全年全市一般公共预算总收入813.32亿元，比上年下降3.1%。其中，地方一般公共预算收入454.04亿元，下降0.8%。一般公共预算支出715.14亿元，增长8.6%。其中，教育支出162.49亿元，增长7.7%。政府性基金收入337.68亿元，政府性基金支出396.76亿元。税务部门组织各项收入899.03亿元，比上年下降6.0%，其中，税收收入726.24亿元，下降5.2%。海关代征税收收入91.12亿元，下降27.1%。

【农业】 2020年，泉州市农林牧渔业总产值411.42亿元，比上年增长1.8%。粮食播种面积8.69万公顷，比上年增长1.2%。其中，稻谷播种面积5.55万公顷，增加180公顷。烟叶种植面积26.67公顷，增加0.73公顷；油料种植面积1.49万公顷，增加200公顷；蔬菜种植面积5.31万公顷，增加0.22万公顷。粮食产量49.83万吨，比上年增加0.85万吨，增长1.8%。其中，稻谷产量33.94万吨，增加0.25万吨，增长0.7%。全年全市植树造林总面积0.56万公顷，占总任务的104.8%。完成幼林抚育作业面积0.54万公顷。年末实有封山（沙）育林面积1.13万公顷。全年商品材产量28.24万立方米，下降66.9%。全年全市肉蛋奶总产量26.49万吨，比上年增长2.6%。其中，肉类总产量17.91万吨，增长0.5%；禽蛋产量8.01万吨，增长7.4%。肉猪出栏119.67万头，增长2.4%，年末生猪存栏85.22万头，增长19.7%。全年全市水产品产量104.99万吨，比上年下降1.9%。其中，淡水产品产量1.59万吨，增长2.4%；海水产品产量103.40万吨，下降1.9%，其中，海洋捕捞66.34万吨，下降4.7%；海水养殖37.06万吨，增长3.4%。年末全市国家级、省级农业产业化龙头企业分别为7家和126家；无公害农产品568个，绿色食品167个，有机食品12个，农产品地理标志产品 23个；福建十大农产品区域公用品牌3个，有效期内福建名牌农产品10个。

【工业和建筑业】 2020年，全市工业增加值5120.69亿元，比上年增长2.9%，工业对经济增长的贡献率53.5%。规模以上工业增加值增长3.0%。规模以上工业销售产值比上年下降0.4%，其中出口交货值下降11.7%。年末全市拥有年产值超亿元工业企业2850家，比上年增加41家，其中超10亿元企业354家，增加26家。全年全市规模以上工业企业经济效益综合指数358.5%，比上年上升13.5点。全年规模以上工业企业实现利润总额1221.99亿元，比上年下降10.6%。规模以上工业亏损企业亏损额20.13亿元，比上年增亏1.82亿元。全年全市工业用电量351.16亿千瓦时，比上年增长2.5%。全年全市建筑业增加值695.86亿元，比上年增长1.6%。全市资质等级以上的建筑企业有961个，完成建筑业总产值1970.75亿元。全市建筑业企业房屋施工面积8746.71万平方米，比上年下降8.6%；房屋竣工面积2829.84万平方米，比上年下降11.3%。全市建筑业总产值亿元及以上的企业195家，其中5亿元及以上的企业73家。

【固定资产投资】 2020年，泉州市固定资产投资（不含省反馈铁路数据）比上年下降2.4%。工业投资下降2.9%，占固定资产投资的比重为33.0%。基础设施投资下降6.3%，占固定资产投资的比重为18.0%。先进制造业投资下降4.9%，占固定资产投资的比重为15.4%。民间投资增长1.1%，占固定资产投资的比重为66.4%。全年全市房地产开发投资额962.83亿元，比上年增长5.0%。其中，住宅投资722.31亿元，增长9.0%；办公楼投资33.75亿元，增长12.2%；商业营业用房投资67.09亿元，下降24.3%。房地产开发企业房屋施工面积7536.04万平方米，比上年增长2.5%，其中住宅施工面积5281.47万平方米，增长4.4%。商品房销售面积1496.49万平方米，比上年下降2.9%，其中住宅销售面积1209.22万平方米，下降5.1%。

【国内贸易】 2020年，泉州市社会消费品零售总额5228.87亿元，比上年下降2.3%。其中，限额以上消费品零售额1494.15亿元，下降4.2%；限额以下消费品零售额3734.72亿元，下降1.5%。在限额以上批发和零售企业商品零售额中，体育、娱乐用品类零售额比上年增长36.3%，日用品类增长18.8%，家用电器和音像器材类增长9.0%，家具类增长6.0%，中西药品类增长5.5%，服装、鞋帽、针纺织品类增长4.9%，饮料类增长4.6%，五金、电料类增长3.5%，汽车类下降1.2%，石油及制品类下降29.9%。全市限额以上批发和零售业企业通过互联网实现商品零售额242.55亿元，比上年增长10.9%。

【对外经济】 2020年，全市进出口总额1970.81亿元，比上年下降6.7%。其中，出口额1503.61亿元，增长3.4%；进口额467.20亿元，下降29.0%。进出口顺差1036.41亿元，比上年增加241.23亿元。全年全市新设外商直接投资企业358家，比上年增长14.0%。投资总额212.54亿元，比上年下降27.4%；合同外资金额167.61亿元，增长7.5%；按验资口径，实际使用外商直接投资46.39亿元，增长5.1%。新批外商投资超千万美元（含增资）的企业35家。在新签使用外资合同中，投向第二产业的合同金额41.41亿元，下降8.0%，投向第三产业的合同金额120.87亿元，增长10.6%。外商投资企业当年累计开业投产40家。全年全市签订对外经济技术合作合同金额3211万美元，比上年下降58.2%；完成营业额6118万美元，增长1.7%。全年派出劳务人员5413人，年末在外劳务人员共有5108人。全年批准境外投资企业5家，境外投资金额23876万美元。

【金融】 2020年年末，泉州市金融机构本外币各项存款余额8820.78亿元，比上年年末增长14.1%，其中人民币各项存款余额8711.65亿元，比上年年末增长13.9%。人民币存款中，住户存款余额4793.8亿元，比上年年末增长11.7%；非金融企业存款2407.85亿元，比上年年末增长21.4%。全市金融机构本外币各项贷款余额8077.21亿元，比上年年末增长13.1%，其中人民币各项贷款余额8023.23亿元，比上年年末增长12.8%。人民币贷款中，个人消费贷款余额2652.03亿元，当年新增359.35亿元，其中住房贷款余额2039.57亿元，当年新增285.09亿元。全年全市通过证券市场发行、配售股票筹集资金5.83亿元，比上年增加5.83亿元。其中，新发行2只，筹集资金5.65亿元，比上年增加5.65亿元；配股2只，筹集资金1750万元，比上年增加1750万元。年末累计境内上市公司（A、B股）18家，总市值1236.26亿元，比上年年末增长26.0%；累计境外上市公司86家，比上年年末新增2家。全年全市保险业实现各项保费收入247.14亿元，比上年增长2.8%。其中，财产保险保费收入60.71亿元，下降3.8%；人寿保险保费收入186.43亿元，增长5.2%。赔款及给付支出69.91亿元，增长8.0%。其中，财产保险赔款及给付支出34.46亿元，增长0.7%；人寿保险赔款及给付支出35.45亿元，增长16.1%。

【人民生活与社会保障】 2020年，泉州市居民人均可支配收入4.08万元，比上年增长4.1%；人均消费支出2.52万元，比上年下降1.1%；人均住房建筑面积68.5平方米。按常住地分，全市城镇居民人均可支配收入5.1万元，比上年增长2.8%，人均消费支出3.01万元，比上年下降2.1%，人均住房建筑面积61.6平方米；农村居民人均可支配收入2.35万元，比上年增长6.0%，人均消费支出16749元，比上年下降0.3%，人均住房建筑面积80.2平方米。城乡居民家庭恩格尔系数分别为32.0%和43.3%。年末全市参加养老保险人数551.85万人，比上年新增11.12万人。其中，参加企业养老保险人数157.72万人，比上年新增8.37万人，参加机关事业单位养老保险人数20.17万人（含退休），比上年增加0.25万人，参加城乡居民社会养老保险人数373.96万人，比上年新增3万人。年末企业离退休人员领取基本养老保险金人数11.10万人，全部实现养老金按时足额发放。年末全市参加失业保险人数80.92万人，领取失业保险金人数0.74万人；参加工伤保险人数122.85万人；参加生育保险人数83.91万人；参加职工基本医疗保险人数103.74万人；参加城乡居民基本医疗保险人数605.85万人。年末全市收养性社会福利单位有682个。其中，儿童收养性福利机构12个，床位448张，年末在院人数238人；城镇老年收养性福利机构91个。全市养老服务床位46781张。全市社区服务机构和设施3541个，其中，社区服务中心148个，社区服务站2365个，未登记的农村特困人员救助供养机构98个，社区养老机构和设施189个，社区互助型养老设施617个，其他社区服务机构和设施124个。城市有8659人享受到最低生活保障救助，比上年增加228人；农村有68205人享受到最低生活保障救助，比上年增加6793人。全年销售社会福利彩票8.74亿元。全年直接接收社会捐赠款6639万元。全年全市创建145个省级乡村振兴示范点，投入实际扶持资金2.9亿元。34个省级扶贫开发帮扶村争取各类资金1.9亿元，实施帮扶项目314个。

【社会事业】 2020年，泉州市有高等院校18所，其中本科高校5所、独立学院1所、高职高专12所。研究生在校生6219人，招生2261人，毕业生1506人。普通高校本专科在校生17.45万人，招生5.82万人，毕业生3.55万人。全市中等职业学校37所（含技工学校6所），普通高中121所。高中阶段在校生23.48万人；招生8.57万人，其中普通高中4.98万人、中等专业学校3.17万人、技工学校0.42万人。全市普通初中208所，初中在校生33.43万人，招生12.08万人，其中招收外来务工人员子女3.79万人。全市小学1321所，在校生81.82万人，招生14.51万人，其中招收外来务工人员子女3.99万人。全市幼儿园1632所，在园幼儿39.63万人，招生14.72万人，学前三年入园率98.72%。全市特殊教育学校10所，特殊教育在校生2512人。在泉州就读进城务工人员随迁子女义务教育阶段在校生37.68万人。全市有国家高新技术企业1037家，省级高新技术企业906家，拥有省级、市级工程技术研究中心分别达85个和201个，228家企业被评为福建省创新型企业。全年实施国家、省、市各级各类科技计划项目329项，其中国家级8项、省级54项、市级267项。全年专利申请5.9万件，授权5.6万件，2012年以来专利授权量23.93万件。其中，2020年新增发明专利授权量2229件，2012年以来发明专利授权量1.37万件，年末每万人口发明专利拥有量10.44件。全年签订各类技术合同317项，合同金额4.07亿元。全市有国有艺术表演团体12个，影（剧）院 74个，群众艺术馆1个，文化馆11个，博物馆（纪念馆）18个（含民营博物馆），乡镇文化站163个，公共图书馆14个。图书馆藏书总量1093万册，电子图书（含电子期刊）643.87万册。文化系统专业艺术表演团体艺术演出1699场，观众47.5万人次；剧场、影剧院演（映）出71.20万场次。全市有广播电视台9座，调频、电视转播发射台9座，广播节目11套，广播综合人口覆盖率99.69%；电视节目12套，电视综合人口覆盖率97.93%。全市有线广播电视覆盖用户236.69万户，实际用户140.48万户，有线广播电视传输干线总长4.57万千米。全市有各类卫生机构（不含村卫生室）2036家，其中医院128家、乡镇卫生院126家、社区卫生服务中心40家、预防疾病控制中心13家、妇幼保健院（所）13家。年末有卫生技术人员5.15万人，其中执业（助理）医师1.96万人、注册护士2.23万人。医疗卫生机构建设床位数4.87万张。全市有乡村医生4615人，实现村级医疗卫生服务全覆盖，建设乡村一体化村卫生所（室）1869家。

中共泉州市委员会

综 述

【学习贯彻习近平新时代中国特色社会主义思想】 2020年，中共泉州市委贯彻落实习近平总书记讲话指示批示精神和党中央决策部署，把抓紧抓实抓细抓到位作为最根本的政治责任和最关键的工作方法。市委及时召开常委会会议、专题会议、理论中心组学习会，学习领会习近平总书记重要讲话重要指示批示，研究部署贯彻落实具体举措。建立台账管理，梳理细化落实习近平对福建、对泉州工作一系列指示批示，逐条逐项形成工作清单、任务清单、责任清单，实行月跟踪、季分析、定期“回头看”。实行量化评估，评估结果纳入巡察、干部考核考察、全面从严治党、绩效考评，形成贯彻落实的完整闭环。市委召开常委会会议、专题会议学习贯彻，边谋划边落实，理清各领域重点任务和工作抓手。召开市委十二届十二次全会，通过《中共泉州市委关于深入学习贯彻习近平总书记讲话重要指示批示精神全方位推动高质量发展超越的决定》，制定科技创新、优化产业结构、促进居民增收3个行动计划，出台实施一系列配套政策措施，形成“1+3+N”措施体系，逐条逐项抓好落实。召开市委常委会（扩大）会议传达学习全会精神，制发学习宣传贯彻全会精神的工作方案，出台新闻宣传、集中宣讲等细化方案。市委常委带头学习研讨，带头开展调研宣讲。组成市委宣讲团，创新“泉民开讲”“宣讲+志愿服务”等模式，组织分专题、系列化、靶向式宣讲，带动全市各级开展集中宣讲600多场次，实现各级党组织和党员干部学习全覆盖。加强主题宣传和新媒体传播，组织专项课题研究，推动全会精神进企业、进农村、进机关、进校园、进社区、进军营、进网站。

【经济高质量发展】 2020年，泉州市贯彻新发展理念，坚持以供给侧结构性改革为主线，服务并融入构建新发展格局。一季度破解“五难”操作链，二季度实施“六稳”“六保”追赶行动，三季度开展畅通双循环攻坚，四季度组织年终冲刺，全市生产总值突破万亿元大关。

2020年12月2日，中共泉州市委十二届十三次全会召开，审议通过《中共泉州市委关于制定泉州市国民经济和社会发展第十四个五年规划和二〇三五年远景目标的建议》，图为会议现场 （图/陈英杰）

抓好保金融、保用工、保市场工作，从产业生态圈入手，实施“百千”增产增效行动，梳理2237家“百千”企业重点扶持，全市兑现惠企资金48.2亿元、减税降费83亿元，保住市场主体。保金融，逐企成立金融顾问组，组织“百名行长进企业”，探索“供应链平台+担保+银行”模式，精准“滴灌”困难企业，为企业增贷、转续贷、降低利率、延期还款2099亿元。保用工，因应企业用工从“招得来”到“留得住”变化，开设“网络招聘超市”，举办“毕业季云招聘”“同心就业促进行动”。保市场，发挥泉州网商货源地优势，联合电商平台、品牌企业带动、全民参与开展直播活动，完成网络零售额2574亿元，增长34.9%，快递业务量17.2亿件，增长41%。开展“全闽乐购”促消费系列活动，组织线下百场促销活动，市、县两级发放消费券1.4亿元。

启动新一轮逆周期投资，实行“五个一批”项目提级调度，建立快速协调机制，482个在建重点项目完成投资1498亿元，白濑水利枢纽工程大坝开建，98个重点项目竣工投产。开展招商季活动，创新开展云招商、云签约，新签约项目468个、总投资3563亿元。聚焦“两新一重”，大抓新经济拓展、老产业链提升，策划实施万亿投资盘子。开展13个新基建新经济基地比拼，采取“龙头+产业链+基金+方案+专班”运作，新签约落地项目59个、总投资133.5亿元。实施千亿产业集群改造提升行动，抓好扩能生根、强链补链、科技赋能等项目710个，推广数字化、智能化生产线124条，新增“上云上平台”企业1000家。

抓好科技创新能力提升，国家自主创新示范区6项首创举措全省推广，成为首批“科创中国”试点城市；筛选培育141家明星梯队企业，新增高新技术企业350家；建成5G基站1万个，成为全国首批“双千兆城市”。推动清源创新实验室实质运作，新引进同济大学、湖南大学、上海大学等大院大所合作建设科研平台，中科院大学智能制造学院迎来首批研究生。推进人才“港湾计划”，新认定高层次人才2907人、团队7个，开展高层次人才自主认定试点企业116家，引进产业急需高校毕业生超1万人。

推进脱贫攻坚与实施乡村振兴战略有机衔接，召开决战决胜脱贫攻坚推进会，开展脱贫攻坚“回头看”，制定应对疫情影响等帮扶措施，实行“一键报贫”平台、镇村干部入户走访、村居专人挂钩联系，开展突发应急救助，建档立卡贫困人口全部脱贫、贫困村全部退出，未出现返贫新贫现象。编制完成145个乡村振兴试点村规划，创建23条乡村振兴示范线路，完成乡村旅游、农村电子商务、乡村记忆文化等19个三年行动任务。做大做强10个特色乡村产业，推进现代农业产业园、农产品标准化示范基地等建设，组建“农产品产销联盟”。深化“一革命四行动”，完成农村人居环境整治三年行动。

【全面深化改革扩大开放】 2020年，泉州市贯彻中央、省委关于深化改革扩大开放部署，融入省“海丝”核心区建设，加大先行先试，把改革开放推向深入。市委召开8次深改委会议，实施79项重点突破改革事项，推动重点领域和关键环节改革走深走实。组织开展中共十八届三中全会以来全面深化改革任务落实情况总结评估。健全重大疫情防控体制机制，推动医防融合创新发展。出台医改“1+N”政策文件，现代医院管理制度覆盖全市县级二级以上公立医院，按病种收付费覆盖面、药品医用耗材集中采购范围进一步扩大，每个县（市）均建成县域紧密型医共体。建设一流营商环境，深化“放管服”标准化、便利化、智能化改革，推进“一窗通办”，整合“一件事”集成套餐服务事项36件，建成投用行政审批服务“中介超市”。完成市、县两级政务数据中心整合迁移和政务数据全量汇聚，实现区块链电子证照+实体证照同步颁发，企业、群众办事更加便捷高效。统筹抓好世界中学生运动会各项赛事筹办工作，主场馆正式运营，30个竞赛场馆完成建设改造。实施出口市场突围拓展行动，举办10场“亚马逊走入泉州产业带”活动，组织百家龙头企业在香港“贸发网采购”在线展示交易、1280多家企业线上经贸推介。发展对外贸易新业态新模式，加快市场采购贸易和预包装食品出口推广扩容，新获批晋江国际鞋纺城试点，市场采购贸易方式出口320亿元，增长97.8%；获批国家跨境电商综合试验区、零售进口试点城市，跨境电商出口增长两倍多。

【泉台融合发展】 2020年，泉州市学习习近平关于对台工作的论述，落实落细中央、省、市各项惠台措施，做好“通”“惠”“情”三篇文章，加快建设台胞台企登陆第一家园。扛好金门供水政治责任，向金门供水超1000万吨，每天1万吨，与金门签订的115项水质指标全部达标，抓好湖库连通、双线供水、上游生态整治等供水保障工程建设。举办第四届海峡两岸食品交易会、第十三届海峡两岸农产品采购订货会，总投资106亿元的国乔石化签约落地。对台胞台企住房、医保、就业、教育等，实行市民同等待遇。征集发布近200个台湾青年就业岗位，推出台商台胞金融信用证书，设立台胞医保服务中心。强化对台引智引才，认定市级台湾高层次人才142人，入选省引进台湾高层次人才238人，新增到泉州创业就业实习台湾青年近千人。打好“民间信仰、宗族宗亲、传统文化、青年一代”四大品牌，组织各类泉台交流活动50多场次，近7万人次台胞线上线下互动，台湾青年到泉州研学旅游、体验交流越来越多，增进对根、祖、脉认同。

【城市功能集聚品位提升】 2020年，泉州市领会省委发挥中心城市作用等要求，推进生态修复城市修补，加紧跨江发展跨域融合，以生态连绵带串联山水田园城市，提升城市环境宜居度。保护“世界的古城、活着的古城”，做好“泉州：宋元中国的世界海洋商贸中心”“申遗”工作，递交补报文本，推进南外宗正司、市舶司、安溪冶铁、德化窑遗址等考古发掘。完成遗产点文物保护修缮和环境整治，省级以上文保单位建成电气线路套管敷设和智慧安全用电系统。加快古城综合提升工程，中山中路保护提升工程基本完工，22条古街巷启动改造提升，11所古代书院开展复建复兴。推动跨江发展、跨域融合，融入闽西南协同发展区，延续“一湾两翼三带”总体规划，启动国土空间规划编制。跨江发展，加紧城市新区开发，重点建设晋江、洛阳江入海口区域，集聚金融服务、现代商贸、科创研发等业态，中心城区东海后埔、城东南滨江、南埔山等5个片区启动建设。跨域融合，推动市际毗邻区协同发展，南翼策划“芯谷”南安基地、晋江集成电路产业园等5个产业配套新片区，北翼建设石化城、能源港，推动泉三、泉龙融合发展。实施聚城畅通工程，刺桐大桥南节点改造、武荣大桥、江滨南路南安段等开工建设，兴泉铁路、福厦客专泉州段加快架梁铺轨，城市联盟路泉州段建成通车。建设山水田园城市、生态连绵带。顺应天然组团格局，构建生态屏障区、生态廊道区、生态体验区三级空间体系，打造晋江、洛阳江两个展示面。坚持中心带动组团，连点成线，建成开放西湖桃花岛、山线绿道二期等，晋江廊道北侧水线、泉州台商投资区百崎湖、石狮环湾生态公园等投入使用。全市新改建城市综合公园、社区公园和口袋公园132个、总面积700公顷。

【社会主义民主政治建设】 2020年，泉州市坚持党的领导、人民当家作主、依法治国有机统一，推动制度优势更好转化为治理效能。加强新时代人大工作，贯彻落实省委《关于加强新时代人大工作和建设的决定》，制发市委通知推动落细落实。支持人大及其常委会依法履行立法、监督、决定等职责，发挥代表主体作用。制定出台《泉州市市容和环境卫生管理条例》《泉州市机动车停车管理条例》。围绕疫情防控及时做出决定，聚焦产业建链强链补链、政务数据汇聚共享、石化园区环境保护、司法公正等领域，开展调研，强化监督。贯彻落实中央政协工作会议精神，研究出台新时代加强和改进人民政协工作的实施意见，支持政协健全完善专门协商机构制度机制，在政协建言资政和凝聚共识上双向发力，围绕制造业高质量发展、深化产教融合、城市精细化管理、农村饮用水安全等开展协商调研，一批参政议政成果得到转化。发挥人民政协在新型政党制度实践中的独特作用，强化思想政治引领。巩固和发展爱国统一战线，开展政党协商，就疫情防控、经济社会发展、“十四五”规划等征求各民主党派、工商联、无党派人士意见建议。贯彻落实中央和省委有关支持民营经济发展措施，加强年轻一代民营企业家政治引领和发展引导。深化新社会阶层人士和党外知识分子工作，完善工作网络覆盖。健全完善宗教工作长效机制，民族宗教领域更加和谐稳定。深化港澳台和海外联络联谊，加强新时代海外统战工作，增进家国认同和情感认同。推进全面依法治市，学习贯彻习近平法治思想，推动民法典学习宣传和贯彻落实。研究制定依法防控疫情实施方案。推动“法治政府建设年”拓展提升，重新梳理40个涉改部门及挂牌机构权责清单，促进行政决策科学化民主化法治化。深化司法责任制综合配套改革，创新司法便民利民机制。

【宣传思想文化工作】 2020年，泉州市围绕举旗帜、聚民心、育新人、兴文化、展形象的使命任务，强化铸魂育人、守正创新，弘扬抗疫精神，更好坚定主心骨、汇聚正能量、振奋精气神。坚持把学习宣传贯彻习近平新时代中国特色社会主义思想作为首要的、长期的重大政治任务。建立常态化学习研讨、宣传阐释、督促落实等机制，确保“大学习”有力有序有效推进。把《习近平谈治国理政》第三卷与第一卷、第二卷作为一个整体组织学习，用好《习近平在福建》《习近平在厦门》《习近平在宁德》《习近平在福州》等系列采访实录教材，加强对新思想理论逻辑、历史逻辑、实践逻辑的认识和领会。坚持用党的创新理论武装党员干部，抓好十九届四中、五中全会精神学习轮训。落实意识形态工作责任制，贯彻落实《中国共产党宣传工作条例》《党委（党组）意识形态工作责任制实施办法》，开展意识形态工作专项检查，举办全市意识形态工作专题培训班，落实敏感舆情处置“1+N”机制，推进县级融媒体中心建设。组织开展决胜全面小康、决战脱贫攻坚等主题宣传。开展“扫黄打非”，建立查堵监管长效机制，净化文化环境。培育社会主义核心价值观，实施新时代爱国主义教育，加强党史、新中国史、改革开放史、社会主义发展史教育。开展未成年人思想道德教育实践活动，完善青少年理想信念教育齐抓共管机制，推进大中小学思政课一体化建设。完善创城创卫常态长效机制，抓好新时代文明实践中心、所、站建设，道德模范展示馆建成投入使用。贯彻落实习近平总书记对制止餐饮浪费行为做出的重要指示精神，推动全社会厉行节约、反对浪费。巩固深化移风易俗工作，出台《泉州市文明行为促进条例》。实施文化惠民工程，推动图书馆、文化馆、博物馆开启“云端”模式，国家公共文化服务体系示范区通过验收。

【社会治理现代化】 2020年，泉州市坚持系统治理、依法治理、综合治理、源头治理，打造共建共治共享的社会治理格局。推进“强基促稳”行动。抓住打通“最后一公里”“盆景变风景”两个关键，开展17个专项行动，巩固形成市县乡村四级一起抓、部门拧成一股绳、多元共治聚合力的态势。到省集体上访、进京越级访分别下降71.4%、51.7%，历史积案办结化解率95%，全市检控类初信初访、重复举报分别下降35.8%、24.5%。推进扫黑除恶专项斗争，抓好行业治乱六个专项整治，全市打掉黑社会性质组织27个、恶势力犯罪集团和团伙162个，破获黑恶9类典型案件5073起，立案审查涉黑涉恶腐败和“保护伞”307件339人。打击整治电信网络诈骗，开展“断卡”行动，破案数、破案率实现较大上升。开展安全隐患大排查大整治，汲取欣佳酒店坍塌重大事故教训，成立安全隐患大排查大整治指挥部，聚焦道路、危化、工矿、自然灾害等8个重点领域，解决历史遗留问题、安全欠账、存量风险等。建立“查得上来、整得下去”机制，推动问题销号和分阶段收账，处置人员密集场所重大安全隐患房屋、鉴定一般安全隐患房屋。健全完善重大问题领导挂钩整治、重大危险源督长制、“红黑名单”制度等安全监管15项措施，开展乡镇（街道）安全生产“1+X”全交叉专项督导，党政主要领导现场交办问题清单、进行集体约谈，推动安全隐患整改落实。

【民生保障和改善】 2020年，泉州市践行以人民为中心的发展思想，为民办实事，为民谋福利，解决群众“急难愁盼”问题。加快补齐社会事业短板，实施“四心”工程、“XIN”行动，民生主要指标达到或高于全省平均水平。坚持教育优先发展，新增公办幼儿园学位1.4万个、中小学学位1.8万个，实行小升初“公民同招”，15所职业院校获批省级示范性现代职业院校。扩大卫生健康资源供给，新增医疗机构床位数6508张，引进全国创伤骨科领先的上海第六人民医院等，全部县（市、区）通过全国基层中医药工作先进单位考核验收；深化“暖心服务”行动，医疗机构网络门诊预约率85%。推动养老事业发展，新增养老床位数3334张，获全国居家和社区养老服务改革试点成果优秀城市。加快城市治理精细化提升，出台《泉州市电动自行车管理办法》，扩大垃圾分类试点范围，覆盖232个社区、1300多个小区、40多万户居民。织密织牢社会保障网，针对疫情对群众生活造成的影响，加强水、电、燃气、交通、通信等基本公共服务和食品药品等物资供应，加强社会保障、公共卫生、兜底帮扶。实施就业稳岗暖心服务行动，出台稳就业奖补等措施，新增城镇就业9.3万人，失业人员再就业2.8万人。城乡居民社会养老保险参保率99.6%、居全省首位。强化社会救助兜底保障，制定疫情防控期间帮扶七条，“能快则快”兑现政策，疫情期间临时救助人员是上年2倍多。开工老旧小区改造295个、完工152个，惠及5.5万户家庭。

【生态文明建设和环境保护】 2020年，泉州市践行习近平生态文明思想，树立“绿水青山就是金山银山”理念，巩固生态环境“高颜值”。落实生态环境保护督察整改，从政治整改思想整改抓起，出台《泉州市贯彻落实第二轮中央生态环境保护督察反馈意见整改方案》，统筹两轮中央生态环保督察41项问题整改，完成整改29项。推动督察信访件办结销号，第一轮907件全部办结，第二轮办结858件、办结率99.8%。建立健全考核考评机制，梳理年度全市生态环境保护工作任务79项，实行项目化清单化管理。落实生态文明试验区建设，抓好生态文明建设示范县和“绿水青山就是金山银山”实践创新基地创建，推动全流域系统治理、永春全域生态综合体模式等11项改革创新成果在全市复制推广。推进排污权交易、环境污染责任保险、环境信用评价等制度改革，完成排污权交易775笔，实现投保范围内超九成企业签订环责险合同。抓好生态环境治理修复，打好污染防治攻坚战，实施大气精准减排治理，市区空气质量优良率97.3%；开展流域水质提升“碧水清源”专项行动，加强滨海湿地保护，管控围填海，完成农村“千吨万人”饮用水水源地保护区划定，县级以上13个饮用水水源地Ⅲ类水质达标率100%；开展“守护净土”重点监管企业排查整治，实行危险废物信息化全过程监管。完成植树造林5600公顷、水土流失治理20666.67公顷，实施矿山生态修复50万平方米，推进海洋生态修复。推进河湖长制，在全省首创“流域河长令”，河长制标准化建设入选水利部优秀案例。

【全面从严治党】 2020年，中共泉州市委贯彻新时代党的建设总要求，落实省委部署，以坚强有力的党组织确保工作任务落实。坚持以党的政治建设为统领，贯彻落实党中央关于加强党的政治建设意见，执行新形势下党内政治生活若干准则等党内法规，巩固深化“不忘初心、牢记使命”主题教育成果。严明政治纪律和政治规矩，查处违反政治纪律问题21件。出台市委及班子成员落实全面从严治党主体责任清单，抓好省委主体责任检查反馈问题整改，组织对各地各部门主体责任落实情况“全覆盖”检查。推进政治监督具体化常态化，坚持“两责”贯通、三级联动、“四项监督”协同破解监督难题，出台《党内政治监督谈话实施方案》。

提升基层党建质效，健全村党组织书记县级备案管理制度和村干部退出调整机制，排查整顿软弱涣散村党组织79个。出台村级议事协商7条意见和提升村级党群服务中心服务功能6条措施，规范化建设所有村级组织活动场所。实施村集体经济“消薄倍增”计划，基本消除村集体经营性收入10万元以下的村。推行近邻党建工作，创建红色物业和业委会，推行党员楼长制、巷长制。制定实施加强和改进新时代机关党的建设若干措施，推进模范机关创建活动。培育创建101个非公企业“党建入章”示范点，总结推行民营企业党建融入公司治理工作机制，把党的政治优势、组织优势转化为企业发展优势。

激励干部担当作为，突出政治标准一线考察识别干部，对表现突出的干部大胆选拔使用，全市表扬表彰表现突出先进个人942人，选拔重用疫情防控表现优秀干部79人，一线发展党员21人。完善知事识人体系，强化选人用人监督管理，严把选任关口，严明工作程序。组织开展市级机关公开遴选工作，推进市直机关岗位条件设定，完善公务员日常考核办法。

持续纠治“四风”，查处形式主义官僚主义问题98起182人、享乐主义奢靡之风问题108起131人。保持惩治腐败高压态势，运用监督执纪“四种形态”处理5604人次，全市立案1490件，党纪政务处分1494人，移送司法机关44人，追回在逃人员15人。整治群众身边腐败和作风问题，查处民生领域问题92起129人，查处扶贫领域问题34起53人。出台政商交往负面清单。贯通以案为鉴和以文化人，分系统分领域开展深度治理、警示教育。统筹专项监督、“1+X”监督、镇村监督一竿子到底，完善“末梢神经”监督工作机制。“常”“专”结合推进巡察监督，市县巡察覆盖率分别为100%和93%。

【市委常委会会议】 2020年，中共泉州市第十二届常委会召开了51次会议。

2020年中共泉州市委十二届常委会会议情况表

表3

时间	会次	议题内容
1月7日	第175次	研究有关干部事项
1月16日	第176次	听取2019年度全市党委（党组）落实意识形态工作责任制专题督查情况汇报，分析部署意识形态工作
		传达贯彻省委常委会关于加强新时代退役军人工作的会议精神和全省退役军人工作会议精神
		传达贯彻省委2019年度市委书记抓基层党建述职评议会议精神
		听取市人大常委会、市政府、市政协党组和市纪委监委以及市中级人民法院、市人民检察院党组工作汇报
		传达贯彻省十三届人大三次会议、省政协十二届三次会议精神
		传达贯彻中央、省委“不忘初心、牢记使命”主题教育总结会精神
		听取泉州市贯彻落实省委办公厅、省政府办公厅《关于深化乡镇（街道）机构改革的意见》的汇报
1月20日	第177次	传达省委农村工作会议精神，研究泉州市贯彻意见
		传达学习十九届中央纪委四次全会、省纪委十届五次全会精神，研究召开市纪委十二届五次全会有关事宜
		研究2019年度“强基促稳”工作先进集体、先进个人评选和“项目攻坚”工作优秀集体、优秀个人有关表彰事宜
		听取泉州市创建国家产教融合型试点城市工作情况汇报
		传达贯彻省委密码办有关通知精神
1月26日	第178次	传达贯彻中央政治局常委会和省委常委会研究新型冠状病毒肺炎疫情防控工作会议精神，对做好泉州市防控工作进行再研究、再部署、再动员
2月4日	第179次	传达贯彻中央政治局常委会和省委常委会研究加强新型冠状病毒肺炎疫情防控工作会议精神，听取泉州市疫情防控工作情况汇报，研究部署防控工作

续表3

时间	会次	议题内容
2月10日	第180次	传达贯彻习近平总书记在中央全面依法治国委员会第三次会议上的重要讲话和省委常委会会议精神 传达全国、全省统战部长会议和全国民委主任、全省民族宗教局长会议精神，研究泉州市贯彻意见 研究通报表扬全市疫情防控先进基层党组织和先进个人事宜
2月14日	第181次	传达贯彻习近平总书记在北京市调研指导新型冠状病毒肺炎疫情防控工作时的重要讲话、中央政治局常委会会议和省委常委会会议精神，研究加强疫情防控工作 研究《中共泉州市委常委会2020年工作要点》
2月19日	第182次	研究有关干部事项
2月25日	第183次	研究贯彻习近平总书记在中央政治局会议、全国统筹推进新冠肺炎疫情防控和经济社会发展工作部署会议上的重要讲话和习近平就关心爱护参与疫情防控工作的医务人员专门做出的重要指示精神以及省委常委会（扩大）会议精神 传达贯彻中央深改委第十二次会议、省委深改委第九次会议精神，研究《泉州市“强基促稳”三年行动2020年实施方案》 传达贯彻全国地方外办主任、全省外办主任会议和省委常委会会议精神，研究《市外办2019年工作总结和2020年工作思路（送审稿）》《2020年推进与印度金奈交流合作计划（送审稿）》 传达全国、全省组织部长会议和省委书记于伟国批示精神，研究泉州市贯彻意见 学习《中国共产党党和国家机关基层组织工作条例》《中国共产党国有企业基层组织工作条例（试行）》，研究泉州市贯彻意见 学习习近平总书记在十九届中央纪委四次全会上的重要讲话和《纪检监察机关处理检举控告工作规则》，研究泉州市贯彻意见 研究泉州市2020年全国劳动模范和先进工作者表彰推荐人选 研究有关干部事项
3月3日	第184次	传达贯彻习近平总书记在中央政治局常委会会议上的重要讲话和对全国春季农业生产工作做出的重要批示精神以及省委常委会（扩大）会议精神，部署近期防控和经济社会发展重点工作 传达学习全国、全省宣传部长会议及全省文明办主任会议精神，研究泉州市贯彻意见 传达中央、省委政法工作会议精神，研究泉州市贯彻意见 传达中央网信委第三次会议、省委网信委第三次会议精神，研究泉州市贯彻意见 传达全国、全省公安厅（局）长会议精神，研究泉州市贯彻意见 听取2019年度市委常委述责述廉评议结果和整改情况报告
3月10日	第185次	学习贯彻习近平总书记对欣佳酒店楼体坍塌事故的重要批示和李克强等中央领导的批示要求，落实国务院安委会办公室、应急管理部、卫健委、住建部等部委工作要求和省委、省政府部署，研究安排后续救援救治和全市安全生产工作

续表3

时间	会次	议题内容
3月19日	第186次	学习贯彻习近平总书记在中央政治局常委会会议上和在北京市、湖北省考察时的重要讲话精神以及省委常委会（扩大）会议、全省视频会议精神，部署近期疫情防控和复工复产重点工作
		传达学习习近平总书记对审计工作的重要指示和全国、全省审计工作会议、省委常委会会议精神，研究泉州市贯彻意见
		再次传达国务院泉州市欣佳酒店坍塌事故调查组第一次全体会议、省委常委会会议和全省安全隐患大排查大整治工作视频会议精神，部署房屋安全“百日大整治”行动和安全生产隐患大排查大整治工作
		传达中央、省委统一战线工作领导小组有关文件精神，研究泉州市贯彻意见
		研究有关干部事项
4月2日	第187次	学习贯彻习近平总书记在中央政治局会议、出席二十国集团领导人应对新冠肺炎特别峰会的重要讲话精神和中央领导有关批示精神以及省委常委会会议精神，部署统筹推进疫情防控和经济社会发展的重点工作
		传达贯彻省委全面依法治省委员会第四次会议精神，研究《关于依法防控新型冠状病毒肺炎疫情 切实保障人民群众生命健康安全实施方案（送审稿）》
		传达全国、全省政法系统疫情防控、维护国家政治安全和社会稳定工作视频会议精神，研究泉州市贯彻意见
		研究《关于新时代加强和改进人民政协工作的实施意见（送审稿）》《泉州市政协2020年度主要协商工作计划（送审稿）》
		听取2019年全市生态环境保护工作情况汇报，研究2020年工作要点
4月10日	第188次	学习传达中央政治局常委会会议和习近平总书记在浙江考察时的重要讲话精神、对四川西昌市经久乡森林火灾做出的指示以及省委常委会（扩大）会议精神，结合省领导到泉州调研检查指示要求，研究泉州市贯彻落实措施
		研究《关于抓好“三农”领域重点工作确保如期实现全面小康的实施意见（送审稿）》
		听取《泉州市人民政府2020年规章制定计划（送审稿）》起草情况和主要内容汇报
		传达全省创建全国双拥模范城（县）推进会精神，研究泉州市贯彻意见
		听取泉州市移风易俗试点工作情况汇报，研究《2020年泉州市深化移风易俗工作方案（送审稿）》
		学习贯彻《党委（党组）落实全面从严治党主体责任规定》，听取泉州市2019年度全面从严治党主体责任检查情况汇报
		学习贯彻《新时代爱国主义教育实施纲要》
		传达全省党校（行政学院）校（院）长会议精神，研究泉州市贯彻意见
		传达省总工会十三届八次全委（扩大）会议精神，研究泉州市贯彻意见
4月14日	第189次	传达省委常委会会议精神（通报中央决定对张志南涉嫌严重违纪违法进行纪律审查和检察调查）
4月17日	第190次	学习传达习近平总书记对安全生产做出的重要指示和全国安全生产电视电话会议、省委常委会会议精神，研究部署泉州市安全生产工作
		研究《中共泉州市委全面深化改革委员会2020年工作要点（送审稿）》，听取晋江市县域集成改革试点工作汇报
		传达中央财经委员会第六次和省委财经委员第四次会议精神，研究部署泉州市2020年财经工作
		学习传达中央“不忘初心、牢记使命”主题教育总结报告和省委常委会会议精神，研究泉州市主题教育总结报告
		传达全省抓党建促决战决胜脱贫攻坚电视电话会议精神，研究泉州市贯彻意见
		听取县（市、区）乡镇（街道）机构改革总体方案汇报

续表3

时间	会次	议题内容
4月23日	第191次	学习贯彻习近平总书记在中央政治局会议上的重要讲话和省委常委会（扩大）会议精神，研究部署抓紧抓实抓细常态化疫情防控工作和经济工作
		传达中央国安委第三次、省委国安委第三次会议精神，研究泉州市贯彻意见
		传达中央、全省对台工作会议精神，研究泉州市贯彻意见
		学习传达中央办公厅《关于持续解决困扰基层的形式主义问题为决胜全面建成小康社会提供坚强作风保证的通知》和省委常委会会议精神，研究泉州市贯彻意见
		传达全省学习贯彻落实习近平讲话指示批示精神情况通报暨部署会精神，研究泉州市贯彻意见
		传达中央组织部、省委组织部关于规范干部挂职工作文件精神，研究泉州市贯彻意见
		研究有关干部事项
4月30日	第192次	传达贯彻习近平总书记在陕西考察时的重要讲话和中央政治局常委会、省委常委会会议精神，研究落实全省统筹推进常态化疫情防控和经济社会发展及安全生产工作部署会议的具体措施
		传达省委军民融合发展委员会第四次全体会议精神，听取2019年工作情况汇报，部署2020年工作
		听取泉州市2019年党内法规工作情况汇报，研究部署2020年工作
		研究2020年政党协商（会议协商）计划
		贯彻落实习近平总书记重要指示批示要求，服从国务院泉州市欣佳酒店坍塌事故调查组处理意见，对做好后续配合、整改工作提出工作要求
5月9日	第193次	学习贯彻习近平总书记在中央政治局常委会会议、党外人士座谈会上的重要讲话和给郑州圆方集团全体职工的回信、寄语新时代青年的指示精神以及省委常委会扩大会议、全省视频会议精神，部署泉州市加强常态化精准化疫情防控加快经济社会发展工作
		研究泉州市贯彻落实中央生态环境保护督察反馈意见整改措施和即知即改工作
		研究《泉州市国有企业退休人员社会化管理实施方案（送审稿）》
		传达全省基层党建工作重点任务推进会精神，研究泉州市贯彻意见
		研究《泉州市推进新时代学校思想政治理论课建设十条措施（送审稿）》
5月15日	第194次	学习贯彻习近平总书记在中央政治局常委会会议、山西考察时的重要讲话和在国际护士节做出的重要指示精神以及省委常委会（扩大）会议精神，部署统筹推进常态化疫情防控和经济社会发展以及脱贫攻坚工作
		传达全省党政领导干部学习习近平生态文明思想专题培训班开班式精神，研究《泉州市贯彻落实第二轮中央生态环境保护督察反馈意见整改方案（送审稿）》
		研究《泉州市推动学前教育深化改革规范发展的十条措施（送审稿）》
		传达贯彻省委常委会会议暨省委退役军人事务工作领导小组会议精神，审议《市委退役军人事务工作领导小组2020年工作要点》《市委退役军人事务工作领导小组成员单位工作职责》《市委退役军人事务工作领导小组成员单位联络员工作职责》3份送审稿
		研究有关干部事项
		研究部署全国“两会”期间重点工作

续表3

时间	会次	议题内容
5月29日	第195次	研究部署泉州市贯彻落实习近平总书记重要指示和全国“两会”精神以及省委常委会（扩大）会议精神
		传达贯彻中央国安委有关会议、省委常委会会议精神，学习中办《关于加强党委国家安全干部队伍建设的意见》，审议《市委国安委文化安全工作协调机制》《市委国安委涉台港澳涉侨工作协调机制》2份送审稿
		传达贯彻省委常委会会议暨省委全面依法治省委员会第六次会议精神，审议《中共泉州市委全面依法治市委员会2020年工作要点》
		研究《关于贯彻落实中央和省委决策部署加强新时代公安工作的通知（送审稿）》
		听取泉州市申报全国民族团结进步示范区示范单位暨全省民族团结进步重点区重点单位汇报
6月10日	第196次	学习贯彻习近平总书记在主持专家学者座谈会时的重要讲话精神和对毛南族实现整族脱贫做出的重要指示、向首个“国际茶日”致信祝贺、给科技工作者代表的回信、对少年儿童的寄语精神以及省委常委会（扩大）会议精神
		听取近期安全生产工作汇报，研究《全市安全生产专项整治三年行动实施方案（送审稿）》
		研究《泉州市残疾人联合会改革方案（送审稿）》
		研究《泉州市委落实全面从严治党主体责任清单（送审稿）》
6月18日	第197次	传达贯彻省委有关文件精神
		学习贯彻习近平总书记在宁夏考察时的重要讲话精神以及省委常委会（扩大）会议精神
		研究《泉州市深入推进经济发达镇行政管理体制改革若干配套措施（送审稿）》
		传达省委有关宣传思想工作会议精神，研究泉州市贯彻意见
		研究《关于贯彻执行〈省委关于加强新时代人大工作和建设的决定〉的通知（送审稿）》
		传达全国、全省公务员工作推进会议精神，研究泉州市贯彻意见
		研究泉州市推荐参评全国脱贫攻坚奖人选事宜
		研究纪律处分有关事项
6月24日	第198次	传达学习习近平总书记关于巡视工作的重要讲话和中央、省委巡视巡察有关会议精神，研究泉州市贯彻意见；听取泉州市2020年来巡视整改工作情况汇报，部署巡视整改工作
		学习传达中央财经委第七次会议、省委财经委第五次会议精神，研究泉州市贯彻意见
		学习贯彻省委常委会会议精神，部署泉州市统筹做好常态化疫情防控和经济社会发展有关工作
		研究《关于认真学习“三明经验” 深化医药卫生体制改革的意见（送审稿）》及有关配套文件
		研究《泉州市国土空间规划编制工作方案（送审稿）》
		研究泉州市推荐参评全国抗击新冠肺炎疫情先进个人、先进集体事宜

续表3

时间	会次	议题内容
7月2日	第199次	学习贯彻习近平总书记在中央政治局第二十次集体学习时的重要讲话精神以及省委常委会会议、省委理论中心组学习会会议精神，研究泉州市贯彻意见
		学习贯彻习近平总书记对禁毒工作的重要指示精神以及全国禁毒工作先进集体和先进个人表彰会议、省委常委会会议精神，研究部署泉州市禁毒工作
		传达中央全面深化改革委员会第十三次会议和省委常委会会议、省委全面深化改革委员会第十次会议精神，研究泉州市贯彻意见
		传达省委常委会会议精神，听取食品安全工作汇报，研究《2020年全市治理“餐桌污染”建设“食品放心工程”工作方案（送审稿）》
		传达中办、省委办关于党政领导班子建设规划有关文件精神，研究《泉州市贯彻落实2019—2023年全国党政领导班子建设规划纲要实施方案（送审稿）》
		传达全国、全省开展领导干部个人有关事项报告专项整治工作有关精神，研究泉州市贯彻意见
		研究有关干部事项
		研究纪律处分有关事项
7月3日	第200次	研究纪律处分事项
7月8日	第201次	传达学习习近平总书记对加快实施安可替代工程的重要指示批示以及中央、省有关会议精神，研究泉州市贯彻意见
		传达学习习近平总书记在中央政治局第二十一次集体学习、中央政治局会议审议《中国共产党基层组织选举工作条例》时的重要讲话和给复旦大学青年师生党员的回信以及省委常委会会议精神，研究泉州市贯彻意见
		传达贯彻省委常委会会议精神，部署统筹推进常态化疫情防控和经济社会发展有关工作
		传达学习《党委（党组）意识形态工作责任制实施办法》以及省委常委会会议、省委宣传思想工作领导小组会会议精神，研究泉州市贯彻意见
		研究推荐申报全国双拥模范城（县）有关事宜
7月14日	第202次	传达学习国务院批复的福建省泉州市欣佳酒店坍塌事故调查报告和福建省委批准、中央纪委国家监委同意的追责问责处理意见以及省委书记于伟国在泉州市全面从严治党主体责任集体约谈时关于欣佳酒店坍塌事故的讲话精神，研究部署贯彻落实工作
7月16日	第203次	传达贯彻省委和省政府工作调研检查组到泉州开展调研检查有关精神
		传达贯彻省委常委会会议有关精神，部署抓好统筹推进常态化疫情防控和经济社会发展、安全生产有关工作
		传达省委全面从严治党主体责任落实情况检查集体约谈会议以及省纪委监委调研组到泉州调研有关工作精神，研究泉州市贯彻意见
		传达学习习近平总书记对防汛救灾工作做出的重要指示以及省委常委会会议精神，研究泉州市贯彻意见
		传达全国、全省扫黑除恶专项斗争重点行业领域突出问题专项整治推进会精神，研究泉州市贯彻意见

续表3

时间	会次	议题内容
7月23日	第204次	传达学习习近平总书记在中央政治局常委会会议上关于防汛救灾工作的重要讲话和给中国石油大学（北京）克拉玛依校区毕业生的回信精神，研究泉州市贯彻意见
		传达中央全面深化改革委员会第十四次会议、省委全面深化改革委员会第十一次会议精神，研究泉州市贯彻意见和《关于推进泉州市民办教育分类管理改革与发展的实施意见（送审稿）》
		学习贯彻《中华人民共和国公职人员政务处分法》以及省委常委会会议有关精神
		研究《泉州市贯彻落实〈2019—2023年全国党政领导班子建设规划纲要〉实施方案（送审稿）》
		研究追授杜晓东“泉州市优秀共产党员”称号事宜
		研究推荐参评全省档案系统先进工作者人选事宜
8月7日	第205次	学习贯彻习近平总书记在中央政治局会议和中共中央党外人士座谈会上的重要讲话、在吉林考察时的重要讲话、在企业家座谈会上的重要讲话以及省委常委会（扩大）会议精神，研究部署统筹推进常态化疫情防控和经济社会发展工作
		学习贯彻习近平总书记重要指示以及省委常委会会议有关精神
		传达学习习近平总书记致中国少年先锋队第八次全国代表大会的贺信精神，听取团市委工作情况汇报，研究泉州市贯彻意见
		学习贯彻《中国共产党基层组织选举工作条例》
8月10日	第206次	传达全省防范重特大生产安全事故暨警示教育视频会议和省领导关于晋江市陈埭镇西坂村厂房火灾事故的批示精神，研究部署下阶段泉州市安全生产工作
		研究有关干部事项
8月14日	第207次	传达学习习近平总书记对“十四五”规划编制工作做出的重要指示以及省委常委会会议精神，部署统筹常态化疫情防控和经济社会发展工作
		传达学习习近平总书记对研究生教育工作做出的重要指示以及省委常委会会议精神，研究泉州市贯彻意见
		传达学习《习近平谈治国理政》第三卷出版座谈会以及省委常委会会议、全省发行工作座谈会议精神，研究泉州市贯彻意见
		研究《泉州市市容和环境卫生管理条例（草案）》
		研究推荐参评全省机关工委系统先进集体、全省人防系统先进集体、全省交通运输系统先进集体等事宜
8月20日	第208次	传达贯彻省委十届十次全会精神
8月25日	第209次	传达学习习近平总书记在安徽考察和主持召开推进长三角一体化发展座谈会时的重要讲话精神、在中国医师节到来之际向全国广大医务工作者致以节日祝贺和诚挚慰问时的指示精神以及省委常委会会议精神，研究部署统筹推进常态化疫情防控和经济社会发展工作
		传达学习习近平对制止餐饮浪费行为做出的指示以及省委常委会会议精神，研究泉州市贯彻意见
		传达学习中央、省委关于意识形态领域情况的通报精神，听取泉州市工作情况报告，研究《关于当前泉州市意识形态领域情况的通报（送审稿）》
		研究召开市委十二届十二次全会方案及会议文件
		研究有关干部事项

续表3

时间	会次	议题内容
9月1日	第210次	传达学习习近平总书记在中央第七次西藏工作座谈会和经济社会领域专家座谈会上的重要讲话精神、《不断开拓当代中国马克思主义政治经济学新境界》的文章以及省委常委会会议精神，研究部署有关工作
		传达学习习近平总书记致全国青联十三届全委会、全国学联二十七大贺信以及省委常委会会议精神，研究泉州市贯彻意见
		研究《泉州市突破“难、硬、重、新”工作行动实施方案（送审稿）》
		研究《泉州市平安建设领导小组及其办公室工作规则（送审稿）》《泉州市平安建设领导小组专门工作组组成方案（送审稿）》
9月9日	第211次	传达学习习近平总书记向中国人民警察队伍授旗时的训词以及省委常委会会议、省领导有关批示精神，研究泉州市贯彻意见
		听取反恐怖主义工作情况汇报，研究部署有关工作
		研究《进一步学懂弄通做实〈习近平谈治国理政〉第三卷的具体措施（送审稿）》
		传达贯彻闽宁互学互助对口扶贫协作第二十四次联席会、省委常委会等有关会议精神，研究部署泉州市对口支援工作
		研究有关干部事项
		研究市委班子成员分工调整事宜
9月17日	第212次	传达学习习近平总书记在全国抗击新冠肺炎疫情表彰大会上的重要讲话以及省委常委会有关会议精神，研究泉州市贯彻意见
		传达学习习近平总书记在8月31日中共中央政治局会议审议《黄河流域生态保护和高质量发展规划纲要》时的重要讲话、给建设和守护密云水库的乡亲们的回信以及省委常委会会议精神，研究泉州市贯彻意见
		传达学习习近平总书记在纪念中国人民抗日战争暨世界反法西斯战争胜利75周年座谈会上的重要讲话和在科学家座谈会上的重要讲话、在2020年中国国际服务贸易交易会全球服务贸易峰会上的致辞、在教师节到来之际向全国教师和教育工作者致以节日祝贺和诚挚慰问时的重要指示以及省委常委会会议精神，研究部署有关工作
		传达贯彻省十三届人大四次会议精神
		研究推荐参评全省农业农村系统先进集体事宜、参评全国家庭工作先进集体事宜
		研究有关干部事项
9月23日	第213次	学习贯彻习近平总书记关于总体国家安全观的重要论述及省委常委会会议精神，听取国家安全工作形势分析汇报，研究部署有关工作
		传达学习习近平总书记在湖南考察时的重要讲话、在基层代表座谈会上的重要讲话、致中国延安精神研究会第六次会员大会的贺信以及省委常委会会议精神，研究部署有关工作
		传达学习习近平总书记对新时代民营经济统战工作做出的重要指示、全国民营经济统战工作会议以及省委常委会会议精神，研究泉州市贯彻意见
		传达全省市县政协主席座谈会暨秘书长工作交流座谈会精神，研究泉州市贯彻意见
9月29日	第214次	传达学习习近平总书记在第三次中央新疆工作座谈会上的重要讲话、在教育文化卫生体育领域专家代表座谈会上的重要讲话、对“十四五”规划编制工作网上意见征求活动做出的重要指示、对供销合作社工作做出的重要指示、在第三个“中国农民丰收节”到来之际向全国农民和工作在“三农”战线上的干部致以节日祝贺和诚挚慰问时的重要指示以及省委常委会会议精神，研究部署有关工作
		听取2019年度省委、市委全面从严治党主体责任检查整改落实情况汇报，研究部署有关工作
		研究有关干部事项

续表3

时间	会次	议题内容
10月15日	第215次	传达学习习近平总书记在9月28日中央政治局会议上的重要讲话以及省委常委会会议精神，研究部署有关工作
		传达学习习近平总书记在中央政治局第二十三次集体学习时的重要讲话以及省委常委会会议精神，研究泉州市贯彻意见
		学习贯彻《省委关于贯彻落实〈中国共产党农村工作条例〉的实施办法》精神，研究泉州市《贯彻落实〈中国共产党农村工作条例〉责任分工方案（送审稿）》
		传达全省各界学习《习近平在厦门》《习近平在宁德》《习近平在福州》《习近平在福建》采访实录座谈会精神，研究泉州市贯彻意见
		听取县（市）经济发达镇行政管理体制改革实施方案审核情况汇报
		传达全国、全省“断卡”行动部署会精神，研究泉州市贯彻意见
		研究推荐参评全国民委系统先进工作者和劳动模范、全国农民工工作先进集体、全省统战系统先进集体、全省宣传系统先进工作者、福建省十佳新闻工作者等事宜
10月22日	第216次	传达学习习近平总书记在深圳经济特区建立40周年庆祝大会上、在广东考察时、在中央党校（国家行政学院）中青年干部培训班开班式上的重要讲话、在第七个国家扶贫日到来之际对脱贫攻坚工作做出的重要指示、致“摆脱贫困与政党的责任”国际理论研讨会的贺信以及省委常委会会议精神，研究部署有关工作
		研究泉州市2017—2019年度文明村镇、文明单位、文明校园、文明家庭和精神文明建设先进集体、先进个人候选名单
		传达全国双拥模范城（县）命名表彰大会精神，研究泉州市贯彻意见
10月30日	第217次	传达学习习近平总书记在10月22日中央政治局常委会会议、中央政治局第二十四次集体学习、纪念中国人民志愿军抗美援朝出国作战70周年大会上的重要讲话和给四川省革命伤残军人休养院全体人员回信以及省委常委会会议精神，研究部署有关工作
		传达学习习近平总书记致第三届数字中国建设峰会的贺信以及数字福建20周年座谈会、省委常委会会议精神，听取泉州市参加第三届数字中国建设峰会和数字泉州建设工作情况汇报，研究泉州市贯彻意见
		研究《泉州市精神文明创建活动管理办法（送审稿）》
		研究有关干部事项
11月6日	第218次	传达学习习近平总书记关于华侨大学建校60周年的重要指示以及省委常委会会议精神，研究泉州市贯彻落实措施
		听取全市“扫黄打非”工作情况汇报，研究下阶段工作措施
		传达学习宣传贯彻中共十九届五中全会精神电视电话会议和中办通知精神，研究泉州市贯彻意见
11月13日	第219次	传达学习习近平总书记在第三届中国国际进口博览会开幕式上的主旨演讲、对建设更高水平的平安中国和对推进农村土地制度改革、做好农村承包地管理工作做出的重要指示以及省委常委会会议精神，研究部署有关工作
		研究《泉州市促进中医药传承创新发展若干措施（送审稿）》
		听取市妇联工作情况汇报，研究部署下阶段有关工作
		研究推荐参评抗击新冠肺炎疫情省级表彰事宜
		研究召开市十六届人大六次会议有关事项
		通报2019年度省委全面从严治党主体责任检查问责典型问题，研究部署泉州市全面从严治党有关工作

续表3

时间	会次	议题内容
11月20日	第220次	学习贯彻习近平总书记关于统筹疫情防控和经济社会发展的重要论述以及省委常委会会议精神，研究部署近期常态化疫情防控重点工作
		传达学习习近平总书记在浦东开发开放三十周年庆祝大会、江苏考察调研、推动长江经济带发展座谈会、出席金砖国家领导人第十二次会晤时的重要讲话和向博鳌亚洲论坛国际科技与创新论坛首届大会开幕致贺信以及省委常委会会议精神，研究部署有关工作
		传达学习习近平总书记在中央全面依法治国工作会议上的重要讲话以及省委常委会（扩大）会议精神，研究泉州市贯彻意见
		研究召开市政协十二届五次会议有关事项
		研究纪律处分有关事项
		研究有关干部事项
12月3日	第221次	传达学习习近平总书记关于巡视工作的重要讲话和中央、省委巡视巡察有关会议精神，听取泉州市落实省委巡视整改情况汇报，研究部署下阶段工作
		研究有关干部事项
		听取安全生产工作情况汇报，研究部署下阶段工作以及研究《关于全面加强危险化学品安全生产工作的若干措施（送审稿）》
		研究《泉州市贯彻〈国家积极应对人口老龄化中长期规划〉实施方案（送审稿）》
		传达省纪委监委调研组到泉州调研指导有关精神，研究泉州市贯彻意见
		研究《关于开展党内政治监督谈话的实施方案（送审稿）》
		研究《关于深化市纪委监委派驻机构改革的实施意见（送审稿）》
		研究推荐参评中国红十字会新冠肺炎疫情防控工作先进个人事宜
12月11日	第222次	传达学习习近平总书记在12月3日中央政治局常委会会议、中央政治局第二十五次集体学习、全国劳动模范和先进工作者表彰大会上的重要讲话、会见全国精神文明建设表彰大会代表时做出的指示以及省委常委会会议精神，研究部署有关工作
		传达学习习近平总书记关于做好关心下一代工作的重要指示以及中国关工委成立30周年会议、省委常委会会议精神，听取泉州市关工委工作情况汇报，研究贯彻落实措施
		传达《中共中央关于加强新时代海外统战工作的意见》和省委统战工作领导小组专题会议精神，研究泉州市贯彻意见
		听取市侨联工作情况汇报，研究部署下阶段有关工作
		听取党史和地方志工作情况汇报，研究部署下阶段有关工作
		研究《市委国安委生态资源安全工作协调机制（送审稿）》
		听取国家安全机关关于反奸防谍工作情况汇报
		研究部分市政协委员、常委调整事宜
		研究有关干部事项
12月16日	第223次	传达学习习近平总书记在中央政治局会议、党外人士座谈会上的重要讲话以及省委常委会会议精神，研究部署有关工作
		听取市贸促会工作情况汇报，研究部署下阶段有关工作
		研究《泉州市机动车停车管理条例（草案）》《市人大常委会关于加强九龙江流域水生态环境协同保护的决定（草案）》《市人大常委会2021年立法计划（草案）》
		传达全省近邻党建工作推进会议精神，研究泉州市贯彻意见
		研究有关干部事项

续表3

时间	会次	议题内容
12月23日	第224次	学习贯彻习近平总书记在中央经济工作会议和中央政治局第二十六次集体学习时发表的重要讲话精神以及省委十届十一次全会、省委经济工作会、省委常委会会议精神，研究召开市委十二届十三次全会、经济工作会有关事宜
		研究市政府工作报告、中级人民法院工作报告、人民检察院工作报告、计划报告、预算报告等文稿
		研究召开市十六届人大六次会议、市政协十二届五次会议有关事项和市人大常委会工作报告、市政协常委会工作报告文稿
		研究推荐参评2018—2020年度省级文明村镇、文明单位、文明校园表彰事宜
		研究有关干部事项
		市委议军会
12月31日	第225次	传达贯彻省委主要领导到泉州调研指导有关精神
		传达学习中央、省委全面深化改革委员会会议精神，研究泉州市贯彻落实措施
		研究《泉州市“强基促稳”三年行动防范治理电信网络诈骗犯罪专项行动实施方案（送审稿）》
		研究市委、市政府2021年为民办实事项目
		研究推荐参评省级脱贫攻坚专项奖励事宜
		研究推荐参评全国司法行政系统抗击新冠肺炎疫情先进集体、全国扫黑除恶专项斗争先进工作者事宜
		研究纪律处分有关事项
		研究有关干部事项
		传达全省疫情防控工作电视电话会议精神，研究部署冬明和“两节”期间疫情防控工作

组织工作

【概况】　2020年，中共泉州市委组织部学习贯彻新时代党的建设总要求和新时代党的组织路线，为全市统筹推进疫情防控和经济社会发展，推动高质量发展超越，决胜决战全面建成小康社会提供组织保证。开展“末端落实年”活动，把2020年组织工作重点任务细化为9个项目、45条具体落实措施，逐一立项分解；执行干部工作制度，做好干部选任工作，调配市管干部400多人次，选拔使用女同志、少数民族人员、非党员干部69人次；实施“海丝先锋”达标创星专项行动，排查整顿软弱涣散农村党组织79个，推动农村基层党组织全面进步、全面过硬，全市农村先进党组织占比58.54%；启动第三轮市高层次人才认定和支持办法修订，突出产业需求导向，推动人才要素前置纳入85份产业、科技、技改政策和规划；出台支持用人单位引聚人才十条措施，创新云端招聘、线上培训、人才共享等平台，帮助用人单位统筹疫情防控与引聚人才、复工复产；推行企业自主认定评价人才，116家企业自主认定778名市高层次人才。

【政治建设】　2020年，中共泉州市委组织部加强政治素质建设，建立“一个项目、一名领导、一个团队、一抓到底”的专班化工作模式，召开五次项目推进会，分析工作推进中存在的困难和问题，逐项研究破解，推动中央和省委、市委决策部署落地见效。制定《2020年部机关政治建设工作计划》，细化政治建设30项措施和4张工作清单，对中央和省委、市委重大决策部署，召开23次部务会议、12次党员干部大会进行传达学习，研究贯彻举措，坚决抓好落实。大兴调查研究之风，把发现问题、解决问题贯穿调研始终，《提升政治能力增强领导班子整体功能研究》课题获评中组部组织工作调研成果优秀奖。

加强政治能力培训，推进“习近平新时代中国特色社会主义思想和‘晋江经验’在泉州的成功实践教育培训工程”，组织开展中共十九届四中全会精神学习培训，组织举办3期市管干部学习贯彻中共十九届四中全会精神轮训班。组织开展《习近平谈治国理政》第三卷读书交流分享活动，分级分类开展学习新思想培训班152场次，培训党员干部1.6万多人次。开展领导干部专业化能力、年轻干部理想信念教育、弘扬“晋江经验”等专题培训10余场次，举办“东海干部学堂”，完善点名调训、机关访学、网络培训等办法，提高教育培训质量和水平。建立健全巡听旁听、年度学习计划报备等制度，推进全市各级党委（党组）理论学习中心组学习制度化规范化。

加强政治激励关爱，注重激励引导基层党组织和党员干部在疫情防控斗争中勇担当善作为，制定《关于加强党的领导进一步发挥基层党组织战斗堡垒和党员先锋模范作用推动疫情防控责任落实的通知》，发动全市1.5万多个基层党组织、28多万名党员挺身而出，构筑群防群治的基层组织防线。一线考察识别干部，33人在疫情防控一线宣誓入党，市、县两级提拔重用500多名表现突出的干部。出台实施关心关爱一线工作人员十条措施，从市管党费划拨373万元用于抗疫慰问、补助、物资购买等工作，党员自愿为疫情防控工作捐款6855万元。

【干部管理】 2020年，中共泉州市委组织部推行干部业务考核信息动态收集机制，推进干部人事、考核考察、业务考核等档案数字化，扫描干部档案2847份。完成第8批22名援疆干部人才选派工作，第八批援藏、第七批援疆干部返回安置工作及时到位，做好军转干部安置工作，接收安置军转干部正团职5名、副团职8名。制定出台《泉州市贯彻落实〈2019—2023年全国党政领导班子建设规划纲要〉实施方案》，研究提出7项重点工程、26条具体措施，开展党委（党组）落实干部培养主体责任调研评估，选派62名年轻干部市县交流挂职、4名市直单位优秀年轻干部平级交流任乡镇（街道）党委书记。

从严监督管理干部队伍，开展领导干部个人有关事项报告集中填报和查核工作，重点查核213人次、随机抽查139人次，对存在填报不一致情况的报告对象批评教育、责令做出检查18人次，诫勉3人次。做好“12380”信访举报受理查核工作，审核审批因公（私）出国境处级及以上干部45人次，联合市审计局对6名担任单位正职的处级干部进行任中审计。落实《关于规范领导干部任前有关工作的意见》，对7名“带病提拔”干部开展选拔任用过程倒查，选派选人用人专项检查组5批28人次，对20个党委（党组）开展选人用人专项检查，并将检查中发现的问题纳入巡察反馈整改的重要内容。拓展市管干部日常管理监督信息沟通制度，更新“泉州市市管干部日常管理监督信息库”，每月形成专报报送部领导和市委领导参阅。

构建公务员一体化管理格局，把握组织部门统一管理公务员工作、统一管理机构编制部门的改革精神，构建系统集成、协同高效的公务员一体化宏观管理格局。制定《进一步加强市直党政群机关公务员调配管理的通知》等3份文件，形成涵盖编制管理、人员调配、职级晋升全链条的公务员管理“1+10”政策体系。深化分类管理，制定公检法单独职务序列公务员职级晋升有关制度，明确公检法机关调入不同序列公务员的条件要求。做好公务员职级晋升政策解读和审核审批工作，市直单位823名公务员晋升职级，271名职级公务员转任领导职务。规范市级党政群机关的空编使用，实行“编制+职数+结构+专业”调配制度，明确市级党政群机关补充人员以公开招录和公开遴选为主渠道，直接调动交流人数不超过空编的35%，会同市委编办做好78名公务员调配审核把关工作。统筹开展调任、交流、公开遴选等工作，明确提出各县（市、区）近三年除政策性安置外考录比例应不低于60%，完成416名公务员公开考录工作，组织14个市直机关遴选基层公务员30名。在全市范围内推行公务员平时考核，182个市直机关单位启动平时考核，探索线上考核，开发“市公务员考评管理平台”。强化公务员培训工作，举办“初任班”“任职班”“依法行政”“海丝文化”等专题培训，培训学员332人次。

【基层组织建设】 2020年，中共泉州市委组织部抓实党建促脱贫攻坚、促乡村振兴，实施“海丝先锋”达标创星专项行动，排查整顿软弱涣散农村党组织79个，推动农村基层党组织全面进步，全市农村先进党组织占比58.54%。推进“领头雁”引领示范专项行动，健全村党组织书记县级备案管理制度和村干部退出调整机制，村党组织书记全部轮训一遍，从脱贫攻坚、疫情防控、房屋安全“百日大整治”行动等重大任务中发现储备村级后备力量5000多名。推行村级民主议事协商制度7条意见、提升村级党群服务中心服务功能6条措施，完成所有村活动场所标准化规范化建设，新建市级党建文化走廊29个。实施村集体经济“消薄倍增”计划，开展“三资”监管专项行动，全市村集体经营性收入全部达到10万元以上，20万元以上的村占70%。

创新推进城市党建工作，打造“近邻党建”品牌，健全落实市委常委挂钩联系小区党支部、街道社区城市基层党建联席会议、社区“大党委”、区域性党建联盟等制度，指导探索“小区党组织+业主委员会代表+居民代表+相关利益人代表”“3+X”议事协商等做法，总结形成“党建引领、邻里相亲、互帮互助、和谐友善”的基层治理模式。制定下发《关于全面推行“党员街巷长制”“党员楼长制”提升党建引领城市基层治理水平的通知》，全市选聘党员街巷长1292人、党员楼栋长3652人。开展居民小区党组织覆盖“百日攻坚行动”，成立小区党支部900个，全市小区党组织覆盖率71.83%，有物业管理小区党组织覆盖率85.18%。创新开发基于互联网、云计算技术、大数据技术的“近邻社区自治与互助平台”，畅通居民群众“同栋楼、同小区”线上交流渠道。坚持示范引领、以点带面，培育小区党支部典型点66个，编印《好邻里好生活——泉州市近邻党建案例汇编》，依托《泉州晚报》推出系列宣传报道，相关经验做法在《中国组织人事报》《八闽快讯》等省级以上媒体刊发61篇次。

完善非公党建工作机制，推行民营企业党建融入公司治理“1533”工作机制[围绕促进“两个健康”，即非公有制经济健康发展和非公有制经济人士健康成长这一目标，引导党组织参与企业管理制度、和谐企业、人才队伍、公司文化、企业廉洁自律五项建设，通过打造坚强堡垒、提升书记能力、完善融入途径三项措施，实现企业党组织组织力、科学管理水平、发展质量效益三个提升]，培育创建101家“1533”工作机制示范点，相关经验做法在中组部、全国党建研究会“建党100周年党的建设的成就与经验”座谈会上做交流，获全省机关体制机制创新案例二等奖、全国党建研究会非公专委会优秀调研成果三等奖。推动民营企业党建入章，全市实现党建入章的企业9600多家，由出资人担任党组织书记的企业100%实现党建入章。抓实民营企业党组织书记选拔、培训、管理、激励全链条，推行党组织书记分级化管理、差异化激励。创新举办民营企业学习《习近平谈治国理政》第三卷读书分享会，推动中共十九届五中全会精神进两新组织、进党员职工，全市培训党组织书记5744人次。制定实施《企业党建工作绩效管理办法（试行）》，实施“计划—执行—评价—改进”全过程闭环管理，促进党建工作落实和质量提升。制定出台《泉州市国有企业党委前置研究讨论重大经营管理事项清单示范文本（试行）》，明确党组织前置研究讨论6个方面26条事项范围，厘清党组织与董事会、经理层的权责边界。印发《关于进一步加强公立医院党的建设五条措施的通知》，通过召开推进会、开展专题调研等工作措施，推进公立医院党委领导下的院长负责制。

严格党员队伍教育管理，贯彻《党委（党组）落实全面从严治党主体责任规定》，优化调整市直机关党组织设置，撤销20个市直系统党委。制定实施《泉州市贯彻落实〈2019—2023年全国党员教育培训工作规划〉的实施方案》，健全和完善市级重点培训、县级普遍培训、基层兜底培训的三级培训体系，分农村和街道社区、机关事业单位、新党员和党务工作者等8个领域和群体，推动各级党组织开展党员集中轮训工作，全市开展党员教育培训1200多场次，培训党员5.6万多人次。建立高校、中小学校、民办学校发展党员互检制度，探索推进学校“智慧党建”，实现智慧学习、智慧管理、智慧服务、智慧互动，疫情期间党员教师录制网络示范课程2293节、心理辅导4000多人次。制发《泉州市加强乡镇（街道）党校建设的指导意见》，建立市、县开放式师资库、党校领导挂钩联系制度，开展乡镇（街道）党校示范校创建活动，解决22.2万名农村（社区）党员集中培训难题。印发《泉州市2020年发展党员指导性计划》，对连续2年以上未发展党员的村（社区）党支部采取台账跟踪管理，建立指导计划数动态调整机制，全年发展党员5747人。开展排查整顿农村发展党员违规违纪问题工作，将全市49个乡镇1.28万名党员纳入排查整顿范围，排查发现四类问题涉及481人，严格审慎认定，抓好整改落实。

【人才“港湾计划”】 2020年，中共泉州市委组织部注重市场运作、以产聚才，编印《泉州市人才发展指南·产业篇》，挖掘产业链全、根植性强等“泉州制造”独特优势，梳理产业路线、分析人才缺口，前瞻指引人才引进培育。启动第三轮市高层次人才认定和支持办法修订，突出产业需求导向，推动人才要素前置纳入85份产业、科技、技改政策和规划。出台支持用人单位引聚人才“十条措施”，创新云端招聘、线上培训、人才共享等平台，帮助用人单位统筹疫情防控与引聚人才、复工复产，中央新闻频道《新闻30分》予以报道。推行企业自主认定评价人才，116家企业自主认定778名市高层次人才，相关做法获评全国人才工作创新最佳案例。

注重创设平台、激活要素，优化区域科创生态，引进湖南大学工业设计与机器智能创新研究院、西安交大国家技术转移泉州中心、陕西高校技术转移联盟等12个科研平台。制定实施《促进科技成果转移转化若干意见》，设立人才创新共享联盟“成果云展平台”，组织成果对接会23场次，全年认定登记的技术合同交易额3.4亿元，全社会R&D经费支出120.98亿元，兑现企业研发经费投入分段补助1.79亿元。推进泉州基金小镇、晋江私募汇等基金集聚区建设，新增私募基金50余家，推进“人才贷2.0版”落地，引进全省首支国家科技成果转化引导基金子基金（总规模3.75亿元）。分领域组织高层次人才（团队）融资需求对接，推动4个项目获市人才创投基金跟投。

注重政策整合、优化服务，协调设立23个引才联络站，覆盖国内大中城市、8个国家和地区，促成华科石墨烯系列新材料、联东U谷·科技创新谷等项目签约。修订《鼓励引才机构引荐人才（团队）奖励规定》，并对在泉州人才协助引才荐才参照奖励，全市吸引65家海内外人力机构、社团到泉州驻点或离岸服务。策划举办首届“刺桐杯”

国际设计大赛、首届“同心杯”留学人员创新创业大赛等赛事活动11场次，发现吸引人才180名。建立海内外泉州籍专家人才信息库5000余名，出台修订院士、专家、博士后工作站以及科学家创新中心建设支持办法，策划“科创中国’海智专家泉州行”等活动，创新双聘双跨制等灵活用才模式，全市新增院士合作项目15个、博士科研工作站4家。优化“一中心、一专窗、多站点”服务网络，建设41个阵地化市级“人才之家”。全市人才增势稳中向好，新增市级以上高层次人才4474人、增长39.8%，吸引“双一流大学”等国内外高水平高校毕业生2081人。

宣传工作

【概况】 2020年，泉州市宣传思想工作扭住举旗帜、聚民心、育新人、兴文化、展形象的使命任务，推动习近平新时代中国特色社会主义思想深入人心，培育和弘扬社会主义核心价值观，加强舆论引导和舆论斗争，增强泉州文化软实力，为全方位推动高质量发展超越、作答“三个时代命题”、建设“五个泉州”提供思想保证和精神动力。推进泉州市市直媒体融合和县级融媒体中心建设，“两媒”新媒体用户（粉丝）数突破750万户；11个县级融媒体中心通过省上考评验收，强化“新闻+政务+服务”功能。做好新冠肺炎疫情防控社会宣传，泉州市所有公交车车载电视、出租车、有线电视开机画面及1600多个行政村“村村响”广播全域联动、高频播报，发放海报、折页130万份，发送短信4300多万条。

【思想理论建设】 2020年，泉州市主流舆论宣传围绕全市中心大局，加强正面宣传和舆论引导，组织市直媒体和县级融媒体中心做好习近平新时代中国特色社会主义思想学习宣传工作，做好中共十九届五中全会、各级“两会”等会议精神和理论政策的宣传阐释。面对突如其来的新冠肺炎疫情，科学统筹疫情防控和经济社会发展宣传，组织做好疫情防控形势解读、复工复产、“六稳”“六保”、先进事迹和典型人物等宣传报道，为泉州市打赢疫情防控人民战争营造社会舆论氛围。结合中央2020年“决胜全面小康、决战脱贫攻坚”决策部署，组织主题宣传活动，展现泉州市脱贫攻坚的生动实践和主要成就。紧扣市委、市政府重点工作，做好高质量发展、强基促稳、项目攻坚、安全生产、扫黑除恶专项斗争、创城创卫、古城保护发展等主题宣传报道。《人民日报》《光明日报》、人民网、新华网、光明网等中央级媒体推出泉州市相关报道8700多篇（条），《福建日报》刊发460多篇、福建广播影视集团刊播980多条。落实“1+N”重点舆情应对处置工作机制，稳妥处置涉泉州市突发敏感舆情，其中“鲤城欣佳酒店楼体坍塌事故”舆论引导工作得到省委宣传部肯定，被大众网等媒体作为成功案例刊文分析。

【社会主义核心价值观建设】 2020年，泉州市宣传部门发挥典型引领作用，加强公共领域宣传载体管理，推进新时代文明实践中心试点建设，推动社会主义核心价值观融入生活、助力发展。开展廖俊波等时代楷模和“闽宁对口扶贫协作援宁群体”等专题宣传。把20个移风易俗工作典型案例，拍成电视专题片、编成宣传读本。推出红色旅游和廉洁家风主题经典线路各5条，协调设置10处专门用于发布“新思想”主题的大型宣传载体，对全市137个爱国主义教育基地常态化巡查。晋江、石狮、德化获新时代文明实践中心国家试点县，推选市级试点镇20个。晋江经验馆和永宁镇前埔村被命名为福建省习近平新时代中国特色社会主义思想实践示范基地。33个单位和个人分获市级“战‘疫’有我”学雷锋示范岗、岗位学雷锋标兵称号，2个单位获全省学雷锋活动示范点，1人获全省岗位学雷锋标兵称号。全市取消各类喜宴7843场次、简办丧事2144场次、取消各类民俗活动6940场次，节省用于公益事业的费用3020多万元，移风易俗“知晓率”突破91%，“支持率、满意率”保持在96%以上。

【社会主义文化建设】 2020年，泉州市宣传部门注重弘扬传承中华优秀传统文化，培养优秀文艺人才。推进“申遗”、公共文化服务示范区创建工作。落实第44届世界遗产大会涉及泉州市工作任务，策划泉州特色项目，打磨提升舞剧《大海承诺》，争取有更多的泉州节目、泉州元素在世界遗产大会开幕式文艺晚会及相关文化活动中展现。推进国家公共文化服务体系示范区创建任务，泉港区“百姓书房”获评第八届全国服务农民、服务基层文化建设先进集体。开展2020年泉州市优秀传统文化传承发展专项资金项目申报工作。38个项目获补助。开展第八批市级非物质文化遗产代表性传承人申报工作。新增2项国家级“非遗”项目（泉州刣狮、泉州木雕）、9处省级文保单位、38项市级“非遗”项目。实施文化人才计划，培养优秀文艺人才。开展2019—2020年度泉州市文化艺术优秀人才遴选工作。泉州市31名演员在第十届福建省中青年演员比赛中获奖。组织开展各种戏曲进校园活动，推动戏曲名家、非物质文化传承人、戏曲表演类民间艺人走进课堂，开展戏曲通识教育等。实施文艺高峰工程，文艺创作出成绩。制定《打造泉州市“五个一”文艺精品实施方案》，重点打造泉州市“五个一”文艺精品：一部电视剧《爱拼会赢》、一台戏《莫耶·延安颂》、一部广播剧《“拓荒人”王文教》、一首歌《丝路扬帆》、一部小说《故香》。申报2021年度福建省文艺发展专项资金和地方戏曲扶持专项资金，戏曲广播剧《莫耶·延安颂》、高甲戏《围头新娘》、木偶剧《知耻岩传说》、南音《烈士庙随想》《惠安石雕传承与创新》研究出版5个项目获资金扶持。在福建省第九届百花文艺奖评选中，泉州市18个文艺作品获奖，获奖数量居全省第二，为历届最好成绩。评选2019年度泉州广播电视优秀作品和泉州文学优秀作品，评选两年一届的泉州摄影艺术展优秀作品。戏曲创作方面，3部作品入选文旅部庆祝中国共产党成立100周年舞台艺术精品创作工程“百年百部”传统精品复排计划重点扶持作品名单，泉州系全国唯一有3部优秀传统剧目同时入选的地级市；两部作品入选2020年度福建省舞台艺术精品工程重点剧目；7个剧本在福建省第28届戏剧会演剧本征文中获奖，获奖数量居全省首位。剧本《公仪休出妻》获第三十四届田汉戏剧奖剧本类一等奖。影视广播创作方面，以宣传“晋江经验”为题材的40集电视连续剧《爱拼会赢》制作完成；3集电视纪录片《重返刺桐城》在央视9套纪录频道播出；网络电影《青山人路》入选国家广电总局2020年度第一季度优秀网络视听作品；微电影《活水》获第八届亚洲微电影艺术节最佳作品；网络电影《围头新娘》入选国家广电总局2020年下半年网络视听节目精品创作工程；微电影《青山梦》入选福建省广播电视局“弘扬社会主义核心价值观　共筑中国梦”网络视听原创节目征集推选展播活动优秀作品；微电影《你的模样》剧本大纲入选中国电影家协会、中国电影股份有限公司主办的“大爱无疆”抗击新冠肺炎疫情主题短视频剧本大纲征集活动，系福建省唯一入选项目。文学创作方面，4 篇作品入选福建省第33届优秀文学作品榜暨第15届陈明玉文学榜；林筱聆长篇小说《故香》入选中国作家协会重点作品扶持项目。书法创作方面，5件作品入展中国书法家协会主办的全国正体书法展，11件作品入展全国第五届青年书法篆刻展，王志安行楷字体入选方正字库。

【对外宣传】　2020年，泉州市宣传部门围绕市委、市政府中心工作开展对外宣传，开展泉州市疫情防控和复工复产对外宣传工作，用好泉州海外传播矩阵，对外宣传报道泉州统筹推进疫情防控和复工复产，重点讲好泉州市各项惠企政策、向海外捐赠抗疫物资以及境外进入人员管理服务规定等。《人民日报》海外版头版刊发《泉州华侨农场　归侨侨眷自发捐口罩》，《中国日报》及其海外社交账号刊发《福建泉州捐赠近千箱防疫物资暖菲律宾“侨”心》。

推进“申遗”、世中运等重大活动宣传工作。重点围绕“泉州：宋元中国的世界海洋商贸中心”“申遗”、第18届世界中学生运动会等主要工作，推进对外宣传工作。《人民日报》、央视（含新闻联播）、《福建日报》、福建电视台等中央、省主流媒体分别刊发《涨海声中万国商》《2020年世界中学生运动会主场馆建成交付》等予以报道。

推进对外传播能力建设，拓展对外传播平台，加强与四大洲华文媒体《欧洲时报》《美国侨报》《大洋日报》《非洲时报》合作办报，刊发稿件、图片800多篇（幅）；发挥泉州市21家侨刊乡讯外宣功能作用，加强对侨刊乡讯的业务指导、办刊管理。与中国国际广播电台合作、魅力中国网络电视台（IPTV）、美国斯科拉卫星电视台，在海外播出泉州节目和宣传片；继续推动与菲律宾菲中电视台共建菲中电视台中文频道，播出系列闽南语节目、纪录片、专题片等；筹办“视听福建”——2020菲律宾·中国福建（泉州）电视周，打造中国优秀影视节目的长期性、常态化对外传播平台。重点建设泉州全球英文网、脸书账号、推特账号、华人头条“泉州专题”等新媒体平台。2020年，泉州全球英文网发布稿件347篇，总浏览量56万人次；“中国泉州”推特账号发布138条，总阅读量136万，互动15万人次；“中国泉州”脸书账号发布181条推文，总阅读量151万人次，互动7万人次；华人头条泉州专题推送稿件1229条，总点击量6500多万人次，点击量10万+人次文章73篇。

打造外宣精品，组织摄制三集纪录片《重返刺桐城》，连续三日在中央电视台纪录频道播出。以此为契机，开展融媒体传播、话题设置、舆论引导，炒热“海丝”话题。《人民日报》、央视、《中国青年报》、学习强国、光明网、中国网、今日头条等主要平台，纪录中国、新鲜提案、观察者网等自媒体大号，北京、上海、广州、成都、武汉等地重要商业中心等户外电子大屏，菲律宾菲中电视台、泉州海外社交平台等外宣渠道，以及国内文化界和广播影视界知名专家学者纷纷刊播消息、评论、图片、视频等，吸引社会各界特别是菲律宾、马来西亚等东南亚国家华人华侨留言点赞。

实施“城市IP”项目，国庆、中秋期间策划城市营销，抖音话题#抖来泉州游#点击量超6700万，泉州跻身DT财经发布的国内最值得一去旅游地Top10第七；借势湖南卫视《乘风破浪的姐姐》取景泉州并热播，迅速启动“乘风破浪的泉州”融媒体传播，双向互动、同频共振，微博话题阅读量9.8亿人次，系列爆款推文、短视频阅读量实现千万+人次，利用网红流量带动泉州城市形象推广提升。

统一战线工作

【概况】　2020年，中共泉州市委统战部贯彻落实习近平总书记关于加强和改进统一战线工作的重要论述，适应新形势、把握新任务，推动全市统战工作提质增效。出台贯彻《中共中央关于加强中国特色社会主义参政党建设的意见》《民主党派代表人士队伍建设规划（2018—2027年）》《各民主党派中央关于新时代组织发展工作座谈会纪要》的实施方案，指导推动全市参政党建设稳步开展。打响新的社会阶层人士五个“同心100”服务品牌，开展“同心助学”“同心助医”“同心助困”等活动108场次、落实帮扶资金130.28万元。贯彻落实习近平总书记关于民营经济统战工作重要讲话重要指示批示以及全国民营经济统战工作会议精神等，形成助推民营经济发展的共识与合力。举办第十三个民族团结进步宣传月、“第三批中国少数民族特色村寨”授牌仪式暨特色村寨建设互观互学活动等，下达各级民族补助款1053万元。开展“泉籍精英故乡行”活动，接待海外重点人士、重点社团，承办第二期闽侨青年精英海丝情大型涉侨活动等。推进南洋华裔族群寻根谒祖综合服务平台建设，基本完成全市侨情与港澳乡情普查。

【新型政党制度建设】 2020年，中共泉州市委统战部牵头制定《2020年政党协商计划》，举行泉州市“十四五”规划编制工作党外人士座谈会等7场政党协商会议，提高协商议政水平。各民主党派提交意见、建议等1568篇，被中央、省上采用407篇，7篇获省领导批示，33篇获市主要领导批示。建立全市民主党派代表人士数据库。指导洛江区等县（市、区）做好县级民主党派组织换届。协助出台《泉州市各民主党派市委会领导工作规章制度》等制度文件25份。4个民主党派组织、16名民主党派机关干部和成员获党派中央表彰，8个民主党派组织和30名成员获省委会表彰，2名民主党派成员分别获评全国、全省抗击新冠肺炎疫情先进个人。

【党外和新的社会阶层人士统战工作】 2020年，泉州市新阶联组织建设实现四个全覆盖（新阶联组织全覆盖、新阶联党组织全覆盖、实践创新基地全覆盖、同心服务站全覆盖），实践创新基地建设经验获省委统战部推广。“同心律师法律援助服务”提供法律援助164件，“同心志愿服务”开展活动130场次；建成同心图书室124座。举办全省首个“同心杯”留学人员创新创业大赛，促成10多个参赛项目达成落地意向；指导市留联成功获评5A级社会组织。深化拓展网络人士统战工作，制定实施《关于加强泉州市网络人士统战工作的若干举措》，发布16个“桐小赞”宣传微信表情包，举办新的社会阶层人士暨新媒体网络人士培训班。

【民营经济统战工作】 2020年，中共泉州市委统战部协助开展产业链招商、泉州建材中国行系列推介活动等，异地泉州籍企业投资额337.1亿元。亲清政商关系更加深入人心，建设一批民营经济人士教育实践基地和廉洁诚信示范点，落实党政领导与企业家恳谈会制度等“3+3”服务民营经济健康发展的政策和工作机制，联合信访局、工商联健全服务民营企业机制，“12345”民企服务平台妥善处置217个民企诉求。出台《关于领导干部和公职人员出席泉属商会的意见》等，明晰政商交往红线和底线。深化工商联改革发展，推动“四好”商会建设，市工商联被省工商联评为“2019年工作评价优秀设区市工商联”。开展泉商党建“1+2+3N”同心圆活动，提高工商联社会组织党组织和党建工作覆盖水平。突出对年轻一代民营企业家教育引领，打造24个民营经济人士理想信念教育实践基地，泉商商学院举办线上线下课程18场、7000多人次参与。

【民族宗教领域工作】 2020年，泉州市推进国旗、宪法和法律法规、社会主义核心价值观、中华优秀传统文化“四进”宗教活动场所全覆盖。推动《关于解决宗教活动场所不动产登记历史遗留问题的若干意见》等文件落实。中央宗教工作督查整改“回头看”反馈问题整改实效明显，督查整改工作情况被推荐在全省做典型发言。推进安全生态和谐寺观创建。制定《泉州市2020—2024年宗教人才培养规划》，提升宗教界自身建设水平。引导宗教界支持公益慈善活动，宗教界全年捐赠善款超7000万元。

【港澳台联络联谊】 2020年，泉州市支持港澳社团建设，做好与港澳乡亲特别是青年群体的联络联谊，推动成立世界泉州青年联谊会澳门分会暨澳门泉州青年联合会，拓展联谊工作平台。到澳门参加社团活动，走访泉州籍社团和代表人士，召开9场座谈会；接待港澳乡亲5批120多人次。指导举办第四届海峡两岸（泉州）闽南童谣大赛、“乡亲相爱一家人”在泉州台胞中秋联谊系列活动等，引导台胞加快融入泉州、激发创新创业热情、增进情感交流。推动市台联、市金联机构改革，提升工作能力和组织效能。

【海外统战及侨务工作】 2020年，泉州市开展“泉籍精英故乡行”活动，接待海外重点人士、重点社团。克服疫情影响，创新联络联谊形式，举办海外泉州籍侨亲代表庆国庆·迎中秋视频座谈会等线上联谊活动，承办第二期闽侨青年精英海丝情大型涉侨活动等，引导海外乡亲讲好中国故事，发出中国好声音。开展侨法宣传，到泉港区惠屿岛开展涉侨法律咨询及义诊送药活动。开展侨乡文化名镇名村创建工作，推荐南安市梅山镇、泉港区界山镇东张村参评2020年省级侨乡文化名镇，评选石狮市凤里街道等8个单位为2020年度市级侨乡文化名镇名村。收集整理400名归侨侨眷代表人士信息，初步建立归侨侨眷代表人士信息库。关爱贫困归侨，发放慰问资金91.23万元。

【海外华文教育工作】 2020年，泉州市做好外派教师工作，承办菲律宾、马来西亚华文教师线上培训班2期，吸引马来西亚162名华文教师学员参加培训；促成菲律宾7所学校与泉州市中小学缔结姐妹校。

【服务民生改善和脱贫攻坚】 2020年，泉州市“三百工程”落实帮扶资金3300.84万元、帮扶群众1.15万人次。同心助学行动筹集119万元资助238名学生，第二批“同心安居工程”筹集708万元帮扶177户困难户实施危房改造，“同心捐书行动”筹集100.65万元以及500册图书捐赠给泉州市图书馆，“同心就业促进行动”促成6000多名毕业生与企事业单位达成就业和实习意向。做好处级领导干部挂钩帮扶虹山乡贫困户工作，落实帮扶资金7.2万元。

推进改革与政策研究

【概况】 2020年，中共泉州市委改革办（政研室）建立完善“问题导向、经验复制推广和改革落实”三项机制，推深做实改革工作。服务市委召开8次深改委会议，审议改革议题12项，听取有关情况汇报3次，以市委深改委（改革办）名义印发规范性文件3份。定期跟进各地各领域改革工作亮点和阶段性成效，总结推广全市改革典型案例经验40篇，获省委改革办《福建改革财经情况》刊用9篇。牵头起草市委、市政府政策文件10余份。围绕市委工作重点要点热点，统筹组织全市17个年度重点调研课题、34个重点专项。从各地选送的200篇稿件中，筛选出94篇具有一定示范性、创新性、突破性的案例，按专题组稿编发《“强基促稳”信息专报》29期。注重理论研讨、理论宣讲和政策解读，围绕贯彻落实中共十九届四中全会精神，撰写《市委改革办聚焦五大板块　致力推动市域治理现代化走前列》，受邀为市委党校和相关智库做2020年市情分析和重点课题方向的报告，参加市委宣传部“泉民开讲：学习贯彻中共十九届五中全会精神”市直专场宣讲，应邀参加市委统战部议政调研选题交流研讨，注重联系实际深思活用，把学习成果转化落实为高质量牵头起草的市委全会文件上，转化为服务市委细化学懂弄通做实《习近平谈治国理政》第三卷的14个具体研究专项上。

【改革推进工作】 2020年，中共泉州市委改革办牵头谋划年度改革任务，组织研究分析制约各领域改革的突出问题和堵点难点，牵头谋划起草市委深改委2020年度工作要点，部署推动79项重点改革突破事项。推动一批重要改革事项，协调晋江县域集成改革中“工改工”等事项提交市委深改委会议专门听取汇报、推动落实，助力石狮市场采购贸易方式试点叠加预包装食品出口等县域改革持续深化。强化改革督察，完善改革落实机制，对重点改革专项和改革任务实行项目化管理、清单式推进、对账式销号，围绕贯彻省委“三四八”工作机制、市委14个重点专项研究、市委全会文件落实、“解难题化积案”、民生热难点问题整改及“五期”机制落实等工作情况，采取书面督察、明察暗访、直奔现场、查阅资料等方式开展“回头看”，确保改革举措落深落细；系统总结中共十八届三中全会以来泉州市全面深化改革工作情况和成效亮点，形成总结评估报告并以市委深改委名义上报省委深改委。

【财经工作服务】 2020年，中共泉州市委改革办服务市委召开财经委会议3次，审议议题7项，传达贯彻中央财经委、省委财经委会议精神，牵头谋划并部署推动30项财经工作要点，加强对全市财经工作的横向统筹、纵向指导；参与市委经济形势研判分析，并提出对策建议。针对疫情防控对经济大盘的影响，对全市1009家企业开展网络问卷调查，分阶段、分产业、分地区、分小组深入调研，形成《新冠肺炎疫情对泉州企业的影响》等5份调研报告，其中《做好当前经济的措施建议》报告思路部分被吸收转化为泉州市“六稳”“六保”追赶行动方案。结合金融市场发展形势，调研形成《关于支持兴业消费金融公司做大做强的若干建议》。针对资本市场改革和泉州市改制上市工作，撰写《新〈证券法〉对泉州企业上市的影响》等专题报告。牵头策划并组织开展民生热难点问题摸排整改专项工作，创新“定期摸排、限期解决、长期跟进、定期不定期回头看、可预期向群众反馈”等5个机制，滚动推进三批61个民生热难点问题的整改，相关机制做法在《中国改革报》、中国网刊发推广。向省委办公厅、财经委推介泉州市应对疫情、抓好经济工作的好做法，上报《泉州市“十三五”发展基本成就与“十四五”发展初步思路》《落实一二三产“百千”增产增效行动方案阶段性自评报告》《泉州市就业形势分析报告》等，为省委决策提供重要素材。

【调查研究】 2020年，中共泉州市委改革办发挥政研人才集中优势，做好市委重要文稿文件服务保障工作。加强政策性研究，牵头起草《中共泉州市委关于制定泉州市国民经济和社会发展第十四个五年规划和2035年远景目标的建议》《中共泉州市委关于深入学习贯彻习近平总书记讲话指示批示精神　全方位推动高质量发展超越的决定》等市委、市政府政策文件10余份。做优市委决策咨询服务。发挥课题调研“龙头”作用，围绕市委工作重点要点热点，统筹组织全市17个年度重点调研课题、34个重点专项，牵头开展泉州2035产业发展战略、城市发展战略、城市新区建设等重大课题研究；提出“经济要稳、城市要聚、民生要实、机制要活”的建议，被市委采纳作为2020年全市经济工作总要求、总主线。主动服务市委统筹抓好经济社会发展与疫情防控，牵头组织专题调研，并以市两办名义印发《关于进一步做好社区（村居）疫情常态化防控工作的若干意见》。聚焦热难点问题，围绕文化资源转化为城市竞争优势、“世遗”保护管理机制等方面开展调研，形成一批有针对性的意见建议。

【强基促稳】 2020年，中共泉州市委改革办继续承担市委“强基促稳”办公室日常工作，牵头谋划并组织实施“强基促稳”2020年度行动方案，围绕市委提出的“打通最后一公里”“推动盆景变风景”工作要求，强化牵头抓总、调度协调、督促落实，在“巩固、拓展、延伸”上下功夫，更加注重典型引路和机制建设。加强谋划推动，围绕提升基层“组织力”“治理力”“风险防控力”“矛盾纠纷化解力”，策划形成17个专项行动，由市级有关部门分别牵头实施；组织召开3次“强基促稳”办工作会、专题会商会以及全市分析评估暨工作推进会，深化横向统筹和纵向联动，基本建立起工作推进考评机制和经验复制推广机制。推动制度补强，在深入调研基础上，坚持问题导向，聚焦村级“三资”监管不规范、民主协商议事落实不到位、村居工作队伍建设薄弱等基层治理漏项和短板，协调市直相关部门出台8份市级指导意见，补齐制度供给。组织市直相关部门对各县（市、区）落实8份指导意见情况进行分析评估，加强督促指导。一批基层善治典型走在全国、全省前列。泉港区探索“三位一体”网络综合治理模式，化解各类舆情危机，得到中央网信办主任庄荣文、省委书记于伟国等批示肯定；晋江深化推进全国乡村治理体系建设试点，《全力解决乡村治理的“人、钱、事”难题》案例入选第二批全国乡村治理典型案例（全省唯一）；惠安探索“自住小区”模式，化解农村建房用地供需矛盾，相关经验刊于国家发改委《改革内参》；石狮构建横向纵向、线上线下有机衔接的矛盾纠纷调处体系，打造矛盾纠纷化解“终点站”，相关经验获省司法厅发文批转全省推广。全市形成多元共治共建的态势，社会面总体保持平稳，群众到国家信访局集体上访、到省集体上访、进京到非接待场所、进京越级访分别比上年下降71.4%、44.4%、72.2%、48.7%，历史积案办结化解率96.11%，息诉息访率80%。

【内刊编发】 2020年，中共泉州市委改革办发挥《泉州通讯》《泉州改革财经情况》《泉州调研》《“强基促稳”信息专报》等内刊、专报的主渠道作用，增强精品意识，精造探讨理论问题、交流调研成果的平台，组织编发一大批观点新、分量重的信息，供领导决策参考。全年编发《泉州通讯》12期、《泉州改革财经情况》25期、《泉州调研》15期、《“强基促稳”信息专报》29期。

网络安全和信息化管理

【概况】 2020年，泉州市网信系统推动党委（党组）网络意识形态工作责任制和网络安全工作责任制落细落实，网络宣传引导有声有色，网络管理执法有效有力。指导推动基层建立完善网络执法联动工作，提升网络综合治理效能，其中指导泉港探索县域网络综合治理新模式受到中央网信办、省委、省委宣传部、省委网信办、市委市政府主要领导批示肯定。福建省网络信息内容综合协调管理工作现场会在泉州召开，总结推广泉州经验做法。泉州市网络安全应急指挥中心被中央网信办定为全国地级市网信办应急指挥中心规范化建设试点单位。会同政法、公安等部门开展网络信息内容生态治理、“清朗2020”、商业网站平台和公众账号突出问题集中专项整治、网络直播行业专项整治和规范管理等30余项专项行动，开展互联网执法行动52次，依法处置73家违法违规网站和平台。

【网络宣传和舆论引导】 2020年，泉州市网信系统做好习近平新时代中国特色社会主义思想、中共十九届四中五中全会精神、全国“两会”精神以及决胜全面建成小康社会、决战脱贫攻坚等各项工作的网上宣传引导。办好“习近平新时代中国特色社会主义思想大学习”“在习近平新时代中国特色社会主义思想指引下——新时代 新作为 新篇章”等专题专栏，开设“深入学习宣传贯彻中共十九届五中全会精神”“东海潮声”等专栏，组织做好《习近平在福州》《习近平在福建》等系列专题采访实录推送转载、专题集纳、网上评论工作。召开市互联网行业党委会，传达学习中共十九届五中全会精神。成立市网络宣讲小分队，到互联网企业、校园、新时代文明实践中心（所、站）等开展“宣讲+志愿服务”，推动中共十九届五中全会精神入脑入心。加强重大主题网络宣传，围绕市委、市政府各项中心任务，做好“全面建成小康社会、打赢脱贫攻坚战”“勇当高质量赶超主力军”“作答时代命题、聚力赶超攻坚”“聚焦‘两会’”“创建全国文明城市”等主题宣传，开设

"泉州发布""泉州在线""多元泉州"等网络专题，开展"'面朝山海·春暖花开'——春光里的泉州""夏日夜生活"等直播活动，承办"脱贫振兴八闽行"网评引导活动，举办"决战脱贫攻坚、决胜全面小康"暨泉州市新媒体联盟老区、苏区采风行和2020年泉州网络文化节等活动，开展"文明让生活更美好"主题视频征集，展示新时代泉州新形象。聚焦网上舆论引导，新冠疫情防控期间，报道全市各地各部门联防联控措施成效、复工复产复学、一线医护人员事迹、基层党员干部工作风貌等，全市推出疫情防控文章、图片、视频、H5近6万篇（条），开展"'泉'民战疫""战疫助农"等直播活动，做好疫情信息、防控举措、科普知识等发布工作，回应网民关注和舆论关切。做好2020"网络中国节·春节""网络述年""建党99周年"及第三届数字中国建设峰会等活动会议的网络主题宣传和舆论引导工作。泉州公安微博和网安支队《网警有说唱》2个项目获评中央网信办"走好网上群众路线典型案例"优秀案例，《这位鲤城母亲驰援武汉抗议，给2岁女儿写来家书：樱花已开　春光已近》获评中央网信办第五届"五个一百"网络正能量精品。

【网络空间治理】　2020年，泉州市网信系统推进治理体系建设，探索建立完善网络执法联动新机制，制定《联合执法工作办法》《情报信息共享工作办法》等，推动泉州市几大数据平台逐步实现数据交流和共享、各成员单位执法设施共享共用，建立"网络证据联合取证点"，从情报信息互通、技术手段共享、执法力量相辅、联动协作同步四个方面解决网络执法联动中存在的症结，推动形成网络安全管理执法合力。依法依规管网治网，梳理制定公布《泉州市互联网信息办公室权责清单》，规范执法行为，做到法无授权不可为、法定职责必须为。印发年度执法联动工作要点，会同政法、公安、通管、金融、市场监管等部门开展30余项专项行动。加大网络安全宣传，举办2020年国家网络安全宣传周泉州活动，创新活动形式，线上线下结合，开展网络安全新技术新应用展、网络强国及网络安全知识问答、网络安全攻防赛、知识在线课堂、线上互动、主题日等10项重要活动，吸引近10万人次参与。强化信息安全保护，部署全市联防联控和复工复产等工作中网络和数据安全保护工作，确保各级各部门加强党政机关和重要信息系统的安全防护。发布网络安全提示信息，发现处置网络安全风险隐患。开展网络安全检查，组织对泉州市重点单位、重点行业853个信息系统和网站开展远程技术扫描，并对部分重点单位、重点行业信息系统进行网络安全现场执法检查，对存在一般问题的单位发放限期整改通知书，督促其限期整改，对存在严重问题的20家单位进行集体约谈。

【网络力量建设】　2020年，泉州市网信系统抓好市网络安全应急指挥中心建设，成立市网络安全应急指挥中心，对接上级部门做好中心建设初步规划，向有关部门申报技术平台及配套硬件设施，调入、招考工作人员7名，充实中心工作力量。泉州市网络安全应急指挥中心被中央网信办定为全国地级市网信办应急指挥中心规范化建设试点单位。推进网络安全队伍建设，组建网络安全技术支撑队伍，遴选19家企业为泉州市网络安全技术支撑单位，提高重大突发网络安全事件综合应对能力，保障泉州市公共互联网网络安全、稳定运行。推动成立泉州市网络与信息安全产业发展促进会，促进行业健康有序发展。推动互联网行业党建工作，组织开展辖区互联网企业摸排。加强对属地互联网企业党建工作的指导推动，成立泉州市互联网行业党委，组织传达学习贯彻中共十九届五中全会精神，建立互联网行业党委委员党建工作联系点制度，提升互联网企业党建工作的吸引力和凝聚力。

机构编制

【概况】　2020年，泉州市机构编制部门推进事业单位改革，统筹配置机构编制资源，推进重点领域体制机制改革，提升机构编制工作水平。跟踪了解和评估38家涉改党政部门机构职能运行情况，制定市直机关工委等9个非涉改党政部门和市总工会等7个群团机关"三定"规定，完成泉州晚报印刷厂等13家市直经营性事业单位以及71家县级经营性事业单位的转企改制工作，指导各县（市、区）制定并组织实施机构改革总体方案和163个乡镇（街道）"三定"规定，统筹调剂1300名专项编制用于保障全市中小学教职工编制需求，完成全市4466家事业单位法人年度报告审核工作。完成市直党政群机关赋码初领、变更等登记管理工作50件，市直事业单位设立、变更登记90件。

【行政管理体制机制和机构改革】　2020年，泉州市机构编制部门巩固深化机构改革成果，开展对县（市、区）涉改部门"三定"规定合规性审查，推动各级各部门按照"三定"规定履行职责，完善机构设置、职能配置、运行机制。衔接机构改革有关原则和要求，推动部门转变职能、理顺关系、优化结构、提高效能。根据法律法规的立改废释情况，衔接部门"三定"规定调整情况，重新梳理并公布市直40个政府部门和挂牌机构权责事项6759项，明晰部门间、层级间职责边界，规范部门内部责任分工，做到有权必有责、权责相对应。

推进事业单位改革，加大"小

散弱”和职责相近事业单位的整合撤并力度，对民族宗教、人民防空等系统事业单位进行整体重塑。围绕中央、省委和市委重大部署，专项调整优化社会综合治理、网络应急指挥、文物保护、知识产权保护、邮政业安全等领域事业单位设置。完善高校管理体制，对泉州师范学院等6所公办普通高校进行优化，支持高校落实办学自主权。

推进专项领域改革，深化市场监管、生态环境保护等6个领域综合行政执法改革工作；理顺农村宅基地、餐饮业油烟污染等领域监管执法机制；支持各部门在现有执法队伍内统筹使用各类人员，整合、精简、规范执法队伍；晋江市被列为全国综合行政执法改革试点。理顺开发区管理体制机制，调整优化泉州台商投资区党工委管委会内设机构和所属事业单位，推进相对集中行政许可权和相对集中行政执法体制改革，实现机构职能体系整体性重塑。推进公安系统海防、警卫、森林公安等领域体制改革，推动编制和警力向基层一线下沉。

推进基层治理体系和治理能力现代化，推进乡镇（街道）基层改革，制定出台《泉州市贯彻落实省委办公厅省政府办公厅关于深化乡镇（街道）机构改革的意见若干措施》，系统性构建简约高效的基层治理体系。指导各县（市、区）制定并组织实施机构改革总体方案和163个乡镇（街道）“三定”规定，统筹优化机构设置、职能配置、编制配备，加强基层审批、服务、执法力量。统筹推进经济发达镇行政管理体制改革和小城市培育试点等新型城镇化改革，制定出台《泉州深入推进经济发达镇行政管理体制改革若干配套措施》，给予经济发达镇更优先的资格、更大的倾斜和更强的保障，推动构建符合基层政权定位、适应城镇化发展需求的新型行政管理体制。

【机构编制管理】 2020年，泉州市机构编制部门加强机构编制管理制度建设，着眼提升编制资源配置的科学性和编制资源的使用效益，出台《市委编委关于泉州市市级党政群机关行政编制管理的意见》，配套出台《泉州市市级机构编制事项调整事前沟通制度》《泉州市市级党政机关行政编制周转保障工作方案》等机构编制管理制度。市委编办与市委组织部建立公务员日常管理联席会议、市直党政群机关以外调入科级及以下公务员联审、空编统筹使用等工作机制，发挥编制资源的基础性作用，将提升编制资源效益与优化公务员队伍结构、提升公务员队伍履职能力有机结合起来。统筹配置事业编制资源，聚焦民生领域聚焦民生短板，重点服务保障教育领域用编需求，统筹调剂1300名专项编制用于保障全市中小学教职工编制需求，全市中小学幼儿园事业编制数量与全市事业编制总量的占比，比2019年提升1.3个百分点。加强事业单位法人登记管理，实施法人年度报告公示“全流程无纸化网上办理”，完成全市4466家事业单位法人年度报告审核工作。完成市直党政群机关赋码初领、变更等登记管理工作50件，市直事业单位设立、变更登记90件。配合完善公共文化服务体系建设管理机制，推进市图书馆、艺术馆、博物馆、海交馆、科技馆建立法人治理结构试点建设。

机关党建

【概况】 2020年，中共泉州市直机关工作委员会以创建“让党中央放心、让人民群众满意的模范机关”为主线，提高机关党的建设质量，组织起草并报市委印发实施泉州市《关于加强和改进新时代机关党的建设的若干措施》，推动提高机关党的建设质量；开展2019年度市直部分单位党组（党委）书记抓机关党建工作述职评议和党组织书记抓机关党建工作述职评议；指导20个党委（党总支）进行换届选举，调整任命26名党委（党总支）书记、（专职）副书记，推动党组（党委）书记担任单位党组织书记；撤销20个市直系统党委，对市直机关党组织设置进行优化调整，并制发操作方案，指导基层党组织做好系统党委撤销后续工作。在疫情防控工作中发挥党组织和党员先锋模范作用，指导基层党组织在抗疫一线成立临时党支部。加强教育培训，培训党支部书记、纪委书记（委员）、新任专职党务干部、党员发展对象及新党员等1119人。

【模范机关创建】 2020年，泉州市机关各级党组织坚持把党的政治建设摆在首位，以“旗帜鲜明讲政治、理直气壮抓党建”理念贯穿机关党的建设。推动创建模范机关活动，多方征求意见建议、不断修改完善，起草制定创建“让党中央放心、让人民群众满意的模范机关”活动的实施方案。召开市直机关创建模范机关动员会暨机关党建重点工作推进会，市委分管领导出席会议并部署创建活动，推动机关党建重点工作落实。组织《探索模范机关创建机制 推动机关党的建设高质量发展》重点课题调研。突出机关政治属性，工委主要负责人带头于“七一”前在“机关大讲堂”为机关党员领导干部上强化政治机关意识专题党课，引领带动并组织市直单位党组（党委）书记上好专题党课。

【“大学习”活动】 2020年，泉州市机关各级党组织推进新思想学习研讨，建立市直机关党委（党组）理论学习中心组巡听旁听制度，当年度巡听旁听36个单位；定期通报中心组学习情况，督促提升学习质量。第一时间组织传达学习宣传贯彻中共十九届四中、五中全会精神，深化《习近平谈治国理政》第三卷和《习近平在福建》系列采访实录的学习研讨，通过在《泉州晚报》开设专栏以及开展读者见面会、分享沙龙、座谈会、答题竞赛等活动，掀起学习热潮，力促党员学懂弄通做实。举办3期"机关大讲堂"和4期"东海干部学堂"，播出12期"泉州机关党建"电视专栏，推出"抗疫英雄谱""市直机关干部驻村行"等专题，宣传报道机关干部在疫情防控及脱贫攻坚上的先模风采。发挥"学习强国"及泉州机关党建网站、微信公众号等平台作用，"学习强国"APP平台机关每日人均学习积分43分左右，在全市19个地区（部门）中排名第一。落实党的宣传工作条例及意识形态工作责任制有关要求，提高分析研判质量，推动解决存在问题。健全完善讲堂、培训等报备审核"双审制"，规范媒体平台信息发布制度，确保网络意识形态安全。组织调研宣讲小分队到54个基层党组织调研宣讲，召开54场次各个层面座谈会，市直党工委领导参加26个党组织的换届大会或重要工作会议，宣讲机关党建形势任务，与基层党员干部沟通交流、解疑释惑。

【基层党组织建设】 2020年，泉州市机关各级党组织学习宣传、贯彻执行《中国共产党党和国家机关基层组织工作条例》《中国共产党支部工作条例（试行）》《中国共产党基层组织选举工作条例》，以第十三轮"五好党支部"创建和"海丝先锋"党支部达标创星活动为载体，加强党支部标准化、规范化建设。做好发展党员工作，市直机关发展党员190名，其中在抗疫一线发展3名。规范党费收缴使用管理，督促基层党组织按月缴交党费，回拨2019年党费169.378万元，"两节""七一"节期间慰问困难党员329名26.32万元。指导督促主题党日制度落实，宣传推广泉州市第一批16家机关党组织主题党日教育基地，协助策划开办泉州市机关党建体验馆。

【党建与业务融合】 2020年，泉州市机关各级党组织做好党建工作项目化管理，以创建模范机关为主题，筛选确定43个年度机关党建工作重点项目，建立工委领导挂钩机制指导项目运行。适应机关党建领导体制调整，深度思考增强机关工委、单位党组（党委）、机关基层党组织抓党建合力的制度机制、方法路径，充实、修订"三合一"机关党建工作体系，并印发应用指南2000册，指导推动机关各级党组织实施运用。制作《作答时代命题创建模范机关——泉州市"三合一"机关党建工作体系巡礼》专题片，展示特色做法和成效。开展第三届全市机关体制机制创新优秀案例征集评选活动，征集案例240个，评选表彰获奖案例82个，其中10个案例获全省评选一、二、三等奖。组织开展年度机关特色党建项目评展工作，征集基层项目107个项目，评选表彰44个，较好展现各党组织作答时代命题、创建模范机关的典型经验。做好闽西南五市机关党建品牌展示，集中宣传推介闽西南五市各级机关党组织24个党建先进典型。聚焦疫情防控，扛起"硬核"担当，助推有序做好整个机关面上防控工作，并划拨340万元留成党费支援基层抗疫。推动安全生产隐患大排查大整治和房屋安全"百日大整治"行动，督促党员自查并作出承诺，组织党员27.56万名、基层党组织9220个参与大排查大整治。

【全面从严治党主体责任落实】 2020年，泉州市机关各级党组织拉紧完善规划部署、调研督导、项目展评、述职评议、主责检查、巡察整改"六位一体"工作驱动链条，督促机关党建工作任务落细落实。开展2019年度市直部分单位党组（党委）书记抓机关党建工作述职评议和党组织书记抓机关党建工作述职评议，做好结果通报、督促问题整改。按市委统一部署，对15个市直部门党组（党委）进行年度全面从严治党主体责任落实情况检查，梳理汇总问题清单77条，并及时反馈、推动整改到位。根据有关工作机制，向被巡察单位移交机关党的建设方面存在问题清单并督促整改落实，组织开展专项调研活动，成立5个调研组到38个基层党组织指导督促整改工作。

【机关党风廉政建设】 2020年，泉州市机关各级党组织抓实抓好廉政教育，组织市直各单位处级干部600多人集中观看省纪委警示教育片《魂兮归来》。贯彻落实省纪委、省委组织部有关文件精神，组织拟提任科级领导职务干部进行任前廉政法规知识测试。加强与纪委监委机关各部门、派驻纪检监察组的沟通协调，发挥桥梁纽带作用，按照要求指导好派驻纪检监察组推进审查审理规范建设。履行问题线索管理、案件审查和审理三项职能，做到按时分办，定期督办，加快推进问题线索办理进度。指导市直各党组织开展违纪党员案件审查及处分相关工作，提出审理建议68条。研究党员违纪案件21件，给予党纪处分21人。

巡察工作

【概况】 2020年，中共泉州市委巡察机构学习贯彻习近平总书记关于巡视巡察工作重要论述，促进上下联动衔接，强化政治巡察，一体推进深查细纠与全面整改，完成一届党委巡察全覆盖任务，保障党中央重大决策部署和省委、市委工作要求落到实处。开展2轮5批常规巡察、1次联动巡察和1次专项巡察；组织脱贫攻坚专项巡察"回头看"，由县（市、区）党委书记签领整改问题130个，查处扶贫领域违纪违法问题59人。截至年底，十二届市委开展10轮25批常规巡察，完成对160个单位党组织巡察全覆盖任务，组织指导11个县（市、区）完成对1098个党组织常规巡察，发现问题2.21万个，移交问题线索2519条，推动立案审查629人、党纪政务处分542人、移送司法机关57人，推进全面从严治党向纵深发展、向基层延伸。

【巡察制度】 2020年，中共泉州市委巡察机构健全完善巡察制度体系，修订泉州市巡察工作领导小组、巡察办、巡察组工作规则，出台巡察集中驻点管理制度、巡察干部驻点期间行为守则等规定，绘制巡察工作全流程图，保障巡察过程精准和结果高质量。深化巡察监督综合平台作用，在全省率先推行市直纪检监察干部全员参与巡察工作，实行巡察与选人用人、意识形态、专项审计“1+3”同步监督，截至年底，139名纪检监察干部和85名组织、宣传、审计系统干部参与十二届市委巡察工作，推动形成监督合力。以点带面拓展运用省委巡视办指导督导成果，深化市县巡察领导体制、上下联动机制、进驻流程与整改规范“四完善四落实”，督促各县（市、区）巡察队伍到编率80%以上。

【巡察整改】 2020年，中共泉州市委巡察机构制定出台《关于加强巡察整改日常监督工作的办法（试行）》，健全完善巡察整改日常监督协作联动、会商研判机制，规范纪检监察机关、组织部门、巡察机构职责任务和要求，形成“巡察办抓统筹协调、职能部门抓分类处置、纪检监察机构和组织部门抓日常监督、巡察组抓配合把关”闭环监督链条，实现巡察整改全流程有效监督，巡察整改完成率91.5%。规范市级巡察整改违款收缴入库工作，95家被巡察单位清退违规款5843万元，彰显巡察整改严肃性、权威性。

【巡察成果运用】 2020年，中共泉州市委巡察机构围绕净化国企政治生态、回应群众关切、保障经济发达镇发展三个方面抓巡后整改，推动市属国企建章立制545项、处理369人、挽回损失3.9亿元，督促分系统分领域解决城市供水体系、公共停车位管理、住房租赁中介监管、薄弱校改造等7类民生问题，提出加强经济发达镇监督12条措施，梳理总结各县（市、区）落实省委巡视整改做法成效24条，发挥巡察标本兼治作用，巩固拓展巡视巡察成果。中央纪委国家监委网站、省委办公厅《八闽快讯》予以宣传推广。

【巡察队伍及规范化建设】 2020年，中共泉州市委巡察机构坚持把政治建设摆在首位，从严教育、从严管理、从严监督巡察干部队伍，打造政治过硬、本领高强的巡察“铁军”。强化党建引领，坚持“把支部建在组上”，成立43个巡察组临时党支部，推动临时党支部发挥教育、管理和监督作用，助力巡察工作高质量发展。完善更新巡察工作人才库，巡察组长、专业人才库、巡察干部入库人数超800人，保障全市巡察工作深入开展。新建巡察干部“以干代训”人才库，采取跟班锻炼或参与巡察等方式，通过实战练兵增强县级巡察干部工作水平。

老干部工作

【概况】 2020年，中共泉州市委老干部工作部门贯彻落实上级文件精神，完善“一人一策”服务举措，修订完善19项服务措施，推进离休干部分级服务，完善联动机制，在离退休干部党建、精准服务、发挥作用、自身建设等各项工作再上新水平。截至年底，全市有离休干部368人，“5·12”退休干部90人，全市离休干部平均年龄92.7岁。其中，市直离休干部123人，“5·12”退休干部24人。全市100岁以上离休干部5人（年纪最大101岁，年纪最小83岁）。全市有离退休干部党员近4万人，占党员总数的1/9；离退休干部党组织405个，占基层党组织总数的1/40。

2020年8月14日，中共泉州市委老干部局在安溪举办“我看脱贫攻坚新成就”专题时政沙龙（图/市委老干部局）

【离退休干部党建】 2020年，中共泉州市委老干部工作部门借助“学习强国”“党员e家”和老党员之家等平台，举办通报会、线上学习报告会、主题宣讲会等36场次。组织实施党组织建设和党的工作“两个覆盖”及规范化建设三年行动计划，新组建离退休党组织93个、老党员服务站315个、老党员之家22个。打造“银领刺桐”党建重点项目，具体实施“银领先锋、银享康乐、银尚增辉”三项子工程，构建离退休干部党建工作新格局。加大对离退休干部党建工作的分类指导和典型培育，全市26个离退休干部党支部被命名为“首批省级离退休干部‘示范党支部’”。晋江中共泉州中心县委历史纪念馆和安溪安南永德苏维埃政府旧址被确定为第二批省级离退休干部党员传承红色基因学习教育基地。

【老干部服务保障】 2020年，中共泉州市委老干部工作部门做好重大节日、重大纪念日走访慰问工作，协调落实绿色通道、设立保健门诊、增设社区定点服务站等举措，为老干部看病就医提供更多便利。组织离休干部体检工作，根据疫情防控要求，采取上门等方式为老干部及时报销医药费。加大政府购买服务力度，开展特困老干部帮扶，设置“银龄心声”热线电话，为老干部提供心理咨询服务。

【老干部优势作用发挥】 2020年，中共泉州市委老干部工作部门聚焦“我看脱贫攻坚新成就”主题，策划座谈访谈、时政沙龙、诗书画影展等系列活动，引导老干部讲好泉州故事，助力脱贫攻坚。《靠自己的骨头长肉》舞台剧在全省展演中获金奖。打造“银龄心声”品牌，宣传全国、全省离退休干部先进事迹。开展庆祝建党99周年主题活动，依托关工委、老年大学和各涉老团体，引导老干部在传承红色基因、精准关爱、协助疫情防控、助力脱贫攻坚等方面发挥作用。

【老干部工作“三化”建设】 2020年，中共泉州市委老干部工作部门将2020年确定“三化”建设攻坚年，成立领导小组和工作专班推进工作。制订信息化建设工作方案，推进全省信息化试点工作，组织3次线上业务培训，为234家单位建立管理员账号，建立完善覆盖全市的管理人员信息。完善离休干部信息库，做到基本信息、家庭情况、主要需求、联络方式“四个清”。做好中组部、省委老干部局微信公众号的推广工作，关注人数近万人。出台精准服务老干部19项配套制度和措施，开展离休干部需求问卷调查，征求老干部意见建议，收集整理意见建议73条。更新离休干部“一人一策”服务情况表，实行动态管理。突出中组部、省委老干部局有关规范化建设和市委巡察要求，完善修订59项制度，内容涉及离退休干部党的建设、服务管理和队伍建设，为推动老干部工作规范运作提供制度遵循。

【老干部学习活动阵地建设】 2020年，泉州市完成泉州老年大学新校区建设，通过省级高水平示范性老年大学评审验收，组织实施市委、市政府为民办实事项目“老年远程教育提升工程”，按时序完成50个基层老年远程教育示范点建设。推进老干部（老年）活动中心“老党员之家”“老干部之家”建设和“规范管理和优质服务”提升年活动，开设微学习课堂，线上推送每月学习菜单等，为市直离退休干部党组织、涉老组织和老党员提供党建教育活动等服务。

【关心下一代工作】 2020年，泉州市关心下一代工作部门开展青少年思想道德教育，开展“传承红色基因，争做时代新人”“我为祖国抗击疫情骄傲，争做新时代优秀青少年”等主题教育活动1590多场。拓展青少年思想教育阵地，捐赠5万元扶持永春抗战历史纪念馆建设提升，推荐鲤城区龙岭革命基点村、永春县林俊德纪念馆获批全省关心下一代传承红色基因教育基地。联合市委文明办、市教育局等部门开展“童心向党”“新时代好少年”等主题实践活动。召开爱心助学座

2020年12月，泉州市关工委联合市离退休干部工委、团市委等在洛江区第二实验小学南山校区举行“与法相约·护航青春”青少年法治宣传教育活动 （图/市关工委）

谈会，发放助学金110多万元，资助270多名困难学子；与市总工会、市慈善总会创新“两会一委”联手助学模式，扩大爱心助学活动影响。各级关工委发放3480多万元，资助大中小学贫困学子2.2万多人。开展40余场征兵体检眼部筛查宣传，为青年实施近视激光手术。加强对留守流动儿童和闲散困境青少年的关爱工作，联合市民政局举办两期泉州市乡镇（街道）儿童督导员培训班，190人参加培训。发挥青少年社会教育活动中心阵地作用，线上开展爱国主义、传统文化教育等340多场，线下组织青年学生开展劳动技能训练、科技民俗体验、“非遗”传承等实践活动250多场。

精神文明建设

【概况】 2020年，中共泉州市委文明办围绕培育和践行社会主义核心价值观，实施公民道德建设工程，推进各类群众性精神文明创建活动，深化群众性精神文明创建活动，提高人民思想觉悟、道德水准、文明素养和社会文明程度。探索“互联网+精神文明建设”新方法、新领域，开通抖音号，推出网络公益专题，举办网络意识形态培训等；做实做细全国文明城市总评迎检，完善市、县两级上下联动、左右协调的文明城市创建格局；全市建设7个文明实践中心，75个文明实践所，1092个文明实践站，249个文明实践点，“三级设置、社会布点”和“以所带站、以站联点”的框架基本形成；深化“我推荐、我评议身边好人”活动，泉州市14人次入选中国、福建好人榜，落实道德模范帮扶礼遇措施，市、县两级走访慰问困难道德模范和身边好人206人次、发放慰问金27.59万元；开展家风家训传承活动，培育评选10个市级家风家训馆；探索“互联网+”志愿服务，截至年底，泉州市在全国志愿服务信息系统实名注册志愿者突破140万人。

【社会主义核心价值观建设】 2020年，中共泉州市委文明办推进弘扬时代新风行动，开展公共生活好言行活动，策划“践行社会主义核心价值观，争做新时代好公民”活动，“以文明让生活更美好”为主题，开展报刊、电视、LED、手机APP、共享单车等创建全国文明城市立体滚动宣传，发送短信1000万条，覆盖电视用户272万户。编印《道德之光》《泉州市精神文明建设理论与实践》《泉州志愿群英》《市民文明手册》等丛书。开展“放心消费示范商圈”创建活动，命名7条“泉州市诚信经营示范街区”，申报第二批“省级诚信示范街区”。开展“我们的节日”主题活动，发动群众参与春节、元宵、清明、端午、中秋、重阳等线上线下主题活动，在石狮举办第十四届闽台对渡文化节“互联网＋”系列活动。

【全国文明城市创建】 2020年，中共泉州市委文明办制定《调整泉州市创建全国文明城市工作指挥部组成人员的通知》《调整泉州市创建全国文明城市工作指挥部办公室和九个职能组成员单位及工作职责的通知》及迎接全国文明城市总评、创城办工作运行方案等，做实做细全国文明城市总评迎检。完善市县两级上下联动、左右协调的文明城市创建格局，协调建立指挥部体制，组建市创城办组建综合组、申报材料组、实地督查组3个工作专班，制定创城指挥部职能组、建制区、责任部门的责任清单，细化实地测评、网上申报材料、调查问卷等举措。设计一批具有泉州特色的公益广告，利用公交扬招站、手机短信、电视报刊（楼宇梯视）、公共交通车体等平泛刊播，增设大型公益广告64幅、灯箱广告1800多处、灯杆旗1653面、宣传栏（景观小品）181处、手机短信550万条、覆盖电视用户272万户、公交车（出租车）4710部。制作《名城焕新貌 刺桐花正红》画册、举办市直机关精神文明教育讲堂，印发《市民文明手册》1万余册、组织创文明城主题入户调查5万户，推出“我学习、我践行‘社会主义核心价值观’”等H5主题推广等。开展35类固定点位（1107个点位）及9类随机点位常态化督查，组织4次问卷调查、13次综合性测评、2次人大政协视察、3次市民巡查，暗访督查126次，下发整改通知书500多份，印发70期测评通报。研究制定《关于常态化做好文明城市创建工作的通知》《泉州市文明城市创建考评办法》，构建环泉州湾文明城市群，加强对石狮、晋江、惠安、永春、德化5个提名城市（县级）对口帮建，指导丰泽、洛江、泉港、南安、安溪做好省级文明城区（市）创建，德化入选、石狮保留第六届全国文明城市提名城市（县级）。

【新时代文明实践中心试点工作】 2020年，泉州市出台《泉州市建设新时代文明实践中心试点工作实施方案》《关于深化拓展泉州市新时代文明实践中心建设试点工作的实施方案》，晋江市、石狮市、德化县被列入第二批全国试点，4个镇（街道）为第一批市级试点镇，拓展18个市级试点镇，高标准推进新时代文明实践试点建设工作，打通宣传群众、关心群众、服务群众、满足群众“最后一公里”。选送的晋江围头村“主题村日”、德化“爱心厨房”、石狮“海上枫桥”祥芝样本等6个新时代文明实践案例全部入选《福建省新时代文明实践创新案例》，入选数量位居全省第二。

【道德典型学习宣传】 2020年，中共泉州市委文明办学习贯彻《新时代公民道德建设实施纲要》《新时代爱国主义教育实施纲要》，以

“以德立身、爱岗敬业”为主题启动道德模范基层宣讲，组织“弘扬时代新风·传播道德力量”主题文艺会演；摄制《德行泉州》公益视频获省“正气微视频”征集展播二等奖，拍摄展播道德模范文明家庭抖音短视频16个，获“泉州故事”作品征集优秀作品奖；组织线上“云展播、云宣讲”和线下公交传媒平台展播。高标准建成泉州道德模范馆，创新展示泉州各级道德模范事迹，成为全省率先建立的专题道德模范馆。完成市科技馆、海交馆、少年宫、华侨历史博物馆、文化宫等场所专题展览，实现市、区两级专题展览基本覆盖。

【基层基础文明创建】 2020年，中共泉州市委文明办印发新时代文明单位创建工作的实施方案，发布泉州市2020年度文明单位创建工作提示，指导全国、省级文明单位将创建工作做到日常、经常和平常。完成2017—2019年度市级精神文明建设各类先进评选表彰、2020—2022年度市级各类先进申报，做好全国、省级各类先进的培育推荐，全市9个村镇、11个单位、2所学校获评第六届全国文明村镇、文明单位（社区）、文明校园，21个村镇、26个单位、3所学校保留全国文明村镇、文明单位、文明校园称号。做好第二届全国、福建省文明家庭培育推荐，全市1户获评第二届全国文明家庭，87户入选第一届市文明家庭。培育建设第二批省、市级“文明乡风联系点”17个。

【移风易俗】 2020年，泉州市出台《泉州市文明行为促进办法》政府规章，制定2020年泉州市深化移风易俗工作方案，形成“1+13”推进工作方案和“1+32”工作推进格局。推进“强基促稳”乡风文明示范创建专项行动，组织抓移风易俗“三率”（知晓率、支持率、满意率）、创“三百”（百个移风易俗示范乡镇、村居，百个移风易俗带头人，百佳移风易俗村规民约）和“好婆媳、好妯娌、好邻居”评选，在文明单位中开展“看视频、学案例、作承诺、抓共建”活动等，推动工作实现重大突破，完成市委、市政府乡村振兴战略移风易俗三年行动目标任务，梳理总结推广9个典型案例，全市移风易俗规定列入村(居)规民约、村(居)成立“红白理事会”均超95%，群众知晓率90%、支持率和满意率均超95%。

【未成年人思想道德建设】 2020年，中共泉州市委文明办紧扣“立德树人”根本任务，推进“扣好人生第一粒扣子”主题活动，组织清明节“网上祭英烈”签名寄语活动。开展第二届泉州市“新时代好少年”推选发布和学习宣传活动，2名、10名学生分别入选福建省、泉州市“新时代好少年”，组织走访慰问活动和“新时代好少年”研学活动。举办年度泉州市中小学生“童心向党”歌咏活动，一批视频节目参与泉州文明风网站年度展播，央视国际在线、央视频进行宣传报道。组织开展年度“向国旗敬礼”网上签名寄语活动。组织参与中央彩票公益金支持乡村学校少年宫项目建设，举办全市城市（乡村）学校少年宫展演南安专场，组织少年宫师生培训，少年宫项目不断向基层小学拓展，建设数量位居全省前列。推动城乡学校少年宫与学校课后服务融合，解决学生家长“四点半”后顾之忧。推进市委、市政府为民办实事项目“社区未成年人文体活动设施场所”规范化建设，完成社区场所建设120个，举办暑期活动营活动，推荐“十佳活动营”社区，9万多名（户）社区未成年人和家庭受益。结合疫情防控举办“公益九月”心理辅导活动，开展“阳光心灵，亲近父母”心理健康团体辅导进校园、进社区公益活动和“走进感觉统合，开启智慧大门”家庭教育公益巡讲。

党史和地方志工作

【概况】 2020年，中共泉州市委史志研究室贯彻落实《地方志工作条例》和中央、省史志部门的决策部署，围绕市委“作答时代命题、聚力高质量发展超越”部署要求，统筹做好新冠疫情防控和史志主责主业两手抓，推进党史和地方志“存史、资政、育人”工作再上新台阶。开展“知识青年上山下乡”专题研究，启动编纂《中共泉州历史百年大事记》；征集整理泉州改革开放特别是“晋江经验”口述史资料，做好离退休领导干部和重大事件当事人口述历史的采访；会同市纪委、市委宣传部等印发《泉州市红色旅游经典线路、廉洁家风旅游经典线路方案》，与泉州市闽浙赣边区革命史研究会合作编辑出版《泉州革命英烈画传》，向基层赠送《泉州家训》《泉州乡规民约》等史志文化书刊2万多册；加强对县（市、区）及部门修志工作的指导服务，出版11个县（市、区）志，出版30部部门志；编纂出版《泉州年鉴（2020）》及其分册《泉州年鉴（2020）·泉州日记》。组织开展专题调研，完成全市党建重点调研课题《学党史、跟党走——关于开展党史学习情况的调查》《新时代史志工作的使命与对策》等。联合市档案局组织编制“乡村记忆文化”三年行动计划，完成创建50个“乡村记忆”试点村工作。通过在调查研究和资政实践结合上服务大局，丰富史志工作的理论特色、地方特色和资源特色。

【“知识青年上山下乡”专题研究】 2020年，中共泉州市委史志研究室坚持研究立室，推出一批有价值的研究成果。通过查阅档案、入户座谈、现场访谈、个别了解等形式，并向各界人士征集知识青年上山下乡的有关文件、图像、回忆录等，组织人员对史料进行研究分析，从史学的角度，以时间为节点，以事实为依据，客观反映泉州“知识青年上山下乡”这段历史，讴歌他们为革命和建设做出的贡献。《泉州知识青年上山下乡纪实》一书研著完成。

【党史资料征编】 2020年，中共泉州市委史志研究室将征编工作重心转移到改革开放和社会主义现代化建设新时期，征集整理泉州改革开放特别是“晋江经验”口述史资料，做好离退休领导干部和重大事件当事人口述历史的采访，完成《在崎岖中造就“晋江经验”》《回忆改革开放初期的晋江经济发展之路》《泉州市直41家国有工业企业嫁接外资情况》等口述史20多篇，编纂《泉州市改革开放口述史（第一辑）》，反映改革开放以来市委领导干部群众拼搏奋斗的历程、取得的经验和存在的问题。征集整理有关史料，组织编纂《中共泉州历史百年大事记》，启动《中国共产党泉州百年百事》编纂工作。

【志书编修】 2020年，中共泉州市委史志研究室抓好全市二轮修志工作，紧盯目标，倒排时序，集中力量补充、审核、修订《泉州市志（1991—2010）》志稿。形成近500万字送审稿提交省委史志办审查验收。召开第一次省级评审会后，组织人员分门别类、梳理归纳会专家提出的修改意见，制定《二轮〈泉州市志〉修改工作方案》，并根据工作方案做好调整篇目、内容整合、删补资料、处理详略、突出特色、规范体例、统一文风等工作。省委史志办召开《泉州市志（1991—2010）》审查验收会后提交出版社出版。组织完成《鲤城区志》《洛江区志》《丰泽区志》《泉港区志》审查验收工作。指导二轮《晋江市志》《惠安县志》出版发行；二轮《永春县志》《鲤城区志》《洛江区志》《丰泽区志》《泉港区志》提交出版。指导《泉州茶志》《泉州科技志》《泉州农科所志》完成出版发行工作；组织完成《泉州华侨志》《泉州老干部工作志》审查验收工作。指导清源山管委会做好《清源山志》申报中国名山志工程相关工作，《清源山志》作为全省唯一入围的名山志参加在扬州召开的中国系列名志申报篇目交流。指导“乡村记忆文化”50个试点村（社区）完成村志初稿编纂。

【年鉴及内部资料出版物编纂】 2020年，中共泉州市委史志研究室坚持高标准、严要求，实现年鉴编纂正常化、规范化。编纂出版《泉州年鉴（2020）》，以打造精品为目标，科学设计编纂大纲，对框架、栏目设置进行调整优化，对内容进行精细化编纂；同时编纂分册《泉州年鉴（2020）·泉州日记》，提高记述广度和深度，反映泉州市物质文明、政治文明、精神文明、社会文明、生态文明建设成果，提高社会民生关注度。开展年鉴精品工作，督促、指导、推动市、县两级提升编纂水平。分层分组、以点带面，靠前指导县级年鉴编纂工作，召开评稿会，提升县级年鉴编纂质量。编印连续性内部资料出版物《泉州月志》7期。自第8期起改版为《泉州史志》，新增“红色印记”栏目，刊发革命先烈、革命史迹、红色故事、革命遗址等党史方面内容。同时，对“史志论坛”“人物春秋”两个栏目进行调整，在原有基础上，“史志论坛”每期增加1篇党史论文，“人物春秋”每期增加1篇有关党史重要人物的文章。

【史志领域意识形态安全维护】 2020年，中共泉州市委史志研究室把红色文化教育融入社会主义核心价值观的传播弘扬之中。组织开展红色“惠安暴动”90周年系列纪念活动，研究确定陈平山故居、蓝飞鹤革命烈士陵园等13处革命遗址为第二批泉州市党史教育基地。向基层赠送《泉州家训》《泉州乡规民约》等史志文化书刊，推广宣传好家规好家训和乡规民约。审核把关史实内容，对《南安党史》二卷（征求意见稿）和惠安、泉港为纪念“惠安暴动”90周年编印的《红色惠安》《陈平山传略》《陈平山与惠安暴动》《惠安暴动》《红色记忆——泉港革命史通览》，以及泉州市情展、泉州市党史教育基地、泉州中心县委（南安岭兜）纪念馆陈展、红色旅游景点解说词等进行审核把关，确保史实准确、表述严谨。强

2020年8月11日，《泉州市志（1991—2010）》（送审稿）评审会议召开（图/吴寿民）

化网络安全意识，将泉州地情网并入福建省党史方志网站群，配合省委党史方志办做好“福建党史方志网”上线运行和信息推送，印发《关于落实“福建党史方志网”泉州子网内容保障任务的通知》，并对上网信息审核把关；同时，建立健全网络信息发布三级审查工作机制，确保网上发布信息的安全、准确。

党校工作

【概况】 2020年，中共泉州市委党校（泉州行政学院、市社会主义学院）贯彻落实党校（行政学院）工作条例和习近平总书记关于党校办学治校系列重要指示精神，坚持围绕中心、服务大局，主动履职、发挥作用。举办各类培训班30期，培训各级各类干部2718人次；开展宣讲432场次，受众24000多人次；立结项各类课题69项。

【教学工作】 2020年，中共泉州市委党校坚持党校姓党、质量立校、从严治校，开展干部教育培训工作。聚焦主业主课，突出抓好习近平新时代中国特色社会主义思想学习培训。连续四届开展“经典悦读•书香学府”暨马克思主义经典原著学习活动，探索运用教师导学、个人自学、交流互学、诵读促学“四学联动”模式，让学员在学习中领悟马克思主义经典真谛。打造30多个新思想教学专题，统筹安排进入各级各类培训班，推动新思想进教材、进课堂、进头脑。会同有关部门举办4次“东海干部学堂”专题讲座，其中《学深悟透〈习近平谈治国理政〉第三卷》专题讲座获“学习强国”报道。助力援藏工作，组织教师到洛隆县、边坝县和昌都市委党校做民法典讲座。创新培训方式，组织中共十九届四中、五中全会精神学习培训。采取“线上+线下”混合式培训方式，会同组织部举办全市处级干部学习贯彻中共十九届四中全会精神专题轮训班，轮训市管干部1125人。五中全会召开后，开展五中全会精神宣讲，受众7000多人次。深化教改提升教育培训水平，围绕《习近平在福建》系列采访实录、“四史”教育、民法典等，开发25个教学专题进入课堂；市领导10人次到党校授课。创新教学方式，推广结构化研讨、案例教学。坚持精品导向，出台《精品课建设实施办法》，举办第五届全市党校系统精品课评选活动。两个教师精品课分别获全省党校、行政学院系统精品课评选活动一、三等奖。加强教学管理。修订《教学计划的制定和实施制度》《各班次排课暂行规定》《新课试讲准入的若干规定》《教研人员外出授课管理规定》，制定《实行讲稿审核制度的若干规定》，举办“严守政治纪律和政治规矩学习研讨会”，落实落细“用学术讲政治”要求。

【科研工作】 2020年，中共泉州市委党校立项各类课题38项，其中，省委党校、行政学院系统中国特色社会主义理论体系研究基地课题项目11项；泉州市社科规划课题项目6项（其中重点项目2项）；市委党建办年度调研课题、市人大年度重点调研课题等11项。结项各类课题31项，其中7项获省委党校、行政学院系统中国特色社会主义理论体系研究基地课题优秀成果奖。立项数、结项数连续10年位居全省设区市党校首位。组织重点课题攻关，发表各类刊物文章50篇，其中CN刊物论文15篇。编辑出版《泉州党校》4期。《习近平总书记在福建工作时的探索实践、创新理念》等3篇文章入选省委党校、福建行政学院理论研讨会。《实现近期和远景目标 要求更高质量发展》《全面推进乡村振兴 加快农业农村现代化》等文章在“学习强国”刊发。

【咨政工作】 2020年，中共泉州市委党校与市委改革办签订战略合作协议，建立市情资料共享、调研资源共建、调研重点共商、调研项目共克、咨政人才共育的调研合作机制。与石狮市国际服务贸易中心、惠安县黄塘聚龙小镇签订调研基地合作协议，探索“基地出题、共同答题”或“党校带题、基地会诊、党校答题”研究模式。从市四套班子政研机构和职能部门聘请13名智库顾问和7名智库特邀研究员，完善市情会商机制。举办第十二届党校市情论坛，编辑出版《泉州市情研究》6期、《市情调研报告》2期。

2020年6月9日，中共泉州市委2020年春季学期开学典礼举行

（图/市委党校）

泉州市人民代表大会

综 述

【概况】 2020年，泉州市人大常委会扛起责任担当，为夺取疫情防控和经济社会发展双胜利、全方位推动高质量发展超越做出贡献。疫情发生后，市人大常委会贯彻市委决策部署，投入抗疫工作。第一时间做出依法防控新冠肺炎疫情的决定，为泉州市实施最严格的防控措施提供法治支撑。调整工作计划，开展野生动物保护法执法检查，督促从严打击野生动物非法交易，革除滥食野生动物陋习。常委会领导到基层督导检查89次，3名副主任负责7个县（市、区）巡回检查工作，22名党员干部参加一线抗疫，全市11200多名各级人大代表响应常委会倡议，在政策宣传、基层防控、复工复产等方面发挥模范带头作用。全市各级人大代表捐赠款物2.38亿元。疫情防控常态化后，市人大常委会紧盯目标、加压奋进，各项工作取得新进展。全年召开常委会会议9次、主任会议17次，制定地方性法规2部、做出法规性决定1项，审查政府规章2件、规范性文件34件，听取审议专项工作报告17件，开展执法检查3次、工作评议1次、专题询问1次，进行满意度测评12次，组织专题调研和视察39次，做出决议决定15项，依法任免地方国家机关工作人员105人次，完成市十六届人大五次会议确定的各项目标任务。市人大常委会助推民营经济发展的做法和经验得到全国人大常委会领导肯定。依法推进生态文明建设，探索司法“清单制闭环监督”，推动“代表联系群众活动室”提档升级等12项工作得到省人大常委会肯定。推动产业优化升级、督促政务数据汇聚与共享等7项工作得到市委主要领导批示肯定。

【决策部署贯彻落实】 2020年，泉州市人大常委会跟进学习习近平总书记重要讲话重要指示批示精神。传达学习习近平总书记对福建工作的重要指示，把全方位推动高质量发展超越作为新时代泉州市人大工作的鲜明主线和最大特色。专题组织学习习近平法治思想和中共十九届四中、五中全会精神，系统学习《习近平谈治国理政》《习近平在福建》等系列采访实录专题研讨。坚决落实市委部署，发挥常委会党组把方向、管大局、保落实的重要作用，传达贯彻市委十二届十二次、十三次全会精神，紧扣促进疫后经济重振、“两新一重”逆周期投资、“跨江发展、跨域融合”战略实施等重点，统筹谋划人大工作。按照市委安排，积极参加“六稳”“六保”追赶行动、突破“难、硬、重、新”工作行动、畅通“内循环”秋季攻坚行动和2020项目年终冲刺“一线协调活动”。落实市委贯彻执行省委决定的通知精神，常委会承担的48项工作有序推进。建立健全立法项目论证、全口径预算审查监督等17项机制，如期完成市委交办的民主法制和社会治理领域改革工作任务。严格执行请示报告制度，先后就重要工作、重要活动向市委请示报告23次，确保各项工作始终在市委领导下依法进行。加强宪法法律宣传，弘扬宪法精神，连续6年开展国家宪法日活动，增强全体公民和国家机关工作人员的宪法意识。坚持宪法宣誓制度，依法组织31名新任命人员进行宪法宣誓，彰显宪法尊严和权威。组织开展民法典学习宣传系列活动；检查督促“七五”普法工作，推动全民进一步尊法、学法、守法、用法。

【“十四五”规划编制】 2020年，泉州市人大常委会到各县（市、区）和市直有关部门召开11场专题座谈会，在集思广益基础上，对科学编制“十四五”规划纲要提出7个方面28条具体建议，要求立足泉州市实现万亿元生产总值的新起点，服务并融入新发展格局，突出对重大改革、重大项目、重大平台、重大政策的谋划，在强化科技创新驱动、推进产业链供应链优化升级、探索民营经济高质量发展新路、促进共同富裕等方面取得新突破。这些建议得到市委、市政府的高度重视，为研究编制“十四五”规划纲要提供重要参考。

【经济社会发展推动】 2020年，泉州市人大常委会听取审议市政府关于高新、传统、重化三大板块“建链强链补链”专项工作报告，重点针对纺织面料、建材家居等5个产业链存在的薄弱环节，提出18条审议意见，推动政府加快制定产业发展配套政策，实施产业链精准招商。对泉州市政务数据汇聚与共享平台建设情况进行工作评议，督促有关部门对标找差，加快解决政务数据“聚通用”存在问题，为市场主体和群众营造良好创业办事环境。听取审议市政府关于推进泉台人才交流合作的专项工作报告，督促加快构建引育用留“四位一体”链条，打造台湾人才集聚高地。对闽台职业教育合作条例和福建省招收台湾学生若干规定执行情况进行调研检查，加快建设台胞台企登陆“第一家园”。开展文化旅游融合发展和非物质文化遗产保护情况专题调研，要求放大“申遗”效应，推动文旅深度融合，加快打造世界级文化都市品牌。

【城乡协调发展推动】 2020年，泉州市人大常委会开展专题视察，推动北峰丰州西华洋、东海后浦、城东南滨江等片区加快更新改造。对晋江、洛阳江入海口区域规划建设提出建议，要求合理预留教育、医疗等公共服务配套设施用地，统筹推进“产城人”融合发展。听取审议市政府关于加快城市快速通道规划建设专项工作报告，督促合力破解“聚城畅通”工程存在问题，加快完善环湾综合交通体系。对泉州市农村人居环境整治情况进行专题询问，督促市政府及有关部门强化规划引领，有效实施农村“一革命四行动”。对发展壮大村集体经济进行专题调研，关注公益林管护和畜牧业发展情况，督办加快油茶产业发展、健全农业科技支撑体系等代表建议，促使提升乡村产业质量效益，激活农村发展动力。

重要会议

【概况】 2020年1月4—7日，泉州市十六届人大五次会议召开；市十六届人大常委会全年召开主任会议17次；市十六届人大常委会全年召开常委会会议9次。

【市十六届人大五次会议】 2020年1月4—7日，泉州市十六届人大五次会议在泉州人民会堂召开。此次大会的主要议程：听取和审议泉州市政府工作报告；审查和批准泉州市2019年国民经济和社会发展计划执行情况及2020年国民经济和社会发展计划草案的报告；批准泉州市2020年国民经济和社会发展计划；审查和批准泉州市2019年预算执行情况及2020年预算草案的报告；批准泉州市2020年市本级预算；听取和审议泉州市人民代表大会常务委员会工作报告；听取和审议泉州市中级人民法院工作报告；听取和审议泉州市人民检察院工作报告；选举泉州市第十六届人民代表大会常务委员会副主任、泉州市第十六届人民代表大会常务委员会委员，选举泉州市人民检察院检察长。此次大会收到代表建议、批评和意见443件。

2020年1月4日，泉州市十六届人大五次会议开幕　（图/陈晓东）

2020年泉州市十六届人大常委会会议情况表

表4

时间	会议名称	参加人员	会议内容
2020年2月10日	市十六届人大常委会第二十六次会议	市人大常委会主任陈灿辉，副主任朱团能、张建生、许文贵、吴友才、蔡思红、吴汉宗、黄阳春，秘书长欧阳秋虹参加会议	在线上召开。会议线上听取和审议市人大常委会主任会议提交的《泉州市人民代表大会常务委员会关于依法防控新型冠状病毒肺炎疫情切实保障人民群众生命健康安全的决定（草案）》的议案，并表决通过《关于依法防控新型冠状病毒肺炎疫情切实保障人民群众生命健康安全的决定》
2020年2月27日	市十六届人大常委会第二十七次会议	市人大常委会主任陈灿辉、副主任朱团能、张建生、许文贵、吴友才、蔡思红、吴汉宗、黄阳春，秘书长欧阳秋虹参加会议。市政府副市长肖汉辉，市监察委员会、市中级人民法院、市人民检察院相关负责人列席会议	会议传达学习习近平总书记在统筹推进新冠肺炎疫情防控和经济社会发展工作部署会议上的重要讲话精神；听取和审议市政府关于提请审议泉州市与印度金奈市建立友好城市关系的议案，表决通过关于同意推进泉州市与印度金奈市建立友好城市关系的决定；听取和审议市中级人民法院研究处理市人大常委会关于审判监督工作情况的审议意见情况的报告，并进行满意度测评，测评结果为满意；审议市人大常委会法工委关于2019年度规范性文件备案审查工作情况；表决通过有关人事任免事项
2020年4月27日	市十六届人大常委会第二十八次会议	市人大常委会主任陈灿辉、副主任张建生、许文贵、吴友才、蔡思红、吴汉宗、黄阳春，秘书长欧阳秋虹参加会议。市政府副市长朱启平，市监察委员会、市中级人民法院、市人民检察院相关负责人列席会议	会议学习贯彻《中共福建省委关于加强新时代人大工作和建设的决定》；听取和审议市中级人民法院关于执行工作情况的报告；听取和审议市检察院研究处理市人大常委会关于刑事执行检察工作情况的审议意见情况的报告，并进行满意度测评，测评结果为满意；书面审议关于泉州市公共文化服务体系建设的调研情况；表决通过有关人事任免事项

续表4

时间	会议名称	参加人员	会议内容
2020年6月29日	市十六届人大常委会第二十九次会议	市人大常委会主任陈灿辉、副主任张建生、许文贵、吴友才、蔡思红、吴汉宗、黄阳春，秘书长欧阳秋虹参加会议。副市长周真平，市监察委员会、市中级人民法院、市人民检察院相关负责人列席会议	会议听取市政府关于《泉州市市容和环境卫生管理条例（草案）》的议案的说明和市人大常委会环城工委初审报告，审议市政府关于提请审议《泉州市市容和环境卫生管理条例（草案）》的议案；听取和审议市政府关于高新、传统、重化三大板块“建链、强链、补链”情况的报告；听取和审议市政府关于加快城市快速通道规划建设，推动重大交通设施互联互通情况的报告；听取和审议市政府关于《泉州市海上丝绸之路史迹保护条例》《泉州市市区内沟河保护管理条例》《泉州市中山路骑楼建筑保护条例》配套制度、基础性工作落实情况的报告；听取和审议市政府研究处理市人大常委会关于《中华人民共和国传染病防治法》实施情况的审议意见情况的报告，并进行满意度测评，测评结果为满意；听取和审议市政府关于2019年市本级决算草案的报告、关于2019年市本级预算执行和其他财政收支的审计工作报告，审议并表决通过关于批准2019年市本级决算的决议；听取和审议市政府关于地方政府性债务管理情况的报告；听取和审议市政府关于泉州市养老服务体系建设情况的报告；听取和审议市政府关于泉州市城乡居民基本医保基金使用管理情况的报告；听取和审议市政府关于2019年度环境状况和环境保护目标完成情况的报告；听取和审议市人民检察院关于民事检察工作情况的报告；书面审议泉州市健全师德建设长效机制调研情况；书面审议泉州市文化旅游融合发展调研情况；表决通过有关人事任免事项

续表4

时间	会议名称	参加人员	会议内容
2020年8月26日至27日	市十六届人大常委会第三十次会议	市人大常委会主任陈灿辉、副主任张建生、许文贵、吴友才、蔡思红、吴汉宗、黄阳春，秘书长欧阳秋虹参加会议。副市长周真平、朱启平、李伙金，市监察委员会、市中级人民法院、市人民检察院相关负责人列席会议	会议听取市政府关于《泉州市机动车停车条例（草案）》的议案的说明和市人大常委会环城工委初审报告，审议《泉州市机动车停车条例（草案）》；听取市人大法制委关于《泉州市市容和环境卫生管理条例（草案一审稿）》修改情况的报告，审议并表决通过《泉州市市容和环境卫生管理条例（草案表决稿）》；听取和审议市政府关于公立医院“暖心服务”工作情况、关于泉台人才交流工作情况的报告；听取和审议市政府研究处理市人大常委会关于开展扫黑除恶专项斗争工作情况的审议意见情况的报告，并进行满意度测评，测评结果为满意；听取和审议市政府关于石化工业园区生态环境保护工作整改情况、关于2020年1—7月泉州市国民经济和社会发展计划、预算执行情况的报告；听取和审议市政府关于提请审议2020年地方政府债券转贷和抗疫特别国债收支市本级预算调整方案的议案；表决通过关于批准《市政府关于提请审议2020年地方政府债券转贷和抗疫特别国债收支市本级预算调整方案的议案》的决议；听取和审议市人大常委会执法检查组关于检查《中华人民共和国野生动物保护法》及福建省实施办法实施情况、关于检查《中华人民共和国道路交通安全法》《中华人民共和国道路交通安全法实施条例》实施情况、关于检查《中华人民共和国食品安全法》《福建省食品安全条例》实施情况的报告；表决通过有关人事任免事项
2020年9月29日	市十六届人大常委会第三十一次会议	市人大常委会主任陈灿辉、副主任张建生、许文贵、吴友才、蔡思红、吴汉宗、黄阳春，秘书长欧阳秋虹参加会议。副市长吕刚，市监察委员会、市中级人民法院、市人民检察院相关负责人列席会议	会议审议通过泉州市人大常委会关于调整市十六届人大常委会代表资格审查委员会主任委员的决定；表决通过有关人事任免事项

续表4

时间	会议名称	参加人员	会议内容
2020年10月28日	市十六届人大常委会第三十二次会议	市人大常委会主任陈灿辉、副主任张建生、吴友才、蔡思红、吴汉宗、黄阳春，秘书长欧阳秋虹参加会议。常务副市长洪自强，市监察委员会、市中级人民法院、市人民检察院相关负责人列席会议	会议听取市人大法制委《泉州市机动车停车条例（草案一审稿）》修改情况的报告，审议关于《泉州市机动车停车条例（草案二审稿）》；听取和审议市政府关于加快全市垃圾分类处理利用的决议执行情况、关于2019年度行政事业性国有资产管理情况的报告，书面审议2019年度国有资产管理情况综合报告；听取和审议市政府关于农村人居环境整治情况的报告，并开展专题询问；听取和审议市政府关于政务数据汇聚与共享应用平台建设情况的报告，并进行工作评议，评议结果为满意；听取和审议市政府研究处理市人大常委会关于妇女儿童发展纲要实施情况的审议意见情况的报告、研究处理市人大常委会关于全市流域水环境保护情况的审议意见情况的报告、研究处理市人大常委会关于《泉州市海上丝绸之路史迹保护条例》《泉州市中山路骑楼建筑保护条例》配套制度、基础性工作落实情况的审议意见情况的报告，并进行满意度测评，测评结果均为满意；听取和审议市政府研究处理市人大常委会关于《泉州市市区内沟河保护管理条例》配套制度、基础性工作落实情况的审议意见情况的报告，并进行满意度测评，测评结果为基本满意；听取和审议市政府关于市十六届人大五次会议第1301号代表建议办理情况的报告，并对办理情况开展满意度测评，测评结果为满意；听取和审议市政府关于市十六届人大五次会议1113号代表建议办理情况的报告，并对办理情况开展满意度测评，测评结果为基本满意；表决通过有关人事任免事项

续表4

时间	会议名称	参加人员	会议内容
2020年11月30日	市十六届人大常委会第三十三次会议	市人大常委会主任陈灿辉、副主任张建生、蔡思红、吴汉宗、黄阳春，秘书长欧阳秋虹参加会议。副市长吕刚，市监察委主任游宇飞，市中级人民法院、市人民检察院相关负责人列席会议	会议听取和审议市政府关于市“十四五”规划基本思路的报告和市人大常委会关于泉州市“十三五”规划实施情况与“十四五”规划编制情况的调研报告；听取和审议市政府研究处理市人大常委会关于养老服务体系建设情况的审议意见情况的报告，并进行满意度测评，测评结果为满意；听取和审议市政府关于2020年市本级国有资本经营与社会保险基金预算调整方案的议案，表决通过关于批准2020年市本级国有资本经营与社会保险基金预算调整的决议；审议通过市人大常委会关于召开泉州市第十六届人民代表大会第六次会议的决定；审议通过有关人事任免事项
2020年12月30日	市十六届人大常委会第三十四次会议	市人大常委会主任陈灿辉、副主任张建生、许文贵、吴友才、蔡思红、吴汉宗、黄阳春，秘书长欧阳秋虹参加会议。常务副市长吕刚，市监察委员会、市中级人民法院、市人民检察院相关负责人列席会议	会议听取市人大法制委关于《泉州市机动车停车条例（草案二审稿）》审议结果的报告，表决通过《泉州市机动车停车条例（草案表决稿）》；审议通过《泉州市人民代表大会常务委员会关于加强九龙江流域水环境协同保护的决定》、关于废止《泉州市人大常委会关于实施〈福建省各级人民代表大会常务委员会规范性文件备案审查规定〉的意见》规范性文件的决定；听取和审议市政府关于市十六届人大五次会议代表建议办理工作的报告和市人大常委会视察组综合报告；审议市中级人民法院、市人民检察院关于市十六届人大五次会议代表建议办理工作情况；讨论、通过泉州市人大常委会工作报告稿；审议市十六届人大六次会议的日程安排（草案）及各项建议名单；审议通过有关人事任免事项；听取和审议市人大常委会代表资格审查委员会关于个别代表的代表资格的审查报告，表决通过关于个别代表的代表资格的公告稿

【主任会议】 2020年，泉州市十六届人大常委会召开17次主任会议。会议讨论关于《泉州市人民代表大会常务委员会关于依法防控新型冠状病毒肺炎疫情，切实保障人民群众生命健康安全的决定（草案）》议案，讨论决定采取线上形式召开市十六届人大常委会第二十六次会议。讨论关于法院执行工作情况的调研报告和审议意见稿，关于开展泉州市公共文化服务体系建设情况的调研报告，关于加快城市快速通道规划建设，推动重大交通设施互联互通情况的专题调研方案，关于民事检察工作情况的专题调研方案，关于开展《中华人民共和国野生动物保护法》及福建省实施办法的执法检查方案，关于《泉州市海上丝绸之路史迹保护条例》《泉州市市区内沟河保护管理条例》《泉州市中山路骑楼建筑保护条例》配套制度、基础性工作落实情况的专题调研方案，关于开展泉州市城乡居民基本医保基金使用管理情况的专题调研方案，关于开展泉州市健全师德建设长效机制情况的专题调研方案，关于开展泉州市文化旅游融合发展情况的专题调研方案。讨论市政府关于提请审议《泉州市市容和环境卫生管理条例（草案）》的议案，关于泉州市养老服务体系建设情况的调研报告和审议意见稿；讨论市人大常委会调研组关于泉州市促进畜牧业健康发展情况、关于泉州市非物质文化遗产保护工作情况的调研报告。讨论关于《泉州市市容和环境卫生管理条例（草案）》的初步审查报告。讨论市政府关于提请审议《泉州市机动车停车条例（草案）》的议案，关于2019年度行政事业性国有资产管理情况的专题调研方案。讨论关于《泉州市机动车停车条例（草案）》的初步审查报告，《泉州市市容和环境卫生管理条例（草案二审稿）》，关于泉台人才交流工作情况的调研报告和审议意见稿，关于公立医院“暖心服务”工作情况的调研报告和审议意见稿。讨论《泉州市市容和环境卫生管理条例(草案建议表决稿)》。讨论《泉州市机动车停车条例（草案表决稿）》《泉州市人民代表大会常务委员会关于加强九龙江流域水环境协同保护的决定（草案表决稿）》。

2020年泉州市十六届人大常委会主任会议情况表

表5

时间	会议名称	参加人员	会议内容
2020年2月10日	市十六届人大常委会第四十六次主任会议	市人大常委会主任陈灿辉主持会议，副主任朱团能、张建生、许文贵、吴友才、蔡思红、吴汉宗、黄阳春，秘书长欧阳秋虹参加会议	线上召开，会议讨论关于《泉州市人民代表大会常务委员会关于依法防控新型冠状病毒肺炎疫情，切实保障人民群众生命健康安全的决定（草案）》议案，会议讨论决定采取线上形式召开市十六届人大常委会第二十六次会议
2020年2月24日	市十六届人大常委会第四十七次主任会议	市人大常委会主任陈灿辉主持会议，副主任朱团能、张建生、许文贵、吴友才、蔡思红、吴汉宗、黄阳春，秘书长欧阳秋虹参加会议	会议传达学习于伟国在省十三届人大常委会第十六次会议上的讲话精神，讨论关于贯彻落实全国、省人大常委会关于禁止非法野生动物交易、革除滥食野生动物陋习两个决定的有关事项，讨论有关人事任免事项，关于泉州市与印度金奈市建立友好城市关系的初审意见，关于2019年度规范性文件备案审查情况的报告稿，关于调整泉州市人大常委会2020年度个别监督工作计划的报告，关于高新、传统、重化三大板块“建链、强链、补链”情况的专题调研方案，关于开展泉州市养老服务体系建设情况的专题调研方案，关于法院执行工作情况的专题调研方案，关于开展2019年度全市环境状况和环境保护目标完成情况的专题调研方案，关于开展泉州市公共文化服务体系建设情况的专题调研方案；确定市十六届人大常委会第二十七次会议的召开时间和建议议程；提出第四十八次主任会议建议议题

续表5

时间	会议名称	参加人员	会议内容
2020年3月23日	市十六届人大常委会第四十八次主任会议	市人大常委会主任陈灿辉主持会议，副主任朱团能、张建生、许文贵、吴友才、蔡思红、吴汉宗、黄阳春，秘书长欧阳秋虹参加会议	会议讨论通过关于市十六届人大五次会议代表建议重点办理件督办安排（草案），提出第四十九次主任会议建议议题；会议还初定市十六届人大常委会第二十八次会议的召开时间和建议议程
2020年4月20日	市十六届人大常委会第四十九次主任会议	市人大常委会主任陈灿辉主持会议，副主任朱团能、张建生、许文贵、吴友才、蔡思红、吴汉宗、黄阳春，秘书长欧阳秋虹参加会议	会议讨论有关人事任免事项；讨论关于法院执行工作情况的调研报告和审议意见稿，关于开展泉州市公共文化服务体系建设情况的调研报告，关于加快城市快速通道规划建设，推动重大交通设施互联互通情况的专题调研方案，关于民事检察工作情况的专题调研方案，关于开展《中华人民共和国野生动物保护法》及福建省实施办法的执法检查方案，关于《泉州市海上丝绸之路史迹保护条例》《泉州市市区内沟河保护管理条例》《泉州市中山路骑楼建筑保护条例》配套制度、基础性工作落实情况的专题调研方案，关于开展泉州市城乡居民基本医保基金使用管理情况的专题调研方案，关于开展泉州市健全师德建设长效机制情况的专题调研方案，关于开展泉州市文化旅游融合发展情况的专题调研方案；会议确定市十六届人大常委会第二十八次会议的召开时间和建议议程，提出第五十次主任会议建议议题
2020年4月27日	市十六届人大常委会第五十次主任会议	市人大常委会主任陈灿辉主持会议，副主任张建生、许文贵、吴友才、蔡思红、吴汉宗、黄阳春，秘书长欧阳秋虹参加会议	会议讨论泉州市人大常委会关于接受朱团能辞去泉州市第十六届人民代表大会常务委员会副主任职务的请求的决定（草案）、讨论泉州市人大常委会关于接受朱团能辞去泉州市第十六届人民代表大会财政经济委员会主任委员职务的请求的决定（草案）、讨论泉州市人大常委会关于接受朱团能辞去泉州市第十六届人民代表大会社会建设委员会主任委员职务的请求的决定（草案）

续表5

时间	会议名称	参加人员	会议内容
2020年5月18日	市十六届人大常委会第五十一次主任会议	市人大常委会主任陈灿辉主持会议，副主任张建生、许文贵、吴友才、蔡思红、吴汉宗、黄阳春，秘书长欧阳秋虹参加会议	会议讨论市政府关于提请审议《泉州市市容和环境卫生管理条例（草案）》的议案，关于泉州市养老服务体系建设情况的调研报告和审议意见稿；讨论市人大常委会调研组关于泉州市促进畜牧业健康发展情况、关于泉州市非物质文化遗产保护工作情况的调研报告；提出第五十二次主任会议建议议题；初定市十六届人大常委会第二十九次会议的召开时间和建议议程
2020年6月22日	市十六届人大常委会第五十二次主任会议	市人大常委会主任陈灿辉主持会议，副主任张建生、许文贵、吴友才、蔡思红、吴汉宗、黄阳春，秘书长欧阳秋虹参加会议	会议讨论有关人事任免事项；讨论关于《泉州市市容和环境卫生管理条例（草案）》的初步审查报告，关于2019年度全市环境状况和环境保护目标完成情况的审议意见稿，关于高新、传统、重化三大板块“建链、强链、补链”情况的调研报告和审议意见稿，关于泉州市2019年市本级财政收支决算报告与2019年市本级预算执行和其他财政收支审计工作报告的审议意见稿，关于泉州市地方政府性债务管理情况的审议意见稿，关于泉州市城乡居民基本医保基金使用管理情况的调研报告和审议意见稿，关于加快城市快速通道规划建设，推动重大交通设施互联互通情况的调研报告和审议意见稿，关于市人民检察院民事检察工作情况的调研报告和审议意见稿，关于《泉州市海上丝绸之路史迹保护条例》《泉州市市区内沟河保护管理条例》《泉州市中山路骑楼建筑保护条例》配套制度、基础性工作落实情况的调研报告和审议意见稿，关于泉州市健全师德建设长效机制情况的调研报告，关于泉州市文化旅游融合发展情况的调研报告，关于政务数据汇聚与共享应用平台建设情况工作评议方案，关于公立医院“暖心服务”工作情况的专题调研方案，关于开展《中华人民共和国食品安全法》《福建省食品安全条例》执法检查方案，关于石化工业园区生态环境保护工作整改情况的专题调研方案，关于泉台人才交流工作情况的专题调研方案，关于开展《中华人民共和国道路交通安全法》《中华人民共和国道路交通安全法实施条例》执法检查方案，关于开展农村人居环境整治情况专题询问工作方案；讨论市人大常委会调研组关于泉州市生态公益林保护管理情况的调研报告；会议确定市十六届人大常委会第二十九次会议的召开时间和建议议程，提出第五十三次主任会议建议议题

续表5

时间	会议名称	参加人员	会议内容
2020年7月20日	市十六届人大常委会第五十三次主任会议	市人大常委会主任陈灿辉主持会议，副主任张建生、许文贵、吴友才、蔡思红、吴汉宗、黄阳春，秘书长欧阳秋虹参加会议	会议讨论市政府关于提请审议《泉州市机动车停车条例（草案）》的议案，关于2019年度行政事业性国有资产管理情况的专题调研方案；会议提出第五十四次主任会议建议议题，初定市十六届人大常委会第三十次会议的召开时间和建议议程
2020年8月20日	市十六届人大常委会第五十四次主任会议	市人大常委会主任陈灿辉主持会议，副主任张建生、许文贵、吴友才、蔡思红、吴汉宗、黄阳春，秘书长欧阳秋虹参加会议	会议讨论关于《泉州市机动车停车条例（草案）》的初步审查报告，《泉州市市容和环境卫生管理条例（草案二审稿）》，关于泉台人才交流工作情况的调研报告和审议意见稿，关于公立医院“暖心服务”工作情况的调研报告和审议意见稿；关于石化工业园区生态环境保护工作整改情况的调研报告和审议意见稿，2020年1—7月国民经济和社会发展计划、预算执行情况的审议意见稿，关于2020年地方政府债券转贷和抗疫特别国债收支相应调整市本级预算的审查报告，关于检查《中华人民共和国食品安全法》和《福建省食品安全条例》实施情况的报告和审议意见稿，关于检查《中华人民共和国道路交通安全法》《中华人民共和国道路交通安全法实施条例》实施情况的报告和审议意见稿，关于检查《中华人民共和国野生动物保护法》及福建省实施办法实施情况的报告和审议意见稿，泉州市人大常委会关于调整市十六届人大常委会代表资格审查委员会主任委员的决定（草案），关于对市十六届人大五次会议代表建议办理情况开展满意度测评的实施方案，关于“十四五”规划编制情况的专题调研方案，关于《加快全市垃圾分类处理利用的决议》执行情况的专题调研方案；会议提出第五十五次主任会议建议议题，确定市十六届人大常委会第三十次会议的召开时间和建议议程
2020年8月26日	市十六届人大常委会第五十五次主任会议	市人大常委会主任陈灿辉主持会议，副主任张建生、许文贵、吴友才、蔡思红、吴汉宗、黄阳春，秘书长欧阳秋虹参加会议	会议讨论有关人事任免事项；提出第五十六次主任会议建议议题

续表5

时间	会议名称	参加人员	会议内容
2020年8月27日	市十六届人大常委会第五十六次主任会议	市人大常委会主任陈灿辉主持会议，副主任张建生、许文贵、吴友才、蔡思红、吴汉宗、黄阳春，秘书长欧阳秋虹参加会议	会议讨论《泉州市市容和环境卫生管理条例(草案建议表决稿)》；会议提出第五十七次主任会议建议议题，初定市十六届人大常委会第三十一次会议的召开时间和建议议程
2020年9月29日	市十六届人大常委会第五十七次主任会议	市人大常委会主任陈灿辉主持会议，副主任张建生、许文贵、吴友才、蔡思红、吴汉宗、黄阳春，秘书长欧阳秋虹参加会议	会议讨论有关人事任免事项；讨论市人大常委会关于争议较大的重要立法事项引入第三方评估的工作规范（草案）和关于立法中涉及的重大利益调整论证咨询的工作规范（草案），关于市十六届人大五次会议代表建议办理工作的视察方案；听取市审计局关于2019年度市本级预算执行和其他财政收支审计查出问题整改情况的报告；会议确定市十六届人大常委会第三十一次会议的召开时间和建议议程，提出第五十八次主任会议建议议题，初定市十六届人大常委会第三十二次会议的召开时间和建议议程
2020年10月19日	市十六届人大常委会第五十八次主任会议	市人大常委会主任陈灿辉主持会议，副主任张建生、吴友才、蔡思红、吴汉宗、黄阳春，秘书长欧阳秋虹参加会议	会议听取市市场监管局关于《市人大常委会关于检查〈中华人民共和国食品安全法〉及〈福建省食品安全条例〉实施情况的审议意见》初步研究处理情况的专项报告，讨论关于《泉州市机动车停车条例（草案二审稿）》，关于加快全市垃圾分类处理利用的决议执行情况的调研报告和审议意见稿，关于农村人居环境整治情况的调研报告和审议意见稿，关于2019年度行政事业性国有资产管理情况的调研报告和审议意见稿，关于市十六届人大五次会议第1301号和1113号代表建议办理情况的调研报告，关于政务数据汇聚与共享应用平台建设情况的调研报告和评议意见稿，讨论市人大常委会调研组关于泉州市宗教人才队伍建设情况、泉州市全民健身工作情况、泉州市《中华人民共和国社会保险法》实施情况的调研报告，讨论市人大常委会执法检查组关于《中华人民共和国反不正当竞争法》实施情况的检查报告，会议确定市十六届人大常委会第三十二次会议的召开时间和建议议程，提出第五十九次主任会议建议议题，初定市十六届人大常委会第三十三次会议的召开时间和建议议程

续表5

时间	会议名称	参加人员	会议内容
2020年10月28日	市十六届人大常委会第五十九次主任会议	市人大常委会主任陈灿辉主持会议，副主任张建生、吴友才、蔡思红、吴汉宗、黄阳春，秘书长欧阳秋虹参加会议	会议讨论有关人事任免事项
2020年11月19日	市十六届人大常委会第六十次主任会议	市人大常委会主任陈灿辉主持会议，副主任张建生、吴友才、蔡思红、吴汉宗、黄阳春，秘书长欧阳秋虹参加会议	会议讨论有关人事任免事项；讨论关于泉州市“十三五”规划实施情况与“十四五”规划编制情况的调研报告和审议意见稿，关于2020年市本级国有资本经营与社会保险基金预算调整的审查报告，关于召开泉州市第十六届人民代表大会第六次会议的决定（草案），市人大常委会调研组关于泉州市发展壮大村集体经济情况、泉州市脱贫攻坚工作情况的调研报告；会议确定市十六届人大常委会第三十三次会议的召开时间和建议议程，提出第六十一次主任会议建议议题，初定市十六届人大常委会第三十四次会议的召开时间和建议议程
2020年12月28日	市十六届人大常委会第六十一次主任会议	市人大常委会主任陈灿辉主持会议，副主任张建生、许文贵、吴友才、蔡思红、吴汉宗、黄阳春，秘书长欧阳秋虹参加会议	会议讨论有关人事任免事项；讨论、通过关于调整泉州市第十六届人民代表大会第六次会议召开时间的决定（草案），2021年市人大常委会工作要点（草案），讨论市人大常委会2021年立法计划（草案）；讨论市十六届人大六次会议的日程安排(草案)及各项建议名单，《泉州市机动车停车条例（草案三审稿）》，《泉州市人民代表大会常务委员会关于加强九龙江流域水环境协同保护的决定（草案）》，关于废止《泉州市人大常委会关于实施〈福建省各级人民代表大会常务委员会规范性文件备案审查规定〉的意见》规范性文件的决定（草案），市人大常委会工作报告稿，关于市十六届人大五次会议代表建议办理工作的综合报告稿，市人大常委会代表资格审查委员会关于个别代表的代表资格的审查报告稿；讨论市人大常委会调研组关于《泉州市晋江洛阳江流域水环境保护条例》实施情况的调研报告；会议提出第六十二次主任会议建议议题，确定市十六届人大常委会第三十四次会议的召开时间和建议议程

续表5

时间	会议名称	参加人员	会议内容
2020年12月30日	市十六届人大常委会第六十二次主任会议	市人大常委会主任陈灿辉主持会议，副主任张建生、许文贵、吴友才、蔡思红、吴汉宗、黄阳春，秘书长欧阳秋虹参加会议	会议讨论《泉州市机动车停车条例（草案表决稿）》《泉州市人民代表大会常务委员会关于加强九龙江流域水环境协同保护的决定（草案表决稿）》

监督检查

【概况】 2020年，泉州市人大常委会组织到基层督导检查89次，开展食品安全法执法检查，推进安全风险防控和隐患排查治理，针对市区校园周边交通拥堵、交通安全设施建设管理不够完善等问题，要求相关部门限期整改，听取审议市法院关于执行工作情况的专项报告，对调研中发现群众诉求合理但长期得不到解决的案件多轮督办，开展市人民检察院民事检察工作监督，督促检察机关开展民事审判、民事执行专项案件评查。

【执法检查】 2020年，泉州市人大常委会采取“三级联动”方式，开展食品安全法执法检查，督促加快构建食品安全社会共治格局，确保群众吃得放心。对房屋安全“百日攻坚”、安全生产专项整治行动进行督导检查，要求聚焦重点领域，推进安全风险防控和隐患排查治理。回应代表诉求和群众关切，对道路交通安全法及实施条例落实情况进行检查，针对市区校园周边交通拥堵、交通安全设施建设管理不够完善等问题，提出审议意见，交给有关部门限期整改。

【审判监督】 2020年，泉州市人大常委会听取审议市中级人民法院关于执行工作情况的专项报告，对调研中发现群众诉求合理但长期得不到解决的32件案件开展多轮督办，法院办结25件。开展市人民检察院民事检察工作监督，督促检察机关开展民事审判、民事执行专项案件评查。对2019年开展的刑事执行检察工作进行“回头看”，推动涉黑恶和“保护伞”案件财产刑执行812件，执结金额5792万元。跟踪检查扫黑除恶专项斗争等3项工作，并进行满意度测评。受省人大常委会委托，开展反不正当竞争法执法检查。做好人大信访工作，强化信访积案督查督办。全年受理人民群众来信326件、来访136批次294人，重点跟踪督办103件，维护群众合法权益。

调研视察

【概况】 2020年，泉州市人大常委会组织开展调研视察38次，常委会领导带领调研组调研政务数据汇聚与共享应用平台建设情况、三大板块“建链、强链、补链”情况、加快城市快速通道规划建设情况、“十四五”规划编制情况、农村人居环境整治情况、公立医院“暖心服务”工作情况等事项。

【助力打好三大攻坚战】 2020年，泉州市人大常委会开展打赢脱贫攻坚战工作监督，要求对脱贫不稳定户、边缘易致贫户、因疫情收入骤减户加强监测，推进全面脱贫与乡村振兴有效衔接。听取审议市政府关于年度环境状况和环境保护目标完成情况的报告，跟踪检查全市流域水环境保护、全市垃圾分类处理利用情况，督促推进“碧水清源”专项行动，加快建成一批垃圾处理设施。在2019年对石化工业园区环境保护情况进行工作评议的基础上，督促有关部门狠抓整改，常委会交办的22项整改任务，完成7项，基本完成6项，有序推进8项。配合省人大常委会开展土壤污染防治法执法检查，推动强化土壤污染管控和修复。听取审议市政府性债务管理情况报告，要求正视政府偿债压力加大、部分县（市、区）政府债务风险指标偏高等问题，落实债务风险防控目标。

【经济运行监督】 2020年，泉州市人大常委会听取审议市政府关于行政事业性国有资产管理情况的报告，督促加强统筹调度、高效配置和综合利用，确保国有资产保值增值。听取审议市政府关于计划、预算执行情况报告，对债转贷、国有资本经营预算和社会保险基金预算调整方案进行审查，要求全面落实减税降费政策，用好用足抗疫特别国债等资金，支持市场主体纾困发展，千方百计稳住经济基本盘。听取审议市政府关于2019年度市本级预算执行和其他财政收支情况审计工作报告，跟踪督促各相关责任部门采取有力措施，限时完成审计查出问题整改任务。

【助力加强社会建设】 2020年，泉州市人大常委会听取审议市政府关于公立医院“暖心服务”工作情况专项报告，督促创新医疗服务机制，优化群众就医环境。对传染病防治工作进行跟踪检查，推动疫情救治体系建设。连续两年对泉州市养老服务体系建设情况进行调研检查，列出问题清单，督促有关部门整改。对泉州市健全师德建设长效机制情况进行专题调研，推动出台教师职业行为负面清单和违反师德行为处理规定。开展社会保险法实施情况专题调研。听取审议泉州市城乡居民基本医疗保险基金管理使用情况专项报告，督促加强基金筹集、使用和管理，确保基金安全运行。对全民健身、公共文化服务体系建设、妇女儿童纲要实施和宗教人才队伍建设等情况进行专题调研、提出建议，推动有关方面改进工作。

2020年泉州市人大常委会调查研究情况表

表6

时间	带队领导	调研地点	调研内容
3月25—27日	市人大常委会副主任张建生	市直部门、丰泽、晋江、永春	开展泉州市公共文化服务体系建设情况专题调研
4月13日	市人大常委会副主任吴友才	丰泽、安溪	开展市中级人民法院执行工作情况专题调研
4月13日、15日、22日	市人大常委会副主任吴汉宗	民政局、鲤城、洛江、石狮、德化	开展泉州市养老服务体系建设情况调研
4月16—20日	市人大常委会副主任许文贵	市直部门、洛江、南安	开展泉州市促进畜牧业健康发展情况调研
4月23日	市人大常委会副主任蔡思红	洛江、南安	开展2019年度全市环境状况和环境保护目标完成情况调研
4月23日、28日、29日，5月7日、12日	市人大常委会主任陈灿辉、副主任吴汉宗	晋江、南安、惠安、安溪	开展加快高新、传统、重化三大板块建链强链补链情况调研
4月23日、5月13—15日	市人大常委会主任陈灿辉、副主任张建生	市直部门、丰泽、泉港、晋江	开展泉州市健全师德建设长效机制情况专题调研
4月28—30日	市人大常委会副主任张建生	市直部门、鲤城、石狮、惠安	开展泉州市非物质文化遗产保护工作情况调研
5月9日	市人大常委会副主任张建生	鲤城、丰泽	开展《泉州市海上丝绸之路史迹保护条例》配套制度和基础性工作落实情况调研
5月12日、14日、15日	市人大常委会副主任黄阳春	丰泽、洛江、晋江、石狮	开展《泉州市市容和环境卫生管理条例（草案）》《泉州市机动车停车条例（草案）》立法调研
5月13—15日	市人大常委会副主任吴汉宗	鲤城、丰泽、晋江、永春	开展泉州市城乡居民基本医保基金使用管理情况调研
5月14日	市人大常委会副主任蔡思红	鲤城	开展《泉州市市区内沟河保护管理条例》配套制度和基础性工作落实情况调研
5月19日	市人大常委会副主任吴友才	洛江、晋江	开展市人民检察院民事检察工作情况专题调研
5月19—20日	市人大常委会副主任张建生	鲤城、丰泽、惠安、德化	开展泉州市文化旅游融合发展情况专题调研
5月19日、28日	市人大常委会副主任许文贵	永春、德化	开展生态公益林保护管理情况调研
5月20—21日	市人大常委会副主任蔡思红	鲤城、泉港、惠安、泉州台商投资区	开展《泉州市市容和环境卫生管理条例（草案）》《泉州市机动车停车条例（草案）》立法调研
5月22日	市人大常委会副主任黄阳春	鲤城、丰泽	开展《泉州市中山路骑楼建筑保护条例》配套制度、基础性工作落实情况以及代表建议重点督办件《关于着力提升街区品质 打造宜居生活空间的建议》办理情况调研
6月3—16日、23日	市人大常委会副主任许文贵	市直部门、丰泽、晋江、永春	开展野生动物保护法及省实施办法实施情况执法检查和“两个决定”贯彻落实情况检查

续表6

时间	带队领导	调研地点	调研内容
6月8日	市人大常委会副主任蔡思红	鲤城、石狮、晋江、南安、泉州台商投资区	开展加快城市快速通道规划建设推动重大交通设施互联互通工作调研
6月30日，7月15日、23日，8月5日、11日	市人大常委会副主任许文贵	市直部门、洛江、石狮、晋江、南安	开展农村人居环境整治情况专题调研
7月8—10日	市人大常委会副主任张建生	丰泽、晋江、南安、安溪、泉州台商投资区	开展泉台人才交流合作情况专题调研
7月9日	市人大常委会主任陈灿辉、副主任蔡思红	鲤城、石狮、晋江	开展城市快速通道规划建设工作调研
7月14—17日	市人大常委会副主任张建生	市直部门、石狮、惠安、安溪	开展泉州市公立医院“暖心服务”工作情况专题调研
7月16—17日	市人大常委会副主任蔡思红	泉港、惠安	开展石化工业园区生态环境保护工作整改情况调研
7月21日	市人大常委会副主任吴友才	鲤城、丰泽、晋江	开展《中华人民共和国道路交通安全法》《中华人民共和国道路交通安全法实施条例》执法检查
7月21—23日	市人大常委会副主任吴汉宗	丰泽、晋江、南安	开展《中华人民共和国食品安全法》及《福建省食品安全条例》执法检查
7月24日	市人大常委会副主任蔡思红	鲤城、丰泽	开展《泉州市机动车停车条例（草案）》立法调研
8月6日	市人大常委会主任陈灿辉	各县（市、区）	开展政务数据汇聚与共享应用平台建设情况调研
8月20—21日	市人大常委会副主任蔡思红	丰泽、南安、安溪	开展《中华人民共和国土壤污染防治法》执法检查
9月1—2日	市人大常委会副主任吴汉宗	鲤城、丰泽	开展2019年度行政事业性国有资产管理情况调研
9月15—16日	市人大常委会副主任蔡思红	鲤城、丰泽、石狮、晋江、南安	开展加快全市垃圾分类处理利用情况调研
9月16—18日	市人大常委会副主任张建生	市直部门、泉港、石狮、南安、安溪	开展全民健身工作情况调研
9月22日	市人大常委会副主任许文贵	德化	开展脱贫攻坚和发展壮大村集体经济情况调研
9月22—25日，10月13日、14日、21日	市人大常委会主任陈灿辉、副主任吴汉宗	鲤城、洛江、泉港、晋江、南安、安溪、泉州台商投资区	开展泉州市“十四五”规划编制情况调研
9月22—23日	市人大常委会副主任张建生	鲤城、晋江	开展泉州市宗教人才队伍建设情况专题调研
10月29—30日	市人大常委会副主任张建生、吴友才、吴汉宗、黄阳春	鲤城、丰泽、晋江、泉州台商投资区	组织视察市十六届人大五次会议代表建议办理工作情况
11月26—27日	市人大常委会副主任吴汉宗	市直部门	对泉州市2020年计划、预算执行及2021年计划、预算编制情况和政府债务情况进行调研
11月20日	市人大常委会副主任蔡思红	洛江、永春	开展《泉州市晋江洛阳江流域水环境保护条例》实施情况调研

代表工作

【概况】 2020年，泉州市人大常委会指导基层596个“代表联系群众活动室”提档升级，引导新建陶瓷、鞋业、机械、医疗、农业等“行业代表活动室”26个。组织全市五级人大代表到活动室听取群众意见建议。全市8800多名各级人大代表到活动室收集群众意见建议2940条，交由市、县、乡三级政府及有关部门研究处理，老百姓反映的一批“急难愁盼”问题得到妥善解决。

【建议督办】 2020年，泉州市十六届人大五次会议及闭会期间，各位代表以高度的主人翁意识，参与行使国家权力，提出443件意见建议。

主任会议确定加大农村违法用地查处力度、加强司法鉴定机构监管等11件作为重点督办件，由常委会领导领衔督办、副市长牵头承办。同时采取分类督办、视察促办、不满意件退回重办、对办理结果进行满意度测评等方式，促使代表的“好声音”落地见效。市政府把办理代表建议作为汇聚民智、推动工作的重要途径，通过办理建议出台80多项政策措施。在各方共同努力下，所有建议均按法定时限办结答复，其中所提问题已经解决或基本解决的占53.74%，比2019年提高6个百分点，代表反馈满意和基本满意率100%。

【代表服务保障】 2020年，针对疫情防控实际，泉州市人大常委会引导代表参加“线上”培训，观看民法典网络学习视频。组织部分省、市人大代表到龙岩视察检察机关服务保障生态文明建设、开展特色检察等工作情况。全年邀请市人大代表列席常委会会议59人次，参加常委会开展的立法调研、执法检查、工作评议、调研视察等活动352人次。常委会年度工作要点、监督计划、立法计划、法规草案等均广泛征求代表意见。做好代表履职情况登记，组织144名市人大代表向原选举单位报告履职情况，增强代表责任感和使命感。

人事任免

【概况】 2020年，泉州市人大常委会依法任免地方国家机关工作人员88人次，接受辞职8人次。

【十六届人大常委会第二十七次人事任免】 2020年2月27日，经泉州市第十六届人大常委会第二十七次会议审议通过：免去郭宁的泉州市监察委员会委员职务；任命肖森华为泉州市中级人民法院审判员；任命吴钟毅为泉州市中级人民法院审判员；任命张萍为泉州市中级人民法院审判员；任命郑励为泉州市中级人民法院审判员；任命洪颖雅为泉州市中级人民法院审判员；任命康艳华为泉州市中级人民法院审判员；任命鲍冬凡为泉州市中级人民法院审判员；任命蔡凌轩为泉州市中级人民法院审判员；免去张东亚的泉州市中级人民法院审判员职务；任命苏静为泉州市人民检察院检察员；任命林婷婷为泉州市人民检察院检察员；免去李志雄的泉州市人民检察院检察员职务。

【十六届人大常委会第二十八次人事任免】 2020年4月27日，经泉州市第十六届人大常委会第二十八次会议审议通过：决定接受朱团能辞去泉州市第十六届人民代表大会常务委员会副主任职务的请求、决定接受朱团能辞去泉州市第十六届人民代表大会财政经济委员会主任委员职务的请求、决定接受朱团能辞去泉州市第十六届人民代表大会社会建设委员会主任委员职务的请求，报泉州市第十六届人民代表大会第六次会议备案；免去陈真珠的泉州市中级人民法院审判员职务；免去张国民的泉州市中级人民法院审判员职务；免去杨泽良的泉州市人民检察院检察员职务。

【十六届人大常委会第二十九次人事任免】 2020年6月29日，经泉州市第十六届人大常委会第二十九次会议审议通过：决定接受齐清秀辞去泉州市第十六届人民代表大会常务委员会委员职务的请求、决定接受齐清秀辞去泉州市第十六届人民代表大会监察和司法委员会副主任委员职务的请求，报泉州市第十六届人民代表大会第六次会议备案；审议通过：免去齐清秀的泉州市人大常委会监察和司法工作委员会主任职务；决定免去李跃民的泉州市统计局局长职务。

【十六届人大常委会第三十次人事任免】 2020年8月27日，经泉州市第十六届人大常委会第三十次会议审议通过：免去李金凤的泉州市中级人民法院审判员职务；免去陈仁的泉州市中级人民法院审判员职务。

【十六届人大常委会第三十一次次人事任免】 2020年9月29日，经泉州市第十六届人民代表大会常务委员会第三十一次会议审议通过：任命李小兴为泉州市人大常委会监察和司法工作委员会主任、泉州市第

2020年4月27日，市十六届人大常委会第二十八次会议召开

（图/陈意鸣）

十六届人民代表大会监察和司法委员会副主任委员，免去其泉州市人大常委会法制工作委员会主任、泉州市第十六届人民代表大会法制委员会副主任委员职务；任命杨永裕为泉州市人大常委会农业与农村工作委员会主任；任命许振煌为泉州市人大常委会华侨民族宗教工作委员会主任；任命郭培明为泉州市人大常委会法制工作委员会主任、泉州市第十六届人民代表大会法制委员会副主任委员；免去庄金平的泉州市人大常委会农业与农村工作委员会主任职务；免去何志辉的泉州市人大常委会华侨民族宗教工作委员会主任职务；决定任命傅少明为泉州市统计局局长；决定任命汪水永为泉州市体育局局长；决定免去王家声的泉州市体育局局长职务；免去许振煌的泉州市监察委员会委员职务；免去洪进星的泉州市监察委员会委员职务；批准任命许金标为泉州市鲤城区人民检察院检察长；决定黄阳春为泉州市第十六届人民代表大会常务委员会代表资格审查委员会主任委员；决定接受何志辉辞去泉州市第十六届人民代表大会常务委员会委员职务的请求，报泉州市第十六届人民代表大会第六次会议备案；决定接受杨凤翔辞去泉州市第十六届人民代表大会常务委员会委员职务的请求，报泉州市第十六届人民代表大会第六次会议备案。

【十六届人大常委会第三十二次人事任免】 2020年10月28日，经泉州市第十六届人大常委会第三十二次会议审议通过：任命魏献平为泉州市中级人民法院民事审判第五庭庭长，免去其泉州市中级人民法院金融审判庭庭长职务；任命贺张翡为泉州市中级人民法院金融审判庭庭长，免去其泉州市中级人民法院民事审判第四庭副庭长职务；任命陈越新为泉州市中级人民法院刑事审判第一庭副庭长，免去其泉州市中级人民法院刑事审判第二庭副庭长职务；任命王志贤为泉州市中级人民法院刑事审判第一庭副庭长，免去其泉州市中级人民法院审判监督庭副庭长职务；任命黄仲谋为泉州市中级人民法院刑事审判第二庭副庭长；任命许新明为泉州市中级人民法院民事审判第三庭副庭长，免去其泉州市中级人民法院刑事审判第一庭副庭长职务；任命黄有志为泉州市中级人民法院民事审判第三庭副庭长；任命陈亚生为泉州市中级人民法院民事审判第四庭副庭长，免去其泉州市中级人民法院执行庭副庭长职务；任命张小燕为泉州市中级人民法院民事审判第四庭副庭长（原为金融审判庭审判员）；任命余卓立为泉州市中级人民法院民事审判第五庭副庭长；任命陈志杰为泉州市中级人民法院民事审判第五庭副庭长；任命林培阳为泉州市中级人民法院金融审判庭副庭长，免去其泉州市中级人民法院民事审判第三庭副庭长职务；任命王经艺为泉州市中级人民法院行政审判庭副庭长，免去其泉州市中级人民法院民事审判第二庭副庭长职务；任命张加典为泉州市中级人民法院执行庭副庭长，免去其泉州市中级人民法院刑事审判第一庭副庭长职务；任命欧阳波为泉州市中级人民法院执行庭副庭长，免去其泉州市中级人民法院民事审判第一庭副庭长职务；任命张小燕为泉州市中级人民法院生态环境审判庭副庭长（原为生态环境审判庭审判员）；任命郑碧宗为泉州市中级人民法院审判员；免去陈灿彬的泉州市中级人民法院立案庭副庭长职务；免去黄卿堆的泉州市中级人民法院刑事审判第一庭副庭长职务；免去黄蕴真的泉州市中级人民法院民事审判第四庭副庭长职务；免去丁美芳的泉州市中级人民法院审判监督庭副庭长职务；任命李铮为泉州市人民检察院检察员；免去郭爱琼的泉州市人民检察院检察员职务；免去尤君泽的泉州市人民检察院检察员职务。

【十六届人大常委会第三十三次人事任免】 2020年11月30日，经泉州市第十六届人民代表大会常务委员会第三十三次会议审议通过：任命林文超为泉州市监察委员会委员；任命黄克松为泉州市监察委员会委员；任命郑燕飞为泉州市监察委员会委员；任命魏献平为泉州市中级人民法院审判委员会委员；任命郑碧宗为泉州市中级人民法院审判委员会委员。

【十六届人大常委会第三十四次人事任免】 2020年12月30日，经泉州市第十六届人大常委会第三十四次会议审议通过：决定接受张建生辞去泉州市第十六届人民代表大会教育科学文化卫生委员会主任委员职务的请求，报泉州市第十六届人民代表大会第六次会议备案；免去何志辉的泉州市第十六届人民代表大会社会建设委员会委员职务；免去杨凤翔的泉州市第十六届人民代表大会法制委员会委员职务；免去颜巧兰的泉州市第十六届人民代表大会教育科学文化卫生委员会委员职务；决定任命林强为泉州市司法局局长，免去其泉州市信访局局长职务；决定任命邱朝阳为泉州市应急管理局局长；决定任命林祖传为泉州市信访局局长；决定免去黄继业的泉州市司法局局长职务；决定免去刘烨明的泉州市应急管理局局长职务；免去沈毅青的泉州市中级人民法院审判委员会委员、审判员职务；任命尤秋勇为泉州市人民检察院检察员；免去林建平的泉州市人民检察院检察委员会委员、检察员职务。

泉州市人民政府

责任编辑：陈建强

综 述

【经济运行】 2020年，泉州市全方位推动高质量发展超越稳健起步，聚焦疫情对经济的巨大冲击，一季度破解“五难”操作链，二季度实施“六稳”“六保”追赶行动，三季度开展双循环攻坚，四季度组织年终冲刺，全市生产总值由一季度下降10.3%到全年增长2.9%。

实施“百千”增产增效行动，梳理2237家重点扶持企业，兑现惠企资金48.2亿元、减税降费91.1亿元；建立企业金融服务顾问制度，开展“百名行长进企业”活动，为企业增贷、转续贷、降低利率、延期还款2400多亿元，创新开设“网络招聘超市”、推行共享用工，支持龙头企业与本地中小微企业产能对接810亿元。农林牧渔业增加值增长1.8%、工业增加值增长2.9%、第三产业增加值增长3.2%。

实施“全闽乐购”泉州促消费活动，发放各类消费券2亿元，组织线下百场促销；开展“海丝精品·好货不贵”等直播系列活动，网络零售额2574亿元，增长34.9%，数额全省第一；快递业务量破17亿件，增长41.2%，数量占全省的一半；餐饮、住宿、旅游业稳步复苏，石牛山景区、八仙过海等项目开放运营，德化获评全国全域旅游示范区。

实施出口突围拓展行动，出口增长3.4%。推广扩容石狮市场采购贸易和预包装食品出口，新增晋江鞋纺城获批市场采购贸易试点，实现省内通关一体化，市场采购贸易出口343亿元，增长98.2%；获批并实施跨境电商零售进口试点。

实施科技创新工程，获批科创中国试点城市；新增高新技术企业350家、科技小巨人领军企业141家；推动清源创新实验室实质运作，与湖南大学、上海大学、同济大学等合作建设研发平台，中科院大学智能制造学院招收首批研究生。完善市政府质量奖评选办法，举办首届“刺桐杯”国际设计大赛。推进人才“港湾计划”，新认定高层次人才2907人、团队7个，开展自主认定试点企业116家，引进产业急需高校毕业生超万人，新认定技能人才3.8万人。

2020年8月3日，泉州市人大常委会和泉州市政府联席会议召开，互相通报工作情况，并围绕“做好常态化疫情防控”主题展开座谈

（图/陈意鸣）

【产业转型】 2020年，泉州市开展13个新基建新经济基地建设比拼，实行“龙头（平台）+产业链+基金+专班”专案运作；建成5G基站1万个，成为全国首批“双千兆城市”。启动千亿产业集群改造提升行动，实施强链补链、科技赋能等项目710个，新增数字化、智能化生产线124条，培育省级智能制造试点示范企业21家，新增“上云上平台”企业1000家，筛选培育明星梯队企业141家。攻坚推进“五个一批”项目，完成在建重点项目投资1498亿元，白濑水利枢纽工程大坝开建，中化乙烯、三安氮化镓砷化镓、百宏PTA、烯石新材料等98个重点项目竣工投产。开展招商季活动，制定招引大区公司专项扶持措施，创新开展云招商、云签约，引进国亨化学、立邦新材料、中化化销等重大项目，全市新签约项目432个，总投资2281亿元。

【营商环境优化】 2020年，泉州市传承弘扬“晋江经验”创新前行，落实市委重点改革任务，增创发展新优势。深化“放管服”改革，推进“一窗通办”，整合“一件事集成套餐服务”事项54件，电力工程占用挖掘道路政企“一窗”联审模式全省推广；建成投用行政审批服务“中介超市”，推行“红黑榜”考评管理；组建国有大数据运营服务公司，启动政务数据汇聚与共享应用平台（二期）建设，基本完成市、县两级政务数据中心整合迁移和政务数据全量汇聚，在全省率先实现“区块链电子证照+实体证照”同步颁发。营商环境在百座经济活跃城市综合排名升至第15位。

深化金融服务实体经济改革，获批国家产融合作试点城市。推动供应链金融、银税互动、云电贷等增户扩面，金融机构贷款余额增长13.1%；建设企业公益性综合信用评价体系，完成20万家企业公共信用评价；支持企业改制上市，精准实施分阶段奖励补助，新增上市企业3家；新设创新投资基金、科技成果转化基金。强化信贷风险防范化解，不良贷款率保持较低水平。加快市属国企改革，推进市属国有外经贸企业整合重组。

出台实施医改“1+N”政策，深化“三医联动”改革，全市所有县级二级以上公立医院均建立现代医院管理制度，按病种收付费覆盖面、药品与医用耗材集中采购范围进一步扩大，职工医保、城乡居民基本医保政策目录范围内的报销比例分别提高到92.8%和68.5%，实现医保“村村通”；第一医院医疗集团实质运作，县（市）均建成紧密型县域医共体。

推动对台港澳及对外交流合作，创新疫情背景下与“海丝”沿线国家（地区）交流合作方式，与印度金奈缔结友好城市获全国友协批复同意；泉台贸易总额、利用台资分别增长50%和73.8%，安溪清水岩获批国家级对台交流基地；与港澳侨合作稳步拓展，南洋华裔族群寻根谒祖综合服务平台一期投入试运营。

【城市面貌提升】 2020年，泉州市启动国土空间规划编制，科学划定“三条控制线”。比拼开展片区更新改造活动，北峰丰州西华洋、繁荣大道及棚户区、南埔山片区开工建设，东海后埔、城东南滨江片区加快征迁；县（市、区）13个片区更新改造完成投资105亿元。开工老旧小区改造项目297个、完工152个，惠及5.6万户家庭。

梯次实施聚城畅通工程，兴泉铁路、福厦客专泉州段加快架梁铺轨；厦漳泉城市联盟路泉州段建成通车，泉梅、泉厦金高速被列入国网规划；城东至北峰通道将于春节前通车，武荣大桥、刺桐大桥南节点开工建设；鲤城紫山路、洛江滨江大道、泉港海南街等28条断头路打通。

推进古城综合提升工程，中山中路保护提升项目进入工程收尾，承天巷、旧馆驿等29条古城街巷启动保护提升，11所古书院开展复建复兴，正音、宝觉等书院投入使用；梧林古村落项目对外试运营。提升城市生态景观，晋江下游南岸生态整治、百崎湖启动区、蚶江湿地公园等11个生态连绵带项目基本完工，西湖桃花岛、山线绿道二期工程建成开放；全市新改建城市综合公园、社区公园和口袋公园137个、面积700公顷。

改善城市治理，出台泉州市文明行为促进办法、电动自行车管理办法，完善创城创卫常态长效机制；垃圾分类实施范围扩大到22个街道（乡镇）、40多万户居民，实现公共机构全覆盖。南安、晋江、安溪生活垃圾焚烧发电厂完成改扩建，餐厨垃圾资源化处理设施建成投用。全市新改建城镇污水管网345千米，完成柯石、浔美等23个排涝工程建设和83个积水点改造。支持公交线路跨区发展，新增公共停车泊位6500多个。

【惠民利民】 2020年，泉州市坚持惠民利民富民，居民收入增长高于经济增长，“四心”工程、民生“XIN”行动深入实施，36个为民办实事项目兑现。完成脱贫攻坚目标任务，化解疫情对脱贫攻坚的影响，强化返贫预警监测和突发原因致贫应急救助，巩固提升“两不愁三保障”和农村饮水安全水平，村集体经营性收入普遍达10万元以上。

推进乡村振兴，编制完成145个乡村振兴试点村规划，加快创建23条示范线路，完成人居环境整治、乡村旅游、乡村记忆文化等19个三年行动任务，十大特色产业全产业链产值突破2000亿元。加强农村宅基地管理，农村建房乱象初步得到遏制。开展全国深化农村公路管理养护体制改革试点，建成农村公路路网239千米，实施生命防护工程912千米。

优先发展教育事业，组织分批错峰复学放假；新增公办幼儿园学位1.4万个、中小学学位1.8万个，落实“公民同招”政策。开展校外培训机构专项整治，公布4批“黑白名单”。获批省级示范性现代职业院校15所。未成年人思想道德建设持续加强，妇女儿童发展纲要指标全面改善。

扩大卫生健康资源供给，公共卫生管理服务能力明显提升，全市核酸检测机构53家，日检测能力8万管，检测核酸400多万人次。第一医院城东院区二期病房楼、光前医院综合病房大楼、医高专附属人民医院二期综合病房楼竣工。全市新增医疗机构床位6508张、卫技人员2271人；二级以上医院网络门诊预约率达85%。

织密织牢社会保障安全网，加大援企稳岗力度，发放失业保险稳岗补贴、失业金和困难救助11.6亿元，惠及43.5万人次。新增城镇就业9.3万人，失业人员实现再就业2.8万人，新增“五险”参保人数33万人次，城乡低保标准提高到750元；新增养老床位3334张。

创建国家公共文化服务体系示范区得到验收，推动图书馆、文化馆、博物馆开启“云端”模式，投用泉州文化云；推进“泉州：宋元中国的世界海洋商贸中心”“申遗”，完成遗产点文物考古、保护修缮和环境整治，发布南外宗正司、市舶司、安溪冶铁、德化窑遗址等考古成果；设立中国社科院考古研究所泉州工作站，与北大考古文博学院共建中国泉州文化遗产研究院。统筹抓好世界中学生运动会筹备工作。

打好打赢污染防治攻坚战，推进中央生态环保督察反馈问题整改；完成70个大气减排精准治理项目，中心市区空气质量优良率97.3%；实行“流域河长令”，河长制标准化建设入选水利部优秀案例；完成农村“千吨万人”饮用水水源保护区划定，县级以上13个饮用水水源地III类水质达标率100%。完成植树造林5600公顷、水土流失治理2.07万公顷、矿山生态修复59.5万平方米。安溪获评国家生态文明建设示范县，永春入选全国“绿水青山就是金山银山”实践创新基地，桃溪国家湿地公园通过验收。

落实“强基促稳”行动，攻坚信访案件化解，打击治理电信网络诈骗犯罪，升级“城安系统”，推进平安泉州建设。完善食品安全“一品一码”信息追溯体系；建立14个集中监管仓，严格进口冷链食品和国际邮件快件管控。汲取欣佳酒店坍塌事故教训，开展房屋安全“百日攻坚”、安全隐患大排查大整治和安全生产专项整治三年行动，攻坚自建房加工场所、小作坊小加工厂等安全生产薄弱环节，健全完善安全生产分级分类监管、联合惩戒机制。

【从严理政】　2020年，泉州市政府坚持以对党和人民高度负责的态度做政府工作，开展学习《习近平谈治国理政》“学思比”专题活动，拓展提升“法治政府建设年”成效，高标准完成“七五”普法任务。开展突破“难硬重新”工作行动，集中力量破解14项老难题和新课题。执行市人大及其常委会决议决定，自觉接受市人大法律监督和工作监督，主动接受市政协民主监督，办理人大代表建议415件、政协提案538件。精打细算过“紧日子”，压缩一般性支出14.5亿元。深化拓展基层减负工作，加强政府廉政建设，推进巡视巡察、审计发现政府工作问题整改销号，巩固风清气正的政治生态。

2020年市委、市政府为民办实事项目完成情况表

表7

项目	责任单位	目标任务	完成情况
新改扩建20所公办幼儿园	市教育局	2020年继续扶持新建、改扩建20所公办幼儿园，计划新增学位约5400个，规划建设面积约6万平方米，计划总投资约1.8亿元，其中2020年计划完成投资1亿元	已完成。开工建设20所（其中竣工8所），开工面积12.37万平方米，开工率100%；完成投资约11408万元，占年度投资计划114.08%
实施呵护母婴健康工程	市卫健委	①为2万名城乡居民适龄（35～64岁）妇女免费提供宫颈癌、乳腺癌检查。检查项目内容参照《泉州市卫生和计划生育委员会转发福建省农村妇女两癌检查项目管理方案（2015年版）的通知》相关内容；已参加该项目检查的适龄妇女不再参与城乡已婚低保妇女常见妇女病免费检查项目和国家“两癌”检查项目的检查。②为1万名孕妇免费提供产前筛查诊断。检查项目内容参照《福建省卫生厅福建省财政厅关于印发2012年福建省农村孕妇和城市低保孕妇免费产前筛查诊断项目实施方案的通知》相关内容	已完成。①为2万名适龄妇女免费提供宫颈癌、乳腺癌检查，完成率100.12%，提前超额完成任务；②完成为1万名孕妇免费提供产前筛查诊断任务，其中，血清学检查1万人，完成率100.06%；超声检查1.02万人，完成率101.61%

续表7

项目	责任单位	目标任务	完成情况
对全市158家“空白村”卫生所给予补助	市卫健委	自2020年起，连续3年对全市158家“空白村”卫生所（指因无村医或无村卫生所导致村级医疗卫生服务空白的村）予以财政补助，对自聘或乡镇卫生院派驻“空白村”经考核合格的村医，给予“以奖代补”资金补助，巩固消除“空白村”成果	已完成。市级补助资金158万元和县级配套资金474万元及时拨付至基层医疗卫生机构，全部由乡镇卫生院（社区卫生服务中心）逐月发放给“空白村”村医
提升全市疾控机构检验检测能力	市卫健委	2020年投入1400万元，采用市级补助、县级配套的办法，支持市、县两级疾控机构更新、添置实验室检验检测仪器设备	已完成。1400万元配套资金全部到位，其中，市级下达补助经费596万元，各县（市、区）、泉州台商投资区各配套67万元。13个单位及时启动并进入招投标程序，中标并采购到位设备80台
实施居家社区养老服务工程	市民政局	①实施政府购买居家养老服务。以特别困难的老年人和80周岁以上老年人为基数，按照每人每月不低于20元的标准，实施政府购买居家养老基础服务；其中特别困难的对象，集中一部分资金分层次购买实体服务。②新建12所居家社区养老服务照料中心	已完成。①下达市级补助资金840万元，为15万名老人购买居家养老信息化服务，7000名老人提供实体援助服务。②下达市级补助资金360万元，12个居家社区养老服务照料中心建设项目全部完成，完工率100%
新建138个农村居家养老服务站（农村幸福院）	市民政局	在全市范围内建设138个农村居家养老服务中心（站）。整合现有的老年活动中心、托老所、老年灶、日间照料室等公共服务设施和场所，为农村老年人提供生活照料、家政服务、短期托养、文化娱乐等服务，重点为留守老年人、空巢老年人及其他老年人提供服务	已完成。3月下达138个农村居家养老服务站（农村幸福院）市级补助资金690万元，5月开展专项督导、通报，所有项目全部完工，完工率100%
全面提升贫困人口饮水安全保障水平	市水利局	2020年做好全市贫困户饮水设施和16个贫困村农村饮水工程的巩固提升	已完成。全面做好建档立卡贫困户饮水设施巩固提升，市级补助资金50万元，受益500户；实施贫困村农村饮水工程巩固提升工程16处，完成投资892.93万元，受益人口1.82万人
为建档立卡和低保重度肢体残疾人发放居家养护补助	市残联	2020年为全市4300名具有本市户籍，持有中华人民共和国残疾人证，未享受当年省级居家养护项目，建档立卡和2020年5月31日前纳入低保的重度肢体残疾人发放居家养护补助	已完成。2020年投入491.55万元（其中市级补助资金221.54万元），为4923名符合条件的残疾人发放居家养护补助，补助资金由县级残联发放到位
为“一户多残”家庭残疾人发放生活补贴	市残联	2020年为2.1万名具有泉州市户籍，一本户口簿内家庭成员有2人（含2人）以上持有中华人民共和国残疾人证，且共同生活、具有法定的赡（抚、扶）养关系家庭中的残疾人发放生活补贴	已完成。2020年投入1914.34万元（其中市级补助资金580.50万元），为2.24万名“一户多残”家庭残疾人发放生活补贴，补贴资金由县级残联发放到位
实施农村低保（含特困人员）安居工程	市民政局	2020年计划帮助181户农村低保户、特困人员建设安居房（洛江6户，泉港50户，南安40户，安溪50户，永春20户，德化15户）。低保家庭安居工程建设应与正在进行的旧村改造、新村建设相结合，利用原有旧宅基地或空闲地，由乡镇政府（街道办事处）、村（居）委会负责协调解决	已完成。下达市级补助资金543万元，县（市、区）配套资金也全部到位，全市181户低保安居工程建设全面启动，已封顶

续表7

项目	责任单位	目标任务	完成情况
实施非建档立卡贫困户“同心安居工程”	市住建局	2020年全市计划实施非建档立卡贫困户“同心安居工程”162户（其中159户叠加农村危房改造政策），以解决除建档立卡贫困户、低保户、分散供养特困人员和贫困残疾人家庭贫困户等四类重点对象以外的其他贫困户基本住房安全问题	已完成。实施第二批“同心安居工程”，改善提升177户非建档立卡贫困户居住条件，177户全部竣工，各级补助资金全部拨付到户
持续开展“救急难”工作	市民政局	2020年各县（市、区）在当地行政服务中心或各乡（镇）、街道办事处全面建立“社会救助综合受理窗口”，在市本级社会救助综合施救平台（“救急难”信息交换平台）建成后，整合社会救助项目，逐步实现信息化一门受理、协同办理	已完成。①实施4个批次救急难工作，发放救助款79.2万元。②为全市特困供养人员和60岁以上低保对象办理意外事故和重大疾病保险，项目由市人保财险中标，并提供公益理赔资金人民币30万元，合计100万元。首批（6—8月）理赔139人次，发放理赔金7.38万元，第二批理赔对象（9—11月）进入理赔程序
持续开展“计生特殊家庭”关爱行动	市计生协会	采取上门走访慰问、办理住院补助保险、志愿者服务等一系列关爱措施，全方位、多渠道、精细化帮助计生特殊家庭解决生活、生产、生育、医疗等实际问题。其中，对新发生的独生子女死亡家庭，每户给予一次性抚慰金5000元，对新发生的独生子女伤残家庭，每户给予一次性抚慰金3000元；为所有失独家庭办理住院医疗补充保险每人每年保费320元，住院护理补助保险每人每年保费100元	已完成。①组织慰问走访，发放“两节”慰问金84万元（每户1000元），给88户新增失独家庭发放一次性抚慰金44万元，并向24户新增独生子女伤残家庭发放一次性抚慰金7.2万元。②投入约50万元为失独家庭3063人办理住院补助险或住院医疗补充险。③下拨修缮资金34万元，帮助17户失独家庭修缮房屋。④开展志愿服务活动，建立900个失独家庭“关爱小组”，实施“一帮一”挂钩志愿帮扶服务，下拨活动经费90万元
实施“关爱女孩”五项工程	市卫健委	2020年继续实施关爱女孩“五项工程”（安居、成才、致富、保障、亲情），帮助贫困计生女孩家庭解决住房、就学、生产、生活、就医等方面遇到的困难，帮扶30.05万（户）次	已完成。全年帮扶36.31万（户）次，其中：①“安居工程”：计划帮扶的344户全部竣工；②“成才工程”：帮扶1.3万人次，占计划数的123.3%；③“致富工程”：帮扶633户，占计划数的107.84%；④“保障工程”：帮扶33.82万人次，占计划数的121.43%，投入资金6938万元，占计划数的132.24%；⑤“亲情工程”：帮扶1.08万人次，占计划数的103.09%，投入资金428万元，占计划数的111.8%
实施老年远程教育提升工程	市委老干局	2020年在全市重点培育50个基层老年远程教育示范点，添置远程教育设施设备（电脑、投影仪、音响、课桌椅等）、修缮场所、购买教材、培训村（社区）老年远程教育收视点管理人员，推动全市基层老年教育教学质量进一步提升	已完成。全市50个基层老年远程教育示范点全部建设完成并通过验收，投入市、县财政资金250万元，各示范点自筹资金108万元。2020年市老教委办公室、老年大学制作上传时政、中医按摩、南音等8门课程64课时的微视频，丰富疫情期间老年学员线上学习内容，做到停课不停学。泉州市、永春县被评为第三批全国老年远程教育示范区，惠安县被评为第七批全国老年远程教育实验区

续表7

项目	责任单位	目标任务	完成情况
新建10座村级老年体育活动中心	市体育局 市老体协	2020年在全市新建10座基层老年体育活动中心，其中：晋江市1座（安海镇坑边村），南安市3座（罗东镇高塘村、翔云镇福庭村、水头镇南侨村），惠安县1座（涂寨镇古山村），安溪县2座（湖上乡湖上村、龙涓乡山后村），永春县2座（石鼓镇卿园村、下洋镇上姚村），台商区1座（张坂镇玉塘村）。每座老年体育活动中心建设面积800平方米以上，设室内五室（健身活动室、棋牌室、乒乓球室、操舞室、办公电脑室），配套室外三场（门球场、气排球场、地掷球场）	已完成。10座基层老年体育活动中心全部建设完成并通过验收，市级财政补助400万元，每座补助40万元，于6月下达至各县（市、区）财政
建设33个“妇女儿童之家”	市妇联	①全面提升13个“妇女援助中心”服务能力。整合公安、检察、法院、司法、妇联以及社工机关、志愿者等各类资源，协同提供面向弱势妇女群体的专业化、社会化、人性化援助服务，构建“党委领导、政府主导、群团参与、社会协同”的“大维权”工作格局。②新建20个“儿童之家”。 在各县（市、区）儿童较聚集（特别是留守流动儿童较多）、有一定条件的20个城乡社区建设提升“儿童之家”。利用社区现有资源，与社区公共卫生服务场所、新农村建设中规划的文化活动广场、青少年科普工作室、农村书屋、老年活动中心、社区家庭综合服务中心等基层社区公共活动场所相结合，资源共享，分时共用。“儿童之家”要有桌椅、电脑、办公文具等教学及办公辅助设备，有图书室或电子阅览室；有适合低龄儿童娱乐的游戏用品；有乒乓球桌、羽毛球网、篮球、排球等部分体育健身用品；有洗手设施设备、清洁养护设备、饮水、外伤急救医疗包等生活保障设施和设备	已完成。①13个妇女援助中心畅通12338妇女维权热线，开展线上疫情防控期间心理危机干预、疏导活动、维权法律法规有奖问答、竞赛，维权微课堂等100多场次，分发宣传品6000多份，线下参与5000多人，线上参与人数18万多人。全年接待来访、来电、来信1052件。②20个项目点位全面启动服务运行管理，配套基本设施、设备，建立组织领导机构，指定专人负责管理，并通过主管部门的中期评估。在疫情防控期间，利用微信公众号、网站等新媒介开展线上服务。开展暑期培训班和各类活动，通过购买服务、项目合作等方式为儿童提供专业化、精细化服务。全年开展主题活动、公益讲座及其他服务项目活动303场次，2.48万人次的儿童及家长受益
在全市举办150个职工子女暑托班	市总工会	2020年在全市举办150个职工子女暑托班，主要面向暑期看管有困难的双职工子女为主，以小学阶段的小学生为主，以非泉州籍的外来务工人员为主；在职工自愿报名的基础上，优先保障进城务工人员随迁子女、单亲家庭子女等特殊群体	基本完成。根据省总工会6月28日通知要求，各设区市总工会应参照省疫情防控要求，自行决定是否举办暑托班，其任务数不作为今年必须完成的工作指标。市总工会在做好疫情防控要求的基础上，组织符合条件的有序开班，开办120个班服务2788名职工子女，办班数及服务职工子女数均超过全省的一半（全省办237个班服务5626名职工子女）

续表7

项目	责任单位	目标任务	完成情况
建设20个社区未成年人文体活动设施场所	市文明办	2020年，继续以全面深化全国文明城市创建活动为抓手，持续推进泉州市主城区社区未成年人宣传栏、图书角、文体活动场（室）、绿色网吧、心理咨询室、青少年科技工作室（科技小制作室）、志愿服务点（小小志愿者之家）、特色文化活动项目建设，重点扶持20个社区（鲤城区10个、丰泽区9个、洛江区1个）开展项目建设，以点带面，全面提升城区社区未成年人文体活动设施、场所建设水平	已完成。市文明办对照项目建设标准和要求，组织申报项目勘查，各区强化项目建设督导，结合第六届全国文明城市届末测评，组织参加“暑期活动营”活动，推进项目建设。10月28—30日，市委文明办组织建设项目验收小组依据《社区未成年人文体活动设施、场所项目验收标准》，对20个社区建设项目进行考评验收，综合评定验收合格
改造提升全市未成年人保护中心	市委政法委 市人民检察院 团市委	①新建泉州市青少年社会保护中心，辐射鲤城、丰泽、洛江、泉港四个区，并作为泉州市“未成年人保护联盟”的展示中心，阵地化、可视化地展示两级“未成年人保护联盟”工作，也作为泉州市青少年法治教育重要基地及泉州市依法治市的展示平台。②对晋江、石狮、南安、惠安、安溪、永春、德化等现有的“未成年人保护联盟”展示中心进行升级改造，实现县（市、区）联盟各部门有序衔接、协作配合	已完成。①“泉州市青少年社会保护中心”项目全部建设完成并验收投入使用，市级补助资金140万元，自筹资金105万元。②晋江、石狮、南安、惠安、安溪、永春、德化等7个现有“未成年人保护联盟”展示中心全部完成升级改造，实现县（市、区）联盟各部门协作配合。全年市县两级8个“未成年人保护联盟”中心线上线下接待学生参观教育近1.8万人次
市级重点扶持10个历史文化名镇名村传统村落保护提升	市住建局	2020年市级重点扶持10个（含省级重点扶持）历史文化名镇名村（传统村落）保护提升，抓好保护规划编制、历史环境要素挂牌保护、历史建筑修缮利用、人居环境整治、团队驻点陪护、实施共同缔造等任务，打造保护利用品牌，发挥示范引领作用	已完成。编制《泉州市历史文化名村传统村落建设技术指南》等多份指导文件，组建泉州市历史文化保护与传承专家服务团，组织“一镇一村一方案”的编制工作，开展总设计师制度试点，落实团队驻点陪护。全年完成投资6.06亿元，占年度计划的124%
推进全市省级以上（含省级）文物保护单位电气线路套管敷设和智慧安全用电系统建设	市文旅局	2020年年底前完成全市省级以上（含省级）文物保护单位电气线路套管敷设及智慧安全用电系统建设。泉州市省级以上（含省级）文物保护单位134处，其中需进行电气线路套管敷设的78处；需进行智慧安全用电建设的79处	已完成。完成省级以上文保单位电气线路套管78处、智慧用电建设79处，按计划拨补市级配套资金340万元
改造提升24个村（社区）综合性文化服务中心示范点	市文旅局	2020年在全市改造提升24个村（社区）综合性文化服务中心示范点（百千特色文化服务中心）	已完成。24个示范点按照国家公共文化服务体系示范区创建标准要求完成改造提升，面积均达200平方米以上，均配备1个图书室、1个多功能室、1个科普活动室、1个宣传栏、1个广播室等功能室及设备，每个示范点藏书量均达1500册以上。示范点还配套1个活动广场，用于举办文体活动，满足群众精神文化需求
开展文艺精品公益性演出250场	市文旅局	2020年在部分文艺院团开展公益性文艺演出250场，其中市直文艺院团演出150场，晋江市、惠安县、安溪县文艺院团演出100场	已完成。受疫情影响，各文艺院团按各级防控要求于5月底逐步开展公益性演出，全年演出302场，其中，市直5个剧团演出151场，晋江市、安溪县、惠安县文艺院团演出151场，观众人数4.09万人

续表7

项目	责任单位	目标任务	完成情况
实施“四好农村路”工程	市交通运输局	①实施公路安全生命防护工程200千米，前三季度完成前期测设和招投标工作，第四季度开工建设，12月底前完成。②改造农村公路危（病）桥15座以上，上半年完成前期测设和招投标工作，下半年开工建设，12月底前完成	已完成。①全年实施农村公路安全生命防护工程912.4千米，完成年度计划456.2%，下发安防工程补助资金812.6万元。②全年改造农村公路危（病）桥36座，完成年度计划240%，下发危病桥改造补助资金450万元
推进全市121处道路交通安全隐患路段整治	市交警支队	2020年对全市121处道路交通安全隐患路段进行整治，通过完善交通安全设施、增设红绿灯、监控、人行横道灯、路中隔离护栏、路边防撞波形护栏、路口渠化改造等工程，全面整治道路交通安全隐患，提升道路本质安全水平	已完成。结合安全生产隐患大排查大整治工作整体部署，提档加速、自我加压，要求在百日攻坚行动结束前（6月16日）完成50万元以下项目，50万元以上项目须进入工程招投标流程。截至12月4日，全市121处道路交通安全隐患全部完成整治，整治完成率100%
持续推进水土流失治理工程	市水利局	2020年持续推进国家水土保持重点工程，以及省级重点县、重点乡镇水土流失治理项目建设，初步计划综合治理水土流失面积6666.67公顷，待省水利厅下达任务后再进行调整	已完成。截至11月底，3个国家水土保持重点工程和4个省级重点县水土流失治理项目完成治理面积9533.33公顷，占计划数的143%，其中封育8740公顷，造林种草210公顷；坡耕地水土流失治理593.33公顷，修引水渠排水沟29千米，修筑机耕道、田间作业道22.23千米；治理崩岗115个、11.31公顷；建设生态护岸12.47千米，清淤19.34千米。完成投资5722万元，占年度计划投资的114.44%，其中中央、省级补助资金4367万元
开展“百社百村带千户”创建活动	市农业农村局	2020年在全市开展“百社百村带千户”创建活动，扶持35家市级合作社（联合社）示范社（以下简称市级示范社），采取实行“保底收益+按股分红”的分配方式发展壮大35个经营性收入低于10万元以下村集体经济并提高农民收入	已完成。评选出“百社百村带千户”合作社35家，下拨资金700万元（每家合作社安排项目资金20万元，其中5万元为挂钩村投资入股），扶持农民合作社与村集体签订入股或分红协议，带动35个低收入村集体参股经营。2020年创建活动合计带动350个贫困户及农户，每户可增加收入（产品销售、劳务收入等）8000元以上；每村每年保底收益6000元，预计可增加村财收入21万元（保底收益要项目实施一年后分配）
完善“菜篮子”体系建设	市商务局	2020年全市新增或优化无公害蔬菜或畜禽基地20个；推进冷鲜肉品分割配送中心项目建设，建立健全重要“菜篮子”产品储备制度，开展市级生猪活体储备1.2万头，建立蔬菜市场价格异常波动应急储备调控，切实保障副食品市场供应	已完成。全市新增“菜篮子”基地项目9个，优化“菜篮子”基地项目28个，完成冷鲜肉分割配送中心项目建设1个，完成市级生猪活体1.2万头储备工作。市商务局于9月底会同市财政局完成资金安排，并做好资金核拨和后续监督管理，确保充分发挥扶持资金效益
打造22个老旧小区改造示范项目	市住建局	2020年在全市重点打造22个老旧小区改造示范项目，其中：鲤城区、丰泽区、洛江区、泉港区、石狮市、晋江市、南安市、惠安县、安溪县、永春县、德化县各2个	已完成。全市老旧小区改造为民办实事项目22个全部完工，完成投资6550.7万元，各级补助资金全部拨付到位
实施中心城区供水旧管网改造及水质优化工程	泉州水务集团泉州市自来水公司	2020年年底前完成辖区内东海大街文园、丽园，洛江金威颐园等小区和旧城区云谷、仁风工业区等社区旧给水管改造工程，并配合古城双修同步完成中山路骑楼旧给水管改造工程	已完成。按计划完成东海下堡村、东梅社区、圣湖二期、新门街西段南片区12栋、洛江金威怡园、中山路骑楼等旧城区街巷和老旧小区的给水改造，改造给水管道15千米（管径DN75以上），完成投资约1560万元，占年度计划投资的130%

续表7

项目	责任单位	目标任务	完成情况
完善提升城市安全信息系统（2020年）	市委政法委 市公安局	①在2020年完成8000路智能感知设备（含高清视频监控、治安卡口、人像卡口、RFID和智能门禁等各类信息感知单元），推进安防智慧小区建设，并提供城市安全信息系统1～6期的运维保障及新建内容的数据处理、系统优化、软件开发、电费支付、线路租赁等服务；②基于智能感知大数据平台，拓展完善视频监控、语音识别、物联网、人工智能、大数据等前沿技术的多维融合应用，全面提升公安工作的智能感知、立体防控、快速处置与精准服务方面的能力	已完成。①前端建设：截至12月1日，完成全市8000个点位的勘测及设备安装工作，并为城安1～6期提供运维服务；②平台开发：完成需求调研，结合治安防控体系示范建设，完成软件开发工作，并根据试运行情况进行完善
实施中心市区全民健身设施提升工程	市体育局	①在中心市区新安装10座多功能运动场，每座建设面积700多平方米，配备整体拼装式包塑围网，具有篮球、五人制足球、气排球、羽毛球、广场舞等活动功能，并在运动场周边配备一定数量的全民健身器材。②在中心市区新建8座全民健身驿站，集中配备腿部舒缓训练器、健身车、椭圆漫步机、拉伸架、棋盘桌等健身设施，可实现太阳能供储电及能源转换控制、智能光控、蓝牙音乐播放、USB手机充电，健身显示次数及心率等功能，部分设备具有系统后端，可统计分析用户运动数据，做到大数据服务	已完成。10座多功能运动场和8座全民健身驿站全部安装完成，并验收合格，市级体彩公益基金补助500万元，其中，80万元场地基础设施补助经费经联合市财政局下达；420万元器材采购及安装资金中标价为418.03万元，拨付中标人
巩固提升100个自然灾害避灾点	市应急局	2020年在全市巩固提升100个自然灾害避灾点，以A类避灾点标准建设和提升，应做到标识醒目、路径明显、责任明确、预案健全、制度上墙、设施配套、功能完善，配备齐全的生活保障类物资	已完成。2月起组织筛选明确100个避灾点，着手开始避灾点巩固提升任务，市、县两级下达资金500万元。11月，市、县两级组织项目验收工作，县级对本辖区所有纳入提升的避灾点进行项目验收，市级按照40%的比例进行现场抽查检查，各地项目完成情况总体较好
建设60个基层市场监管所食品安全快检室	市食安办 市市场监管局	2020年以“一所一快检室”为目标，按照统一场所设置、统一建设标准、统一工作规程、统一管理制度的标准，在全市乡镇（街道）市场监管所设置60个食品安全快速检测室（以下简称：基层所快检室），并开展“你点我检”或免费送检等活动	已完成。截至2020年12月9日，全市60多个乡镇（街道）市场监管所食品安全快捷检测室建设完成，投入使用，并通过“你点我检”“你送我测”等活动，为村居街道、市场和群众提供快速检测等便民服务
实施大中型小区单电源改造工程	国网泉州供电公司	2020年由国网泉州供电公司对全市96个大中型小区进行供电改造，新增一路供电线路，将单电源供电方式改造为双电源供电，保障居民可靠用电需求。其中：丰泽区11个、洛江区9个、泉港区4个、石狮市2个、晋江市15个、南安市8个、惠安县8个，安溪县17个、永春县12个、德化县5个、泉州开发区5个	已完成。96个大中型小区（地控）第二路电源改造项目完成全部改造，由单电源供电方式变为双电源供电，保障居民可靠用电需求，年度计划完成率100%

信访

【概况】 2020年，泉州市信访部门贯彻落实习近平总书记关于加强和改进人民信访工作的重要论述及关于信访工作的重要指示批示精神，按照省委、省政府和市委、市政府有关部署要求，在“打基础、攻难点、补短板”三个方面发力，打造阳光信访、责任信访、法治信访，信访工作专业化、法治化、信息化水平得到提升。全市信访态势总体平稳，呈现“三下降一好转”的特点，即到国家信访局上访下降50.9%、进京到非接待场所下降72.2%、到省集体访下降33.3%。

【信访工作责任落实】 2020年，中共泉州市委、泉州市政府主要领导、分管领导就信访工作做出批示286件次，其中市委书记康涛、市长王永礼批示88件次。市委书记康涛、市长王永礼6次召开信访工作专题会议、市政府常务会议，传达贯彻习近平关于信访工作的指示批示精神，听取信访工作情况汇报，研究部署信访工作。每月15日，市委书记康涛、市长王永礼、市委副书记张永宁通过网上接访或现场接访方式，了解群众诉求，协调推动解决信访问题，要求各部门各方块“通过接访一件事，解决一批类似问题”。

【信访基层基础建设】 2020年，泉州市信访部门推进“强基促稳”专项行动，推开“最多投一次”阳光信访工作机制，全市纳入“最多投一次”办理的信访件10161件、一次性办结率92.1%。推行“四门四访”工作机制，制定“四门四访”（开门接访、进门约访、登门走访、上门回访）工作方案，全市各级领导干部开门接访群众1097批1719人次，进门约访群众1276批1811人次，登门走访群众1843批2758人次，上门回访群众1476批1895人次。推广评理室建设，全市建立信访评理室2711个，实现市、县、乡、村四级评理室全覆盖。开展评理信访事项4616件，化解4496次、化解率96.8%。建立乡镇（街道）信访工作联席会议制度，全市163个乡镇（街道）全部建立信访工作联席会议制度，并进入实体化运作，召开联席会议647场，协调化解信访事项639件。

2020年5月，律师参与群众接访 （图/市信访局）

【信访业务规范】 2020年，泉州市信访部门推进信访基础业务规范化建设，有权处理机关及时受理率、按期办结率均保持100%，群众对有权机关满意度评价参评率、满意率分别为85.1%、95.5%。推行网上信访，呈现“访、信下降，网上信访大幅上升”的局面，信访结构得到优化，全市网上信访占比70.7%。疫情期间按照“四个第一时间”（第一时间受理、第一时间处理、第一时间报告、第一时间反馈）和“六个及时”（及时受理、及时办理、及时研判、及时反馈、及时回应群众关切、及时报告重要情况）要求，做好涉疫情信访事项办理工作。办理涉疫情防控网上信访事项677件，及时回应群众呼声。

【信访法治化建设】 2020年，泉州市信访部门实行诉访分离，向政法机关转送信访事项5027件，将涉法涉诉信访问题依法导入司法程序进行处理。开展依法分类处理工作，纳入“法治政府建设年”拓展提升项目，完成依法分类处理信访诉求1861件，比上年上升35%。开展复查复核工作，办理信访事项复查案件138件，比上年下降37%，办理复核案件46件，比上年下降25.8%。通过市政府复查复核机制，引导信访人通过法定途径反映诉求11件。深化信访违法行为依法处置工作，对违法信访人作出刑事判决13件。

【难题积案化解】 2020年，泉州市信访部门推进逐级走访强化信访案件化解攻坚专项行动，全市历史积案180件，办结化解173件，办结化解率96.1%，其中息诉息访144件，息诉息访率80%。启动治重化积专项工作，制订工作方案，成立专项工作办公室，组织开展排查梳理、分解交办，纳入突破“难、硬、重、新”专项行动。针对适龄儿童学位紧缺问题，专题调研分析，形成专项报告呈报市委、市政府，市政府主要领导召开专题会议研究解决措施。

【信访保障工作】　2020年，在全国“两会”、中共十九届五中全会期间，泉州市信访部门制定工作方案，就矛盾纠纷排查化解、领导干部接访、信息预警处置、值班值守等工作进行具体安排。发挥乡镇信访工作联席会议制度作用，及时就地化解矛盾纠纷。结合疫情防控期间防控措施的特殊性，构筑环京防线，完成全国“两会”、中共十九届五中全会信访保障工作任务。全市无进京送接济中心人员。

【便民服务平台建设】　2020年，泉州市“12345”便民服务平台受理群众诉求19.4万件，比上年上升26.9%。发挥“12345”平台民意入口功能，实时为群众解疑释惑、解忧济困，群众满意率98.6%。实现“12345”平台与“110”接处警系统对接，完成非警务类诉求梳理。

2020年，泉州市政府发展研究中心调研石狮鸿日光学科技公司

（图/市政府发展研究中心）

发展研究

【概况】　2020年，泉州市政府发展研究中心推进课题研究，全年度完成7篇调研报告，8篇专题性研究文稿，5篇信息动态研究文稿，1篇省“两会”提案。

【专题调研】　2020年，在“十四五”规划建议方面，泉州市政府发展研究中心完成市重点课题《“十四五”加快推进泉州基本公共服务供给侧结构性改革的若干思考》《加快融入“双循环”战略做好“十四五”规划的几点建议》，委托市社科联招标、由受招标兄弟单位撰写完成《“十四五”时期泉州促进数字经济发展思路和对策研究》《“十四五”时期推动泉州制造业高质量发展的基本思路研究》。经济高质量发展方面，按照市委全委会提出的打造纺织鞋服、石化、建材家居三大万亿产业集群的目标要求，完成《打造世界级现代产业集群的路径探索》；完成《加快泉州制造业现代化发展超越的研究》《加快推进泉州国家制造业创新中心的研究》及泉州2035产业发展战略研究报告；协助国务院发展研究中心完成《关于复工复产政策落实情况的报告》。新型城镇化发展方面，完成市重点课题《全面融入闽西南加快做强厦漳泉都市圈》、市委专题《关于推进厦漳泉都市圈建设的几点设想》；协助国务院研究室完成《关于围绕新型城镇化激发县城投资潜力的调研报告》。重点产业细分领域梳理调研方面，形成《泉州市纺织鞋服产业细分领域发展情况调研报告》《建材家居调研报告》《纸尿裤产业调研报告》《泉州市机械装备产业细分领域发展情况调研报告》。

【调研成果刊发】　2020年，泉州市政府发展研究中心调研成果《加快泉州制造业现代化发展超越的研究》在省委《调研文稿》2020年第33期刊发；《泉州市建议加快发展新能源工程机械》在《福建政讯专报》第139期刊发；《用“法治之泉”浇灌“精神文明之花”——全国若干城市〈文明行为促进条例〉值得借鉴》《借鉴先进城市做法　推进建设“城市大脑”》《泉州如何应对直播经济风口期》在《泉州发展研究》刊发。

行政服务

【概况】　2020年，泉州市行政服务中心贯彻落实“放管服”改革精神，以打造一流营商环境为目标，以深化行政服务改革为主线，进驻114个单位，提供2117项进驻服务事项，以群众“办成一件事”为标准，实施“一窗受理、集成服务”改革，变群众“满城跑”为“一楼办”，提升综合服务能力。与省标准化研究院起草福建省行政审批和服务事项《办事指南编写规范》《审查细则编写规范》，让规范行政服务自由裁量权“泉州标准”上升为“全省标准”。

【行政审批】 2020年，泉州市行政服务中心推行“一件事”套餐服务，在中心设立企业开办专区及企业开办综合服务窗口，将企业开办时间压缩至2个工作日。研发“一窗受理”平台，会同市数字办从省上回流部门业务数据，解决申请材料的部门内部手工流转问题，实现服务要素再集成。对现有工程建设项目审批服务事项清单、审批流程、申报材料进行重新梳理、合并，实行“一份办事指南，一张申请表单，一套申报材料”。梳理出第一批“一件事”目录清单，完成“一件事”集成套餐流程测试，第二批梳理43件“一件事”集成套餐，“一件事”集成套餐服务事项办理9057件。

拓宽受审分离的“一号一窗一网”改革，以群众“办成一件事”为标准，将窗口整合为“市场准入、投资建设、社会民生、便民服务、中介服务”五个主题式办事体验服务厅。创新“一号”办事，即企业凭社会信用代码、群众凭身份证一个号办事。实施“一窗受理、集成服务”改革，将窗口设置整合为按咨询、综合受理、发证三大类别的纵向模式，改群众“往返跑”为数据“自动跑”，极大压缩审批时限。通过“一窗”全科受理的方式，比原来按部门设窗口（198个）精简87个窗口，窗口总数111个，精简率43.9%，节约政府人力成本。推行“一网”通办，建设市、县、乡、村四级 “互联网+政务”一体化行政服务平台，纵向打通网络阻碍，覆盖全市13个县（市、区）、163个乡镇、2527个村居，实现网格化服务。通过“一网”，将网上政务大厅延伸到村居等百姓身边。

【主题宣讲】 泉州市行政服务中心办好“刺桐新声”，启动线上宣讲。受新冠肺炎疫情影响，原有线下宣讲模式受阻，中心管委会通过互联网线上直播的方式，零接触引导群众和企业同一时间齐聚线上宣讲直播间，开启远程宣讲模式，全年开展“刺桐新声—政策面对面”系列宣讲活动38场次，其中线上宣讲37场次。开展主题宣传月，中心管委会将7月定为“刺桐新声—政策面对面”“六稳六保”惠企政策主题宣传月，围绕疫情防控期间支持企业复工复产、援企稳岗等政策举措及国家、省、市关于企业高质量发展的重要政策等内容进行宣讲，开展8期主题宣讲活动。

【项目服务】 2020年，泉州市行政服务中心为有效应对疫情、方便百姓办事，倡导群众通过网上办、掌上办、邮寄办、智能办等不见面审批方式办事，开通不见面审批项目占比59.6%，位居全省前列；坚持大厅照常开放，是全省除三明、龙岩外坚持现场服务不打烊的市级中心之一，实行预约十现场办理的方式服务。

推进工建项目改革，在市、县两级行政服务中心设立工程建设项目统一综合收件窗口，对工程“水电气广电”实行“一窗受理、集成服务”，创新推出工程“水电气广电”“一窗式”联审服务新模式，较改革前“串联”审批时限压减80%。推行“1+N”会商会审机制，每个审批阶段实行“一家牵头、会商会审、限时办结”“一张表单、一份指南、一套机制”的“1+N”会商会审模式，由牵头部门组织协调相关部门按照限定时间完成审批。牵头市工程建设项目审批制度改革领导小组及市重点项目业主，召开“关于2020年首批市重点项目会商会审会”、重点项目问题协调推进会等，指导、服务项目前期审批工作。对社会投资简易低风险工程建设项目简化手续，推行“清单制+告知承诺制”，分类制定审批流程图，实行审批事项清单制管理，对列入清单的事项推行告知承诺制。

规范中介超市管理机制，完成“中介超市便民服务专区”场地建设，进驻中介机构20家。推行“智能差评淘汰制”。由行业主管部门及项目单位对中介服务进行管控，实行“一事一评”。推行黑名单管理。对入驻中介机构，从资质准入到服务质量、服务结果进行全过程管控，存在违规行为的，列入“黑名单”管理。实行社会信用监督联合惩戒。对入驻中介机构实行信用红、黑榜管理，并将红、黑榜在“网上中介超市”予以公示，对失信“黑榜”名单进行期限管理3个月至1年不等，联合惩戒管理期限内不得在超市开展相关业务，情节严重的从中介超市予以清退。实行多方式竞选中介，提供直接选取，竞价选取，随机选取等中介服务方式，项目单位可按需选择、自主择优，从源头上遏制中介服务独家垄断，降低项目单位交易成本，网上注册中介机构有1700家，备案入驻1383家中介服务机构；发布1551份中介服务信息，中标并实施1491份，其中中标并办结395份。

打造“四办”服务智能化，着眼于解决群众办事难、办事慢、办事繁等问题，推进网上服务便民化，通过省网办事大厅泉州政务服务旗舰店、泉州政务服务APP、泉州市行政服务中心微信公众号等渠道，打造政务服务新模式。推行实体大厅“马上办”。进驻中心审批服务事项全部压缩至法定时限的35%以内，不需组织专家论证、现场踏勘的简易事项做到“马上即办”。推行可上网事项“网上办”。网上申报事项2064项，占全部事项的97.63%（省级相关文件要求总体占比不低于70%），让“数据跑路”替代“群众跑腿”。推行简易事项“一趟办”。梳理2069项“最多跑一趟”“一趟不用跑”事项，中心“最多跑一趟”“一趟不用跑”审批事项比例97.87%（省级相关文件要求总体占比不低于80%）。推行便民服务事项“就近办”。在中心市区15个24小时自助服务区、13个县（市、区）行政服务中心及街道（乡镇）便民服务中心、村（居）便民服务站等场所投放200多台政务服务自助一体机，植入与企业、群众办事息息相关的便民事项，打造

"15分钟便民服务圈"。

【网上服务】 2020年，泉州市行政服务中心完成30个子系统在市级上线试运行，18个应用系统推广至13个县（市、区）应用，并同步推广应用至县（市、区）的乡镇（街道）、村（居）。

优化泉州政务服务旗舰店，推进审批服务网上办。发挥泉州政务服务公共入口、公共通道、公共支撑作用，引导群众通过泉州政务服务旗舰店采用"网上办"等非接触式方式办事，为全市政务服务"一网通办"提供保障。

畅通办事评价渠道，实现政务服务"一次一评"。建立"好差评"工作协调、信息管理、评价管理、差评整改以及激励约束等机制，并制定全市"好差评"实施进度。开通线下办事评价，在市、县两级行政服务中心实体办事大厅每个办事窗口设置"好差评"评价装置，方便申请人自主评价。丰富线上评价渠道。利用省网上办事大厅泉州政务服务旗舰店、泉州政务服务APP、行政服务中心微信公众号等，开通办事评价功能，为服务对象提供便捷的线上评价入口。

通过"互通共享"，对接数据资源共享化。泉州市行政服务中心成为全省首个通过密码测评的国密应用试点项目，并运用区块链+电子证照技术，实现电子证照"一库管理、互认共享"。挖掘审批数据共享应用场景，采取先高频事项后低频事项的方式，做好"一体化平台"与部门自建业务系统对接，推动信息跨部门跨层级共享共用。泉州市电子证照库每天产生近2000条电子证照存证信息上电子证照区块链，电子证照区块链累计存证4702万条电子证照信息。

对口支援

【概况】 2020年，泉州市对口帮扶宁夏吴忠市盐池县（洛江区对口帮扶）、同心县（永春县对口帮扶）、红寺堡区（德化县对口帮扶），对口支援新疆昌吉州昌吉市、西藏昌都市洛隆县；选派50位干部人才开展工作，其中第十一批援宁18位、第八批援疆22位、第九批援藏10位；第七批援疆工作于1月结束，第八批援疆22位干部人才于4月抵达昌吉市开展工作。全年投入项目资金21841万元和工作经费800万元计22641万元，其中援藏项目资金3459万元、援疆项目资金7982万元、援宁项目资金和社会帮扶资金10248万元、援万州三峡库区项目资金152万元。截至年底，5个对口支援县（区）全部脱贫摘帽，204728名贫困人口成功脱贫，所有对口支援县（区）全部贫困人口实现清零。

【项目援建】 2020年，泉州市向宁夏吴忠市盐池县、同心县、红寺堡区实施协作援建项目73项，安排产业合作、消费扶贫、劳务协作、教育扶贫、残疾人帮扶等一批操作性强，巩固提升贫困人口"两不愁三保障"及促进持续增收的项目。新疆昌吉州昌吉市援建项目12个，重点推动昌吉市牧民定居点、农村安居房等援疆项目建设。西藏昌都市洛隆县援建项目6个，重点推动初级中学和腊久乡小学、新荣乡小学扩建工程等项目建设，推动卓玛朗措湖景区的绕湖栈道、观景台及停车场等项目复工，推动10个旅游厕所电子地图上线工作。

【产业引资】 2020年，泉州市坚持以招商推动产业，以产业带动就业，以就业改善民生，引进招商引资项目53个，总投资超86.13亿元，其中宁夏36个，总投资83亿多元，新疆昌吉州昌吉市项目6个、总投资1.63亿元，西藏昌都市洛隆县项目11个、总投资1.5亿元。其中包括新发地（同心）供应链产业园（计划投资50亿元）、江苏浩凯丰风力发电项目（计划投资7.2亿元）、闽宁桐悦共享酒庄项目（计划投资2亿元）等一批大项目，推动当地产业发展、群众就业、农特产品销售。洛隆县与昌都经开区共建"飞地产业园区"，牵线搭桥与泉州市泉港园区、泉惠园区共建合作园区。

【智力支援】 2020年，泉州市加强人才支援和技能培训，组织开展双向交流互访和学习培训工作，促进先进技术、先进理念传播落地。向吴忠市3个县（区）的11个对口单位派驻12名专技人员，开展各类教学研究、技术培训、业务研讨、招商推广、文化旅游等活动140多场（次），涉及教育、农业、科技、商务、城建、文旅等行业。向昌吉市派驻10位医疗专技人才和8名专业技术人才，进行科室专场培训17场，开展技术推广服务150余人（次）。对接推动洛隆县全县所有学校与泉州市名校组建教育联合体，组织24名骨干教师到泉州进行培训，组织12位医疗专技人员到泉港区医院学习培训，通过"师带徒"模式培养本地眼科医生，开展眼科手术30多例。

【稳岗就业】 2020年，泉州市印发促进宁夏籍贫困人口到泉州稳岗就业工作通知，做好稳岗就业工作，吸纳宁夏吴忠市就业人数504人，其中建档立卡贫困人口256人，全部实现省内稳岗就业。注重推动就地就近就业和到其他省份就业，实现就业人数5702人，其中就地就近就业4502人、到其他省份就业1200人。

【消费扶贫】 2020年，泉州市下发文件向全市推荐10家新疆、宁夏农特产品展示点，鼓励和引导泉州市各类商场、供销社网点与其建立产销合作关系，延伸新疆、宁夏农特产品在泉州市经营网络，让市民能够就地就近分享优质、原生态的新疆、宁夏农特产品，提升泉州市采购量，助力消费扶贫，带动结对帮扶县区产业发展、就业增收。拓展线上线下销售渠道，引入网络直播带货等销售方式，并组织参加各类展销活动，实现农特产品销售额8.1亿多元。

政协泉州市委员会

综 述

【决策部署贯彻落实】 2020年，政协泉州市委员会坚持完善以党组理论学习中心组为引领的学习制度体系，推进理论学习常态化制度化。召开中央和省委政协工作会议精神报告会，配合省政协调研贯彻落实中央政协工作会议精神情况，参加全省设区市政协主席座谈会暨秘书长工作交流座谈会，召开全市政协主席工作座谈会，交流各地特色经验，推动政协工作创新发展。按照人民政协要成为“坚持和加强党对各项工作领导的重要阵地、用党的创新理论团结教育引导各族各界代表人士的重要平台、在共同思想政治基础上化解矛盾和凝聚共识的重要渠道”要求，坚持把加强思想政治引领贯穿于各项履职实践之中，落实“三联”工作机制、谈心谈话等制度，通过委员工作室、联系点、委员论坛、微协商等形式，宣传党委、政府的重大决策部署，强化对敏感点、风险点、关切点问题的正面引领，推动各党派团体和社会各界人士筑牢共同思想政治基础。利用国庆、中秋、重大纪念日等时机，举办书法展和诗词吟诵会，组织收听收看向抗战烈士敬献花篮仪式，征编出版《革命英杰司马文森》等文史资料，讴歌中国共产党领导中国革命、建设、改革取得的成就，增强对中国共产党和中国特色社会主义的政治认同、思想认同、理论认同、情感认同。落实意识形态工作责任制，加强政协意识形态阵地建设管理。加强政协宣传工作，密切与中央、省级、市级主流媒体联系，注重新媒体运用，提高办刊质量，丰富网站内容，深化专题报道，讲好政协故事。

【助力抗击新冠疫情】 2020年，政协泉州市委员会按照市委部署要求，成立疫情防控工作领导小组，统筹协调市政协疫情防控工作。市政协领导班子开展服务基层一线专项行动，到县（市、区）和挂钩联系企业调研走访，紧盯企业订单、物流运输、招工用工、防疫物资情况，帮助协调解决具体困难。抽调三批25名政协机关干部进驻15个行政村、海岸线、动车站等防疫重点部位，协助相关单位落实好疫情防控、复工复产、安全生产等各项工作任务。市政协驻村工作队到所在片区调研，提交《推进废旧物品回收点专项整治的建议》，协助当地排除消防、卫生安全隐患。组织“加强全民健康教育提升综合健康水平”“保障学校疾病防控工作”重点提案督办，助推有关部门及时开展科学权威的健康科普知识宣传，提高公众防疫应急能力和科普素养，助力疫情的预防与控制。开展“加快泉州市疾控体系建设”界别协商，就补齐疾控体系短板、提升重大疫情防控能力等资政建言。

第一时间发出倡议书，号召全市政协系统和政协委员投身疫情防控阻击战，各级政协委员、特邀嘉宾踊跃捐款捐物、发动海内外力量购买防护服、企业转产抗疫物资、支援政府对防护用品需求调控配给，展现新时代政协委员责任担当。据统计，全市1569名在泉州各级政协委员参与捐款捐物，捐赠人民币1.29亿元、港币364万元，额温枪3.3万只、口罩370万个、防护服4800件及大量生活物资。医卫界委员奋战抗疫最前线，奔走在隔离点、机场车站、医院等疫情防控主战场，主动驰援遭受疫情突袭的湖北武汉。各民主党派、工商联、各县（市、区）政协和政协委员宣传党委、政府关于疫情防控的部署要求，做好解疑释惑、化解矛盾、增进共识工作，围绕疫情防控、复工复产、复商复市、复学复课等方面反映社情民意，收集报送各类疫情信息400多件，汇聚积极抗疫、复工复产的社会共识和强大合力。

组织政协委员到重点建设项目、重点企业开展调研视察活动，召开提案督办协商会、界别协商会，倾听企业对“稳”“保”政策呼声诉求，提出加强出口信用保险支持、加大小微企业普惠性税收减免、提高金融政策精准度等对策措施，许多建言成果得到市政府《关于促进中小企业平稳健康发展若干措施》等政策文件吸纳采用。针对泉州市外贸企业受疫情影响困难更多、冲击更大的实际，组织省政协委员泉州小组开展“在疫情防控常态化下推进外贸企业复工复产有效性”专题调研，组织相关职能部门、政协委员、企业家代表、界别群众共商疫情影响下企业发展大计，《常态化疫情防控下更应做好稳外贸这篇大文章》《推动我国信息消费高质量发展，促进疫后经济企稳回升》《助力出口企业发展》等履职成果得到全国政协和省政协采用。

【海内外联络联谊】 2020年，政协泉州市委员会开展对外联谊交流，参与市委统战部组织的海外泉州籍侨亲代表“共一轮明月”庆国庆•迎中秋视频座谈会，共叙异地侨亲情怀，共谋后疫情防控与生产生活、联络联谊发展前景，为泉州市后疫情时期加强海外乡贤、侨领和海外社团组织联动联谊打造良好基础。

组织华侨大学境外新生开展“看海丝•爱泉州”体验教育活动，让境外学生体验和领略家乡各项事业发展变化，参观爱国主义教育基地闽台缘博物馆、泉州非物质文化遗产馆，观看少林寺武术表演，倾听泉州历史文化讲座。通过系列活动加强与境外学生的联动交流，让境外学生刚踏进校门就能感受到家乡丰富多元的文化底蕴和经济社会发展成就，激发他们恋祖爱乡了解泉州，激励他们对祖国对家乡的认同与热爱。

配合全国和省政协活动，市政协分管领导带队参加全国政协与省政协在福州召开的“第三届海峡两岸基层治理”论坛活动，与台湾各协会和企业界人士交流沟通，与会人员在论坛会上踊跃发言，提出的6个方面12条加强两岸基层公共卫生治理建议得到全国和省政协领导的肯定和好评。配合第十三届全国政协副主席何厚铧率澳门全国政协委员考察团到泉州开展“深化闽澳项目合作，共同参与‘一带一路’建设”专题调研，何厚铧到企业、科技园区和高校，考察泉州市高新科技产业、金融、文化和教育等发展状况，并就深化泉澳合作、共建“一带一路”与市领导座谈交流，为促进泉澳及“一带一路”沿线国联动合作共享共赢提供很好的思路和建议。参与省政协“发挥闽台融合发展先行先试作用，建设台胞台企登陆第一家园”课题调研，撰写“发挥泉州自身优势，探索海峡两岸融合发展新路”调研报告在省政府与省政协对口协商会上交流。市政协分管领导带队参加省政协在福州召开的福建省政协港澳台侨11个交流基地授牌活动，泉州市首家生态旅游自然景区、全国农业旅游示范点——永春北溪文苑基地入选。

加强与泉台民间交流协会的联系沟通，联合涉侨涉台部门开展专题调研、视察等活动，做到工作联系互动、资源互利共享。参与市委统战部、市台港澳办、市侨联等涉侨涉台部门组织的相关活动，做好相关外事接待工作。配合其他省、市政协对口部门组团到泉州考察交流，全年配合全国政协和河南省漯河市、安徽省马鞍山市、浙江省嘉兴市政协等多批次在泉州的考察活动。

【委员履职水平提升】 2020年，政协泉州市委员会按照“懂政协、会协商、善议政，守纪律、讲规矩、重品行”的要求，把委员履职能力建设摆在突出位置，建立完善主席会议成员、专门委员会等多层次联络服务委员制度，引导委员珍惜荣誉，旗帜鲜明讲政治。组织委员学习培训、发放学习资料、赠阅报纸杂志，提升履职能力和水平。统筹打好量化考评和正向激励组合拳，对委员履职情况进行综合量化评分，实行动态管理，定期通报履职情况，推动委员建言见水平、聚识有影响、言行守规矩。

重要会议

【市政协十二届四次会议】 2020年1月3—6日，中国人民政治协商会议第十二届泉州市委员会第四次会议召开。受泉州市政协第十二届常委会的委托，大会执行主席李转生向大会做工作报告。报告支出，2020年，市政协常委会工作的总体思路是：以习近平新时代中国特色社会主义思想为指导，深入学习贯彻习近平总书记关于加强和改进人民政协工作的重要论述和对福建工作的重要批示指示，认真贯彻中共十九届四中全会和中央、省委、市委政协工作会议精神，在中共泉州市委坚强领导下，增强“四个意识”、坚定“四个自信”、做到“两个维护”，把坚持和发展中国特色社会主义作为巩固共同思想政治基础的主轴，把服务实现“两个一百年”奋斗目标作为工作主线，把加强思想政治引领、广泛凝聚共识作为中心环节，发挥专门协商机构作用，在作答“时代命题”、高质量落实赶超新征程中展现政协新作为。会议听取市政协十二届四次会议提案初审情况的报告，审议通过《中国人民政治协商会议第十二届泉州市委员会第四次会议决议》。

2020年1月3日，市政协十二届四次会议开幕　　（图/张九强）

【主席会议】 2020年，十二届泉州市政协召开7次主席会议。会议协商《泉州市政协常委会2020年工作要点（草案）》、市政协2020年度协商工作计划，协商确定市政协十二届四次会议重点提案；协商提案委员会组成人员调整事宜，协商个别委员暂停履职相关事宜；研究协商十二届市政协第五次会议相关事项，讨论市政协常委会工作报告（征求意见稿）、提案工作报告（征求意见稿），协商有关人事事项、十二届市政协第四次会议"好提案"等相关事宜。

2020年十二届泉州市政协主席会议情况表

表8

时间	会议名称	参加人员	会议内容
2020年1月3日	十二届市政协第二十二次主席会议	市政协主席李转生主持会议，副主席骆沙鸣、陈铭福、王祖耀、王瑞强、陈益、洪川夫、林志建，市政协党组成员刘志平、王春金，市政协秘书长陈伟平出席会议。市委常委、组织部部长孔繁军到会就候选人名单（草案）作说明	协商选举办法（草案）、大会选举总监票人和监票人名单（草案）；协商候选人名单（草案）。会议决定，将以上事项提交十二届市政协常委会第十九次会议酝酿协商
2020年1月3日	十二届市政协第二十三次主席会议	市政协主席李转生主持会议，副主席骆沙鸣、陈铭福、王祖耀、王瑞强、陈益、林志建，市政协党组成员刘志平、王春金，市政协秘书长陈伟平出席会议	听取各组召集人汇报各小组酝酿选举办法（草案）、总监票人和监票人名单（草案）、候选人名单（草案）的情况。会议决定，将以上事项提交十二届市政协常委会第二十次会议审议
2020年3月6日	十二届市政协第二十四次主席会议	市政协主席李转生，副主席骆沙鸣、陈铭福、王祖耀、王瑞强、陈益、洪川夫、林志建、刘志平、王春金，秘书长陈伟平参加	协商《泉州市政协常委会2020年工作要点（草案）》、市政协2020年度协商工作计划，协商确定市政协十二届四次会议重点提案
2020年4月28日	十二届市政协第二十五次主席会议	市政协主席李转生，副主席骆沙鸣、陈铭福、王祖耀、王瑞强、陈益、洪川夫、林志建、王春金，秘书长陈伟平参加	协商提案委员会组成人员调整事宜
2020年6月24日	十二届市政协第二十六次主席会议	市政协主席李转生，副主席骆沙鸣、王瑞强、陈益、林志建、王春金，秘书长陈伟平参加	协商个别委员暂停履职相关事宜，协商十二届市政协第二十二次常委会相关事宜
2020年9月27日	十二届市政协第二十七次主席会议	市政协主席李转市政协主席李转生，副主席骆沙鸣、陈铭福、王祖耀、王瑞强、陈益、洪川夫、林志建、王春金，秘书长陈伟平参加	协商有关人事事项、个别委员暂停履职相关事宜及十二届市政协常委会第二十三次会议相关事项

续表8

时间	会议名称	参加人员	会议内容
2020年12月22日	十二届市政协第二十八次主席会议	市政协主席李转生，副主席骆沙鸣、陈铭福、王祖耀、王瑞强、陈益、洪川夫、林志建、王春金，秘书长陈伟平参加	研究协商十二届市政协第五次会议相关事项，讨论市政协常委会工作报告（征求意见稿）、提案工作报告（征求意见稿），协商有关人事事项、十二届市政协第四次会议“好提案”和十二届市政协第二十四次常委会相关事宜、协商个别委员暂停履职相关事宜

【常委会会议】 2020年，十二届泉州市政协常委会召开6次会议。会议听取各组召集人汇报讨论市政协十二届四次会议决议（草案）情况；审议通过十二届市政协四次会议决议（草案）；传达学习全省市县政协主席工作座谈会暨秘书长工作交流座谈会和市委常委会会议精神；会议接受陈铭福、王瑞强因年龄原因辞去泉州市政协副主席职务；讨论修改市政协《常委会工作报告（讨论稿）》《提案工作情况报告（讨论稿）》；协商通过市政协十二届五次会议相关事宜；协商通过有关人事事项。

2020年十二届泉州市政协常委会会议情况表

表9

时间	会议名称	参加人员	会议内容
2020年1月3日	十二届市政协常委会第十九次会议	市政协主席李转生主持会议，副主席骆沙鸣、陈铭福、王祖耀、王瑞强、陈益、洪川夫、林志建，市政协党组成员刘志平、王春金，市政协秘书长陈伟平出席会议。市委常委、组织部部长孔繁军到会就候选人名单（草案）作说明	协商选举办法（草案）、大会选举总监票人和监票人名单（草案）、候选人名单（草案）。会议决定，将以上事项提交各委员小组酝酿协商
2020年1月3日	十二届市政协常委会第二十次会议	市政协主席李转生主持会议，副主席骆沙鸣、陈铭福、王祖耀、王瑞强、陈益、林志建，市政协党组成员刘志平、王春金，市政协秘书长陈伟平出席会议	审议通过选举办法（草案）、总监票人和监票人名单（草案）、候选人名单（草案）。会议决定，将以上事项提交1月4日下午举行的市政协十二届四次会议第二次全体会议进行审议和选举
2020年1月6日	十二届市政协常委会第二十一次会议	市政协主席李转生主持会议，副主席骆沙鸣、陈铭福、王祖耀、王瑞强、陈益、洪川夫、林志建、刘志平、王春金，秘书长陈伟平出席会议	听取各组召集人汇报讨论市政协十二届四次会议决议（草案）情况；审议通过十二届市政协四次会议决议（草案），并决定提请市政协十二届四次会议闭幕大会进行表决
2020年9月27日	十二届市政协常委会第二十三次会议	市政协主席李转生主持会议并讲话，副主席王祖耀、洪川夫、林志建、刘志平、王春金，秘书长陈伟平出席会议	传达学习全省市县政协主席工作座谈会暨秘书长工作交流座谈会和市委常委会会议精神；协商通过有关人事事项。会议接受陈铭福、王瑞强因年龄原因辞去泉州市政协副主席职务；因任职年龄原因，许旭明、李金鼠不再担任政协第十二届泉州市委员会常务委员职务。骆春玲任政协泉州市委员会文化文史和学习委员会主任；林伟伟任政协泉州市委员会办公室副主任（试用期一年）；郭江华任政协泉州市委员会经济和农业农村委专职副主任（试用期一年）；李金鼠不再担任政协泉州市委员会副秘书长职务

续表9

时间	会议名称	参加人员	会议内容
2020年12月30日	十二届泉州市政协常委会第二十四次会议	市政协主席李转生主持会议并讲话，副主席骆沙鸣、王祖耀、陈益、洪川夫、林志建、刘志平、王春金，秘书长陈伟平参加会议；副市长肖汉辉应邀参加会议	市政府副市长肖汉辉通报市政协十二届四次会议以来提案办理情况。会议协商通过有关人事事项；讨论修改市政协《常委会工作报告（讨论稿）》和《提案工作情况报告（讨论稿）》；协商通过市政协十二届五次会议相关事宜。因工作需要，徐悦不再担任政协第十二届泉州市委员会常务委员、委员职务。因工作需要，陈海鹏不再担任政协第十二届泉州市委员会常务委员职务。政协第十二届泉州市委员会增补委员名单：一、中共（2名）王家声、骆春玲（女）；二、无党派（2名）陈　龙、梁彬彬；三、特邀（一）（1名）洪亚清；四、特邀（二）（1名）施锦山

参政议政

【制造业高质量发展调研】　2020年，政协泉州市委员会贯彻习近平总书记关于制造强国战略重要论述，围绕“加快推进制造业高质量发展”主题，到基层、一线企业开展调研，倾听企业家心声，召开有关部门座谈会，汇集各方智慧，提交24篇调研报告。市委、市政协召开专题协商会，委员们在编制制造业“十四五”规划、推动传统制造业转型升级、优化制造业发展要素与环境保障等六个方面提出25条建议，市委主要领导肯定委员建言，要求有关部门研究吸纳。督办“产业经济转型、人工智能科技创新、中小企业发展”等提案，委员们建言助力市政府一二三产业“百千”增产增效活动落实，支持企业发挥潜能、做大做强。开展“培育发展区块链产业赋能实体经济”提案督办协商，从产业集聚、示范应用、生态构建、风险防范等方面提出意见建议，为市政府出台《加快区块链技术应用发展的若干措施》提供参考。与省政协开展“培优做强重点产业，推进‘十四五’产业基础高级化和产业链现代化”“进一步优化营商环境，激发创新创业创造活力”等专题调研，《深化“放管服”改革优化营商环境的建议》等履职成果得到有效转化。

【产业融合协商建言】　2020年，政协泉州市委员会组织开展深化产教融合重点课题调研，了解泉州市创建国家产教融合型试点城市情况，摸清底数、反复研讨，形成《深化产教融合助力高质量发展研究》调研报告。市政府、市政协开展专题协商，委员们围绕统筹产教融合发展规划、强化学校主体功能、发挥企业主体作用等方面提出20条建议。市政府主要领导给予肯定，要求相关部门聚焦短板弱项，整理消化吸收，及时转化为具体工作举措。督办“深化文旅融合发展”重点提案，开展“中心城区智慧旅游建设与发展”对口协商，就加强文旅宣传品牌建设、开发智慧旅游平台、挖掘文化遗产价值等提出监督意见。开展“推进泉州夜间经济产业深度融合发展”界别协商和“加快发展夜间经济促进消费增长的建议”提案督办，从加强夜经济顶层设计、古城夜游精品线、推出闽南戏曲夜舞台等方面协商建言，工作专报得到市政府主要领导批示，委员建言有效转化到“盛夏消费季”“全闽乐购”泉州促消费系列活动中。

政治协商

【概况】　2020年，政协泉州市委员会落实市委、市政府、市政协“议题共同提出、计划共同制定、协商共同参与、成果共同推进”的协商工作机制，致力构建以政协全体会议为龙头，以专题议政性常委会会议、专题协商座谈会、协商式监督座谈会等为重点的政协协商议政格局。举行全体会议协商1次，专题议政性常委会2次，协商式监督座谈会2次，开展专题协商、对口协商、界别协商和提案办理协商41场次。推动政协协商向基层延伸，创建“福建省政协委员泉州小组议政厅”平台，发挥乡镇（街道）委员联络组作用，支持县（市、区）政协在乡镇（街道）和企业建立政协委员联系基层群众活动室、冠名政协委员工作室等联系点，新建政协委员基层联系点93家，倡导政协委员走进企业、走进社区、走进乡村，面向社会各界群众开展学习教育、政策宣讲、交流联谊、解难纾困等工作。坚持重在质量、重在实效的要求，严格工作标准、创新工作形式、提升工作成效，开展调研视察127次，形成调研报告62篇，提交政协提案657件、立案581件，提交发言材料86篇，编印《泉州政协》信息专刊54期、反映社情民意专报900多件，得到全国政协和省、市领导批示肯定110多件次，用好政协话语权，助力党政科学民主决策。

【社会民生发展领域调研协商】 2020年，政协泉州市委员会组织部分省、市、县三级政协委员开展“推进养老服务工作”课题调研和提案督办协商，配合省政协开展“加大老年教育供给”“推动社区养老保障老年生活”督办调研，就研究制定“十四五”养老服务业发展专项规划、推广新型养老模式、建立医养互通绿色通道等提出意见建议，得到有关部门采纳应用，推进街道居家社区养老服务照料中心、农村居家养老服务站等设施建设。召开“促进中医药守正创新”对口协商会，出版《新编泉州本草》，开展“加快泉州市健身休闲产业发展”界别协商，推动“健康泉州”建设。组织驻泉州省政协委员围绕“妇女儿童保护”开展专项视察，开展“加强青少年全面发展”提案办理协商，为发展妇幼保健事业、中小学健康教育等建言，《开展适龄儿童窝沟封闭项目》《推进泉州市优秀家风家训文化建设》等意见建议得到采纳转化。

民主监督

【助推城市品质提升】 2020年，政协泉州市委员会践行“绿水青山就是金山银山”生态文明建设理念，开展“加强国土空间规划，推动环湾城市发展”专项视察和“城市园林景观建设”界别协商，了解泉州市国土空间规划实施进展和生态连绵带建设情况，提出意见建议，助推城市品质提升。组织督办“进一步修复提升老旧小区功能与环境、加强申遗点配套公共服务设施建设、优化中山路示范性街区”等重点提案，提出“先民生后提升、先地下后地上、先功能后景观，注重生态营造，保留古城风貌原汁原味”，实现“见人见物见生活，留形留人留乡愁”等意见建议，得到采纳运用，助力古城街巷提升工程实施。紧盯城市建设管理短板，组织委员围绕“推动城市精细化管理”建言献策，就优化空间布局、打造夜间景观、提升智控能力等提出意见建议，得到市委、市政府主要领导批示，有关部门列入年度工作安排。组织开展“优化交通与停车问题”督办调研，提出《建设城市交通大数据综合决策支持体系》《推动智慧停车管理》《改造快速通道主要拥堵点和打通断头路》等解决城市交通问题的意见建议，市委、市政府主要领导批转有关部门，吸纳到《泉州市中心市区“聚城畅通”工程实施方案》中，推动泉州市快速交通体系建设。

【协力完成脱贫攻坚任务】 2020年，政协泉州市委员会围绕“聚合运用华侨资源，助力推动乡村振兴”开展专题调研，就强化责任意识、加强正向引导、提高服务质量等提出意见建议，得到市委、市政府主要领导批示肯定。组织督办“遏制贫困村和贫困户脱贫后返贫”等重点提案，聚焦巩固脱贫成果、防止脱贫人口返贫协商建言。围绕“农村饮用水安全”议题开展调查研究，市政府、市政协召开民主监督专题协商会，就统筹规划“十四五”农村供水、推进城乡供水一体化、守住脱贫底线等监督建言；组织开展“小流域水环境整治”专项视察，有关部门把委员建言转化到农村人居环境整治、“一革命四行动”等具体工作中。围绕“休闲农业发展”议题开展界别协商，为发展农村新型服务业，更好带动农民增收献计出力。开展促进残疾人就业、做好残疾人服务工作专题调研，调研报告得到省、市领导批示肯定，意见建议被《泉州市扶持残疾人自主创业项目实施方案》《泉州市盲人医疗保健按摩机构医保定点协议管理规定》等文件吸纳采用。开展“爱心助学助困”活动，筹措资金帮扶困难大学生和少数民族困难群众，助力高质量完成脱贫攻坚任务。

【助推法治建设】 2020年，政协泉州市委员会围绕“谁执法谁普法”责任制落实情况开展专题视察，视察专报得到省领导批示肯定，对宣传推广泉州市在全省率先开展履职报告现场评议的经验做法，助推普法工作上新台阶发挥作用。组织政协委员听取市中级人民法院、市人民检察院工作情况通报，围绕维护公平正义、深化司法改革、助力司法发展等议题建言献策。组织界别委员调研律师事务所行业发展情况，提出加强规范、促进发展、服务群众等意见建议。与省政协开展“加强城乡基层社会治理制度创新”“城市少数民族流动人口服务管理”专题协商调研，围绕做实基层网格、构筑共建机制，减轻基层负担等方面建言献策，助推基层社会治理创新。

纪检监察

综述

【纪检监察概况】 2020年，泉州市纪委监委按照十九届中央纪委、十届省纪委和十二届市委部署，坚持稳中求进工作总基调，落实省委要求，协助党委深化全面从严治党，推动党和国家监督体系落深落细，强化对权力运行的制约和监督，一体推进不敢腐、不能腐、不想腐，在坚持和完善中国特色社会主义制度、推进国家治理体系和治理能力现代化中发挥监督保障执行、促进完善发展作用，建设高素质专业化纪检监察干部队伍，推动新时代纪检监察工作高质量发展，为推进“五个泉州”建设、决胜全面建成小康社会、决战脱贫攻坚提供保障。

【监督网络建设】 2020年，泉州市纪检监察机关建立市县乡村四级联动、全过程跟进、一竿子到底的立体监督网络，市、县两级纪委监委派出96个督导组，1400多名纪检监察干部全天候一线奋战，围绕联防联控、打通“五难”操作链及“六稳”“六保”追赶行动等重大任务加强监督检查，推动问题及时就地整改，助推48.2亿元惠企资金加速兑现、精准落地。对疫情防控失职失责等问题及时调查处置通报，督促各级各部门抓紧抓实抗疫情、稳经济、谋发展等各项工作。

【安全生产调查督导】 2020年，泉州市纪检监察机关落实中央纪委国家监委和省纪委监委要求，配合完成好欣佳酒店坍塌等重大安全事故的调查问责工作。坚持把政治要求和思想工作“双落实”贯穿始终，把严明纪律与精准处置“双到位”贯穿始终，把高效推进与确保安全“两不误”贯穿始终，在实事求是查清原因、严肃追责问责的同时，深挖彻查背后的“上有政策、下有对策”等形式主义官僚主义问题，实现政治效果、纪法效果、社会效果有机统一。围绕抓好案后整改、完善审批监管等提出5份纪检监察建议，紧盯安全隐患“查不上来、改不下去”等突出问题，完成全市163个乡镇（街道）安全生产全交叉专项督导，市委、市政府主要领导带头约谈交办，推动责任落实到“最后一公里”。

【中共泉州市纪委十二届五次全会】 2020年1月21日，中共泉州市纪委十二届五次全会召开。会议学习贯彻中共十九大和十九届二中、三中、四中全会精神，落实十九届中央纪委四次全会、省纪委十届五次全会部署，回顾2019年纪检监察工作，部署2020年任务。会议指出，中共十八大以来，全市各级纪检部门落深落细落实管党治党政治责任，坚定不移正风肃纪反腐，整治群众身边腐败和作风问题，统筹推进监督体系不断完善。但要看到工作中存在的薄弱环节和问题，认识反腐败斗争的长期性、复杂性、艰巨性。会议强调，要一以贯之、坚定不移全面从严治党，把“严”的主基调长期坚持下去，为推进泉州治理现代化、决胜全面建成小康社会、决战脱贫攻坚提供坚强保障。要强化政治监督，坚持中国特色社会主义制度不动摇，推动习近平总书记重要讲话重要指示批示精神和党中央重大决策部署落实见效。要站稳人民立场，亮剑整治群众身边突出问题，破除形式主义、官僚主义，盯紧抓牢扶贫、民生、涉黑涉恶腐败等重点领域整治。要锲而不舍发力，深挖细查顶风违纪问题，弘扬“马上就办、真抓实干”等优良作风，旗帜鲜明树好导向弘扬正气。要深化标本兼治，一体推进不敢腐、不能腐、不想腐，夯实“不忘初心、牢记使命”的思想根基，加强重点领域监督机制改革和制度建设。

2020年1月21日，中共泉州市纪委十二届五次全会召开　（图/庄志阳）

正风、肃纪与反腐

【概况】　2020年，泉州市纪检监察机关坚持“稳中求进”工作总基调和“实事求是”工作原则，对标对表中央纪委国家监委和省纪委监委工作要求，聚焦“两个维护”强化政治监督，聚焦作风建设深化纪律监督，聚焦群众利益细化专项监督，发挥综合协调等职责，一体推进不敢腐、不能腐、不想腐，实现正风、肃纪与反腐工作高质量发展。

【党风政风监督】　2020年，泉州市纪检监察机关统筹推进疫情防控和经济社会发展监督，专项清理疫情防控表格乱象，精简整合率94.32%；协助市委下发《泉州市落实“1＋X”监督机制的实施方案》，部署餐饮浪费、粮食安全、违建别墅清理、文化遗产保护、安全生产领域等“1＋X”专项监督，推动习近平总书记重要指示批示精神落实落地。出台《泉州市公职人员政商交往负面清单》，为公职人员政商交往划出底线。在传统节假日期间分批次对13个县域“四风”问题开展全覆盖监督，深挖隐形变异问题，查处享乐主义、奢靡之风问题124件151人，给予党纪政务处分84人，通曝光报25批45件。制定破解持续困扰基层的形式主义问题18条举措，出台《防范化解重大风险不力问题责任倒查工作机制》，查处形式主义官僚主义问题114件203人，给予党纪政务处分74人，通报曝光14批19件。整治群众身边腐败问题和不正之风，护航决战决胜脱贫攻坚，推动省、市56项23.33亿元扶贫（惠民）资金纳入在线监管，惠及群众120.59万户（人）；深化扫黑除恶违纪查办，立案查处涉黑涉恶腐败和“保护伞”案件位居全省第二。

【信访举报处理】　2020年，泉州市纪检监察机关把矛盾化解做细，深化实施纪委监委班子成员带信下访、包案督导和重点疑难信访举报会商破解机制，85%的信访积案得到根本化解，自收信访总量、检控类初次举报数量、重复举报数量降幅位居全省前列，进京赴省越级访比上年下降48.8%，基层群众“信上不信下”的观念逐步转变。

【“四种形态”贯通运用】　2020年，泉州市纪检监察机关强化精准监督，把握政策策略，运用“四种形态”批评教育帮助和处理5604人次，第一至第四种形态分别占比77.69%、11.83%、5.66%、4.83%，第一种形态占比连续三年上升，抓早抓小、分类处置更显实效。强化全程监督，延伸拓展“1+X”协作监督机制，发挥派驻（出）机构近距离、全天候监督作用，常态化推动依规依纪依法履职用权。强化创新监督，推进检举举报平台部署推广，开设公务用车系统在线监管查询专号，督促用好全省首个涉农项目资金在线监管系统，惠及近5000家农业企业（合作社）。推动在全省率先建成市属国企集中采购交易平台，试点推行村集体小额工程项目招投标阳光操作机制，做到让群众明白、促干部清白。

【审查调查】　2020年，泉州市纪检监察机关立案审查调查1490件，涉及处级干部43人、乡科级干部127人，给予党纪政务处分1496人，移送司法机关处理45人。坚持把思想政治工作贯穿始终，做好受处分人员跟踪回访教育，帮助改正错误。全市有86人向纪检监察机关主动投案或交代问题，连续两年增长20%以上。发挥亲侨优势和联动机制作用，一体推进追逃防逃追赃，追回在逃人员16人（引渡红通对象1人）。完成跨区域协作事项71项。

【案件审理】　2020年，泉州市纪检监察机关受理案件31件，包括省纪委监委指定管辖案件2件，审结32件，涉及处理干部30人，均为处级干部。针对中共十八大以来申诉案件办理情况及存在问题、案件审理工作规范化、标准化等进行调研，掌握案件审理工作中的最新情况，发现审理实务中存在的共性疑难问题。按照省纪委监委要求，牵头就泉州市职务犯罪案件法法衔接情况进行梳理分析，制订细化方案，推动以案促改从案发单位向关联单位、系统领域深化拓展，强化问题整改效果。

2020年5月5日，中央纪委调研组在泉州调研　（图/庄志阳）

助推全面从严治党

【概括】 2020年，泉州市纪检监察机关把监督保障主体责任落实作为政治监督重要内容，4次提请市委常委会专题研究部署全面从严治党工作，协助市委制定主体责任清单和党内政治监督谈话办法，完善主体责任监察机制，对13个县域、46个市直部门、5所市管高校、7家市属医院实现检查“全覆盖”，督促抓好省委检查组反馈的43个具体问题、市委检查组反馈的660个问题的整改落实，完成整改或取得阶段性成效。

【“两个责任”落实】 2020年，泉州市纪检监察机关贯彻《党委（党组）落实全面从严治党主体责任的规定》，协助市委制定主体责任、第一责任人责任和班子成员“一岗双责”清单，以及党内政治监督谈话实施方案，建立主体责任落实情况检查机制，常态化推动党委（党组）“一把手”抓下级“一把手”，破解对“一把手”监督和同级监督难题。制定《防范化解风险不力问题责任倒查机制》，推动各级党组织和党员干部扛牢安全发展责任。坚持权责统一、失责必问，规范精准问责党组织18个、党员领导干部118人。突出严管厚爱结合、激励约束并重，工作中注重发挥党委（党组）主体责任作用，落实“三个区分开来”要求，实施容错纠错和诬告澄清正名机制，赢得干部信服、群众认可。

【纪检监察体制改革】 2020年，泉州市纪检监察机关落实检举控告工作规则，组织修订《信访举报四项工作规范》等制度规定，提高依规依纪依法处理检举控告能力水平。坚持严谨规范与讲究方式相结合，开展函询1241次，实事求是分类处理，防止有罪推定、搞穷追猛打式的一函再函。加强审查调查标准化、案件审理规范化建设，健全落实监督检查与审查调查协作配合流程，促进精准执纪执法、定性量责。完善与公检法等部门情况通报、线索移送机制，纪法贯通、法法衔接更加规范高效。结合一体推进纪检监察改革，健全落实监督协调协同、五大片区统筹统管机制，主动加强与审计监督、财会监督等成果共享共用，显现全市监督“一盘棋”“一张网”的制度优势。

【反腐倡廉宣传教育】 2020年，泉州市纪检监察机关用好身边人身边事“活教材”，剖析违纪违法问题和典型案例，分级分类组织“零距离”旁听庭审、“浸入式”实地参观、“互动型”专题课堂等活动近2700场，覆盖党员干部13万人次，增强警示震慑针对性和实效性。用好线上线下宣传主阵地，发挥“一网一微一刊”宣教作用，立体化发掘“海丝泉州”闽南孝廉文化资源，打造以“一镇一孝廉”活动、四个家风家训馆和五条家风旅游线路等为主体的廉洁教育“海丝品牌”，培育廉荣贪耻价值取向，引领向好党风政风社风民风。

2020年2月6日，泉州市纪委监委疫情防控驻村工作队全体成员出发前进行宣誓　（图/张九强）

民主党派和工商联

中国国民党革命委员会泉州市委员会

【概况】 2020年，中国国民党革命委员会泉州市委员会以深化“不忘合作初心，继续携手前进”主题教育活动为主线，开展组织建设年各项工作，把思想政治引领落实到履职工作各方面和全过程，在凝聚共识和建言资政上发力，夯实新时代民革自身建设和参政履职的思想政治基础。把“党员之家”建设作为加强思想政治建设的重要阵地和抓手，推动全市建成6个“党员之家”（含1个市级、2个市直支部和3个县级基层组织），探索形成捐助型、众筹型、补助型等各具特色的“党员之家”。新成立“三农”工作委员会及人口资源环境工作委员会。指导7个地方组织进行换届，成立5个基层组织。全市有党员1008人，其中大学及以上学历746人，占比74%；中高级职称514人，占比51%；各级人大代表、政协委员135人。

【参政议政】 2020年，中国国民党革命委员会泉州市委员会向市“两会”提交20件集体提案、2件大会发言。提案《关于加强农民工职业化教育的建议》被列为市政协重点提案。根据全省民革参政议政工作会议精神，市委会领导班子成员结合泉州实际，担任课题指导，到政府部门和有关企业进行调研，完成年度重点课题调研17件，调研成果涉及政党制度机制、政商关系、思想政治建设、疫情防控、安全生产、产教融合、对台工作等重点领域。协助民革省委会完成重点课题《民革党员企业疫情防控及复工复产》《关于推动我省中心城市和城市群高质量发展对策研究》的调研工作。完成中共泉州市委统战部建言献策论坛的调研工作，其中《关于泉州石材产业的调查及对策建议》等5件调研文章入选建言献策论坛汇编。为助力新冠肺炎疫情防控，聚焦党政关切、社会关注的热点难点问题，上报社情民意信息179篇，其中省级部门采用13篇、省领导批示1篇、市级部门采用18篇、市领导批示11篇。全年市委会微信公众号推送225次374篇，市委会活动信息35篇，基层活动信息136篇，学习文章203篇。上报综合报道16篇。

2020年10月24日，民革泉州市直法律支部、企业家联谊会与台湾同胞法律服务中心举行“法律与疫情经济复苏过程中企业经营风险防控研讨沙龙”

（图/民革泉州市委会）

【社会服务】 2020年，中国国民党革命委员会泉州市委员会主动承担社会责任，助力疫情防控。据不完全统计，各级组织、党员及其企业、基金捐款550.24万元，捐赠139850个口罩、40250公斤消毒液和其他价值31.3万元的医疗、生活物资，发动协会、社团捐款351.13万元。市委会机关举行“同心抗疫”捐款仪式，筹集11800元，捐给市红十字会。民革泉州市企业家联谊会成立一年来，发挥“平台、桥梁、纽带”作用，吸收118名会员。疫情期间，联谊会及时传达市防控指挥部各项重要政策措施，在市委会指导下转发《泉州市新型冠状病毒肺炎疫情防控期间工业企业复工导则》等文件，通过分享、提醒、指导等举措，提前介入帮助企业做好复工复产防控工作。联合泉州民革台湾同胞法律服务中心举办民革界别律师与企业家研讨沙龙，围绕“一带一路”有关企业法律风险防控、法律与疫情经济复苏过程中企业经营风险防控展开交流探讨，帮助预防和减少涉法涉诉涉税等法律风险和经营风险。一年来，市委会副主委、民革泉州市企业家联谊会会长陈照玉个人捐资捐款710多万元；副会长任剑锋向洛江区慈善总会捐款100万元，疫情防控初期多方运筹协调调用海内外资源，协助有关政府部门跨国采购200万个一次性医用口罩、3100套一次性防护服、1000套防护服、1.08万件手术服、18.5万双医用手套和2000根手持测温枪等防疫物资。

【祖国统一工作】　2020年，中国国民党革命委员会泉州市委员会撰写涉台调研文章《将泉州率先打造成台湾青年登陆的“第一家园”》，上报涉台信息6条，其中两条被有关部门采用。市委会还不定期走访慰问重点台属台胞，形成常态化工作机制。祖国统一工作委员会定期召开中秋座谈会，邀请专家学者就两岸关系问题做专题讲座。联合晋江市委会开展2020年泉州民革祖国统一工作委员会祖国统一课题调研活动，学习《反分裂国家法》，组织委员考察调研对台工作，围绕晋江和台湾交流等课题形成专题调研报告，就探索推进晋江和台湾两地融合发展、深化对台合作提出一系列思考和建议。继续做好泉州台湾同胞法律服务中心的各项工作，依托和发挥法律服务中心这一平台，突出民革特色，加强对台联谊。其他基层组织也结合自身特点，多渠道、多形式地开展对台联谊活动。鼓励党员拓宽工作渠道，推动闽台文化艺术合作交流。

中国民主同盟泉州市委员会

【概况】　2020年，中国民主同盟泉州市委员会围绕中共泉州市委、市政府中心任务，凝心聚力，担当作为，在服务全方位推动高质量发展超越中贡献力量。继续推进“人才强盟”战略，坚持“以质为先、质量并行”的发展原则，加强后备人才队伍建设。按照组织发展程序，积极稳妥发展盟员，全年发展新盟员32名，发展率1.47%，净增率1.38%。截至12月底，全市有盟员2205人，平均年龄51.7岁。其中，具有高级职称盟员664人，占总数的30.1%；中级以上职称盟员1564人，占总数的70.9%；重点界别（教育、文化、科技）人士1428人，占总数的64.8%。

【参政议政】　2020年，中国民主同盟泉州市委员会多次承担或参与民盟中央、盟省委、市政协、中共泉州市委统战部的调研课题，完成各类调研论文20多篇。围绕疫情防控、安全生产、经济发展等中心工作和重点工作，以及社会法制、职业教育、养老医疗等社会民生领域的热点难点问题，组织开展课题调研。参加市政协二季度、三季度常委会专题调研，多次参与市政协组织的专题调研活动。“两会”期间，向市政协第十二届四次会议提交口头发言1篇、书面发言3篇。提交20件集体提案以及33件委员个人提案。发挥人才智力优势和界别特色，围绕统筹常态化疫情防控和经济社会发展开展调研，参加中共泉州市委、市政府召开的政党协商和各类征求意见会等，提出意见、建

2020年9月28日，民盟泉州市委会调研组在惠安中化泉州石化园区开展安全生产专题调研　（图/民盟泉州市委会）

议。新冠肺炎疫情突如其来，盟市委加强信息收集分析和整理报送，发动骨干盟员及时关注疫情、分析疫情防控情况，撰写各类社情民意信息，围绕各地疫情防控、复工复产和安全生产等重点难点问题加强调查研究。提交各类信息90多条。

【社会服务】 2020年新冠肺炎疫情期间，中国民主同盟泉州市委员会发出《打赢疫情防控阻击战》《关于助力疫情防控的倡议书》两份倡议书，号召全市盟员强化责任担当，坚定信心、共克时艰，发扬民盟"奔走国是、关注民生"的传统，为助力打赢疫情防控阻击战贡献力量。据不完全统计，疫情防控期间，泉州民盟各级基层组织及盟员，向市红十字会、慈善总会等机构捐款60.16万元，捐赠一次性医用口罩、N95口罩、84消毒液等各类医疗物资70余万元。注重文化社会服务品牌打造，2020年围绕该主题开展一系列书画进社区、进企业以及展览活动。民盟泉州市书画工作委员会、民盟泉州市书画总支承办"泉州民盟书画家走进企业送春联"活动，20位盟员书法家为职工书写春联；盟市委联合鲤城区政协在"鲤城区海上丝绸之路交流平台"举办"同心同书 祖国新春好"送福送春联进社区活动，共建共享文化惠民；盟市委举办"巾帼同心竞艳 翰墨抒怀溢彩——泉州民盟女书画家作品展"，宣传和展示泉州民盟女书画家的优秀作品；民盟中央美术院晋江分院梧林创作基地揭牌暨书画采风活动启动仪式在梧林传统村落举行；为庆祝中华人民共和国成立71周年，由盟市委指导，民盟晋江市委会、民盟泉州市书画总支举办"翰墨迎国庆 丹青颂金秋——泉州民盟女书画家作品展"。助力脱贫攻坚工作，引导基层组织发挥自身优势开展帮扶活动。各基层组织和专委会根据自身特长单独或联合举办义演、义捐、奖教助学等形式多样的社会服务活动10多场。盟市委发动经济工作专委会成员向中共泉州市委统战部"同心松柏成长助学行动"捐款2万元，定向帮扶2名贫困学子；盟市委和民盟泉港区总支到泉港区峰尾镇开展助力乡村振兴主题活动，向峰尾镇诚平小学捐款2万元。

中国民主建国会泉州市委员会

【概况】 2020年，中国民主建国会泉州市委员会把学习贯彻中共十九大和十九届四中、五中全会精神和习近平总书记重要讲话精神作为首要政治任务，领会习近平总书记关于加强和改进统一战线工作、关于加强多党合作和参政党建设的重要论述。贯彻落实《民建中央关于加强思想政治建设的意见》的精神，组织各类学习活动25场次，巩固拓展"不忘合作初心，继续携手前进"主题教育活动成果。发展新会员63人。是年全市有会员1622人。其中，大学及以上学历1230人，占75.8%；中高级职称522人，占32.2%；各级人大代表35人、政协委员119人。

【参政议政】 2020年，中国民主建国会泉州市委员会组织会内人大代表、政协委员提交代表议案建议和政协集体、委员提案120余件。全国"两会"期间，向全国政协大会提交委员提案8篇。省"两会"期间，4篇建议被民建福建省委会作为集体提案提交；市"两会"期间，向市政协大会提交集体提案20件。按照泉州市2020政党协商计划、民建福建省委会调研课题安排，科学谋划部署，发挥智库优势，开展重点课题招投标，创新调研方式方法，提高参政议政的广度、深度和精度。组织到晋江、石狮开展"加快推进泉州市制造业高质量发展"专题调研，形成《关于推进鞋服产业做大做强的建议》。召集会员企业家代表召开座谈会，梳理形成加强对转产防疫物资企业的管理、支持小微企业贷款融资和适度规范引导"地摊经济"三方面意见建议。召集法律委、农资委和晋江市委会针对《泉州市市容和环境卫生管理条例（草案）》进行专题研讨，梳理出10条建议。召集市直企业三支部、企社委等业内会员，就"农村饮用水安全"课题，到晋江、南安调研，形成《深化城乡供水一体化改革 切实保障农村饮用水安全》的建议。联合泉州信息工程学院开展调研，形成《关于培育和建设高水平产教融合联盟的建议》。召集鲤城区工委、法律委通过走访调研、讨论座谈等方式，就市中级人民法院、人民检察院工作情况收集意见建议。联合市住建局、城管局开展"智慧工地"专题调研，召集市直城建支部、企业三支部和丰泽区工委骨干会员，形成《关于进一步加强我市建筑行业安全管理的建议》。立足泉州经济社会发展实际，主动参与民建中央重点课题，完成"提升产业链现代化水平"调研任务，形成《关于保持传统制造产业优势的建议》。主动申报会中央"民建在新时代如何更好地发挥作用"理论研究课题，形成《发挥民建特色优势 担当新时代履职重任》调研成果。完成2020年全市统一战线理论政策研究课题，形成《新时代背景下泉州市民主党派履职能力建设》的研究成果。通过统战、政协、会内多渠道向上报送社情民意信息125条。

【宣传报道】 2020年，中国民主建国会泉州市委员会坚持正面宣传，及时做好中共泉州市委、市政府决策部署的宣传解读，报道各地疫情防控的好经验好做法，营造舆论氛围。第一时间召集市委会领导班子，组建疫情防控新闻宣传小组，通过微信群、QQ群等途径广泛发动，鼓励各基层组织和支部凝聚全市民建会员正能量。重点推出《1580名泉州民建会员的抗疫日记》《使命召唤刻不容缓，民建会员支援前线》《爱在民建、战疫必胜，我们的企业家在行动！》等报道，在省、市、区等各级统战媒体上刊发。聚焦会内参与抗疫一线的医务人员和行政干部，重点推出《勇担使命 共抗疫情 奋战在基层一线的泉州民建会员好样的！》《同是民建人、并肩作战最基层，患难显身手、抗击疫情在一线》等稿件，通过传统媒体和网络新媒体集中推送。聚焦战“疫”一线涌现出的务实管用的“土办法”，有诗词、书画特长会员的抗疫作品在省、市、县级民建组织微信公众号上推出。在民建中央微信公众号、新华社（福建）、中国网（福建）、东南网（福建）、中新网（福建）、福建民建微信公众号、《泉州晚报》等媒体报道会内抗疫典型160多人次。

【社会服务】 2020年新冠肺炎疫情突如其来，中国民主建国会泉州市委员会号召各级组织和会员投身疫情防控排查一线，促进复工复产。会员企业及会员发扬民建优良传统和作风，捐款捐物价值6742.92万元。注重扶贫与扶志、扶智相结合，巩固扩大帮扶成果，发动基层组织和会员投入河北丰宁的结对帮扶；继续做好政和外屯村的对口帮扶工作；推进泉州市委统战部“同心”共建活动，凝聚各方资源，会员企业及会员全年捐款捐物1313万元，助力脱贫攻坚帮扶工作。开展“心系民企”行动，走访调研35家会员企业，及时向有关部门反映会员企业合理诉求，为会员企业的发展排忧解难；组织会员企业家参加各类培训交流活动；举办2020年民建建华课堂暨民建泉州刺桐讲坛，邀请专家分析宏观经济形势和投资策略，帮助会员拓宽视野，提高综合素质。

2020年2月25日，民建泉州市委会调研组在会员企业开展复工复产情况调研 （图/民建泉州市委会）

中国民主促进会泉州市委员会

【概况】 2020年，中国民主促进会泉州市委员会开展“不忘合作初心、继续携手前进”主题教育活动，制订实施“履职能力建设主题年”工作方案，召开会议动员部署，教育引导全市会员牢记“跟着共产党走，才是在正道上行”的民进初心。印发《民进泉州市委会2020年主题教育活动联系点工作方案》，19个基层组织作为市委会领导班子成员、常委联系点，开展教育活动20多场次，增进对中国共产党和中国特色社会主义的政治认同、思想认同、理论认同、情感认同。举办纪念中国民主促进会成立75周年暨福建民进成立35周年书画展，编写《郑振铎与泉州海外交通史博物馆》，学习宣传和研究民进光荣历史、优良传统、优秀人物和先进事迹。新成立市直综合二支部、职业教育支部。全市有会员726人，主要分布在教育、文化、出版等行业部门。

【参政议政】 2020年，中国民主促进会泉州市委员会提交省政协提案4件、市政协集体提案19件。聚焦“助力出口企业发展”主题，承办省政协委员泉州小组“议政厅”协商座谈会。参与市政府与市政协“深化产教融合助力高质量发展”、中共泉州市委与市政协“加快推进泉州市制造业高质量发展”专题协商，形成一批有分量的调研报告。参与省政协“加强城乡基层社会治理制度创新”专题协商。会员撰写社情民意近100篇。提交省政协提案《关于进一步提升社区基层卫生单元老年康复养护能力的建议》，与省民政厅调研丰泽区居家社区养老服务照料中心。提交省政协提案《关于全面有效实施社区矫正法的建议》，提出由司法、监狱等部门共同制定个性化矫正方案的建议。提交市政协重点督办提案《关于加强中小学生劳动教育 促进“德智体美劳”全面发展的建议》，提出每周劳动课时太少、可相应增加并多周课时合并使用的建议。《关于加强中小学生劳动教育，促进“德智体美劳”全面发展的建议》《关于完善中小学课后服务工作的建议》等提案得到中共泉州市委、市政府主要领导批示。

【社会服务】 2020年，中国民主促进会泉州市委员会第一时间发出倡议书，组织全市会员投身疫情防控，及时报送抗疫建议、社情民意信息20多件，各基层组织会员通过各种渠道捐款捐物169万元。全市近200位会员为疫情募捐12万多元，并以民进市委会名义向泉港区红十字会捐赠5万元、向湖北宜昌市红十字会捐款7.6万元。千方百计筹集口罩等防疫物资，向鲤城区通政社区、洛江区溪山村、南塘村等捐赠口罩防疫紧缺物资。参与中共市委统战部同心助学工程、同心安居工程，组织开展扶贫送教、义写春联、创城志愿者等系列公益活动。按照民进中央部署，组织开展庚子年民进全国“春联万家•迈向小康”书赠春联活动，赠送春联和“福”字1500余套。“三八”妇女节组织慰问贫困母亲爱心活动，“八一”建军节开展拥军慰问活动。教师节期间，组织到泉港区诚平小学、德化第五实小开展捐资助教暨送教下乡和扶贫捐书、送教下乡活动，为泉港区7户困难家庭送上慰问金2.1万元。重阳节与通政社区开展“欢聚一堂重阳暖 睦邻友好一家亲”文明共建活动，为社区病困老人送上关爱慰问金以及油、米等慰问品。

中国农工民主党泉州市委员会

【概况】 2020年，中国农工民主党泉州市委员会贯彻《福建省各民主党派组织发展工作程序》，抓好组织发展工作，结合新形势下发展党员的新要求，更加注重发展一批有代表性、素质高的同志加入农工党。截至年底，新发展党员40人。全市有党员1673人。其中医药卫生、人口资源和生态环境领域主界别党员占48.7%，教育界党员占28.4%，新阶层人士占4.3%，具有大专以上学历党员占83.9%，具有高中级职称党员占61.6%。

【参政议政】 2020年，中国农工民主党泉州市委员会向市政协十二届四次全会报送3件大会发言材料和18件集体提案。建立健全信息考核制度，落实信息月统计通报制度，每月编制各基层组织信息撰写采用情况，提升基层组织报送信息热情；根据全国政协等工作需要，发挥特约信息员作用，强化各级约稿撰写报送力度。多措并举，致力于提高信息质量，加强反映社情民意工作。收到各级组织、党员报送的社情民意信息523件，经编辑、整理，并通过农工党中央、省委会、市政协、统战部等信息渠道向各有关单位报送。报送反映社情民意信息506件次，被上级部门采用262件次。发挥人才智力优势，结合省、市调研工作需要，做好理论研究和调研选题撰写报送工作。报送农工党中央调研选题1篇，省政协专题协商选题2篇，省委会调研选题4篇，市政协二、三季度政协常委会、委员论坛选题2篇，市政协年度协商课题3篇，政党协商调研4篇，市委统战部建言献策论坛调研材料5篇。

【社会服务】 2020年，中国农工民主党泉州市委员会举行各类社会服务活动近50场次，受益群众近万人，赠药、捐款、捐物价值100多万元。疫情期间，各级农工党组织和个人积极捐款捐物。据不完全统计，丰泽工委会、洛江总支、石狮总支、晋江市委会、南安总支、惠安总支、泉港总支、二院基层委员会、市委会支部、黎大支部分别向所在地政府、中国初保基金会、福建省红十字会、黄冈英山县人民医院等单位捐款40.18万元，捐赠抗疫物资56万余元。依托党派界别优势，围绕“美丽泉州”“健康泉州”两条主线，在全市开展宣传咨询、义诊赠药、健康讲座等特色活动。“世界环境日”期间，联合市生态环境局、市委文明办等举办泉州市2020年“6•5”环境日宣传活动。活动内容包括环保主题手机摄影大赛、朗诵颁奖、短视频征集启动仪式、公益徒步等。市委会到安溪西坪镇龙地小学捐建“同心书屋”，捐赠图书3万余元，在全校6个年级的班级中分别设置同心书屋图书角。据不完全统计，“同心助医助学”活动期间开展义诊赠药及健康咨询活动9次，相关讲座5次，

2020年11月11日，农工党泉州市委会在安溪县西坪镇龙地小学举行同心书屋捐赠活动
（图/农工党泉州市委会）

慰问贫困家庭10户，资助困难学生10人，建设同心书屋2个，服务群众近3000人次，赠药2.2万余元，捐款捐物5万余元。

中国致公党泉州市委员会

【概况】 2020年，中国致公党泉州市委员会把思想建设摆在首要位置，开展“不忘合作初心，继续携手前进”主题教育活动，巩固前期活动成果。突出“侨”“海”特色，组织发展有序推进，党员结构不断优化。发展新党员70人。其中，女党员30人，大学以上学历70人（其中硕士15人），具有中级职称12人、高级职称3人。平均年龄36岁。具有“侨”“海”关系52人，占75%，其中留学归国人员8人。

【参政议政】 2020年，中国致公党泉州市委员会参加各类协商活动，并提出相关意见建议，提交一批调研报告。在关于“破解企业融资难”“提升老旧小区改造质量和全面脱贫质量”等重点提案督办座谈会上围绕相关主题发言；在“两院”座谈会、知情明政通报会以及对口协商、界别协商会上就相关主题提出意见建议。市“两会”期间，提交一批建议案、提案，涉及科技创新、商贸流通、老旧小区改造、卫生人才队伍建设、侨务引智工作等方面。制定《致公党泉州市委会参政议政工作经费管理使用细则（暂行）》，全年立项并完成调研课题73项，涉及产业发展、乡村振兴、侨海特色、民生热点等多个方面，一批调研成果实现转化。市委会领导到安溪县开展侨乡文化调研。向有关部门报送社情民意信息87篇。

【社会服务】 2020年，中国致公党泉州市委员会及时通过微信公众号转载相关报道、刊发倡议书，号召全市致公党成员众志成城，携手同心，救灾恤患，共克时艰。各级组织和致公党员响应号召，投身乡村、社区、车站等疫情防控排查第一线。据不完全统计，市委会各级组织和党员募集资金近700万元，捐献物资价值300余万元。联系海外乡亲共同防抗疫情，响应致公党中央号召，全市各级组织和党员向海外侨亲捐赠400多份“致公爱心小包裹”。党员通过各种方式，向海外侨亲捐赠防疫物资、宣传防疫科普知识，看望慰问集中隔离的海外侨胞和留学生；组织到机场和车站担任翻译志愿者，开展疫情防控翻译的工作，协助境外旅客进行健康申报。及时了解对口帮扶地区的疫情与难点，精准对接抗疫需求，提出对策建议，助力做好返城务工、农产品销售、企业开工复工等工作，巩固和发展好对口帮扶成果，慰问受疫情影响困难群众，发放慰问金近5万元。依托社会服务工作委员会发动社会资源参与脱贫攻坚和助力乡村振兴工作。在统一战线“同心助学 松柏成才”行动中捐赠助学金资助品学兼优的准大学生圆大学梦；定期资助4名建档立卡贫困户学生；联合有关单位，以义拍书法作品的形式，筹集善款5万余元，慰问77名赴鄂医疗队成员和家属。

九三学社泉州市委员会

【概况】 2020年，九三学社泉州市委员会学习贯彻中共十九届四中、五中全会精神和《中共中央关于加强中国特色社会主义参政党建设的意见》等文件精神，巩固深化“不忘合作初心，继续携手前进”主题教育活动成果。参与修订《泉州市各民主党派市委会领导工作规章制度》，指导洛江支社完成换届工作、丰泽工委建立“社员之家”，办好社市委微信公众号和《泉州九三》。

【参政议政】 2020年，九三学社泉州市委员会积极参加政党、政府、政协专题协商，就“十四五”规划和2035年远景目标、新冠疫情防控和经济社会发展等议题提出意见、建议。在市政协十二届四次会议上，提交2份发言材料和20件集体

2020年7月14日，致公党泉州市留学归国基层委员会成立大会举行，系全国首个致公党留学归国基层委员会　　（图/致公党泉州市委会）

提案，《关于利用大数据推进我市旅游管理工作的建议》《关于提升我市中小企业金融资金运行效能的建议》被列为重点提案。《关于进一步加强国有资产管理的建议》作为社省委会提案提交省政协十二届三次会议，《关于加强社会办医管理 促进社会办医发展的建议》被列为市人大常委会2020年代表建议重点督办件。聚焦全方位推动高质量发展超越，完成《关于加快培育壮大我省数字产业的建议》《关于促进我省托育服务事业规范发展的建议》《关于加快推进我市半导体产业发展的建议》等调研课题，参加“九三学社福建省2020（莆田）科技论坛”、市公共文化服务体系建设情况等专题调研，协助社省委会、社北海市委会到泉州开展“提升民营企业科技创新能力”“振兴德化陶瓷产业”“加快科技创新驱动平台建设”等专题调研。

【民主监督】 2020年，九三学社泉州市委员会通过协商会、座谈会、通报会等形式，就《泉州市市容和卫生管理条例（草案）》、安全生产体系建设、疾病控制体系建设、法院检察院工作等提出意见和建议，参加市政协“深化文旅融合发展”等重点提案督办。5件反映社情民意信息被社中央、省政协采用。在省政协十二届三次会议分组讨论时提出“设立省级医疗设备采购机构，建立医疗设备价格指导目录，切实挤压医疗设备价格水分”，时任中共省委书记于伟国现场拍板通过。

【社会服务】 2020年，九三学社泉州市委员会开展扶贫日活动，参与市统一战线“同心”系列工程。据统计，全年捐资100余万元，捐物30余万元（其中疫情期间捐资29.03万元，捐物13.82万元），赠书500余册；举办义诊18次、诊察患者2000余人、施药3万余元，咨询5场、服务500余人，讲座7场、1000余人听讲，展览4次、800余人观看，发放材料1000余册。

2020年10月1日，九三学社泉州市丰泽区工作委员会“社员之家”揭牌

（图/九三学社泉州市委会）

台湾民主自治同盟泉州市委员会

【概况】 2020年，台湾民主自治同盟泉州市委员会按照中共泉州市委和上级盟组织的部署要求，立足职能定位，发挥台盟优势，主动作为，在常态化疫情防控中统筹抓好盟市委会各项工作。创新基层组织建设，在全省台盟基层组织中率先建立两个“盟员之家”。成立直属综合支部，拓宽组织发展渠道和盟员培养途径。探索盟内监督新机制，制定《台盟泉州市委会内部监督制度》，成立台盟泉州市委会第八届监督委员会。全年新发展盟员6名。全市有盟员185人，多数分布在文教、医卫、公有制经济、政府机关等行业（部门）。

【参政议政】 2020年，台湾民主自治同盟泉州市委员会发挥“上下联动、横向联合、内外联通”工作机制作用，引导、组织全市盟员和机关干部围绕政党协商、政协协商计划，聚焦打赢疫情防控阻击战、做好“六稳”工作、落实“六保”任务、决战决胜脱贫攻坚战、全面建成小康社会等目标任务，开展重点课题调研，建言献策。全年参加中共泉州市委、市政府召开的政党协商、政协协商和各类征求意见会12场，报送社情民意信息126篇，提交全国、省、市“两会”提案建议45件。主动开展脱贫攻坚民主监督，组织骨干盟员和机关干部到泉州台商投资区开展脱贫攻坚民主监督调研，了解当地脱贫攻坚和乡村振兴情况，并就发展特色产业扶贫项目、引导社会力量参与精准扶贫、加大力度帮扶低收入边缘群体等方面提出意见、建议。坚持问题导向，组织骨干盟员和机关干部围绕企业复工复产、推进乡村振兴战略发展、完善安全生产体系建设、解决相对贫困长效机制等内容，到基层一线、企事业单位开展专题调研。发挥“外脑”“智库”作用，健全专家合作机制，探索建设具有台盟特色的智库。完成调研课题23项（包括盟中央重点课题7项，盟省委调研课题11项）。

【对台交流】 2020年，台湾民主自治同盟泉州市委员会密切关注台情及两岸关系形势，开展涉台调研。发挥亲情乡情优势，秉持“两岸一家亲”理念，密切联系台胞台企，主动关心在泉州学习、创业、就业、生活的台胞。深化对台合作交流，对接台商王女士到洛江区虹山乡进行考察，促成咖啡体验园、钓虾场、蝴蝶谷（美人坞）3个合作项目落地建设。继续开展“2020泉州海峡两岸大学生设计工作坊”“海峡两岸（泉州）闽南童谣大赛”“全球闽南语歌星选拔赛”等两岸交流精品活动，助力打造台胞台企登陆第一家园。

【社会服务】 2020年，台湾民主自治同盟泉州市委员会秉持参政为民、服务为本的履职理念，结合台盟自身优势和特色，履行参政党服务社会、奉献社会的应尽职责。选派1名机关干部到洛江区虹山乡苏山村挂职驻村第一书记，支持和服务当地乡村振兴发展；参与中共泉州市委统战部发起的“同心助学 松柏成才”行动，发动台商捐资帮助困难家庭大学生就学；前往虹山乡慰问贫困户和留守孤寡老人，开展义诊送药活动；发动盟员和盟务工作者参与台盟中央“同心帮扶”活动，为捐建贵州省毕节市赫章县金银山儿童活动中心募集资金1.8万余元。

2020年9月27日，“书香台盟·我爱阅读”活动启动暨台海出版社赠书仪式在台盟鲤城支部举行　　（图/台盟泉州市委会）

泉州市工商业联合会（泉州市总商会）

【概况】 2020年，泉州市工商业联合会（泉州市总商会）学习领会中共中央关于加强新时代民营经济统战工作文件和《关于营造更好发展环境支持民营企业改革发展的意见》等文件精神。开展“掀起学习大热潮，助推高质量发展”主题宣讲活动，引导全市民营经济人士学习贯彻中共十九届五中全会精神，在驻泉州商会支部交流会、驻泉州异地商会会长秘书长联席会以及异地泉州籍商会交流会上开展“党的十九届五中全会精神解读”专题党课，强化对异地泉州企业家的思想引领，打造新思想武装的泉州企业家队伍。

【疫情防控助力】 2020年，泉州市工商业联合会（泉州市总商会）发出致泉州企业家及商会组织的公开信及倡议书，号召泉州企业家配合落实各项防控措施。动员全市各级工商联、商会组织和泉州企业家捐款捐物，保障防疫物资供应。动员各基层工商联、商会组织主动服务企业复工复产和企业疫情防控，配合政府工作，自觉服从统一安排，帮助企业解决因疫情造成的困难。落实“六稳”“六保”决策部署，及时传达各项重要政策措施。联合泉州广播电视台，协调市公安局、市场监督管理局、疾控中心等推出专题节目，通过分享、提醒、指导、咨询，帮助企业做好复工复产的防控工作。配合市人社局进行招工，安排专人分8个组与76家异地泉州籍商会和52家外地在泉州商会挂钩联系，建立“点对点”人力资源合作工作站。联合司法局、律师协会组建公益法律服务团，主要解答因疫情而引发的停工、停产、停运、停学、停售、延期服务或交货的相关法律问题。通过走访调研，及时了解泉州企业家在疫情防控和复工复产方面存在的困难和诉求，撰写上报诉求反映及建议12份。组建“市县工商联防控物资信息交流微信群”，各商会和企业将所掌握的供应商和供货渠道在微信群中进行共享，有效整合资源信息，为企业复工复产解决防疫物资紧缺的问题。

【调查研究】 2020年，泉州市工商业联合会（泉州市总商会）配合做好全联、省联、市委、市政府、市政协和市委统战部相关课题调研工作，组织开展疫情期间泉州企业家诉求反映、区块链赋能泉州制造业高质量发展、产教融合、培育和留住“创二代”人才等专题调研，并形成调研论文。向市政协提交《关于加快发展工业互联网平台、助推制造企业转型升级的建议》等4份团体提案，其中《关于大力培育具有泉州企业家精神“创二代”群体的建议》被列为重要提案摘报。与泉州晚报社编辑出版文集《泉商在中国》，全面深入、系统地展示异地泉州企业家的风采及成就，总结、推广优秀商会建设经验，成为泉州籍商会交流互鉴的“纸上”平台。

【“亲”“清”新型政商关系构建】 2020年，泉州市工商业联合会（泉州市总商会）落实与公检法司合作机制，建立民营企业法律维权绿色通道，加强诉调衔接、司法协作和仲裁法律服务，完善民营企业诉求反映和权益维护机制。开展职工法治宣传和三方联合接访活动，准确解读政策，消除劳动关系领域不和谐因素，配合做好和谐劳动关系单位的推荐评选工作。在鲤城区开展“法律三进”活动（民法典专题讲座及三方接访活动），推动法律进企业。发挥“12345”民营企业服务平台的作用，参与营商环境评价。“12345”民营企业服务平台开办以来共接到热线来电1.61万个（其中，反映民企诉求328个，反映个人诉求1.57万个），民企诉求受理服务窗口接访41人次。热线来电和窗口受理件当场处理办结1.61万单，诉求受理上报市政府办形成转派件66个（均已办结）。

【民企高质量发展助力】 2020年，泉州市工商业联合会（泉州市总商会）发挥商协会桥梁纽带作用，助力企业转危为机，打造国际合作与竞争新优势。一方面加强学习宣传“两稳一促”政策措施，反映企业实际诉求。到重点生产出口企业，走访恒安、峰亿、双喜、匹克等外贸外资重点企业与转产扩产防疫物资企业。宣传解读辅导外贸外资促进政策措施与有序合规生产出口防疫物资等相关信息上百条，助力企业转产扩产和有序合规生产出口防疫物资。另一方面依托工商理事会协助会员企业运用好跨境电商、市场采购贸易政策，扩大进出口，提高国际合作与竞争新优势。加大非公职称评审力度，全年评审建筑类2批次、工艺美术类1批次、经济类1批次。总体审报1164人，参评985人，评审通过842人，上报省高级评审材料220份，数量为全省地级市最多。

【“回归创业”推动】 2020年，泉州市工商业联合会（泉州市总商会）以第三届全国青年企业家峰会“福建省全方位推动高质量发展超越项目招商推介会”推介签约活动为契机，向省工信厅、省工商联推荐报送南安市唐道时代汇城市会客广场项目（投资30亿元）、鲤城区无尘自动化智能车间项目（投资5.6亿元）2个回归创业项目，并在现场签约；组织会员企业参与泉州市产业链招商推介会暨项目集中签约活动线上直播活动，现场发布13个新基地、六大新材料重点领域和八大千亿产业集群布局发展情况，推介泉州市重点产业链招商项目，招引项目、资金、技术、人才到泉州落地。在江苏南通参与承办泉州市产业链招商洽谈会和泉州建材中国行系列推介活动，招商洽谈会洽谈项目25个，总合同投资366.3亿元。举办2020年华东片区泉州籍商会联谊会，传达学习福建省、泉州市重要会议精神，围绕“疫情防控常态化下，商会如何加强组织建设和引导会员企业在复工复产中推动转型升级”主题做经验交流。

【“百企帮百村”行动】 2020年，泉州市工商业联合会（泉州市总商会）巩固“百企帮百村”行动成果，继续深化与市邮政公司合作。多次到扶贫点考察，丰富上线扶贫产品，通过“以购代捐”“以买代帮”等方式促进扶贫产品销售，开展消费扶贫，构建社会扶贫长效机制。通过“泉州市名特优农产品”——“泉州市总商会”扶贫小程序销售的扶贫产品达83.8万元。参与市委统战部“同心助学 松柏成才”行动、同心安居工程等，引导企业参与社会慈善公益事业，参与实施乡村振兴战略。

2020年10月26日，“晋江经验”教育基地被设立为全省民营经济人士理想信念教育基地 （图/市工商联）

群众团体

泉州市总工会

【概况】　2020年，泉州市总工会围绕统筹推进疫情防控和经济社会发展大局，在助推复工复产复市、提升职工队伍素质、开展维权服务等方面主动作为、靠前服务，团结带领全市职工群众为全方位推动高质量发展超越建功立业。产业工人技能培训基地“二元制”工匠培育模式、共享职工之家建设“泉州经验”得到省人大常委会副主任、省总工会主席黄琪玉批示肯定。深化四点半课后服务工作，下拨专项资金120多万元，惠及102所小学10万余名学生。开设暑托班120个，服务职工子女2843人。开展“送温暖”活动，走访慰问困难职工、单亲女职工、“苦脏累险”岗位一线职工6800多人次，发放慰问金360多万元。

【职工劳动竞赛】　2020年，泉州市总工会围绕“奋力作答‘三个时代命题’当先锋　全面推进‘五个泉州’建设作贡献”主题，在全市启动“项目攻坚2020”劳动和技能竞赛，围绕重点工程、重点项目和支柱产业广泛开展劳动竞赛活动563场，在重点行业135个工种举办市级以上技能竞赛45场，探索线上职工技能竞赛50场，协同开展闽西南劳动技能竞赛，全市100多万名职工参与各类竞赛，晋升技术等级职工1000多名，被认定为市委高层次人才157人。发动职工开展“五小”（小革新、小发明、小改造、小设计、小建议）创新活动，培育省级以上职工技术创新成果400多项。

【职工教育培训】　2020年，泉州市总工会发挥劳动模范、理论骨干、工会领导干部的带头作用，组建理论学习宣讲小分队，通过职工“大学习”课堂、劳模工匠主题宣讲、阅读分享沙龙等形式，与职工群众面对面开展互动式学习、启发式宣讲，推动新理论、新精神进企业园区、进共享职工之家、进职工书屋。依托“泉工e家”网上工会平台，集中开展“大学习进行时”、工会主席谈“大学习”、中共十九届五中全会答题竞赛等学习活动，职工互动总量突破百万人次。创新“工会+企业+高校”的“二元制”产业工人培育模式，在全市打造13个产业工人技能培训基地。各基地培训职工1万多人（次），帮助5000多名职工实现学历提升和技术晋级。命名第四批“泉州工匠”40名，创建泉州工匠工作室30家。培育全国和省级示范性劳模创新工作室5家、省级创新劳模工作室10家，创建市级劳模创新工作室26家。开展“名师带高徒”活动，全市实现师徒结队10127队，命名“好师傅”100名。

【职工权益维护】　2020年，泉州市总工会深化拓展“园区枫桥”工作模式，完善“一体化”劳动关系矛盾纠纷预防化解机制。制定实施《泉州市工会法律服务实施办法（试行）》，健全工会系统欠薪报告、重要节点信访信息报告制度。市、县两级工会受理职工信访件155件，调处劳动争议纠纷200人次，追讨欠薪140多万元。开展集体协商“特别要约”行动，运用网络“云协商”指导企业与职工就工资、休息休假等进行集体协商，推行行业协商、企业协商与镇街区域协商“三头并进”模式。全市培育省级和谐企业4家，开展集体协商1717场。协调配合相关部门开展安全生产、职业卫生和消防安全督查检查，督促企业落实安全生产主体责任，发动职工群众参加“安康杯”竞赛、安全隐患随手拍、工会安全生产月等群众性劳动保护活动，全市“安康杯”竞赛参赛企业1万多个，参赛职工10万多人。

【职工帮扶服务】 2020年，泉州市总工会健全完善精准识别、分级建档、复合帮扶的城镇困难职工解困脱困机制，基本完成困难职工解困脱困任务。重点关注新冠肺炎疫情对低保户、低保边缘户和意外致困户的影响，发放一次性救助金11.5万元。承办全省金秋助学20周年分享会，设立“泉州市金秋助学专项基金”，筹集助学金280多万元，帮助500多名困难职工子女缓解上学难问题。开通4趟外来工返乡动车专列，为1000名返乡职工送去新春大礼包。开展“关爱环卫送健康”系列活动，慰问一线环卫工人615人，发放慰问金25万多元。关心关爱农民工、医生、女职工和青年职工等群体，确定市级农民工创业示范基地培育项目53个，全市创建“妈妈小屋”173家、医生休息室27家，举行“缘在工会”婚恋交友活动19场。在园区、商圈楼宇、项目工地等场所建成共享职工之家27家，服务近10万名灵活就业和新生代群体。

【基层组织建设】 2020年，泉州市总工会因地制宜推进职工服务中心（站）转型升级，巩固拓展“十分钟职工服务圈”。截至年底，全市设有职工服务中心126个。在园区、商圈楼宇、项目工地等场所建成共享职工之家27家，服务近10万名灵活就业和新生代群体。全市“八大群体”（货车司机、快递员、护工护理员、家政服务员、商场信息员、网约送餐员、房产中介员、保安员）企业已建工会523家，建会率64.5%，入会职工31588人，入会率96.1%。

【网上工会建设】 2020年，泉州市总工会引入专业技术团队，对网上工会平台微信端、网站端、后台管理端进行优化，升级搭建用户权限管理、工会工作简报、融媒体宣传、缘在工会、积分管理、幸福返泉、积分商城九大功能模块，整合全市工会普惠资源，构建全市工会服务职工“一张网”。完成医疗互助系统“二次升级”，实现医疗互助全面、全程、全系统线上办理，提高参保职工申请便捷性，实现补助职工13466人次，发放补助款2864万多元。汇聚网上工会平台数据385万条，完成医疗互助、组织会员等5套系统与泉州市政务数据汇聚平台对接工作。外包网上工会平台运营服务，开发设置“泉工惠”板块，嵌入活动平台及特惠商城，打造“互联网+工会普惠性服务”新模式。对接党政中心工作和工会主责主业，确保周周有活动、月月有主题，通过活动参与提升平台活跃度和影响力。开展线上活动23场次，参与职工30多万人次，“泉工e家”粉丝数12万多人。

2020年1月17日，由泉州市总工会等主办的“平安返乡专列”欢送仪式在泉州火车站举行，返乡人员领取市总工会配送的返乡大礼包和移动公司赠送的背包等物品，并通过专门开辟的绿色通道，踏上返乡旅程 （图/林劲峰）

共青团泉州市委员会

【概况】 2020年，泉州市各级团组织紧扣“凝聚青年、服务大局、当好桥梁、从严治团”四维工作格局，勇当全方位推动高质量发展超越主力军。全方位参与疫情防控工作，选派28名干部到一线参与防疫工作，举办青年抖音直播带货大赛，承办团省委主办的2020年“中国农民丰收节”主题活动。截至年底，全市有基层团委639个，团总支405个，团支部10997个，共青团员约22.5万名，少先队员87.7万名，少先队大队1645个，少先队辅导员总数近2.3万人。

【思想引领】 2020年，共青团泉州市委员会在全市共青团部署开展“青年大学习”行动，组织32期网上主题团课，学习活动800多场次，主题团日活动1000多场，覆盖青年300万人次，并在全市高校设立青年马克思主义学习社团。以纪念“五四”运动101周年为契机，创新举办“让青春为祖国绽放”线上火炬传递活动，全市近8万名团员青年参与接力。开展“绽放战疫青春·坚定制度自信”等主题宣传教育实践活动200多场，覆盖青少年14万多人次。创新少年军校举办形式，将营地开设到互联网平台上。发挥红领巾通讯社作用，办好《泉州市少先队周刊》，通过队会观摩、培训、工作指引等多种方式讲解、推行“红领巾奖章”实施方法，扩展“少年军校”“红领巾讲坛”等品牌活动的内容和影响。“六一”期间，举办泉州市少先队“迎接少代会，争做好队员”主题“云”队会活动。依托“青春泉州”微信、微博、抖音公众号等，开展系列主题教育，以奋斗故事展示五四青年光荣榜。发挥《泉州青年报》、青少年宫等团属阵地在青年文化建设中的作用，更好地教育服务和引领青年，传播抗疫正能量。

【志愿服务与青年帮扶】 2020年，共青团泉州市委员会组建市、县、乡、村四级创城志愿服务队，近2000名青年志愿者集中开展“文明让生活更美好”志愿服务活动，涵盖文明宣导、环境整治、文明交通三大志愿行动，并常态化开展植绿护绿、清洁家园、学雷锋月活动、“共青团员义务星期六”“防疫有我 爱卫同行”“文明用餐 使用公筷”等系列志愿服务活动。举办“创建文明城·助力申世遗·迎接世中运”泉州市第二届青少年书画大赛，收到全市青少年来稿近7000件。承办福建省“青春奋进小康年，八闽‘惠’聚庆丰收”庆祝2020年“中国农民丰收节”主题活动，征集全省各山海协作对口县的特色农产品，以丰收直播间、丰收创意集市等形式进行推介，成交量4.1万单，销售额277万元。成立泉州市农村青年致富带头人联盟，支持农民返乡创业就业。组织优秀青年集体与55个贫困户结对，动员65名高校团干部结对帮扶248名贫困毕业生，开展形式多样的帮扶活动。以“希望工程”为载体，为困境青少年解决燃眉之急，开展“青春同行·暖冬行动”69场，集中开展“一元捐·百分爱”活动、“希望工程·幕天捐书”“希望工程·圆梦行动”，筹得资金324万元，资助378名的贫困学生。开展“志愿服务”“募捐驰援”“后方有我”“奋战一线”等工作，全方位参与疫情防控工作。招募青年志愿者2500名，组建心理咨询专家队伍208人，防疫青年突击队133支，筹集防疫资金471.2万元，募集口罩21万个、手套16万只，酒精5000升，消毒液2500公斤等物资。

【青少年服务】 2020年，共青团泉州市委员会开展大学生实习“扬帆计划”“千校万岗”“云”招聘，征集126家青商企业招聘信息，提供953个岗位，收到简历2700多份，达成初步就业意向780人次；组织泉州籍返乡大学生开展实习活动，提供522个岗位；深化开展银团合作，发放“青创卡”1.71万户、授信17.24亿元、用信7.43亿元；组织全市111家单位开展市级青年文明号创建活动和青年职业技能竞赛活动；举办泉州青年抖音直播带货PK大赛，直播间人气450多万人次，抖音话题曝光量5000多万人次，预热短视频单条播放量749.8万人次，在线销售各类产品5000余单。建立健全从“队前教育”到“团队衔接”的阶梯式成长激励体系。督导县级少工委按期换届和实行“双主任”制度，推动全市中小学全面建立学校少工委。依托市级团属社工机构——泉州市光明之城青少年事务社工发展中心，在市中心6个社区成立青少年事务综合服务平台，为社区重点青少年群体在工作、生活、学习等方面提供服务；开展泉州市“两红两优”“五四青年奖章”“少先队优秀个人和集体”评选活动，选树一批先进典型；指导开展“2020年两岸青年人才文创设计邀请赛”“丝路国家青少年国际摄影竞赛”“发现清源山之美摄影征集”等，举办2020年“福腾200”（泉州行）暨泉州市优秀大学生拓展营活动。开展“青春有约 爱在刺桐”泉州市单身青年高层次人才联谊活动，服务青年人才婚恋工作。推进青年发展工作，制订市级中长期青年发展规划，推动石狮市委出台相关工作方案。全市各级团组织开展禁毒防艾和法治宣传教育活动200多场次，覆盖青少年1.2万人次；举办各类考前心理减压、青少年防欺凌等活动120多场次，覆盖青少年3.2万多人次；开展“预防溺水”“消防安全”“交通安全”等主题的安全自护教育活动110场次，覆盖青少年3.5万多人次。

2020年5月29日，共青团泉州市委员会举行青年抖音直播带货大赛
（图/团市委）

【团组织建设】 2020年，共青团泉州市委员会融入城市基层党建大格局，推行“1+N+X”区域化团建模式。以“智慧团建”系统为核心，深化团员、团干信息入库、“星级团支部+星级团员”评定、青年大学习网上主题团课等系列工作。加强团建创新，推动已建党组织且是

市青联、青商会、青企协等团属青年社会组织中的非公企业会员所在单位全部建立团组织，推动产业园区、规上企业、商业街区、互联网行业建团。组织开展泉州市青年联合会第十二届委员会换届工作，选举产生委员277名，平均年龄34周岁。其中，工人、农民、农民工等一线劳动者54名，占委员总数的19.49%；新兴青年群体委员73名，占委员总数的26.35%。聚焦增强学校共青团的政治性、先进性、群众性的目标要求，推进高校学生会深化改革和学生社团建设管理等各项工作，全市所有高校均出台共青团改革方案，并将学生会和学生社团改革工作纳入党的建设重要内容进行统筹谋划，初步建立党委统一领导、团委具体指导、有关部门分工合作、协调运行的工作机制；打造“智慧团建”系统工作网，严格入团政治标准、合理降低团青比，解决“团队衔接”“学社衔接”“党团衔接”等突出问题。建立团教联席会议制度，全市少先队辅导员首次纳入德育学科（少先队课）申报市级骨干教师培养对象，健全各级团委领导班子定期听取少工委汇报制度，建立市级优秀少先队员由学校和社区少工委共同推荐机制。探索成立社区少工委，建立市级优秀少先队员由学校和社区少工委共同推荐机制，实现学校与社区少先队组织对少先队员“双重管理”。

泉州市妇女联合会

【概况】 2020年，泉州市各级妇联组织聚焦统筹推进疫情防控和经济社会发展主线，按照“引领、服务、联系、改革、家庭”五个职能，实施“巾帼建功八项行动”和“家家幸福安康工程”，全市妇女儿童工作取得明显成效。用好“声屏报网微刊”六位一体妇联宣传矩阵，全市2.4万名妇联干部入驻“妇联通”，建立“一呼百万好姐妹”微信群8000多个，直接联系各行各业妇女群众50多万人。发动全市各级妇联执委3万多人、巾帼志愿者5万多人以及各级巾帼文明岗、三八红旗集体、“最美家庭”和妇女投身疫情防控工作一线和复工复产工作。第一时间发起“巾帼大爱共战疫情”爱心募捐活动，募集爱心善款1363.44万元，其中市妇联途径捐资57.21万元。组织开展春风行动网上云招聘活动，入驻巾帼企业450家提供岗位数1.26万个，线上举办各类城乡妇女培训班91期（场）。依托13个“妇女援助中心”和各地“儿童之家”，畅通“12338”妇女维权热线开展法律咨询、心理援助服务，线上线下参与人数17万多人次。

【巾帼建功行动】 2020年，泉州市加大巾帼技能培训力度，市、县妇联投入资金205.93万元举办各类城乡妇女培训班213期（场）参训9420人次。市妇联联合市人社局举办泉州市女性高层次人才和女企业家助力高质量发展超越专题会；举办高层次青年人才“海丝”文化联谊活动，为高端青年人才解决婚恋问题；联合市委人才办、闽台缘博物馆等举办泉州市第三届巾帼巧匠工艺美术精品（线上）展览，展出100名女大师200多件作品，通过大师点评促进传承创新提升技艺。实施“脱贫攻坚巾帼行动”，各级妇联采取“合作社+贫困户”“创客+贫困妇女”“电商+农户”等与新业态结合的扶贫帮扶模式。在南安市召开“乡村振兴巾帼行动”现场观摩活动，在安溪举办“直播带货”主持人才培训及现场观摩活动，联合省市女企业家联谊会举办“直播带货”，一大批城乡女性成为母婴产品、农产品、服装、工艺品等“直播带货”达人。全市各级妇联借助淘宝村、电商园平台采取“电商+农户”模式，举办电商培训45场次，带动销售额235.3万元，不仅为当地农副产品打开新销路，同时也带动妇女在家门口创业。与泉州农商银行签订框架合作协议，推广“巧妇贷”办理妇女创业贷款4960笔3.62亿元。市妇联采取“336”工作举措推进巾帼脱贫行动取得成效，在省妇联、省扶贫办联合召开的全省电视电话会上做典型发言。实施“建设生态家园巾帼行动”，全市组建巾帼清洁志愿服务队、巾帼护河队、垃圾分类督导队1490支1.53万人，参与村庄清洁行动、美丽家园创建、巾帼护河等活动2907场，营造77个巾帼农家乐和85个巾帼农业专业合作社，带动妇女就业6700多名。

【家家幸福安康工程】 2020年，泉州市妇联常态化开展寻找“最美家庭”“五好家庭”活动和家风家训宣传展示活动，讲好家庭故事，弘扬好家风。涌现市级以上五好家庭、最美家庭91户，其中全国级7户、省级34户。率先开展制止餐饮浪费进家庭活动。深化党员干部“树清朗家风”活动，引导巾帼志愿者主动参与文明城市创建。举办“书香小芽儿”线上亲子阅读、抗疫绘画、书法、手抄报、微视频作品征集展播活动，总访问量11.5万人次；依托微信公众号开设专栏推出“特殊的亲子时光”直播课、音频课。完成市家庭教育研究会换届选举暨第六届第一次会员大会，开展《福建省家庭教育促进条例》主题宣传暨“新时代家庭教育”研讨交流活动。开展“双合格”家庭教育宣传实践活动，举办线上线下讲座142场，为近3万名家长送去科学家长知识。开展“欢乐童心·绽放梦想”庆“六一”“我们和困境、留守儿童在一起”及暑期儿童关爱服务、安全教育、送教下乡活动450多场次，覆盖13个县（市、区）400多个村（社区），近10万名家长和儿童受益。协同商务、人社部门实施“家政服务业提质扩容‘领跑者’行动”，举办巾帼家政服务职业技能泉州选拔赛、首届民政行业养老护理员职业技能竞赛，提升家政从业人员技能水平。与泉港区妇联举办征迁家庭妇女育婴月嫂培训，帮助她们顺利转型。各级妇联举办家政服务培训64期2092人次。举办海峡两岸（晋江•金井围头）七夕返亲节，活动以“云上鹊桥・两岸家园”为主题，以“线上直播+线下互动”“主会场+台湾分会场”形式，举行海峡两岸创业合作云签约仪式。

【妇女儿童维权】　2020年，泉州市妇联合市委政法委、市中级人民法院、市司法局纵向建立市县家事审判庭和法律援助中心，受理家事纠纷6000多起，调撤率50%以上；村级建立1459个家事纠纷调解室，做细做实日常调解，做到大事不出镇、小事不出村；横向各级妇联与公检法司签订维权一体化合作框架协议，就未成年保护联盟、家事纠纷化解等实现无缝对接。联合市委政法委、市司法局开展“1+5　平安家庭微治理”行动，聘请3000多名巾帼网格员，编入网格员队伍。推进“互联网+维权”，建立家暴警情和婚姻家庭数据实时共享机制，洛江、南安、德化等县（市、区）把家庭矛盾纠纷纳入“网络化”管理，快速提供“一站式”维权和信息服务。石狮市办理全省首例申请撤销监护人资格的案件，实现未成年人行政保护和司法保护的有效衔接。全市办理妇女儿童法律援助案件2622件，免收法律服务费835.27万元，挽回损失7351.46万元。推动市、县把“妇女援助中心”“儿童之家”“四点钟学校”“同心圆家庭综合服务中心”白兰花驿站、女性安康工程等一批事关妇女儿童和家庭项目列入市、县党委、政府为民办实事项目，开展“为贫困母亲圆梦”“母亲健康1+1公益募捐”“春蕾圆梦”“我们和留守流动儿童在一起”及“小橘灯行动”关爱困境儿童、贫困女大学生助学6个泉州品牌的关爱公益活动，筹集资金299.25多万元，帮扶困难群体952人次。

泉州市科学技术协会

【概况】　2020年，泉州市科协团结和带领全市科技工作者围绕中心、服务大局，为泉州市做好“六稳”工作、落实“六保”任务、全方位推动高质量发展超越贡献智慧和力量。推动泉州市成为中国科协“科创中国”首批试点城市（全国22个，福建省唯一），与中国科学环境学会、中国纺织工程学会等4个国家级学会结对，筹建产业项目需求库和企业科技人才需求库，推动泉州市学会主动与全国学会、省级学会对接，围绕泉州八大千亿产业集群企业征集4批45个项目，与国家级学会达成合作意向8项。参与承办第三届数字中国建设峰会智能制造分论坛，对接项目92个，总投资　579亿元，其中15个项目进行集中签约，总投资86.6亿元。新组建及重新认定市级院士工作站5家，新组建专家工作站6家；新增引进院士项目合作（签约）数15个（全省第一）；柔性引进院士1名、院士专家创新团队31人，通过工作站引进国内外高水平高校毕业生47人（其中博士13人、硕士13人）。

【应急防疫科普】　2020年，泉州市科协加大应急科普服务，发动市、县、乡、村各级科协组织3.6万名科普信息员参与到应急防疫科普工作中，传播“科普中国”20.6万篇次；通过各级微信公众号、泉州科协信息网、政府门户网站科普专栏等网络传播平台，开展权威解读、科学辟谣，推送文章1100多篇，浏览量50万人次；通过全市600多个乡村科普e站大屏和1300部移动公交电视，远程循环播放防疫科普动画视频，每天覆盖100万人次，实现科普宣传县乡村全覆盖，受众477万人次。

【助力乡村振兴】　2020年，泉州市科协发挥各级学会（协会、研究会）组织、人才、智力等方面的优势，推动学会与农村开展多种形式的合作。与市民宗局开展科技助力民族乡村脱贫攻坚活动，组织市茶叶学会、园艺学会、农技协6名科技

2020年9月18日，泉州市科协在安溪湖头举行泉州市“全国科普日”主题科普广场活动　　（图/市科协）

专家到洛江区河市镇厝斗村、德化县龙门滩镇大溪畲族村提供科技服务。组织老科协等3家市级学会与德化、安溪、永春、南安等地6个村（居）结对帮扶共建，助力脱贫攻坚和推动乡村振兴。举办农村实用技术重点培训班，培训1800人；推荐福建永春芦柑科技小院获“中国农技协科技小院”“福建省科协科技小院”；晋江市农技协获评全国“十佳党建强会农技协”，永春县农技协理事长张生才获全国“十佳最美乡土科技人才”称号。做好对建档立卡贫困村德化县汤头乡格中村的挂钩帮扶工作，资助村“爱心幸福城”改造建设，协助争取10个帮扶项目、到位资金197.8万元。

【服务平台建设】 2020年，泉州市科协新组建学会创新服务站6家（其中1家国家级、5家省级），涉及精神康复、农业新品种产业、专利技术应用、城市雨水处理等行业。组织专家对2020年度决策咨询项目进行评审。资助《新时代泉州民营经济高质量发展战略研究》等9个决策咨询项目，涉及经济发展研究、农业产业现状调查、农村民宅加固、污水处理等关系泉州经济社会发展的热点问题。

【组织建设】 2020年，泉州市科协按照理、工、农、医、交叉五大学科分类管理70个市级学会，通过挂钩联系制度、召开学科座谈会等形式，加强与学会沟通交流。指导市土木建筑学会、市给排水协会完成首批中（初）级职称评审工作，成为全市首批承接政府职称评审权转移的社会组织(全市仅3个)。牙医师协会、印刷协会等2个学会获评5A级社会组织（全市10家）。围绕泉州发展组织学会开展建言献策课题研究18项，获财政资助课题9项。

【创新精神培育】 2020年，泉州市科协选送青少年科技创新优秀作品参加全省竞赛，获福建省大赛一等奖18个、二等奖10个、三等奖21个，一等奖总数位列全省第一，选送全国赛数量总数保持全省前列。市科技馆“启梦者”科普巡展活动到11个县（市、区）开展流动科技馆展览28场，教育活动39场，受众人数4.22万人次。科技馆免费对外开放并克服疫情影响，全年进馆参观群众6.26万人次。

【科普活动】 2020年，泉州市科协利用“全国科普日”、科技“三下乡”、科技活动周、防灾减灾日、食品安全活动周等科普节日，围绕健康中国、绿色发展、环境保护、防灾减灾等主题开展科普活动。2020年泉州市“全国科普日”活动期间，全市围绕“弘扬科学精神，展现科学价值”“助力疫情防控，推动健康科普”“聚焦脱贫攻坚，决胜全面小康”等内容，举办线上线下科普活动654个（占全省总数的1/3），涉及展览展示、科普讲座、科学表演、科普咨询和科普体验等活动，参与公众超百万人次。

【科普设施建设】 2020年，泉州市科协加快市科技馆新馆建设步伐，完成展教工程PPP项目社会资本签约、组建PPP项目公司、深化设计成果评估评审、融资申报工作及开动工申请。首创全国科技馆展教工程PPP模式，两项行业标准分别获批省级、国家级立项。《科学技术馆展教信息化服务系统基本功能规范》被省市场监督管理局列入2020年福建省地方标准修订计划项目，《科技馆常设展览建设通用流程研究》被中国科协列入国家科普标委会2020年度引导性补助项目。

【“科技工作者之家”建设】 2020年，泉州市科协推荐张强、张舜德、聂泳忠3名优秀科技工作者作为省首批特级后备人才人选，张生才等5名基层科技工作者参评福建省“最美科技工作者”，国思茗等4名优秀青年科技工作者申报第26届福建运盛科技奖，为激励、培养科技人才创设条件。围绕“科技为民、奋斗有我”主题，组织开展表彰慰问走访、网络摄影大赛、应急科普宣传、助力复工复产、科技志愿服务等系列的2020年“全国科技工作者日”线上线下活动，全市各地各单位开展内容丰富、形式多样的专题活动120场次、受众30万人次。

泉州市归国华侨联合会

【概况】 2020年，泉州市侨联围绕“根、魂、梦”新时代侨务工作主线，按照市委工作部署，坚持以侨为本，为侨服务，立足改革创新，履行侨联各项职能，凝聚侨心侨力，提高侨联工作水平，助推泉州高质量发展超越。发动并配合泉州籍海外侨亲捐赠泉州市及湖北等地防控资金及物资4亿多元，其中捐赠泉州7000多万元；全市各级侨联侨办发动捐赠海外防控物资4000多万元。抓好南洋华裔族群寻根谒祖综合服务平台重点项目建设，组建（一期）项目建设中心；初步完成族谱数字化系统、侨情管理系统等核心软件开发；族谱数字化工作进入软件试用、人员培训和族谱梳理分析、结构化录入阶段。侨胞认捐的建设资金到位1030万元。全市各级侨联发动社会力量搜索散落民间的族谱，征集、扫描7800多册。承办以“抗击疫情、发展经济”为主题的省侨商会走进泉州活动，共商发展大计；配合省侨联开展云端“98”活动，组织泉州籍侨商侨团参与外贸云展会、在线推介会等云端商务活动；牵头组织侨商举办“创意的力量”产业论坛赋能侨企发展，牵线搭桥侨商与人才。

【华侨文化传承】 2020年，泉州市侨联探索疫情影响下海外联络联谊方式，组织举办“亲情中华·为你讲故事”网上夏令营活动，举办5期15个营，8个国家578名泉州籍华裔青少年参加；举办1期冬令营，200多名营员参加。加强与海外侨胞联络联谊，接待菲华各界联合会暨青委会成员到访，协助缅甸泉州商会酝酿筹建工作。参加第四届海峡两岸民间谱牒文化论坛。坚持以建设各类侨史馆为重点，拓展传承和弘扬华侨文化工作阵地。指导推荐晋江安海、永春岵山申报福建省侨乡文化名镇名村；指导和支持孙易彬故居展示馆被省侨联确定为省侨联爱国主义教育基地。拨出专款53.5万元支持石狮市永宁镇侨史馆、永春华侨抗战展示馆等阵地建设。联系50多个海外泉州籍社团、华文教育机构发动海外华裔学生参加第21届世界华人学生作文大赛，征集作文1000篇。推进海陆丝绸之路联合办展，联合宁夏银川西夏陵区管理处在泉州华侨历史博物馆举办“探寻逝去的天书——西夏文字图片展”。开展侨史侨情、侨批侨乡等与“海丝”文化相关的学术研究，出版的《泉州华侨历史博物馆馆藏侨批精粹》是中国博协华侨专委会涉侨文物精品集萃系列丛书的第一部；举办“文化移植与新土创造”等次场专题讲座，促进华侨文化传承与创造性发展。

【助力脱贫攻坚】 2020年，泉州市侨联发挥侨界资源优势，积极主动作为，助力全市脱贫攻坚。筹集173万元助力统一战线“同心安居工程”建设，组织开展现场检查调研工作，助力贫困户幸福安居。筹集15万元参与支持全市统一战线“同心助学 松柏成才”工程；连续12年开展“侨青助学”活动，筹集10.6万元帮助106个侨界贫困学生就学。捐资120万元参与闽宁协作扶贫，定向捐助甘肃贫困山区，捐赠泉港区惠屿村建设侨爱心幸福院。争取福建黄仲咸基金会支持开展春节期间贫侨慰问工作，争取15.8万元慰问316户。落实处级领导挂钩贫困户工作，落实帮扶奖金20.74万元，助力贫困户实现脱贫目标。

【社会服务】 2020年，泉州市侨联推进“侨爱心·光明行”活动，为近5万名群众进行免费眼科健康检查和眼科疾病排查，为1533名白内障患者免费实施复明手术。拓展公众服务领域，发动海外侨胞捐赠200多万元，以实际行动支持冬季奥运会华侨馆建设。支持市侨商会组织加强会员企业联络服务工作，共商应对疫情之策。支持市侨青联举办多场创意活动，激发创新创业创造活力，发动会员捐赠41个村（社区）疫情防控紧缺物资，助力基层党组织抗击疫情。支持华侨泉州校友会会长捐赠500万元支持华侨大学建设体育场馆，助力侨校发展。牵头泉州华侨历史学会筹划印尼华侨归国60周年系列纪念活动，引导归侨感党恩、跟党走。

【基层基础建设】 2020年，泉州市侨联推进基层侨联组织统一社会信用代码赋码发证，发放基层侨联组织代码证书83本，数量居全省前列。推进“地方侨联+大学侨联+校友会”模式，联合华侨大学侨联举办“回眸华园六十载，展望未来谱新篇”推进地方经济社会发展主题论坛，携手侨校做好为侨服务工作。争取中央华侨事务专项资金210万元，支持基层侨联履行工作职能等。组织开展“侨胞之家”检查验收，举办县级侨联干部培训班，提高侨联干部履职能力。坚持全媒体融合，统筹运用网站、微信公众号、杂志、侨情专报等载体，实现信息工作新突破。网站依托“福侨世界总网”平台阅读量逐步增加；“泉州侨联”微信公众号年发布文章400多篇，宣传领域逐步拓宽；完成报转刊改革，将报纸《泉州乡讯》变更为季刊杂志《海丝侨声》；组织拍摄“守望相助、共克时艰”抗疫主题宣传片、“侨耀乡村路”主题宣传片、印尼华侨归国60周年纪念宣传片等，增强侨界社会影响力。

泉州市台湾同胞联谊会

【概况】 2020年，泉州市台联牢记统战工作的使命任务，围绕中央对台大政方针，落实落细疫情防控要求，与市海联会、市侨联共同向海外和港澳台泉州籍乡亲发出《致海外和港澳台泉籍乡亲的告知信》，出具各项证明67份，发放帮扶款173.76万元，团结凝聚在泉州台胞。

【定居台胞服务】 2020年，泉州市台联出具定居台胞用于变更籍贯登记的台籍证明9份；出具常住台胞及“台籍考生”用于享受中、高考招生时加分照顾的台籍子女证明58份。春节、元旦期间，慰问老、病、困定居台胞34人次，发放慰问金3.92万元。全年发放扶贫济困资金169.84万元，惠及560名老龄台胞和5名困难台胞。

【对台交流】 2020年，泉州市台联承办第十二届海峡论坛主要子项目“同名村·心连心”联谊活动。与省台联、泉州台商投资区党群工作部主办“乡亲相爱一家人”——2020年在泉州台胞中秋联谊活动。与丰泽区委统战部、区委台港澳办主办“情满中秋叙团圆·凝心聚力再起航”台港澳同胞中秋联谊座谈会。加强与华侨大学、泉州师范学院、仰恩大学、黎明职业大学、泉州信息工程学院、泉州职业技术大学、纺织学院等高校的台湾教师联系交流。支持泉州台商投资区泉台人力资源服务产业园区发展。向台湾教师（人才）推介宣传泉州台商投资区的投资环境和优惠人才政

2020年12月4日，泉州市台联到泉州台商投资区台资企业福建钜闽有限公司宣讲中共十九届五中全会精神　（图/市台联）

策，带领高校台湾教师到泉州台商投资区开展洽谈或交流考察，推动台湾教师把自己拥有的专利和专业知识在泉州台商投资区泉台人力资源服务产业园孵化。

泉州市文学艺术界联合会

【概况】 2020年，泉州市文联围绕全面建成小康社会、决战脱贫攻坚工作主线，团结引导全市文艺工作者，树立以人民为中心的工作导向，开展文艺活动，推动文艺精品创作，加强人才队伍建设，推动全市文艺事业和文联工作。引导文艺工作者创作各类抗疫文艺作品1000多件，举办泉州市美术家抗击疫情主题美术作品网络展及“春回大地——泉州市抗疫美术作品展”线下展、泉州市书法家防控疫情主题新媒体展览等。团结凝聚新文艺组织和新文艺群体，加大各类文艺人才培养宣传力度，举办“名家进泉州”公益讲座，邀请国内文学、音乐、书法、美术、摄影界名家开展讲座16场次。

【文艺精品创作】 2020年，泉州市文联指导市音协联合国内知名词曲家邓永祥、戚建波创作歌曲《丝路扬帆》并录制发布。举办“迎新春颂祖国”——泉州市入选第十三届全国美展作品汇报展、省第五届“金钟花奖”声乐比赛泉州地区预赛、省第十四届音舞节泉州赛区选拔赛，择优选送优秀原创作品、优秀人才参评国家级、省级文艺创作扶持项目和文艺展览赛事。苏统谋获福建省首位中国文联终身成就曲艺艺术家荣誉，群舞《南音舞韵》入选中国舞协新创作舞蹈作品推优项目——首届“中国舞蹈优秀作品集萃”，林筱聆、曾锦溪分别获得中国作协重点作品扶持、中国文联青年文艺创作扶持计划资助项目，全市18件作品获第九届省百花文艺奖，23个节目获省广播电视艺术奖，9件作品获省第二十七届摄影展奖项，6个节目获省第十四届音舞节奖项，11个节目获省文艺界践行“四力”讲好福建故事——百名曲艺家讲百个福建故事主题创演活动奖项。22件美术作品入选全国专业美展。11人入选全国第五届青年书法篆刻作品展，占全省入展数近70%，5人入选第五届全国正书展，占全省入展数的41%，王志安行楷字体入选方正字库。全市作家在《散文》《美文》《散文选刊》等国家级、省级报刊发表作品近200篇（首），作家出版个人作品集10多部。4 篇作品入选省第33届优秀文学作品榜暨第15届陈明玉文学榜，4名作家的作品集登上“读吧！福建”第三届福建文学好书榜。

【文艺活动】 2020年，泉州市文联围绕全面建成小康社会，开展“奋进小康路　共筑中国梦”泉州市文化进万家文艺志愿活动30场次，举办“决胜脱贫·小康泉州”征文大赛，聚焦脱贫攻坚主战场拍摄《泉州故事》第3季并在泉州广播电视台、《学习强国》等平台播出。在《泉州文学》刊登社会主义核心价值观公益广告，举办泉州市“弘扬时代新风·传播道德力量”主题文艺会演，助力创建全国文明城市。围绕“泉州：宋元中国的世界海洋商贸中心”申报世界文化遗产及创建国家公共文化服务体系示范区开展主题文艺活动，举办“创建文明城·助力申世遗·迎接世中运”泉州市第二届青少年书画大赛、“助力第44届世界遗产大会　促进海峡两岸文化交流”——东南墨韵/罗立人、王绍昌、廖建平、陈怀贵海丝文化四人专题画展、画说刺桐——泉州美术作品展。围绕庆祝中国共产党成立99周年举办“庆七一·文艺之声献给党”主题作品展览。参与“乡村振兴战略”，开展文艺“精准扶贫”活动，举办“新时代乡村抒写”福建文学系列活动——第二届“惠艺·匠心”诗歌大赛。弘扬乌兰牧骑文艺轻骑兵优秀传统，开展“扎根生活沃土，服务基层群众”“我们的中国梦”——文化进万家、“到人民中去”等文艺活动。元旦、春节参与市“三下乡”集中服务活动，举办“党报送祝福　春联抒真情”活动14场、“我们的中国梦”文化进万家文艺志愿服务活动义务写春联专场2场。围绕第30个“全国助残日”“全国科技工作者日”举办“生命力量·温暖你我”残疾人主题公益摄影展、“抗疫助残·与爱同行”爱心慰问主题党日活动、“奋斗有我　镜见创新”——泉州市2020年“全国科技工作者日”摄影大赛。做好春节、端午、中秋等传统节日文艺展示展演，组织“我们的节日——我与端午的记忆”——第十届端午文化节系列文化活动、“万古安澜　幸福小康”2020年洛阳桥诗会、“千秋古城望明月”整弦排场过枝套曲古乐会、泉州台商投资区“童心向党　春晚花开”城乡少年宫艺术展演暨第三届少儿春晚等活动。

【文化交流】　2020年，泉州市文联承接中国作协小说选刊杂志社“新时代　新福建——‘让小说走近人民’暨海丝文学创作交流系列活动”和省作协海洋文化采风活动，全国70多名知名作家、名编齐聚泉州，推动福建海洋题材、海丝文学创作。第10届十月诗会在泉州举行，全国人大常委会委员、中国作协副主席、书记处书记吉狄马加，省文联党组书记、书记处书记、副主席王秋梅等相关领导及国内知名作家、诗人参加活动。承接苏州文联、书协到泉州交流并共同举办“吴门书道——中国书法名城苏州作品泉州展”。举办守望兰亭·全国第十二届书法篆刻展福建入展作者作品展。省书协在泉州设立凿山交流培训基地。

2020年11月26日，由泉州市文联主办、泉州市作家协会承办的“名家进泉州公益讲座（文学类）”王干小说创作专场讲座在泉州师范学院举行（图/市文联）

中国国际贸易促进委员会泉州市委员会

【概况】　2020年，中国国际贸易促进委员会泉州市支会（中国国际商会泉州商会）更名为中国国际贸易促进委员会泉州市委员会（中国国际商会泉州商会）。受新冠肺炎疫情影响，大部分线下展会均延期举办或取消计划。在此情况下，泉州市贸促会积极寻找新出路，组织企业参加线上展会，尝试市场拓展新渠道。组织全市32家企业参加4个线上展会，组织11家汽配企业参加福建—俄罗斯汽配经贸对接会，助力企业足不出户开拓国际市场。举办第六届“海丝品博会”，现场成交1.16亿元，意向成交4.3亿元。全市贸促系统签发一般产地证2.85万份，涉及出口总金额1.31亿美元；签发优惠产地证5636份，涉及出口总金额2.24亿美元，按5%优惠税率保守估计，可为进口国减免关税1121.2万美元。代办领事认证660份、办理国际商事证明书1935份。其中，为全市26家企业出具49份不可抗力事实性证明书，涉及合同金额6646万美元。

【商事法律服务】　2020年，泉州市贸促会做好福建国际贸易“单一窗口”的“贸促会出认证业务申报系统”新旧企业注册指导工作，截至年末，平台注册企业957余家。加强自主打印项目推广力度，截至年末，89家企业实现自主打印。利用QQ群、贸促简讯等平台，向企业发送经贸摩擦预警信息853条，为500多家企业答疑2000多条；疫情期间发布各国限制性措施提示84条。联合市商务局、市司法局及泉州市律师协会共同组建的涉外法律服务律师团，帮助企业降低法律风险、减少经济损失、维护相关权益。在省贸促会支持下，经中国贸促会批准，帮助石狮与南安2个签证联络点升级为签证点。举办“涉外商事法律服务八闽行（德化站）”、2020年中国仲裁周泉州分会场暨国际商事合同法律风险防范与应对讲座、“涉外商事法律服务八闽行（石狮站）”等活动。组织40家企业参加“防疫物资出口欧美市场的法规及相关认证要求线上培训会”“出口防疫物资欧美认证辅导专场”2场线上培训讲座。

【对外联络】　2020年，泉州市贸促会主动融入构建以国内大循环为主、国内国际双循环相互促进的新发展格局，结合应对疫情影响，对接上级贸促会资源，发挥互联网平台优势，完善并推行“双线模式”的经贸推介、项目对接、洽谈交流等特色活动，帮助企业掌握经贸信息、畅通对接渠道、危中捕获商机。筛选泉州市10个重点招商引资项目报送“投资中国”平台，由中国贸促会管理运行，向境外商会协会及各国驻华使领馆等机构推介；承办（协办）大型经贸活动5场次；组织100多家企业参加对接会、论坛15场次；邀请泰王国驻厦门总领事馆、厦门韩国贸易馆2家机构参加2020“厦洽会”泉州分团活动。对接上级贸促会资源。借力省贸促会、中国贸促会、中国贸促会驻哥斯达黎加代表处资源帮助，了解洪都拉斯、危地马拉、尼加拉瓜等中美洲三国经济发展情况和经贸信息，征询开展经贸交流方面的意见建议，并与危地马拉危中商会初步达成合作意向。把发挥华侨华人在推进21世纪海上丝绸之路先行区建设中的作用作为2020年布局海外“朋友圈”的重点。加强与市侨办、市侨联等职能部门的常态化联系，争取部门间的资源整合、优势互补，并就加强互动联系、交流合作、资源共享、共同拓展海外华侨华人联络渠道问题达成一致。与孟加拉国华侨华人联合会、日本泉州商会签订友好合作备忘录，授权孟加拉国华侨华人联合会在孟加拉国设立中国国际商会泉州商会联络处。牵头举办“第七届闽西南协同发展区贸促机构联席会议”，促成在第六届“海丝品博会”设立“闽西南协同发展区展区”。

【泉州国际商会】 2020年，泉州国际商会团结凝聚会员，推动落实“六稳”“六保”，助力企业“危中寻机”实现新发展。建立完善会长办公会、专职领导挂钩走访和企业副会长轮值等日常工作制度，及时了解掌握企业受疫情影响情况，分析研判后疫情时代国际经济动态，研究制定有效应对疫情影响的对策措施。举办企业家线上线下“沙龙”活动，邀请海关、税务局、商务局、高校和国内知名经济研究机构等单位专家开设讲座，讲解疫情防控期间国家有关惠企政策措施，诠释用活用好惠企政策的方式方法，达到联谊交流、政策宣介、激发士气、凝聚共识、共谋发展的叠加效果。推荐本级商会中知名度高、影响力强、信誉度好、遵规守纪的会员作为上级国际商会副会长和常务理事、理事人选，助推会员进入政策研究、决策咨询和建言献策等议事圈，提升国际商会会员的政治使命感和荣誉感。

泉州市残疾人联合会

【概况】 2020年，泉州市残联对标“十三五”时期加快残疾人小康进程规划纲要目标任务，统筹推进新冠肺炎疫情防控和残疾人工作，强化残疾人基本民生保障，决胜残疾人脱贫攻坚战，提升残疾人基本公共服务水平，实施“不忘初心勇担当，残健携手奔小康”特色党建项目，决战决胜全面同步建成小康社会，残疾人事业发展取得明显成效。全市投入2亿多元，实施包括19个省、市、县为民办实事助残项目在内的50多个助残项目，惠及所有持证残疾人。开展市委、市政府为民办实事助残项目，为1万多户2.2万多名“一户多残”家庭残疾人发放生活补贴1912万元；为4909名低保和建档立卡贫困重度肢体残疾人发放居家养护补助490.15万元。在全省率先制定疫情防控期间困难残疾人关怀救助政策，加强疫情影响下特殊困难残疾人家庭走访探视和关怀慰问，投入300多万元走访慰问5000多个困难残疾人家庭；在全省率先制定疫情防控期间扶持民办残疾儿童康复机构发展和盲人保健按摩机构一次性场租补助政策，投入95.95万元扶助23家民办残疾儿童康复机构和36家盲按机构复工复产；在全省创新开展残疾人在线康复“云”服务，开设心理咨询APP服务平台为残疾人提供线上心理辅导，做到“停课不停训、康复不延期”。

【残疾人社会保障与权益维护】 2020年，泉州市残联落实残疾人参加城乡居民社会保险个人缴费资助政策，残疾人普遍参加基本养老保险和基本医疗保险。投入1.2亿元为5.24万名困难残疾人和5.55万名重度残疾人提供生活补贴和护理补贴。投入429.28万元为15.28万名持证残疾人提供意外身故、意外伤残、意外医疗、疾病身故、意外住

2020年9月1日，由泉州市残联主办的泉州市残疾人电子商务网络直播定向培训班在泉州市工艺美术学院举行　（图/市残联）

院津贴保障。投入375万元为1785名困难残疾人提供居家养护、机构托养服务，拓展提升市残疾人托养中心“托养照护+辅助性就业”模式，集中托养16～45周岁二、三、四级智力残疾人和稳定期精神残疾人102名。面向社会宣传宪法、民法典和残疾人保障法，开展残疾人基本服务状况和需求信息数据动态更新工作，第三代残疾人证换发率90.5%。落实残疾人专用车辆（C5驾照准驾车型）免费停车政策，为180名残疾人发放残疾人家庭无障碍改造和机动轮椅车燃油补贴10.75万元。完成人大建议和政协提案12件，办理残疾人来信来访650多人次，依法维护残疾人合法权益。

2020年10月14日，泉州市首张三代残疾人证在泉州台商投资区换发
（图/市残联）

【残疾人脱贫攻坚】 2020年，泉州市委、市政府将残疾人脱贫攻坚纳入决胜全面建成小康社会大局统筹推进，市残联建立领导班子挂钩联系和分片包干制度，定期到南安、安溪、永春、德化调研，精准实施助残项目和帮扶措施。投入750多万元，为599名农村残疾人提供创业就业补助，扶持创建9家市级农村残疾人扶贫基地，救助发生重大疾病和重大变故等临时特殊困难残疾人510人，走访慰问5000多个困难残疾人家庭。

【残疾人康复】 2020年，泉州市残联投入5000多万元为残疾人提供康复服务4.60万人、辅具适配8838人，残疾人基本康复服务率和辅具适配服务率均达100%。投入3000多万元救助0～14岁残疾儿童2700多名，帮助18名听障儿童申请免费人工耳蜗手术。市脑瘫儿童康复基地为150多名脑瘫儿童提供早期干预。完善民办残疾儿童康复机构报备评定机制，举办残疾人康复机构疫情防控和康复业务培训。落实残疾人辅具补贴制，投入近400万元为残疾人提供辅具补贴2056例；开展“辅具百乡行”活动，审核确认37家辅具适配评估服务机构；排查持证肇事肇祸精神残疾人底数，投入400多万元为2000多名精神残疾人提供服药、住院补助。开展残疾预防知识有奖问答活动和线上公益讲座，通过残联官网及微信公众号、《东南早报》专版、移动、电信彩信等载体宣传残疾预防知识，提高社会公众残疾预防意识。开展康复义诊和心理咨询“双下乡”巡回服务，到23个偏远乡村免费送药2万多元、分发宣传手册2000余份、服务4500多人次。市残联、市幼高专探索开办残疾儿童康复机构教师二元制学历教育，9家残疾儿童康复机构22名教师通过考试，举办康复教师专题培训班，提升康复机构师资水平。

【残疾人就业创业】 2020年，泉州市残联落实集中就业、超比例安置就业、灵活就业等扶持残疾人就业创业优惠政策，发放安置残疾人就业奖励415.78万元。全市征收残疾人就业保障金2.06亿元，审核认定按比例安排残疾人就业用人单位329家、安排残疾人就业1204人，新增残疾人就业3508人。实施残疾人职业技能提升行动，举办残疾人电子商务（网络直播）、盲人按摩、中式烹饪等培训18期1150人次，开展58公益“创翼计划”残疾人免费线上就业指导培训近1500人。开展残疾人就业援助和职业推介活动，举办残疾人就业网络招聘月活动101场次，帮助残疾登记失业人员实现就业67人、享受专项扶持政策155人。鼓励支持残疾人参加各类职业技能竞赛，肢体残疾人徐福坤获福建省百万职工“五小”创新大赛一等奖、第二十四届全国发明展览会“发明创业奖·项目奖”非遗智慧与创新专项奖。

【残疾人教育和文体宣传】 2020年，泉州市残联实施中央彩票公益金学前助学项目，投入18万元资助60名残疾儿童接受学前教育。连续第12年实施泉州市扶残助学项目，投入337.6万元资助1824名残疾学生和残疾人家庭子女就学。做好适龄残疾儿童少年控辍保学工作，为64名中、高考残疾学生提供合理便利服务，走访慰问16名新考录残疾大学生。举办国家通用手语推广骨干线上培训班。举办残疾人主题摄影比赛、残疾人中国象棋比赛和公益专场音乐会。选送残疾人作品获华东地区残疾人文化创意作品大赛一等奖2件、二等奖2件、三等奖3件。开展残疾人体育社会指导员培训，发动残疾人体育爱好者参加全省残疾人体育线上“云竞赛”，组队参加全省聋人篮球锦标赛和盲人中国象棋赛，获全省聋人篮球锦标赛亚军。加大惠残政策、残疾人自强模范和助残先进典型事迹宣传力度，制作《独臂后生仔，致富带头人》残疾人脱贫攻坚典型事迹短视频，被中国残联评为优秀短视频；制作《搭把手，让城市更文明》扶残助残主题短片在省市电视台、“学习强国”平台及省残联、泉州文明网等微信公众号播放；《泉州晚报》开设“助推残疾人脱贫攻坚故事”专栏连续报道残疾人脱贫攻坚先进典型和特色做法。泉州市助残先进典型陈欠水被中国残疾人事业新闻宣传促进会评为“2020年度助残新闻人物”。

【全国助残日活动】 2020年，泉州市委文明办、市文联、市残联在全国助残日期间开展“抗疫助残、与爱同行”爱心慰问活动，募集20多万元爱心物资慰问400多个困难残疾人家庭。市政府残工委成员单位、社会爱心团体和爱心人士，采取线上线下相结合方式，组织开展残疾人主题公益摄影展、残疾人艺术作品直播义卖、百万警进千万家、特教老师上门送康送教、特教学生线上文艺会演等系列活动，为残疾人提供多元化服务。建立志愿助残服务常态化机制，将志愿助残服务融入业务工作和党建活动中，全年开展各类志愿助残活动50余次。

【政府购买助残服务】 2020年，泉州市残联推动将符合条件的残疾人基本公共服务纳入政府购买助残服务范围，全市投入1700多万元，在市残联微信公众号运营、市残疾人托养中心运作服务和残疾人家政服务、康复服务、技能培训、法律援助、心理健康、婚恋辅导、无障碍改造、专项调查等领域开展购买服务，受益残疾人近16万人次。

泉州市中华职业教育社

【概况】 2020年，泉州市职教社增强对社员以及职业教育界、民办教育界党外代表人士的思想政治引领，发挥“统战性、教育性、民间性”优势，动员社会力量，拓宽工作领域，在助力泉州市经济社会建设、参与疫情防控、开展建言献策、推动职教研究、实施温暖工程、服务社员发展、深化交流合作、加强自身建设等方面开展工作。为做好“六稳”“六保”工作，市职教社作为牵头单位之一，在市委统战部组织下，与市人社局、市工商联等多家单位开展“同心就业促进行动”，牵头举办校企对接洽谈会等多场活动，发起“泉州直播公益培训联盟”，发动500多家企事业单位提供1万多个用工岗位，促成6000多名毕业生与企事业单位达成就业和实习意向。开展职教研究，组织团体社员申报中央统战部、中华职教社（总社）重点课题，子课题立项数量居全省首位。启动“三百六十行　行行有精彩”职业教育主题宣传活动，推荐泉州市职业院校20名优秀学生、毕业生代表参与中华职教社（总社）“最美职校生”评选活动。继续获得泉州市统一战线“同心助学　松柏成才”行动的支持，资助福建经贸学校等5所中职学校20名品学兼优的贫困学生。

【建言献策】 2020年，泉州市职教社委员、社员向省、市、县三级“两会”提交提案、建议30余篇。省人大常委、市政协副主席、市职教社主任戴仲川在省十三届人大五次会议上提出《建立健全福建常态化长效化的高职扩招工作机制》的建议被省人大立案，在市政协十二届五次会议上提交的《关于加强职业院校教师队伍建设的建议》《关于十四五时期完善我市现代职业教育体系的建议》《进一步推进产教融合、校企合作》3个提案均被市政协立案。市职教社参与市委统战部组织的“第十二届党外人士建言献策论坛”活动，其中《职业本科创新创业教育与稳就业研究》等5篇建言献策文章被收录。

【理论研究】 2020年，泉州市职教社组织团体社员院校开展职教研究，申报中央统战部和总社的重点课题，共有五项子课题在《国家职业教育改革实施方案研究》等多个重点课题中入围，入围数量居全省首位。市职教社主动参与市政府与市政协组织的“深化产教融合，助力高质量发展”专题调研活动，调研文章被收录在《市政府市政协专题协商会议　深化产教融合　助力高质量发展　建言材料汇编》中，并在专题协商会上做重点发言。市职教社专题调研活动还完成《民办应用型本科院校提高课堂教学质量路径探讨》等多篇调研报告，《基于全球化语境职业教育的发展研究》《基于内涵式发展理念提升课堂教学质量的路径研究》两篇调研报告刊登在公开刊物《中华职业教育》上。

【疫情防控】 2020年，泉州市职教社响应号召，从募集社费中捐赠3万元给市红十字会购买防疫物资，并动员社员捐款赠物，捐款捐物近200万元；社专职副主任到长乐机场疫情防控一线，担任现场防控小组轮值组长，做好入境口岸旅客信息登记、隔离和转运工作；讲好抗“疫”故事，宣传团体社员开展校园疫情防控事迹，营造舆论氛围，多篇相关信息被《社讯》《中华职业教育》等杂志采用。

【同心就业促进行动】 2020年，泉州市职教社在市委统战部组织下，与市人社局、市工商联等多家单位开展“同心就业促进行动”，行动办公室设在职教社。市职教社发挥自身优势，通过座谈调研、发放问卷，设立企业用工、毕业生就业的“双需”台账；牵头搭建“离校未就业毕业生”“同心就业促进行动资源对接”等微信群交流平台；采用线上云招聘、云面试、线下招聘会、岗位培训等多种形式促进供需双方对接，举办、协办12场招聘会；组建“就业帮帮团”，参与全市“就业红娘”行动，为泉州市离校未就业毕业生开展“一对一”就业帮扶；牵头举办校企对接洽谈会、就业需求座谈会、就业辅导讲座、直播电商公益培训等活动，发起“泉州直播公益培训联盟”，2000人次参与相关活动。该行动发动500多家企事业单位提供1万多个用工岗位，促成6000多名毕业生与企事业单位达成就业和实习意向。

【社员服务】 2020年，泉州市职教社整合社会资源，牵线泉州市电子竞技协会、微电商协会等行业协会与社员院校开展合作，共同探索新型职业人才的社会化培养渠道和相关的专业建设工作。关心团体社员学校的建设与发展，邀请市委统战部分管领导走访泉州职业技术大学、闽南理工学院、黎明职业大学、泉州经贸职业技术学院、泉州信息工程学院、福建经贸学校等团体社员，了解学校办学、学生就业等情况，倾听团体社员的意见和建议。市职教社启动“三百六十行 行行有精彩”职业教育主题宣传活动，推荐泉州市职业院校20名优秀学生、毕业生代表参与中华职业教育社（总社）“最美职校生”评选活动。鼓励团体社员院校承办、参与各级各类职业技能赛事。推荐一批优秀社员骨干参与省职教社开展的“黄炎培职业教育思想的践行者”主题宣传。

泉州市计划生育协会

【概况】 2020年，泉州市计生协会以“推进协会改革发展，服务‘全面两孩’政策”为主线，聚焦生育关怀与家庭健康，推动计生协会改革发展、转型发展、创新发展。开展计生特殊家庭关爱行动连续第七年列入市委、市政府为民办实事项目。全年为失独家庭和独生子女伤残家庭发放一次性抚慰金51.2万元；联合市卫健委开展全面走访慰问失独家庭活动，发放慰问金84万元；为所有失独家庭成员办理住院医疗保险，缴交保费49.89万元；为17户住房破损的失独家庭修缮房屋，改善居住条件，发放修缮款34万元；建立910个失独家庭“关爱小组”与失独家庭结对挂钩，坚持开展志愿帮扶服务，下拨活动经费91万元。落实上级协会关于开展“支援国家抗击疫情会员一元捐”活动中，全市13.48万名计生协会会员捐款196.27万元，位居全省第一。

【计生宣传教育】 2020年，泉州市计生协会在“5·29”会员活动日期间开展线上线下宣传服务活动。全市12个县（市、区）计生协会建立微信公众号，市计生协会微信公众号开设“贯彻新思想·协会建新功”宣讲视频专栏，集中展播市县两级老会长、会长、常务专职副会长主题小视频。市计生协会与市妇联、泉州晚报社连续第14年在《泉州晚报》推出“阳光母亲携手同行”系列报道活动，宣传报道8名计生母亲自强不息、追寻幸福的故事，得到社会广泛关注，爱心团体和个人捐款捐物5万多元。联合相关部门开展“为贫困母亲圆梦”活动，帮助36名贫困母亲完成微心愿，发放慰问金18万元。

【生殖健康】 2020年，泉州市计生协会指导市、县、区承接中国人口福利基金会“蓝氧”项目，推动其他县（市、区）开展关爱女性健康工作。指导泉州师范学院、泉州经贸学院中标中国计生协会青春健康高校项目。筹拍《护航青春》青春健康系列片，聚焦青少年群体性与生殖健康等问题，拍摄先导片《爱的方程式》在各门户网站展播。组织146个计生特殊家庭和高龄独生子女家庭参加诊疗服务活动，23个家庭接受再生育诊疗手术并得到相应资金补助。

【优生优育】 2020年，泉州市计生协会承接中国计生协优生优育指导中心泉州（泉港）项目点、中国计生协“向日葵计划”（安溪）项目点、省计生协会优生优育指导中心（泉港、晋江）项目县建设，在全市建立2个市级指导中心、12个县级指导中心，确定1201个儿童早期发展工作项目点村（社区），所有乡镇实现全覆盖。举办10期培训班，免费培训459个育婴员；举办9期儿童早期发展师资培训班，培训285人次。加大不孕不育诊疗服务工作力度，通过印发宣传折页、微信公众号宣传等方式，提高群众知晓率和就诊率，51个高龄独生子女家庭和计生特殊家庭参加诊疗服务活动，19个家庭接受诊疗手术，8个家庭怀孕，其中一个家庭实现再生育，接受手术治疗的19个家庭得到补助37.2万元。

【关怀帮扶】 2020年，泉州市计生协会做好资助贫困计生女孩上大学项目，发动社会力量帮助贫困计生女孩圆大学梦。全市各级计生协会资助9215名贫困计生女孩上大学，发放奖助学金1512万元。市计生协会在牵头做好每年资助50名贫困计生女孩完成四年本科阶段学业的同时，又拓展资助受助计生女孩就读研究生阶段学业。实施安居工程项目，让贫困计生家庭住有所居，帮助353户建（购、修缮）住房，发放安居款1255.5万元。推进幸福工程和计生小额贴息帮扶，为贫困计生家庭提供资金和创业就业支持，通过发展生产项目增加收入，提升家庭发展能力，帮扶幸福工程项目家庭187户，发放帮扶款223.1万元；帮扶小额贴息贷款项目家庭73户，申请贷款169万元，落实贴息9.1万元。实施紧急救助项目，重点救助因重大病灾造成生活特别困难的计生家庭，救助55户11万元。推进计生家庭意外伤害保险工作，为15.52万户计生家庭办理意外伤害保险，提高抵御风险能力。实施妇科微创服务项目，为低保计生家庭和计生特殊家庭育妇患者提供检查治疗补助。开展民生科技远程培训，与科技、农业等部门帮助计生家庭成员掌握就业创业技能，全市300多名计生家庭成员参加培训。

【计生权益维护】 2020年，泉州市计生协会指导石狮市继续创建省级法律援助示范点，创建省级法律援助示范点3个。在全市成立法律援助站（点）940个，投入799.97万元，为计生户代理法律援助案件1555件，协调维护计生户合法权益4117件，接受计生群众咨询4万多人次，惠及计生群众70多万人，举办2721场宣传（培训）活动。

【流动人口服务】 2020年，泉州市计生协会探索新形势下流动人口计生协会工作新模式，协同做好宣传倡导、解决诉求、促进发展、维护权益等工作。建立独立型、联合型、挂靠型流动人口计生协会1371家，筹集流动人口生育关怀基金3000多万元。指导晋江市探索“异地商会+计生协会”工作模式，在全国组建25个省级异地晋江商会计生协会，服务泉州籍在外流动人口。同时，在流动人口计生协会示范点开展“生育关怀·关爱女性健康企业行”活动。

泉州市社会科学界联合会

【概况】 2020年，经专家组评审并公示，泉州市社科联立项资助社科活动15项，其中学术交流类5项、普及宣传类10项。1月17日，泉州市社科联参加在石狮市祥芝镇举行的2020年泉州市文化科技卫生“三下乡”集中服务活动，向农民赠送1000多册社科普及图书，打通社科知识服务基层群众的“最后一公里”。6月2日，市社科联修改并印发《泉州市社科活动资助项目管理办法》。8月6—7日，宁德市社科联一行6人到泉州进行工作交流，了解泉州社科联承办全省社科普及宣传周启动仪式经验做法，并就非公企业党建工作进行专题调研。10月13日，市委宣传部与市社科联联合命名28个泉州市社会科学普及基地（2020年—2022年）。

【社科学术交流合作】 2020年1月10日，泉州市委党校、市委党史和地方志研究室、市社科联在市委党校举办“学习贯彻中共十九届四中全会精神暨第十二届党校市情论坛”。6—10月，市社科联与黎明职业大学举办“梁披云教育思想与海外侨亲兴学实践”系列活动，包括《梁披云全集》读书分享会、知名教授作专题讲座、研学体验专题活动三个部分。7月22日，市社科联与惠安县社科联、惠安开成职业中专学校举办“关爱身心健康构建和谐社会”专题讲座。9月20日，泉州市社科联、福建农林大学新农村发展研究院、泉州市孔子学会、晋江市农业农村局、晋江市社科联、晋江市委党史和地方志研究室在晋江，举办“乡村善治与现代教育”座谈会，总结提升乡村治理体系建设的工作做法，为下阶段持续推进工作问良策、找思路。10月10日，市社科联与市档案馆举行联合共建合作协议签订仪式。双方将加强在档案学科普及宣传、档案文化科普展览、档案学科书籍编研、学术课题研究、社科专题建档征集等领域的合作。市社科联向市档案馆捐赠“抗疫”科普专题档案资料。11月23日，泉州市社科联、石狮市社科联在闽南理工学院召开“创新驱动，智慧养老——泉州养老服务产业发展”研讨会，与会专家围绕创新驱动与养老新形势、养老志愿服务、智慧养老、积极应对人口老龄化等议题展开探讨，为泉州养老服务产业发展建言献策。12月27日，市社科联、市工商联和泉州信息工程学院在泉州信息工程学院举办“泉州建筑企业与应用型本科高校联合共建专题沙龙”，围绕新时代背景下土建类人才培养模式与企业契合度研究这一主题展开探讨。

【社科知识网上竞答】 2020年5月，在主题为“深入贯彻落实中共十九届四中全会精神 推进新时代新福建治理现代化”的知识竞答活动中，参与竞答人数33万人次。9月，在主题为“学习贯彻《习近平谈治国理政》第三卷”的社科知识网上竞答活动中，参与竞答人数35万人次。11月，在主题为“深入学习贯彻中共十九届五中全会精神”的社科知识网上竞答活动中，参与竞答答题人数66.5万人次，位列全省、全国第一名。

【社科普及宣传周活动】 2020年10月17—23日，泉州市委宣传部与市社科联举办2020年泉州市社会科学普及宣传周活动。20日，市委宣传部、市社科联、洛江区委宣传部、洛江区社科联、泉州市社科普及联席会议成员单位在万安街道桥南古街洛阳桥桥头举办启动仪式。科普周期间，组织社科知识、宣传图片和社科图书进基层、社科知识现场咨询、社科专题讲座等228场社科普及宣传、展示展览活动。其中，主会场科普活动12场，专题讲坛、讲座41场，向公众免费开放的系列社科展览活动74场，科普读物免费发放23类，各地特色社科普及活动78场，直接受众20多万人次。

【科学知识普及宣传】 2020年5月18日，泉州市社科联与市侨联、银川西夏陵区管理处在泉州华侨历史博物馆举办“探寻逝去的天书——西夏文字”图片展。上半年，市社科联与洛江区社科联开展“微品洛江”系列科普活动。9月26日，市社科联组织泉州市社科普及基地研学行活动，20组由多所中、小学校的学生及其家长组成的研学团，到洛江区青少年学生校外活动中心，体验“非遗”文化“妆糕人”“掌中木偶”。9月27日，市社科联、市社科联社会组织党委在丰泽区源淮社区云谷小区法治文化广场举行2020年科学知识进社区宣传普及活动，活动主题为“决胜全面小康 践行科技为民”。10月1日，市社科联、泉州师范学院等在泉州美食城十洲广场举办“海丝传奇——梦回古泉州刺桐”美术作品展。10月20日，“刺桐讲坛”第三十八讲在泉州纺织服装职业学院举行，石狮市博物馆馆长李国宏做题为《实施乡村文化复兴发展战略 助推决胜全面建成小康社会》的报告。10月24日，市社科联组织第三届“社科专家带你游古城”活动，宣传和弘扬泉州古城文化，让市民近距离感受泉州古城的文化魅力，20组来自各中、小学的亲子家庭游览泉州府文庙、金鱼巷、开元寺等古城名胜，了解其中的历史故事，体验泉州古城的文化历史魅力。11月5日，市社科联、市残联和市图书馆举办视障人士“无障碍”观影活动。11月16日，市社科联与市档案馆举办“倡导厉行节约 弘扬优秀家风——泉州侨批‘家风’文化展”，通过69件侨批档案图文并茂地向社会各界展示世界记忆遗产——侨批档案文化，弘扬海外华侨优良品德及家风文化。12月3日，市社科联、黎明职业大学闽南传统民居营造技艺传承基地等在泉州第六中学内的小城隍庙内，举办“守护身边的古建筑”科普展览和闽南传统民居营造技艺科普讲座、古建筑榫卯结构初探、拆装体验等系列活动。

泉州市金门同胞联谊会

【概况】　2020年，泉州市金门同胞联谊会以两岸同胞福祉为依归，发挥“以金联台、以金促台”独特优势，团结带领全市金门同胞，探索两岸融合发展新路。由于疫情及两岸局势的影响，福建沿海与金门、马祖地区直接往来航线暂时停航，泉州市金门同胞联谊会与台湾、金门的民间线下交流暂停，通过微信、邮件、视频等线上方式做好台湾与金门的民间交流工作，加深两岸同胞情谊，为促进两岸交流交往，建设台胞台企登陆第一家园，推动两岸关系和平发展贡献力量。申报和发放2020年度福建省金门同胞扶贫济困专项资金32.04万元、111人次。

【参政议政】　2020年，泉州市金门同胞人大代表撰写建议9件，政协委员撰写提案两件。这些建议提案围绕养老护理、公路养护、教育改革、台湾青年创业等热点难点问题为泉州发展、泉台交流建言献策。《关于再加力度支持山区县教育发展的建议》引起媒体重视，邀请建议提出者走进中国网·海峡频道“两会”访谈室。《关于公路管理维护延伸至村一级的建议》受到主管部门领导重视并到内坑镇视察调研，决定由市、县两级政府投资2亿元维护改造成晋江镇级示范柏油路。金门同胞代表、委员不仅主动撰写建议提案，还参与市人大常委会、市政协组织的各项活动20余场次。

【交流交往】　2020年，泉州市金门同胞联谊会派员协助筹备并参加第12届海峡论坛“净滩环保 守护共同家园”颁奖活动。组织理事10人及部分常住泉州金门乡亲到福州市永泰县参加“2020年两岸金门、马祖乡亲庆国庆、庆中秋”联谊活动。与泉州广播电视台举办“重返水源地 再会友谊树”活动，邀请金门县金湖小学与鲤城区第二实验小学两校学生以视频连线的方式再续友谊。

【联谊活动】　2020年，泉州市金门同胞联谊会派员到全市各地进行春节慰问，所在地理事积极参加慰问活动。举行第八届理事会第四次全体会议暨常务理事会，会议的主要内容是向全体理事通报并审议通过《市金联2020年工作总结及2021年工作计划》，全体理事齐聚一堂，共商会务发展之计。

【信息宣传】　2020年，泉州市金门同胞联谊会编辑《金联会讯》5期1.5万字。向境内外乡亲介绍两岸往来、会务工作动态；反映金门政治经济情况等。利用“金胞之家”“理事”两个微信群，每天发送《金门日报》电子版，让全市金门同胞及时全面了解故乡的政治经济社会文化等各方面发展情况。

2020年12月18日，泉州市金门同胞联谊会参与主办的第四届海峡两岸（泉州）闽南童谣大赛颁奖典礼　（图/市金联）

外事 侨务 台港澳事务

外 事

【概况】 2020年，泉州市推进疫情防控之下的外事工作，全年接待外宾（含外国驻华使领馆官员）团组11批72人次；办理公职人员因公出国审批8批43人次，办理APEC商务旅行卡事项23批38人次。召开市委外事委第二次会议，落实党管外事体制、机制，建立全市国际交流专项工作联席会议制度，加强市、县及各涉外部门间的资源整合和协调联动。搭建“东海学堂·外事篇”学习交流平台，加强对外事干部资料分析、沟通协调、公众演讲等能力锻炼，提升综合素质，举办学习沙龙活动19期。推动公共双语标识规范整治工作，改善国际语言环境，提升城市“国际范”。

【参与国际抗疫合作】 2020年，泉州市协调向韩国光州市、日本浦添市、德国诺伊施塔特市、马来西亚古晋南市、菲律宾怡朗市、意大利库内奥省等友好城市捐赠防疫物资，捐赠医用口罩43万个、防护服3100套、额温枪700支，发动各方力量筹集防疫物资反向驰援境外泉州籍社团和乡亲。

【涉外管理服务】 2020年，泉州市突出“暖心服务”“积极稳控”，开展境外返乡人员“稳在当地”工作，加强疫情期间对在泉州外籍人士的人文关怀，举办“海外嘉宾感知泉州行”活动，为不同国家及地区的在泉州外籍人士，送去疫情防控之下的温情和关怀。落实“外防输入”部署，外事办公室牵头协调全市“外防输入”工作。先后设立5个专班，制定相关政策文件40多份、通告2份；建立“政务信息网排查系统”，处理境外入泉州人员数据线索66744条；利用“快捷通道”等政策，为复工复产人员提供必要便利，办理外国人访华邀请函100批234人次。

【国际友城工作】 2020年，泉州市推进与印度金奈结好工作，5月，经外交部同意并获全国友协正式批复。开展“云外事”活动，参与“福建—东盟友城大会”省、市长论坛活动，泉州与菲律宾怡朗，南安与菲律宾曼达韦在签约仪式上签署结好协议书。至此，全市国际友

2020年11月16日，泉州市与德国诺伊施塔特市举行视频会议，纪念双方建立友好城市关系25周年 （图/陈英杰）

城总数17个，其中，市级10个。制作短视频向日本浦添市建市50周年致贺，与德国诺伊施塔特市及中国驻法兰克福总领馆三方视频连线，共庆泉州与诺伊施塔特市结好25周年，并在线下举办两市青少年摄影作品展。2—3月，新冠肺炎疫情突如其来，友城日本浦添市、美国蒙特利公园市、德国诺伊施塔特市、马来西亚古晋南市、韩国光州广域市、摩洛哥非斯市致函泉州市，表示慰问和声援。韩国光州广域市向泉州市捐赠5000个KF94口罩。菲律宾达沃市向晋江市致慰问电。3—8月，泉州市及下辖的石狮市、晋江市、南安市筹集一批防疫物资捐赠给韩国光州市、日本浦添市、德国诺伊施塔特市、马来西亚古晋南市、菲律宾怡朗市、意大利库内奥省、菲律宾那牙市、达沃市等友城，以市长名义向相关友城致函慰问。各友城收到泉州市捐赠的防疫物资后，市长均来函或发视频表示感谢，各市政府官网或当地主流媒体均进行报道。5月2日，德国《莱法州报》刊发题为《泉州的日常生活新常态》的报道。文章介绍泉州市采取的防控措施以及在此次疫情中，互联网是如何改变人们的生活习惯和影响日常生活的。

2020年泉州市重要外事活动情况表

表10

时间	重要外事活动
6月12日	菲律宾驻厦门总领馆代馆长何怡莲一行20人访问泉州，在黎剎纪念广场敬献花圈，参观晋江市博物馆、五店市
7月22日	福建联合石化公司总裁安文佑（Joost Emmen）、副总裁尤思福（Nouraddin. a. Yousulf）等一行8人拜会泉州市领导。市委书记康涛、市政府副市长吕刚等会见客人一行
9月2日	西门子交通中国大中华区首席执行官莫德（Juergen Model）一行8人访问泉州，拜访市长王永礼，探讨在智慧交通领域、智能制造领域等与泉州开展交流合作事宜
9月9日	由英国驻广州总领馆、英国切斯特大学、塞浦路斯欧洲大学组成的欧洲教育代表团一行4人访问泉州信息工程学院，探讨校际交流合作事宜
9月11日	英国驻广州总领馆外交事务联络领事诺杰一行2人访问泉州，了解“世界中学生运动会”最新安排，探讨推动中英足球等体育运动合作，参观晋江市第二体育中心，在晋江英林镇政府座谈了解晋江人才梦想小镇有关情况，参观晋江城市展馆、五店市、卡尔美公司
9月16日	菲律宾达沃市市长萨拉·杜特尔特以录制视频方式，出席由省政府主办、省外办承办的福建—东盟友城大会省、市长论坛暨线上签约仪式。萨拉·杜特尔特在大会上致辞。会上，泉州市与菲律宾怡朗市、南安市与菲律宾曼达威市分别签署结好协议书
9月18日	市长王永礼向日本友城浦添市建市50周年致贺信。10月6日，在浦添市举行的建市50周年市民大会上，浦添市宣读贺信并播放泉州市政府制作的祝贺视频。松本哲治市长致函表示感谢，并寄送建市50周年纪念品
10月12日	市长王永礼率泉州市代表团到福州参加第三届数字中国建设峰会期间，在福州会见SAP全球高级副总裁、SAP服务部门大中华区总经理库尔特·鲍尔一行
10月15—17日	新加坡驻厦门总领事馆总领事吴俊明一行3人到泉州，拜会市长王永礼、副市长肖汉辉，走访泉州晚报社、安踏集团、泉州博泽领海幼儿园、新加坡教育体育城、东海跨境电商生态圈，参观开元寺、清净寺、关帝庙、锡兰侨民旧居、九日山、泉州海交馆及泉州非遗馆
10月30日	新加坡驻厦门总领事吴俊明一行两人到泉州，参加第六届中国（泉州）海上丝绸之路国际品牌博览会
11月10—12日	美国驻广州总领事馆领事安德一行两人参观七匹狼集团、匹克集团、福建达利集团、非遗馆
11月16日	泉州与德国友城诺伊施塔特市举行纪念视频会议，共同庆祝两市缔结友城关系25周年。会议由两市政府共同举办，并邀请中国驻法兰克福总领馆出席。泉州市市长王永礼、诺伊施塔特市市长马克·魏格尔、中国驻法兰克福总领事孙从彬等在视频会上致辞，泉州与诺伊施塔特市还分别制作短片，回顾两市结好25年来的交往成效。孙从彬总领事盛赞泉州与诺伊施塔特市友谊是中德两国友好交往中的重要组成部分，为两国民心相通做出重要贡献
11月24日	以新加坡驻厦门总领事吴俊明为团长的新加坡、泰国、菲律宾等三国驻厦门总领馆代表团一行17人，参观德化陶瓷博物馆、陆升集团，中国白博物馆、顺美陶瓷文化生活馆

续表10

时间	重要外事活动
12月20日	由泉州市政府外事办公室、团市委、市教育局主办，市图书馆、黎明大学文传学院协办，泉州市青年摄影家协会承办的“心灵的邀约”中国泉州市·德国诺伊施塔特市建立友好城市关系25周年青少年摄影作品展在泉州图书馆开幕。两市青少年用各自的视角，记录对方城市的风土人情，内容丰富，风格多元，吸引市民参观，增进两市人民的友谊
12月18日	以新加坡驻厦门总领事吴俊明为团长的新加坡、泰国、菲律宾等三国驻厦门总领馆代表团一行5人，参加第二十三届海博会暨石狮国际时装周、第二届中国校园服饰国际博览会

侨务

【概况】 2020年，泉州市克服疫情影响，推进侨务工作，开展海外联谊，接待海外重点人士、重点社团，开展侨乡文化名镇、名村创建工作，推广华文教育。开展侨法宣传，到泉港区惠屿岛开展现场涉侨法律咨询及义诊送药活动。收集整理400名归侨侨眷代表人士信息，初步建立归侨侨眷代表人士信息库。关爱贫困归侨，发放慰问资金91.23万元。推进南洋华裔族群寻根谒祖综合服务平台建设，基本完成全市侨情普查。

【海外联谊】 2020年，泉州市开展“泉籍精英故乡行”活动，接待海外重点人士、重点社团。克服疫情影响，创新联络联谊形式，举办海外泉州籍侨亲代表庆国庆·迎中秋视频座谈会等线上联谊活动，承办第二期闽侨青年精英海丝情大型涉侨活动等，引导海外乡亲讲好中国故事，发出中国好声音。

【侨乡文化名镇、名村创建】 2020年，泉州市开展侨乡文化名镇、名村创建工作，推荐南安市梅山镇、泉港区界山镇东张村参评2020年省级侨乡文化名镇、名村，评选石狮市凤里街道等8个单位为2020年度市级侨乡文化名镇名村。

【海外华文教育】 2020年，泉州市开展外派教师工作，承办菲律宾、马来西亚华文教师线上培训班两期，吸引来自马来西亚162名华文教师学员参加培训；促成菲律宾7所学校与泉州市中小学缔结姐妹校。

台湾事务

【概况】 2020年，泉州市落实应对常态化疫情防控和助力台企复工复产，探索海峡两岸融合发展新路，开展新形势下对台各项工作。加强台商、台胞服务，全市为2716位在泉州台胞办理台湾居民居住证。推进重点台资项目进展，将晋江矽品集成电路封装测试、泉州台商投资区颐和三甲医院、晋江6英寸半导体石墨烯产品生产等一批台资项目被列入省、市重点项目名单，实行台办专人挂钩帮扶联系机制，协调项目推进过程中存在的问题，保障各项目有序推进。健全台企台胞各类服务保障，出台泉州市台胞台商金融信用证书方案，畅通金融服务渠道，提升金融服务水平，保障台商台胞的金融需求。在泉州台商投资区成立台胞医保服务中心，为在泉州台胞代办泉州基本医保参保、缴费、报销等业务和台湾健保自垫医疗费核退的双向服务，提供“一站式”医保报销服务。提升台湾人才服务水平，实施《泉州市涉台人才工作方案》，围绕“聚优势产业，引优秀人才”的思路，强化统筹规划和部署，引进产业急需的台湾人才，争取集聚和服务更多

2020年8月25日，第六届海峡两岸（晋江金井·围头）七夕返亲节活动启动仪式 （图/市委台港澳办）

台湾优秀人才融入泉州经济社会发展。全年新增70多名台湾人才入选省级台湾高层次人才，全市累计有330多名台湾人才入选省级台湾高层次人才。是年，在泉州学习、就业、创业、交往的台胞20474人。定居泉州的台胞1800多户、4800多人；在泉州各高校任职的台湾教师40多人；在华侨大学泉州校区就读的台湾学生200多名。全市有台商近2000人。

【涉台疫情防控】 2020年，泉州市委台港澳办坚持每日一报制度，及时掌握各县（市、区）涉台疫情防控情况，包含台湾同胞疑似和确诊病例、“泉金航线”情况、台胞入境集中医学隔离观察人数等。助力台企复工复产，开展疫情防控期间台资企业复工复产服务，组织市、县两级干部到台企组织、宣传、督促疫情防控工作，确保做到一个企业不漏、一个台胞不少，规模以上台资企业复工生产率100%。制订疫情防控期间市委台港澳办领导挂钩服务全市重点台资企业方案，开展全市台港澳办干部“进企业、进协会、进基地、进社区”工作。常态化做好新冠肺炎疫情防控工作。年内，派驻厦门机场境外人员分流防控组10人次，参加基层网格化疫情防控一线7人次，驻村防控2人次，共19人次。全市台湾及港、澳同胞和在泉州台企捐款365.52万元，口罩、防护服、手套等防护用品60余万个（套），以及一定数量的耳温枪、高流量氧疗机及加湿器等防疫用品。安溪国宇医院台籍医学博士张峻斌在疫情初期向民众宣导肺功能的预防康复之道，向安溪县防控办捐资捐物。旺旺集团为泉州市政企单位免费提供“旺旺水神”1700多升用于相关场地防疫消毒。高品医学检验检疫所被列为首批核酸检测定点单位。

【泉台经贸合作】 2020年，泉州市克服疫情影响，泉台经贸交流合作继续保持热络态势，泉台贸易总额、利用台资分别比上年增长50%和73.8%。依托“厦洽会”推动达成对台经贸合作项目两个，分别为福建泉州凹凸纺织科技有限公司、兴舜成（泉州）精密机械有限公司，合同金额分别为1.1亿元、1亿元，其中，兴舜成（泉州）精密机械有限公司实际到资金额76万美元。台资项目引资方面，全市新批台资项目97个，投资总额12.52亿美元，比上年增长14.6%。其中，合同台资6.87亿美元，比上年增长84.9%。

重大台资项目落地取得新突破，行业龙头项目、总投资106亿元的国乔石化项目于3月2日以“云签约”方式落地泉港石化园区，通过专班推进，项目主体公司快速设立运作并首期到资7.596亿元，完成用地申请手续，加快项目“五评”编制、设计等前期工作。重点涉台园区发展水平不断提升，制定实施《泉州建设海峡两岸集成电路产业合作试验区行动方案》，推进海峡两岸集成电路产业合作试验区泉州产业园导入更多台湾集成电路产业优质项目、先进管理和领先技术。泉州产业园投产晋华存储器、矽品封装测试、三安半导体等多个涉台项目，吸引集聚台湾半导体领域产业人才500多名。台湾“中国探针”等配套项目陆续增资，推进项目前期工作。

“双线”结合办好两岸经贸展会活动，在落实疫情防控前提下，举办第四届海峡两岸食品交易会暨第七届闽台（泉州）食品交易会、第十三届海峡两岸农产品采购订货会，通过线上线下相结合的模式，实现展会规模、台商台胞参与热情“双不减”。“食交会”吸引62家台企参展。“农订会”设置线下展位703 个，线上展位1063个，采用“线上展会＋直播带货”形式，打造“海峡两岸农产品线上云购直播节”等活动，现场达成意向合作逾16亿元。

深化泉台农业交流合作，重点发展“两园一中心”的对台农业交流合作体系，加快台湾现代、特色农业技术引进、落地合作。惠安县台湾农民创业园新增台企6家，新增专业合作社1家，引进台湾农业新品种10个、新设备4台套。永春县闽台农业融合发展（果业）产业园重点实施项目11个，完成投资3500万元。台湾农业技术交流推广中心申报福建省级、泉州市级平台科研项目3个。

【泉台交通往来】 2020年，泉州金门海上客运航线运送两岸旅客7787人次，泉州台湾空中航线运送两岸旅客8169人次，2月起受疫情影响，两条对台客运航线暂时停航。泉州沿海港口集装箱班轮直航台湾本岛航线每周2班常态化运营。

【泉台民间交流】 2020年，泉州市发挥对台独特优势，创新交流模式，发挥好交流载体功能效应，以互联网“云”端为媒介，探索以情促融新路径，确保疫情下泉台交流不停、不断、不少。全市组织各类泉台交流活动50多场次，近9万人次台胞参加线上、线下活动。

推进平台建设，迪特工业设计中心、南少林国际学校、华光职业学院获批福建省台湾青年体验式交流中心，泉州台商投资区百崎回族乡白奇村、丰泽区泉秀街道华丰社区获批福建省基层对台交流示范点。全市有中国闽台缘博物馆、晋江五店市传统街区、南安郑成功故里、安溪清水岩4个国家级海峡两岸交流基地；安溪清水岩、永春县余光中文学馆、德化戴云山自然保护区、南安市凤山寺、泉州少林寺、南安郑成功故里6个省级对台交流基地；中国闽台缘博物馆、泉州传统文化促进会、迪特工业设计中心、泉州南少林国际学校、泉州华光职业学院5个省级台湾青年体验式交流中心，和晋江市金井镇围头村、泉州台商投资区百崎回族乡白奇村、丰泽区泉秀街道华丰社区3个省级基层对台交流示范点。

以"云"为媒，推进民间信仰交流。6月，由泉州市工匠制作的9尊镇殿金尊及千里眼、顺风耳金尊运送桃园龙德宫。11月，第十二届海峡论坛·第六届国际（南安）郑成功文化节，吸引来自海峡两岸的400多名信众代表和专家学者参加。活动突出"相约成功故里，共叙两岸融合"主题，增进两岸人民的血脉亲情。通过互联网，两岸信众实现对民族英雄郑成功的"云纪念"。12月，安溪清水岩与台湾清水祖师文化交流协会联合举办两岸清水祖师文化交流"云"上研讨会，两岸清水祖师文化专家、学者、宫庙代表近百人参加（其中台胞20人）。

依托"围头新娘"这一血缘纽带，结合线上、线下形式，以"共抗肺炎，围头娘家过三八，两岸隔海不隔爱"为主题，采取拍摄问候视频、为围头新娘家庭办一件实事等系列活动为隔岸的围头新娘们送去温暖。以"云上鹊桥•两岸家园"为主题，泉州市举办国台办2020年对台重点交流项目——第六届海峡两岸（晋江金井•围头）七夕返亲节，活动现场邀请77对两岸情侣和家庭参加，采取"线上直播+线下互动""主会场+分会场""云斗巧+云旅游"等形式，展示两岸家庭的深度融合。活动当天，全网传播量突破1140.5万人次，其中，新浪微博话题"围头的七夕不一样"阅读量突破500万人次，累计1785.5万人次；网络直播观看量突破640.5万人次，登上一直播小时榜前30名。中秋节前夕，泉州市组织30多名在泉州台籍教师及青年人才参加"乡亲相爱一家人"在泉州台胞中秋联谊系列活动，通过参访台商区台资企业、台胞医保服务中心、孙易彬故居和座谈交流等活动，帮助台湾人才快速了解泉州经济社会风貌，推介惠台政策措施，激发创新创业创造热情。"同心筑梦红砖里，携手远航共乡情"海峡两岸（晋江）诗歌大赛活动和"乡愁五店市"海峡两岸（晋江）金秋论坛暨征文大赛先后在晋江五店市举办，通过挖掘闽南传统民宅民居、民风民情、家规家训、乡俗等非物质文化遗产内涵，彰显闽台两岸同宗同源，血浓于水的骨肉亲情，增进台湾民众对中华文化和祖地的认同。

泉州花灯亮相台中市第31届台湾灯会，吸引大批台湾民众观赏。泉州市举办两期"两岸一家亲、祈福武汉丹青情"两岸书画家抗"疫"书画作品展，征集两岸书画家作品70多件。组织台籍职工前往德化开展"品味端午·享闽南风情"活动，两岸职工共研闽南文化。2020年两岸北管交流活动在泉港文化中心与台湾彰化忠圣宫同步举行，两岸北管艺人通过视频连线的方式"云"同台，共奏古乐、共叙情谊。洛江区开展"文化记忆·书法传情"活动，中国书法家协会、福建省书法家协会会员与在泉州台胞、台商书法爱好者共同创作"两岸一家亲"主题书法作品。举办第五届泉台两岸雕艺行业职工技能竞赛，130多名两岸雕艺能手隔空竞技，彰显源远流长的雕艺文化。晋江市举办"两岸一家人·'偶'们共传承"两岸青少年木偶传承研学营活动，采用线上互动交流线下主题研学的创新方式，邀请40名两岸青少年同吃同住同学习，增强两岸青少年的情感连结和文化认同。闽台缘博物馆全年推出"谱系两岸——馆藏族谱展""指掌春秋——闽台木偶艺术展"巡展等11个涉台展览，推出"艺揽闽台——大师与您面对面"技艺展示及交流活动29场，线上展浏览人数12万人次。举办"朱子文化寻源之旅——海峡两岸文化交流"活动，台湾的书院营员通过网络云上平台参加。

【泉台青少年交流】 2020年，泉州市以文创设计、工业设计、体育运动等要素为载体，举办2020年两岸青年人才文创设计邀请赛、首届"海丝杯"海峡两岸（泉州）工业设计大赛、2020泉州海峡两岸大学生设计工作坊、2020海峡两岸青年陶瓷创客"i-china"计划、第四届"何朝宗杯"中国（德化）陶瓷工业设计大赛等一系列交流活动，吸引众多台湾机构、高校、青年报名参与。推进台湾青年就业创业，引导青创基地培育建设，推动台企渠梁电子有限公司获批省级台湾青年就业、创业基地，年度符合就业补助的台青对象71人。组织开展台湾青年就业岗位征集工作，全年征集196个现代服务业工作岗位在海峡人才市场发布，对接引进台湾青年。探索在台设立校企合作平台，推动泉州迪特工业产品设计公司与台湾大同大学设计学院联合在台设立"台北泉州设计中心"，发挥校企合作平台、产学研基地和教学实践实习基地的功能作用，吸引台湾高校学生参与泉州产品开发设计，促进泉州企业对接台湾高校设计人才。

2020年泉州市对台交流活动情况表

表11

日期	项目名称
2月25日至3月18日	"两岸一家亲、祈福武汉丹青情"两岸书画家抗"疫"书画作品微展
2月28日开始	两岸家风文化书法展
2月28日开始	谱系两岸——馆藏族谱展

续表11

日期	项目名称
2月28日开始	法相仙踪——中国闽台缘博物馆馆藏宗教造像集萃
3月5—8日	第五届“围头新娘”跨海“过三八”系列活动
4月15日	围头村第29个“村民主题日”：“海峡情 围头爱”主题活动
4月29日	“海峡情　围头爱”四月主题暖心活动
6月11日	组织在泉州台商开展泉州晋江向金门供水工程溯源之旅
6月14日	组织在泉州台青、台湾人才开展泉州晋江向金门供水工程溯源之旅
6月18日	组织金门乡亲开展泉州晋江向金门供水工程溯源之旅
6月22日	“我们的节日·端午——两岸一家亲 粽情共端午”活动
7月5日	第二届闽台两岸拳击运动泉州研讨会
7月10日	“台商第一人”吴序依到南安参访
7—11月	第四届“何朝宗杯”中国（德化）陶瓷工业设计大赛
7—12月	2020年两岸青年人才文创设计邀请赛
8月3—11月	“同心筑梦红砖里，携手远航共乡情”海峡两岸（晋江）诗歌大赛活动
8月4日至12月31日	“手艺——闽台非遗DIY体验”
8月5日	泉州向金门供水工程通水两周年活动
8月12日	2020年两岸（泉州）北管文化线上交流活动
8月17日至11月22日	“创客中国”海峡两岸新兴产业中小企业创新创业大赛
8月25日	第六届海峡两岸（晋江金井·围头）七夕返亲节
8—12月	第四届海峡两岸（泉州）闽南童谣大赛
9月10日至10月17日	艺揽闽台——黄活舟万应茶制作流程展
9月17日至10月25日	艺揽闽台——庄晓明瓷画展
9月23—25日	第五届泉台两岸雕艺行业职工技能竞赛
9月26日	“乡亲相爱一家人”在闽台胞中秋系列联谊活动
9月28日	“文化记忆•书法传情”洛江台湾书法交流活动
9月28日至10月15日	艺揽闽台——史俊贤木雕展
9月30日至10月18日	根在固始——豫闽台书画联展
9—10月	海峡两岸大学生设计工作坊
10月1日	“我们的节日·中秋——月是故乡明”活动
10月17日	“乡愁五店市”海峡两岸（晋江）金秋论坛暨征文大赛
10月19—23日	朱子文化寻源之旅——海峡两岸文化交流
10月24日	海峡两岸青年陶瓷创客“i-china”计划系列活动之创业辅导讲座
10月26日至11月10日	艺揽闽台——张丽娇瓷画展

续表11

日期	项目名称
11月10—12日	第十二届海峡论坛•第六届国际（南安）郑成功文化节
11月17—23日	艺揽闽台——郑煌章木雕展
11月21日	晋江台湾青年人才草地音乐节
11月21日	2020年两岸暨港澳大学生交流联谊共建活动
11月24—30日	艺揽闽台——黄景平艺术陶瓷展
11月27—29日	2020年洛江区首届少儿武术锦标赛暨两岸青少年武术文化交流活动节
11月27日至12月2日	艺揽闽台——黄雪明艺术陶瓷展
11月28日	“两岸一家人·‘偶’们共传承”两岸青少年木偶传承研学营活动（晋江站）
12月1日	首届“海丝杯”海峡两岸（泉州）工业设计大赛颁奖暨“设计赋能·新城创未来”成果展
12月3—14日	艺揽闽台——张遵沐木雕展
12月7日	两岸清水祖师文化交流“云”上研讨会
12月15—21日	艺揽闽台——庄细强贝雕展
12月15—21日	艺揽闽台——林小彩艺术陶瓷展
12月18日	首届德化“中国白”中国传统陶瓷艺术双年展学术研讨会
12月28日开始	艺揽闽台——张红萍木根雕展
全年	指掌春秋——闽台木偶艺术展（在上海、马鞍山、亳州、阜阳、淮北、镇江等地巡展）

港澳事务

【概况】 2020年，泉州市应对常态化疫情防控，加强与香港、澳门乡亲的联络联谊。筹备举行第五届“海丝情·中国梦”港澳台青年精英泉州故乡行活动，组团到澳门参加澳门泉州青年联合会成立庆典，推动以泉州乡亲为主体的澳门福建同乡总会组织澳门闽籍青年骨干到泉州市访问。

【泉州与港澳青年交流】 2020年，泉州市推进与港澳青年交流，市委台港澳办向港澳重点社团、重点人士发出68封邀请函，邀请来自香港、澳门32个主要社团的105名港澳台青年精英报名参加第五届“海丝情·中国梦”港澳台青年精英泉州故乡行活动，其中政坛新秀9人、重点人士后裔15人、科技创新人才18人、重点企业精英20人、社团青年骨干31人、重量级重点人士11人。以澳门疫情防控长期良性转化为契机，加强与澳门青年、乡亲的联络联谊。8月中旬以来，泉州市落实动态疫情防控政策，加强与泉属旅澳同乡会的联系，参与组团到澳门参加澳门泉州青年联合会成立庆典，推进与澳门乡亲等联络联谊；推动以泉州乡亲为主体的澳门福建同乡总会于12月下旬组织45名澳门闽籍青年骨干到泉州市访问，并到井冈山开展红色之旅参访活动。

法　　治

人大立法

【概况】　2020年，泉州市人大常委会编制立法规划，坚持急用先行、管用先立。制定《泉州市市容和环境卫生管理条例》，把现行有效的网格化管理、市容和环境卫生考评等政策措施法制化，理顺管理体制机制，破解市区噪声油烟污染、占道经营、共享单车乱象等难点堵点。完成《泉州市机动车停车管理条例》三审，对停车场的规划建设，盘活停车资源、规范停车秩序，推进智慧停车等做出明确规定，解决停车乱、停车难问题。着手《泉州市历史文化名城保护条例》制定前的相关工作，跟踪督促《泉州市非物质文化遗产保护条例》《泉州市华侨历史遗存保护条例》《泉州市文明行为促进条例》3个立法预备项目的起草工作。首次开展区域协同立法，与厦门、漳州、龙岩同步做出《关于加强九龙江流域水生态环境协同保护的决定》，推进跨行政区域水流域生态保护。

【立法工作机制健全】　2020年，泉州市人大常委会发挥人大在立法中的主导作用，坚持开门立法，出台两个工作规范，建立重大利益调整立法论证咨询制度，在争议较大的重要立法事项中引入第三方评估，拓宽公众参与立法的渠道。征求各民主党派、工商联和无党派人士对《泉州市市容和环境卫生管理条例（草案）》的意见。建立重要法规新闻发布制度，加强解读阐释，促使法规深入人心。

【法规实施推动】　2020年，泉州市人大常委会开展晋江洛阳江流域水环境保护条例实施情况调研，督促制定并实施水质达标方案，加快淘汰落后产能和整治“散乱污”企业。跟踪检查“海丝”史迹保护条例、市区内沟河保护管理条例和中山路骑楼建筑保护条例的实施情况，并开展满意度测评，督促相关配套制度和基础性工作落实到位。

政法与综治

【概况】　2020年，泉州市政法部

2020年6月6日，泉州（晋江）非公企业法治教育基地启动

（图/市委政法委）

门以“平安泉州”“法治泉州”和过硬政法队伍建设为抓手，统筹做好疫情防控、经济社会发展、维护国家安全和社会稳定工作。推进扫黑除恶常态长效运作，坚持高站位部署、高质效推进、高标准落实。组织开展全市刑事案件异地交叉评查和全市法院执行案件专项评查活动。牵头开展“E通政法”项目建设，以大数据技术，在各级政法部门原有信息系统基础上，搭建横向贯通政法委、公、检、法、司、监狱等政法单位，纵向连接市、县、乡三级，构建内、外、纵、横多个维度的信息共享平台。推进“强基促稳”三年行动，开展网格化服务管理、基层法治建设、矛盾纠纷多元化解、酒驾整治等专项行动。成立全省首个地级市政法融媒体中心，策划推出“政法泉媒力量”“泉域治理新格局·平安守护新篇章”等主题宣传活动。

【维稳工作】 2020年，泉州市政法部门贯彻落实省委、市委关于维护社会稳定工作的系列指示精神，按照“六稳”“六保”工作要求，坚持底线思维，增强忧患意识。推进国家政治安全8个专项行动，推动“外防输入、内防反弹”疫情防控措施的落实，深化开展公共安全领域大排查大整治大化解攻坚行动，以防范化解重大风险。

【扫黑除恶专项斗争】 2020年，泉州市政法部门贯彻落实全国扫黑除恶专项斗争第3次推进会及全省推进会议精神，推进“六清”行动和扫黑除恶常态长效运作，聚焦压力传导高位推动，聚焦线索清仓深挖彻查，聚焦逃犯清零攻坚突破，聚焦案件清结保质提速，聚焦伞网清除见黑见伞，聚焦黑财清底铲除根基，聚焦行业清源专项治理，聚焦常治长效健全机制。全年打掉黑社会性质组织3个、恶势力犯罪集团17个、恶势力犯罪团伙18个，立案审查调查涉黑涉恶腐败和“保护伞”182件184人。

【执法司法工作】 2020年，泉州市政法部门加大案件评查工作力度，及时督促政法部门纠正执法中存在的普遍性、倾向性问题。组织开展全市刑事案件异地交叉评查和全市法院执行案件专项评查活动。针对泉州市醉驾犯罪案件居高不下态势，开展全市醉驾型危险驾驶犯罪专题调研，在全市范围内部署开展为期6个月的“酒驾”专项整治工作。市、县两级使用同级财政配套国家司法救助资金531.791万元。市国家司法救助金和市、县本级财政配套司法救助资金使用率均达历年来最高。

【政法队伍建设】 2020年，泉州市政法部门加强革命化、正规化、专业化、职业化建设，以更加强烈的责任感，打造一支党和人民信得过、靠得住、能放心的政法铁军。执行《党政领导干部选拔任用工作条例》，抓好协管干部工作，加强政治轮训的统筹协调，注重典型引领作用，做好泉州市推荐参评全省政法委系统先进集体和先进工作者工作，弘扬政法英模精神。加强对乡镇（街道）政法委员配备的部署、指导、督促，为乡镇（街道）党（工）委配齐政法委员。

【基层平安建设】 2020年，泉州市政法部门强化网格化信息平台技术支撑，组织对市级网格化服务管理平台进行升级改造，增加矛盾纠纷多元调解模块。创新推行“基础网格+专业网格”双网叠加应用机制，优化提升“网格化+”服务管理内涵，探索各具特色的“网格化+”应用模式。推广“网格化+大数据+基层治理”，其中“网格化+司法送达”工作模式被列为全国首批20个司法改革案例之一。市委、市政府继续将“城安系统”建设列入为民办实事项目，推进“空中+地面、动态+静态、网上+网下、视联网+物联网”的“雪亮工程”建设。

【专项整治】 2020年，泉州市政法部门紧盯全市问题短板，对全市12个县（市区）分别实行省级、市级通报整治。推进“强基促稳”三年行动，狠抓工作落实，实现治安面貌明显好转。成立市级综治中心，铺开县、乡两级综治中心建设，实现公安派出所调解室在乡镇一级全覆盖，驻法院调解工作室在县级行政区域全覆盖，推行城区“一区一警两辅”、农村“一村一警务助理”、边远山区“村干部兼警务助理”模式，筑牢基层基础建设。

【政法宣传】 2020年，泉州市政法部门筑牢平安建设宣传阵地，推动以平安泉州为核心的政法新媒体矩阵建设，泉州6个账号入选中央政法委第二届“四个一百”优秀政法新媒体，入选账号位居全省设区市首位。在全市范围内集中开展“平安建设”宣传活动，重点围绕全面提升群众安全感率、执法工作满意率开展系列宣传。加强与中央、省级、市级各有关媒体的沟通协作，及时总结报道泉州市政法平安建设取得的经验成效，受到社会各界广泛关注和高度认可。

法治政府建设

【概况】 2020年，泉州市围绕落实《法治政府建设实施纲要（2015—2020年）》和省、市实施方案，以拓展提升“法治政府建设年”成效为抓手，推进依法行政和法治政府建设。推动政府部门依法依清单履职，建立编办牵头、部门自审、难题会审的权责清单联审机制，梳理完成市级40个涉改部门及挂牌机构6759个权责事项。坚持问题导向，建立政府立法指引制度，规范法规规章起草报送流程，提高立法质效。立足解决民生热难点问题，科学编制政府规章制定计划，明确立法项目5个，出台《泉州市文明行为促进办法》《泉州市中心市区电动自行车管理办法》。规范行政执法行为，分类制定完善行政执法流程图，落实重大行政执法决定法制审核，推行重大行政执法备案和特邀行政执法监督员制度。

【法治建设基础保障】 2020年，泉州市政府主要领导带头履行推进法治建设第一责任人职责，对全市法治工作亲自部署、亲自推进，落实重大行政决策程序，8次主持召开市政府常务会议、党组会议，专题研究法治政府建设重点工作、政府规章制定计划、地方性法规草案等事项，带头上好法治课，配合做好中央依法治国办开展党政主要负责人履行推进法治建设第一责任人职责及法治政府建设督察。建立党组理论学习中心组集体学法和市政府常务会议定期学法制度，将习近平法治思想、宪法、民法典、党内法规等列入市政府及各部门（党组）理论学习中心组学习的重要内容。深化国家工作人员学法用法，组织全市干部职工2.78万人参加国家工作人员统一学法考试。健全完善考评监督机制，将法治建设纳入全市发展总体规划和工作报告，与经济社会发展同部署、同推进、同督促，将依法行政、社会治安治理成效纳入县（市、区）和市直单位绩效考评体系。坚持重视法治素养和法治能力的用人导向，将领导干部落实法治建设第一责任人职责情况纳入年终述职，作为评选干部的重要参考。

【政府职能依法全面履行】 2020年，泉州市第一时间成立疫情防控法律服务小组进驻市疫情指挥部，提供疫情防控法律服务236人次，审查防疫文件147件、其他法律文书25件，出具法律意见书60余份。加强企业复工复产法律服务，成立“一组两团”（律师法律服务保障组、公益律师服务团和涉外律师服务团），提供专业涉疫法律服务1809件次。编印发放新冠肺炎疫情防控法律知识读本1.3万册。提升营商环境法治化水平，传承弘扬“晋江经验”，最大限度激发创新创业创造活力，营商环境位列全国经济活跃城市综合排名第15名。“一窗通办”“惠企政策兑现专窗”市、县两级全覆盖，整合“一件事”集成套餐服务54件，“网上办”事项2064项占比97.63%，“一趟办”事项2069项占比97.87%。企业开办时间压缩至2个工作日、一般不动产登记时限均压缩到3个工作日、工程建设项目审批压缩至90个工作日以下，电力工程破路政企联署办公模式在全省首创并推广。拓展“法治政府建设年”成效，下发《“法治政府建设年”拓展提升项目清单》，6个方面16个项目，打造地方特色法治政府。推动政府部门依法依清单履职，建立编办牵头、部门自审、难题会审的权责清单联审机制，梳理完成市级40个涉改部门及挂牌机构6759个权责事项。

【依法行政制度体系优化】 2020年，泉州市加强重点领域立法，坚持问题导向，建立政府立法指引制度，规范法规规章起草报送流程，提高立法质效。主动靠前服务，创新实行规范性文件备案告知提示制度，试行部门规范性文件事前服务指导工作法。开展规范性文件年度清理和涉食品药品监督管理、野生动物保护、民法典等专项清理。市本级事前审查市政府文件97件，出具书面法律审核意见47份；审查各县（市、区）政府和市直部门备案规范性文件237件。落实《重大行政决策程序暂行条例》，坚持重大行政决策集体讨论、专家论证、公众参与等制度，所有重大行政决策都经市政府常务会议或部门领导班子会议集体讨论决定，确保依法民主科学决策。把合法性审核作为行政决策的必经过程，纳入绩效管理察访核验指标，市本级审查涉重大决策、重大具体行政行为、重要合同、重大国有资产处置等法律事务66件，出具法律意见书55份。

【行政执法公信力提升】 2020年，泉州市司法局严格行政执法人员资格管理，组织6部门428人参加资格考试。梳理行政裁决事项127项，报备重大行政处罚2455件。加强重点领域执法，严守食品药品、特种设备等领域安全底线，组织开展打击非法制售口罩等防护产品和野生动物违规交易专项执法行动，检查企业6375户、批发（农贸）市场6000余个次、餐饮服务单位1.6万户次。开展“餐桌污染”治理，食品生产“一品一码”录入追溯数据1330万条，连续3年获评全省食品安全考评A等级。攻坚推进扫黑除恶专项斗争，开展打击治理电信网络、经济领域、食药环、传统“盗抢骗”等违法犯罪专项行动。规范事中事后监管，实施“双随机、一公开”监管，跨部门“双随机”联合抽查扩大至31个行业领域27个部门，抽查各类检查对象1.9万户次。推动监管常态化运行，建立抽查对象库144个，入库检查对象5.3万个，执法检查人员库107个，入库执法人员1893人。实行信用风险分类监管，开展失信联合惩戒，将企业红黑名单嵌入“互联网+政务服务”一体化平台，全市依托平台公示抽查检查信息1.6万余条。

【社会治理现代化】 2020年，泉州市司法局落实“谁执法谁普法”责任制，组织48家市直机关梳理修订普法责任清单和普法计划。全市开展主题法治宣传活动3366场、“新媒体法雨行动”2938场、“刺桐新声—政策面对面”系列宣讲活动38场次。推进行政复议体制改革，规范行政复议应诉工作流程图，严把证据、时限、质量关口，实行重大疑难案件集体讨论制度，提高办案质量和应诉水平。行政复议案件收案185件，比上年增长29.3%，办结129件；收到行政诉讼案件62件，比上年增长113.8%。完善行政争议多元化解机制，在公安、生态环境等重点部门建立市级行政调解组织7个，县级行政调解组织80个，全市各行政调解组织调解各类案件近10万件；全市人民调解组织排查化解各类矛盾纠纷2.51万件，调解成功2.49万件，成功率98%。加强信访法治化建设，推广“最多投一次”阳光信访工作机制，建立信访评理室2711个，依法分类处理信访诉求1477件，同比上升34.1%。

【行政权力运行公开】 2020年，泉州市拓展舆论社会监督渠道，在加强传统舆论监督基础上，发挥“泉州政务”“泉服务”“市长信箱”等平台功能，精准高效回应民意诉求，泉州市“12345”便民服务平台受理群众诉求16.2万件，比上年上升29%，群众满意率98.5%。主动接受党内监督，履行党风廉政建设主体责任。执行向本级人大及其常委会报告工作制度，接受人大法律监督和政协民主监督，全市政府系统办理人大代表建议415件、政协提案538件。强化府院联动，联合市中级人民法院举办行政审判业务培训，支持市人民检察院提起公益诉讼，做好两法衔接移送涉嫌犯罪案件35件。推进政务公开，加大重点领域和关键环节政府信息公开力度，全市利用政府网站主动公开信息数2.49万条，受理依申请公开1.33万件，办结及时率100%。全面落实政策解读、新闻发言人、政务舆情回应等制度，召开政策宣讲解读会38场，新闻发布会36场。

公 安

【概况】 2020年，泉州市公安机关以“工作上得去、硬仗打得赢、形象出得来”竞赛活动为抓手，固根基、补短板、堵漏洞、强弱项、肃警风，全市保持刑事立案下降、破案率上升态势。出台“命案可防可控”工作指导规则，建立矛盾纠纷排查化解快速响应机制，调处多类矛盾纠纷。年内调解纠纷矛盾4.7万余起、调解成功率98.29%，有效防止群体性事件181起、民转刑案件255件。制定服务保障企业复工复产“十条措施”，出台“亲清型”警企关系“十二项举措”，建设“e政务”便民服务支撑平台，全市所有公安行政审批和服务事项全部进驻网上办事大厅，“一趟不用跑”“最多跑一趟”服务事项占98%。推进执法规范化建设，针对受立案、取保候审、涉案财物管理等易发生问题的执法环节，制定9个规范性文件。做好大型群众性活动安全保卫，完成21场大型活动的安保和监督工作。

【刑事侦查】 2020年，泉州市公安机关以扫黑除恶专项斗争为龙头，以“云剑—2020”等专项行动为载体，严打各类刑事犯罪。提升刑事犯罪打击效能，全市立刑事案件3.68万件，比上年下降9.1%，破案2.23万件，破案率60.57%，比上年增长6.93%。刑事案件破案绝对数、破案率、刑事拘留数、移送起诉数和侵财案件破案率5项指标均居全省第一。开展扫黑除恶专项斗争，打掉涉黑组织3个、恶势力犯罪集团17个、恶势力犯罪团伙18个；破获黑恶9类典型案件1534件，抓获犯罪嫌疑人1860人，查封、冻结和扣押涉案资产11亿元。打击电信诈骗犯罪，破获电信网络诈骗案件4892件、比上年增长110.77%，抓获电信网络诈骗犯罪嫌疑人5567人、比上年增长125.57%。破获案值10万元以上的电信网络诈骗案件999件，破案率76.38%，其中破获案值50万元以上的案件124件，破案率99.19%。打击严重暴力犯罪，全市42起现行命案全部破获，八类严重暴力案件破案率99.66%，位居全省第一。推进命案积案攻坚，破获40起年前命案积案。服务保障民生，树立以人民为中心的发展思想，全市立“盗抢骗”案件11581件，比上年下降37.4%，破案7136件，破案率61.6%，比上年增长

2020年6月17日，泉州市公安局在永春召开全市公安机关“纠纷可解命案可防”调研成果研讨会　（图/市公安局）

11.5个百分点。打击整治民族资产解冻类诈骗犯罪，打掉犯罪团伙18个，抓获犯罪嫌疑人204人，扣押涉案资金1.1亿余元，抓获数、逮捕数均列全省首位。缉捕网上在逃人员，抓获公安部A级通缉在逃人员1人、省公安厅目标逃犯11人、命案积案在逃人员85人，命案积案逃犯抓获数位居全国设区市第一；抓获全国上网在逃人员4866人，抓获总量位居全省第二。

【经济犯罪案件侦查】　2020年，泉州市公安机关依托云端打击主战模式，打击各类经济违法犯罪，推进疫情防控和服务经济社会发展工作。推进打击非法集资、打击地下钱庄“歼击20”、打击涉税犯罪“百城会战”、打击假冒伪劣犯罪“昆仑4号”等专项行动，保持对经济犯罪的严打高压态势。全市立各类经济犯罪案件1933件，涉案总额83.4亿余元；破案1390件（其中部督案件3件、省督案件9件），抓获犯罪嫌疑人1209人（其中境外逃犯10人），挽回经济损失9300多万元；发起集群战役50起，侦破“7·31”妨害信用卡管理案、“柚子金融”非法集资案、“3·24”虚开增值税专用发票案、“6·27”非法经营案等一批大要案。

【禁毒工作】　2020年，全市公安机关破获各类毒品案件324件（其中部督案件3件、省督毒品目标案件24件），抓获犯罪嫌疑人381人，缴获冰毒、氯胺酮、海洛因等毒品12.87千克，查获吸毒人员714人次，依法强制隔离戒毒178人，正在执行社区戒毒660人、社区康复519人。组织开展“清零”“清库”“清隐”行动，结合新冠肺炎疫情防控工作，落实吸毒人员排查管控措施，最大限度发现社会面隐性吸毒人员，查获吸毒人员714人次，其中新发现吸毒人员308人。首创线上“云参与”形式，以“健康人生　绿色无毒”为主题，在“6·3”虎门销烟181周年纪念日举行全民禁毒集中宣传月云启动仪式。加大易制毒化学品监管力度，核发二、三类易制毒化学品购买备案证明5009份，易制毒化学品运输备案证明1275份。推进全警实战大练兵工作，获2020年度全省禁毒情侦一体化“云上比武”练兵活动第一名。泉州市公安局禁毒支队民警蔡龙阳获“全国禁毒工作先进个人”称号。

【治安管理】　2020年，泉州市公安机关汲取欣佳酒店坍塌事故教训，两次组织开展全市旅馆业审批工作专项督查，依法注销审批材料不合格的旅馆79家；制定全市旅馆业特种行业许可证核发实施细则，全环节规范审批流程，清理整顿网约房、无证照旅馆，依法取缔网约房16家，查处无证旅馆152家。制定《泉州市公安局中小学幼儿园及周边安全保卫工作机制》，推动完善医院、公交、油气管道等重点单位防控机制，检查内保单位3.86万次，排查整改隐患1035处。强化危爆物品安全监管，推广应用升级版民爆物品信息系统和电子雷管。开展“食安5号”“清水蓝天”“昆仑2020”等系列食药环领域专项行动，严厉打击食药环等领域违法犯罪，破获食药环刑事案件537件，抓获犯罪嫌疑人466人，打掉犯罪团伙65个，捣毁“黑工厂”“黑作坊”“黑窝点”157个，涉案总价值1.2亿元；发起全国集群协查战役2起，侦破公安部挂牌督办案件2件、省厅挂牌督办案件45件。组织“禁炮”“仿真枪”整治和公务用枪、民用枪支安全大检查以及枪支数字化改造、涉枪涉爆在逃人员缉捕会战、破案攻坚会战等一系列专项工作。破获涉枪涉爆案件71件，清查收缴各类枪支144支、子弹1.89万发、炸药991.1千克等一批非法管制物品器具。出台《“黄赌”治安问题常态打击整治办法》，建立“黄赌”治安问题问责倒查、暗访侦查、警情分析通报、统一清查、重点案件挂牌督办等工作机制，侦破涉赌刑事案件801件、涉黄刑事案件263件；开展打击整治跨境赌博行动，打掉网赌平台36个、地下钱庄18个、技术服务团队4个；侦破重大跨境赌博及关联案件110件，抓获犯罪嫌疑人1060人，冻结银行账户9482个，冻结、扣押资金5.3亿元，破获“5·19”“2·24”特大跨境赌博案件。

【户籍管理】　2020年，泉州市公安机关加强全市公安机关户籍窗口规范化建设，制定下发《关于进一步做好派出所户籍窗口规范化建设的通知》《泉州市公安局关于进一步推进户籍管理领域基层政务公开工作的通知》《新冠肺炎疫情防控期间治安管理便民利企15项措施》等文件；制定出台《泉州市第七次全国人口普查户口整顿工作方案》，细化落实第七次全国人口普查户口整顿工作责任，确保人口资料全面翔实；联合19个相关职能部门制定《泉州市标准地址二维码管理应用规范》，拓展建立全社会一体化的标准地址应用体系；推进“放管服”改革，围绕“让数据多跑路，让群众少跑腿”的承诺，在“闽政通”App上开通全市156个户政办事窗口网上预约服务，全市受理户政办事窗口网上预约355件。推出临时居民身份证全省通办便民服务，受理群众微信“指尖办事”业务30167笔，受理量全省第一；办理港澳台居民居住证21826张，受理量全省第一；受理全国异地办证36614张、全省异地办证52735张；9979人通过身份证自助机办理居民身份证。全市先落户后就业迁入514人、创业人员迁入60人、就业人员迁入183人。

【出入境及往返港澳管理】　2020年，泉州市公安机关把握疫情期间特殊政策，加强非必要出入境活动管控，暂停口岸签证，从严受理、审批中国公民因私出入境证件申请。3月20日至12月31日，全市签发公民出国（境）证件16943本，比上年下降97.2%。加强疫情防控协作研判，研判涉外疫情数据7万余条。加强涉疫宣传劝导，主动向在泉州外国人推送英、俄、法、德、日、韩六国外文版本的防疫知识。设立非法入境外国人临时观察点，接收全省移送看管对象19人，完成疫情期间非法入境外国人临时观察工作任务。联合市行政服务中心，通过线上直播的方式开展出入境便利政策宣讲，助力复工复产，为企业复工复产人员提供便利2800余人次。深化“放管服”改革，推出窗口“一窗通办”“人人善办”“整合优办”新机制。为10名专家提供疫情防控期间停居留政策解读和签证材料准备指导等服务，为涉外单位聘请的外国人办理工作类居留许可507人次。全市办理港澳居民一次性出入境通行证344件，代受理港澳居民回乡证换补发申请1200多人次，受理审批换补发回乡证1153件，均位居全省首位。

【交通管理】 2020年，泉州市发生适用一般程序处理的道路交通事故3453起，造成656人死亡，死亡人数与上年下降7.21%（减少51人）。实行“全警管交通”模式，全年查处各类严重交通违法行为65万余起，总量位居全省第一；树立“隐患就是事故”理念，实行“清单式”管理，整治各类交通安全隐患2283处， 提前完成省、市为民办实事项目的121处重点隐患整治任务。落地落实优化营商环境12项新措施，兑现“就近办、网上办、一站式”承诺，通过机动车登记服务站、“交管12123”App、交警支队微信公众号等渠道为群众办理各类交管业务81万余项；推进公安交警部门“一体化”执法管理体系建设试点工作，建立防范和打击机动车保险欺诈行为联动协作机制。完善非机动车和行人路权保障，中心市区主次干道新增机动车停车泊位3911个；探索实行“非机动车待行”“借道通行”“可变车道”等交通组织；强化交通应急处置，疫情防控期间启动交通检疫查验点37个，协助拦停检查车辆75万多辆次、人员125万多人次，确保人员车辆正常通行和重点物资运输畅通。

【执法规范化建设】 2020年，泉州市公安机关投入疫情防控工作，明确涉疫案件办理标尺，规范防控疫情执法执勤流程，严把涉疫案件质量审核关，确保全市公安机关涉疫案件办理严格规范公正文明。加强执法质量考评，推行执法全流程记录机制，实现对执法活动全流程监督、可回溯管理。推进执法办案管理中心建设，全市12个县级公安机关初步完成建设任务。梳理发生在群众身边、漠视侵害群众利益的执法突出问题和薄弱环节，有针对性地开展受立案、违规取保候审、涉案财物和取保候审保证金、“刑案清查”等专项整治工作，发现并纠正一批执法问题，制定出台《泉州市公安机关受案立案工作规定》《泉州市公安局刑拘后未报捕且未移送审查起诉案件提示催办和跟踪办理制度》等7份文件。推进公安“放管服”改革，逐步提升从“最多跑一趟”到“一趟不用跑”的转化率，市公安局“一趟不用跑”与“最多跑一趟”为86项，占比96%。依法开展行政复议、行政诉讼和国家赔偿工作，全市公安机关办理行政复议案件178起，办理行政应诉案件124起。

【边防检查】 2020年，泉州出入境边防检查站查验出入境人员144085人次，同比下降88%，查验出入境交通工具3764架艘次，同比下降70%，办理违法违规案件10起。通关便利化测评连续三年位居全省边检系统首位。将“边检小花”短视频品牌纳入国家移民管理局首批新媒体矩阵，1名民警作为全国政法系统唯一代表获评第七届“好记者讲好故事”优胜选手。情报信息搜集采用率全省边检机关第一。开展打击口岸非法出入境“边封”“警灯”行动，进行24小时巡查。出动警力200余人次，与码头企业签订承诺书16份，发放宣传资料100余份。密切与地方联防联控机制沟通，与海警开展海上联合巡查3次，排查船舶51艘。

2020年5月25日，肖厝出入境边防检查站与海警部门开展锚地联合巡航
（图/肖厝出入境边防检查站）

2020年11月5日，泉州出入境边防检查站与石狮市多部门共同开展“守护国门—2020”口岸疫情防控应急处置演练（图/泉州出入境边防检查站）

检 察

【概况】　2020年，泉州市人民检察院落实市十六届人大五次会议决议，履行新时代法律监督职能，为大局服务、为人民司法，各项工作取得新进展。办理审查逮捕、审查起诉、公益诉讼案件1.6万件，办理诉讼活动违法监督案件1890件次。12个案例入选省级以上典型案例、精品案例。依法批准逮捕各类犯罪嫌疑人5474人、起诉1.3万人。起诉故意杀人等严重暴力犯罪927人，同比下降26.6%。起诉安全生产领域犯罪26人，同比下降33.33%，依法办理欣佳酒店坍塌重大安全责任事故案。起诉盗窃等多发性侵财犯罪3041人，同比下降4.1%。惩治利用网络实施诈骗、赌博、泄露个人信息等犯罪，起诉1481人，比上年增长23.31%。配合开展“断卡”专项行动，起诉涉银行卡、手机卡犯罪760人，从源头摧毁黑灰产业链。

【刑事检察】　2020年，泉州市检察机关回应群众对法治社会的新期待，落实“少捕慎诉少押”理念，决定不批捕1425人、不起诉1373人，对不需要继续羁押的建议取保候审155人。加强刑事立案、侦查、审判、执行活动监督。向公安机关执法办案管理中心、法制部门或派出所派驻检察室83个，依法监督立案33件、督促撤案101件。对认为确有错误的刑事裁判提出抗诉27件，法院改判、发回重审14件。抗诉一起一审判决无罪的涉嫌强奸案件，法院依法改判有罪。加强刑罚变更执行监督，纠正233人次。专项监督立案执行3401名“三类罪犯”财产刑，执行到位2.3亿元；监督收监执行判处实刑未交付执行罪犯268人。对永安监狱和泉州市3个看守所开展交叉巡回检察。

【民事检察】　2020年，泉州市检察机关学习宣传民法典，把社会主义核心价值观融入民事监督全过程。受理各类民事监督案件759件，比上年增长29.08%。对认为确有错误的民事裁判，提请、提出抗诉、再审检察建议124件，比上年增长95.31%，法院裁定再审81件。整治虚假诉讼，纠正99件，比上年增长182.85%。安溪县检察院发现一“套路贷”团伙为获取非法利益频繁打“假官司”，依法监督纠正，发出再审检察建议50件。监督、支持法院依法执行，对超标的执行、违法纳入或删除失信被执行人名单等情形提出检察建议271件，比上年增长39.69%。对拒不执行判决、裁定情节严重的，依法起诉69人。

【行政检察】　2020年，泉州市检察机关受理各类行政检察案件385件，比上年增长99.48%。针对一些不符合起诉条件被驳回的行政讼争问题，开展专项监督，实质性化解行政争议3件。开展行政非诉执行专项监督，向法院、行政机关发出检察建议202件，督促追缴行政征收、行政罚款等456万元。督促依法解除超期查封案、收回被套取的农机购置补贴资金和罚款案，入选全国检察机关涉农检察典型案例。对行政机关改进工作、完善治理，提出检察建议141件，促进依法行政。

【公益诉讼检察】　2020年，泉州市检察机关践行双赢多赢共赢理念，开展公益诉讼守护美好生活等专项监督。办理公益诉讼案件539件，发出行政诉前检察建议470件，提起公益诉讼38件，推动废弃石窟变身网红打卡地、簸箕湾重现碧海银滩等。拓展办案范围，对法律明确赋权领域之外群众反映强烈的公益损害问题，探索立案99件，校园周边商户向孩子售烟、娱乐场所接纳未成年人等问题得到整治。融入“申遗”大局，组建文化遗产公益保护联盟，联动保护活态古城、生态泉州。29份诉前检察建议推动修护15处文物保护单位。

【“亲清护企”】　2020年，泉州市检察机关牵头在全省首开“司法+征信”绿色通道，把企业守信情况作为重要参考，依法不起诉涉嫌犯罪的民营企业负责人61人，24家企业得以复工复产。帮助820户企业实现信用变现，融资2.19亿元。推动允许处于社区矫正期的企业人员赴外地从事生产经营活动；主动沟通异地检察机关依法稳妥办理泉州市一龙头企业负责人涉嫌串通招投标案。专项清理长期搁置的“挂案”28件，督促撤案17件。南安市检察院监督解除冻结与案件无关账户，解企业运营燃眉之急，被最高人民检察院列入典型案例，在民营经济法治建设峰会上展播。全链条保护“泉州造”，起诉侵犯知识产权犯罪119人。完善品牌网络侵权监测和快速维权协作机制，牵头就企业关心的案件管辖问题达成共识，破解知识产权跨域维权痛点。协同山东省检察机关解决异地取证难题，挽回泉州市一企业品牌侵权损失1000万元。

【三大攻坚战】 2020年，泉州市检察机关护航金融安全，落实“三号检察建议”，惩治非法集资、洗钱等金融领域违法犯罪，起诉548人，推动追赃挽损2800万元。办理全国首例“零口供”泄露内幕信息、内幕交易案，维护投资者利益，入选全国证券违法犯罪典型案例。助力脱贫攻坚。向57名贫困受害人发放司法救助金106万元，防止因案致贫返贫增贫。支持73名弱势群体人员追回520万元辛苦钱。落实驻村帮扶责任，协调解决一宗民事纠纷，为66户287名村民挽回经济损失210万元。起诉破坏生态环境资源犯罪142人。坚持谁污染谁买单、谁破坏谁治理，办理生态环境和资源保护领域公益诉讼338件，追偿生态修复费用3800余万元。

【扫黑除恶】 2020年，泉州市检察机关起诉涉黑犯罪222人、涉恶犯罪275人，审查起诉环节案件全部清零。坚持“是黑恶犯罪一个不放过、不是黑恶犯罪一个不凑数”，对涉黑和重大涉恶案件统一备案把关，变更定性12件，全部获法院判决支持。重拳“破网打伞”“打财断血”，起诉“保护伞”19人；自行立案侦查“保护伞”案件6件6人；监督812件黑恶案件财产处置执行工作，执行到位5792万元。

【反腐败斗争】 2020年，泉州市检察机关深化监检衔接，规范案件移送、重大敏感案件会商等机制。依法介入监察机关调查案件25件30人，受理移送审查起诉职务犯罪49件56人，决定起诉50人，对9名原厅处级干部提起公诉。会同法院、监察机关组织开展听庭评议13场次，提升办案政治效果、纪法效果、社会效果。全省首次省市县三级监检联合听庭评议活动在泉州举行。2件案件入选全国检察机关职务犯罪检察精品案例。

【社会治理参与】 2020年，泉州市检察机关坚持把检察建议做成刚性、做到刚性，发出1421份，回复采纳率99.49%，占用阻塞盲道、快递三轮车事故多发、窨井“伤人”等问题得到治理，群众出行更安全。办理食药安全领域公益诉讼63件，推动校园周边、流动摊贩等食品安全卫生整治。探索建立食品安全民事公益诉讼惩罚性赔偿制度，一起使用废油制作火锅底料案被告人被判决支付10倍销售额的赔偿金，并公开向消费者赔礼道歉。对接乡村振兴战略实施和房屋安全隐患大排查大整治，25份检察建议督促整改农村旱厕1.4万余座、拆除违章建筑40宗。洛江区检察院发出检察建议，督促拆除水库区违法占地建设别墅5栋，保护群众饮用水源安全。

【社会矛盾化解】 2020年，泉州市检察机关把群众来信件件有回复做实做细做成，对收到的5869件来信，全部在7日内告知、3个月内答复。开展信访积案化解、领导大接访，办结重点信访事项50件，办结率98%。建成12个“12309”检察服务中心，通过网络或现场为群众提供一站式服务。推广“网格化+社区检察官”模式，借助行业协会、人民调解员等力量，把矛盾化解在基层。泉港区检察院办好群众身边的“小案”，依托检调对接化解“三尺巷”邻里矛盾，促进宗亲关系重归和睦。落实认罪认罚从宽制度，适用率82.31%，量刑建议采纳率98.22%，一审服判率92.96%，消弭社会戾气、促进和谐。

【未成年人保护】 2020年，泉州市检察机关起诉侵害未成年人犯罪332人，比上年增长12.54%。监督落实“一号检察建议”，全市84名院领导全部兼任法治副校长。会同公安、教

2020年，泉州未成年人检察“刺桐花”团队作为全国检察机关五大特色未成年人检察团队，再次写入最高人民检察院工作报告，图为团队全体成员

（图/市人民检察院）

育部门建立教职工入职前查询违法犯罪记录制度，查询5.3万人次，推动不予录用或清退58人。落实侵害未成年人案件强制报告制度，做到早发现、早干预、早救助。建设未成年被害人“一站式”询问救助中心，避免反复询问造成二次伤害。办好为民实事，建成市、县8个青少年社会保护中心。“刺桐花”未检团队再次写入最高人民检察院全国“两会”工作报告，并获评全国检察机关优秀办案团队。未成年人保护联盟工作得到全省推广。惠安县检察院试点成立村级“护童观察员”队伍，变被动受理为主动预防，列入县强基促稳专项行动；德化县检察院在职校设立亲职教育工作室，力争办理一起案件、修复一段亲情、帮扶一个家庭。

【普法宣传】 2020年，泉州市检察机关的37位检察官走进中央电视台、福建电视台以案说法；向社会发布典型案例35个。邀请各界群众1016人次参加检察公开宣告、公开听证268场次。落实法治教育从娃娃抓起，市人民检察院获评全国“法治进校园”巡讲活动表现突出单位。牵头启动首届大学生金融诚信微视频征集展播活动。建设15个法治教育基地，打造群众身边的“法治体验馆”。泉州（晋江）非公企业法治教育基地致力促进企业合规经营，被命名为首批省级法治文化建设示范基地。建设移动端传播矩阵和“鲤检100秒”“唐生学法”“检不简单”等新媒体平台。创作普法视听作品37部，其中11部获国家级奖项。

法院

【概况】 2020年，泉州市各级法院落实市委“强基促稳”部署，统筹推进常态化疫情防控和审判执行工作，聚焦主业、聚力履职、聚智改革、聚守初心，各项工作稳中有进、稳中向好。受理各类案件20.8万件，办结19.7万件。其中，市中级人民法院受理1.7万件，办结1.6万件。落实依法防控总要求，及时出台司法服务保障疫情防控期间经济社会发展的12条措施，妥善处置涉疫情案件347件。完善《办案情况统计大表》，客观反映所有法官和法官助理办案情况和能力素质。成立跨域服务中心，充实跨域诉讼服务事项，为群众办理跨域退费、开具生效证明等诉讼事务3118件次。发挥数据“集群”优势，推进“网络强院”。保护行政相对人合法权益，支持监督行政机关依法行政。完善“红白黑”名单分级管理机制，向社会公布失信“黑名单”，对失信行为纠正到位的及时屏蔽或删除失信信息，推进诚信泉州建设。

【社会稳定维护】 2020年，泉州市各级法院审结一审刑事案件9611件1.3万人，其中严重暴力犯罪案件772件944人。推进扫黑除恶行动，审结涉黑恶案件247件1417人，其中判处五年有期徒刑以上刑罚的473人，重刑率33%。严惩洪某、林某等22名公职人员涉黑恶犯罪。组织“打财断血”专项执行行动，执行到位金额1.2亿元，铲除黑恶势力经济基础。开展扫黑除恶集中宣判和执行直播活动16场，860万人次在线观看。从重打击电信网络诈骗犯罪281件685人。依法惩治安全生产违法犯罪案件21件25人，保障人民群众生命财产安全。保持惩治腐败高压态势，审结受贿、贪污、渎职等案件28件35人，完成省法院指定的原省管干部黄某平、武某等5人职务犯罪案件的重大审判任务。深化涉诉信访攻坚行动，化解信访案件218件，着力减存量、控增量、防变量。

【民生权益保护】 2020年，泉州市各级法院把社会主义核心价值观融入司法审判，平等保护当事人合法权益，全市法院审结一审民事案件5.4万件，其中涉及教育、就业、医疗、养老等民生领域案件1.4万件。立足打造“两岸合作先行区”，设立市中级人民法院泉州台商投资区办公区，为当地发展、群众诉讼提供优质服务。开展民间投融资机构专项整治行动，健全“套路贷”虚假诉讼甄别机制，重拳打击职业放贷、高利放贷等行为。强化金融案件在线审判，办结涉金融案件2.1万件，从严审理彭某龙等7人骗取票据承兑案。审结知识产权案件2713件，适用惩罚性赔偿，严惩电商平台源头侵权；参与中国（泉州）知识产权保护中心建设，助力创业创新创造。牵头多部门建立企业破产处置协调机制，建设破产案件智能办案系统；审结安通系三企业破产重整案，在全省法院首次引进央企参与民企重整。加大生态司法保护力度，审结污染环境、破坏生态资源等犯罪案件85件132人，全市法院均成立驻河长办法官工作室，惠安法院设立洛阳江“多维立体生态司法保护教育实践基地”，助推生态文明建设。

【特殊群体人权司法保障】 2020年，泉州市各级法院深化家事审判改革，审结婚姻家庭案件6890件，发出“人身保护令”13份，加大反家暴力度。鲤城法院家事少年审判庭获评“全国法院先进集体”。全市法院均开辟涉军维权绿色通道，与13个驻泉州部队完善法律共建机制。全市法院为当事人减缓免交诉讼费513万元，为83名受疫情影响的困难当事人发放司法救助金247万元。晋江法院建立“执行+慈善”救助机制，在全国首推“一十百千万”司法帮扶工程，最高人民法院院长周强批示要求全国法院推广；洛江法院成立全省首个司法救助联动中心，提高救助效率。

【诉讼制度改革】 2020年，泉州市各级法院坚持优化协同高效原则，市中级人民法院新设民事审判第五庭，基层法院如期完成内设机构改革。深化以审判为中心的刑事诉讼制度改革，实施并逐步完善认罪认罚从宽制度，推进刑事案件律师辩护全覆盖，律师辩护率、法律援助辩护率均居全省第一名。民商事诉讼中80%以上的案件随机分案，从源头上杜绝“人情案”“关系案”，一审服判息诉率、撤诉率等主要效果指标持续优化。全程网上无纸化匿名评查被改判、发回重审等案件2522件，提高评查质效。

2020年，市中级人民法院审结安通系三企业破产重整案，在全省法院首次引进央企参与民企重整。图为12月17日，安通控股股份有限公司管理人与安通控股完成财产和营业事务交接 （图/市中级人民法院）

【审判管理机制创新】 2020年，泉州市各级法院落实《法官审判权力和责任清单》，明确院庭长、审判组织、法官的权限和责任，压实院庭长审判监督管理职责。坚持领导办理大要案常态化，全市法院院庭长办理案件7.2万件，占结案总数37%。市中级人民法院完善《办案情况统计大表》，将办案数量、审判质效、司法公开等纳入考核，统一度量衡，以月、季、年为考量节点，全面客观反映所有法官和法官助理办案情况和能力素质，形成以工作业绩和民意测评为重点的选人用人考核模式，促进审判质效不断提升，主要公正指标位居全省法院最前列。

【诉讼服务】 2020年，泉州市各级法院贯彻习近平总书记关于推动诉讼事项跨区域远程办理和跨层级联动办理的重要讲话精神，市中级人民法院参与最高人民法院两份深化跨域诉讼服务的文件起草。成立跨域服务中心，充实跨域诉讼服务事项，为群众办理跨域退费、开具生效证明等诉讼事务3118件次。市中级人民法院与三明中级人民法院结对开展“山海合作”，推进跨域司法协作标准化试点。

【司法公开】 2020年，泉州市各级法院发挥数据“集群”优势，推进“网络强院”。推行审判辅助事务数字化办理，全市法院电子卷宗集中编目，实现审判流程信息“一键发送”、电子卷宗“一键归档”、格式文书批量生成、裁判文书线上签章等，为法官办案、群众诉讼提供智能辅助。市中级人民法院被最高法院确定为司法区块链应用试点单位，解决电子证据取证难、存证难、认证难问题。成立集中送达中心，建立集约化信息化的送达工作体系，经验做法获全省推广。深化阳光司法，上网公布裁判文书13.6万份，网络直播庭审1.7万场次。

【执行攻坚】 2020年，泉州市各级法院执结各类案件8.6万件，实际执行到位金额204亿元，执行质效排名全省第三，石狮和安溪法院分列全省基层法院排名第一、第二。完善跨部门跨系统点对点信息查询和联合惩戒机制，开展涉民生、金融等专项执行行动130余场次，审结拒执罪50件59人。完善“红白黑”名单分级管理机制，向社会公布失信“黑名单”，对失信行为纠正到位的及时屏蔽或删除失信信息。树牢善意文明执行理念，运用“活封活扣”等方式，帮助暂时性生产生活困难的群众和企业渡过难关。推行分段集约执行模式，结案平均用时比上年下降36.8%。提升执行信息化水平，安溪、晋江、南安法院启动不动产线上司法查控提高效率。

【依法行政监督】 2020年，泉州市各级法院保护行政相对人合法权益，支持监督行政机关依法行政，全市法院审结一审行政案件910件、非诉行政案件1332件。完善跨区域管辖机制，市中级人民法院审结以漳州、三明市、县两级政府为被告的一审行政案件42件。健全行政多元化纠纷解决机制，协调异地政府、法院等实质化解行政争议171件。联合市人社局等部门制定工伤行政争议“诉非联动”操作规程，会同市司法局等召开研讨会，出版《行政争议多元化解之“泉州实践”》。组织公职人员旁听行政案件庭审120余人次，受邀到行政机关开展法治讲座33场次。

司法行政

【概况】 2020年，全市司法行政部门以服务统筹推进疫情防控和经济社会发展为主业、以“强基促稳”三年行动为主轴、以拓展提升“法治政府建设年”行动为主线，推动法治泉州、法治政府、法治社会一体建设。完成“七五”普法总结验收，推动法治文化阵地向基层、农村、社区倾斜建设。制定政府立法指引制度，将立法工作流程化、视图化，使立法工作更加简单上手。巩固做好“诉调对接”“访调对接”“公调对接”以及参与“110”非警务警情事项分流化解等工作。推进公共法律服务平台建设，实体平台实现市、县、乡镇、村（社区）四级全覆盖。制定完善疫情防控常态化下法律援助服务流程，推行线上问、网上办、预约办、邮寄办，建立快速受理办案机制。

【普法依法治理】 2020年，泉州市司法行政部门完成“七五”普法总结验收。落实“谁执法谁普法”责任制，组织48家市直机关梳理、修订年度普法责任清单和普法计划，以丰泽为试点在全省率先启动“谁执法谁普法”履职评议活动。组织“新法面对面”线上直播，吸引观众14.8万人次。开展地方性法规宣传，印发宣传本2万册。组织“深入学习宣传习近平法治思想，大力弘扬宪法精神”“12·4”主题宪法宣传周活动215场。开展包括民法典在内的主题宣传活动3366场，“百千万计划”线上宣传活动2.02万场，参与人数1000万人次；开展“新媒体法雨行动”2938场，惠及粉丝300万多人次。实施“法律明白人”“法治带头人”双培养工程。全市“民主法治村（社区）”示范创建率100%，9个县（市、区）获评全国法治县（市、区）创建活动先进单位，全国民主法治示范村（社区）达12个、省级民主法治示范村（社区）113个、市级民主法治村（社区）351个。推动法治文化阵地向基层、农村、社区倾斜建设，市级投入332万元扶持县（市、区）法治文化阵地建设，全市各类法治文化阵地数超过180个。

【司法行政改革】 2020年，泉州市司法行政部门在全省率先推广证明事项告知承诺制。深化备案告知提示制度，创建试行部门规范性文件事前指导监督机制，审查各县（市、区）政府、市直部门备案规范性文件259件，出具备案审查意见16件、备案告知提示函23份，对市直部门规范性文件开展事前指导审查51件次，出具意见11件。在司法局内设科（股）室加挂社区矫正管理局牌子，承担政府社区矫正工作职责，市、县两级均成立社区矫正管理局，完成社区矫正机构设置工作。落实行政复议体制改革工作。

【人民调解】 2020年，泉州市司法行政部门重点指导百人以上企业建立人民调解组织，受理并调解企业内部矛盾纠纷。全市新成立应急设备商会人民调解委员会、物业纠纷人民调解委员会等行业性专业性人民调解委员会48个，行业性专业性等特色人民调解室43个。其中百人以上企业人民调解组织13个，涉军人民调解组织10个。设立品牌调解室131个，创建省级金牌调解室2个。截至年底，全市有各类人民调解委员会3213个。其中，乡镇（街道）人民调解委员会163个，村（社区）人民调解委员会2526个，企事业单位和行业性、专业性人民调解委员会524个。驻法院调解室调解案件3881件，驻信访调解室调解案件268件，驻派出所调解室调解案件8122件，公安“110”报警服务平台与“12348”法律服务平台联动调处纠纷2570件，分流46件。此外，泉州市和舟山市跨地域合作，建立海事渔事纠纷调解机制，提升“海上枫桥经验”，拓展“大调解”网络，化解矛盾纠纷，促进平安渔场建设。建立健全镇、街道矛盾纠纷排查月例会制度，在“两节”“两会”等节点开展矛盾纠纷大排查大调处等专项活动，开展人民调解参与扫黑除恶工作，到村居搜集情报线索，扩大线索来源渠道。全市排查化解各类矛盾纠纷2.81万件，调解成功2.79万件，成功率98%。基本实现“小纠纷不出村（社区）、大纠纷不出乡镇（街道）、重大疑难纠纷不出县（市、区）”。

【公共法律服务】 2020年，泉州市司法行政部门推进公共法律服务平台建设，实体平台实现市、县、乡镇、村（社区）四级全覆盖。延伸服务触角，推动公共法律服务进村入户，“一村（社区）一法律顾问”及其工作微信群实现全覆盖。市、县两级“12348”热线平台全部建立并落实值班制度。以“互联网+”为引领，整合线上公共法律服务资源，依托“泉州公共法律服务”微信公众号优化集成法律援助、公证、司法鉴定等网络服务平台，搭建“1+12”市县联动掌上公共法律服务微信公众号矩阵，打造覆盖全业务的公共法律服务“一张网”，实现公共法律服务事项“指尖点”“掌上办”。

【律师管理】 2020年，泉州市有180家律师事务所和2309名律师，全市律师办理各类案件7.73万件，担任法律顾问4926家，提供公益法律服务1.58万件次，咨询和代写法律文书1.07万件，业务创收59442.99万元。市司法局深化“一村（社区）一法律顾问”工作，优化公共法律服务供给。部署开展第三批村（社区）法律顾问示范点建设，确定310个村（社区）法律顾问示范点创建对象。部署第二批律师入驻“掌上公共法律服务平台”工作，全市822名律师入驻平台。深化法律服务“五在场”，村（社区）法律顾问开展重大村务决策在场204次，重要村规民约修改审核在场180次，重大事项法律咨询解答在场3433次，重大纠纷调解在场108次，重要节点普法宣传在场543次。市律师行业党委、市律师协会成立新型冠状病毒肺炎疫情防控工作领导小组。市司法局联合市工商联、市律协成立由51名专业律师加入的公益法律服务团，联合市商务局、市贸促会、市律师协会联合组建涉外法律服务律师团，服务团成员主动通过电话、微信、网络平台为顾问单位、签约村（社区）、群众等提供公益法律服务。市司法局完成对179家律师所和2081名律师的年度考核工作，同时联合市律师协会开展2020年律师事务所年度考核实地检查工作，按照“双随机一公开”原则，抽查30家律师事务所；落实律师行业监督管理工作，加强律师办理涉黑恶案件监管指导，收到报备860起；查处律师违法违规行为，接到投诉律师案件29件，作出行业处分2件，行政处罚2件；开展违规兼职等行为专项清理活动，组织全市律师所、律师自查自纠，各级司法行政机关全面调查核实，全市49名专职律师向主管司法行政机关报告违规兼职情形，尚未发现泉州市律师存在丧失中国国籍后仍然执业的违规行为。推进律师调解试点工作，以市人大代表建议办理为契机，牵头召开律师调解工作多方座谈会，探讨如何进一步推动律师调解工作，并与市中级人民法院初步达成确定至少1家县级法院作为律师调解工作试点法院的共识，打造一套较为成熟的律师调解工作模式。

【公证管理】 2020年，泉州市有11家公证机构和56名公证员。全市公证机构办理各类公证事项2.41万件，收费2017.417万元。评定2家公证机构为优秀等次，9家公证机构为合格等次，15名公证员为优秀等次，40名公证员为合格等次。泉州市海峡公证处强化质量管理、财务管理和人员管理，运用“互联网+公证”技术手段规范办证流程，拓宽公证服务领域，打造合作制公证机构的泉州品牌。全年海峡公证处办证1.78万件，收费1072万元，办证数和收费数分别占全市公证业务的53.5%和53%。试点机构参与法院调解、送达、调查、保全、执行等司法辅助事务，探索参与法院选定司法鉴定机构，协商确定司法辅助事务收费标准，做大做强诉讼与公证协同创新。试点公证处参与办理人民法院司法辅助事务110件。全市公证机构对法律关系简单、事实清楚、无争议的公证事项，推行办理公证“最多跑一次”工作，为当事人提供“最多跑一次”服务8210件。完成泉州公证网优化升级，结合公证“放管服”要求，将公证信息服务平台改版为“泉州公证网”，突出平台使用的响应速度和后台监管，推出在线预审、在线预约、在线导航等三大服务功能，建立申请信息推送、超时响应警示、响应速度评价三项效能管控措施，方便群众网上申请办证。开展公证执业专项检查，组织全市公证机构开展自查排查工作，形成问题清单，成立检查组实地开展专项检查，针对公证违规执业等九个方面内容，通过座谈会、查阅卷宗、查看台账等方式，对公证机构进行全面检查，提升公证机构和公证员的自律意识。

【司法鉴定管理】 2020年，泉州市有16家司法鉴定机构，124名司法鉴定人。全年承办司法鉴定案件1.96万件，业务收入2042万元。14家通过省级资质认定。市司法局开展2019年度司法鉴定机构和司法鉴定人年度考核，16家鉴定机构和118名鉴定人确定为合格，1家鉴定机构和13名鉴定人不予年度考核。加强司法鉴定投诉处理工作，办理司法鉴定投诉13件，办理行政处罚案件2件，给予行政处理3件。开展司法鉴定行业专项整治活动，按照司法部和省司法厅统一部署，组织开展司法鉴定机构和鉴定人清理整顿工作，对全市16家鉴定机构收费收案、鉴定意见审核、档案管理、能力验证等制度落实情况。抽查鉴定卷宗165卷，发现各类问题9个。针对发现的问题，对13家鉴定机构进行批评教育，要求5家鉴定机构和2名鉴定人限期整改，要求1家鉴定机构主动向主管部门申请办理注销登记，报请省司法厅对6名执业鉴定人依法注销登记。部署开展“亲子鉴定”专项整治和打击“司法黄牛”自查自纠活动，要求全市司法鉴定机构对照整治内容开展自查，组织法医物证鉴定人签署依法执业承诺书，并对10家鉴定机构开展检查。开展司法鉴定人协会换届选举工作，市司法鉴定人协会根据章程规定，召开第二次会员代表大会，全市31名会员代表参加大会。大会选举产生第二届理事会、第一届监事会和协会负责人，审议通过第一届理事会工作报告、财务报告，对章程和会费标准进行修订完善，通过协会财务管理制度。引导各司法鉴定机构积极参与能力验证和检测实验室资质认定工作，提升执业水平和资质条件。全市16家鉴定机构在80个能力验证项目中取得通过或满意的结果，通过率91%，满意率61%。1家鉴定机构的检测实验室通过省市场监督管理局资质认证。

【社区矫正与安置帮教】 2020年，泉州市市、县两级设立社区矫正委员会，搭好协调议事平台，完成社区矫正机构设置工作。开展以“依法监督，科学矫正”为主题的社区矫正法宣传活动，扩大社会认知度和参与度。完成县级社区矫正中心标准化建设工作。做好社区矫正对象新冠病毒疫情防控工作，强化重点时间节点排查管控，开展安全隐患大排查大整治活动，开展违法违规专项打击活动，深化社区矫正参与扫黑除恶斗争，严格规范执法，贯彻执行统一社区矫正执行模式。推广安溪县帮扶社区矫正对象就业创业机制做法，组织开展社区矫正对象职业技能培训，健全社区矫正管理服务机制。全市衔接新回归刑满释放人员3132人，重点帮教对象接送率100%，安置3122人，安置率99.68%，帮教3132名，帮教率100%。部署开展刑满释放安置帮教重点人员排查走访工作，摸排刑释安帮对象2.85万人，排查出有明显重新犯罪倾向、原罪涉黑涉恶等重点人员635人，排查出疫情防控期间有湖北接触史等重点人员28人，建档立卡，按规定报送公安机关或当地疫情指挥部，做好帮教措施。

【法律援助】 2020年，泉州市法律援助部门受理、指派法律援助案件1.60万件，受援群众1.64万人次，挽回经济损失1.63亿元，解答法律咨询3.09万人次。推进刑事案件律师辩护全覆盖试点和值班律师工作，全市受理指派刑事法律援助案件1.24万件，位居全省第一，其中属于扩大通知辩护范围的2812件、法律帮助8318件。开展“法援惠民生　扶贫奔小康”活动，助力脱贫攻坚，全市1677人次一般贫困者、4768人次农民工、233人次残疾人、2294人次妇女儿童、524人次老年人获得法律援助。提升窗口服务效能，升级完善硬件支撑，全市28台“12348”法律服务热线接听设备完成100%换新；优化泉州市法律援助信息管理系统功能，与市行政服务中心一体化平台对接“好差评”功能，方便群众“一键评价”法律援助服务质量。加强法律援助工作站建设，市级在市劳动人事争议仲裁委员建立调解仲裁法律援助工作站，洛江、晋江、惠安、德化四地新设退役军人法律援助工作站。落实补贴动态调整机制，全市12个县（市、区）均与当地财政局联合下文重新制定法律援助补贴标准，鲤城、晋江、惠安、永春、泉州台商投资区五地新增法律帮助补贴标准。开展法律援助“七进”活动，全市开展活动149场次，发放宣传材料2.28万份，现场解答法律咨询5409人次。

【法律职业资格考试】 2020年，泉州考区1040名考生报名参加考试，比上年增加10.4个百分点，其中选择机考的1002人、选择纸笔考试的38人。

【泉州司法强制隔离戒毒所】 2020年，泉州司法强制隔离戒毒所连续13年实现无毒品流入、无戒毒人员脱逃、无非正常死亡、无所内案件、无安全生产事故、无重大疫情“六无”目标。主动与市政府相关部门对接，连续执行封闭管理214天，落实联防联控，实现疫情“零输入”。通过建立矛盾纠纷化解机制，落实包室谈心谈话，实现戒毒人员违规率下降80%，戒断率100%。加强与泉州市禁毒支队、司法局联系，建立跟踪联系人和民警专人负责制，实现全年解除347人的必接必送。邀请社会爱心人士开展“爱心妈妈云帮教”活动，举办就业推介会，在泉州市丰泽社区卫生服务站挂牌成立康复指导站，延伸戒毒人员帮扶工作。推行干职积分建卡量化考核管理机制，分开分类分岗考核，同职位同岗位同类别排名，调动工作积极性。推进“两房（干职伙房、干职备勤房）三中心（警体训练中心、制服洗涤中心、警营文化中心）”建设，推广“两信箱（所长信箱、纪检监察信箱）、两平台（警情沟通平台、业务受理平台）、两专栏（干职生日祝福专栏、民警风采专栏）”，推动“首问责任制、限时办结制、党委督办制”三项制度执行。

2020年12月3日，泉州司法强制隔离戒毒所戒毒康复指导站揭牌

（图/泉州司法强制隔离戒毒所）

2020年12月8日，泉州司法强制隔离戒毒所举行警察荣誉退休暨新警入警仪式

（图/泉州司法强制隔离戒毒所）

军　事

泉州军分区

【概况】 2020年，泉州军分区贯彻习近平强军思想和上级党委指示精神，瞄准“出人才、出精品、出战斗力”目标，坚持习近平强军思想引领，深化练兵备战驱动，聚力动员援战推进，打牢基层基础支撑，各项建设和工作稳中有升。开展党委中心组带机关理论学习，推动习近平强军思想走深走心走实。强化军委主席负责制“三项机制”刚性执行。深化主题教育成果，组织区部两级政工干部网上集训，开展民兵思想政治建设调研，汇编下发优秀教案，结合纪念抗美援朝战争70周年，组织大型中国画展、汇编红色故事集。在整组点验、军事训练和遂行任务中落实民兵思想政治教育。成立军分区党委政法委员会，贯彻《中国人民解放军预防犯罪工作条例》，组织观看“人生没有彩排”案例演说会，筑牢维护核心、听党指挥的政治根基。

【练兵备战】 2020年，泉州军分区贯彻落实习近平和军委、战区、省军区的指示要求，牢记备战练兵之责，抓深做实各项准备。强化战备制度落实，规范值班秩序，加强值班培训，严肃值班纪律，确保不出现错漏误情。开展台海局势变化和有关情况军情研究，制定联合搜救、海上不明目标查证等对策措施，加强海上方向备战准备。按纲抓训施训，组织战备训练法规部（科）长集训，组织区分首长机关、专武干部、教练员、民兵干部骨干开展强化训练，并开展2020年度群众性练兵比武。选送4个批次专武干部参加省军区集训，组织本级专武干部集中强化训练。

【国防动员】 2020年，泉州军分区紧盯“新时代国防动员体系”构建和后备力量“十三五”规划落实，推进国防动员实质性建设。跟进党政机构改革，健全调整65个成员单位和10个职能办公室，召开市国防动员委员会工作会议，组织国动委主任述职。制定泉州市国防动员建设“十三五”规划《落实责任分工表》，按时间节点推进“十个方面”34类131项任务落实。加强军事设施保护，制作下发两区两范围标志牌，把军事设施保护工作纳入党管武装绩效考核内容。迎接军委国防动员部“十三五”规划落实情况综合检查组考评，受到肯定。深化民兵调整改革，代表福建省迎接军委国防动员部检查考评。启动军分区“十四五”规划编制工作研究，召开军分区“十四五”规划编制座谈会，初步探讨“十四五”军分区建设。

【疫情防控】 2020年，泉州军分区贯彻落实上级关于疫情防控指示精神，11次召开疫情防控专题会议，6次动态调整完善疫情防控预案，开展疫情防控形势教育，跟进搞好防疫知识宣传和心理疏导，下发《关于做好新冠肺炎疫情防控政治工作通知》《致全区人员及家属的一封信》，制定下发《疫情防控期间海防民兵哨所管理规定》等8份疫情防控措施，严格营区营院封闭式、网格化管理，确保“零感染”。

【基层建设】 2020年，泉州军分区做好军委基层建设会议“下篇文章”，厚实基层建设底蕴。贯彻落实《军队基层建设纲要》，规范人武部、基层武装部和民兵哨所自主建设，调研完善人武部党管武装工作内容，召开贯彻《军队基层建设纲要》规范表彰研讨会，形成成果上报军委国防动员部。提高综合保障效益，组织全区营房安全情况摸底排查，完成老旧营房加固修缮和围墙改造，推进军事职业教育硬件设施建设，协调保障省军区师团干部理论集训暨纲要培训、纪委书记监委主任集训、民兵情报信息员集训。推进文化活动中心建设和干休所综合整治，协调省军区和解放军总医院对1名因病滞留士官进行救治，开展救济工作和慰问生活困难党员群众。紧盯春节、“两会”、国庆、疫情防控等时段加强安全管理，召开安全形势分析会、组织风险评估，开展“百日安全活动”，清理排查地方印制资料图片场所，完成武器装备弹药接领和报废押运，确保安全稳定。

【双拥工作】 2020年，泉州军分区落实党政领导过“军事日”制度，组织党政领导干部参观部队军事训练、体验军营生活；协调召开市委议军会，贯彻落实省委议军会精神，研究推进民兵训练基地建设、军地联合表彰、国防教育宣传和完善军地信息共享机制。协调资金帮助驻泉州部队解决生产生活困难，协力解决军人子女就读优质学校，28人中考享受加分优待。

【党管武装】 2020年，泉州军分区深化政治整训，制定常规巡视后续问题整改和党风廉政建设形势问题整改具体实施办法，对照军委关于武警部队涉郭徐信息问题通报开展政治领域官僚主义清理整治，开展师级以上领导干部落实有关待遇规定专项清理整顿工作和社团清理。健全党团组织，指导区部机关党支部按期组织换届，调整规范干休所党的委员会设置，组织泉州市人大解放军代表团代表改选，调整健全基干民兵分队预建党组织。从严从紧执纪，落实党委、纪委书记上纪律党课制度。

泉州预备役某团

【概况】 2020年，泉州预备役某团加强思想政治建设，定期组织理论考核和读书笔记批阅讲评，强化官兵理论素养和使命担当；开展“传承红色基因、担当强军重任”主题教育和改革专题教育，紧贴形势任务、热点问题、官兵疑虑，用好军委政治工作部印发的形势教育提纲和权威媒体报道，理直气壮抓思想、纠偏向、强引领，提高官兵思想觉悟和政治能力；加强强军文化建设，建设“全军十大英模挂像”广场，更新营区政治氛围，广泛融入空军元素，增强官兵归属感；参与脱贫攻坚，3次到挂钩的2个贫困村精准帮扶，巩固脱贫成果；强化政治纪律和政治规矩落实，保持团队纯洁巩固、集中统一。

【练兵备战】 2020年，泉州预备役某团瞄准职能使命，严密组织战备值班，修订完善各类方（预）案，紧贴任务抓实战备教育，强化官兵战备观念；组织军情和作战问题研究，高标准完成2个既定课题和6个自选课题，自主性组织6次热点问题交流，增强官兵敌情观念和作战素养；编实建强预备役应急分队和现役应急分队，组织战备训练法规学习贯彻，抓好值班规范落实；坚持落实基础体能普考，完成现役官兵军事训练等级评定提升训练水平。

【安全管理】 2020年，泉州预备役某团按照部队安全管理有关要求，盯住安全底线不放松，抓好安全管理工作。从严防控新冠疫情，围绕“把住门、盯紧人”总要求，多方筹措防疫物资，细化完善防控方案，制定12个方面具体措施并严格落实；落实每月安全形势分析制度，掌控团队及驻地安全形势，分析官兵思想动态，消除安全隐患苗头；狠抓安全警示教育，利用工作日交班、组织生活等时机，组织新规禁令再学习，观看警示教育录像片；组织全体官兵进行保密条例辅导提纲宣讲，传达学习上级关于保密安全的通知指示，提高官兵保密意识；开展专项安全大检查和隐患排查，重点围绕8个方面33项内容进行到边到底式检查整改；强化官兵和家属安全行车意识和车辆事故预防技能。

【后勤保障】 2020年，泉州预备役某团始持紧贴使命任务抓准备，突出质量效益抓保障，围绕精细服务抓管理。注重人才培养，后装岗位人员参加等级厨师、驾驶员、卫生员培训以及专业士兵职业技能鉴定，展开分专业、分阶段、分层次专业集训；把控经费开支，高标准完成重大采购任务，保障相关工作顺利展开；常态落实营区水电巡检巡修，投入资金完成团队工程建设以及日常维护，确保官兵训练生活安全有序；坚持做好日常医疗保障，为官兵及家属治病疗伤497人次，协调地方医院救护车6台次、医护人员12人次；开展重点行业领域整肃治理，严密组织公务卡、军人配偶保障卡、未就业随军配偶保险个人账户清理清查。

【正风肃纪】 2020年，泉州预备役某团履行监督执纪问责使命。组织官兵系统学习习近平总书记关于全面从严治党的重要论述，常态组织新规禁令学习，开展党委书记讲党课、纪委书记讲纪律课；注重运用上级警示教育资料以及违规违纪问题通报教育警示官兵，利用展板、漫画和LED等多种形式营造廉政氛围；推进党风廉政建设检查整改，整改36个问题；坚持发扬民主，更新团务公开栏，设立举报信箱，公布各级纪委电话，推行重要事务公开制度；加强监督力度，坚持把好训练监察关、选人用人关和经费使用关，查纠训练弄虚作假、随意降低训练标准、考核评估走过场等问题，对拟调整干部、立功受奖人员进行廉洁自律情况审查，25次介入物资采购、工程建设等廉政监管。

泉州海警局

【概况】　2020年，泉州海警局根据《中华人民共和国海警法》和全国人大赋予的职责使命，以维权执法为中心，破大案、打团伙、摧网络，查办各类案件110起，抓获犯罪嫌疑人138人，取缔“三无”船舶85艘，缴获走私烟6.9万条、成品油5465.24吨、海砂38218.73吨、渔获物2.39吨，总案值2926万元。其中，“6·3”特大成品油走私案、“10·17”特大走私香烟案、“3·24”非法杀害珍贵濒危野生动物案等大案要案的破获在全国、全省海警创下多个“首次”。

2020年，泉州市海洋与渔业局和泉州海警局举行海上渔业执法协作配合办法签约仪式　（图/泉州海警局）

【疫情防控实现“零感染”】　2020年，泉州海警局贯彻习近平关于打赢疫情防控战的重要讲话精神，刚性落实6个方面273条防控措施，局机关及所属工作站主动加入驻地海上疫情入境管控专班，率先出台《海上疫情防控应急处置预案》，编制《防疫期间执勤执法和防护工作指南》在全国海警推广应用。争取地方支持执勤防疫物资12.5万余件，2次组织党员向武汉地区捐款6.19万元，实现大队官兵“零感染”。

【“海上枫桥”建设】　2020年，泉州海警局依托“95110”报警平台，延伸新时代“海上枫桥”模式新内涵，创新群众工作方法，救助遇险群众18人，调解海上矛盾纠纷39起。与石狮市政府、泉州海事局、市海洋与渔业局、市烟草专卖局等8家单位签订执法合作协议，开创全国海警首家地市级海警局与县级市政府跨领域、全方位地执法协作新模式。

2020年，泉州海警局组织开展海上疫情防控执勤　（图/泉州海警局）

【练兵备战】　2020年，泉州海警局坚持以任务训练一体化为载体，抓普训、集训、专训。着重强化战术机动、喊话警告、抵近监视、外逼驱离等课目训练。

【综合保障】　2020年，泉州海警局完成“十三五”规划后两年项目和自筹资产项目7个，科学论证提报“十四五”规划项目4个。走实走宽军地融合共建路，协调市委、市政府为泉州海警局5个工作站土地划拨、手续办理开辟“绿色通道”，以“双拥交钥匙”方式保障建设，助推泉州海警基层建设整体进度在全国海警领跑领先，成为武警部队军地协作保障的典范和全国海警发展建设的样板；协调丰泽区政府斥资代建新营门项目。创新建立装备日常管理制度，开设“装备精讲周课堂”，组建“装备应急抢修队”，推行“装备跟学跟训”机制，设立“一船一档”档案室，实现海关系列舰艇3个重大共性问题的率先发现，相关经验做法被福建海警推广应用。

人民防空

【概况】　2020年，泉州市人防部门制发《2020年泉州市人防办党组理论学习中心组学习计划》，推进中心组理论学习制度化、常态化、规范化。开展“全民国家安全教育周”，推动《中华人民共和国国家安全法》《中华人民共和国反间谍法》等法律法规的宣传教育学习，强化国家安全意识，筑牢国家安全的防线。巩固第三轮市委巡察整改成果，解决久拖未决的工程决算历史遗留问题、未经人防审批而批准工规证问题、易地建设费征收领域存在问题。以专项巡察为抓手，推进腐败问题的清理，追缴易地建设费，清理存在20多年的预收易地建设费账户，盘活长期沉淀资金。8月，市委编办印发《中共泉州市机构编制委员会关于调整人民防空办公室所属事业单位机制编制事项的通知》，撤销市人防设施维护管理站、市人防工程检测站，成立泉州市人民防空平战结合保障中心；撤销市“991”工程管理处、市人防（民防）指挥信息保障中心，成立泉州市“991”工程维护中心，加挂泉州市人防（民防）指挥信息保障中心牌子，强化人防事业单位的机构公益服务职能。2020年，全市县（市、区）人防办兼职主任均配备到位，个别地区编配专职工作人员，加强基层人防队伍建设。

【人防指挥信息体系建设】　2020年，泉州市人防部门完成市、县两级人防指挥部编程调整，实现实案化实名制，省、市两级人防指挥部联动开展以人防行动组织指挥、指挥软件操作使用和战时文书编写等科目为重点的人防指挥部业务训练。落实战备制度，完善战备库室建设。市、县两级指挥所建立每周1次视频联调、每周2次无线短波联络和每周1次机动指挥所联调联试工作机制。制定相关制度，每周一组织全体人员集中训练。晋江市人防办结合试鸣活动成立人防应急救援服务中心，开展蓝天救援人防支援队伍演练；惠安县指导中化炼化公司开展防护演练的同时，组织开展毗邻区人口疏散演练；石狮市人防办组织5个镇区社区居民疏散演练，做到指挥和疏散全过程视频链接。开展警报统控试点，部署、指导石狮市人防办开展警报统控试点工作，督促分期落实建设经费。

2020年9月18日，泉州市举行第23次防空警报试鸣（图/彭　勇　陈晓东）

【人防综合防护体系建设】　2020年，泉州市人防部门加强人防工程建设。指导5个人防办对辖区重要经济目标制定实战化防护方案，并制订紧急疏散方案，具体到每个社区，并反复按实战化要求组织方案修订，并上报省人防办。完成各县（市、区）人防建设专项规划修编工作。

【人防支撑保障体系建设】　2020年，泉州市人防部门加强法制人防建设，组建临时执法队伍，以交叉执法方式，在全市范围内开展执法活动，推进人防系统腐败问题专项整治工作落实，解决历史问题，完善人防审批、人防执法规范化建设长效机制。组织开展对各县（市、区）人防执法情况的检查。加强人防宣传教育工作，利用多种宣传媒介开展宣传。制作5部人防动画宣传片和情景剧，在全市130多个邮政LED屏幕、泉州移动电视（公交车）1315个电视终端、泉州广播电视台、泉州广播电台889频道滚动播放。通过电信、移动、联通短讯平台发送人防宣传标语420万余条。全年在传统媒介上报道69篇，其中人民网6篇、中新网22篇、中国网10篇、新华网13篇，中国经济网18篇。开展线上线下立体宣传活动。警报试鸣暨人口疏散演练期间，在行政中心开展人防知识展板宣传活动。在泉州商城广场开展有奖问答活动，发放宣传册300余册。

退役军人事务

综 述

【思想政治和权益维护】 2020年，泉州市退役军人事务局梳理各项有关退役军人的法律法规政策落实情况，创新政策宣传形式和载体，综合运用融媒体矩阵，建立线上退役军人政策法规宣传平台，开展英烈褒扬、移交安置等系列专题普法，向社会提供方便快捷的法治宣传、法律服务。聘用常年法律顾问，每周固定时间驻点泉州市退役军人服务中心，免费为退役军人提供现场、书面、电话法律咨询服务，全年服务1000多人次。全年办理“12345”便民服务平台诉求件10件，收到各类信访件105件，办结率100%，解决6起历史遗留疑难信访问题，维护退役军人合法权益。

【服务保障体系建设】 2020年，泉州市退役军人服务体系基本实现规范化建设、实体化运行，市退役军人事务局提出“突出重点、示范引领、因地制宜，务求实效”的总体创建思路，在退役军人事务部提出县乡“示范型”创建的基础上，延伸提出同步推进村级“示范型”和县、乡、村三级“基本型”创建。截至年底，9个县级、111个镇级服务中心（站）通过全国“示范型”创建验收，达标率分别为75%、67.6%，达标率全省第一。创新在异地商会、工业园区等建立退役军人服务站。推荐申报“标杆型”服务站4家、“精品型”服务站1家。

【退役军人先进典型宣传】 2020年，泉州市退役军人事务局坚持正面宣传与典型示范相结合，开展“最美退役军人”学习宣传活动，丰富“优秀退役军人典型”资源库，市级首批入库28人，吴永沛获评全省“最美退役军人”。培育兵支书、兵站长、网格员、“楼幢长”、带头人、先锋队、示范岗等，开展“不忘初心担使命、退役军人立新功”实践。开通首条“退役军人公交服务专线”，成立11支县级、129支镇级和1119支村级常态化退役军人志愿服务队，退役军人投身疫情防控和复工复产工作。

【移交安置】 2020年，泉州市聚焦军改安置工作任务，推行“阳光安置”，千方百计把退役军人和随军家属接收好、安置好、使用好，做到部队、安置对象、接收单位“三满意”，完成年度安置任务。组织全市自主择业军转干部到910医院进行免费体检，建立健康档案。

市退役军人事务局联合人社、财政、医保、税务等部门成立部分退役士兵社保补缴工作专班，做好政策解读宣传和工作人员培训，加强教育引导。全市成为全省首个百分百办结的地级市，受到省委退役军人事务工作领导小组办公室肯定。市退役军人事务局坚持为退役军人顺利转岗服务，紧贴退役军人特点和需求，创新工作方法，提高服务质量。全年组织送政策进军营活动，为军队官兵宣讲安置政策，提高军队官兵的政策知晓率。开展军转干部岗前培训、适应性培训，做好军转干部进高校专项培训工作，获评全省“终身学习品牌项目”。

【就业创业】 2020年，泉州市退役军人事务局落实“六稳”“六保”工作，创新开展“3+1”（“技能+创业+拜师”+“适应性”）培训，适应性培训全覆盖。全市开展招聘活动42次，9600个用人单位提供就业岗位24万个。精准服务助力退役军人（现役军人家属）就业，对零就业家庭实行月动态清零。成立退役军人就业创业导师团队，1个项目获全国退役军人

2020年9月，泉州市第二期“连心桥”退役军人文化沙龙举行

（图/市退役军人事务局）

2020年11月8日，由市退役军人事务局主办的“兵心 匠心 人人出彩”泉州市退役军人职业技能研讨交流会在泉州轻工职业学院举行

（图/市退役军人事务局）

创新创业决赛优胜奖。

【军休服务管理】 2020年，泉州市退役军人事务局围绕“六个老有”（老有所养、老有所医、老有所为、老有所学、老有所教、老有所乐），建立定人包户制度，通过定期联系或走访，落实军休干部“两个待遇”（政治待遇、生活待遇）、无军籍职工的各项待遇，为军休人员提供及时、方便的日常服务保障。

拥军优属与抚恤

【概况】 2020年，泉州市退役军人事务局坚持荣誉激励与解决问题并重，把尊崇要求落到实处，落实抚恤优待政策。发放重点优抚对象抚恤和生活补助。全覆盖走访慰问重点优抚对象，发放慰问金。上半年联合发改委等五部门在原有基础上提高1倍发放重点优抚对象临时价格补贴。全市优抚对象数据入户核查率197.40%，核查率位居全省第一，11个县（市、区）核查率超200%。全省首创“双随机”鉴定机制（对申请带病回乡退伍军人医学鉴定的相关医疗鉴定机构、鉴定专家采取双随机抽取），全年办理带病回乡申请人员14人、伤残医学鉴定人员11人。

【褒扬纪念】 2020年，泉州市退役军人事务局为24位在乡残疾军人、在乡老复员军人和军队离休干部发放“中国人民志愿军抗美援朝出国作战70周年”纪念章。组织开展“致敬·2020清明祭英烈”网上祭扫活动，灵活运用融媒体、H5页面推出网上纪念堂、云祭扫等项目，全市各级烈士纪念设施闭园提供“代祭扫”服务，引导全市120多万人参与网上祭扫。面向全市征集“特别的怀念，给特别的你——2020清明祭英烈”主题征文1万余篇，获省退役军人事务厅表彰。开展“为烈士寻亲”活动，为16名烈士找到亲人。9月30日系中国第七个“烈士纪念日”，市委、市人大常委会、市政府、市政协四套班子领导、泉州军分区领导，泉州市直和省部属驻泉州单位负责人、驻泉州部队官兵、老战士、烈属及社会各界代表在泉州市革命烈士陵园举行向烈士纪念碑敬献花篮仪式。在全省率先出台《市级烈士纪念设施规划建设修缮管理维护工作方案》，谋划生成27个提质改造工程，下达烈士纪念设施维护修缮补助资金99.36万元，比上年增长175%，建立烈士纪念设施管护长效机制。

【关爱帮扶】 2020年，泉州市退役军人事务局联合泉州市慈善总会发起成立拥军优属（关爱退役军人）专项基金，广泛发动全市各界社会力量开展关爱帮扶，与邮储银行、泉州圆梦义工中心、爱尔眼科医院等社会力量开展合作。在全省首创“军民情·连心桥”系列活动，通过退役军人大讲堂、文化沙龙和心灵茶室，搭建与退役军人沟通交流平台。常态化挂钩联系退役军人，开展新兵入伍“四尊崇”、退役返乡“五关爱”、日常关怀“六必访”，获退役军人事务部调研肯定。全市组织走访慰问驻泉部队作出重大贡献的军人家属，市本级慰问部队，向驻泉州部队官兵、优抚对象、全国双拥模范单位和个人发送慰问信。军人子女入学优待，另有多人享受中考加分。

双拥共建

【概况】　2020年，泉州市退役军人事务局传承弘扬习近平在福建工作期间的创新理念和重大实践，推动双拥工作走在全国前列，泉州、晋江、石狮、南安同时受命名“全国双拥模范城”，实现“九连冠”“一带三”创建目标，受命名数量位居全国第一。军鹏特种装备科技有限公司董事长郑东升获“全国爱国拥军模范”称号。承办全国双拥模范城（县）双拥专职干部培训班，并在会上做典型经验交流，全国28个省（自治区、直辖市）的双拥宣传负责人和专职干部近250人参加培训。

【国防教育和双拥宣传】　2020年，泉州市退役军人事务局举办2020泉州爱国主义教育国防兵器展、“爱我国防”大学生主题演讲比赛。开展双拥创模暨国防教育宣传月活动，组织开展“新时代双拥工作”征文活动，宣传国防教育与双拥工作成效，市本级在中国双拥网、《中国双拥杂志》等国家媒体刊发宣传信息70多篇。在《中国社会报》《泉州晚报》整版刊发专题报道，宣传泉州市全国双拥模范城“九连冠”“一带三”经验做法及工作成效。刊发“2020年八一现役军人光荣榜”。

【拥军支前保障】　2020年，泉州市退役军人事务局推动一批拥军工程竣工，市、县两级投入资金建设科技文化拥军项目。开展“情系边海防官兵”拥军优属活动，全覆盖组织上门走访慰问边海防官兵家庭、抗洪抢险官兵家庭，协调官兵家庭就医、养老等实际困难23个，解决边海防官兵后顾之忧，在全市营造“子弟兵成边献忠诚，全社会拥军做后盾”的氛围。

【拥政爱民】　2020年，泉州市退役军人事务局率先下发《关于发挥双拥工作优势大力支持新冠肺炎疫情防控工作的通知》，提出具体举措关心援鄂一线部队医护人员及家属。帮助驻泉州部队解决防护物资，驻泉州部队营区及进出通道列入驻地日常消杀；军分区系统出动民兵参加防疫工作，为驻地政府提供防护物资1.5万余件以及帐篷、棉被等保障物资5批次302套（件）。

【军民共建】　2020年，泉州市组织多场军民共建联欢晚会、慰问演出。市退役军人事务局组织开展“老兵重返军营”活动，让优秀退役老兵重返军营，重温峥嵘岁月，感受新时代军营活动。开办全国首家“军营儿童之家四点钟学校”，依托社工机构解决部队子女课后无人照顾、无人辅导的难题，帮助解决现役军人“后代”顾虑。组织开展“民法典进军营”“宪法进军营”“运动健康进军营”等“一月一主题”双拥共建活动。

【“双拥+”工作】　2020年，泉州市退役军人事务局在全国范围内首次提出“双拥+”工作理念，首创“双拥+扶贫”“双拥+和谐家园”“双拥+心理服务”“双拥+应急救援”等双拥品牌，获中央军委政治工作部群众工作局肯定。“双拥+扶贫”：驻泉州部队投入资金，扶持挂钩贫困户发展23个增收见效快的短产业；分三批次下拨资金回购贫困户生产的农产品，慰问部队官兵。驻泉州部队协调食品供应商采购挂钩乡镇农产品。“双拥+和谐家园”：石狮市、晋江市、南安市投入资金落实驻泉州部队营区周边及进出通道环境卫生清扫消杀、交通秩序整治常态化活动。“双拥+心理服务”：投入资金采购“心理健康拥军项目”，支持部队建设心理健康成长中心。组织心理咨询老师到驻泉州部队服务官兵。

2020年7月31日，泉州市首条公交“退役军人服务专线”开通。图为司机在做发车前准备　（图/市退役军人事务局）

应急管理

责任编辑：谢晓艺

综 述

【应急体系建设】 2020年，泉州市应急管理局把握安全生产基本盘，推进完善应急管理体系建设，统筹加强自然灾害防治，防范化解重大安全风险，提升应急管理和防灾减灾救灾能力，防范和应对重特大灾害事故，最大限度减少人民群众生命财产损失。省、市、县、乡四级“森林防火指挥部”同步调整为“森林防灭火指挥部”，指挥部办公室同步由林业部门移交至应急部门并交接有关职责。体制调整后，应急管理、林业等部门发挥各部门专业优势，根据职责分工承担各自责任，衔接好防与救的责任链条，市应急管理局负责综合指导森林防灭火防控工作，组织开展监测预警、火灾扑救及应急救援等工作；市林业局负责森林火灾预防工作，坚持“打早、打小、打了”的早期灭火成功经验做法，继续负责森林草原火情的早期处理相关工作。市防汛办按省防汛抗旱指挥部要求，实行应急、水利“合署办公”。调整泉州市减灾委员会的组成部门和人员，43个成员的相关负责人任委员，减灾委员会下设办公室设在市应急管理局。调整后，各组成部门发挥各部门专业优势，根据职责分工承担各自责任，衔接好“防”“减”“救”的责任链条，市应急管理局减灾办公室负责综合指导协调，组织开展防灾减灾救灾工作。

【应急指挥中心和应急管理信息化】 2020年，泉州市应急管理局打造市应急指挥中枢，整合引接防汛、数字城管、交通、安全生产等数据和信息资源，推进应急指挥中心和应急管理信息化建设工作，编制泉州市应急管理信息化建设项目（第一期）可行性研究报告与初步设计方案。健全“1+N+X”（总体+专项+部门）预案体系。通过网上填报应急预案基本信息，建立“应急预案数据库”，加快预案汇集共享，完成政府类应急预案填报774份、企业类应急预案填报6855份。统筹整合应急救援力量，对全市应急救援队伍开展普查调研。成立综合应急救援队伍14支、地震救援队14支（其中重型队2支、县级12支），以及山岳、水域、高层、地下、石油化工、大跨度空间、车辆事故救援队各1支；全市有24支社会应急救援力量及132支重点行业领域专兼职应急救援队伍；聘任市政府安全生产专家213名，为应急救援提供技术支撑与服务保障。

【安全隐患大排查大整治】 2020年，泉州市吸取欣佳酒店坍塌事故教训，制定整改实施方案，细化196条具体整改措施。23名企业相关责任人员被依法立案侦查并采取刑事强制措施，32名市管及以下的公职人员受到党纪政务处分及诫勉，7名公职人员处于检察院受理、公诉阶段，5家事故单位和技术服务机构按程序立案处罚，相关整改措施按时序推进。在全市开展安全生产百日攻坚行动和安全隐患大排查大整治，成立大排查大整治总指挥部，经过8个多月努力，排查整治工作取得阶段性进展，基本做到隐患问题底数清、情况明，实现重大隐患基本捞出来的目标。据统计，大排查大整治工作开展以来，全市自查监督检查发现隐患总数53万余项、整改完成52.53万余项、整改完成率99.11%；责令限期整改单位6.85万家、停产停业整改531家、取缔关闭448家、行政处罚6807万余元。

【应急物资管理】 2020年，泉州市制定《泉州市救灾物资调运暂行规定》，建立定期会商制度，完善应急物资的采购、储备、调拨、使用等机制。推进自然灾害避灾安置点规范化建设，省、市两级投入280万元，规范建设全市2793个自然灾害避灾安置点，巩固提升126个示范避灾点。在全市自然灾害避灾点开展安全隐患大排查大整治工作，排查出隐患913条，对照安全隐患问题逐一提出整改措施，建立整改清单，压实安全责任。建立救灾物资保障新模式，制定2020年市级救灾物资购置计划，计划采购棉大衣、折叠床、雨衣、雨鞋、棉被、帐篷、应急灯等21类救灾物资2.4万余件，预算金额380万元。鼓励保险机构参与救灾重建，探索救灾资金多元化投入，与同级保险公司合作，引导农户参与农户住房叠加保险，使得受灾农户能够及时得到理赔款，助其重建家园。

【安全常识宣教】 2020年，泉州市应急管理局坚持正面宣传引导与反面曝光教育相结合，强化正面导向、镜头向下，结合清明、“五一”、“5·12”防灾减灾日、安全生产月、复学前后等节点，刊发动态新闻、系列报道1.1万多篇（条），引起福建日报、福建电视台、人民网、新华网等上级媒体关注报道；制作分发宣传折页、传单、海报等宣传品53万份，通过1700多套村村响设施、400多部流动宣传车巡回播报等方式解读政策，提升群众知晓率、参与度。强化反面教育、曝光震慑，利用报纸、电视、网站和新媒体平台陆续曝光行政处罚典型案例5批81家，失信重点关注对象名单6批67家。举办竞赛，推进应急知识“大演练”。组织全市人员参与全国知识网络竞赛，通过整理题库，组织人员集中线上培训和答题，定期通报各地答题情况，营造比学赶超氛围，取得福建省第一名的成绩。

应急救援

【概况】 2020年，泉州市应急管理局发挥市本级应急救援议事协调机构（市防汛办、森防灭指办等）综合协调功能，循序渐进地开展应急指挥中心和应急管理信息化建设，建立应急值班值守工作制度，做好防汛防台风和森林防灭火工作，组织参与相关应急抢险救援任务，强化各类应急预案修编更新、举行各种应急处置与抢险救援演练，规范社会应急救援力量管理工作，推进应急管理体系和能力现代化建设。

【应急预案优化】 2020年，泉州市应急管理局印发《泉州市应急管理局关于做好应急预案体系建设有关工作的通知》，对涉及的市级总体预案、专项预案、部门预案等预案进行责任分解，阶段推进各类预案修编工作，加强部门会审，确保各类预案按序推进。经部门协商、司法审查，出台《泉州市生产安全事故灾难应急预案》，设立安全生产应急救援指挥部，设13个应急工作组，根据事故类别和处置工作需要，对应急处置、人员疏散、现场管制、应急人员安全防护、医疗卫生救治、现场监测、社会动员、信息发布8方面处置措施进行明确，并同步在市政府门户网站上公开。加快其他预案修编进度，按照机构改革情况，修编出台《泉州市人民政府防汛抗旱指挥部关于印发泉州市防汛防台风应急预案的通知》《泉州市人民政府防汛抗旱指挥部关于印发泉州市抗旱应急预案的通知》《泉州市应急管理局关于印发〈泉州市危险化学品生产安全事故灾难应急预案〉的通知》等行业领域应急预案，市级突发事件总体应急预案、森林防灭火应急预案、自然灾害救助等有序进行，提升各类突发事件应急处突能力。推动全市各类应急预案汇集共享，提高科学、规范、高效应对生产安全事故灾难和自然灾难的能力。完成政府类应急预案填报591份、企业类应急预案填报6177家次。根据省防汛抗旱指挥部部署安排，由泉州市承办常态化疫情防控下防台风船舶与人员安全转移避险应急综合演练任务，省、市、县三级防汛抗旱指挥部全程观摩演练直播。承办省应急管理厅赋予的2020年福建泉州泉港危险化学品生产安全事故综合应急演练任务，演练主场设在福建联合石化公司，重点演练市、区两级政府启动应急响应及应急抢险救援等行动。举办2021年泉州市危险化学品道路运输生产安全事故综合应急演练。

【应急救援队伍建设】 2020年，泉州市应急管理局调研全市主要社会应急救援力量建设情况，对危化品、矿

2020年12月16日，2020年福建泉州泉港危险化学品生产安全事故综合应急演练举行 （图/市应急管理局）

山、住建、交通、海事、防汛等重点行业领域应急救援队伍开展普查，核实社会应急力量基本信息，了解掌握重点行业领域企业应急救援队伍建设、应急资源配备和应急联动情况。全市普查各类应急救援队伍443支2.34万人，包括国家综合性消防救援队伍（含消防救援队伍和森林消防队伍）、各类专业应急救援队伍、社会应急力量、基层组织和单位应急救援队伍、公安、武警、民兵队伍等，初步形成以消防救援队伍为主干力量，以危化品、城镇燃气、森林消防、医疗、电力等相关行业领域专业队伍为基础力量，以社会应急救援队伍为补充的应急救援队伍体系，同时加强应急演练联防联训联战工作。对泉港、泉惠石化工业园区危化品应急救援队伍基本情况、人员结构、车辆装备类进行普查，普查出政府专职石化应急队伍1支（市消防救援支队石化消防特勤大队东桥救援站）、企业应急救援队伍5支、应急救援队伍人员429人、重要应急车辆64辆，保障园区应急救援工作。面对“全灾种、大应急”的任务需要，通过整合优势资源，优化力量结构，打造党委领导、政府主导、部门联动、应急主管、消防主战、社会参与的“专精尖”社会应急力量，保障全市经济社会发展和群众生命财产安全。打破部门壁垒、身份界限，试行应急主管、消防主战模式，会同市消防救援支队，与蓝天、迅捷等7支地方社会应急救援力量签订《应急救援联动协议书》，依托原消防培训基地，建立社会应急救援队伍联合办公点，涵盖会商、办公、学习、驻勤、训练、物资储备等功能，建立战训联席会议制度，并统一纳入泉州市消防救援支队指挥中心调度，实行多支不同专业队伍统一联勤联动联备联战机制。

应急执法监督

【概况】 2020年，泉州市应急管理部门结合安全生产法律法规的立、改、废和机构改革职能调整，贯彻落实国务院办公厅《关于加强安全生产监管执法的通知》，推进安全生产执法机构规范化建设工作，增强执法能力，加大经费投入，强化装备保障，狠抓建章立制，严格执法，安全生产执法机构规范化建设取得成效。

【安全生产行政执法】 2020年，泉州市应急管理局制定《泉州市应急管理局行政执法公示制度》《泉州市应急管理局行政执法全过程记录制度》《泉州市应急管理局重大行政执法决定法制审核制度》，聚焦行政执法的源头、过程、结果等关键环节。按照强化安全生产监管与透明、高效、便民相结合的原则，优化安全生产行政审批事项，制定完善事中和事后监管办法，提高安全生产监管服务水平。依照《中华人民共和国安全生产法》《福建省安全生产条例》等法律法规和规章，以清单方式明确每项安全生产监管监察职权和责任，梳理行政权力事项和公共服务事项186项，并通过政府网站等载体，及时向社会公开，做到安全生产监管执法不缺位、不越位。泉州市率先在全省授权经济开发区实施生产安全事故调查。市政府下发《关于授权开展生产安全事故调查的通知》，授权市应急管理局牵头组织泉州市较大生产安全事故及提级调查一般生产安全事故的调查；授权泉州台商投资区管委会、泉州经济技术开发区管委会在本辖区范围内，行使县级政府生产安全事故调查处理权限。泉州市率先在全省委托经济开发区实施行政处罚。依据《中华人民共和国行政处罚法》《安全生产违法行为行政处罚办法》等法律、法规规定，结合实际，分别同泉州台商投资区管委会、泉州经济技术开发区管委会签订《行政执法委托书》，明确委托执法依据、范围、期限及委托执法权限，及时填补泉州市两个经济开发区没有安全生产行政处罚权的空白。市应急管理局在全市定期开展安全生产行政处罚案卷和事故案卷考核评议工作，评查案卷150多宗，提出整改建议576多条。针对案卷评查中发现的在实体和程序方面存在的问题，逐一梳理并进行通报，要求各单位举一反三，查找差距和不足，加大整改力度，加强行政执法人员的学习培训，规范执法和促进工作的目的，提高安全生产监管执法水平。

【安全生产权利和责任清单】 2020年，泉州市应急管理局有权责事项228项（子项512项），其中行政许可10项、行政处罚161项、行政强制7项、行政征用1项、行政监督检查11项、其他行政权力3项、公共服务事项4项和其他权责事项31项。国务院安委会、省政府安委会部署开展安全生产专项整治三年行动工作，泉州市在省上2个专题、12个专项整治工作的基础上，结合泉州市机构改革后的实际，增加细化部门安全生产监管职责工作专题工作，梳理机构改革后有关部门职责划转，起草《进一步明确安全生产监管职责构建安全生产长效机制的意见（征求意见稿）》，细化明确各部门安全生产监管，并对一些法律法规未明确监管部门的事项进行明确。

【行政执法案卷调查】 2020年，泉州市应急管理局按照安全生产执法要求规范建立执法工作档案，设立专门的档案室，并指定专人负责；组织对各县（市、区）行政处罚卷宗和事故调查卷宗进行抽查，评查案卷50多宗，提出整改建议180多条。针对案卷评查中发现的在实体和程序方面存在的问题，逐一梳理并进行通报，通过互评互查，掌握各地执法卷宗管理情况，纠正基层执法中存在的问题，提升行政执法监察规范化水平。

防灾减灾

【概况】 2020年，泉州市应急管理局夯实防灾减灾基础建设工作，提升防灾减灾应对水平。对全市避灾点开展安全大排查大整治，查找存在问题，确保使用安全。按照7个方面排查要求开展排查整治，排出问题隐患913处，整改910处。同时，对排查的问题进行网上录入，明确责任，确保大排查大整治工作落实到人。会同市财政部门及时下达省级2020年自然灾害避灾点提升建设补助资金，用于避灾点省级提升建设。下达2020年自然灾害避灾点提升建设补助资金用于全市100个避灾点提升建设。开展全国综合减灾示范社区评选及复核工作，全市5个社区被评为“2019全国综合减灾示范社区”，7个社区被推荐参加“2020全国综合减灾示范社区”评选。做好自然灾害救灾资金的下达工作，会同市财政下达中央自然灾害救灾资金到各县（市、区）用于受灾群众的生产生活。

【救灾物资储备建设】 2020年，泉州市应急管理局加强救灾物资储备建设，年初下达救灾物资采购计划，并按照市政府要求从救灾预备金中拨付资金用于物资采购及场所租赁。对全市库存救灾物资和全市避灾点的救灾物资进行统计录入。根据中央财政支持应急物资保障体系建设资金细化方案，向财政部门申请避灾点疫情防控资金用于采购防疫卫生物资。

【保险补贴】 2020年，泉州市应急管理局下达2020年政策性农村住房叠加保险财政补贴资金443.425万元，用于补贴购买2020年政策性农村住房叠加保险的农户，群众因灾农房受损赔付受益175.55万元；及时下达2020年灾害责任保险财政资金1184.7525万元，群众因灾受伤赔付受益257.55万元。

【防灾减灾宣传】 2020年，泉州市应急管理局在“5·12”防灾减灾日和“10·30”国际减灾日，通过移动信息平台向全市各个行业主要负责人及成员发布近80万条主题宣传标语短信和超级短信；到国企及相关下属单位分发500多份防灾减灾知识材料，指导企业制作防灾减灾LED宣传标语53条；联合市教育局、自然资源和规划局、地震局、气象局组织“防灾减灾知识视频讲解比赛”；初步建成全市防灾减灾知识普及师资队伍，到57所学校进行防灾减灾知识宣讲，受教育学生3.7万人。

安全生产监督管理

【概况】 2020年，泉州市各级各部门汲取欣佳酒店坍塌、晋江陈埭火灾等事故教训，履行安全生产工作职责，以战时攻坚状态狠抓安全隐患大排查大整治、安全生产专项整治三年行动、“控事故、保安全、迎建党百年”集中攻坚专项行动，一并开展小化工、有限空间、自建房改加工场所消防安全评查整改等专项整治，抓好问题整改，扭转安全生产不利形势。全市发生各类生产安全事故207起、死亡124人、受伤221人、经济损失7817.1万元，分别比上年下降16.2%、上升1.6%、下降0.9%、上升422.4%。发生重大事故1起、死亡29人、受伤42人，发生较大事故2起、死亡16人、受伤6人，分别比上年下降50%、上升6.7%、上升50%。

【安全生产责任体系】 2020年，泉州市应急管理局建立“条块结合”“行业+专业”精准摸排机制。依托全市7067个村网格、1.2万名专兼职网格员，“镇村干部+网格员”按照导则以“脚步丈量法”开展地毯式排查，把常识可辨别的隐患全部捞上来。开设大排查大整治信息平台，导入四经普和工商登记的企事业单位25.5万家，并结合卫片图斑、房屋二维码、智慧用电监控系统等大数据，进行匹配、比对、核查、清洗。由行业主管部门牵头，采用政府购买服务方式，实行专家

2020年6月19日，泉州市应急管理局举办防灾减灾专题讲座

（图/市应急管理局）

一线参与排查、鉴定、评估；市应急管理局聘请中国化学品安全协会、华侨大学30名专家集中研判重大隐患。以市级为主体，随机抽取沿海乡镇的20%、山区人员密集场所较多乡镇的50%，共32个镇街、487个村社区、36万栋房屋，逐栋过筛、一栋不落，对少排漏排的，责令全面返工重排，并由执纪部门追究责任。建立分级分类分期整治隐患机制。根据隐患问题类别和急重轻缓程度，分级分阶段整改，能立即整改的当场整改，整改难度大的先采取紧急避险措施再限期整改，历史遗留、成因复杂的结合三年整治行动滚动整改。分行业、分阶段验收，解决一批问题销号一批，解决一个行业销号一个行业，解决一个区域销号一个区域。坚持督导指导相结合，带着专家，下沉会商，帮助基层解决“疑难杂症”，发出督办单21份、编发《督导情况通报》33期，督导发现隐患点107个，其中重大安全隐患23个。盯紧大企业、大风险，对问题常发、屡犯不改的企业，实行联合执法、联合惩戒，纳入黑名单予以曝光惩戒，曝光典型案例50个、惩戒人员80余人。

【安全监管执法】 2020年，泉州市应急管理局根据《安全生产监管监察职责和行政执法责任追究的暂行规定》的要求，依照安全生产有关法律、法规、规章和市政府、上级安监部门工作要求，制定每年度安全监管执法工作计划，明确年度安全生产监管工作要点，确定本级的重点执法监察对象，并按照执法工作计划开展安全生产监管执法工作。利用《泉州晚报》《泉州安全生产信息》等载体和执法检查的机会，宣传《中华人民共和国安全生产法》《生产安全事故报告和调查处理条例》《福建省安全生产条例》等法律法规，促使生产经营单位负责人、从业人员等服务对象了解自己应履行的安全工作职责、安全监察员在执行公务时所行使的职权范围、如何配合安监执法人员开展执法工作等。将联合执法检查和服务基层活动结合起来，联合各县（市、区）、乡镇（街道）有关执法人员，到基层一线开展暗查暗访，并通过查阅安全生产管理资料、聘请专家检查指导、与企业负责人座谈等形式，了解企业安全生产情况和服务需求，帮助指导企业开展隐患整改工作，听取基层和企业对执法工作的意见建议。全市安全生产执法机构开展执法检查10780家次，帮助企业排查并督促其整改安全隐患4192条。坚持“示范引领、提质扩面、以用促建、创新监管”的原则，探索创新政府和部门安全生产执法监管机制，强化和落实企事业单位安全生产主体责任，依托“智慧安监”信息化系统，建立健全安全生产执法体系。结合安全隐患大排查大整治活动，发动各级各部门排查、上报安全生产守信联合激励、失信关注对象和失信联合惩戒对象。纳入市级安全生产失信关注对象80家，联合惩戒对象57家；上报拟纳入国家级联合惩戒对象2家。同时，建立安全生产失信联合惩戒联席会议制度，定期不定期听取不同专项整治领域相关部门落实联合惩戒措施的情况汇报，组织开展对事故多发领域的安全生产失信联合惩戒对象的联合执法活动。

【重点领域安全专项整治】 2020年，泉州市应急管理局通过乡镇排查、县级核查、市级抽查多轮覆盖，围绕4类重要场所、8类重点隐患问题，重点排查整治涉疫场所、钢结构房屋、校舍、宾馆酒店、租赁仓库及建档立卡贫困户房屋等人员密集场所，基本摸清房屋底数，并建立清单台账，实行清单管理。全市排查房屋169.2万栋，核查确定全市人员密集场所房屋11.3万栋，其中存在重大安全隐患2072栋，全部完成处置并销号；5147栋需重点鉴定的一般安全隐患房屋全部完成鉴定。围绕交通运输领域“人、车、路、企业”四要素开展拉网式、起底式排查整治。全市排查道路交通运输领域各类安全隐患3100条，完成整改3095条；对1898家重点运输企业、8571辆重点客货运车辆进行逐人、逐车排查，督促企业整改隐患303条，清理驾驶人隐患599人；向货运源头行业主管部门抄报严重超载违法行为1496起。开展消防安全隐患整治，检查28.7万家单位，督改隐患23万处。摸排“三合一”场所2.36万家，处罚3067家、三停1170家、罚款1617.5万元；摸底自建房加工场所2.49万幢，涉及经营主体2.76万家，取缔关闭自建房6199幢、评查自建房1.87万幢；在评查基础上完成整改1.79幢；安装智能型电气火灾监控系统3.48万套，应用智能充电桩1.1万个，103处具有火灾危险性的省级以上文保单位全部安装电气火灾监控系统。工矿企业按照“三查两改”（靠前指导下沉查、全面动员网格查、专家协助借力查，挂钩指导重点改、分级分类全面改）和“一企一策”方法，排查工矿企业3.5万家，发现各类问题隐患8.15万条，全部完成整改；危险物品企业建立健全“358”工作机制，落实危险物品全链条安全管控，全市排查危险物品企业1820家、使用城镇燃气餐饮场所1201家，发现隐患4714条，整改4596条，立案查处危险化学品生产企业13家，行政处罚33.3万元。排查自然灾害安全隐患6920处，整改6786处；为全市724座山塘配备应急防汛物资，完成公益型小型水库物业式管理；利用休渔期为全市1251艘小型渔船安装北斗示位仪。

地震应急管理

【概况】 2020年，泉州市地震局坚持疫情防控与监测分析两手抓，确保地震监测不断档，结合新形势、新要求，制订下发台站规范化管理和地下流体台站标准化方案，并完成9处台站标准化建设。加快推进地震预警信息发布工作，全市终端数总数量达3700余处。推进民众知识宣教，动员社会力量参与防震减灾宣传“进机关、进学校、进企业、进农村、进社区、进家庭”等活动，联合应急管理局、教育局、资源规划局和气象局举行2020年防灾减灾知识视频讲解比赛，评选出95名“泉州市防灾减灾科学传播师”。继续开展新生入学地震安全教育活动，全市61所学校开展地震安全教育讲座活动，听课师生超过3.8万名。推进防震减灾示范项目创建，6个社区被认定为2020年度全国综合减灾示范社区，8所学校被认定为省级防震减灾科普示范学校，丰泽区第三实验小学被认定为国家防震减灾科普示范学校。

【地震预警信息发布】 2020年，泉州市地震局继续加快全市地震预警终端建设进度，全市签约终端安装协议4000余处，实际安装终端3700余处。对全市预警终端欠费情况进行摸底，并逐月进行通报。与应急、人防等部门协调，扩大预警终端运用领域，为全市尽快全面实现多灾种预警信息综合发布做好准备。与市安办协调，将地震预警信息发布终端建设纳入市安全生产目标责任中，确保全市预警信息发布系统长期稳定运行。

【地震监测台站改造维护】 2020年，泉州市地震局完成市局体应变台和丰泽、洛江、南安、惠安、安溪等地下流体台站的仪器改造，通过省地震局验收，纳入福建省观测台网。定期开展台站巡查，每周针对各单位的资料报送情况短信通报，每季度进行汇总考评并发文通报。

【观测资料分析应用】 2020年，泉州市地震局落实地震监测工作考评制度和会商报告质量评比制度，将现场会商与视频会商相结合，做好全市会商会等研讨交流和业务评比，加强与省地震局等相关单位之间的业务沟通，提升资料处理与会商分析整体水平。及时完成前兆异常跟踪分析工作，发现异常第一时间落实，做好宏观、微观资料及多台对比。

【宏观观测网络建设】 2020年，泉州市地震局开展宏观观测工作培训，完成安溪蓝田水库宏观观测点的远程视频监控系统建设。做好地震群测群防管理工作，及时收集上报宏观观测资料，并做好多起地震宏观异常核实工作，做到宏观异常落实不过夜。

【地震应急避难场所建设管理】 2020年，泉州市地震局按照“十三五”期间建设任务和年初工作计划安排，加大避难场所建设力度。推进避难场所升级改造工作，完成Ⅱ类避难场所的升级改造。定期对已完成升级改造的东湖公园、中山公园、芳草园和释雅山公园开展巡查，并根据巡查过程中发现的问题现场提出整改意见，要求公园管理中心限期进行整改。召集南安、安溪、永春和德化等山区地震应急避难场所的管理人员召开泉州市第二期地震应急避难场所管理人员培训会。

【地震现场工作队建设】 2020年，泉州市地震局调整市地震现场工作队人员名单，升级改造物资储备仓库，组织市地震现场工作队培训并到惠安开展演练。编制《泉州市地震局地震应急响应预案》，科学细化震时响应分工，提升应急响应能力。

【建设工程地震安全监管检查】 2020年，泉州市地震局贯彻落实福建省建设工程地震安全监管检查工作部署，结合泉州市实际，以市抗震救灾指挥部办公室和市安全生产委员会办公室发文的形式，在全省率先制定下发市级检查工作方案，推开全市检查工作。全市检查、复核重大建设工程、高层建筑、学校主要建筑、医院主要建筑及一般建设工程2006个。全市各类受检建设工程落实抗震设防要求的整体情况较好。

消防救援

【概况】 2020年，泉州市消防救援支队践行训词精神，建强班子、带好队伍、推动改革、促进发展。接处警1.7万余次，抢救和疏散被困人员2549人，抢救财产价值约6753万元，完成“3·7”欣佳酒店建筑坍塌、“8·8”晋江陈埭火灾扑救、赴赣跨区域增援抗洪抢险、“7·12”龙岩市新罗区卓越新能源有限公司爆炸事故等大型救援任务。

【社会化火灾防控体系建设】 2020年，泉州市发生火灾1240起，死亡22人，受伤11人，直接经济损失3196.96万元，火灾“四项指数”分别比2019年下降27.57%、上升15.79%、下降35.29%、上升41.93%。建立党政主要领导挂钩整治消防突出问题工作机制，完成17处城中村、行业性问题的整改验收。市政府出台泉州市消防安全责任制实施办法贯彻意见，明确由市、县两级党委常委（常务）担任消防工作分管领导，逐一捋清32个部门消防工作责任。市纪委监委牵头对163个乡镇开展“1+x”全覆盖督导，督改消防问题676条。市委组织部负责掌握日常安全督导情况，将其作为领导干部提拔任用的参考依据。推进消防领域大排查大整治和消防安全专项整治三年行动，聚焦隐患“查得上来、整得下去”，遏制重大消防风险。推进“打通生命通道”治理，市消防救援支队联合住建、交警出台协调联动机制，查处消防车通道违法行为为3700余

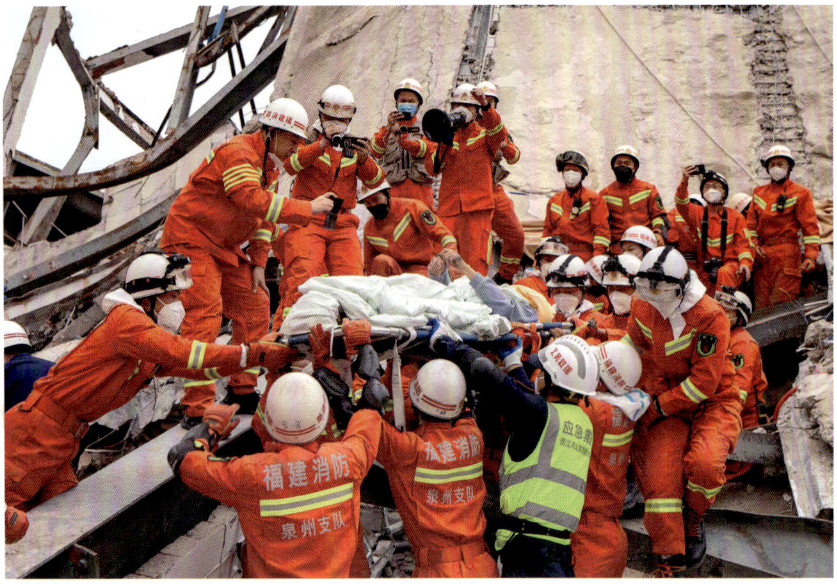

2020年3月10日，泉州欣佳酒店救援现场，被困69小时的伤员被救出
（图/市消防救援支队）

起。紧盯“三合一”、群租房等老旧场所、城中村区域性隐患及电动自行车管理，关停“三合一”场所3685家、抽查群租房1.6万余家。紧盯“高低大化”，组织全市3000余幢高层建筑开展自查自纠，落实楼长制和履职承诺制，以行业部门至少5%的抽查率倒逼问题自改。组织全市25个大型商业综合体开展达标创建活动，推动19家大中型石化企业列出三年细案，完成风险评估、设施更新、力量建设三项任务。全市消防救援机构检查单位1.07万家，督改隐患4000余处，处罚632家，查封66家，三停91家，罚款822万余元。

【社会化消防体系建设】 2020年，泉州市消防救援支队立足泉州实际，创新“行业+专业+属地”联合监管、隐患“分级+分类”处置等治理经验，形成“打更巡查”“2000度用电量排查”“卫星航拍”“无人机筛查”等行之有效的火灾隐患排查法。推行专家指导、第三方检查，依托市安委会设立消防专家库，委托100余名专家驻点、包村、助力提升基层检查质效。用好限期奖励补贴政策，推广安装智慧用电26449套、智能型市政消火栓47个，建成1860个电动自行车充电场所、应用智能充电桩1.02万个，为4663户农村留守老人安装独立式火灾报警器，在127个重点场所安装消防远程监控系统。针对自建房改用加工场所的历史遗留问题，反复研究制定十条管理导则及通告十条硬措施，发动全省118家评估机构，为全市2.5万余幢自建房加工场所评查隐患。依托省消防技术服务平台，搭建消防安全整治系统平台，实现信息化全程监管。试行开展消防救援站指战员参与防火工作，依托消防救援小分队成立14支防火巡查队伍，开展防火巡查、消防宣传，充实基层一线监管力量。在189个公安派出所增设消防智网，继续将消防工作纳入公安工作考评，在晋江试行开展乡镇（街道）消防委托执法，在重点乡镇推行消防文员派驻乡镇，缓解基层有责无权、权责不对等、小马拉大车的现状。

【综合应急救援能力提升】 2020年，泉州市消防救援支队做精指挥处置体系，主动融入“全灾种、大应急”体系，加强与应急、气象、地震等部门的信息共享和协作联动，畅通灾情信息渠道。与7支地方救援力量签订《应急救援联动协议书》，建立统一指挥调度机制、联合会商办公机制及联合办公点，将社会救援力量纳入指挥中心统一调度，发挥社会救援队伍专业优势参加全省地震跨区域应急救援实战演练和总队化工灭火救援编队拉动演练，提升指战员实战救援能力。构建地震（建筑倒塌）救援专业队、石油化工和危化品灭火救援专业队、车辆事故救援专业队。开展山岳救援技能培训，抽选20名指战员进行峡谷救援实操、现场模拟伤员的救护与运送培训，学员均取得绳索救援初级认证证书。组织68名指战员完成水域救援培训，其中16名学员取得内河小型船舶驾机员证，52名学员取得福建省红十字水上救生员资格证。开展高层建筑拉动演练集训，提升高层灭火救援能力，推进高层建筑灭火救援专业队验收工作。建立数据存储中心，配置无人机、布控球、卫星电话、有源终端、图形工作站、调频基站、防水对讲机、会议终端等，建强基础通信装备。常态化开展“直调直报”“轻骑兵”前突保障拉动考核，促进基层完成应急通信保障队伍建设；开展应急通信业务及无人机培训，提高队伍技能水平，成立70余名飞手的无人机专业保障队伍。健全战勤保障体系，建立新应急体制下的巡检模式，每季度实现基层消防队站、联勤维修点、战勤保障科三位一体的巡检指导，提高基层管装用装人员的能力和水平。与泉州市交通、物流、医疗、餐饮、维修、工程类装备公司及大型超市等12家单位和企业签订联勤保障协议，建立联动联勤通信机制。完善《应急救援战勤保障工作方案》，全面提高远程投送能力。

自然资源与规划管理

综 述

【用地审批】 2020年，泉州市资源规划局按照市委、市政府关于促“六稳”“六保”决策部署，落实用地保障“三三工作机制”，克服新冠肺炎疫情、新土地管理法实施等因素的影响，保障国家、省、市重点项目，重大基础设施、重大民生、重大产业项目，以及新基建新经济基地核心项目、新片区等用地需求，为全市经济社会平稳发展提供资源要素支撑。全年组件报批用地项目235个、面积1547公顷，宗数和面积数居全省前列。

【耕地保护与开发】 2020年，泉州市资源规划局落实建设占用耕地“先补后占”“占一补一，占优补优”等相关规定，全市建设占用耕地433公顷，落实耕地占补数量433公顷，落实占补平衡的耕地平均质量有所提升。省政府下达2020年度补充耕地任务260公顷，完成补充耕地任务864公顷，完成率332%。全年完成7个土地整理项目验收批复，规模393公顷，新增耕地规模8公顷；验收土地开发复垦项目44个，产生新增耕地137公顷，增减挂钩指标24公顷。

【建设用地使用权出让】 2020年，泉州市资源规划局编制中心市区2020年度国有建设用地使用权招拍挂出让计划，并在《泉州晚报》上公示。2020年度中心市区年度国有建设用地使用权招拍挂出让计划项目12宗，土地面积50公顷。根据《泉州市化解房地产库存和推进房地产供给侧结构性改革实施意见》要求，市资源规划局会同市住建局对各县（市、区）金和泉州台商投资区出让房地产用地进行审核备案，经核准后方能进行房地产用地出让。全年审查备案各县（市、区）和泉州台商投资区上报的99个房地产项目（土地面积399公顷）。按照《中共泉州市委办公室 泉州市人民政府办公室关于印发〈泉州促“六稳”“六保”追赶行动方案〉的通知》要求，泉州市计划“招拍挂”出让用地800公顷，其中房地产用地533公顷。1—12月国有建设用地使用权招拍挂出让504宗，出让土地面积1248公顷（超额完成56%），成交总金额344.9亿元（比2019年增加18%）。中心市区国有建设用地使用权招拍挂出让11宗（均为经营性用地），出让土地面积40公顷，成交金额76.17亿元（比2019年增加31%）。

【废弃矿山生态修复】 2020年，泉州市完成矿山生态恢复治理60.8公顷，完成投资2783万元。实施石狮市全市域废弃采石场治理工程包、南安市石井—水头连片废弃采石场治理工程包一期（蔡仔山片区）治理工程，洛江—泉州台商投资区连片废弃采石场治理工程包一期（洛江片区）工程，南安市丰州—霞美废弃采石场工程包一期工程（后田片区）。其中，石狮市废弃石窟生态环境综合治理以打造绿色、健康、美丽的生态家园为根本遵循，因地制宜推进各个废弃石窟生态环境综合治理工作，打造完成凤炉山生态休闲公园，通过综合治理，让废弃石窟重现生机、山体焕然一新，增添市民游玩新去处。

国土资源管理

【概况】 2020年，泉州市资源规划局突出抓调查推试点，摸清国土资源家底。全市11个县（市、区）第三次国土资源调查成果均通过国家级核查。晋江市、南安市基本摸清土地、矿产、森林、湿地、海洋5类自然资源资产家底。市资源规划局建立自然资源统一确权登记工作协调机制，印发《泉州市自然资源统一确权登记总体工作方案》。完成农村地籍房屋调查任务，涉及农村宅基地宗地总数146万宗，占地面积2.41万亩，房屋148万栋，建筑面积4.8亿平方米。突出抓保护促修复，筑牢生态屏障。强化资源保护，完成补充耕地867公顷、补充水田661.4公顷，提前超额完成省下达任务的232%、496%。强化矿山整治，全市完成投资2783万元，完成矿山生态恢复治理面积61万平方米。

【土地变更调查】 2020年，泉州市资源规划局开展第三次国土资源调查，调查覆盖面积11295.20平方千米，涉及13个一级地类、48个二级地类，初始调查图斑97万个（图斑数居全省第三）、举证图斑22万个，统一时点更新调查调查图斑10.6万个，举证图斑6.2万个，举证面积274.7平方千米。落实工作经费预算5988万元，其中市本级落实工作经费预算900万元（包含鲤城、丰泽工作经费）。调查项目中标金额4479.37万元，已拨付3347.02万元。作业单位、监理单位投入作业人员903人。11个县（市、区）调查成果错误率全部低于1%。南安市、安溪县调查工作通过国家自然资源督察上海局两轮督察，成果质量均居全省第一。变更调查国家下发遥感监测图斑1.53万/个、国情监测图斑3.2131万/个、统一时点复核疑问图斑1908个，自主提取图斑7681个，总计5.7万/个，图斑数位居全省前列。

【农业地质调查】 2020年，德化县、安溪县完成农业地质调查工作，对耕地和部分园地表层土壤25项指标、农产品8项指标的测试数据，编制成果报告和成果图件。洛江区、石狮市、晋江市、南安市启动农业地质调查工作。

【专项清理整治】 2020年，泉州市上报确认的25宗、225栋违建别墅问题均整治到位并通过省级核销。南安市安海湾海域违法填海问题完成年度整改任务，恢复滨海湿地18.67公顷。全市耕保督察整改到位率位居全省第一。推进农村乱占耕地建房整治，拆除新增63宗、面积3.86公顷。耕地“非农化”问题整治、露天矿山综合整治、打击非法盗采海砂等工作均取得进展和成效。

【地灾防治】 2020年，泉州市资源规划局会同市住建、交通运输、水利、应急等部门编制《2020年泉州市地质灾害防治方案》，组织指导县、乡自然资源部门做好地质灾害应急预案和值班制度等内容的修编工作；与气象部门开展地质灾害气象风险等级预警工作，发布地质灾害气象风险等级预警8次，发送预警短信息近万条；完成全市所有地质灾害隐患点7891处的再核查工作，开展地质灾害风险隐患大排查大整治，推进地质灾害风险调查评价工作；获中央、省级资金补助地质灾害工程治理项目4个，资金955万元；全市落实群测群防人员2.49万人；组织印制、分发通俗易懂的地质灾害防治宣传小手册10万册，提高基层干部群众的防范意识和防灾知识水平。

【不动产登记】 2020年，泉州市11个不动产登记大厅通过“专线直连”等方式，全部实现将不动产登记服务场所延伸至银行网点，市不动产抵押登记便民服务点的金融机构达到180 家，通过直连系统办理抵押登记业务41359件，占全部抵押登记业务的93.34%。不动产一般登记时限压缩至3个工作日内、抵押登记时限压缩至2个工作日内，比法定的30个工作日缩减90%以上。推进“一件事”套餐服务改革，从企业群众视角的“一件事”，梳理出“我要办理商品房登记、我要办理二手房交易登记、我要办理抵押登记、我要办理抵押注销登记”4件拟推进的“一件事”集成套餐服务事项清单。推行“交房（地）即交证”，所有县（市、区）均实现“交地即交证”，中心市区、石狮市等地实现“交房即交证”。中心市区办理不动产登记及相关业务1.84万宗，发放不动产权证书6.93万本、不动产登记证明4.59万份。其中办理首次登记2.76万件、转移登记4.43万件、预告登记1.8万件、更正登记565件、变更登记2304件、补发换发证书166件、注销登记2.03万件、查封登记2910件。据省自然资源辅助决策系统统计，2020年中心市区不动产登记群众满意率100%，网上申请比率65.68%，一般登记平均用时0.54天。

城乡规划

【概况】 2020年，泉州市资源规划局推进规划编制工作，印发《泉州市国土空间规划编制工作方案》，城镇开发边界试划成果上报自然资源部。完成《泉州城市规划建设发展战略研究》。完成145个乡村振兴试点村村庄规划编制。实施“聚城畅通”工程，印发《2020年泉州市中心市区“聚城畅通”工程实施方案》，策划生成19个“聚城畅通”工程项目，《泉州市中心市区到安溪龙门快速通道前期研究》通过评审。开展生态连绵带建设，全市22个生态连绵带项目中，18个项目开工建设并部分投入使用。推动历史文化名城保护工作，起草《中山路骑楼建筑修复整治办法》和中心市区私有危房改造管理规定，为加强古城保护利用与提升提供政策支持。

【“生态连绵带”规划建设】 2020年，泉州市资源规划局结合自然保护地、湿地等生态功能区建设，以生态连绵带为抓手，加快建设山水田园城市。生态连绵带统筹实施规划按评审会议要求完成修改，编制工作基本完成，为科学指导山水田园城市建设提供技术支持。编制单位进一步优化规划成果，策划生成近中期建设项目库。

【城市专项规划】 2020年，泉州市资源规划局印发《2020年泉州市中心市区“聚城畅通”工程实施方案》，策划生成19个“聚城畅通”工程项目，《泉州市中心市区到安溪龙门快速通道前期研究》通过评审。

【历史文化名城保护规划】 2020年，泉州市政府召开专题会议，听取关于《泉州历史文化名城保护规划（修编）》的内容汇报，市资源规划局提请市政府对修改完善后的规划成果和修改意见落实情况审定后报送省住建厅。市资源规划局完成中山路骑楼建筑具体保护范围划定，《泉州市中山路骑楼建筑保护条例》落实成效得到市人大调研组肯定。

【城市环境综合整治规划指导】 2020年，泉州市政府研究通过《泉州古城消防安全评估及消防专项规划》及古城消防站选址有关问题。下发《泉州市人民政府关于泉州古城消防安全评估及消防专项规划设计的批复》。市资源规划局组织召开泉州中山路周边古城街巷建筑立面及景观综合保护提升工程（古榕巷）设计方案评审会，邀请王唯山等5位专家及相关部门、单位进行评审。与会专家及相关部门、单位代表在听取设计单位市城市规划设计研究院的汇报后进行研究讨论，就修改完善该设计方案提出意见和建议。

【生态保护红线】 2020年，泉州市陆域、海洋生态保护红线评估工作前期历经评估成果提交、自查成果提交、矛盾图斑调整专题报告提交3个阶段，中期根据省自然资源厅多次更新的调整规则要求，历经多次生态保护红线评估调整成果审查对接，完成成果修改，待省自然资源厅统一报自然资源部审查。泉州市自然保护地整合优化预案通过专家评审。自然保护地调整预案与合法海域使用权及开放式养殖等矛盾数据进行衔接，并形成最新成果。省自然资源厅将成果上报自然资源部审查。

海域管理

【概况】 2020年，泉州市资源规划局强化海域修复工作，将海岸线修测成果数据上报国家级审定。投入资金568万元，用于围填海历史遗留问题区域海洋生态保护修复措施，包括开展拆除填海成陆面积3.19公顷，种植红树林种植8.72公顷，修复滨海湿地0.23公顷，修复海岸线0.69千米；投入132.5万元开展渔业资源增殖放流。

【海岸线修测】 2020年，泉州市海岸线修测工作基本完成，成果数据通过省级和海区级审查，上报国家级审定。本轮海岸线修测查清2008年以来泉州市海岸线主要变化，掌握海岸线的位置、长度、类型及开发利用现状等基本情况，对明确泉州市陆海分界，科学编制国土空间规划，制定自然岸线保有率管控目标和实现海岸线资源精细化管理具有重要的基础性作用。根据修测成果，泉州市大陆海岸线和有居民海岛岸线长625.39千米，其中大陆海岸线496.31千米，有居民海岛岸线129.08千米。

【海砂资源调查】 2020年，泉州市启动海砂资源调查及可采区选划工作。市资源规划局向省自然资源厅行文请示审查《泉州市海砂资源调查及可采区选划调查报告》。省国土资源评估中心受省自然资源厅委托完成《泉州市海砂资源调查及可采区选划调查报告》的评审，出具矿产资源储量评审意见书。

【重点项目用海要素保障】 2020年，泉港区惠屿陆岛交通码头工程、惠安县泉州外走马埭海堤提级加固工程板屿水闸围堰项目、石狮市东埔一级渔港除险加固工程3宗用海项目获省政府批准；泉州湾航道二期工程（大坠航道）、围头湾石井支航道二期工程等3宗用海项目获市政府批准。

【围填海历史遗留问题处理】 2020年，晋江市集成电路产业园区（工业园）内的晋江市东石镇第二实小项目（二期）、景观北路市政道路等6宗围填海历史遗留问题区域内用海项目的海域使用论证报告书通过泉州市资源规划局组织的专家评审，其中园区内5条道路工程出具项目用海预审意见；泉州市资源规划局经审查出具南安市滨海大道西段工程、晋江市科教园区一期项目教学楼及配套服务工程，福建华星石化有限公司丙烷、丁烷管道搬迁改造3宗项目用海预审意见；泉州台商投资区月亮湾国际沙滩滨海旅游配套设施工程用海申请通过审查，上报省自然资源厅审核审批。上述10宗项目涉及围填海历史遗留问题图斑11个，面积67.06公顷。

生态环境

综　述

【环境状况】　2020年，泉州市环境质量状况总体保持良好。中心市区空气质量达标天数比例为97.5%，晋江流域13个国、省控断面Ⅰ～Ⅲ类水质比例100%，县级以上13个饮用水水源地Ⅲ类水质达标率100%，小流域58个监测断面Ⅰ～Ⅲ类水质比例93.1%，近海海域36个监测站位一、二类水质比例91.7%。（参见附录·2020年度泉州市生态环境状况公报）

【生态保护】　2020年，泉州市推进生态保护工作，永春县获“‘绿水青山就是金山银山’实践创新基地”称号。是年，泉州市林业用地68.34万公顷，森林覆盖率58.7%。全市区划生态公益林面积26.38万公顷，占全市林地面积的38.6%。

【生态文明示范区建设】　2020年，泉州市推进生态文明示范区建设，安溪县获第四批国家生态文明建设示范区命名。推进排污权有偿使用交易，全市379家企业通过海峡股权交易中心完成新建工业项目总量指标申购，受让成交总额4838.43万元；全市出让成交总额2526.19万元；其中，企业出让成交总额1345.94万元，储备排污权出让成交总额1180.24万元。截至12月，全市1437家企业通过海峡股权交易中心完成新建工业项目总量指标申购，受让成交总额2.92亿元；全市出让成交总额2.16亿元；其中，企业出让成交总额12588.09万元，储备排污权出让成交总额8972.98万元。

【环评服务】　2020年，泉州市优化环评审批服务，简政放权，助力高质量发展落实赶超。服务复工复产，对656个泉州市年度重点项目进行分级分类、责任分解，提前介入服务，每月调度项目环评审批进展情况，推动重点项目落地投产。656个市重点项目（包括482个在建项目和174个预备项目）完成审批459个，编制环评报告书（表）项目23个，其中，482个在建项目完成审批410个。组织实施中化泉州公司100万吨/年乙烯及炼油改扩建项目炼油优化、化工优化和泉惠石化工业区热电联产项目环评公参和环境影响报告书审批。强化排污权指标保障，组织晋江、南安、永春等地委托海峡股权交易中心挂牌出让排污权指标（化学需氧量47吨、氨氮11吨、二氧化硫23吨、氮氧化物330吨），保障企业总量需求。落实简政放权，实行项目豁免管理，疫情防控期间对10个大类30个小类行业项目（主要涉及民生的中小微服务型企业，包括餐饮、娱乐、宾馆、公园等）实行环评豁免，约1/3的登记表类项目无须办理环评手续。简化审批流程，对17个大类44个小类行业项目（主要包括工程建设、社会事业与服务业、制造业、畜牧业、交通运输业等）实行环评审批告知承诺制，部分项目的环评批复可实现“立等可取”，办结环评承诺制审批项目211个。开展项目环评审批，全年审批环评报告书（表）1998个（报告书109个，报告表1889个）。加强环境影响登记表事中事后管理，出台《加强建设项目环境影响登记表备案事中事后管理实施意见》。加强环评中介机构管理，出台《泉州市环境影响评价中介服务机构管理规定（试行）》，督促全市环评中介技术单位全部进驻市审批服务网上中介超市，实行“一项目一评价”星级评价制度，建立网上中介超市信用红、黑榜。入驻市审批服务网上中介超市的环评中介技术单位107家，其中，信用红榜机构4家、信用黑榜机构5家。

大气污染防治

【概况】 2020年，泉州市推进大气污染专项整治。印发和牵头实施《泉州市大气污染强化治理专项行动方案》，推进涉挥发性有机物、建筑施工扬尘污染、道路扬尘污染、禁止燃放烟花爆竹、油品质量升级、船舶用燃油、露天烧烤污染、露天焚烧垃圾污染等8个专项整治行动。实施大气精准减排治理，完成70个省、市重点项目。推进12台65蒸吨以上燃煤锅炉超低排放改造和闽光钢铁超低排放改造，完成16个重点工业炉窑治理项目。推进建陶行业污染综合整治，建立分类评级制度，优化建陶企业错峰生产方案，有效降低建陶行业对环境空气质量的影响。开展强化监督攻坚行动，制定出台《泉州市“长空亮剑”大气污染强化监督帮扶工作方案》，以臭氧污染突出的春末夏初、夏末秋初以及颗粒物污染突出的冬春季等时段为重点，集中力量开展强化监督攻坚行动，推动解决区域突出大气环境问题。督促、指导泉港区、晋江市、南安市、惠安县等地分别制定行业整治方案，针对性开展行业整治，省生态环境厅列出的77家问题清单企业全部完成整改。

【机动车超标排放整治】 2020年，泉州市加强移动源污染治理，加强机动车排放检验机构监督管理，采取随机现场抽检、排放检测比对、远程监控排查等方式，实现监管全覆盖。组织24家新申请检验机构环保检测线现场验收，现场检查检验机构54家，约谈24家，暂停联网12家。组织开展部门联动路查，排查重点柴油车9.87万辆，抽检548辆，处罚超标车59辆。建设完善机动车排放监控系统，遥感监测机动车654万余辆，发现超标车辆14501辆。

【空气污染防治】 2020年，泉州市强化区域联防联控和污染天气应对，建立健全空气质量联合会商制度，强化污染天气预测预警。及时向各地政府发出污染天气防控预警函32份，有效管控可能出现的空气污染天数35天。落实污染天气清单化调度机制，对重点涉气工业企业实行污染天气应急减排分类管控。推进颗粒物、VOCs走航观测及网格化精准监测，全年走航监测40天。

水环境综合整治

【概况】 2020年，泉州市加强水环境综合整治，开展第二轮流域水质提升“碧水清源”专项行动，实施精准治理项目103个，完成投入10.44亿元，投资完成率105.4%。推进入河排污口整改，1314个排污口完成整改1123个。开展水污染防治专项工作，全面完成加油站地下油罐防渗改造，全市2234个地下油罐完成改造2230个，其余4座加油站全部停业，改造完成率100%。按照《泉州市晋江洛阳江流域水环境保护条例》要求，洛阳江水质自动站投入运行。

【饮用水水源地保护】 2020年，泉州市强化饮用水水源地保护，在巩固市、县两级饮用水水源地环境问题整改成效基础上，延伸推动48项“千吨万人”水源地环境问题完成整改。完成县级以上集中式饮用水水源地勘界定标工作，提交省生态环境厅复核；17个“千吨万人”水源地全部完成保护区划定。

【近岸海域污染防治】 2020年，泉州市推进近岸海域污染防治，组织实施入海排污口排查整治，完成全市8个沿海县（市、区）入海排污口前期排查、溯源及水质监测，组织各地对相关排查数据进行初步审核确认。加强海漂垃圾日常治理，联合市城市管理考评中心开展每月考评。结合入海排污口排查，开展全市海漂垃圾治理形势调研和溯源分析。

土壤污染防治

【概况】 2020年，泉州市加强土壤环境状况调查和治理，完成重点行业企业用地采样调查，全市列入调查清单65家企业地块采集检测土壤样品7407个，地下水样品1141个，上报检测数据60774组。更新市级土壤污染重点监管单位名录，督促重点监管单位履行《中华人民共和国土壤污染防治法》相关义务。开展“守护净土”重点监管企业排查整治，督促相关企业完成问题整改。推进36家省级土壤重点监管企业周边土壤环境监测。全市防治重点区域泉港区开展土壤污染防控试点工作，探索制定《泉港区重点行业企业搬迁规范拆除污染防治实施细则》《泉港区土壤环境风险防控工作联席会议制度》等制度。

【危险废物规范化管理】 2020年，泉州市加强固体废物污染防治，开展工业固体废物（危险废物）、医疗废物专项排查整治，发现问题企业87家（完成整改76家）、问题医疗机构116家（完成整改115家）。组织实施危险废物专项整治三年行动，建立全市危险废物环境重点监管单位清单。实行危险废物信息化全过程监管，全市1372家产废企业运行电子联单3万份，转运处置危险废物26.2万吨。推进废铅蓄电池集中转运试点，安溪凯鹰、南安骄阳等5家试点单位全部取得收集许可证，收集废铅蓄电池9117吨。市生态环境局指导石狮市开展漂染行业危险废物集中收集试点，祥兴环保公司取得试点资格，收集危险废物70家次、99.9吨。组织实施塑料污染治理专项行动，落实禁止、限制部分塑料制品的生产、销售和使用。落实涉重金属行业污染防控，经省级核算，泉州市削减重点重金属排放量1968.95千克，完成年度削减目标。

【农村生活污水治理】　2020年，泉州市推进农村生活污水治理，下达各地年度农村生活污水治理目标和任务，指导涉农县（市、区）完成编制农村生活污水专项规划。全市农村生活污水治理投入9.8亿元，铺设收集管网约1690千米，其中，投入8980万元完成36个村生活污水治理为民办实事项目，铺设污水收集管网136.3千米。

【自然保护地监督】　2020年，泉州市加强疑似污染地块规范管理，健全污染地块联动监管机制，严防“毒地”开发利用，实时动态更新疑似污染地块清单。原东海电镀集控区B3地块完成土壤污染治理修复并移出管控名录，大华蓄电池有限公司、原永丰树脂公司完成场地风险评估。市生态环境局督促指导泉州隆泰皮革有限公司等6块疑似污染地块完成场地调查及报告编制，组织开展专家评审。

环境安全

【概况】　2020年，泉州市推进环境安全与应急能力建设。加强疫情环境风险防控，落实疫情期间医疗废物环境风险防控组织管理、准备工作及应对要点，加强疫情期间医疗废物和医疗废水环境风险防控，组织对全市定点医疗机构、集中医学观察点等单位的废水进行加密监督性监测，监测定点医疗机构355家次、医疗废物处置机构24家次、涉疫生活污水处理厂204家次、饮用水水源地223家次。紧盯定点医院、集中隔离点和医疗处置单位等重点目标，指导规范处理处置涉疫废物、废水、垃圾，出动执法人员2635人次，检查各类重点目标1088家次，视频连线1025家次，指导53家存在问题单位及时整改。全市收集处置医疗废物量5021.4吨（含涉疫情废弃物405.7吨），安全处置率100%。

【环境安全隐患排查与整治】　2020年，泉州市开展环境安全隐患大排查大整治行动，以石油化工、饮用水水源地、核与辐射安全、危险废物、尾矿库等5个方面为重点，拓展延伸到涉重金属、涉液氨、水处理等行业，在全市范围内组织开展“拉网式”环境安全隐患大排查大整治行动。全市各级生态环境部门检查企业700家次，发现环境安全隐患问题879个，完成整改873个。

【环境应急能力建设】　2020年，泉州市推进环境应急能力建设，落实环境应急处置。建立全市环境安全管理工作机制，健全突发环境事件风险防范体系。全年有354家企业通过“一朵云”（生态云平台）完成环境应急预案备案，402家企业上传风险源信息。按照突发环境事件“五个一”快速响应机制（第一时间报告、第一时间赶赴现场、第一时间开展监测、第一时间开展处置、第一时间建议政府发布信息），妥善处置晋江市盛航物流有限公司柴油泄漏污染龙湖等2起突发环境事件。完成《泉州市城市重污染天气应急预案》《泉州市北高干渠水源保护区突发环境事件应急预案》《泉州市南高干渠水源保护区突发环境事件应急预案》《晋江干流水源保护区突发环境事件应急预案》等预案编制工作，并组织开展2020年泉州市饮用水源地暨辐射突发环境事故应急综合演练。督促泉港、泉惠石化园区基本建成有毒有害气体环境风险预警体系。

环境监察与监测

【概况】　2020年，泉州市坚持勤查重罚，组织开展“清水蓝天”环保专项行动、“千吨万人”水源地环境问题排查、突出生态环境问题集中排查、“散乱污”企业专项整治、排污许可证专项执法检查等执法行动。全市出动生态环境执法人员4.76万人次，检查企业2.0万家次；立案查处企业648家，罚款4120.81万元；实施停产、限产案件6起，查封、扣押案件126起，移送侦办案件37起（其中行政拘留30起、涉嫌环境犯罪7起）。提升执法监管效能，发挥打击环境污染违法犯罪工作联席会议制度，建立“快取证、快移送、快审理、快判决”工作机制，及时协调、指导案件查办中的问题。加强环境网格化监管，全市各级网格员上报环境事件信息5.17万条，日常巡查信息28.25万条。对全市135家重点监控企业201个排污口以及晋江、南安两地建陶企业实施24小时监控。推进水电站生态下泄流量监控系统联网，完成566家水电站生态下泄流量监控数据联网。规范公正文明执法，综合运用约谈、警示、整改、处罚等方式，避免“以罚代管”。推行“双随机、一公开”监管，避免环保选择性执法。规范自由裁量权，公平公正实施处罚。推行柔性执法，对违法情节轻微，未造成社会影响的环境违法行为，加强行政指导，督促企业及时纠正，规范运行污染治理设施稳定达标排放。实施联合惩戒机制，强化企业环境信用动态评价，完成1086家强制参评企业和2家应约参评企业动态评价工作。对重点环境问题挂牌督办，确定市级挂牌督办企业13家。将企业信用评价信息和行政处罚案件信息及时录入相关平台公开，并通报相关部门。

【环境监察能力建设】　2020年，泉州市从执法装备、网格化监管能力及污染源自动监控等三方面入手，制定2020—2022年度泉州市环境监管能力建设三年规划中环境监察执法能力建设部分内容。强化执法队伍培训，组织全市120人次参加省级以上环境监察岗位培训，提升环境监察能力。

【环境监测】　2020年，泉州市印发《2020年泉州市生态环境监测方案》，组织完成辖区环境空气、水环境、土壤环境、生态环境、海洋生态环境及其他专项等生态环境质量监测等环境监测工作，发布环境空气质量日报和预报各365期，编发全市饮用水源地水质、主要河流、湖库和环境空气质量月报等24期；编制完成《2019年泉州市生态环境质量报告书》《2019年泉州市环境状况公报》等。组织开展污染源监督性监测、自行监测监督检查等工作，对232家重点污染源开展执法监测。其中，水环境重点排污单位67家、大气环境重点排污单位29家、土壤环境重点排污单位68家、其他重点排污单位30家、涉重金属企业及相关堆场、尾矿库等排污单位38家；对346家重点排污单位开展自行监测监督检查；印发《泉州市环保重点领域社会化监测机构监测数据质量监督检查方案》，对10家社会化监测机构开展现场抽查、对64家社会化监测机构发函协查153份监测报告的真实性；市生态环境局联合市场监管局对5家社会化机构开展“双随机”抽查检查；编制完成5份污染源监督性监测季度（年度）报告、4份VOCs专项检查监测季度报告、3份排污单位自行监测专项检查季度报告、1份社会化监测机构监测数据质量监督检查报告等。

【环境监测网络】 2020年，泉州市生态环境系统设12个生态环境监测站。其中，11个为泉州市生态环境局派驻各县（市、区）的监测机构。全市注册成立24家社会化生态环境监测机构，分布于鲤城区、丰泽区、洛江区、泉港区、石狮市、晋江市、南安市、安溪县、泉州台商投资区等地。环境空气质量监测点位，泉州市布设28个监测点位；其中，5个国控监测点位分布在鲤城区、丰泽区、洛江区，23个省控点位分布在丰泽区、泉港区、石狮市、晋江市、南安市、惠安县、安溪县、永春县、德化县等地。水环境质量监测点位，泉州市布设主要河流监测断面24个，其中，国控监测断面13个，省控监测断面11个。主要湖泊水库监测点位6个，其中，国控监测点位1个，省控监测点位5个。县级及以上在用集中式生活饮用水水源地监测点位13个。小流域水质监测断面59个，其中，1个国控断面，58个省控断面。水功能区监测断面65个，其中，国控断面25个，非国控断面40个。酸雨监测点位，泉州市区和石狮市、晋江市、南安市布设7个点位。噪声监测点位，泉州市区和石狮市、晋江市、南安市布设436个城市区域声环境质量监测点位，150个城市道路交通声环境质量监测点位，19个城市功能区声环境质量监测点位。

【环境监测能力建设】 2020年，泉州市加强环境监测能力建设，完成在泉州经济技术开发区、泉州台商投资区、福建泉港石化工业园区、福建省湄洲湾石化基地泉惠石化工业区、泉州高新技术产业开发区（江南园）、泉州出口加工区和湄洲湾港斗尾港区、泉州港石湖作业区各建设1座重点区域空气质量自动监测站。组织开展中心市区的涂山街、津头埔、万安和清源山等4座国家环境空气城市站仪器设备更新工作。组织开展在南安市东溪港龙桥、永春县桃溪大溪桥、德化县浐溪初溪桥和湖洋溪冷水坑各建设1座地表水水质自动监测站。组织开展2020年泉州市环境监测职业技能竞赛。福建省泉州环境监测中心站、安溪县环境监测站、德化县环境监测站分别获得竞赛团体的前三名。强化机动车尾气达标排放和环检机构规范检测工作，全面按国家标准使用简易工况法、加载减速法检测，全市机动车环检机构使用简易工况法、加载减速法检测比率分别为85%、93%，两项检测比率均居全省第一。

节能减排

【概况】 2020年，泉州市加强节能减排工作，完成固定污染源清理整顿，实现全市固定污染源排污许可证全覆盖，强化排污监管和企业自律。推进排污权有偿使用交易，全市379家企业通过海峡股权交易中心完成新建工业项目总量指标申购，受让成交总额4838.43万元；全市出让成交总额2526.19万元；其中，企业出让成交总额1345.94万元，储备排污权出让成交总额1180.24万元。

【碳减排工作】 2020年，泉州市开展碳减排工作，督促104家重点排放单位全部按时完成2019年度碳配额数量履约，组织开展低碳社区试点建设和全国低碳日宣传活动。

【主要污染物减排情况】 2020年，泉州市组织开展主要污染物总量减排工作，完成年度主要污染物减排核算和自查总结，四项主要污染物排放总量均控制在福建省下达的年度指标内。推动第一阶段3670家企业提前完成固定污染源清理整顿任务，完成第二阶段34621家企业排污许可证发证登记，实现全市固定污染源排污许可证全覆盖。强化排污监管和企业自律，发布2020年全市重点排污单位名录，197家次企业被列为重点排污单位，314家企业被列为参照重点排污单位管理的排污单位。

经济管理

宏观经济管理

【概况】　2020年，泉州市聚焦新冠肺炎疫情对经济的巨大冲击，一季度破解“五难”（企业用工难、疫情防控难、交通物流难、供应链协同配套难、市场拓展难）操作链，二季度实施“六稳”“六保”追赶行动，三季度开展双循环攻坚，四季度组织年终冲刺，全市生产总值由一季度下降10.3%提升至全年增长2.9%，总量达10158.66亿元，迈进经济总量超万亿城市行列。三次产业全部实现正增长，其中第三产业增加值4123.91亿元，增长3.2%，占生产总值比重突破40%。2020年，根据《中共泉州市委全面深化改革委员会印发〈关于进一步完善市本级政府投资项目管理的若干意见（试行）〉的通知》，泉州市发改委会同市财政局组织开展2020年市本级政府投资项目筛选安排并报经市政府同意后印发。市本级政府投资项目计划安排127个，总投资716.3亿元，年度计划投资121.8亿元。其中，在建项目66个，总投资677.2亿元，年度计划投资114.1亿元；前期项目61个，总投资39.1亿元，年度计划投资7.7亿元。

【“五个一批”推进机制】　2020年，泉州市强化“五个一批”推进机制，从项目遴选生成、服务保障、协调推进、监督监管等方面全链条、全方位推动项目建设。建立“五个一批”项目台账，按照“成熟一批、纳入一批、实施一批”的方式实行滚动管理，强化提前对接和会商机制，预先排除资金、用地用林用海、文物、生态环境等可能存在的“红线”或重大政策障碍；建立“全流程”的在建项目电子台账，应用“鱼骨图”等直观的分析模型，准确跟踪各个重点项目进度、时间节点要求和当前堵点，并提出解决措施；建立健全项目服务台账、前期第一责任人、项目评审预警、前期推进“一张表”等配套制度，强化重点项目统筹推进职能；建立“周汇总、月协调、季调度”工作制度，完善项目分类分层管理调度机制，杜绝项目推进中遇到问题不分析、不协调的懒政行为；运用台账机制加强对审批外环节的跟踪管理，综合运用“红黑榜”、通报、停权、停业等手段，有效治理中介服务机构对重点项目业主服务时效拖延、质量不高等失信、失职突出问题。泉州市列入省“五个一批”项目4448个、总投资3.1万亿元；新增“五个一批”项目1585个、新增总投资8606.6亿元；2020年获全省“五个一批”正向激励综合考评前期工作经费奖励800万元。

【招商项目策划推介】　2020年，泉州市发改委、市招商办完善招商工作机制，组织开展产业链招商季行动，强化“走出去”“引进来”“线上招”“线下促”，在全市掀起比学赶超的大招商热潮，高效对接签约、转化落地一批建链强链补链产业项目，取得阶段性实效。抓好产业链招商季行动工作落实，重点围绕全市产业发展规划布局，围绕13个新基建新经济基地、新材料六大重点领域发展方向和八大千亿产业集群改造提升，结合重点产业转型升级路线图推进实施，对标产业链发展方向，瞄准产业链关键环节及建链强链补链目标，确立招商方向和重点。产业链招商季行动以来，新增在谈意向项目171个，总投资2526亿元。8月29日，举办泉州市产业链招商推介会暨项目集中签约活动，采取“主会场+13个县域分会场+北京、上海、深圳3个驻外分会场+现场直播”方式进行，158个项目落户泉州，总投资1080亿元。围绕重点产业链“建链、补链、强链”工程，市、县两级联动，通过“云招商”“屏招商”等形式，组织多场招商推介和签约活动，全方位宣传推介全市招商政策、投资环境和重点招商载体，一批产业项目陆续签约。8月举办产业链招商推介会暨项目集中签约活动，签约项目158个，总投资1080亿元。紧盯意向项目促签约，紧盯签约项目促落地，加强项目协调推动，形成快速签约落地转化机制。2020年第一批、第二批集中云签约的147个项目中，开工项目79个，开工率53.7%。

【产业结构优化升级】　2020年，泉州市发改委推进全市16个重点产业转型升级路线图的评估、修订、整合提升，报批《湄洲湾（泉港、泉惠）石化基地发展总体规划》。组织开展汽车、地条钢、尾矿库等工业领域专项整治，抓好重点行业发展监管。协调服务中化三期、联合石化乙烯扩建等项目前期，加快中化泉州乙烯、百宏PTA等项目建设，重点推动重大工业项目实施。组织推进2020年“第三产业提升年”活动，实施规划研究、千亿产业、项目带动、发展载体、消费贡献五大提升行动，滚动推进服务业百大项目建设，125个项目全年完成投资339亿元，完成年度计划投资的116.5%。认定6个园区为市级现代服务业集聚示范区。推进千家服务业企业增产增效工作，实施“百千”重点产业增产增效行动，筛选确定1000家市级第三产业重点扶持企业，其中210家企业纳入省级服务业盘子，建立健全服务小分队、领导挂钩、协调推进等工作机制，举办银企对接、人才云招聘等活动，强化纾困帮扶，千家重点扶持企业完成年度营业收入3923.18亿元，超过年度增产增效目标13个百分点。组织参加第十八届中国·海峡创新成果交易会，策划举办新材料项目、陶瓷产品设计等专题对接活动，对接合同项目784项，总投资367.2亿元，征集企业技术需求180多项。推动新兴产业集群发展，组织申报省级战略性新兴产业集群发展工程，集成电路、新材料、智能制造装备集群建设方案通过专家初审。编制《泉州市新能源产业发展规划》，依托金石能源等龙头企业申报组建新能源领域国家级创新平台，规划建设新能源创新发展产业园区。推动创新平台和载体建设，“6·18”协同创新院陶瓷产业技术分院获批成立，高效太阳电池装备与技术国家工程研究中心通过国家发改委委托的中咨公司评审，中科院海西研究院泉州装备所电机驱动与功率电子国家地方联合工程研究中心通过验收，晋江市获批第三批国家级双创示范基地。推动产业重点项目建设，铁拓机械沥青混合料厂拌热再生成套设备、三安半导体氮化镓基第三代半导体外延材料、海峡石墨烯研究院石墨烯生物传感器等产业化项目通过验收，三安高端半导体系列项目完成投资超120亿元，晶安光电三期、中科生物一期项目完成建设。

【区域协调发展】　2020年，泉州市发改委推进闽西南协同发展区建设，制定泉州市加快融入闽西南协同发展区建设推进方案，与厦门市发改委编制印发《厦门—泉州科技创新走廊规划前期研究报告》，《厦漳泉都市圈发展规划》完成编制单位招标及规划思路研究。制定推进厦泉经济合作区建设联合招商机制，成立由厦泉两地商务、工信等部门组成的联合招商工作组，联合组织参加厦门“9·8”投洽会、海峡两岸（泉州）农产品采购订货会等大型招商活动，策划专场联合推介会。推进产业协作互利共赢，以获批海峡两岸集成电路产业合作试验区为契机，泉州半导体高新技术产业园区南安分园区与厦门产业协同建设成效明显，三安高端半导体高端封装项目、滤波器芯片项目试投产，安芯半导体设备项目投产。推进园区共建，厦泉（安溪）经济合作区引进企业45家，泉三高端装备产业园（梅列园）入园企业10家均开工建设，明溪—鲤城山海协作共建产业园入驻企业61家，泉港宁化山海协作产业园入驻企业18家，长汀县晋江工业园入驻企业32家。加快推进泉州市纳入闽西南协同发展区重大项目31个，完成年度投资超325亿元，其中泉厦漳城市联盟路建成通车，泉港百宏年产250万吨精对苯二甲酸等项目完成建设。

【省级特色小镇创建】　2020年，泉州市有永春达埔香都小镇、安溪尚卿藤云小镇、德化三班瓷都茶具小镇、晋江金井人才梦想小镇、晋江深沪体育小镇、晋江“芯”小镇6个小镇纳入省级特色小镇创建名单。6个特色小镇发挥项目带动支撑作用，夯实特色小镇发展基础。全年完成投资60.67亿元，完成年度计划的122.8%。

【数字经济融合发展促进机制】　2020年，泉州市发改委推进本地区数字化车间建设，全市21个企业拟通过数字化车间认定；发挥信息技术在要素配置中的优化和集成作用，推动2500多家企业基础设施、平台系统和业务应用“上云上平台”。推动行业级工业互联网平台发展。重点打造“鞋创云”“泛家居”“爱陶瓷”等工业互联网行业平台，打造企业级工业互联网应用标杆，信泰等6家企业入选省级工业互联网应用标杆，获补助资金300万元。

【国家自主创新示范区和创新型城市建设】　2020年，泉州市发改委制定出台《泉州市促进科技成果转移转化若干意见》等系列政策文件。推出45项全国、全省首创的创新举措。加强高企培育引导，推荐451家科技型企业进入省级高新技术企业后备库。开展国家高新技术企业申报，公示拟认定521家。分解下达培育任务目标，141家入选省科技小巨人领军企业，全市小巨人总数达739家。推动清源创新实验室、时空产业基地、天津大学泉州集成电路及人工智能研究院等近期落地建设的平台加快发展。对接引进高水平科技创新平台。截至11月底，全市技术合同成交总金额3.4亿元，比上年增长188.14%。

【国家级服务型制造示范城市建设】 2020年，泉州市发改委培育发展服务型制造典型示范，新增市级服务型制造示范企业和公共服务平台32个，强化平台服务制造业能力和水平，通过政策引导、市场主导，激活平台的主体作用。指导国家级工业设计中心迪特工业设计公司联合清华大学美术学院、德化陶瓷龙头企业共同探索以“平台+企业”模式共建陶瓷工业设计研究院，成为全省首个省级工业设计研究院，并争创国家级。推动制造业与服务业融合发展，探索两业融合发展新模式，鼓励引导制造业龙头企业建设智能仓配一体化项目，加快打造“生产基地+互联网+物流”新模式。

【国家产教融合建设试点】 2020年，泉州市组建1个省级和6个市级职业院校联盟。推动产教深度融合发展，全市高校、职业院校开展232个“学历证书+若干职业技能等级证书”（1+X）制度试点（占全省21.5%），开展99个省级“二元”制和现代学徒制试点（试点数全省最多）。每年可输送近10万名高素质技术技能人才，开展培训11万人次；与2400多家企业建立紧密战略合作关系，共建24个产业学院、10个职教集团、334个实训基地，57个省级以上科研平台。全省公布两批产教融合型企业建设培育入库名单41家，泉州市5家企业入选。培训在校后备生和校外企业员工等技能人才9192人，涉及机械制造、茶叶、工艺品加工等项目。

【国资国企改革】 2020年，泉州市发改委加强与省企、民企战略合作，推动9家企业开展混合所有制改革，引入非国有资本1.25亿元。加快蓝深环保公司上市步伐。健全完善现代企业制度，推动企业围绕16个方面健全内控制度。深化整合重组，以中泉（集团）公司为主体启动泉州市属国有外经贸企业整合重组工作，做强对外劳务合作和进出口贸易两大板块。推进泉州市县国企资源在公交、港口、水务等方面整合。

【行业互助协作机制】 2020年，泉州市发改委推动促进泉州市纺织服装产业集群窗口服务平台工作建设，在平台已发展100余家注册企业和入驻机构的基础上，发展和引导区域内服务机构入驻及发布服务产品、引导区域内企业注册。聘请专家教授作为政策导向顾问，为注册企业的战略决策和经济活动提供专家建议。平台为企业培训牵线搭桥，与泉州市纺织服装职业学院签约。与北京大学合作，量身订造适合本地区现状的总裁高级研修班等。发挥平台协作功能，与企业合作举办大型订货会活动，如承办“校园大道”校服博览会。9月27日，泉州市化妆品美业商会与华侨大学管理学院举办商协会创新发展交流。

国有资产监督管理

【概况】 2020年，面对新冠疫情和复杂严峻的经济形势，泉州市国资委抢抓国资国企改革发展新机遇，推动国有企业经济效益企稳向好，国有资产保值增值不流失。截至年底，泉州市国资委监管企业资产总额1834.27亿元，比上年增长16.01%；所有者权益966.08亿元，比上年增长22.26%。5家市级国资集团公司资产总额均超百亿元，泉州城建集团资产总额902.32亿元。实现全年营业收入222.99亿元，比上年增长12.73%；利润总额15.58亿元，比上年增长9.36%；已缴税费8.52亿元，比上年增长19.83%。市属国有企业主要经济指标增速优于全国地方监管企业平均水平。投资实现逆势增长，市属国有企业全年完成投资157.1亿元，比上年增长

2020年12月24日，泉州金控集团作为中化泉州高端化工产业基金的共同发起方，推动基金合作协议签约活动在市政府举行，图为签约仪式

（图/市国资委）

46.14%，基础设施和新兴产业投资明显加速，服务全市发展战略的力度进一步加大。市国资委所出资企业减免租金近7500万元，惠及承租经营户3240户；提供招聘岗位845个，比上年增长25.4%，全面落实应届毕业生招聘比例。

【城市建设运营】 2020年，泉州城建集团推进城东片区、东海片区、北峰—丰州片区及“海丝”新城开发建设。泉州交发集团做好城市基础设施和配套园区建设，抓好兴泉铁路泉州段等数十个市政、高速交通项目的出资任务及建设。泉州文旅集团推进古城“双修”40个项目建设和文化、旅游、体育产业的投资运营。泉州水务集团打造集原水、制水、供水、排水和污水处理于一体的完整水务产业链。

【新兴产业发展服务】 2020年，泉州金控集团跟进泉州芯谷南安园区、三安光电等项目，提升市产业基金投资运营能力，助力国家集成电路大基金二期、纾困基金、闽西南基金、中化新能源基金、军民融合等基金组建运营，为泉州市战略性新兴产业发展提供资本助推。

【重点领域改革】 2020年，泉州市国资委启动国企改革三年行动，起草实施方案，梳理97项重点攻坚任务，并抓好当年重点改革任务推进，年度8项目标任务均已完成，跨年度目标任务同步启动。做好市国资委直接管理企业第二次整合，中泉（集团）公司、省五建公司、省集英保安集团并入泉州金控集团，作为一级子企业管理。以中泉（集团）公司为主体整合市属国有外经贸企业，实现集约化经营。推进市县国企资源整合。泉州交发集团推动市域跨区公交线路市、县两级财政补贴分担管理规定落地。泉州水务集团完成部分乡镇供水资源整合。泉州城建集团、泉州文旅集团等企业推动权属企业整合优化，实现关联业务协同发展。推动党的领导融入公司治理制度化、规范化、程序化，制定企业党委前置研究讨论重大经营管理事项清单。深化人事、劳动、分配三项制度改革，泉州城建集团构建“管理职务与专业技术职务”双通道晋升机制，推行事业部和混改企业“一部一企一策”薪酬激励机制；泉州交发集团完善“一企一策”业绩考核和管理人员绩效考核等配套制度，试行企业领导班子和领导人员量化考核。剥离企业办社会职能和解决历史遗留问题取得阶段性成果，全市国有企业移交退休人员3.07万人、党员3084人。

【监管效能建设】 2020年，泉州市国资委坚持以管资本加强国有资产监管，强化依法监管，提升监管效能。以清单化管理厘清权责边界，制定监管权责清单并持续动态完善，配套修订办事指南49项，明确审批（核）、核准、备案等事项办理时限、所需材料、办理依据。修订资产评估、资本运营、工资总额管理、业绩考核、企业领导人员管理、职业经理人选聘等制度，制定实施国资监管工作提示函机制，实现全市国资系统违规经营投资责任追究机构、制度全覆盖。建立市属国企大宗物资、小规模工程建设项目、限额以上购买服务集中采购交易平台。做好划转国有资本充实社保基金工作。开展所出资企业违规经营投资责任追究、企业财务收支情况、应收账款管理、工资内外收入、产权交易、资产收益分配、安全生产等领域的监督检查和调研。发挥审计监督作用，通报2019年度国资系统内审情况，督促、指导企业举一反三，抓好问题整改。各企业实施内部审计项目67个，审计金额574亿元，提出审计建议和意见364条，促进整改落实问题185条。

统 计

【概况】 2020年，泉州市统计局贯彻落实国家、省各种统计方法制度，组织实施规模以上工业、资质建筑业、限额以上商业、规模以上

2020年11月1日，泉州市第七次全国人口普查领导小组组长、副市长吕刚（左三）带队到丰泽区东海街道蟳埔社区居民家中开展第七次全国人口普查入户登记

（图/市统计局）

服务业、房地产开发业等“一套表”企业联网直报工作，加强报送进度监测，做好2019年年报和2020年定报数据的收集、审核、汇总和上报工作。科学规范做好地区生产总值统一核算。研究制定《泉州市地区生产总值统一核算实施方案》《泉州市季度地区生产总值统一核算方案》，对地区生产总值统一核算的基本原则、工作机制、组织方式、核算方法和数据来源等进行明确，确保各县（市、区）汇总数与全市数据科学衔接。开展名录库、农业、人口、科技、能源等专业统计工作。夯实基层基础，强化部门协作，组织业务培训，加强走访调研和督促检查，提高统计数据质量。提升统计服务水平。抓好《统计月报》《统计公报》《统计年鉴》等综合性统计资料编印和电子化，方便社会各界和各有关部门查阅数据。及时有效答复网上咨询，接受社会各界电话咨询。开放统计资料查阅室，方便群众查阅历史统计资料。

【统计执法与监督】 2020年，泉州市统计局加强监督检查落实统计执法“双随机一公开”抽查制度，按抽查方法、抽查事项清单及工作细则，强化并规范线索收集、管理、核实处理工作，完善统计数据质量监管责任，健全发现统计违法行为追溯机制。及时对执法平台数据进行规范和完善。按照要素表单要求，补充行政职权数据的要素信息，并根据实际纸质卷宗，完善缺失的电子表单信息，补充瑕疵已办执法案件的文书信息。执行统计行政处罚自由裁量权制度，对自由裁量权配套制度及制约制度、裁量标准和规范情况等进行网上公开，让公众一目了然地了解执法部门的“权力清单”，做到有权必有责、用权受监督、违法受追究。公示统计违法行为举报途径，通过书信、电话、传真、电子邮件等多种形式，拓宽监督举报渠道。聚集行政执法的源头、过程、结果等关键环节，加强统计执法人员的职业道德教育，制定统计文明执法守则，严格要求统计执法过程的检查用语及工作态度，要求执法人员做到廉洁自律、按章办事，营造更加公开透明、规范有序、公平高效的法治环境。构建统计阳光执法模式，打造统计阳光执法形象。

【统计管理】 2020年，泉州市统计局规范地方统计调查项目制度公开工作。印发《泉州市统计局关于进一步加强地方统计调查项目制度公开相关工作的通知》，对市、县两级地方统计调查项目审批及公开的权限、公开的主要内容及时限要求等进行统一规范。同时，根据省统计局最新要求，对市统计局网站上地方统计调查项目服务指南、申请审批公文范例、审批流程、新制定和修订统计调查项目申请书、2020年来审批的调查项目、审批的有效期内的调查项目制度（方案）等进行更新，并将模板反馈给各县（市、区）统计局，要求县级统计部门同步更新。规范地方统计调查项目审批、管理和公开工作，全年市、县两级审批3个部门地方统计调查项目，报省统计局审批9个地方统计调查项目。推进省上推荐的乡镇统计工作规范化建设标准和将统计基础基层建设情况纳入政府绩效管理范畴落到实处。组织到鲤城、丰泽、洛江、安溪、永春、德化等多地开展基层基础建设情况调研，丰泽区统计局印发《丰泽区街道统计工作考评办法》，参考省上标准，结合丰泽实际制定更具可操作性的“统计规范化建设工作”评分标准，纳入街道绩效评估指标体系。

审 计

【概况】 2020年，泉州市审计机关加大对机关单位及国有企业的审计监督力度，完成审计项目276个，其中审计245个、专项审计调查31个。查出主要问题金额88.03亿元，其中违规金额1.02亿元、管理不规范金额87.01亿元；审计发现非金额计量问题2371个，损益（收支）不实金额17.57亿元；出具审计报告和专项审计调查报告356篇，被批示、采用120篇次。审计处理处罚45.87亿元，其中应上缴财政1亿元、应减少财政拨款或补贴0.12亿元、应归还原渠道资金3.64亿元、应调账处理金额41.12亿元；移送司法机关、纪检监察机关和有关部门处理事项21件，移送处理人员55人，移送处理金额271万元。审计促进整改落实有关问题资金30.89亿元，促进拨付资金到位4.49亿元，核减投资额0.12亿元，挽回（避免）损失1200万元。审计提出建议910条，被采纳840条；推动被审计单位制定整改措施88项，建立、健全规章制度70项；提交审计信息931篇，被批示、采用361篇次；向社会公告审计结果4篇。

【国家重大政策措施落实情况跟踪审计】 2020年，泉州市审计机关围绕“六稳”“三促进”等主题，开展挖掘财力财源、化解投资趋缓堵点痛点难点、对外贸易稳中提质政策、金融服务实体经济等17项政策专题的跟踪审计或调查，推动返还失业保险超过10亿元，惠及企业超2万家。市长王永礼召开专题会部署问题整改，推动解决营商环境及行政审批制度改革问题10个。在全省率先出台首份政策跟踪审计工作规则。

【财政审计】 2020年，泉州市审计机关创新大数据审计方式，首次实现对市、县两级1001个财政一级预算单位财务数据全归集、分析全覆盖，梳理10个类别1138件问题线索，督促资金上缴609万元。对市财政、商务局等五部门开展预算执行审计，促进盘活财政资金2.34亿元，部门上缴0.41亿元，盘活资产99宗、20462平方米，提交专报推广财政零基预算模式。

【经济责任审计】 2020年，泉州市审计机关强化权力制约，推进廉洁政府建设，深化“一体两翼”领导干部责任审计制度，促进经济责任和自然资源资产审计的有机融合，全市对105位领导干部开展经济责任审计，查出主要问题金额8.13亿元，下达审计决定书10份，移送案件线索12起，推进127项政策贯彻执行、92项发展规划和措施落实落地，改进决策不规范事项141项，完善相关制度95项。对全市167个单位、217位市管干部制定轮审新规划，向市委审计委上报审计结果14份。

【固定资产投资审计】 2020年，泉州市审计机关开展8个市重点污水处理项目及管网设施改造、22个老旧小区改造示范项目、政府投资剩余资产等专项审计调查，提高项目的开工率和完工率，加快惠民资金使用。

【民生资金（项目）审计】 2020年，泉州市审计机关开展疫情防控资金和捐赠款物专项审计，对155个单位和机构、2.19亿元款项进行审查，跟踪检查1587万件捐赠物资，推动出台《泉州市接收疫情防控捐赠物资管理制度》等。开展精准扶贫和乡村振兴战略相关政策和资金审计，追回多支付涉农补助资金7.4万元，移送扶贫领域案件线索2件。开展推进普惠性学前教育改革政策跟踪审计，加快资金下达730万元，增加公办学位2.32万个，取缔不合格幼儿园58所，推动出台《泉州市提高学前教育“三率”主要措施》。实施居家和社区养老服务改革专项审计调查，督促政策落实不到位、资源利用不充分等9个问题涉及2553万元的整改。

【专项资金审计】 2020年，泉州市审计机关首次组织市、县两级对两江流域联动审计，发现晋江、洛阳江流域周边未整治废弃矿山7.88平方千米、流域污染防治力度不够等问题。实施政府债务动态审计监测等，开展市金融监管局服务实体经济政策和惠安县农信社资产负债损益专项审计，跟踪纾困贷款1.24亿元、支农再贷款5295万元和中小微企业贴息贷款346万元的申报发放情况，推动金融惠企资金和政策精准落地。

粮食储备与供应

【概况】 2020年，泉州市粮食局把握粮食和物资储备新形势新任务，统筹谋划“十四五”发展思路，做好粮食和物资储备工作。2020年，泉州市粮食消费量280万吨，总产量49.8万吨，粮食自给率17.8%。泉州市地方储备粮实际到位数完成省政府下达泉州市、市政府下达储备任务的101.7%，应急储备大米、面粉和食用油保持常年足额到位。

【粮库建设】 2020年，泉州市标准化仓容超过政府下达的储备规模应匹配的仓容数量。12月，完成市、县两级首批地方储备粮轮换入库工作。各县中心粮库全部投入使用。全市10个县级以上中心粮库全部完成智能化信息化升级改造，与省级粮食管理平台实现库点、仓房、货位、粮情和安防等6项信息的数据对接。

【粮食加工企业】 2020年，泉州市有粮油加工填报企业34家，其中大米加工企业10家、食用油加工企业5家、小麦粉加工企业9家、副食品加工企业5家。全市粮油加工企业完成工业总产值154.48亿元，主营业务收入161.12亿元，销售收入161.58亿元，销售成本140.52亿万元，利润总额9.19亿元。全市粮油加工企业年处理稻谷量69.9万吨，年处理小麦122.25万吨，年处理油料92.5万吨，年精炼油脂53.61万吨。

【粮食应急体系】 2020年，泉州市粮食局依托全市20个粮油价格监测点，坚持市场粮油价格监测，密切关注市场行情动态。截至年底，全市建立粮食应急加工企业19家，其中大米加工企业9家、小麦粉加工企业7家、食用油加工企业3家。确认为省级粮食应急加工企业6家，市级粮食应急（骨干）加工企业7家，还有16家为县（市、区）应急（骨干）粮油加工企业。建立粮食应急供应网点190家、应急配送中心6家、应急储运企业13家，基本满足泉州市粮食应急保障需要。粮食应急网点主要分布在各县（市、区）的连锁超市、门店、综合超市、专业粮油商店等，应急加工企业、商超、批发市场、粮油供应点等应急网络节点依托物流配送服务连接，形成网状应急供应配送服务网络。

【粮油监督检查】 2020年，泉州市粮食局组织开展全市2020年政策性粮食库存检查和应急大米专项检查工作。加强对储备粮、政策性用粮、放心粮油质量的监督管理，2020年累计抽检粮油样品493份，合格率100%。2020年争取市财政补助资金100万元用于市、县两级粮食质量安全检验监测能力建设，已基本实现每个县级中心粮库都有粮食检化验室，进一步增强全市粮食质量检验监测能力。加强与粮食主产区的沟通协作，2020年签订粮食购销协议70多万吨，补给粮源缺口。

市场监督管理

商事制度改革

【概况】 2020年，面对全球经济下行及突如其来的新冠疫情冲击影响，泉州市市场监督管理局推进市场主体从准入到退出全过程的便利化，落实国家、省、市一系列推进复工复产、“六稳”“六保”的政策措施，保障市场主体的顺利准入和稳定发展。截至12月底，全市有各类市场主体119.58万户，总量继续保持全省地级市首位。全市新增各类市场主体25.74万户，排名全省地级市第二位。在全省九市一区营商环境评估中，泉州市三个指标居全省前三位，其中开办企业及知识产权创造、运用和保护位居全省第二，市场监管位居全省第三。

【住所申报承诺制改革】 2020年，泉州市以市场主体住所（经营场所）信息申报表替代所有的场所证明文件，受益主体超30万户。在全国率先实施“微信申请+直接登记+无人审核+自助打照”的全程智能化登记模式。

【企业市内迁移】 2020年，泉州市在全省率先实施企业市内迁移“新政”，迁移企业可向迁入登记机关同时申请准迁和迁入登记。对从事预包装食品销售的市场主体实行“证照合办”改革，实现“准入即准营”。

【企业开办“一窗通办”】 2020年，泉州市在全省率先实行企业开办“一窗通办”，整合企业开办涉及的环节，提供套餐式服务，开办时间压缩至1个工作日。会同市营商办推动各地为新开办企业免费发放一套印章和邮寄服务，实现企业开办零费用，为企业节省费用3000多万元。

【企业简易注销】 2020年，泉州市市场监督管理局以国家市场监管总局改革试点为契机，扩大简易注销的使用范围，压缩公告时间，并建立简易注销容错机制。全市超过1.45万户企业申请办理简易注销登记，节约公告费用1018万元，简易注销的数量已占企业注销总数的66.68%。此项改革被省营商办列为优化营商环境工作典型经验做法加以推广。

市场综合监管

【概况】 2020年，泉州市市场监督管理局开展医疗服务价格、转供电、知识产权等重点领域以及医用口罩、消杀物品、食品、药品等民生领域的专项执法行动，维护市场秩序，净化市场环境。市市场综合监管执法支队核查举报件和案件线索3848件，立案505件。在全省率先推行一县一仓（进口冷链食品集中监管仓），加强进口冷链食品监管，全市设立14个。餐饮外烩食品安全监管获第二届全国市场监管领域社会共治提名案例。全市学校食堂和供校集体用餐配送单位100%实现“明厨亮灶”，小学、幼儿园“互联网+明厨亮灶”实现全覆盖。首次制订全市跨部门年度抽查工作计划，包括相关领域联合抽查计划31个，市级27个部门参与。泉州市食品安全满意率获全省A级（优秀）评定。

【疫情期间市场监管】 2020年，泉州市市场监督管理局开展防护产品及原辅材料综合监管行动和防疫产品领域认证专项整治，突出冷链食品监管，全市出动执法人员10多万人次，检查各类市场1万多个、防疫用品经营户1万多户、餐饮服务单位3万多户，排查风险隐患3000多个，劝导群众取消宴席3800多场，减办近5万桌。

2020年，泉州市食品药品检验所组织食品抽检人员到中闽百汇超市开展食品安全监督抽检工作　　（图/市市场监管局）

【食品安全“一品一码”】 2020年，泉州市市场监督管理局推进食品安全“一品一码”（同一品种批次的食品和食用农产品要按照规定的追溯编码规则，赋予特定的识别追溯码）信息追溯体系建设，全市1400多家正常生产经营的食品生产企业100%注册，录入追溯数据1330多万条，总量继续保持全省领先。

质量监督管理

【概况】 2020年，泉州市市场监督管理局加强防疫产品质量监管，全市查处防护产品质量案件109件，查获口罩37.4万只，案值39.8万元，罚没130.5万元。治理质量薄弱行业，重点抽查涉及人身健康和财产安全的产品，如非医用口罩、卫生巾、食品相关产品、婴幼儿用品、儿童用品、学生用品、消防产品、电动车、涂料等，以及泉州市部分传统支柱产业，如燃香类产品、鞋等。开展儿童和学生用品安全守护行动和消防安全专项整治行动，全市立案相关案件分别为31起、36起。全市有近50家生产企业获得医用物资临时生产资质，占全省相关企业的三分之一强，卡宾服饰（中国）有限公司获全省首张医用防护服临时生产许可证转正式的生产许可证。

【泉州市政府质量奖评选】 2020年，泉州市市场监督管理局修订《泉州市政府质量奖评选管理的实施意见》，3家企业获第五届泉州市政府质量奖，18个品牌跻身品牌价值5亿元榜单，其中安溪铁观音连续5年蝉联中国茶叶类区域品牌价值第一。

【质量标准建设】 2020年，泉州市新增各级标准148项，总数1329项。其中，由泉州和台湾两地香品同业公会和生产企业共同参与起草的《生态香通用技术规范》《香艺表演（篆香、隔火熏香）服务规范》两项团体标准填补国内生态香产品和香艺表演两个领域标准的空白，实现泉州市两岸标准互通零的突破。

智慧监管

【概况】 2020年，泉州市市场监督管理局履行国家市场监管总局“网络传销监测查处试点单位”和省药品监督管理局“药品安全网络交易监测中心”工作职能，建立起全范围普查和监督抽查、自动化监测和人工分析相结合的网络交易行为及舆情监测分析制度，总结出高效管用的关键词筛选分析研判机制和网络落地定位方式方法，将零散无序的“网络死数据”转化成系统化、高价值的“监管执法活情报”，为监管执法提供提精确线索和技术支持。

【网络传销与交易监测】 2020年，泉州市市场监督管理局编制报送153期涉嫌网络传销项目监测报告、145期网络交易专项监测报告，发现涉嫌违法行为线索500余条，指导查办各类网络案件1192起，罚没款513.6万元。

【网络疫情与侵权监测】 2020年，泉州市市场监督管理局开展防控疫情网络专项监测，发现违法行为线索260条，均及时分流处置。协助企业监测发现8001条涉嫌侵权链接，下架4814条侵权链接，由市场监管部门协助打击的案件22起，并由企业对342家网店提起诉讼。

知识产权

【概况】 2020年，泉州市以入选国家知识产权运营服务体系建设重点城市为契机，探索新形势下提升知识产权创造运用的方式和途径，组织实施高价值专利培育项目、产业规划类专利导航、企业运营类专利导航和地理标志产品项目等，推动企业开展知识产权质押贷款、贯彻执行《企业知识产权管理规范》和中小微企业知识产权托管等工作。泉州市市场监督管理局联合市金融局、泉州银保监分局、人民银行泉州中心支行等部门，设立知识产权金融工作小组，研究制定泉州知识产权运营引导基金、质押融资风险补偿机制等知识产权金融促进政策，谋划设立2亿元的知识产权运营基金。同时，为银企合作搭建平台，鼓励和推动企业开展知识产权质押融资，指导4家企业办理知识产权质押融资，获得贷款1亿多元。其中，福建佶龙机械科技股份有限公司通过泉州商标窗口向国家知识产权局商标局办理商标权质押登记，从银行获得5000万元贷款，为企业拓展新业务提供资金助力。

【专利与发明专利】 2020年，泉州市新增专利申请量和授权量、发明专利申请量和授权量分别为59043件、55951件、7599件和2229件，分别比上年增长19.3%、71.65%、14.17%和25.22%，累计发明专利拥有量9123件，每万人发明专利拥有量10.44件，居全省前列。全市年度专利申请量、授权量连续10年居全省设区市首位。

【商标】 2020年，泉州市新增注册商标11万多件，有效注册商标51.5万件，首次名列全国地级市第一位；累计拥有驰名商标159件，马德里国际注册商标1048件，均位居全国地级市前列。新增“金淘盐露豆干”国家地理标志证明商标，全市地理标志商标总量45件，国家地理标志产品11个。商标受理窗口办理商标注册等业务2189件，累计办理6694件，为申请人节省申请费用近700万元，办理商标权质押登记10笔，涉及贷款7.23亿元，获国家知识产权局商标局“商标受理工作先进”表彰。

【知识产权保护】 2020年，泉州市市场监督管理局开展全市知识产权行政保护专项行动、打击侵犯知识产权和制售假冒伪劣商品以及知识产权执法“铁拳”行动，全市立案查处各类知识产权侵权假冒案件611件，罚没款861.36万元。进驻海峡两岸食品交易会、海峡两岸农订会现场，开展知识产权行政执法维权与咨询服务工作。

【中国（泉州）知识产权保护中心建设】 2020年4月，国家知识产权局批复同意建设中国（泉州）知识产权保护中心，成为福建省首家国家级知识产权保护中心。该中心着重面向泉州市智能制造产业和半导体产业，建立审查确权、行政执法、维权援助、仲裁调解、司法衔接相联动的产业知识产权快速协同保护机制，为企事业单位提供集快速审查、快速确权、快速维权于一体的知识产权“一站式”综合性服务。该中心的获批，对于推动泉州传统制造业向智能化、高端化转型升级，促进半导体等高新技术产业和战略性新兴产业加快布局发展具有重要意义，有利于推动产业招商引资和人才引进，营造良好的创新创业和营商环境。泉州市智能制造和半导体产业领域相关企业通过该中心提交的专利申请，发明专利审查周期可由原来的22个月左右缩短到3～5个月，实用新型专利由8个月缩短到1个月，外观设计专利由3～4个月缩短到10天以内。

【县域知识产权保护中心和快速维权中心建设】 2020年，泉州市市场监督管理局布局建设县域知识产权保护中心和快速维权中心。晋江市获批建设中国晋江（鞋服和食品）知识产权快速维权中心，南安市建设泉州半导体高新技术产业园区南安分园区知识产权保护中心，德化县建设福建省陶瓷行业知识产权运营保护中心，构建市、县知识产权协同保护体系。

消费者权益保护

【概况】 2020年，泉州市市场监督管理局围绕城市消费者满意度提升，探索消费纠纷多元化解模式，强化流通环节商品质量监管等各项工作，加强市场监管，突出社会共治，在优化消费环境方面取得一定成效。通过全国“12315”平台登记受理各类消费者咨询、投诉和举报案件21.89万件，比上年增长50%，为消费者挽回经济损失2896.64万元。

【消费教育与宣传】 2020年3月，为纪念“3·15”国际消费者权益日，泉州市市场监督管理局紧扣“凝聚你我力量”年度主题，组织开展“3·15”绿色家装主题系列宣传活动。普及消费权益保护知识，引导消费者科学消费，倡导经营者诚信经营。4月，市市场监督管理局与市委文明办、市商务局开展放心消费示范商圈创建活动，在全市创建有影响力的放心消费示范商圈，引导和教育经营者守法、诚信经营。

【商品和服务监督】 2020年5月，泉州市市场监督管理局通过对“12315”接诉大厅进行升级改造、增加座席和线路等措施，保障由省“12315”平台切换到全国“12315”平台，实现“一号对外、便民利企、维权有力、执法高效”的工作机制。5月，市市场监督管理局贯彻针对中经汇通和泉州晚报APP加油卡集体投诉，支持消费者提起诉讼。6月，市市场监督管理局联合市委编办、市商务局和市交通运输局下发《第二轮中央生态环境保护督察反馈“油品质量管控不严”整改工作方案》，在全市范围内开展成品油质量监督检查专项行动。9月18日，市市场监督管理局牵头召开2020年泉州市消费者权益保护工作局际联席会议，完善消费纠纷多元化解机制，推进消费维权社会共治共责。12月，市市场监督管理局联合市发改委、市中级人民法院、市公安局、市司法局、市信访局下发《关于有效应对恶意索赔恶意举报行为 维护良好营商环境的指导意见》，探索有效应对职业索赔职业举报工作，优化营商环境。

财政 税务

责任编辑：陈建强

财 政

【概况】 2020年，泉州市财政部门落实减税降费政策，全力开源节流，守底线保运转防风险，为企业复工达产、兜牢兜实民生底线提供财力支撑。依法组织财政收入，支持招商引税培植财源，向上争取资金弥补财力缺口，清理盘活财政存量资金，压减一般性支出，动态监测兜牢支出底线；建立突发事件应急处置财政保障机制，紧盯疫情防控、应急物资生产保障、支持企业复工复产、保市场主体等重点任务，研究出台一系列精准管用政策措施，支持打赢疫情防控阻击战，促进经济社会循环发展；加快新型基础设施建设，支持发展新业态新模式和新型消费，培育经济高质量发展新动能；坚持兜底线补短板，保基本民生，全市民生支出534.68亿元，占一般公共预算支出的75.2%，市级财政投入1.64亿元保障为民办实事项目建设；围绕推进治理体系和治理能力现代化，深化财政改革，完善标准科学、规范透明、约束有力的预算制度，加强预算编制执行管理，实施预算绩效管理，加强政府债务风险防控。

【全市预算收支执行情况】 2020年，泉州市一般公共预算总收入完成813.32亿元，比2019年减收25.65亿元，下降3.1%。其中，全市一般公共预算收入完成454.04亿元，比2019年减收3.71亿元，下降0.8%。全市一般公共预算支出715.14亿元，比2019年增加56.89亿元，增长8.6%。其中，民生支出535.57亿元，比2019年增加36.74亿元，增长7.4%，占全市一般公共预算支出的74.9%，比2019年下降0.9个百分点。全市政府性基金收入337.68亿元，比2019年增加22亿元，增长7%；全市政府性基金支出396.76亿元，比2019年增加20.65亿元，增长5.5%。

【本级预算收支执行情况】 2020年，泉州市本级一般公共预算总收入完成101.91亿元，比2019年减少7.91亿元，下降7.2%。其中，一般公共预算收入完成58.26亿元，比2019年减少1.33亿元，下降2.22%。市本级一般公共预算支出98.92亿元，比2019年增加8.42亿元，增长8.5%。市本级政府性基金收入59.17亿元，比2019年增加25.81亿元，增长77.3%；市本级政府性基金支出57.34亿元，比2019年增加2.27亿元，增长4.1%。

2020年泉州市一般公共预算收入完成情况表

表12 单位：万元

预算科目	泉州市	市本级
一、税收收入	3344873	389325
增值税	1436218	137473
企业所得税	512683	65016
企业所得税退税	0	0
个人所得税	252639	21183

续表12

预算科目	泉州市	市本级
资源税	4666	2
城市维护建设税	202915	34541
房产税	136653	15910
印花税	64509	7684
城镇土地使用税	100811	4632
土地增值税	334461	36006
车船税	60655	9480
耕地占用税	18572	129
契税	214580	56331
烟叶税	0	0
环境保护税	5276	971
其他税收收入	235	-33
二、非税收入	1195548	193313
专项收入	300873	62251
行政事业性收费收入	95570	27375
罚没收入	174314	32325
国有资本经营收入	17207	3000
国有资源(资产)有偿使用收入	481732	18636
捐赠收入	38180	0
政府住房基金	31269	27703
其他收入	56403	22023
2020年收入合计	4540421	582638

说明：本表根据2020年度年终决算数填报，市本级不含泉州台商投资区

2020年泉州市一般公共预算支出完成情况表

表13　　单位：万元

预算科目	泉州市	市本级
一、一般公共服务支出	553998	89668
二、外交支出	0	0
三、国防支出	8158	2197
四、公共安全支出	426081	128824
五、教育支出	1624948	163338
六、科学技术支出	179534	22929
七、文化体育与传媒支出	129834	35721
八、社会保障和就业支出	753477	69774
九、医疗卫生与计划生育支出	835576	272997
十、节能环保支出	156457	29592
十一、城乡社区支出	486348	50735
十二、农林水支出	670427	76718
十三、交通运输支出	201416	64607
十四、资源勘探信息等支出	439751	18571
十五、商业服务业等支出	98718	11394
十六、金融支出	7141	1053

续表13

预算科目	泉州市	市本级
十七、援助其他地区支出	2352	1880
十八、国土海洋气象等支出	53711	5781
十九、住房保障支出	144961	5671
二十、粮油物资储备支出	20293	1110
二十一、灾害防治及应急管理支出	49996	7199
二十二、其他支出	61526	838
二十三、债务付息支出	245869	12713
其中：地方政府一般债券付息支出	245700	12713
二十四、债务发行费用支出	797	50
2020年支出合计	7151369	1073360

说明：本表根据2020年度年终决算数填报，市本级不含泉州台商投资区

税 务

【概况】 2020年，泉州市税务部门贯彻落实上级主管部门和地方党政的决策部署，在应对疫情大考、服务发展大局、推进改革大事、谋划长远大计等方面取得良好成效。组织各项收入899亿元，比上年下降6%（若剔除新增减税降费因素，则增长3.54%）。税收收入占财政总收入比重近87%。加强同各有关政府部门的协调配合，提高社会保险费和非税收入的征缴质效，全市税务系统组织收入172.71亿元，其中社会保险费147.63亿元，非税收入25.09亿元。全年办理出口退税137.84亿元，支持外向型企业发展。

【减税免税】 2020年，泉州市税务部门贯彻落实党中央、国务院出台的7批28项税费优惠政策，参与制定《泉州市人民政府关于疫情防控期间支持中小微企业生产经营九条措施的通知》，新增支持疫情防控政策减税8.3亿元，为364户企业办理增值税增量留抵退税28.67亿元，减免中小微企业房产税和城镇土地使用税1433.73万元；落实社保费阶段性减免政策33.93亿元。在2019年实施大规模减税降费基础上，全年新增减税降费91.13亿元。

2020年，泉州市税务部门加速推进办税现代化，打造“税e链”办税服务平台，创新性引入“互联网+物流”的模式，通过第三方物流的介入，打通线上线下融合“堵点”，图为惠安县税务局“税e链”办税服务中心

（图/市税务局）

【服务经济发展活力政策】 2020年，泉州市税务部门升级完善“税收共治宣传服务中心”，建设“党政领导、部门合作、社会协同、公众参与、法治保障、科技支撑”的税收共治体系，确保各项税费优惠政策、便民利民举措落地生根，统筹做好疫情防控和经济社会发展工作。依托税收大数据，开展企业复工复产情况分析，撰写“从发票高频数据看泉州复工复产情况”系列等专报。对于疫情给企业带来的困难，出主意、想办法、帮一把，及时为受疫情影响严重的纳税人依法办理延期申报、延期缴纳税款。

【营商环境优化】 2020年，泉州市税务部门在全省率先推出十二项“非接触式”服务举措，全市涉税事项网上办理率98.2%。组建运行泉

州“12366”热线，受理咨询业务扩大至全税（费）种，全年接听人工服务热线5.93万个，保证税收工作的正常运行。率先推广“税e链”非接触式办税平台，“易税”案例获评第三届全省机关体制机制创新优秀案例征集评选活动一等奖、2020年泉州市优化营商环境十佳“最具获得感”举措榜首。泉州市税务局在2020年全省纳税人满意度调查中获得第一名。

【依法治税】 2020年，泉州市税务部门完善依法行政工作领导小组会议制度和议事规则，建立领导干部日常学法机制，多形式开展法制业务学习，开展领导干部法制学习和干部职工法治专题培训，提升系统干部尤其是领导干部依法治税、依法带队的能力和水平。落实《重大税务案件审理办法》，调整完善重大税务案件审理委员会，加强对重大税务案件审理工作的指导监督，规范案件审理程序，发挥法制审核和把关作用，严把案件审理质量，以审促查、以审促管。推规范行政处罚自由裁量权，开展税务规范性文件合法性审查、备案，组织规范性文件全面清理。创新推行法律顾问、公职律师工作制度，深化与检察院、法院等单位的协作共建，共同创造更加公平、公正的税收法治环境。

【税收风险管理】 2020年，泉州市税务部门夯实征管基础，对未纳入税务户籍管理市场主体的经营规模、经营状况等进行核实清理。规范基层税收执法，推进税收征管质量5C监控评价，在全市建立税务询问（约谈）室11个。打造“信用+风险”动态监管机制，对全市22.26万家企业进行信用评级，对信用良好的企业无事不打扰，对信用较差且风险较高的企业重点关注。开展打击虚开骗税专项行动，查处晋江“8・23”、泉港“3・24”等重大涉税案件，遏制虚开骗税多发高发势头。

【纳税信用体系】 2020年，泉州市税务部门完成企业纳税信用评价，把握评价指标口径，由基层税源管理部门对自动采集指标和人工采集指标信息严格审核，完成正式评价阶段工作任务。2019年度，全市纳入信用管理户数26.94万户，其中A级占比从2018年度的4.49%提升到2019年度的6.16%，反映出全市纳税人纳税信用情况向好发展的趋势。发挥纳税信用动态提醒服务作用，针对纳税失信行为的及时提醒为纳税人拉响“警报”，同时对接国家税务总局规定的19种可修复涉税失信行为，使纳税人在失信行为发生“事中”第一时间知情并尽早修复，最大限度提高信用分值。深化“银税互动”，启动“政税银企”云平台，助力中小企业解决融资难题，全年发放“银税互动”信贷产品3.14万笔，授信金额75亿元。

2020年泉州市各类税种收入情况表

表14　　单位：万元

项目	累计入库
国内税收收入合计	7262432
1.增值税收入	2989073
2.消费税收入	797657
3.企业所得税	1369066
4.个人所得税	637579
5.资源税	4667
6.城市维护建设税	230069
7.房产税	136651
8.印花税	64509
9.城镇土地使用税	100811
10.土地增值税	334462
11.车船税	60657
12.车辆购置税	211950
13.烟叶税	0
14.耕地占用税	18572
15.契税	296867
16.环境保护税	6592
17.其他税收	3250

金 融

金融监督管理

【概况】 2020年，泉州市金融监管部门贯彻落实“六稳”“六保”工作举措和“百千”增产增效行动，做好疫情防控金融保障、支持企业复工复产等工作，统筹推进金融改革发展稳定各项工作，助推金融逆势而上、稳中向好，发挥金融的支撑保障作用。全市金融业增加值增长6.6%，金融税收88.01亿元，比上年增长16.7%，本外币存款余额比上年增长14.13%，各项贷款余额比上年增长13.12%，不良贷款率1.39%，实现年度“四连降”。

【金融助企】 2020年，泉州市金融监管部门出台《关于金融支持疫情防控工作的通知》《关于金融支持企业复工复产七条措施的通知》等“短平快”的政策文件。聚焦企业金融需求，围绕“六稳六保”追赶行动、“双循环”攻坚、年终冲刺行动等工作重点，按季制定具体措施，按旬跟踪落实进度，开展多轮专项督导，兑现鼓励金融业发展等政策奖励金782万元。利用“复工复产政策”宣讲论坛、“刺桐新声—政策面对面”“在线访谈”节目等平台广泛宣传，开展13场“线上+线下”培训，打通惠企政策“最后一公里”。开辟泉州小微企业金融服务平台金融服务抗疫专栏，畅通线上政策宣传、融资需求对接、问题反馈渠道。将全市31家金融机构94款稳企业保就业金融产品汇编成册，并在主流媒体逐期推送。

【金融服务】 2020年，泉州市金融监管部门引导银行业机构精简信贷流程，开辟贷款绿色通道，提供“复工助力贷”“战疫同心贷”等特色产品，主动为企业减费降息。推动保险公司开通绿色理赔通道，采取线上理赔模式，实施豁免等待期，创新疫情防控综合保险，为6.7万家小微企业提供风险保障67亿元。组建金融服务企业专业小分队，推进百名行长进企业活动，服务企业超7400家，新增首贷户437家，新增融资金额44.02亿元。分行业组织各种类型银企对接活动106场，推送企业及重点项目融资需求近1000家（个）。与省农发行、省国开行、省进出口行建立合作关系，获得超180亿元政策性金融资金支持泉州企业。建立政策性融资担保机构法人治理体系，创新商票质押融资、土地保证金担保、抵押物二押等担保模式，全年减免担保费用347万元，为5007家企业提供融资担保服务40.97亿元，融资在保余额41.67亿元，较2019年年末增长419.58%。

【金融改革】 2020年，泉州市推进供应链金融翻番增长，获批国家级产融结合试点城市，落地全省首笔供应链票据贴现业务，推动建行为核心企业供应商提供“一点对全国”全流程不落地网络金融服务。实施应收账款融资专项奖励，对中征应收账款融资服务平台或银行自建供应链融资平台参与应收账款融资的核心企业和银行兑现奖励133万元。畅通直接融资，通过问题清单责任制、基层专家服务团、沪深交易所专家“上门”指导等措施，加快推进企业上市，全年实现3家企业上市、1家过会、4家在审，新增挂牌企业260家，地方法人银行全部完成股权集中登记托管。推动非金融企业发债59只、融资规模427.8亿元，分别比上年增长103%、106%，泉州银行发行全国首笔疫情防控专项同业存单2亿元、小微金融债10亿元。新设规模4亿元创新基金、规模3.75亿元省科技成果转化基金。推进晋江私募汇、“海丝”基金小镇两大基金集聚区建设，引进培育76家私募基金及管理企业。强化信用体系建设，建立健全企业综合信用评价体系，完成30万家企业公共信用评价工作。建设企业公益性综合信用评价体系，完成30万家企业公共信用评价。推动两岸民间征信合作，推出两大类8项对台征信服务，归集221个国家及地区的征信报告产品，创新“小微征信贷”等金融产品。

【金融生态环境优化】 2020年，泉州市金融监管部门稳住企业资金链，发挥信贷风险防控一体化平台作用，定期监测风险底数。落实“一企一策”帮扶机制，短时间内处置龙峰纺织、冠朗集团等多家重点大户近50亿元不良贷款，推动安通控股成功完成司法重整，成为全省首个民营上市公司通过破产重整实现化险重生的经典案例，支持贵人鸟进入司法重整，引导天广中茂平稳退市。完善企业金融顾问等制度，为1.4万家企业调整还款期限、延期付息、降低贷款利率等，涉及贷款金额超1000亿元，支持1423家/次受疫情影响企业运用应急周转资金转续贷83.6亿元。鼓励困难企业申报福建省中小企业纾困专项资金，加大撮合对接力度，发放纾困资金贷款1110笔57.09亿元，占全省的1/4。开展非法集资案件风险处置三年攻坚行动，做好陈案积案清理工作，结案38起，超额完成省上下达任务目标。组织开展非法金融专项排查整治，打击“套路贷”“非法校园贷”等，全市金融系统移交相关线索49条。全面实现P2P网贷机构退出。超额完成非法集资案件风险处置攻坚目标，相关做法被国家刊物刊发，3家P2P网贷平台完成业务清偿，待兑付余额较上年下降14.4%。

银行业

【概况】 2020年，泉州市金融机构本外币各项存款余额8820.78亿元，比上年末增长14.1%，其中人民币各项存款余额8711.65亿元，比上年末增长13.9%。人民币存款中，住户存款余额4793.8亿元，比上年末增长11.7%；非金融企业存款2407.85亿元，比上年末增长21.4%。全市金融机构本外币各项贷款余额8077.21亿元，比上年末增长13.1%，其中人民币各项贷款余额8023.23亿元，比上年末增长12.8%。人民币贷款中，个人消费贷款余额2652.03亿元，当年新增359.35亿元，其中住房贷款余额2039.57亿元，当年新增285.09亿元。截至年末，全市有小额贷款公司30家，合计注册资本76.4亿元，贷款余额72.42亿元；融资担保机构20家，合计注册资本32.23亿元，在保余额62.53亿元；典当行33家，注册资本8.63亿元，典当余额6.38亿元。

2020年8月24日，中国农业发展银行泉州市分行召开“大评估、大推进、保落实”项目集中评审动员会 （图/中国农业发展银行泉州市分行）

【中国农业发展银行泉州市分行】 2020年，中国农业发展银行泉州市分行聚焦“防疫+发展”主线，在服务疫情防控、决胜脱贫攻坚、支持新型基础设施建设、帮扶实体复工复产中履行社会责任，在推进“六稳”“六保”中展现担当作为。截至年末，各项贷款余额323.90亿元，创历史新高；各项存款余额54.53亿元；FTP盈利2.54亿元；无不良贷款，资产质量优良。聚焦防疫稳产，与市分行党委委员等“关键15人”签订《责任状》，适时召开“春天行动”、防疫重点企业贷款等推进会、“冲刺630·半年红”“四大工程”等劳动竞赛，开展“党政主官或分管领导、财政局局长、地方国企一把手”“三个全覆盖”大营销大走访，与市住建局、市建筑行业协会举办“政银企对接活动”，签订战略合作协议。开展“大评估、大推进、保落实”集中评审推进，推动项目落地。全年发放粮棉油贷款31.15亿元。支持全市16座智慧粮库建设、贷款余额6.56亿元，做到全市粮仓“全覆盖”。支持基础设施建设稳经济，新增支持农业农村建设项目26个，其中省、市重点项目9个、审批金额75.15亿元；落地泉州市首笔产城融合资产收购项目。新增支持粮棉油产业链企业13家、贷款余额30.2亿元，其中与达利、恒安、益海嘉里、盼盼、特步、劲霸等11家经营实力好、议价能力强的优质客户建立信贷关系。新增支持小微企业5家、净增3960万元，超额完成省分行下达的目标任务和银保监40%的增幅目标。存量小微企业14家、贷款余额7390万元。新增支持生猪全产业链企业4家、贷款余额5800万元。新增支持重点防疫企业18家、贷款余额8.98亿元，其中人行专项再贷款9家、贷款余额4.4亿元，审批与投放金额均居全市银行业首位。围绕“泉州地区扶贫资源匮乏”开拓思维，靶向施策，新增支持达利、盼盼、特步等产业扶贫企业5家、贷款余额25.8亿元，解决330名建档立卡贫困人口新增就业问题。协调盼盼、特步、非贷客户群策公司向云南马关、贵州锦屏扶贫捐款、投资、现场采购近100万元。推动劲霸男装、八马茶叶等4家重点民营企业与4个定点村结对帮扶。

【中国工商银行泉州分行】 2020年，中国工商银行泉州分行（含晋江分行，下同）实现拨备前利润19.85亿元，比上年增加1.83亿元；实现净利润13.89亿元，比上年增加9.43亿元。贷款规模不断扩容，截至2020年年末，各项贷款时点余额870.21亿元，比年初增加96.06亿元，其中个人贷款比年初增加82.54亿元，公司贷款比年初增加12.55亿元。全部存款突破千亿元，全部存款时点余额1034.39亿元，比年初增加195.40亿元，全部存款总量历史性首次突破1000亿元。其中储蓄存款比年初增加63.67亿元，对公存款比年初增加84.66亿元。中收业务稳步增长，全年中间业务收入8.13亿元，比上年增加5700万元。资产质量持续优化，年末逾期贷款7.38亿元，比年初下降2.58亿元；逾期贷款剪刀差-1.98亿元，比年初下降0.93亿元；不良贷款9.37亿元，比年初下降1.63亿元；不良率1.08%，比年初下降0.35个百分点；潜在风险融资41.51亿元，比年初下降0.42亿元。

聚焦疫情防控，支持企业复工复产，在疫情关键期间为防疫相关企业投放线下贷款6.13亿元，开立银行承兑汇票7.45亿元，完成12家企业授信额度审批核定。以线上信用类“经营快贷”产品（如税务贷、跨境贷）为扩面抓手，以线上e抵快贷为扩面补充，加大分行经营快贷场景的自主创新力度，提升信用贷款客户覆盖面。截至年末，为1736户普惠客户发放17.77亿元线上信用贷款，为1203户普惠客户发放28亿元线上“e抵快贷”产品。落实纾困贷款政策，开辟纾困贷款绿色审批通道，强化部门联动，提升对纾困企业的金融服务效率，发放纾困贷款3.15亿元。加强对鞋服制造食品加工等劳动密集型企业、餐饮酒店景区等消费服务行业、房地产开发企业及出口型企业等疫情后开工、生产、销售情况的分析，防止主观管理不到位造成的大面积违约。对存量融资转贷不盲目抽贷、断贷、压贷，通过展期、续贷、再融资等方式做好融资接续安排。把握法人客户资产质量分类管理，对受疫情影响导致的临时性逾期企业，及时与上级行沟通，确保资产质量分类不向下迁徙。对受疫情影响的困难企业，从原来的按月结息变更为按季结息，缓解企业在复工复产过程中的资金压力。

2020年4月28日，中国工商银行泉州分行举行“创新普惠 供应链金融助力抗疫复工”暨三方《供应链战略合作协议》签约仪式

（图/中国工商银行泉州分行）

截至年末，民营企业贷款余额140.95亿元，较年初增加13.02亿元，增长10.18%。制造业贷款余额139.1亿元，其中有贷款余额的户数986户，发放制造业贷款户数1057户，发放制造业贷款额110.05亿元。对制造业贷款核定专项规模，保障制造业客户融资需求，提高制造业贷款投放优先位次，保障制造业贷款投放空间。完善支持制造业定价规则，对会商后的制造业优质客户新增贷款给予优惠价格倾斜。创新融资方式，办理首笔跨境直贷业务2900万元，借助境外人民币资金为民营企业提供低息成本的融资。梳理各地民营企业、制造业目标客户清单，新增为132家大中型制造业客户核定单户超1000万元以上的授信额度，总授信额度170亿元。新增为192家民营企业核定单户超1000万元以上的授信额度，总授信额度266亿元。

截至年末，银监口径贷款余额39.45亿元，较年初增加12.15亿元，增幅44.51%，高于各项贷款增速33.10个百分点；银监口径普惠客户数4095户，比年初增加863户，其中普惠法人客户数为1183户，比年初增加572户。银监口径普惠不良贷款额3919.62万元，比年初减少4600.01万元；不良率0.99%，比年初下降2.13个百分点。

【中国建设银行泉州分行】 2020年，中国建设银行泉州分行统筹助力疫情防控和支持经济社会发展，围绕服务实体经济、防控金融风险、深化金融改革三项任务和泉州市全方位推动高质量发展超越部署，依托住房租赁、普惠金融、金融科技“三大战略”为代表的“新金融”优势，履行大行责任，发挥好金融主力军、领头羊作用。截至年底，一般性存款余额936亿元，各项贷款余额756亿元。服务地方经济发展，通过信贷与非信贷等综合融资方式，解决客户融资需求近300亿元。对接省、市重点项目，支持白濑水利枢纽、惠女菱溪引水工程、山美惠女引水工程等项目建设；贯彻落实总行服务民企30条举措，民营企业贷款新增41.28亿元，贷款余额189.21亿元，占对公贷款的57.43%，比年初提升1.88个百分点。依托总行推出的供应链业务，推动产业链协同复工复产，网络供应链融资余额比年初新增6.69亿元，增幅567%。全行不良贷款余额2.66亿元，不良率0.35%，全年处置不良贷款5.68亿元。服务对外开放，数字化经营成效显著，有效国际收支客户数、单一窗口绑定签约完成数均居系统第一，跨境撮合平台签约完成数102户。接受紧急委托，为泉州新冠病房提供造价咨询服务；办理全省建行系统和当地银行业的首笔防疫物资进口付汇业务、全国建行系统首笔出口防疫物资出口收汇业务等。为各类防疫主体提供信贷支持26.91亿元；主动减费让利，通过贷款利率下调减息1.14亿元，减免抵押评估及保险费用515万元；推广“云义贷”专属服务，新增“云义贷”客户2981户，贷款余额23.35亿元。为受疫情影响的5580个企业客户办理续贷或展期，金额116.55亿元；对1.77万余户个人贷款、信用卡客户提供延后还款、调整账单计划等服务，金额2.68亿元。截至年末，“两增两控”口径普惠贷款增幅47.4%，比各项贷款平均增幅（17.6%）高出29.8个百分点。发挥住房金融优势，加强与住建相关部门密切联动，实现分行建融家园与政府租赁平台数据对接，扩大住房租赁客群规模。创新实现“E托保”系统和住建局G端认筹系统直连。推进“跨越2020”金融精准扶贫行动方案，扶贫贷款余额较年初新增1.57亿元。开放共建建行大学，全年开展“金智惠民”活动126余期，培训近万人次。

2020年，中国建设银行泉州分行举行涉农、扶贫贷款工作专题推进会

（图/中国建设银行泉州分行）

【农业银行泉州分行】 2020年，农业银行泉州分行以服务“六稳”“六保”为重点，支持企业复工复产，持续加大制造业、民营企业和中小微企业资金支持，加快产品服务创新，主动减费让利，防控信贷风险。2020年各项存款首超1200亿元。2020年年末，全行本外币各项存款余额1201.83亿元，比年初增加134.14亿元。新增信贷投放首超100亿元。2020年年末，全行本外币各项贷款余额1087.45亿元，比年初增加103.98亿元，同比增加24.62亿元，增量“四行”占比30.14%。不良率“四行一社”最低。2020年年末，全行不良贷款余额9.34亿元，比年初增加0.67亿元；不良贷款率0.86%，比年初下降0.02个百分点，连续五年不良率保持下降，不良率为“四行一社”最低，低于全市同业平均水平0.53个百分点。本外币一体化经营持续加强。2020年国际业务条线监测考评稳定维持在全省首位。

统筹疫情防控和金融服务，支持防疫重点客户。对疫情防控、医用物资、生活必需品生产和市场流通销售等涉及重要国计民生领域的企业，满足融资需求，做好续贷增贷工作。至2020年年末，全行支持防疫骨干企业35家，各类融资审批金额51.41亿元，其中增量授信41.08亿元，发放24.4亿元。对疫情防控的县级定点医院实行名单制管理，逐户对接推进。至2020年年末，全市10家县域疫情防控定点医院共在我行开立存款账户8户，建立信贷合作关系3户，合计授信3.7亿元，贷款余额1.2亿元；疫情以来已经为2家定点医院新增（增量）授信2.4亿元，投放贷款4000万元。加大对“菜篮子”“米袋子”相关的农副产品生产、农资供应、仓储物流、销售加工等企业和规模农户、个体商户，以及县域防疫物资生产企业的支持力度，支持春耕备耕，推动“战疫”“保供”两不误。至2020年年末，为37家保供给企业授信38.72亿元，投放26.30亿元。围绕泉州市稳定生猪生产促进转型升级三年行动计划，支持生猪养殖、屠宰加工、冷链物流、饲料生产等领域金融需求。至2020年年末，生猪产业法人客户

授信77户，授信金额17.89亿元，比年初增加8.72亿元；用信余额9.93亿元，比年初增加9.81亿元

围绕服务实体经济，加大实体信贷投放。加大“两新一重”等重点项目信贷投放。全年获批项目80个，比上年增加近1倍，总授信金额158.11亿元；重点项目累计投放52.36亿元。已上报至总行、省分行待批的项目27个、金额111.19亿元。强化民营企业金融服务，积极开展“百名行长进企业”活动，加强对民营企业客户的走访营销与调研力度。全年民营企业贷款净增34.12亿元，占对公贷款增量的61.38%。建立制造业重点客户名单库和重点项目库，研究制定重点产业金融服务方案，支持泉州制造业转型升级。全年法人制造业贷款增加37.65亿元。助力小微企业复工复产达产，与小微企业共克时艰。至2020年年末，全行普惠型小微企业法人贷款户数比年初净增1128户，增长率53.97%，小微有贷户增量及增速均居同业前列；法人小微企业贷款余额63.58亿元，比年初增加20.42亿元，总量、增量均居“四行”首位和全省系统首位。

深化“三农”服务，支持乡村振兴。支持民生水利工程，全行水利贷款25.87亿元，比年初增加5.68亿元。支持县域旅游，为11个旅游项目及文旅公司授信40.24亿元，累计用信24.76亿元。支持新型城镇化建设，县域城镇化贷款余额118.51亿元。支持特色农业产业，全行实现金融服务的农业产业化龙头企业户数104家，龙头企业贷款余额18亿元，比年初增3亿元。支持农民增产增收，坚持惠农e贷有效推进路径，在原有五大模式21个线上项目基础上，新增上线生猪养殖惠农e贷项目。至2020年年末，全行惠农e贷授信24772户，授信金额139.41亿元，用信余额101.39亿元，比年初增加39.84亿元，总量、增量均居全省系统首位，惠农e贷已成为泉州农行服务“三农”的一张新名片。

强化扶贫金融服务，助力决胜脱贫攻坚。加强扶贫信贷投放力度。精准发力，做好疫情防控期间精准扶贫工作，主动做好老区苏区县（区）、精准扶贫重点领域基础设施、现代农业、教育民生等领域金融服务需求的有效对接，加大对贫困地区经济社会发展重点领域和薄弱环节民生项目的信贷投放力度。至2020年年末，产业扶贫法人贷款余额11450万元，比年初增加1900万元；个人精准扶贫贷款余额1.18亿元，比年初增加507.10万元。做好消费扶贫工作，通过金融支持带动永春合盛果蔬有限公司帮助扶贫地区销售农产品206.14万元；实现全行员工帮助贫困地区销售农产品307.97万元。

【中国银行泉州分行】 2020年，中国银行泉州分行面对疫情防控形势和外部经济环境，主营业务稳健发展，资产质量稳步提升。截至年末，全行资产总额563.91亿元，较上年增幅7.81%；负债总额561.42亿元，较上年增幅7.20%；净收入16.04亿元，较上年增幅9.25%。加强对防疫企业资金需求的跟进力度，为全国疫情防控重点保障企业发放人行专项再贷款4.09亿元。发挥投行产品优势，发行全国首笔疫情防控熊猫债10亿元、泉州地区首笔国企疫情防控债5亿元。支持“六稳”“六保”及企业复工复产，为71家企业发放纾困贷款3.77亿元；为“四个一百”企业发放融资34.31亿元。主营业务稳中有进，全量客户金融资产日均余额突破六百亿元大关，达606.55亿元，其中对私全量客户金融资产突破四百亿元大关，达408.09亿元。贷款投放进一步向轻资本化转型，本外币贷款517.10亿元，较上年末新增18.38亿元，其中零售贷款余额较上年末新增24.95亿元；银行卡实现分期交易量26.76亿元，较上年末新增10.39%；新增信用卡有效客户3.07万户，较上年末新增8.28%。投行业务保持市场领先，境内市场银行间市场债务融资工具承销量新增45.94亿元，较上年同期增长1.41%。普惠金融业务特色显著，银保监两增两控贷款余额35.93亿元，较上年末新增10.56亿元，完成信贷计划的104.04%。其中，以“中银接力通宝”为主打产品的无还本续贷投放近8亿元，“中银石材总部通宝”“中银晋江退税通宝”等产品获社会各界好评，石狮印染行业污水排放量授信更为全国金融系统首创。国际结算业务逆势而上，在外贸行业受到巨大冲击的不利形势下，“国际结算”“跨境人民币”两个市场份额再居同业榜首，且跨境人民币市场份额较上年末新增9.88个百分点，结算量超额完成当地人行指标任务。资产质量得到优化，不良贷款余额5.68亿元，为四大行最低；不良率1.1%，低于全市不良率平均水平。不良资产实现大幅压降，表内不良资产化解22.18亿元，表外清收综合收益（含税前抵扣）2.72亿元，完成不良大户处置工作，多措并举提高现金清收成效，减少拨备占用。潜在风险防控有力，滚动排查到期贷款、季度收息，加强窗口指导，按季完成逾期管控目标。授信体制改革全面落地，授信审批质效持续提升。

【兴业银行泉州分行】 2020年，兴业银行泉州分行把握服务实体经济主线，落实“六稳”“六保”工作任务，践行普惠金融，把服务民营企业、小微企业作为服务实体经济的主攻方向，疫情防控期间支持企业融资需求。截至2020年年末，各项贷款余额699.74亿元，各项存款余额706.73亿元，不良贷款连续三年实现“双降”。依托大数据支撑，推广福建省“金服云”平台，简化贷款手续，调低利率实行优惠政策，支持企业复工复产。普惠型小微企业贷款余额超65亿元，民营企业贷款余额180亿元。作为首批承担纾困资金贷款的银行，响应市

委、市政府号召，帮助中小微企业破解资金周转困难、融资成本高等问题。为118户家企业办理纾困贷款163笔，贷款金额8.4亿元；推广全流程自助化票据贴现产品“兴e贴”，以供应链为突破口，通过票据产品打通核心企业与上下游的结算及融资模式，办理票据贴现超130亿元；通过“贴现+再贴现”模式，主动降低票据贴现利率，定向精准地对民营小微及抗疫企业进行信贷投放，办理小微企业贴现近40亿元，服务小微企业客户近百户。践行“绿水青山就是金山银山”的发展理念，深耕绿色金融，为泉州洛江农村污水处理、晋江新能源公交车采购、惠安供水等项目提供绿色金融融资支持，截至年末，绿色金融融资余额64亿元。

【泉州银行】　2020年，泉州银行围绕“六稳”“六保”统筹做好疫情防控和实体经济金融服务，落实服务实体经济、防控金融风险、深化金融改革三大任务，同时紧盯年度经营任务，以“促转型、调结构、控风险、抓管理、强品牌”为工作主线，推动高质量发展。截至年末，全行资产、存款和贷款余额分别为1288.95亿元、908.93亿元、696.47亿元，纳税总额4.90亿元。增强服务实体经济能力，通过落地省内首笔疫情防控专项再贴现、在全省城商行中率先发行疫情防控同业存单、对接支小再贷款推出“复工助力贷”、运用央行新增的1万亿再贷款再贴现发放优惠信贷、投放省纾困专项资金贷款等。落实纾困惠企政策，按照“应延尽延”要求为企业延期还本、延期付息，执行减费让利；用好央行两项直达实体经济工具，及时将政策红利转化为精准信贷支持和银行效益；落地全省法人银行首笔线上应收账款质押贷款，助力疏通产业链供应链融资堵点。信贷投放创新高，表内外信贷总额超千亿元；贷款占资产比重过半，同业往来及投资业务占比持续优化。强化关键领域信贷支持，加大对制造业、普惠小微和涉农企业的信贷投放力度，普惠型小微贷款表现突出。深化“无间贷”品牌效应，在金融支持企业复工复产、纾困惠企中发挥重要作用。国际业务落地多项“首笔”，作为全国首批城商行之一接入财关库银横向联网系统及新一代海关税费电子支付系统，落地全省法人银行首笔税款缴纳业务。创新发行金融债券：10亿元小微金融债利率创下地方法人银行金融债券发行历史新低；全省（小福建）首家法人银行发行15亿元永续债；债券发行首次采用线上远程簿记方式。信用风险防控化解成效显著，全面风险管理能力得到提高，开展“流动性管理深化年”活动，开展风险监测与资产负债结构调整，优化压力测试方案及验证评估机制，完成首次集中取款应急演练。

2020年11月，泉州银行向泉州一中捐赠20万元，助建数学建模实验室
（图/泉州银行）

【泉州市农村信用社　泉州农商银行】　截至2020年年末，泉州市8家农村信用社、农商银行资产规模2214.34亿元，居全市银行业首位。各项存款余额1814.71亿元，市场份额20.69%；各项贷款余额1203.07亿元，市场份额14.66%。贷款总户数58.36万户，比年初增加5.21万户。全年上缴入库各项税收10.61亿元。加大实体经济金融供给，全年小微企业贷款发放金额1006.09亿元。普惠型小微企业贷款户数21.5万户，贷款余额568.19亿元，增幅16.18%。新冠肺炎突如其来，落实各项惠企政策工具，率先发放全省首笔支农再贷款、支小再贷款和中小微企业纾困贷款。运用央行“1万亿再贷款再贴现额度”发放贷款55.24亿；向397家中小微企业发放纾困贷款15.46亿元；普惠小微信用贷款余额94.21亿元，增幅85.47%；为8573户客户实施临时性还本付息支持计划本金113.81亿元；为12.65万户企业客户减免各项费用超 3 亿元。推进金融精准扶贫决胜攻坚，建立国定、省定贫困户信用档案1.11万户，完成率100%，并对符合条件的贫困户实行“应贷尽贷”，精准扶贫贷款余额3亿元。探索“金融+产业+教育+电商+慈善”多维扶贫模式，推进产业扶贫，因地制宜打造“一镇一业、一村一品”；助力教育扶贫，生源地助学贷款余额3.98亿元，帮助1.66万名贫困学习圆梦大学；探索电商扶贫，在“福农e购”助农电商平台销售商品4.78万件、金额328.72万元。创新“金

融助力乡村振兴，畅通农村经济内循环”发展新思路，将更多资金向乡村振兴战略的重点领域和薄弱环节倾斜。涉农贷款余额980.99亿元，农户贷款余额781.86亿元，涉农贷款占比81.54%。主动对接农村要素市场化改革，推广“五福”（福农、福林、福海、福商、福工）系列信贷产品，以激活农村的田、林、海等要素资源，推动资源变资产、资产变资金、农民变股东的“三变”改革。依托泉州市山海资源禀赋，创新探索蓝色金融、绿色金融，设立5个海洋金融服务中心和特色专营网点，提供涉海涉渔信贷支持超34亿元，并发放绿色信贷户数4448户、余额18.67亿元。创新“党建+金融助理+多社融合”模式，向全市2485个村（居）派驻1251名金融助理，并与市农业农村局、市供销社签订战略合作协议，探索构建生产、供销、信用“三位一体”新型农村合作经济体系。依托金融助理驻村服务，做实信用工程建设，做精农户建档，评定信用户72.10万户、信用村（社区）857个、信用乡镇（街道）31个。精准建档突破百万户，其中有贷款户数37.38万户。拓展线上渠道，运用“金服云”平台发布“小微征信贷”等21款区域特色产品，精准对接企业需求，发放贷款2892笔、金额46.31亿元。

【招商银行泉州分行】 2020年，招商银行泉州分行围绕“客户”和“服务”两条主线，调整资产结构，发展金融科技，提高服务实体经济质效。实现营业净收入8.05亿元，比上年增长9600万元，增幅13.5%。零售财富管理非息收入涨势突出，零售非利息收入1.11亿元。其中，财富管理创收7200万元，增幅56.34%。人民币自营存款时点余额157.89亿元，较年初增长39.22亿元；年日均余额136.73亿元，较上年增长33.61亿元，涨幅32.59%。零售贷款规模高速增长，个人贷款时点余额126亿元，净增20.75亿元，增幅19.72%。

主动对接泉州实体经济社会发展的信贷需求，争取信贷规模，在风险可控的前提下，加大对支柱产业、优势行业的信贷投放，扩大有效信贷供给。重点围绕《泉州制造2025发展纲要》锚定的纺织鞋服、食品业、建材家居、纸业印刷、工艺制品五大传统优势产业和石油化工、机械装备重化产业以及电子信息、智能装备、节能环保装备、光电、新材料、生物医药等高新技术产业，挖掘制造业增长潜力，加大对企业制造装备数控化升级、互联网化提升、绿色技术改造和工业基础能力增强等方面的金融支持力度，全年为72家企业新增授信敞口额度101.58亿元，较上年增长15户，均为紧扣政府产业政策方向的优质企业。

疫情防控期间，贯彻各级政府决策部署，不抽贷，不压贷，对于受疫情影响严重导致还款困难的企业，根据总分行相关信贷政策规定，通过办理延期还款、还息、展期、调整还款计划等方式帮助企业渡难关。延期付款最长可达6个月，利率维持现有利率不变。对延期还款的业务，客户评级、资产分类维持不变，并且配套征信保护措施。通过一系列配套政策和措施，助力企业走出困境，确保企业复工复产。截至年末，为14家困难企业办理临时性延期付息，涉及贷款金额3.61亿元；为1家困难企业办理业务展期，涉及贷款金额4000万元；为45家困难企业进行贷款利率优惠，涉及贷款发放金额6.91亿元，为企业降低财务成本639万元。给予与防控新冠疫情相关企业发放融资5.7亿元。

践行普惠金融，助力小微企业成长。加强银企合作，创新服务内容，逐步扩大普惠型小微企业惠及面。入驻“信易贷”“金服云”等综合服务平台，运用平台信息和大数据技术构建一站式融资服务。通过线上+线下触达模式，深化企业融资需求对接。完善、优化贷款产品，推出小微双主体贷款业务、小微闪电贷业务、小微企业法人结算贷业务等，降低小微企业的贷款门槛，扩大小微企业融资渠道。截至年末，普惠型小微企业贷款余额18.13亿元，较年初增加1.39亿元，增长8.3%；普惠型小微企业贷款余额户数2593户，较年初增加58户；响应国家普惠金融工作的要求，多次调整小微贷款定价，解决小微企业融资贵的问题。分行普惠小微企业贷款年发放贷款加权利率4.34%。在无还本续贷方面，无还本续贷笔数820笔，笔数提升3.53%，无还本续贷金额3.39亿元，增加4.5%。

提供信贷额度支持实体经济，为30家制造业企业新增授信52.22亿元，实际提用敞口12.40亿元，较上年增加8.07亿元。在核销处置对公不良资产3.58亿元（均为制造业贷款）的情况下，表内制造业贷款余额33.48亿元，银保监口径制造业贷款余额49.69亿元，较年初净增4.36亿元。响应为企业主动降低融资成本号召，主动减费让利，为企业降低融资成本。在贷款利率方面，全年新发放加权平均贷款利率较上年下降99BPs。在手续费方面，通过银承手续费、网银转账手续费减免以及柜台同城跨行转账手续费、大额取现手续费优惠等方式为企业降低财务成本金额约374万元，涉及企业836家；为小微企业减费让利47万元，涉及企业38家。

【民生银行泉州分行】 截至2020年年末，民生银行泉州分行表内外资产规模超过320亿元，各项存款余额201.69亿元，各项贷款余额255.55亿元，辖有17家标准型网点、27家便利型网点，在安溪设立1家村镇银行，服务各类客户140多万户。用足用好用活疫情期间金融服务政策和资源，为疫情防控和企业复工复产提供精准金融服务。优化疫情期间金融服务方式，建立全流程线上作业模式，简化调查、审查、放款材料和流程，推广网上银行、手机APP等线上业务，年末线上平台用户数109.52万户，较年初增加10.39万户。为受疫情影响、符合政策要求的客户采取贷款展期、调整还款计划、实行征信保护，落实减费让利政策，各项贷款、新发放各项贷款平均发放利率同比下降0.48、0.8个百分点，为企业减免手续费681.89万元，受惠企业数量6754家。推动小微企业高质量发展，通过产品创新、流程优化、减费让利等举措，打造小微金融特色服务体系，实现小微企业金融服务“增量扩面、提质降本”。普惠型小微企业贷款余额88.72亿元，比年初增加9.59亿元，市场占有率位居区域股份制银行首位。为1.07万户客户提供小微贷款超220亿元，减费让利超2300万元。坚守“民营企业的银行”战略定位，树立和坚持“民营企业是自家人，为自家人办好自家事”的观念，立足区域特色，坚持以客户为中心，通过“专属经营”的服务模式、“五位一体”的服务团队、“一户一策”的服务方案为龙头民企的境内外并购、供应链融资、传统信贷提供高效精准的金融支持。围绕当地龙头企业上下游大力推广1+N商票、信融E等业务模式，为核心企业链上250户中小企业提供金融支持58.86亿元。加大制造业贷款、涉农贷款、扶贫贷款投放，年末制造业贷款、涉农贷款、扶贫贷款余额分别为89.67亿元、85.59亿元、9.21亿元，分别比年初增加7.45亿元、2.14亿元、8.94亿元。加大不良资产处置，紧盯风险大户，加强与总行、政府、资产管理公司沟通联动，采取重整盘活、不良资产转让、资产证券化等方式“一户一策”清收化解。开展客户经理“每周一课”及各类风险排查，建立“风险集中诊断机制”，前瞻性预判各类风险。资产质量控制目标显著下降，其中不良贷款余额、逾期贷款余额分别比年初减少1.45亿元、2.36亿元，不良率、逾期率分别比年初下降0.57个、0.93个百分点。

【交通银行泉州分行】 2020年，交通银行泉州分行完善交通银行机构网络，促进业务发展，面对新冠疫情考验，贯彻总行、省行和当地政府、监管部门的工作部署要求，坚持疫情防控、业务发展两手抓，管控信用风险，加快推动业务转型。在存贷规模方面，本外币贷款余额96.8亿元，本外币各项存款余额46.5亿元。秉承“一个客户一个交行”的理念，在市场上打造差异化竞争优势。加强高位营销，建立清晰的分层营销服务体系；拓展政府重点项目，优化信贷资产结构；转变票据业务发展模式，优化供应链客户结构；实现投行业务的突破，拓展同业客户。夯实客户基础和储蓄存款结构；加强与总行信用卡中心直销团队紧密协作，优化当地用卡环境；建立、优化个贷团队开展房贷业务，营销国有企事业单位、军队等优质单位。贯彻落实市委、市政府工作部署，加强政银企之间的沟通，服务当地重点项目建设，支持泉州小微企业发展。

【邮政储蓄银行泉州市分行】 2020年，邮储银行泉州市分行坚持常态化疫情防控与应急处置相结合，推进金融支持复工复产、“六稳”“六保”工作。年末总资产363.19亿元，比上年增长18.07%；各项存款余额329.59亿元，比上年增长16.16%；各项贷款余额284.3亿元，比上年增长23.34%。组织支行与当地政府签订“抗疫保生产 政银在行动”专项合作协议，覆盖晋江、南安、惠安、安溪、永春、泉港、鲤城7个县（市、区），预授信抗疫专项资金55亿元，用于地方政府支持企业疫情防控和复工复产。根据疫情防控工作需要，安排好网点营业时间，做好营业网点的疫情防控和金融服务，加大对线上业务推广，强化网络自助申请的小微易贷、免抵押的信用易贷、医院贷、邮薪贷、邮储花呗、网贷通等金融产品服务。2月以来，发放极速贷10416笔、金额13.98亿元；为832家企业发放贷款72.65亿元，其中，为防疫相关企业发放贷款10.01亿元，支持非防疫相关企业复工复产发放贷款62.64亿元。

坚守普惠金融理念，完成精准扶贫、利率管控等社会责任指标，涉农贷款规模160.42亿元，个人精准扶贫贷款规模近1亿元，为381户建档立卡贫困户发放贷款，产业带动扶贫户37户。创建信用镇19个、信用村322个，为1.08万名农村信用户提供便捷“农户”信用贷款，实现贷款覆盖行政村1617个，村村贷覆盖面72%；通过市教育局国家助学贷款项目，向3078名贫困大学生发放贷款，占该项目新增申请人数近20%；发放创业贷款4525万元，居全市银行业金融机构首位。与市农业农村局下发《泉州市共同促进新型农业经营主体质量提升实施方案》，联合市金融监管局、市农业农村局举办乡村振兴融资对接会，完成总额16亿元的金融意向合作。各支行与当地党政部门签订合作协议，派驻农村金融顾问，搭建“政银合作”平台，促进新型农业经营主体提质增效。

加大全流程线上信用产品小微易贷、快捷贷和极速贷线上支用推广，小微易贷为162家小微企业提供便利，放款金额1.73亿元，并对抗疫企业无还本续贷不限次数。对于有融资需求小微企业，在简化业务流程基础上，优化授信审批流程，加强利率优惠支持。为助力打造“泉州制造”高质量名片，组织泉州建筑业银企对接会、泉州台商投资区跨境电商峰会推介会等活动，发放纾困需求企业贷款4.27亿。制定《2020年泉州市分行小微企业金融服务“增量扩面、提质降本”方案》，普惠小微企业贷款结余99.76亿元，新增16.92亿元，普惠小微企业贷款户数结余1.35万户，新增935户。

响应“城市建设提速年”“四心”工程、民生“XIN”等行动，在产业引导、片区改造、古城提升、民生保障中发挥作用，推进政府信用类、公共服务类和民营企业融资。加强对晋江会展中心、中化二期乙烯项目、海峡科技生态城等区域重点项目的融资支持，新增授信76亿元。在服务民生方面，落地晋江市医院多点结算、泉州存量房交易资金监管、丰泽区社保基金、石狮市公共维修基金监管、泉州台商投资区公共维修资金监管、泉港公共资源交易中心招投标资金监管、农民工工资监管等多个项目。全年开立农民工工资专户180户，服务数万务工人员。

2020年2月28日，邮政储蓄银行泉州市分行与鲤城区政府签订战略合作协议，向鲤城区政府授信10亿元，助力疫情防控

（图/邮政储蓄银行泉州市分行）

2020年泉州市银行业机构一览表

表15

名称	地址
农发行泉州分行	丰泽区田安南路328号丰盛花苑农发行
工商银行泉州分行	丰泽区丰泽街610号
工商银行晋江分行	晋江市崇德路273号
农业银行泉州分行	丰泽区泉秀路农行大厦
中国银行泉州分行	丰泽街中银大厦
建设银行泉州分行	丰泽区丰泽街608号
建设银行晋江分行	晋江市青阳街道迎宾路169号
建设银行石狮分行	石狮市八七路1865号建行大厦
交通银行泉州分行	丰泽区宝洲街浦西万达广场商业综合楼4号建筑1号商铺
邮储银行泉州市分行	丰泽区九一街160号邮政大楼11层至14层及东配楼1层至2层
兴业银行泉州分行	丰泽区丰泽街兴业银行大厦
中信银行泉州分行	丰泽街336号凯祥大厦1～3层
光大银行泉州分行	丰泽区田安北路288号青年大厦
招商银行泉州分行	丰泽区江滨北路180号招银大厦
民生银行泉州分行	丰泽区刺桐路689号
华夏银行泉州分行	鲤城区温陵路81号
浦发银行泉州分行	丰泽区丰泽街29号
平安银行泉州分行	丰泽区滨海街109号连捷国际中心大厦
恒丰银行泉州分行	丰泽区江滨北路368号中骏国际中心4号楼
广发银行泉州分行	丰泽区津淮街25号燃气大厦A幢1～2层和15～16层
渤海银行泉州分行	丰泽区宝洲街492～496号
泉州银行	丰泽区云鹿路3号
海峡银行泉州分行	丰泽区泉秀路496号海峡银行泉州分行
厦门银行泉州分行	丰泽区湖心街474号
厦门国际银行泉州分行	丰泽区宝洲路288号1～2层

续表15

名称	地址
省农信联社泉州办事处	丰泽区浦西万达写字楼A幢4楼
泉州农商银行	丰泽区滨海街222号香缤中心1层靠府东路区域10层、11层
石狮农商银行	石狮市八七路2128～2150号
晋江农商银行	晋江市青阳崇德路196号
南安农商银行	南安市成功街889号
安溪联社	安溪县建安大道230号
惠安联社	惠安县螺城镇建设南路118号
永春联社	永春县桃城镇湖滨路301号
德化联社	德化县浔东北路中段福万通大厦
安溪民生村镇银行	安溪县河滨南路526号
惠安中成村镇银行	惠安县螺阳镇世纪大道维斯财富中心
南安汇通村镇银行	南安市成功街鑫溢财富广场一楼
石狮渝农商村镇银行	石狮市八七路鸿兴国际大厦2454、2456、2458号
永春漳农商村镇银行	永春县823东路商业大厦一层
德化成功村镇银行	德化县浔中镇龙津北路群盛翰林府邸6号楼108号
泉州台商投资区晋农商村镇银行	泉州台商投资区东园镇杏秀路盛达商贸城2幢1楼13～17号
首都银行（中国）泉州分行	丰泽区丰泽街666号南益广场1302～1303单元

2020年泉州市小额贷款公司一览表

表16

名称	地址
泉州汇鑫小额贷款股份有限公司	泉州市丰泽街361号财政大楼12层
福建泉州市鲤城区创信小额贷款有限公司	鲤城区江南高新技术电子信息产业园区紫山路2号办公楼三楼
泉州市丰泽区创鑫小额贷款有限公司	田安北段303号（丰泽建行三楼）
洛江区恒信小额贷款有限公司	洛江区万荣街现代华城1号楼22层C座
泉州经济技术开发区百盛小额贷款股份有限公司	泉州经济技术开发区崇敏街37号
泉州台商投资区联首小额贷款有限公司	福建省泉州台商投资区福建华文轻工有限公司一楼店面（东园）
晋江市恒诚小额贷款有限公司	晋江市曾井小区建行大厦19楼
晋江市鑫盛小额贷款有限公司	晋江市青阳迎宾路华泉大厦三楼
惠安县融信小额贷款有限公司	惠安县螺城镇八二三东街兴业大厦三楼
永春县中鑫小额贷款有限公司	福建省泉州市永春县桃城镇留安路1号建行大厦13楼
德化县瓷都小额贷款有限公司	德化县龙浔镇进城大道B幢一层105号
安溪县闽华小额贷款有限公司	安溪县凤城镇金龙现代广场D幢28层
永春县美岭小额贷款有限公司	永春县城南街2号电信大楼16层
晋江融信小额贷款有限责任公司	晋江市池店泉安路俊德大厦7-9楼
安溪县鑫城小额贷款有限公司	安溪县凤城镇河滨南路168号龙湖山庄售楼部七楼
泉州台商投资区永亨小额贷款有限公司	泉州台商投资区东园镇龙苍村
泉州经济技术开发区万兴小额贷款股份有限公司	泉州经济技术开发区清濛园区2-22（D）地块三楼左侧
泉州市鲤城区汇银小额贷款有限责任公司	泉州市鲤城区金龙街道玉霞社区南环路748号海天汽车城综合办公楼503室
福建省南安市成功小额贷款股份有限公司	南安市水头镇华辉广场华辉中心十一楼1105室
石狮市中联银小额贷款有限公司	石狮市振兴路51号闽南金融中心二楼
泉州市丰泽区润泽小额贷款有限责任公司	泉州市丰泽区丰泽街建行大厦19层C座
福建省泉州市金同小额贷款股份有限公司	福建省泉州市丰泽区泉秀街道丁荣路39号御殿花园5号楼商业楼4楼403

续表16

名称	地址
福建泉州市惠安县和金小额贷款有限公司	泉州市惠安县惠东工业区翔豪新城4幢底层编号101、102、103、105、106、107
泉州台商投资区德隆小额贷款有限公司	台商投资区百崎乡后海村12幢隆盛轻工有限公司园区
德化县鑫汇丰小额贷款有限公司	德化县凤凰尚书苑12～13号
南安市宏骏小额贷款有限公司	南安市美林街道办事处庄顶滨江一号1号三楼
晋江市汇鑫小额贷款有限公司	晋江市青阳崇德路154号中银大厦21层
福建省安溪县佳信小额贷款股份有限公司	安溪县金融行政服务中心6C号楼1401号～1413号
南安市天邦小额贷款股份有限公司	南安市成功街滨江大厦四层
福建省泉州市鲤城海银小额贷款有限公司	泉州市鲤城区九一街商务大厦二楼

2020年泉州市典当行一览表

表17

名称	地址
泉州市宏基典当行有限责任公司	泉州市鲤城区新门街610号源和1916创意产业园37号楼一层
泉州中泰创展典当有限责任公司	福建省泉州市鲤城区新门街南区11号～11号（新门街449号店面）
泉州市兆南典当有限责任公司	泉州市鲤城区南环路鲤城科技创业服务中心大楼一楼
福建省百源典当有限责任公司	泉州市鲤城区后城巷旧城改造工程7号楼141号（新编门牌号193号）
泉州市豪康典当有限公司	泉州市丰泽区丰泽街361号国投大厦8楼
泉州信和典当有限公司	泉州市丰泽区田安路与丰泽街交叉口东南侧和昌花苑5号楼A-30号店面
福建泉州万泰利典当有限公司	丰泽区宝洲路北侧与浦西路交叉处
泉州市海城典当有限责任公司	丰泽区田安北路东湖大厦一楼
泉州市闽侨实业典当有限公司	丰泽区田安北路闽侨大厦一楼
泉州市闽侨实业典当有限公司晋江分公司	晋江市青阳街道办事处泉安中路晋兴国际公寓一楼
新联发（泉州）典当有限责任公司	泉州市丰泽区北峰工业区泉州市侨乡服装设计公司1幢1楼
泉州正道典当有限公司	泉州市丰泽区北峰街道西贤路福建烟草机械大楼三楼
泉州中盛信德典当行有限公司	泉州市丰泽区宝洲路中段南侧泉州浦西万达广场商业综合体1号建筑（甲级写字楼1A塔）A1008
福建省华兴（泉州）典当有限责任公司	泉州市泉港区山腰南山南路东侧万星（泉港）影城2号楼店面03、05、06、07
泉州恒盛典当有限公司	晋江市安海镇鸿塔小区第B7幢1～3层店1号房
福建省晋江市柚兴典当有限公司	晋江市磁瓷市场釉花大厦10号
福建信源典当有限公司	晋江市磁灶镇天工陶瓷城
福建元亨典当有限公司	晋江市世纪大道华美国际花园
晋江金山典当有限公司	晋江市新塘街道占头工业区1～4号
福建富邦典当有限公司	晋江市英林镇英龙南路99号
泉州同丰典当有限公司	晋江市青阳阳光东路宏伟大厦第5～6号店面
福建中美典当有限公司	晋江市梅岭街道双沟社区河滨路中美大厦1楼
石狮市达狮雄典当有限责任公司	石狮市八七路2412号达狮雄大厦
福建省庆东昇典当行有限公司	石狮市石泉路426号华山K25号楼
石狮市富之达典当有限责任公司	石狮市子芳路西侧国泰路南侧交叉处
安溪黎昌典当有限责任公司	安溪县凤城镇龙湖益民路546号
安溪县顺鑫典当有限责任公司	安溪县凤城镇大同路306号
福建省银晟典当有限责任公司	安溪县凤城镇河滨北路756～757号
泉州市同吉典当有限公司	安溪县凤城镇河滨南路888号9幢19～20店
泉州诚信典当有限公司	泉州市安溪县城厢镇文兴路397号绿缘大厦B201

续表17

名称	地址
德化县中信典当有限责任公司	德化县龙洋镇瓷都大道6号楼
德化县天顺祥典当行有限公司	福建省泉州市德化县龙浔镇丁墘村
福建聚亿典当有限公司	福建省泉州经济技术开发区德泰路锦绣江南3号楼连接体一层二层
泉州经济技术开发区万丰典当有限公司	泉州市清濛经济技术开发区德泰路328号万兴大厦1楼

保险业

【概况】 2020年，泉州市保险业实现各项保费收入247.14亿元，比上年增长2.8%。其中，财产保险保费收入60.71亿元，下降3.8%；人寿保险保费收入186.43亿元，增长5.2%。赔款及给付支出69.91亿元，增长8.0%。其中，财产保险赔款及给付支出34.46亿元，增长0.7%；人寿保险赔款及给付支出35.45亿元，增长16.1%。

【企业复工复产支持】 2020年，为贯彻落实中央、福建省关于疫情防控及支持企业复工复产各项决策部署，泉州市出台金融支持企业复工复产七条措施。其中鼓励各保险机构开发适合复工复产企业疫情防控的综合保险，重点保障企业因疫情防控要求进行封闭或隔离产生的产品损失、员工工资等支出。鼓励各县（市、区）政府和泉州开发区、泉州台商投资区管委会对企业购买复工复产企业疫情防控的综合保险予以补助，市级财政给予各县（市、区）20%补贴支持。泉州市还出台支持中小微企业生产经营九条措施，其中要求各保险机构开辟保险理赔绿色通道，简化理赔手续，提供及时便捷的理赔服务，应赔尽赔。

证券业

【概况】 2020年，泉州市通过证券市场发行、配售股票募集资金5.83亿元。其中，新增境内外上市企业3家，募集资金5.65亿元，比上年增加5.65亿元；增发、配股企业2家，募集资金0.175亿元，比上年增加1750万元。截至年末，全市有境内外上市公司（A、B股）107家，其中境内上市公司21家、境外上市公司86家。

【企业融资渠道拓宽】 2020年，泉州市金融监督管理部门通过问题清单责任制、基层专家服务团、沪深交易所专家“上门”指导等措施，加快推进企业上市，全年实现3家企业上市、1家过会、4家在审。新增海交所挂牌企业260家，累计挂牌企业1174家。推动非金融企业发债59只、融资规模427.9亿元。市产业基金实收资本10.07亿元，累计对外投资10.04亿元，参股设立6只子基金并直接投资2家企业。

2020年泉州市证券经营机构一览表

表18

名称	地址
证券分公司（4家）	
兴业证券股份有限公司泉州分公司	福建省泉州市丰泽街361号金控大厦5楼
华福证券有限责任公司泉州分公司	泉州市丰泽区丰泽街213号兴业银行泉州大厦第13层第A、B、C、D单元
东兴证券股份有限公司泉州分公司	泉州市丰泽区东湖街道田安路武夷花园11号中心商场明旺金融中心四层北侧
中山证券有限责任公司泉州分公司	福建省泉州市丰泽区云鹿路兴祥大厦B座302室
证券营业部（83家）	
兴业证券股份有限公司安溪中山街	安溪县凤城镇新景商业广场中山街87-6、7、8、9、10号店面
兴业证券股份有限公司惠安中山南路证券营业部	福建省泉州市惠安县螺城镇中山南路欧景帝苑广场二楼
兴业证券股份有限公司晋江崇德路证券营业部	福建省泉州市晋江市青阳街道崇德路金融广场3栋101号1层
兴业证券股份有限公司晋江泉安路证券营业部	晋江市安海镇泉安路西畲工业区万兴泰工贸城联泰综合楼A1、2层
兴业证券股份有限公司南安新华街证券营业部	福建省南安市新华街成功大厦裙楼一、三、四层
兴业证券股份有限公司泉州德泰路证券营业部	福建省泉州市经济技术开发区德泰路3-14（A）号地块娱乐城紧挨中信银行一侧

续表18

名称	地址
兴业证券股份有限公司泉州丰泽街证券营业部	福建省泉州市丰泽街361号金控大厦3、4楼
兴业证券股份有限公司石狮八七路证券营业部	福建省泉州市石狮市湖滨街道八七路1279号中天国际1号楼一、三层
华福证券有限责任公司安溪民主路证券营业部	福建省泉州市安溪县凤城镇民主路D1、D2幢二层商场3
华福证券有限责任公司惠安八二三东路证券营业部	福建省泉州市惠安县螺城镇八二三东路新东街兴业银行惠安支行办公楼3层
华福证券有限责任公司晋江崇德路证券营业部	福建省泉州市晋江市青阳街道曾井崇德路271号兴业大厦3层
华福证券有限责任公司南安成功街证券营业部	福建省南安市柳城办事处成功街滨江大厦1幢一层商场
华福证券有限责任公司泉州丰泽街证券营业部	福建省泉州市丰泽区丰泽街666号　南益广场写字楼第26层
华福证券有限责任公司泉州湖心街证券营业部	福建省泉州市丰泽区湖心街西段南侧星湖雅苑1号楼办公201、办公202
华福证券有限责任公司泉州田安路证券营业部	泉州市丰泽区田安路外代大厦二层
华福证券有限责任公司石狮金林路证券营业部	福建省泉州市石狮市金林路38号（B幢）
华福证券有限责任公司永春留安路证券营业部	永春县留安路口建行大厦7层
安信证券股份有限公司泉州丰泽街证券营业部	福建省泉州市丰泽区丰泽街666号南益大厦写字楼11楼03单元
大同证券有限责任公司泉州丰泽街证券营业部	泉州市丰泽区丰泽街666号南益广场写字楼1401单元
东北证券股份有限公司晋江世纪大道证券营业部	福建省泉州市晋江市世纪大道宝龙世家D栋905、906单元
东北证券股份有限公司泉州丰泽街证券营业部	泉州市丰泽街信息大厦一楼店面及二楼办公楼
东方证券股份有限公司泉州津淮街证券营业部	福建省泉州市丰泽区津淮街25号燃气大厦A座502
东海证券股份有限公司泉州丰泽街证券营业部	福建省泉州市丰泽街560号保险大厦十四层
东吴证券股份有限公司泉州宝洲路证券营业部	泉州市丰泽区宝洲路万达广场写字楼B3601
东兴证券股份有限公司德化浔南西路证券营业部	福建省泉州市德化县龙浔镇浔南西路202、204、206
东兴证券股份有限公司惠安建设南路证券营业部	惠安县螺城镇中新大厦6号楼1层、4层
东兴证券股份有限公司晋江和平路证券营业部	晋江市青阳街道时代广场A1幢6楼
东兴证券股份有限公司泉州丰泽街证券营业部	福建省泉州市丰泽区丰泽街666号南益集团大厦首层101单元及23层
东兴证券股份有限公司泉州田安路证券营业部	泉州市丰泽区田安路武夷花园明旺金融中心2层
东兴证券股份有限公司石狮濠江路证券营业部	福建省泉州市石狮市濠江路东侧前园段众和国际大厦A座八层
东兴证券股份有限公司永春八二三东路证券营业部	泉州市永春县八二三东路189、191号、15栋3单元206
方正证券股份有限公司泉州津淮街证券营业部	福建省泉州市丰泽区津淮街16号中骏广场10F03、05单元及负一层商铺179号
光大证券股份有限公司泉州田安路证券营业部	福建省泉州市丰泽区田安北路288号青年大厦三楼
光大证券股份有限公司石狮濠江路证券营业部	福建省泉州市石狮市濠江路众和国际大厦十楼
广发证券股份有限公司晋江崇德路证券营业部	福建省泉州市晋江市青阳街道崇德路晋江金融广场3栋1501号
广发证券股份有限公司泉州温陵路证券营业部	福建省泉州市鲤城区温陵北路354-1号富临新天地商贸区1幢A2101～2102室中01单元、02单元、03单元及05单元
国金证券股份有限公司泉州云鹿路证券营业部	福建省泉州市丰泽区云鹿路鲲鹏国际中心7层703、705单元
国盛证券有限责任公司泉州津淮街证券营业部	福建省泉州市丰泽区津淮街东段新城花园1号楼06-07号店
国泰君安证券股份有限公司晋江长兴路证券营业部	福建省泉州市晋江青阳街道长兴路222号明鑫财富中心第六层601、605单元
国泰君安证券股份有限公司南安成功街证券营业部	福建泉州南安市柳城成功街鑫溢财富中心1-2号楼商业3层18～23、25～31号单元
国泰君安证券股份有限公司泉州云鹿路证券营业部	福建省泉州市丰泽区云鹿路仟禧汇大厦1～2层
国信证券股份有限公司泉州德泰路证券营业部	泉州经济技术开发区德泰路114～118号建行综合楼四楼
海通证券股份有限公司晋江世纪大道证券营业部	福建省泉州市晋江市梅岭街道世纪大道888号晋江万达广场1～2幢连体店62
海通证券股份有限公司泉州田安路证券营业部	泉州市丰泽区泉州青年大厦四楼
华安证券股份有限公司泉州宝洲路证券营业部	福建省泉州市丰泽区宝洲路万达广场中心B座1002～1003室

续表18

名称	地址
华林证券股份有限公司泉州田安北路证券营业部	福建省泉州市丰泽区丰泽街道田安北路128号明鑫花苑1号楼A15店面
华泰证券股份有限公司泉州九一街证券营业部	福建省泉州市鲤城区九一街百源大厦四层
华西证券股份有限公司泉州附中路证券营业部	福建省泉州市丰泽区东海街道附中路157号鲲鹏国际大厦11层1107单元
华鑫证券有限责任公司泉州宝洲路证券营业部	福建省泉州市丰泽区浦西万达广场甲级写字楼1B塔808\809单元
华鑫证券有限责任公司泉州南山南路证券营业部	福建省泉州市泉港区山腰街道南山南路大德左岸115～116号店面
江海证券有限公司晋江长兴路证券营业部	福建省泉州市晋江市青阳街道长兴路明鑫办公综合楼2205～2206
联储证券有限责任公司泉州宝洲路证券营业部	福建省泉州市丰泽区宝洲路东段南侧中骏国金中心5号楼店面37号
平安证券股份有限公司泉州滨海街证券营业部	福建省泉州市丰泽区滨海街109号连捷国际中心3909～3911单元
申万宏源证券有限公司泉州田安路证券营业部	泉州市丰泽区田安路丰盛商住楼4号店面F02～04
申万宏源证券有限公司石狮石龙路证券营业部	福建省泉州市石狮市灵秀镇服装城北区百德汇峰广场6栋商铺112～113
太平洋证券股份有限公司石狮福辉路证券营业部	福建省泉州市石狮市建德花园二期3号楼101～102室
天风证券股份有限公司泉州丰泽街证券营业部	泉州市丰泽区丰泽街道丰泽街666号南益广场13楼1301室
天风证券股份有限公司泉州泉秀路证券营业部	泉州市丰泽区泉秀路巴厘印象1号楼一、二层
万和证券股份有限公司石狮石龙路证券营业部	福建省泉州市石狮市灵秀镇百德汇峰广场6幢1706单元
东方财富证券股份有限公司晋江长兴路证券营业部	福建省泉州市晋江市青阳街道陈村社区长兴路明鑫广场208～12号
东方财富证券股份有限公司南安江北大道证券营业部	福建省泉州市南安市美林街道江北大道滨江一号1号楼商业用房108
东方财富证券股份有限公司泉州惠安县南阳路证券营业部	福建省泉州市惠安县螺城镇东南豪苑4号楼一层22号商铺
东方财富证券股份有限公司泉州田安路证券营业部	福建省泉州市丰泽区丰泽街道田安南路外代大厦一楼
信达证券股份有限公司泉州丰泽街证券营业部	福建省泉州市丰泽区丰泽街东方银座21号楼店面102、202
粤开证券股份有限公司泉州宝洲路证券营业部	福建省泉州市丰泽区宝洲路浦西万达写字楼B座4303、4305室
长城国瑞证券有限公司晋江东华街证券营业部	晋江市东华街北侧福隆商业广场一期1～6幢连接体新街129号
长城国瑞证券有限公司泉州通源街证券营业部	泉州市丰泽区通源街194号
长城证券股份有限公司晋江迎宾路证券营业部	福建省泉州市晋江市青阳街道迎宾路新世纪豪园一期7A7
长江证券股份有限公司泉州刺桐路证券营业部	福建省泉州市丰泽区刺桐路3号浦西万达广场二期5号建筑一至二层商铺S355号
招商证券股份有限公司晋江和平中路证券营业部	福建省泉州市晋江市青阳莲屿社区和平中路1号泰兴达大厦六层东北侧A单元
浙商证券股份有限公司泉州云鹿路证券营业部	福建省泉州市丰泽区云鹿路鲲鹏国际中心5楼509
中国银河证券股份有限公司泉州南俊路证券营业部	福建省泉州市鲤城区开元街道东升社区南俊北路132号
中国中金财富证券有限公司晋江迎宾路证券营业部	福建省晋江市青阳迎宾路新世纪豪园一期二层
中国中金财富证券有限公司石狮八七路证券营业部	福建省泉州市石狮市八七路天恒国际中心七楼F0707
中航证券有限公司泉州田安路证券营业部	福建省泉州市丰泽区田安路与泉秀路交叉口丰盛大厦15层15F2
中山证券有限责任公司泉州丰泽街证券营业部	泉州市丰泽区丰泽街建设银行大厦17层C区
中泰证券股份有限公司泉州宝洲路证券营业部	福建省泉州市丰泽区宝洲路万达广场写字楼A座1703号
中泰证券股份有限公司泉州万荣街证券营业部	福建省泉州市洛江区万荣街现代华城科技中心广场1号楼右侧101、102室
中信建投证券股份有限公司泉州丰泽街证券营业部	泉州市丰泽区丰泽街中段煌星大厦西区裙楼一楼
中信证券股份有限公司晋江长兴路证券营业部	福建省泉州市晋江市青阳街道长兴路222号明鑫办公综合楼7层708、709室
中信证券股份有限公司泉州丰泽街证券营业部	福建省泉州市丰泽区丰泽街666号南益广场写字楼第20层03单元
中信证券股份有限公司泉州宝洲路证券营业部	福建省泉州市丰泽区宝洲路中段南侧泉州浦西万达广场商业综合体1号建筑（甲级写字楼1B塔）B1903单元
中银国际证券股份有限公司泉州丰泽街证券营业部	福建省泉州市丰泽区丰泽街中银大厦13楼

口岸综合管理

综述

【口岸与航线】 2020年，泉州市口岸管理单位落实靠前服务，指导码头泊位查验设施建设事宜，高标准高要求做好基础设施建设，助力企业发展。加强跨境贸易协同力度，发挥口岸协调工作力度，督促口岸查验单位立足工作职能，从“优化流程”“减少环节”“减少单证”“降低成本”“优化服务”等方面着手，疏通堵点、攻克难点。2020年，泉州市有生产性码头泊位91个，其中万吨级以上泊位25个（最大泊位为30万吨级专用油码头）。泉州港口岸辖区海岸线427千米，由肖厝、斗尾、泉州湾、围头湾和深沪湾五大开放港区组成，对外开放码头泊位40个。泉州港开通航线130多条，外贸航线30多条，其中外贸集装箱航线20多条。受疫情影响，泉州港口岸外贸进出口吞吐量完成3909.53万吨，集装箱进出口完成79485.5标箱。泉州晋江国际机场有国内外27家航空公司进场运营，开通国际（地区）、国内客货运航线80条，每周进出港航班1300余架次。受疫情影响，泉州晋江国际机场空航口岸自3月24日起停航，全年进出飞机1190架次，出入境旅客9.87万人次（其中入境5.13万人次、出境4.75万人次，平均每架次83人）。

2020年3月17日，“石湖—上海”直航航线在泉州港石湖作业区开通，图为“弘泰25”号船停靠泉州港石湖作业区 （图/李荣鑫）

【地区贸易】 2020年，泉州市对东盟出口474.40亿元，增长15.8%，进口29.89亿元，增长0.7%。对欧盟出口182.93亿元，下降4.3%，进口24.77亿元，下降10.9%。对美国出口204.06亿元，增长6.9%，进口23.05亿元，增长29.8%。对沙特阿拉伯进口198.05亿元，下降40.9%。

【口岸对外开放】 2020年，泉州市口岸管理单位推进石狮锦尚作业区扩大对外开放，加快锦尚作业区查验配套设施的建设，保障“十三五”顺利收官。推动中化石油公司外走马埭1～8号石化泊位新增作业点对外开放，拓展国际船燃供应业务。协助肖厝作业区3号码头申请粮食指定口岸扩项，以满足周边粮食加工企业多种进口粮食品类的需求。助力泉州国际邮政互换局全部建成投入运营，推动跨境电商出口全面提速，满足泉州人民国际化消费需求，提高企业通关便利性， 壮大泉州口岸经济。

【口岸管理服务】 2020年，泉州市口岸管理单位针对辖区内口岸安全运行工作、海关监管作业场所（场地）设置规范和口岸公共卫生核心能力考核工作进行检查，统筹协调，结合本辖区安全生产实际，强化工作措施。多渠道、全方位收集各类疫情信息，每日准时汇编前一天飞机船舶航班动态和国内外疫情风险信息，每月统计集装箱吞吐量及口岸动态，同时通过全国口岸运行展示与分析系统上报省口岸办，实时掌握疫情防控期间口岸信息，开展口岸疫情传入风险研判评估。举办中国（福建）国际贸易单一窗口智能报关系统推广培训会，80多家企业到场参训，推进服务创新，稳定外贸增长。

【通关便利化】 2020年，泉州市口岸管理单位推广“两步申报”改革，根据厦门海关批复，1月1日起，泉州关区全面实施进口货物“两步申报”改革，高级认证企业免除税收担保，9月采用“两步申报”报关达9.19%；推广进出口“提前申报”，完善“提前申报”容错机制。7月15日在泉州海关石狮办事处、晋江办事处两个现场先行先试一般信用以上企业适用出口货物“提前申报、运抵验放”通关模式，9月5日在泉州海关所有业务现场全面实施。创新“集货监管”监管模式，维护市场采购健康发展。制定《市场采购出口防疫物资集货监管业务操作流程》，石狮市率先在全国13个市场采购试点城市中采用市场采购出口防疫物资“集货监管”模式。推动降低报关、货代、船代、物流、仓储等环节经营服务性收费，改善优化口岸营商环境。受疫情影响，为减轻港口企业经营压力，3月1日起，将货物港务费、港口设施保安费两项经营服务性收费标准分别降低20%，并于2月6日起对因物流运输等原因导致大宗干散货和油品不能及时疏运的，在港口原有免费堆存期基础上再延长30天。在2019年年底已提前完成整体通关时间比2017年压缩一半的目标的基础上，巩固压缩通关时间成果。泉州关区进、出口整体通关时间均优于厦门关区平均水平，实现进口整体通关时间20.98小时，出口整体通关时间1.54小时，压缩比分别为78.53%和90.46%。引导进出口企业用足用好减免税、自贸协定政策、落实对美加征关税商品排除、疫情防控物资税收减免退还以及延期纳税、滞纳金滞报金减免、关税保证保险等政策，为企业减、免、退税（费）超8.5亿元，减负红利不断释放。下达免除查验无问题外贸企业吊装移位仓储费用试点经费53.47万元。石狮市继续执行免除查验作业费方案措施。改变由查验公司“先收后退”传统方式，执行政府垫付、年度结算、超标补贴的创新做法，对属于查验没有问题范围的直接免除费用，促进外贸通关减负增效。

海关监管

【概况】 2020年，泉州海关以推进“全面深化业务改革2020框架方案”为切入点，巩固压缩货物整体通关时间成效，促进通关便利化，优化营商环境，激发市场主体活力。全年泉州海关检疫监管进出境运输工具5568艘(架)次，比上年减少61.11%。其中监管进出境船舶4379艘次、进出境飞机1189架次，分别比上年下降32%、84.9%；检疫监管进出境人员17.19万人次，比上年减少84.43%，其中进出境旅客10.69万人次，比上年减少90.6%。税收入库94.01亿元，比上年下降27%，其中关税2.89亿元，比上年下降20.8%，进口环节税91.12亿元，比上年下降27.1%。推进“两步申报”“提前申报”“先放后检”等多项业务改革。至12月底，泉州关区“两步申报”推广率35%，出口“提前申报”比例44%，并从10月8日起在进口原油启动“先放后检”作业模式，从12月28日起对关区C类快件启动实施“C类快件纳入货物一体化通关”新模式作业；优化原产地签证服务，于12月10日起全面推行原产地证书智能审核等系列便利化措施，实现证书申领全程“零跑腿”；推广国际贸易“单一窗口”，引导企业应用国际贸易“单一窗口”本地版进行数据录入及申报，并于12月底实现泉州关区国际贸易“单一窗口”本地版应用率100%。泉州关区进口整体通关时间18.14小时，比2017年压缩83.46%；出口整体通关时间1.52小时，比2017年压缩93.23%，均位于厦门关区前列。

【税收征管】 2020年以来，泉州海关发挥海关政策优势，引导进出口企业用足用好减免税、自贸协定政策、落实对美加征关税商品排除清单退税以及延期纳税、滞纳金滞报金减免、关税保证保险等政策，减、免、退税(费)9.36亿元。其中，审批减免关税和增值税2.3亿元，为进口协定税率项下商品减税1.36亿元，签发自贸协定优惠原产地证书为企业争取进口方税款减免5.18亿元，迅速落实多批次对美加征关税商品退税政策下退税3583.59万元，减免因疫情影响未及时进口设备报关滞报金165万元，准予某石化企业在疫情防控期间进口原油3.72亿元的税款纳税时限延期3个月，减免滞纳金1580.88万元，纾缓企业资金周转困难；指导外贸企业运用关税保证保险办理海关事务担保，泉州关区25家外贸进口企业使用关税保证保险保单进口货物超70亿元，汇总缴纳税款超9亿元，纾解企业资金压力，助力外贸企业减压稳产。

【卫生检疫】 2020年，泉州海关实施“一机一策”“一船一策”，推进所属实验室及时取得新冠肺炎病毒核酸检测资质，精准检疫，严防新冠肺炎疫情输入；落实冷链物流渠道防范境外疫情输入工作要求，构建领导小组、应急处置、工作专班3项机制，实施24小时联系保障；

2020年4月2日，菲律宾国防部军机抵达晋江国际机场，接收晋江市政府捐赠的首批防疫医疗物资，图为泉州海关关员对菲律宾军机开展入境卫生检疫工作（图/张少娟）

强化与地方联防联控机制，做好入境“五类人员”（确诊病例、疑似病例、密切接触者、有发热和呼吸道症状的人员及海关精准检疫人员）联合处置，在厦门关区率先建立市、县两级闭环管理，守护一方平安健康；检出新冠肺炎病毒核酸阳性病例5人，其中于3月19日从入境旅客中检出厦门关区首例新冠肺炎核酸阳性感染者。全年监测进出境体检人员6738人次，确诊传染病18例，居厦门海关前列。强化口岸公共卫生监督，执行口岸和输入性病媒生物监测，检出机构改革后厦门关区首例重要鼠疫媒介“印鼠客蚤”。同时，1月27日至4月8日在国内防疫物资短缺期间，“零延时”保障8.81万批进口防疫物资通关。

【动植物检疫】 2020年，泉州海关检验检疫进出境动植物及其产品7605批、65.24亿元，分别比上年减少15.2%、增长39.8%，其中出口6826批、货值16.04亿元，分别比上年减少12%、0.5%；进口779批、49.2亿元，分别比上年减少35.6%、增长61%。泉州关区有进出境动植物及其产品注册登记/备案企业198家，主要进境动植物及其产品为大豆、盐渍牛皮、木片、鳖卵等；主要出境动植物及其产品为竹木草制品、种苗花卉、芦柑、观赏鱼饲料、豆粕。以最严措施强化非洲猪瘟防控，对来自或者途经动物疫区的船舶100%实施登临检查和监督、船上的垃圾和泔水100%进行预防性消毒处理，对来自动物疫区的肉制品100%进行封存，严防疫情从口岸传入。截获并封存来自疫区的进境猪肉及其制品198批次、1438.35公斤。

【食品监管】 2020年，泉州海关检验监管出入境食品1.23万批、货值71.24亿元，分别比上年减少3.6%、增长70.9%，其中出口食品10383批、货值50.93亿元，分别比上年减少2%、增长3.8%；进口食品1980批，20.31亿元，分别比上年减少11.4%、增长83.4%。主要进口品种为水产品、食用油、酒类、茶叶、糖果巧克力类；主要出口食品品种为水产品、糖果类、水产制品、茶叶、蜜饯制品。加强食品安全监管，推进“进口食品安全放心工程”，实施进口食品“清源行动”计划，深化“源头管理、口岸验放”监管制度，加强对邮快件婴幼儿配方乳粉等重点进口食品监管，其中检出进口不合格食品20批。收集输出国食品检疫要求，特别是因疫情采取的临时限制措施，定期向辖区内企业进行通报，支持企业复工复产扩大出口。

【商品监管】 2020年，泉州海关检验监管出入境工业品7349批、1813.43亿元，分别比上年减少3.2%、增长4.1%，检出进出口商品不合格509批次，其中进口旧机电、危险化学品包装等不合格46批次，非法出口防疫物资20起。强化对危险化学品等重点商品检验监管，执行危化品检验双人持证上岗，加强作业规范，落实企业主体责任，强化联防联控，提升应急处置能力。全年监管进出口危险货物及其包装1100批次、2721.19万吨、93.47亿美元，分别比上年增长73.23%、增长3.38%、减少29.19%。进口危化品种类为原油、甲醇、苯乙烯、液化石油气（丙烷、丁烷）、丙烯、鞋用接着剂、硬化剂、脱模剂等；出口危化品种类为汽油、柴油、航空煤油、环己酮等。另外，泉州海关自主研发危化品留样箱获全国海关系统首个该类型实用新型专利。

【快邮件监管】 2020年，泉州海关监管进出境非邮政快件404.4万件，比上年下降29.6%，主要货物为食品保健品、奶粉、化妆品护肤品、服装鞋帽等；监管出境邮政快件86.1万件，主要物品为鞋靴、纺织服装及配件、小配饰、包袋、玩具及游戏用品、口罩等，出口至全球100多个国家和地区。推进关区快邮递物品监管改革，推进完善监管设施和作业场所规范化建设，提升快邮件作业场地作业自动化程度；推广应用信息化系统，敦促快邮件企业提高数据申报质量，实现申报数据全口径信息上线；抓疫情防控和促快邮件出口两不误，采取节假日和周末预约加班、快邮件当天审核当天验放等方式，最大限度提高通关效率，助推新兴业态健康发展。

【市场采购试点监管】 2020年，泉州海关验放石狮服装城市场采购贸易试点出口货物343.1亿元，比上年增长99.1%。主要出口商品为日用百货、纺织服装、机器机械、建材、鞋类等13类，覆盖出口国家和地区169个，比上年增加20个，并新增10159家民营企业开展市场采购贸易，参与备案的各类主体20744家，其中带动采购、物流、航运、报关等新增就业超万人，外贸集聚效应十分明显。为此，泉州海关精准施策，与地方政府密切协作，支持打造石狮至厦门内支线海运转关，搭建“市场采购+中欧班列”“市场采购+空运”等通关模式，突出“海、陆、空、铁”多式联运优势，多渠道保障国际供应链稳定畅通；在原有的“采购地一站式申报”“采购地申报、口岸验放”并行的基础上，于5月29日推行全省通关一体化模式，向全省外贸企业开放，打造为省级外贸共享平台，实现市场采购货物就地采购、就近通关，为参与试点的各类经营主体提供了更多灵活选择、节省物流成本；与石狮市政府共享平台实行“一站服务”和“互联网+海关”等措施，接受企业24小时申报报关单电子数据，实施出口提前报关，实现“秒审”“秒放”，打造快速高效的验放流程；在石狮试点获批全国首个预包装食品出口试点的基础上，力促石狮国际食品城纳入经认定的预包装食品市场采购集聚区范围，首批签约入驻的就有300多家食品企业和462间商铺，放大预包装食品出口试点溢出效应。同时，经积极争取，晋江鞋纺城获批列入国家级市场采购贸易方式试点。12月30日，经泉州海关监管，该试点首票10.08万美元出口休闲鞋通关，标志全省第二家国家级市场采购贸易方式试点启动运营。

【跨境电商监管】 2020年，泉州市跨境电商贸易额82.9亿元，比上年增长6.1倍，其中出口76亿元，比上年增长85.7倍，呈现跨越式增长。通过海关跨境电商平台出口额5000万以上的企业由2019年的2家增加到2020年的58家，增长29倍，其中海关监管方式“9610”即电子商务零售出口业务72.5亿元，占总业务量的95%以上，比上年增长81.7倍。7月1日起泉州关区参与跨境电商B2B新业态出口监管试点也取得明显成效。其中，跨境电商B2B“9710”直接出口的货物3.5亿元；跨境电商“9810”出口海外仓的货物216.9万元，备案跨境电商出口海外仓企业14家。中国（泉州）跨境电商综合试验区实施方案于5月底获批，该方案明确总体要求、主要建设任务、具体举措和保障措施，为促进跨境电商跨越式发展推动外贸转型升级打基础。晋江陆地港于6月24日起陆续开通厦门、泉州始发的国际客改货定期航班112架次，通达菲律宾、马来西亚等多个东南亚国家，缓解受全球新冠疫情影响国际运力紧张的现状，并成为泉州关区跨境电商零售业务最大的监管现场。截至12月底，泉州海关监管该现场跨境电商出口货物667.76万件，金额4.83亿元，分别比上年增长276.08倍、78.24倍。为此，泉州海关采取多种方式加大宣传力度，主动加强业务指导，推动外贸企业发挥跨境电商政策优势，助力跨境电商物流企业实现转型升级；成立“跨境电商业务专班”，加班加点保障通关，并设立专门的关企联络员，及时了解企业需求、困难及瓶颈，帮扶企业克服疫情影响开拓海外市场；结合7月1日起泉州关区推出跨境电商B2B新业态出口监管试点，对企业实行“一次登记”“一点对接”“允许转关”“优先查验”“便利退货管理”等优惠政策，全程通关无纸化、申报更加精简便捷，降低企业成本，提高通关效率。

【综合保税区监管】 2020年，泉州海关监管综合保税区进出口总值2.81亿美元，比上年下降83.45%；进出区总值3.06亿美元，比上年下降40.93；征税2996.64万元，比上年下降34.89%。受疫情影响，综合保税区业务出现较大滑落。为此，泉州海关在综合保税区强化快速应用综保区保税物流功能，建立起境外捐赠防疫物资绿色快速通道，实施报关加班、卡口实行24小时通关、应急单先放后补、药检证明批进多出等多项应急措施，实现48批次应急捐赠防控物资“零迟滞”通关，支援地方投入抗疫；制定及落实一系列政策扶持措施，设立企业专职联络协调员，全方位为企业提供通关监管、业务办理、政策咨询、预约加班服务，促进复产复工；实施智能化卡口改造，提升企业货物卡口进出速度，每单约节省5～10分钟；支持设立关区首家区内“LAZADA电商”分拨中心，为区内开展跨境电商业务奠定基础。

【关区企业管理】 2020年，泉州关区注册登记报关单位15499家，占厦门关区报关单位总量的27.3%（其中，进出口货物收发货人15452家，报关企业47家，2020年度有进出口实绩企业4654家）。截至年底，泉州关区备案进口食品化妆品企业302家、出口食品备案企业184家、出口食品原料种植场89个、出口食品原料养殖场1个、出口食品生产企业对外注册企业31家、出口食品生产企业对外注册71家次、进口肉类收货人13家。泉州海关推进“多证合一”“多报合一”、注销便利化改革，实现与多部门数据互联共享，并简化审批流程，实现“数据多跑路、企业少跑腿”，提升行政审批效率。另外，新增AEO高级认证企业1家。截至年底，泉州关区有高级认证企业16家，占厦门关区高级认证企业总数的21.33%。

【打私工作】 2020年，泉州海关查发行政案件244起，办结“两简”案件192起，移交走私犯罪案件26

起。其中快件渠道查发大麻走私案7起；对台小贸渠道查获进口货物夹藏走私案1起；旅检渠道查获海马干等濒危野生动植物及其制品4起，截获旅客违规携带的冰冻母乳1起逾23千克；查获2票涉嫌伪报“抽余油”逃避消费税和自动进口许可证，案值2372.84万元，涉税993.66万元。深化关警协作，开展“国门利剑2020”“蓝天2020”行动，严打洋垃圾、野生动物、濒危物种、毒品、枪支弹药、农产品、涉税重点商品等重点领域走私。

2020年，泉州海事局加强船舶交通管理系统管理运行，图为工作人员操作该系统 （图/泉州海事局）

海 事

【概况】 2020年，泉州海事局统筹推进新冠疫情防控和海上安全监管工作，严防疫情海上输入，保障国际航行船舶船员换班。组织召开泉州市海上搜救联席会议，强化成员单位间协调联动。加快信息化技术运用，实行“网上办”“智能办”“快捷办”。全年泉州辖区船舶进出港42274艘次，其中国际航行船舶进出口岸3989艘次。辖区港口货物吞吐量1.16亿吨。其中，外贸货物3533.8万吨，危险货物5971.1万吨，集装箱212万标箱，超大型油轮进出港192艘次，接卸原油2308万吨。完成海上巡航1561航次，巡航里程31907海里。实施船舶安全检查1113艘次，查出缺陷3661项，滞留船舶58艘。高效处置事故4起，其中一般事故3起、小事故1起，造成外籍船员死亡1人、无名船舶死亡1人（不计入事故死亡失踪指标）；处置各类险情8起，成功救助遇险人员65人、遇险船舶5艘，人命救助成功率98.5%。港口建设费征收8030.56万元，船员考试费329.94万元。因实行减免政策，港口建设费减免1.56亿元，油污基金减免261.46万元。

【海上安全监管】 2020年，泉州海事局保障国际航行船舶船员换班1230人次，辖区航运公司管理船舶、到港船舶未发生船员感染新冠肺炎事件。以安全生产“三年行动”为主线，加强违法涉砂船舶等重难点治理，实行长期逃避海事监管船舶分类治理，开展涉渔内河船整治，排查疑似内河船186艘，现场勘验122艘次，对船证一致的111艘船舶实施海事行政处罚。推动出台《泉州市关于进一步加强滨海旅游休闲活动安全管理工作的通知》，组织召开泉州市滨海旅游安全管理现场推进会，加快滨海旅游安全协同治理。率先建立“远程监管”“精准执法”工作机制，主动开展打击危险品集装箱瞒报谎报专项行动，扩大湄洲湾南岸危险品码头高质量选船机制实施范围。制定《“12395”探索海事信用监管三年行动计划（2020—2022）》，试行诚信激励的船舶远程审核，探索建立航运公司岸基人员诚信管理工作机制。探索海事行政处罚集中办理，建立行政处罚案前会商制度，试行“非现场执法类”处罚案件“零笔录”“非接触”等举措，平均办案时限提速40.4%，被纳入福建海事局2020年服务自贸区新增创新举措计划。

【搜救应急保障】 2020年，泉州海事局申请社会力量搜寻救助奖励，扶持社会志愿者队伍建设，召开首届泉州市海上搜救表彰会议，表彰搜救模范先进典型。加强应急值守，提升海上搜救应急能力。3月30日，快速反应救助“江海洋宏伟”轮5名遇险船员。

【港航经济服务】 2020年，泉州海事局率先探索推行非见面方式办理船员任解职，探索船舶不停航证书签注，打造“一件事”集成套餐政务服务导航。新增服务举措8项，帮助辖区航运企业解决实际困难，推进船员培训机构复工复学。实施湄洲湾口船舶定线制，减少进出港船舶交会，有效防范风险，提高进出港速度，使用定线制船舶报告率接近100%。优化“三大船”（VLCC、VLOC、LNG船舶）进出港交通组织模式，提升湄州湾水域通航效率。助推湄洲湾航道四期、3座跨海大桥、泉州湾二期（大坠航道）疏浚工程等重点涉海工程复工复产。

农业 农村

综 述

【农业政策支持】 2020年，泉州市出台《关于抓好“三农”领域重点工作确保如期实现全面小康的实施意见》，从多方面对农业产业予以扶持。落实粮食安全责任制，严格落实耕地地力保护补贴等扶粮惠农政策。压实“菜篮子”市长负责制，落实稳定生猪生产促进转型升级三年行动，加快恢复生猪生产，发展规模化家禽养殖，加快发展地方特色家禽，扩大蔬菜设施化种植规模，支持发展食用菌工厂化生产，提升百香果等新兴水果品质，推进生态茶园建设。发展富民乡村特色产业，发展“一村一品、一镇一业”，推进特色产业发展。支持农村冷链设施建设，建成一批骨干冷链物流基地。支持供销社、邮政快递企业等向乡村延伸物流网络。加强村级电商服务站点建设。实施休闲农业和乡村旅游精品培育工程。推动特色现代农业高质量发展，强化县域统筹，推进镇域集聚，促进镇村联动，创建“一村一品”专业村。培育农业龙头企业、农民专业合作社示范社和示范家庭农场等新型农业经营主体，完善新型农业经营主体与农户的利益联结机制，落实促进小农户和现代农业发展有机衔接“24条措施”。推进农村创新创业工作。强化农业科技装备支撑，筛选、培育、推广绿色农产品新品种，加强农业科技创新，推进农科教、产学研结合，推动农业科技园区、智慧园区、农机智慧平台建设，加强农村水利基础设施建设。深化农业对台合作，落实国家、福建省惠台政策和泉州市《关于促进泉台经济文化交流合作的若干措施》，推动泉台农业合作交流向更高层次纵深融合发展。引导农民就业创业，开展新型职业农民培训，实施新型职业农民素质提升工程。

【“三农”体制改革】 2020年，泉州市推进乡村治理体系建设试点，坚持“三治融合”（自治、法治、德治）基本方向，以基层协商为基本载体，从激活乡村治理的神经末梢入手，探索形成以乡镇党委领导、政府负责、社会协同、公众参与、法治保障的现代乡村社会治理体制。全市有1个县1个镇6个村入选全国乡村治理试点和示范村镇，省级乡村治理体系建设示范县1个，省级乡村治理示范镇15个，省级乡村治理示范村144个。

深化农村集体产权制度改革，全市12个县（市、区）参与股份合作（份额）制改革的有经营性或资源性资产的村、居有2392个、6个村民小组，其中：有经营性资产的村、居（村民小组）1676个，有资源性等资产的村722个。清产核资有经营性资产的村、居（村民小组）有资产总计285.93亿元。全市有2392个村居、6个村民小组完成股份合作制改革，完成率100%；全部完成集体经济登记赋码和村级集体经济组织的“四上墙”工作；发放股权证书总户数1850459户，发放率100%。全市有17个村级组织开展村级政经事务分离试点。试点村完成工作方案制订并组织实施。探索明晰农村集体经济组织与村民委员会的职能关系。探索拓展集体资产股份权能，在德化县雷锋镇朱紫村、晋江市池店镇华洲村、泉港区南埔镇惠屿村试点财政扶持集体经济试点工作方案。惠安县、泉港区与农村信用社探讨集体资产股份抵押、担保办法，探索开展股份有偿退出、继承的具体办法并组织实施。

推进农村土地利用综合改革，开展农村承包地确权登记颁证，确权（合同）地块数量368.82万块，确权农户数79.84万户，发放证书77.79万本，颁证率97.44%。规范农村土地经营权流转，防控农户承包地流转风险，按照农户依法自愿有偿原则，强化工商资本流转农户承包地管理，做到农户承包地流转健康，风险防范机制完善，流转工作流程合法，审查监管到位，农民权益不受侵害。全市耕地流转面积2.16万公顷，涉及农户10.65万户。土地流转主要以出租、转包、互换、转让、入股等形式，其中出租（转包）面积1.72万公顷，互换面积0.11万公顷，转让面积280公顷，股份合作面积273.33公顷，其他形式流转0.27万公顷。

推进集体林权制度改革，完成重点生态区位商品林赎买等改革试点任务。永春县完成赎买910.73公顷，超额完成试点任务，投入资金3444万元。评选市级林业专业合作社示范社和示范家庭林场各10家；建设省级标准新型经营主体20家；新成立林业专业合作社32家，新建家庭林场26个。

深化供销合作社综合改革，推进农业社会化服务。创新农资经营服务方式，提升农资科技服务能力，新改造、建设新型庄稼医院11家，累计50家，其中省级示范庄稼医院20家，完成三年改造建设任务。开展农产品展示展销，组织泉州市30家涉农企业、120多种名优特农产品赴福州参加省供销社“一县一周”农特产品展销展示活动，推介泉州农特产品；加快农产品市场建设，惠安县供销社创建的建筑面积2万平方米、集农产品交易、冷链物流于一体的惠安县供销社东桥农产品批发市场开工建设。发展农村电子商务，丰泽区供销社开展“助农销售供销在行动”活动，帮助农户销售西红柿5000多千克；泉港区供销社通过网络直播带货当日促成玉菇甜瓜线上订单200多份。开展网络精准扶贫，在老区、苏区建设电商服务站和精准扶贫电商服务点92个，通过“实体+网络”运营模式，帮助贫困户销售农产品。推进生产、供销、信用“三位一体”综合合作，市供销社及永春、泉港、安溪、德化等县（区）社先后与农信社或农商行合作开展农村金融服务，为农民专业合作社授信贷款。实施供销合作社培育壮大工程，推进基层社改造，提升基层社综合服务能力。省、市级“新网工程”“惠农工程”补助资金332万元，重点扶持基层社经营服务网点改造。全供销系统改造提升基层社12家，新建村级供销社12家，新建农村综合服务社23家，新发展农民专业合作社27家、联合社8家，全供销系统发展各类农民专业合作社561家。

创新新时代科技特派员制度，截至2020年全市选认省、市级自然人科技特派员862名、法人（团队）科技特派员50个，实现乡镇科技特派员全覆盖，服务范围扩大至全市所有行政村。试行科技特派员备案制度，引导推动高校、科研院所科技人员和企业、农民“点对点、事对事”的高效对接，2020年选认数量、质量大幅提升。全市推荐省级科技特派员300人、法人（团队）科技特派员52个，选认市级科技特派员526人、法人（团队）科技特派员19个。依托科技载体，探索服务模式，加速泉州国家农业科技园区建设及提档升级，立项扶持市级园区研发推广和公共平台建设项目40项，认定第四批泉州国家农业科技园区示范企业62家，探索“园区+科技特派员+基地+农户”的创业创新推广服务模式。启动省、市级星创天地认定工作，新培育2家省级、15家市级星创天地，累计培育各级星创天地61家，集聚创业团队473个，创业导师325名，服务初创企业464个，举办创新创业活动514场次。坚持实施项目与产业结构调整相结合的原则，推动服务企业和乡镇群众农业生产发展，促进乡村产业振兴。推荐省级项目9项，立项支持市级项目31项，推进特色优势产业的技术升级。创新网络直播方式，开展科技特派员扶持政策宣传，遴选科技特派员工作站新载体20家，举办泉州市星火科技实用技术远程培训10期，组织收看省农村实用技术远程培训10期，受惠5万多人次。组织筛选一批服务成效好、创业模式优的科技特派员典型，推荐省级优秀科技特派员2名，收集科技特派员典型经验做法13篇，征集科技特派员活动日记30多篇，挖掘科技特派员的“闪光点”。

推进执法改革，提升监管能力，确立职能、职责清单，明确市农业综合执法支队全面承接并集中行使行政处罚及与行政处罚相关的行政检查、行政强制职能，局属各单位、部门继续做好行政许可、行业管理、技术推广、检验检测等工作；对仍需市农业综合执法参与的其他工作，明确其性质及类别，通过支队“暂代”或“协助”等方式实现执法改革与日常监管有序过渡。构建市辖区综合执法与日常监管协同协作制度，市农业综合执法支队承担5个市辖区执法工作，实现市区两级联动协作，推进县级综合执法改革。

【村财监督管理】 2020年，泉州市加强农村村财监督管理，在晋江市围头村等17个村开展村民委员会事务和集体经济事务分离试点。泉港区、惠安县开展集体资产股份抵押、担保试点，探索股份有偿退出、继承的具体办法。德化县朱紫村、晋江市华洲村、泉港区惠屿村探索拓展集体资产股份权能。是年，清产核资总单位数2518个，其中村级组织2431个、组级单位87个。经核实，全市2019年底村级组织有资产285.93亿元。市、县、乡监管发现问题并收回（退回）69.60万元、收回土地面积8.85公顷。纠正租赁合同条款执行不到位、合同到期未及时变更调整等突出问题，清理1.22万份村集体经济合同，重新修订合同1060份、按程序补签合同149份、取消合同133份，追缴金额1276.89万元。

【农产品质量安全监管】 2020年，泉州市强化农产品质量安全监管监测，完成2次国家农产品质量安全监督抽查，现场抽取19个果蔬样品；完成省级农产品质量安全例行监测工作任务，抽取样品486个，合格480个，合格率98.7%；开展市级监督抽查，完成抽样1714个；养殖、屠宰环节抽检牲畜尿液7.72万份，其中猪7.3万份、牛2563份、羊1621份，进行快速检测盐酸克伦特罗、莱克多巴胺和沙丁胺醇，结果均为阴性。

强化农产品追溯平台管理，建立"一品一码"线上巡查制度，对平台上在产的生产主体形成市级每月全覆盖、县级每周全覆盖的巡查制度。新增纳入追溯监管平台生产主体427家，入驻平台企业累计2040家，上传追溯信息1.14万个批次，赋码6.16万个批次。市、县、乡线上巡查3.28万人次，巡查生产主体12.01万家次，发现问题789个，下发整改通知书73份。推动散户开具食用农产品合格证。实行合格证信息化管理，鼓励一批散户开具使用合格证，建档散户333户，共开具合格证5046张。

推进基地标准化创建，督促有关县（市、区）农业农村主管部门开展省级优质标准化示范基地创建工作，完成34个创建基地树牌亮相工作。推进"三品一标"（无公害农产品、绿色食品、有机农产品和农产品地理标志）认证或授权使用企业参照国家或行业标准制定实施本基地生产操作规程。

深化"农产品质量安全县"创建，永春县和南安市分别被确定为第三批国家和省级农产品质量安全县创建单位。推进安溪国家级和晋江、惠安、德化等省级农产品质量安全县创建活动。

开展农产品质量安全专项整治"利剑"行动，出动监管执法人员6493人次，检查生产经营主体2987家次，发现质量问题13个，行政执法办案8起，移送司法机关1起。落实"检打联动""督查督办"机制，强化执法办案，严厉查处不合格农产品案件，对涉嫌犯罪的依法向公安机关移送，全市办理各类农产品质量安全案件48件，其中移送司法机关2件，办结4起省农业农村厅督办的农产品质量安全案件。开展生猪屠宰"扫雷行动"。开展执法检查633次，出动执法人员2565人次，开展联合执法78次，责令整改41次，立案查处15件，移送公安6件，捣毁私屠滥宰窝点23个。

【乡村振兴战略实施】 2020年，泉州市统筹整合19.04亿元投向乡村振兴项目，其中市级统筹8.74亿元，比上年增长6.5%；拓展整合打造23条示范线，建设315个省、市县试点村；制定《2020年泉州市实施乡村振兴战略重点任务》，推动56个重点项目落地见效。产业振兴方面，新增国家级龙头企业1家，创建省级优质标准化示范基地34个、省级农产品产地初加工中心37个，新增"三品一标"农产品38个、省级"一村一品"示范村30个，晋江市金井镇围头村入选2020年全国乡村特色产业亿元村。人才振兴方面，农村实用人才信息库累计录入信息14万条，培训高素质农民（新型职业农民）7000多人，选认省、市级自然人科技特派员862人、法人（团队）科技特派员50个，泉州市农科所被评为全省法人科技特派员先进单位，泉州市科技开发中心获批国家级科技特派员创业培训基地。文化振兴方面，建设50个市级"乡村记忆文化"示范项目，完成"泉州文化云"平台建设，移风易俗群众"知晓率、支持率、满意率"调查均超过95%，围头村、大羽村、佛岭村3个村入围首批福建省金牌旅游村宣传名录。生态振兴方面，全市农村户厕无害化率99.8%，改造农村户厕5.2万户，农村生活垃圾收运处置体系实现全覆盖、治理常态化；建成绿盈乡村1308个，占比63.34%；完成清新流域工程投资15.5亿元，建设德化蕉溪、永春金溪和霞陵溪等样板工程26个。组织振兴方面，集中整治146个软弱涣散村，推动市、县两级党员领导干部挂钩联系党支部5300多人，举办驻村第一书记等专题示范培训45期、6000多人次，1个县1个镇6个村入选全国乡村治理试点。

2020年9月21日，由团省委主办，团市委、市农业农村局、惠安县委、县政府承办的"青春奋进小康年 八闽'惠'聚庆丰收"庆祝2020年"中国农民丰收节"活动启动仪式在惠安县聚龙小镇举行　（图/团市委）

【脱贫攻坚】 2020年，泉州市突出巩固提升，高质量打赢脱贫攻坚战，通过推送岗位信息、技能培训、购买物资、补助救助等措施，受疫情影响的2301名务工劳动力和289户种养户全部得到帮扶并返岗复产。出台《泉州市脱贫攻坚清弱项促提升行动方案》，实施住房挂牌“亮安全等级”工程，对所有建档立卡户住房安全大排查，完成农村危房改造177户；开展建档立卡户水质检测，接入集中供水2500户，整改水量不足、水质不达标1473户；针对脱贫不稳定户、贫困线边缘户、独居贫困户开展监测帮扶，确保不漏“一户一人”。是年，泉州市农村建档立卡对象（1.07万户3.2万人），年人均纯收入1.7万元、比2019年增长32%，超过现行脱贫标准，比2015年（4130元）增长300%，稳定实现“一超过、两不愁、三保障”的脱贫目标。181个建档立卡贫困村集体经济收入全部达到10万元以上，基础设施和基本公共服务全部达到贫困村退出标准。

农业产业化

【概况】 2020年，泉州市发展特色现代农业，推动优势特色产业向适宜发展区域集聚。实施现代农业建设项目62个，完成投资16.72亿元。做强主导产业，推进安溪铁观音茶、晋江胡萝卜、南安龙眼、永春芦柑、永春佛手茶、德化油茶等6个福建特色农产品优势区建设，其中安溪铁观音中国特色农产品优势区获国家相关部委认定，新增永春岵山荔枝为福建特色农产品优势区。推进农业产业强镇建设，推进永春县五里街镇全国农业产业强镇建设项目，晋江市东石镇、德化县上涌镇入选2020年全国产业强镇。推进现代农业产业园建设，安溪县国家级现代农业产业园通过农业农村部认定，推进1个国家级、3个省级和11个市级现代农业产业园建设，展示现代农业产业园建设成果。增强龙头示范带动，新增1家国家级龙头企业，新培育10家市级农业产业化联合体，12家联合体被认定为省级产业化联合体，全市农业产业化市级重点龙头企业224家，其中国家级7家、省级126家。

【农业经营主体】 2020年，泉州市印发《泉州市家庭农场发展计划》，推广特色产业带动家庭农场发展模式，加快培育出一批特色鲜明、规模适度、效益明显的家庭农场。制定家庭农场名录管理规定，及时采集、更新家庭农场信息，完成录入5820家规模经营农户及家庭农场。全市新增市级家庭农场示范场30家。推荐35家参评省级家庭农场示范场，审核通过并公布32家。新增含个体户、家庭成员为主的家庭农场（养殖场、农场）1085家，完成率210%。新增县级示范家庭农（林）场72个，完成率102%。推荐家庭农场范例6个，2个家庭农场典型报送农业农村部推广。

【休闲农业】 2020年，泉州市有各类休闲农业点316个，从业人员1.22万人（其中农民就业0.98万人），带动农户数5.73万户，年接待游客949.31万人次，营业收入11.97亿元（其中农副产品销售收入8.67亿元），实现利润总额2.58亿元。培育休闲农业知名品牌，扶持建设一批具有历史、地域、民俗、人文特点的“休闲农庄”“休闲林业”“水乡渔村”等休闲农业示范点和乡村旅游休闲集镇（村）。至年底，全市休闲农业示范点121个（其中，全国休闲农业与乡村旅游示范点3个，省级休闲农业示范点38家，省级休闲农业示范乡镇8个，市级休闲农业示范点80个）。南安市香草世界度假村、晋江市金井镇围头村、南安市皇旗尖休闲茶庄园被评为全国休闲农业与乡村旅游示范点，“安溪铁观音茶文化系统”入选“第二批中国重要农业文化遗产”名录，入选“全球重要农业文化遗产”预备名单；永春县北溪村、南安市眉山乡观山村、永春县岵山镇茂霞村、晋江市围头村、惠安县大岞村、下坑村、泉港区惠屿村、安溪县福岭村和德化县佛岭村9个村分别入选2013—2020年“中国美丽休闲乡村”。是年，泉州市级安排支农资金300万元用于扶持休闲

2020年10月19日，泉州市举行晋江、长汀、上杭三地山海协作优质农产品展销对接交流活动，图为市民在活动中选购农产品 （图/林劲峰）

农业做大做强。其中100万元用于奖励晋江市福祥休闲山庄、泉港区金钟潭旅游景区、南安市泉州天马山弘鑫茶庄园等10家当年评选的市级休闲农业示范点；10万元用于奖励安溪县芦田镇福岭村获“中国美丽休闲乡村”称号；190万元用于扶持永春县玉斗镇白珩村佛手茶休闲观光园建设、丰泽区泉州鲜花港绿化及基础设施提升项目、洛江区龙潭溪七彩龙鳞生态休闲农业景观带建设等10个涉及休闲农业基础设施提升改造等方面的建设项目。

【品牌农业】 2020年，泉州市加强品牌农业建设，加快建设特色现代农业，创建省级以上特色农产品优势区7个、现代农业产业园15个，蔬果、肉蛋奶等农产品绿色优质率大幅提高。乡村特色产业提质增效，十大产业全产业链总产值突破2000亿元。是年，新增“三品一标”产品38个，其中无公害农产品20个，绿色食品13个，农产品地理标志5个。创建永春县绿色食品（茶叶）原料生产基地、绿色食品（芦柑）原料生产基地。推进安溪县绿色食品（茶叶）原料基地县创建，实施地标保护工程，指导德化淮山地理标志保护工程实施。

【农民专业合作社】 2020年，泉州市开展农民专业合作社“空壳社”清理，对列入经营异常、群众举报及其他如账目不规范等合作社甄别4086家，注销94家，指导规范2990多家。促进合作社规范提升，建立泉州市促进新型农业经营主体发展联席会议制度，印发《泉州市实施农民专业合作社规范提升行动方案》。开展整县推进试点，推进安溪县国家级农民专业合作社质量提升整县推进试点和德化县、永春县、南安市3个省级农民专业合作社质量提升整县推进试点工作，分类指导龙头企业引领型、村企合作联盟型、创意农业融合型、能人大户带动型、科技支撑示范型、三产融合发展型、社会服务保障型的农民合作社发展模式。是年，全市有合作社5229家（增加240家）；新增合作社联合社11家，共计58家。全市合作社获得福建省著名商标26个，通过产品认证（含有机、绿色、无公害、地理标识、ISO 9000、HACCP等）582个，4000多个产品纳入农产品可追溯平台管理。坚持合作社示范引领，利用“农业安全生产宣传月暨农产品质量安全宣传周”和农民丰收节活动，开展现场政策解读和解疑答疑，营造助推农民专业合作社发展的良好舆论氛围。利用“科技+”“互联网+”促进小农户与合作社等新型经营主体与现代农业有机衔接，推动农民合作社提质增效。新增县级示范社165家、市级示范社52家、“十佳”合作社10家。推荐省级示范合作社32家（26家公示中）。全市有11个合作社典型案例被全省推广。

【农业安全监管】 2020年，泉州市部署安全生产百日攻坚行动、全国“两会”期间安全生产、“安全生产月”、重要节假日期间安全生产等工作，采取针对性措施，开展大排查、大整治，加强风险管控，消除安全隐患，实现闭环管理。制作农机、屠宰、沼气、农药生产、农药使用等领域的安全警示宣传片，丰富安全宣传渠道；开展消防安全知识培训，提升从业人员安全和消防业务水平。结合疫情防控以及复产复工期间春季农业生产经营活动和气候特点，规范农业行业安全生产监督检查行为，增强监督检查的针对性和可操作性，全市农业行业出动检查人员5860余人次，排查出安全隐患459处，100%完成整改。组织农机、饲料和屠宰、农药生产等3个安全生产服务“小分队”，到基层、生产经营单位一线开展安全生产志愿服务工作，市本级组织监督检查25次，参与人员111人次，检查生产经营单位67家，发现隐患287处，全部完成整改；安全生产服务“小分队”开展安全服务12次，服务生产经营单位54家，发放安全宣传、警示材料106份，张贴宣传标语、挂图35张，发现安全隐患216项，协助指导相关企业整改完毕；发放《企业安全生产主体责任告知书》、督促企业签订《企业安全生产主体责任承诺书》各300余份。

种植业

【概况】 2020年，泉州市落实粮食安全行政首长责任制，完成粮食播种面积8.69万公顷、总产量49.83万吨，比上年分别增加1022.87公顷、8561吨；建立22个粮食作物“五新”推广示范片，面积397.27公顷；完成水稻生产功能区4.02万公顷，完成率100.8%；完成抛荒山垅田复耕种粮41.06公顷；坚持绿色生态发展，实现全市秸秆综合利用率93.24%。围绕特色现代农业，主抓茶叶、蔬菜、水果、食用菌产业，在晋江建立高标准百香果育苗基地1个，年育苗能力30万株以上，在永春建立百香果标准化示范基地3.33公顷。建成标准钢架设施大棚99公顷。

【粮食生产】 2020年，泉州市突出绿色科技，促进粮食生产，实现农业可持续发展。示范推广使用商品有机肥、畜禽粪便堆（沤）肥、沼肥、肥水等有机肥，实施稻田秸秆还田，推广豆科绿肥还田，推广测土配方施肥，化肥使用量比上年减少2%以上。是年，谷类作物播种面积5.72万公顷，总产34.81万吨，其中春收作物种植面积60公顷，总产200吨；夏收作物2.17万公顷，总产13.04万吨；秋收作物种植面积3.55万公顷，总产21.76万吨。

稻谷播种面积5.55万公顷，占谷类作物97.05%，总产33.94万吨，占谷类作物97.50%。其中早稻面积

2.05万公顷，总产12.39万吨；中稻面积1.39万公顷，总产9.07万吨；晚稻面积2.11万公顷，总产12.48万吨。全市水稻面积最大是南安市，面积2.24万公顷，总产13.49万吨；其次是永春县，面积1.16万公顷，总产7.31万吨。

大小麦播种面积60公顷，总产200吨。以小麦为主，面积46.67公顷，占83.01%。主要分布在泉港区、惠安县。

杂粮播种面积1840公顷，总产9700吨。以玉米为主，面积1433.33公顷。

薯类播种面积2.84万公顷，总产14.67万吨。甘薯播种面积2.14万公顷，占薯类面积75.26%，总产11.89万吨，占薯类总产81.05%。全市面积最大的是惠安县，面积5300公顷，总产2.58万吨；其次是安溪县4600公顷，总产2.21万吨。马铃薯播种面积7200公顷，总产2.78万吨，面积最大的是安溪县，面积3400公顷，总产1.20万吨；其次是德化县，面积1300公顷，总产5800吨。

豆类面积1300公顷，总产3500吨。以大豆为主，播种面积1000公顷，总产2500吨。

油料作物播种面积1.49万公顷，总产4.65万吨。以花生为主，播种面积1.45万公顷，总产4.49万吨。

【经济作物】 2020年，泉州市经济作物主要有水果、茶叶、蔬菜、中药材、食用菌。

全市水果总面积1.39万公顷，比上年增长2.4%，总产量15.11万吨，比上年增长8.3%。其中，柑橘面积0.40万公顷，比上年增长6.5%，产量7.63万吨，比上年增长13.5%；龙眼面积0.46万公顷，比上年减少0.4%，产量1.66万吨，比上年减少5.7%。

全市茶叶栽种面积5.24万公顷，采摘面积为5.2万公顷，全年毛茶产量9.01万吨。其中：安溪县栽种面积4.37万公顷，产量7.56万吨；永春县栽种面积0.52万公顷，产量1.1万吨。全市乌龙茶产量约占全国乌龙茶产量的26.44%，占全省乌龙茶产量的33.76%。主要在省内的泉州、厦门、福州销售，省外主要销区为广东、上海、北京等地，全国各大中城市都有安溪铁观音销售。

全市蔬菜播种面积5.31万公顷，比上年增长4.4%，产量101.21万吨，比上年增长4.2%。

全市中药材播种面积387.8公顷，比上年增长0.02%，全年产量1171吨，比上年增长0.5%。

全市食用菌总产量9.37万吨，比上年增长5%。

【植物病虫害防控】 2020年，泉州市推进农作物重大病虫害监测预警，发布病虫情报112期、9911份，病虫电视预报11期，手机短信55期、1.29万条，农业信息网发布44条、培训村级植保员142人次、农民2105人次，科学指导农民防治病虫害。农作物病虫害发生，虫害重于病害。全市各种农作物病虫害发生19.53万公顷次，防治28.98万公顷次，挽回粮食损失1.17万吨。

林 业

【概况】 2020年，泉州市统筹推进涉林疫情防控和林业改革发展，深化生态保护、生态修复、生态惠民。是年，泉州市土地总面积109.97万公顷，其中林业用地68.34万公顷，占全市土地总面积的62.1%，非林地41.64万公顷，占37.9%，森林覆盖率58.7%。在林业用地面积中，乔木地面积51.99万公顷，占林业用地面积的76.1%，竹林地面积3.18万公顷，占4.7%，疏林地1.04万公顷，占1.5%，灌木林地9.05万公顷，占13.2%，未成林造林地9291公顷，占1.4%，苗圃地198公顷，无林地16237公顷，占2.4%。全市区划生态公益林面积26.38万公顷，占全市林地面积的38.6%。

【林业经济】 2020年，泉州市推动林业经济发展，组织林业企业参加义乌森林博览会、“6·18”项目成果交易会、厦门国际投资贸易洽谈会、三明林博会、闽宁特色产品展、第四届“政和杯”国际竹产品设计大赛等活动，获得金奖产品称号2个。安排市级林下经济项目40个200万元、争取省级资金395万元，新增种植面积133.33公顷，新增省级林下经济示范乡镇1个。扶持林产品主产区就地加工、可食用林产品质量安全可追溯体系建设。组织开展鲜竹笋、油茶籽等可食用林产品及其产地土壤质量市级监测200个点位。德化祥山大果油茶有限公司“阿嬷家油”牌山茶油获2020年度福建名牌农产品称号。是年，泉州市林业产业产值1186.65亿元，比上年增长16.37%。

【林业改革】 2020年，泉州市深化集体林权制度改革，落实林地家庭承包经营政策，规范林权流转，维护林农作为林业经营主体的合法权益。年度流转林权5起，全市累计登记规范流转林权面积6.23公顷，占商品林面积的16.7%，促进森林资源的市场化配置。规范引导林业专业合作社、家庭林场等林业新型经营主体健康发展，新增林业专业合作社84个、家庭林场49个，申报省级新型林业经营主体标准化20家。全市经工商部门登记林业新型经营主体1545家，经营面积10.73万公顷，其中国家级、省级和市级示范新型经营主体176家。

推进林业金融创新，推进林权抵押贷款，新增林权抵押贷款1475万元，抵押贷款面积179.07公顷。全市累计发放林权抵押贷款4.96亿元，贷款余额7265.65万元，抵押面积1.32万公顷。永春联社推出针对从事森林资源培育、林下经济发展、林产品加工等林业企业法人、其他经济组织和自然人的信贷产品“林好贷”，累计发放“林好贷”500多户8000多万元。永春县推出花卉行业担保基金贷款，累计发放超过9000多万元。安溪县推出茶业助保金贷款和农业技术服务创新项目贷款风险补偿金项目，累计发放1600多万元。

巩固国有林场改革成果，强化现代国有林场建设，推进碧卿国有林场现代国有林场示范建设，筹备建立“国家林业生态文明建设（泉州）科技示范区”；创新森林资源管理机制，完善场村合作经营发展机制，通过与村集体开展受让经营、合作造林、合作经营等措施，扩增林地面积2800公顷，强化财务制度落实和国有资产管理，开展场长经济责任审计、森林资源离任审计、财务收支审计和国有资产出租出借等财经监管工作，确保资金、资源、资产的规范运行；推进国有林场生产性活动引入市场机制，采取合同、委托、承包或招标等形式面向社会购买服务，全面实施平台交易机制，保护好森林生态资源，探索扩大国有林场生态公益林储备库，推进近自然森林、森林质量精准提升、国家战略储备林等建设，夯实国有林场森林资源基础；加强国有林场人才队伍建设，拓宽人员进入通道，适当降低人员招聘准入门槛，创新人才培养机制，采取“定向招生、定向培养、定向就业”方式补充国有林场专业技术人员。放宽职称评聘条件，鼓励专业技术人员扎根国有林场。建立、健全内部绩效考核制度，探索改善和提高干部职工生产生活条件和工资待遇。

推进“林改”配套改革，推进森林综合保险等配套改革，完成森林保险财政保费补贴资金的申请拨付，全市生态林参保面积26.42万公顷、投保率100%，商品林参保面积26.08万公顷。继续开展重点生态区位商品林赎买试点（2016—2020年），永春县落实年度赎买，完成赎买任务66.67公顷。

【国土绿化】 2020年，泉州市围绕乡村振兴战略、文化与自然遗产考察展示线路沿线环境综合整治等，推进国土绿化行动。全市（含国有林场）完成植树造林5586.93公顷，占总任务的109.4%；完成森林抚育2.06万公顷，占总任务的143.3%。完成封山育林11291.8公顷，占总任务的102.1%。植树造林中，“三沿一环”（沿路、沿江、沿海、环城）森林景观带建设575.47公顷（新造376.74公顷、改造198.73公顷），占任务的106.6%；“两带一窗口”绿美示范片建设86.8公顷（新造46.67公顷、改造40.13公顷），占任务的101.7%；乡村绿化完成124.8公顷，占任务的124.8%；生物防火林带建设完成38.13公顷、珍贵用材树种造林完成1160.6公顷、木本油料示范基地建设完成292.27公顷、林分修复完成632公顷、其他造林更新完成2676.87公顷，其中不炼山林地清理1098.47公顷，均超过计划任务。全市安排实施绿色乡村三年行动项目93个村，实施油茶、竹林等特色经济林示范项目661.53公顷，重点区位中幼林及未成造林地抚育764.47公顷，森林质量精准提升项目65.67公顷，乡村公园项目24个。

【林业生态建设】 2020年，泉州市强化林地和林木资源保护，严格执行林地定额制度，开展“六保”“六稳”林地要素保障专项行动，保障复工复产。开展森林督查、违建别墅、违建坟墓问题清理等专项行动，加强古树名木保护，建立古树名木资源数据库。编制《泉州市古驿道修复保护利用规划》，完成古驿道试点修复3.39千米，安排42.5千米古驿道修复补助资金85万元。开展全市天然林保护情况调研，编制《泉州市天然林保护修复行动方案》。强化自然保护地保护，起草《关于建立泉州市自然保护地体系的工作方案》，纳入市委、市政府加强文化和自然遗产保护利用“1+3”文件。完成省级以上森林公园界限调查，开展自然保护地整合优化工作，完成《泉州市自然保护地整合优化预案》编制。

【绿民富民产业发展】 2020年，泉州市主动融入加快高质量发展落实赶超战略，培育林业经济新增长点，林业行业总产值1186.65亿元，比上年增长16.37%。发展特色现代林业，安排专项资金，实施优势特色产业提升行动，以林竹、花卉苗木、林下经济、森林旅游等为重点，策划生成并推进一批特色现代林业项目，助力脱贫攻坚和乡村振兴；扶持服务企业发展，完善服务林业企业平台，通过微信群等新媒体及时发布政策信息和林业动态，指导企业对接。

【林业品牌创建】 2020年，泉州市扶持林业品牌创建和林产品加工业发展，鼓励林农加强与林业企业的合作，在申报省级林业龙头企业时把带动农户作为一项重要指标进行审核，引导林农与电商企业对接，通过电商平台销售林产品，拓展产品销售渠道。印发《2020年市级林业专项资金申报指南》，对林业创品牌、主产区林产品就地加工给予资金补助。

畜牧业

【概况】 2020年，泉州市加强重大动物疫病防控工作、牲畜屠宰管理工作、病死畜禽无害化处理工作；推广畜牧“五新”（新品种、新技术、新饲料、新设施设备、新模式）技术；推进畜禽标准化规模化养殖和畜禽粪污资源化利用整市推进工作；促进畜牧业生产有序健康发展，保障市场肉、蛋、奶有效供给。

【产业化经营】 2020年，泉州市推进畜牧业产业化经营，全市生猪存栏85.22万头，比上年增长19.7%；出栏119.67万头，比上年增长2.4%。家禽存栏1934.99万羽，比上年增长5.3%，出栏4575.97万羽，比上年减少 3.1%；牛存栏5.74万头，比上年增长9.2%，出栏4.25万头，比上年增长6.4%；羊存栏14.45万头，比上年增长3.1%，出栏23.56万头，比上年增长1.9%。全市肉蛋奶总产量26.49万吨，比上年增长2.6%。

【动物疫病防控】 2020年，泉州市按照“政府保密度，业务部门保质量”的原则，如期完成高致病性禽流感、口蹄疫、小反刍兽疫集中强制免疫工作，免疫密度常年维持在90%以上，应免畜禽免疫密度100%，做到应免尽免。群体免疫抗体合格率常年保持在70%以上。春、秋两季集中强制免疫抗体合格率80%以上。未发生区域性重大动物疫情。

下发各禽流感疫苗2060万毫升、牲畜口蹄疫疫苗346.22万毫升（其中猪口蹄疫233万毫升、牛羊113.22万毫升），小反刍兽疫疫苗32.93万头份。免疫家禽（禽流感疫苗H5+H7亚型）2843.44万羽，免疫牲畜口蹄疫200.77万头，免疫小反刍兽疫31.01万头。应免密度100%。

9个有养殖的县（市、区）、泉州台商投资区合计19个养殖场6.88万头（次）生猪、181.82万羽（次）蛋鸡/种鸽、48.19万羽（次）肉鸽参与动物疫病强制免疫“先打后补”试点工作，发放“先打后补”补助经费111.61万元，其中市本级下达15.5万元。

监测高致病性禽流感（H5亚型）血清样品1.82万份，合格数1.75万份，合格率95.91%；监测H5亚型禽流感病原样品2311份，结果均阴性；高致病性禽流感(H7亚型)血清样品1.15万份，合格数1.11万份，合格率96.20%；监测H7亚型禽流感病原样品2039份，结果均阴性；监测O型口蹄疫猪牛羊血清样品7777份，合格数7060份，合格率90.78%；监测A型口蹄疫猪血清样品5882份，合格数5200份，合格率88.41%；监测小反刍兽疫血清样品1944份，合格数1851份，合格率95.22%；监测小反刍兽疫病原样品180份，结果均阴性。监测猪瘟抗体血清样品5370份，合格数4909份，合格率91.42%；猪瘟病原样品168份，结果均阴性；高致病性猪蓝耳病血清样品5032份，合格数4468份，合格率88.79%；高蓝病原样品208份，结果均阴性；猪伪狂犬病gB抗体血清样品522份，合格数466份，合格率89.27%；猪伪狂犬病gE抗体血清样品632份，阳性40份，阳性率6.33%；监测牲畜布鲁氏菌病抗体血清样品4061份（其中猪2864份、牛140份、羊1057份），阳性2份，阳性率0.049%；犬猫狂犬病血清样品98份，抗体合格35份，合格率35.71%。鸡新城疫抗体血清样品5100份，合格数4358份，合格率85.45%；鸡新城疫病原样品121份，结果均阴性；禽白病AB型血清样品823份，阳性203份，阳性率24.67%；禽白病J型血清样品823份，阳性245份，阳性率29.77%；鸡白痢血清样品1063份，阳性396份，阳性率37.25%。

开展动物疫病流行病学调查，向农业农村部和福建省农业农村厅送检各类样品5057份，其中拭子样品2326份、血清样品1641份、全血53份、组织467份、种蛋570份。

开展非洲猪瘟常态化防控，出动排查29.74万人次；排查生猪养殖场（户）31.69万个次，排查生猪7439.51万头次；生猪屠宰场1.37万个次，排查生猪146.78万头次；生猪无害化处理场4101个次，排查生猪1794头次，未发现异常情况。监测非洲猪瘟病原样品3616份，非洲猪瘟病原核酸均为阴性。

组织洛江区、石狮市、南安市、惠安县、永春县开展4轮环境风险监测，采集467份环境样品（来源于生猪养殖场、生猪屠宰场、运输车辆、农贸市场无害化处理点、生猪产品冻库、兽药饲料经营场所、乡镇兽医站），结果均为阴性。完成137家规模化生猪养殖场的非洲猪瘟入场采样监测工作。配合开展生猪屠宰环节飞行检查，采集17个生猪屠宰场（厂）的猪全血、猪全血留样、猪肉等样品425份，检测非洲猪瘟病原核酸，结果均为阴性。

开展牛结节性皮肤病防控，紧急排查从新疆调入的活牛372头，全市范围内开展牛结节性皮肤病大排查，排查存栏牛5.19万头，未发现异常情况。

推进兽医实验室建设，晋江、安溪、德化3个县（市）被列为2020年县级动物疫病预防控制机构病原学监测能力建设项目实施单位，全部完成兽医实验室建设，竣工验收。

【动物卫生监督】 2020年，泉州市加强动物卫生监督执法工作，举办2020年全市动物卫生执法培训班。采取日常监督、专项抽查和突击检查等相结合方式强化动物卫生监督检查。全市办理动物卫生案件113件，案件涉及动物防疫、牲畜屠宰等类型。其中8件移送公安，包括屠宰案件7件、违规调运生猪案件1件。

加强“瘦肉精”和饲料等抽检工作，开展“瘦肉精”饲料和生鲜乳抽检、2020年部、省级屠宰环节质量安全风险监测抽样工作，市、县两级农业农村部门加强牲畜养殖、屠宰环节“瘦肉精”监督抽检工作。全市在养殖、屠宰环节抽检牲畜尿液7.72万份，其中猪7.3万份、牛2563份、羊1621份，进行快速检测盐酸克伦特罗、莱克多巴胺和沙丁胺醇，结果均为阴性。配合省农业农村厅抽样140份检测“瘦肉精”；组织完成屠宰环节质量安全风险监测部、省级抽样任务，分别抽取52份检测“瘦肉精”、50份检测水分含量。

开展生猪屠宰“扫雷行动”、打击私屠滥宰专项行动，严厉打击屠宰环节注水或私屠滥宰等违法行为，查办一批违法违规案件，震慑违法犯罪分子。全市开展执法检查669次，出动执法人员2684人次，开展联合执法82次，责令整改41次，立案查处20件，移送公安7件，捣毁私屠滥宰窝点23个。

加强动物检疫工作，全市动物检疫合格证明全部实现电子出证。7月，省农业农村厅确定在泉州市开展电子出证新系统试点推广使用。产地检疫生猪67.31万头、牛0.28万头、羊0.27万头、禽产地检疫78.38万羽；屠宰检疫生猪147.32万头、牛羊2.71万头、禽6.85万羽。

开展调运生猪监管工作，开展违法违规调运生猪行为专项整治。张贴宣传挂图166张，印刷宣传标语136条，发放宣传材料1327份，全市出动检查人员731人次，对209个生猪养殖场和170个生猪养殖户开展现场督促指导。发现非法调入生猪4批次234头，对4个违规经营主体立案查处，其中移送公安部门1件。

【饲料行业监管】 2020年，泉州市加强饲料质量安全监督管理，开展辖区13家企业饲料统计报表审核工作。首批推动5家饲料生产企业按要求制定双重预防制度，开展安全风险辨识，科学评定安全风险等级；开展饲料、饲料添加剂生产企业安全生产专项整治工作，对辖区内的13家饲料和饲料添加剂生产企业进行全覆盖检查，市、县两级出动403人次，检查饲料、饲料添加剂生产企业98家次，发现隐患15个，整改15个。

【畜禽屠宰监管】 2020年，泉州市开展生猪定点屠宰资格审核清理，总体规划设置牲畜屠宰厂23个，坚决关闭所有不合格生猪定点屠宰企业。推进屠宰企业合理建设布局，推进大中型屠宰企业建设。坚持“关停和新建”并举，泉港区规划在前黄镇香芹村新建1个标准化牲畜定点屠宰加工厂，项目完成项目选址论证报告、项目地块控制性详细规划批复、红线图编制和用地规划条件书。永春县拟在蓬壶镇美中村新建1个标准化牲畜定点屠宰厂，项目完成投资项目备案、控规红线图和生产工艺流程设计等前期工作。石狮新建集屠宰、分割、冷藏、加工、配送一体化的现代化牲畜屠宰厂。晋江、南安、台商区等地正在推进中。

严格执行畜禽屠宰企业设立标准，推进生猪定点屠宰企业审核评估和清理工作，评估转化一批合格定点屠宰点。关闭南安联兴、南安石井、鲤城江南、晋江金井4家屠宰场点。全市有40家牲畜定点屠宰企业（17家屠宰场，23家屠宰点）。泉州市洛江区副食品有限公司、安溪城区牲畜定点屠宰有限公司、安溪县食品有限公司官桥牲畜定点屠宰场、永春县城区牲畜定点屠宰场、德化县裕盛牲畜屠宰公司5家屠宰企业进行标准化建设。

开展生猪屠宰监管“扫雷行动”，坚持专项整治与日常监管相结合，严厉打击收购和屠宰病死畜禽、生猪私屠滥宰、注水注物等违法行为。全年申报屠宰环节病死猪无害化处理财政补贴32头。督促、指导兽药、屠宰企业落实安全生产责任，健全完善安全生产相关制度和应急预案，全面排查安全隐患。强化兽医实验室生物安全监管，开展动物病原微生物实验室生物安全专项检查，规范高致病性动物病原微生物实验活动，严防病原微生物失窃、泄露等事件发生。组织督查检查组61个，其中暗查暗访8个、专家会诊54个；参加人员331人次；检查屠宰企业80家次，排查发现隐患60项，其中：一般隐患60项、重大隐患0项，均按要求完成整改。加强官方兽医、执业兽医和乡村兽医的管理，全市有官方兽医312人、诊疗机构64家，执业兽医105人和乡村兽医269人。

渔 业

【概况】 2020年，泉州市下达省级渔业结构调整、省级海洋与渔业发展、市级渔业等专项资金1652.28万元，安排市级海洋经济发展专项资金1800万元，用于支持远洋渔业和水产品加工生产，促进企业复工复产和海洋经济产业发展，保障全市水产物资供应，加快海洋渔业产

2020年8月1日，泉州市参加伏季休渔的渔船结束休渔恢复生产，图为渔船出海复产 （图/陈起拓）

业转型升级。晋江市获批创建省级海洋产业示范县，首批补助资金2400万元。是年，全市水产品产量为104.988万吨（产值125.65亿元），比上年下降1.89%，渔业经济总产值373.58亿元，比上年增长1.23%。根据国家、省核算制度，2020年泉州市海洋生产总值预计值2750亿元。

【渔业惠民政策】 2020年，泉州市实施中央渔业油价补助政策，下达渔业油价补助资金2.04亿元，惠及捕捞渔船2474艘；盘活结转、结余两年以上的机动渔船油价补助资金2.01亿元、渔业油价补贴一般性转移支付资金3200万元，由同级财政收回统筹使用；兑现渔船更新改造补助2.53亿元。

【水产养殖业】 2020年，泉州市建成标准化稻（莲）鱼塘15.33万平方米；完成封闭式循环水陆上工厂化养殖5654平方米，提升扩改建普通工厂化养殖1.35万平方米，高标准化池塘养殖8.93万平方米；肖厝惠屿新型网箱升级改造项目完成招投标，项目总投资为5361.76万元，将完成约8000口新型网箱建设。

【远洋渔业】 2020年，泉州市远洋渔业企业5家，投产远洋渔船48艘，申请20艘远洋拖网渔船技术改造围网，申请新建远洋渔船6艘。作业范围覆盖太平洋、印度洋公海及朝鲜北部湾海域；经营模式逐步由简单的“捕捞+运输”发展到“捕捞+加工+运输”，并朝着规模化、多元化方向发展。

【水产加工业】 2020年，泉州市立足鲍鱼、紫菜等传统渔业优势产业，引导各县（市、区）挖掘区域潜力，培育一村一品和产业龙头。发展市级以上水产产业化龙头企业36家，水产特色生产基地70家，全市水产加工产品获得3个中国驰名商标、5个国家地理注册商标和22个省级著名商标，“晋江紫菜”“崇武鱼卷”“泉州金牡蛎”“安海土笋冻”入选全省二十大渔业品牌，阿一波食品、晋江力绿食品等公司被评为农业产业化国家重点龙头企业。晋江力绿食品有限公司投入424.37万元新增海苔烤线前、后段、海苔压板机、烘焙炉等加工生产、包装设备42台；晋江市珍味来食品发展有限公司投资71.5万元新建海鱼油炸生产线，包含解冻线、气泡清洗机、提升机、烘干机、油炸流水线等10台设备；晋江双骏食品有限公司投入380万元新建水产品加工生产线。

【渔业安全体系】 2020年，泉州市推进“一品一码”全程可追溯管理，全市水产品生产企业赋码水产品1290批次，上传生产纪录1.49万条。开展药物残留快速检测，快检水产品样品660个，禁用药物合格率100%；开展水产品监督抽检，完成市本级水产品安全抽检450批次，配合农业农村部和福建省海洋与渔业局抽查养殖企业32家，抽检水产品63个，未发现违规情况。提升渔业船员专业水平，考试、考核发证1.39万本。加强敏感海域作业渔船管控，完成1251艘小型海洋捕捞渔船北斗示位仪安装工作，拆解处置涉渔“三无”（无船名船号、无船舶证书、无船籍港）船舶137艘。加强渔船安全应急值班和海事救助工作，组织海事救助27起，救回船员347人，挽回经济损失1.51亿元。

【渔业交流】 2020年，泉州市组织力绿食品公司、美味强食品公司、安海三源食品公司、深沪湾海洋科技有限公司等10多家水产品加工企业，参加在高雄举办的台湾渔业博览会，学习借鉴台湾及其他地区在捕捞技术、养殖技术、水产品加工、渔业服务业等方面的先进技术、经验，寻求泉州与台湾渔业交流合作新机遇。晋江力绿食品有限公司投资52.9万元向台湾台南市甲云翔机械有限公司购买紫菜调味设备2台，提升公司生产水平。晋江南星海水产食品有限公司在“中物联”物流规划研究院的指导下，策划两岸冷链物流产业合作项目。

【渔业品牌建设】 2020年，泉州市鲍鱼节在晋江金井举办，融合鲍鱼美食品鉴、观赏、文化展示等宣传鲍鱼产业、普及鲍鱼产业知识。“崇武鱼卷”获评2020年度福建十大农产品区域公用品牌；“欢乐禧禧夹心海苔”（晋江力绿食品有限公司）获评2020年度福建名牌农产品；“阿一波紫菜”通过福建省著名农业品牌复评。

【海洋渔业综合执法】 2020年，泉州市开展“蓝剑2020”“中国渔政亮剑2020”、水上无线电管理秩序专项执法行动，市海洋与渔业局联合海事局、海警局开展封港清查海上屯兵联合行动，清理整治违规网具143张（顶），清理拆除各类漂浮物255多个（件）。开展涉渔“三无”船舶清理整治工作，查获涉渔“三无”船舶32艘，拆解涉渔“三无”船舶137艘，累积拆解处置涉渔“三无”船舶607艘。强化船检质量把关，完成241艘捕捞渔船更新改造项目验收。开展渔船标准船型申报筛选，9艘样船入选福建省第四批渔船标准船型。全年开展海岸线巡查444车次、行程2.51亿千米，组织海域巡航261航次、航程5289海里；办结海洋行政处罚案件7起、收缴罚款294.98万元，办结渔业行政处罚案件157起、收缴罚没款177万元，移送涉嫌犯罪案件线索3起，依法规范正常生产秩序。

【休闲渔业】 2020年，泉州市推动休闲渔业产业建设，在休闲、食用、科普、观赏等功能上进行挖掘，惠安县惠女民俗风情休闲渔业基地、德化县上涌镇稻鱼共生休闲渔业基地及德化县涌溪水寨休闲渔业基地等三家休闲渔业基地获评省级“水乡渔村”。全市共创建渔业与旅游、休闲和文化等产业结合的省级“水乡渔村”23家，建设休闲海钓示范基地1个（晋江深沪休闲海钓基地）；休闲渔业在产值规模增长的同时，积极转向高质量发展。县（市、区）结合自然、文化和历史资源举办多种休闲渔业赛事、渔业文化节庆和会展。石狮市渔民文化节、晋江市南江村鲍鱼文化节等特色项目实现民俗文化、生态环保和休闲旅游融合发展，成为当地渔业一二三产融合发展的引擎。以休闲渔业为主的旅游呈现人数及收入的同比上升的态势，一方面解决渔业从业人员的多元就业问题，另一方面拉动城乡休闲消费，促进渔业增效、渔民增收。

水利

【概况】 2020年，泉州市打造“美丽幸福河湖”，创新完善管河护河工作机制，推进河（湖）长制有力有为、综合治理。首创施行“河长令”“流域河长令”，督促解决河湖管理保护的重大、疑难问题；常态化依托泉州河长学院，对基层“河长”进行轮训；组织社科界和高校开展10个“河长制”课题研究，提升理论水平；建立“河（湖）长+检察长”机制、“河长+警长”机制，密切“司法+行政”联动，织密监管联动网；健全绩效考评机制、28个相邻区域河湖治理保护协调联动机制，协调日常化；建成30个“河长办”标准化试点，提升“河长办”战斗力；开展第三方管护、打造“河长制”主题公园、建立志愿护河队伍，营造全民护河氛围。是年，泉州市河湖管理保护成效受到国务院办公厅表彰，奖励2000万元。

【水资源管理】 2020年，泉州市落实最严格水资源管理制度，开展水资源管理和节约用水工作，开展取用水管理专项整治行动、计划用水、用水统计调查直报、水利行业节水机关建设、县域节水型社会达标建设等。全市用水总量27.5亿立方米，万元工业增加值用水量17立方米，万元国内生产总值用水量28立方米，农田灌溉水有效利用系数0.56，主要水功能区水质达标率92.3%，均达到水资源管理控制目标值要求。

【水利工程建设】 2020年，泉州市加强重大项目和民生水利工程建设管理，“七库连通”工程山美至惠女段12月完成通水验收；加快推进白濑水利枢纽工程、永春马跳水库工程、七库连通工程惠女至菱溪、黄塘暨陈田至泗洲段、晋江防洪工程（二期）施工进度；金门供水水源保障工程列为国务院150项重大水利工程。是年，完成农村饮水安全巩固提升工程受益人口10.85万人，实施农业水价综合改革面积1.21万公顷；完成5座水库常态化除险加固，中小河流治理河长21千米；建设9条安全生态水系60千米。开展20座大中型水库安全运行管理排查工作，实现水库全覆盖检查。全市11个县（市、区）全面开展小型水库物业式管理，南安市通过全国深化小型水库管理体制改革样板县考核。启动水闸、海堤物业化管理工作。全面推行水利工程电子招投标，健全完善水利工程质量监管体系，推广运用工程质量监督平台和水利工程信息（信用）管理系统，实行水利建设质量工作和项目质量综合考核，加强水利工程质量监管，严格执行福建省有关水利工程质量的技术规范、规程和标准，规范建筑市场秩序，建设质量管理得到有效提升。加强水利行业安全生产工作，推进风险管控和隐患排查治理双重预防机制建设，提升水利安全生产标准化建设，开展多元宣教，强化安全意识，安全生产实现零事故。是年，泉州市被水利部列入全国水库除险加固和运行管护工作会议现场参观点。

【库区移民】 2020年，泉州市有农村移民8.63万人，其中福建省水利厅核定大中型水库移民后期扶持资金直补人数4.97万人，项目扶持到村3.65万人。年度争取移民扶持资金1.41亿元，组织实施涵盖饮水安全、道路交通、环境整治、社会事业等类型的后扶项目68个，库区移民项目管理规范、推进措施扎实，库区生态“美绿净”水平大幅提升，库区移民满意度和幸福感日益凸显。按照“产业兴旺、生态宜居、乡风文明、治理有效、生活富裕”的总要求，推进南安市、德化县两个省级水库移民后扶项目示范区建设，助力乡村振兴战略实施。推动在建水库移民安置工作：彭村水库工程竣工移民安置通过省级验收；白濑水利枢纽工程移民安置工作取得突破性成效，所涉及的永春县310户1298人100%签订协议，安溪县8333户4.1万人签订征迁补偿安置协议，签约率99.9%；市田水库和双溪水库进行下闸蓄水阶段移民安置验收前期工作；永春马跳水库移民安置工作有序推进。推进“平安库区”建设，全市库区平安稳定，移民安居乐业、增收发展。通过多措并举、完善联动机制，及时排查化解库区矛盾纠纷，依法依规处理信访问题，是年，全市各级移民管理机构受理信件、到访6起，均按照《信访条例》有关给予办理，库区社会总体保持平稳。

工　　业

综 述

【工业经济运行】 2020年，泉州市统筹推进疫情防控和经济社会发展，各项政策措施成效持续显现，增长动力不断加强，工业经济加速向好，企业效益逐步改善。全年全市工业增加值5120.69亿元，比上年增长2.9%，工业对经济增长的贡献率53.5%。规模以上工业增加值比上年增长3.0%。规模以上工业销售产值比上年下降0.4%，其中出口交货值下降11.7%。年末全市拥有年产值超亿元工业企业2850家，比上年增加41家，其中超10亿元企业354家，增加26家。随着疫情防控向好形势持续巩固，工业生产回升势头明显，规模以上工业增加值比上年增长3.0%，而一季度和上半年增加值分别比上年下降11.4%和1.6%，前三季度比上年增长1.0%。12月，泉州市规模以上工业增加值比上年增长7.6%，当月增速为年内最高水平。

2020年12月21日，第七届“海峡杯”工业设计（晋江）大赛闭幕，13383件作品参赛，图为大赛颁奖仪式　（图/赖进财）

【工业经济结构】 2020年，泉州市推进工业经济结构优化和产业提质增效，全市产值超亿元工业企业有2850家，分别比前三季度和上年增加463和41家，完成产值占全市规模以上工业总产值的94.6%，分别比前三季度和上年提高2.7个和0.1个百分点。分产值段看，泉州市亿元企业中10亿元以上354家，5亿元至10亿元513家，2亿元至5亿元1086家，1亿元至2亿元897家。规模以上主导产业增加值比上年增长3.5%，比前三季度提高1.9个百分点，比泉州市平均水平高0.5个百分点。其中，建材家居产业增加值比上年增长6.7%，增速比前三季度加快2.1个百分点；纺织鞋服产业增加值比上年下降3.8%，降幅较前三季度收窄2.1个百分点；机械装备产业比上年增长1.5%，年内首次实现转正，首次超过福建省该产业平均水平。规模以上高新技术产业增加值占规模以上工业增加值的比重20.3%，占比比前三季度提高0.3个百分点；增加值比上年增长3.6%，增速比前三季度提高3.1个百分点，且年内增长速度首次超过泉州市平均水平。

【工业经济效益】 2020年，泉州市推进工业经济效益逐步改善，全市37个工业大类行业中，较前三季度回升（增加值增幅提高、降幅收窄或由负转正）的有28个，行业提升面75.7%；化学纤维制造业（比上年增长18.1%）、石油煤炭及其他燃料加工业（比上年增长16.7%）、化学原料和化学制品制造业（比上年增长14.1%）、非金属矿物制品业（比上年增长9.5%）等21个行业增加值同比实现增长。从产品看，泉州市列入统计的201种工业产品中，有112种产品较前三季度增速加快或降幅收窄，产品提升面55.7%；模具（比上年增长19.0%）、瓷质砖（比上年增长10.6%）、饮料（比上年增长8.7%）、糖果（增长7.1%）等111种产品同比实现增长，比前三季度增加5种。

【城镇集体工业】 2020年，泉州市修订完善《泉州市城镇集体工业联合社关于进一步规范市属城镇集体企业房产租赁行为的实施意见》，规范市属集体企业房产租赁行为。开展资产年度清查工作，指导企业开展企业资金、土地、房屋等资产的年度清查盘点工作，加强市属集体企业资产运营管理工作。全市城镇集体工业方面有工艺制品企业6000多家，从业人员40多万人，其中，中国工艺美术大师8名、福建省工艺美术大师193名、福建省工艺美术名人225名、泉州市工艺美术大师303名。是年，市城镇集体工业联合社推进泉州市人民电器厂征收工作，并整体移交给泉州市“申遗”中心，确保泉州“申遗”项目之一的市舶司遗址考古工作推进。推进企业改制工作，市人民电器厂完成在职职工分流安置、退休人员慰问金发放和特殊人员安置等。发挥城镇集体企业承担社会责任的作用，全年给予162个承租户减免租金246.9万元，减轻新型冠状病毒肺炎疫情对社会稳定和经济发展带来的影响，支持全市“六稳”“六保”工作。

煤炭业

【概况】 2020年，泉州市推进煤炭业发展，加强安全生产工作，提升煤炭业整体水平。全市辖区内有煤矿2处，合计生产能力45万吨/年。其中，省属国有煤矿1处、核定年生产能力30万吨，系福建省天湖山能源实业有限公司（以下称天湖山能源公司）含春煤矿，为生产矿井；乡镇煤矿1处，设计年生产能力15万吨，系永春县长汀煤矿有限责任公司长汀煤矿（以下称长汀煤矿），为建设矿井。至年末，泉州市天湖山矿区煤炭保有储量4961.20万吨，可采储量3582.49万吨，其中：省属煤矿天湖山能源公司保有储量2095.06万吨，可采储量1146.72万吨；地方（含县属、乡镇）煤矿合计保有资源储量2866.14万吨，可采储量2435.77万吨（其中长汀煤矿保有资源储量683万吨，可采储量580.1万吨）。2020年1月，天湖山能源公司被永春县委、县政府授予“2019年度纳税大户（1000万元以上）”称号。

【煤炭生产销售】 2020年，泉州市推进煤炭生产销售，天湖山能源公司生产原煤32万吨，销售原煤33.06万吨；企业原煤生产总值1.43亿元，纳税3004.66万元。长汀煤矿全年处于停工状态，无原煤生产及销售。

【基本建设与技术改造】 2020年，天湖山能源公司第二批土地复垦项目完成施工3.98公顷。铅坑煤矿关闭退出后实施生态恢复治理工程。含春煤矿“绿色矿山”建设工作有序实施，整治矸石山面积17941平方米，经省自然资源厅公示纳入2020年度省级绿色矿山名录。长汀煤矿资源整合项目根据永春县委、县政府关于全县地方煤矿整体退出的决策部署，处于停工状态。是年，市工信局筹资30万元对福建煤矿安全监控系统泉州分控中心实施升级改造，对辖区内煤矿安全生产状况进行实时监控，将煤矿企业的工业视频、智能感知监测、预警、人员定位等数据，联网接入国家煤监局平台。天湖山能源公司投入资金142万元，对含春煤矿的工业视频、安全监控、人员位置监测“三大系统”进行升级改造，完成分站安装、通信光缆敷设、各种传感器安装，以及系统融合调试，通过竣工验收。

【煤矿关闭退出】 2020年，泉州市继续深化煤炭去产能工作，确定关闭煤矿1处、化解产能15万吨/年，于6月28日在永春县政府网站上公告计划关闭煤矿名单（系天湖山能源公司铅坑煤矿）。7月15日封闭井口，设置标识牌。组织矿井闭坑地质报告编制和备案，注销有关证照，编制职工安置方案并经职代会审议通过，妥善安置煤矿职工511人。9月，该项目先后通过县、市、省三级验收。12月28日，在省政府网站上公告完成关闭煤矿名单。是年，泉州市2019—2020年煤矿关闭退出市级奖补资金（第二批）300万元下达永春县，由永春县统筹用于推进煤矿关闭退出工作。

【国有企业经营管理与改革】 2020年，天湖山能源公司深化企业内部改革，以生产单价、福利保障和中层管理人员薪酬为重点，推进薪酬体系改革；规范经济业务重点领域重点问题、薪酬福利津补贴、五项费用开支，完善生产经营、财务收支、资金运营等内控机制；强化经济业务的过程监督，防范风险、规范运作，推动历史遗留问题的清理处置；突出人岗相适，分流富余人员，通过优化生产系统、科学设置岗位、中层干部提前2年退出管理岗位等措施落实“十三五”减员目标，企业比上年减员254人（其中合同制116人），管理人员数量和矿井万吨用人得到有效控制，全年用工成本实现减支；推动档案数字化建设，完善档案信息；深化公务用车制度改革，规范企业公务用车管理；执行相关的网络安全和保密规定，形成长效机制。

【煤矿安全生产】 2020年，泉州市煤矿实现安全生产。天湖山能源公司全年提取安全生产费用450万元，实际使用456.5万元，推进安全基础建设。开展“体检”式安全大排查大整治，消除安全监管盲区；围绕“水、火、瓦斯”三大重点灾害，对煤矿企业和正常生产煤矿的主要系统、重大灾害治理、关键环节等开展安全生产大排查。天湖山能源公司自查出安全隐患或问题1106条并落实整改；市、县煤管部门累计检查129矿次，查出安全隐患或问题247条，建立问题隐患清单，明确整改时限并督促落实整改。开展煤矿安全专项整治三年行动，制定行动方案，组织对全市煤矿安全风险和问题隐患开展系统性研判和排查，建立市、县煤矿安全监管层面和煤矿企业层面的问题隐患和制度措施“两个清单”，制定时间表；定期召开市直涉煤部门会商会议，推进三年行动深入开展。以学习《煤矿安全规程》《防治煤与瓦斯突出细则》《煤矿防治水细则》《防治煤矿冲击地压细则》为重点，组织煤矿从业人员开展岗前培训1819人次，警示教育21班（场）次1063人次，水害等专题培训19班（场）次1133人次，视频讲座5期463人次参训，提升煤矿企业法规标准的执行力。开展煤矿冲击地压分析论证工作，经分析论证，泉州市生产矿井不属于冲击地压矿井，停建矿井未发生冲击地压现象。开展煤矿水害防治工作，及时发布台风暴雨等极端天气预警信息；永春县与气象部门签订气象预警预报合作协议，建立灾害性天气联防联动机制，强化矿区灾害预警。6月，天湖山能源公司委托福建省197地质大队对含春煤矿开展水患调查，提交调查与分析报告，9月通过市工信局组织的专家技术论证。8月，开展煤矿水害防治监管监察执法专项检查，检查3处煤矿，查出隐患12条，下达执法文书并督促落实整改到位。开展30万吨/年以下煤矿分类处置工作，永春县结合实际制定工作方案，将长汀煤矿列入引导退出对象，引导其关闭退出，定期上报处置工作进展情况。永春县煤炭技术中心结合实际，制订长汀煤矿监管工作方案，加强对长期停建煤矿的监管，落实包矿盯守责任。加强煤矿安全监管执法，市经信执法支队和永春县煤炭技术中心组织开展煤矿执法检查54矿次，查出安全隐患或问题231条，督促落实整改，实现闭环管理。全年采取“双随机一公开”等方式对煤矿开展监管执法检查和复查13矿次。是年，市经信执法支队和永春县煤炭技术中心开展执法检查使用各类执法文书120份，其中现场检查笔录47份，责令改正通知书32份，复查意见书32份，检查建议书9份。

制造业

【概况】 2020年，泉州市加强制造业发展，推进16个重点产业转型升级。推进重点行业发展监管，加快重大项目实施。全市制造业增加值5120.69亿元，比上年增长2.9%，制造业对经济增长的贡献率53.5%。规模以上工业增加值比上年增长3.0%。规模以上工业销售产值比上年下降0.4%，其中出口交货值下降11.7%。年末全市拥有年产值超亿元工业企业2850家，比上年增加41家，其中超10亿元企业354家，增加26家。全年全市规模以上工业企业经济效益综合指数358.5%，比上年上升13.5点。其中，总资产贡献率17.0%，下降3.3个百分点；资本保值增值率102.0%，下降4.1个百分点；资产负债率44.1 %，下降0.9个百分点；全员劳动生产率36.90万元/人，提高3.95万元/人；流动资产周转率3.49次，下降0.06次；工业产品销售率95.6%，下降1.1个百分点。全年规模以上工业企业实现利润总额1221.99亿元，比上年下降10.6%。规模以上工业亏损企业亏损额20.13亿元，增亏1.82亿元。

2020年泉州市规模以上工业增加值主要分类情况表

表19

指 标	比上年增长（%）
规模以上工业增加值	3.0
其中：国有控股企业	13.9
其中：国有企业	23.4
集体企业	4.4
股份合作制企业	-2.4
股份制企业	2.9
外商及港澳台投资企业	3.0
其他经济类型企业	4.7

续表19

指　标	比上年增长（%）
其中：私营企业	3.4
其中：轻工业	-0.8
重工业	8.8
其中：采矿业	-4.1
制造业	3.0
电力、热力、燃气及水的生产和供应业	4.3

2020年泉州市规模以上工业重点产业增加值情况表

表20

指　标	比上年增长（%）
规模以上工业增加值	3.0
按三大板块分	
传统产业	1.0
重化产业	9.0
高新技术产业	3.6
按“十三五”规划重点产业分	
主导产业	3.5
纺织鞋服	-3.8
纺织服装	-1.9
鞋业	-6.6
石油化工	14.5
机械装备	1.5
建材家居	6.7
特色产业	0.9
食品饮料	1.5
工艺制品	-2.2
纸业印刷	4.7
新兴产业	
新一代信息技术	-2.1
生物医药	-8.7

说明：上表中重点产业分类并非标准分类，存在小范围交叉

2020年泉州市规模以上工业企业主要工业产品产量情况表

表21

产品名称	单位	绝对数	比上年增长（%）
原煤	万吨	32.00	-55.4
发电量	亿千瓦时	391.92	3.5
罐头	万吨	20.06	-9.1
化学纤维	万吨	189.32	-1.9
纱	万吨	26.77	-74.6
布	亿米	49.24	-33.5
服装	亿件	50.02	3.8
皮鞋	亿双	14.29	-5.3
机制纸及纸板	万吨	173.29	-3.1
原油加工量	万吨	2223.63	-4.8
烧碱	万吨	9.16	-1.0
塑料制品	万吨	133.99	14.6
花岗石板材	万平方米	5184.41	5.6
钢材	万吨	740.21	4.3
饮料	万吨	172.02	8.7
精制茶	吨	79469.82	1.7
中成药	吨	2561.03	3.8
水泥	万吨	925.64	0.6
陶瓷砖	亿平方米	30.51	8.5
卫生陶瓷制品	万件	435.41	4.4
建筑工程用机械	台	42894	5.7
金属切削机床	台	915	-42.6
太阳能电池（光伏电池）	万千瓦	85.62	-1.7
光电子器件	万只（片、套）	8003.20	49.6

【纺织鞋服业】 2020年，泉州市推进优势产业纺织鞋服业发展，突出科技、时尚、绿色化、引进供应链管理、材料研发、创意设计等产业生态。全市纺织鞋服业占全市工业产值的1/3，占全省纺织鞋服产业的半壁江山。全行业规模以上企业1968家，规模以上工业增加值比上年减少3.8%，其中纺织服装业比上年减少1.9%，鞋业比上年减少6.6%。纺织服装产量占全国的10%，运动鞋产量占全国的40%、全球的20%，安踏、匹克、361度、特步等品牌进入国际市场；获得中国三大男装生产基地之一、中国鞋都、运动休闲产品之都、时尚之都、全国运动鞋服产业知名品牌创建示范区（晋江市）、中国休闲服装名镇（晋江市英林镇）、中国内衣名镇（晋江市深沪镇）、中国童鞋之都（南安市洪濑镇）等称号。

【食品行业】 2020年，泉州市各地区立足本地的优势资源，围绕提升食品产业竞争力，加快引进与培育产品研发设计、机械设备改进、原材料供应、仓储物流、食品包装、电子商务、批发零售、品牌营销、食品检测等专业服务产业，形成聚集效应。是年，全行业规模以上企业265家，规模以上工业增加值比上年增长1.5%，行业拥有达利、盼盼、福海粮油等一大批龙头企业，形成多元化的产业集群。晋江市享有“全国食品工业强市”“中国休闲食品出口加工基地”称号，惠安县获“全国食品工业强县”称号。

【造纸及纸制品业】 2020年，泉州市造纸及纸制品业发挥原材料保障、商品销售、物流便捷和产销信息反馈快捷等方面优势，依托泉州是我国大型纸制品交易中心之一和民营经济发达的优势，产业转型升级进一步加快，集中度逐步提高；随着国家“两孩”政策的实施，以纸尿裤为重点的卫生用品业步入快速上升周期，品种日益丰富，质量逐步向高端化发展，新产品、新品牌、新规格层出不穷。2020年，全行业规模以上企业203家，规模以上工业增加值比上年增长4.7%。

【建材家居产业】 2020年，泉州市建材家居产业主要包括建陶、石材、水暖厨卫、水泥、钢材、新型墙体材料、消防安防设备、滕铁、铝型材、涂料、家具等行业，是泉州市第五个千亿元产业集群。泉州市建材家居产业发展成为全国乃至全球的重要产业基地，形成产业链较为完整的石材、建陶、水暖厨卫（含消防设备）等三个主导优势产业集群。其中：泉州南安石材集中加工区是我国乃至东南亚地区规模最大、种类最齐全的石材生产、出口基地，石材进出口量分别占全国的60%和55%，是辐射全球的世界级石材生产交易中心；晋江市磁灶镇、内坑镇和南安市水头镇、官桥镇为主的建陶产业集群是全国四大建陶生产基地之一，建陶产品年产量占全国的25%，外墙砖在全国市场中占主导地位；以南安为核心的水暖卫浴产区，是全国三大水暖生产基地之一，也是国家新型工业化产业示范基地和外贸转型升级示范基地。是年，泉州市建材家居产业完成规模以上工业增加值1117.09亿元，比上年增长6.7%；规模以上工业企业产品产销率97.2%。行业规模以上工业主要建材产品产量：钢材740.21万吨，比上年增长4.3%；水泥925.64万吨，比上年增长0.6%；陶质砖30.51亿平方米，比上年增长8.5%；花岗石板材5184.41万平方米，比上年增长5.6%；卫生陶瓷制品435.41万件，比上年增长4.4%。

【机械装备产业】 2020年，泉州市机械装备产业在细分领域占国内较大市场份额，泉州工程机械中的路面机械、装载挖掘机械，专用设备中的砌块机械、石材机械和金刚石工具、陶瓷机械、纺织机械、制鞋机械，通用设备中的轴承、空气压缩机等均占有较大的国内市场份额，其中圆盘针织机（大圆机）、砌块机械、石材机械和金刚石工具等产品产量居全国首位。全市在机械装备领域拥有国家级制造业单项冠军示范（培育）企业（产品）4个，获评省级制造业单项冠军企业(产品)15项，获评省级首台（套）重大技术装备（含智能制造装备）产品达44项，培育一批单项冠军企业（产品）。泉州机械装备产业涉及8个大类、47个中类、111个小类，其中通用设备、专用设备、金属制品、电气机械和器材及计算机、通信和其他电子设备等5个大类的产值均超百亿元，行业门类相对齐全。是年，机械装备产业规模以上增加值比上年增长1.5%。

【生物医药业】 2020年，泉州市生物医药产业规模相对较小，突出生物制品、化学药、中药、精准医疗等领域，构建创新链产业链，打造生命健康研发、生产制造、医疗服务基地。是年，全行业规模以上企业18家，规模以上工业增加值比上年减少8.7%，

【新一代信息技术产业】 2020年，泉州市推进新一代信息技术产业现有项目的服务跟进工作，加快三安高端半导体项目等重点项目建设发展，加快集聚产业链上下游高端和关键项目。支持泉州集成电路产业园载体建设，完善园区配套，完善产业链，形成集聚效应。12月，在晋江召开晋江集成电路产业基地招商项目集中签约暨集成电路知识产权联盟福建分联盟揭牌活动，有11个项目签约，涵盖集成电路设计、封测、材料、终端应用、配套平台、教育培训等多个领域。至年底，泉州软件园园区入驻率70%，入驻企业和平台138家，涵盖软件信息、工业互联网、人工智能、智慧城市行业应用、大数据、集成电路等数字经济领域。

【软件和信息业】 2020年，泉州市推进数字经济发展，从软件和信息服务、动漫游戏、泉企上云、工业互联网、公共服务平台发展等方面支持软件企业发展。举办泉州市软件与工业设计基地（泉州软件园）举行招商项目集中签约暨泉州市软件行业协会线上采购联盟发布活动。机器人产业园项目、智慧中国（福建）智能制造科技成果转移转化中心项目等12个项目签约落地。推进工业云平台建设，引进国内外知名工业互联网企业，10月与SAP、华为签订战略协议。探索5G技术与工业领域的深度融合，推动龙头企业与本级电信运营企业开展5G试点应用，促进纺织鞋服、建材家居、机械装备等传统产业转型升级，如九牧5G智慧制造示范产业园、信泰工业互联网平台、乔丹体育智慧工厂、华昂基于5G+MEC智能化休闲鞋生产升级项目、柒牌5G智慧工厂。启动工业互联网标识解析二级节点建设，制定《泉州市工业互联网标识解析二级节点建设方案》，10月获中国信息通信研究院通过。争创工业互联网示范标杆，组织企业申报工业互联网示范标杆，1家企业入选国家工业互联网示范项目，12家企

业入选省级工业互联网示范标杆。

【工艺美术业】 2020年，泉州市推进工艺制品产业增产增效，梳理修订产业转型升级路线图，制定《泉州市工艺制品产业改造提升实施方案》，推进产业链招商，培育新经济增长点。开展技艺品种和振兴目录认定，根据2020年泉州市《政府工作报告》的要求，印发《泉州市传统工艺美术品种和技艺认定规定》《泉州市传统工艺美术振兴目录认定规定》，开展评审认定工作。经专家评审及公示，向社会公布泉州市第一批传统工艺美术品种技艺28项、第一批传统工艺美术振兴目录13项，安排专项资金予以重点扶持。推进工美人才培养工作，史俊贤、张建奎、林建胜、吴德强4名福建省工艺美术大师获评第二届轻工大国工匠。晋江市、南安市、永春县评选县级工艺美术大师54名（永春25名、南安20名、晋江9名）。举办“网红主播”技能培训、“大师之路”高级研修班、“前沿与传统融合呈现中国工艺之美”工艺美术高级研修班、陶瓷创新发展高级研修班，参训人员584人次。市城镇集体工业联合社联合中国轻工业联合会、中国工艺美术学会及相关县（市、区）等，先后举办2020年全国石雕职业技能竞赛华南赛区预赛和全国总决赛、第六届全国高校毕业生石雕创作营、红色记忆创作营、首届佛文化现场大赛、永春“匠艺杯”现场大赛、晋江“白兰花杯”现场大赛、德化“陶艺杯”现场大赛等活动，有1000多人次参赛。市城镇集体工业联合社到有关县（市、区）调研，形成《泉州市工艺美术产业人才发展报告》，呈报市委组织部作“引智引才”决策参考。强化大师服务管理工作，评选十佳工艺美术大师张建奎、吴德强、蒋惠民、王向荣、杨婉红、林建胜、郑雄彭、许瑞峰、黄连福、郑银聘，并在泉州经济年会年度峰会上进行表彰。命名30个工艺美术大师工作室。组织展览展评交流活动，市城镇集体工业联合社联合市妇联等部门举办第三届巾帼巧匠工艺美术精品（线上）展览，参展大师81名、参展作品241件。组织200多家企业、291件作品参加福建省工艺美术创新设计大赛，获评金奖25件。组织100多家工艺美术企业（大师）参加第十三届厦门文博会。推进校企合作工作，推行现代学徒制，鼓励支持中、高等院校与工艺美术企业、大师工作室之间开展合作育人和岗位互换活动，依托大师工作室新增建立实习实训基地21个；鼓励支持15个工艺美术大师进校园、入课堂授课，开展传统工艺展示、体验和比赛，提高青少年的动手能力和创造能力，加深对传统工艺美术的认知。塑造工艺美术文化品牌，加强与福建日报、东南网、泉州电视台、泉州晚报社等主流媒体合作，对“中国工艺美术之都”品牌、企业品牌和大师品牌宣传报道100多篇次。泉州广播电视台“名师名匠大家荟”栏目播出35期，“艺揽闽台——大师与您面对面”采取线上线下同步展示、交流互动，举办30期。

【盐业】 2020年，泉州市推进盐业企业发展和食盐生产，保证食盐产品质量。泉港区山腰盐场产量88535.8吨，销售55348.9吨。山腰盐场是福建省第二大国有盐场，最大的食盐（载体盐）生产基地，盐田保护区面积0.61万公顷，控制废转区盐田0.14万公顷。泉州晶海轻化有限公司（山腰盐场）获中国盐业协会生态海盐评审管理技术委员会颁发的全国首张“生态海盐”产品审定证书。

电 力

【概况】 2020年，泉州市推进电力工业发展，电网运行总体稳定。泉州地区有电厂594座，各类电源总装机1894.68兆瓦（不包含省调直调的桐林储能电站30兆瓦、云顶风电96.4兆瓦、双格风电68.2兆瓦、尖峰风电26兆瓦、外山风电40兆瓦、凤巢风电70兆瓦、板屿风电43.2兆瓦以及营销部管辖的居民光伏235.2兆瓦），其中水电装机容

2020年10月，2020年全国行业职业职能技能竞赛全国工艺品制作（石雕）职业技能竞赛华南预赛在泉州举行，图为比赛现场

（图/市城镇集体工业联合社）

量为857.47兆瓦，占地区各类电源45.26%；垃圾电厂装机容量177.4兆瓦，占地区各类电源9.36%；风电装机容量44兆瓦，占地区各类电源2.32%；分布式光伏电站装机容量269.81兆瓦，占地区各类电源14.24%；其他包括热电厂、企业自备发电装机容量546兆瓦，占各类电源28.82%。

【发电】 2020年，泉州市推进发电安全生产工作，提升发电设备运行维护管理。泉州地区非统调机组年发电量60.92亿千瓦时，比上年下降9.6%。其中，水电18.91亿千瓦时，比上年下降30.14%；火电19.92亿千瓦时，比上年下降3.98%；10千伏光伏发电3.10亿千瓦时，比上年增长7.68%；风电10.49亿千瓦时，比上年增长25.54%；垃圾发电8.64亿千瓦时，比上年增长6.2%。

【社会用电】 2020年，泉州市加强社会用电管理，保障农乡居民生活用电和经济社会发展用电。泉州市社会用电量535.67亿千瓦时，比上年增长3.8%，增长率比上年提高0.9个百分点。其中，工业用电量351.16亿千瓦时，比上年增长2.5%，增长率提高1.6个百分点。最高负荷918.42万千瓦，比上年增长6.3%，增长率下降1.8个百分点。

第一产业用电量1.6亿千瓦时，比上年增长6.8%，增长率比上年提高3.2个百分点。第二产业用电量357.1亿千瓦时，比上年增长2.5%，增长率提高1.1个百分点。第三产业用电量67.2亿千瓦时，比上年增长4.2%，增长率下降3.3个百分点。城乡居民生活用电量108.7亿千瓦时，比上年增长8.0%，增长率提高2.7个百分点。

2020年泉州市全社会用电量及工业用电量情况表

表22

分区名称	全社会用电量（亿千瓦时）	比上年增长（%）	工业用电量（亿千瓦时）	比上年增长（%）
晋江市	161.1261	-1.23	120.6311	-3.09
南安市	88.3440	8.23	58.9171	7.92
石狮市	43.1720	1.18	26.1692	0.21
惠安县	48.2623	2.60	28.2638	-1.23
安溪县	42.4153	3.28	24.9430	-1.39
德化县	18.4586	2.58	13.3574	1.85
永春县	15.2139	7.84	8.0399	7.19
直供区及其他	117.6829	9.35	70.8402	12.58
全市合计	534.6751	3.77	351.1617	2.49

【电网建设】 2020年，泉州市完成电网建设投资20.63亿元，完成年度计划的100%。新增35千伏及以上变电容量125.47万千伏安、输电线路154千米，新建及改造10千伏线路931千米、新增配电容量126.2万千伏安。至12月底，全市有500千伏变电站5座、容量920万千伏安，线路567千米；220千伏变电站44座（含用户变）、容量1648万千伏安、线路2075千米；110千伏变电站184座（含用户变）、容量1681.7万千伏安、线路3571千米。地区配网10千伏馈线3812条，其中公用馈线3301条，10千伏线路总长度27914千米，其中电缆10608千米。公用配电变压器34593台，总容量为1569.3万千伏安。专变配电变压器47750台，总容量为1895.7万千伏安。

【电网运营维护】 2020年，泉州市制定农配网运维水平提升15项重点任务，配变故障停运率比上年下降30%、分支线以上故障比上年下降18%。实施带电作业两年提升工程，开展不停电作业1.08万次、比上年增长167%，压减计划停电时户数60余万。

开发园区建设

责任编辑：吴远鹏

综述

【园区建设】　2020年，泉州市省级以上开发区（以下简称“开发区”）围绕国家级和省级开发区综合发展水平评价体系，培育产业集聚，优化管理服务，加强载体建设，推进开发区高质量发展。是年，全市开发区实现地区生产总值3459亿元，规模以上工业增加值2199亿元，固定资产投资完成额1013亿元，税收收入293亿元，实际利用外资总额36.21亿元，进出口总额1670亿元，工业用地亩均税收平均33万元（最高值82万元）。健全管理体制，完善运行机制，除政区合一的开发区外，各地政府均已对应省、市促进开发区高质量发展联席会议制度，建立工作领导小组、联席会议制度或协调机制，推动园区管委会主要领导由当地政府领导兼任。全市有9个开发区管委会主要领导由所在地领导兼任，其余则先行指派1名所在地领导挂钩负责，加强园区统筹协调力度。各开发区全部实现“管委会+运营公司”运行机制，明确管委会作为行政服务主体和运营公司作为独立市场主体，逐步实现市场化运作。9个开发区设立投融资平台，主要类型有发展、投资基金以及融资担保公司等，助力园区建设和企业发展。

【招商引资】　2020年，泉州市各开发区开展与闽东北、闽西南两大协同区的交流协作，采取飞地经济、联合共建、委托管理等形式，建设跨区域合作产业园区。全市有6个开发区与两大协同区开展协作招商和共建园区。安溪经济开发区与厦门市合作共建湖里园、思明园。各开发区更新招商理念和转变招商方式，构建招商平台，借鉴厦门火炬高新区经验探索成立专业化招商公司，实行公司化管理、市场化运作、绩效化考核。台商投资区成立招商服务有限公司，开展引资引才工作，促进园区产业发展和人才集聚。各开发区立足主导产业、龙头企业等重点招商方向，梳理产业链招商需求和目标客商，制定园区产业链招商需求清单，开展产业链“专、精、特”招商。科学规划打造特色“区中园”，按工业地产模式进行开发，建设“生产分区、功能配套、设施完备”的标准化厂房，解决小微企业“用地难”问题。德化陶瓷产业园区在城东四期古洋片区规划用地，打造小微企业创业园，建设标准化厂房，建成后可租可售，为入园企业提供“拎包入住”式服务。各开发区落实《泉州市提升营商环境计划》，复制推广福建省自贸试验区改革创新成果，打造高水平营商环境。

【重点建设】　2020年，泉州市针对部分开发区所在乡镇周边的工业园区存在管理体制不健全、规模体量较小和发展滞后等问题，泉州开发区、晋江经济开发区、石狮高新区、安溪经济开发区、永春经济开发区以及德化陶瓷产业园区等6个开发区整合托管区位相邻或产业趋同的各类工业园区，实际管辖17个工业园区，解决工业园区跨乡镇（街道）的规划建设不统一、管理服务不统一等体制机制问题，实行“一区多园”集中管理，拓展开发区发展空间，统筹产业布局，共享招商资源，做大园区经济。晋江经济开发区代管东石与安海镇之间的安东生态工业园、永和镇与罗山街道之间的食品产业园、新塘街道的工贸园以及龙湖镇的服饰织造园等4个工业园区。各开发区发挥传统产业积淀优势，突出龙头企业带动作用，拓展新兴产业，加快产业转型升级，促进主导和新兴产业集群化发展。惠安经济开发区规划打造科创人工智能产业园主要依托慧芯激光项目，发展上下游产业链，重点引进一批人工智能、新材料和半导体集成电路等新兴产业项目入驻，预计在10年内，实现销售超过 120 亿元，综合税收超过19亿元。各开发区加大政策引导力度，为区内企业提供技术创新服务，对区内设立的创业服务和创新研发平台机构给予资金扶持，促进产学研加快融合，实现创新创造质的提升。全市开发区内省级以上部门认定的高新技术企业数348个，建成创新创业平台机构233个，有效发明专利2581个。

泉州市省级及以上开发区一览表

表23

名称	层级	行政区域	主导产业	组成区块	核准面积（平方千米)	规划面积（平方千米）	地区生产总值（万元）	规模以上工业增加值（万元）	税收收入（万元）	工业用地亩均税收(万元)	进出口总额（万元）	实际利用外资（万元）
泉州经济技术开发区	国家级	泉州市	纺织鞋服、电子信息、机械制造、医药食品	2	12.5	31.5	2455199	1902312	165771	23.37	2246953.68	23770
泉州台商投资区	国家级	泉州台商投资区	纺织鞋服、机电设备、造纸及纸制品	1	15	200	3303400	1997200	188506	70.23	320354	64185
泉州综合保税区	国家级	晋江市	保税物流、进出口贸易、加工贸易、航空维修	1	2.0472	4	未统计	未统计	10082	3.28	0	208
泉州高新技术产业开发区(江南园)	国家级	鲤城区	电子信息、纺织鞋服、机械汽配	1	8.0712	5.57	1667035.23	695278	95170	21.47	201551	4020
泉州高新技术产业开发区(石狮园)	国家级	石狮市	纺织服装、电子科技、精细化工、五金机械	1		23.47	1054160	940560	70716.8	8.07	368820	33113
泉州半导体高新技术产业园区	省级	晋江市南安市安溪县	化合物半导体、集成电路、光电	3	14.8	39.3	831265	299910	28881.2	10.86	185418.03	116210
泉港石化工业园区	省级	泉港区	石化产业	4	19.1657	29.6	3705900	3352431	827085	82.37	3823265.1	10905
泉惠石化工业园区	省级	惠安县	石化产业	1	32.12	33.8	1472702.41	1325432.17	323290	54.97	6710357	25140
晋江经济开发区	省级	晋江市	鞋服纺织、食品饮料、纸制品	3	9.8427	60	3433304	2942597	386570	48.8	1197865.46	10043

续表23

名称	层级	行政区域	主导产业	组成区块	核准面积（平方千米）	规划面积（平方千米）	地区生产总值（万元）	规模以上工业增加值（万元）	税收收入（万元）	工业用地亩均税收(万元)	进出口总额（万元）	实际利用外资（万元）
洛江经济开发区	省级	洛江区	工艺制品、纺织鞋服、机械装备，提升智能装备产业	5	14.367	23.24	2418297	1372764	146804	23.9	502246	47486
南安经济开发区	省级	南安市	水暖厨卫、消防阀门、日用制品	3	3.2457	44.1	4969644	2209762	130040	25.05	332096	7558.4
惠安经济开发区城南工业园区	省级	惠安县	鞋服包袋、建材机械、食品	1	9.3354	8	1189275.08	1095165.76	39539	11.46	61690.39	146
惠安惠东工业园区	省级	惠安县	纸制品、化纤、食品、机械	1	5.09	9.03	591817	442739	30018	8.06	55780.27	2000
安溪经济开发区	省级	安溪县	建材、藤铁工艺、服装鞋帽、茶叶业、轻纺、轻工机械	6	8.2622	123	5530064	2001434	368715	29	317250	12142
永春经济开发区	省级	永春县	轻纺鞋服、机械铸造、陶瓷树脂	1	0.3996	10.46	1244355	1092126	24000	4.76	238593	5511
德化陶瓷产业园区	省级	德化县	日用陶瓷、工艺品、树脂	1	1.1334	22.46	723190	323429	98003	14.75	139832	100

泉州经济技术开发区

【区情概况】 2020年，泉州经济技术开发区有人口3.78万人（其中户籍人口5847人、流动人口3.2万人）。全区有各类市场主体1.34万家，规模以上工业企业116家，限额以上商贸企业118家；拥有产值超亿元企业58家；税收超亿元企业2家，超千万元企业11家；上市企业8家，挂牌企业11家；拥有中国驰名商标11件，作为主要起草单位参与国家行业标准制定企业17家；国家级工程研究中心等“国字号”科技品牌52家（项），科技小巨人领军企业28家，国家高新技术企业51家，国家知识产权优势企业5家。形成纺织鞋服、电子信息、机械制造、医药食品等四个主导产业。每万人发明专利拥有量71.67件，高新技术产业产值占全区工业总产值的33.9%。有商住小区14个，在建楼盘小区4个。是全省首个被联合国工业发展组织授予的绿色开发区。在省级以上开发区综合发展水平评价中，泉州开发区综合实力位居全省第五位，管理服务质量位居全省第一。

【经济发展】 2020年，泉州经济技术开发区实现地区生产总值183.77亿元，比上年下降17.2%；规模以上工业增加值比上年下降17.9%；第三产业增加值38.22亿元，比上年下降18%；一般公共预算总收入13.23亿元，比上年下降19.2%；一般公共预算收入6.20亿元，比上年下降23.3%；全社会固定资产投资比上年下降49.6%；社会消费品零售额67.12亿元，比上年下降13.7%；进出口商品总值比上年下降3.6%；

实际利用外资（验资口径）2.19亿元，比上年增长76.2%，完成年度计划169.76%，超额完成年度任务。

升级传统产业，鼓励企业实施“机器换工”，全年有22个区级重点技改项目，总投资约9.17亿元，完成年度计划投资4.82亿元，新增产值12亿元。推进数字经济向传统产业渗透，联合阿里团队举办C2M招商，近40家企业实现高效触达终端消费者，10家企业成为C2M超级工厂试点企业，树立产业数字化新标杆。有效集聚创新资源，引入湖南大学工业设计与机器智能研究院、华中科大智能制造研究院、泉州市中生协特种通信产业技术研究院等落户开发区，建设产业创新平台，申报 “双创”升级示范区。创新IP运营新模式，立足园区童装童鞋优势建立产业联盟，新引进大嘴猴、凯蒂猫、史努比等国际品牌，打造童装、童鞋IP运营总部；洽谈引进美国黑马漫画、斯凯奇、迪斯尼等多个知名品牌IP，建设国际潮流品牌IP生产及转化基地。

培育数字产业，发展直播电商，出台《扶持电子商务发展的若干措施》，鼓励直播电商等新业态的发展，推动形成“企业IP运营+5G直播+产业链”的新商业模式，利讯、魔筷等直播基地投入使用。举办为期10天“云上集市·泉州市产业直播购物节”，依托京东、淘宝、天猫、拼多多、抖音、快手、蘑菇街、魔筷、腾讯生态、花椒直播等平台，开辟直播间100多间，联动泉州100多家企业直播“带货”，成交金额5.5亿元。加快建设新型显示数字经济产业园，引入微影等14家生态企业，获得松下等10个品牌独家网络销售授权，新显京东商城线上馆成功开馆，视源、晟彩等新型显示龙头企业销售中心落地。推进智慧园区建设，推进以5G技术升级工业园区通信网络，投资6000万元建设75个5G基站，实现5G信号全覆盖。策划生成食品数字经济产业基地、智能城市智慧化改造等7个项目纳入市级数字新基建项目库；与阿里巴巴签订“春雷计划”，谋划政企平台、全域停车等项目。

壮大高新产业，建立高新技术企业培育库，发挥项目带动作用，推动高新技术企业数量与质量双提升，培育创新引擎。组织22家申报国家高新技术企业；组织19家企业申报省级高新技术企业，区内企业有3个省级项目和2个市级项目通过立项；3项省级科技计划项目和1个市级科技项目通过验收；新增国家高新技术企业14家，任务目标完成率104.08%，国家高新技术企业保有量51家，较上年增加12家，新增量比上年增长100%；新增省级高新技术企业17家，省级科技小巨人领军企业7家，泉州市瞪羚企业1家。

提升第三产业。出台《规范物流业发展的实施方案》，规范原有物流企业，促进提档升级；新引入总投资36亿元韵达福建（官桥）产业园、阿里申通等一批新物流项目，提升园区集约发展水平。开展第三产业提质扩量行动，重点推进7个三产项目建设，总投资51.80亿元，年度计划投资9.02亿元，全年完成投资9.2亿元，完成年度计划101%。其中，斐乐采购中心于6月入驻运营；九牧王智能物流仓储物流项目完成主体建设。

【城市建设】 2020年，泉州经济技术开发区坚持城市建设与控规调整、园区标准化建设、国有企业改革相衔接，召开城建工作专题会，启动控规调整，推进产城人融合发展。以开发区被列入全省16个标准化园区建设试点之一为契机，盘活开发区存量土地6.58公顷、闲置厂房23.78万平方米，嫁接206家企业，加快工业更新步伐，推进文化中心、创业大厦、人才公寓、崇尚街、崇宏街及安泰路“白改黑”综合提升改造、德泰路夜景提升、美泰公园改造等城建项目建设。加快与万科城市物业洽谈合作建设“平台通、数据通、应用通”智慧城市体系，用智能化推动生活便利化、管理现代化、服务高效化，建设更加宜业、宜居的产业新城。

【民生事业】 2020年，泉州经济技术开发区落实义务教育优质均衡发展等举措，把教育打造成为招商引资、集聚人才的金字招牌。建成第二实验幼儿园，新增学位270个。推动3所公立学校与市直名校强化结对共建，深化合作办学，打造知名学校。开发区实验学校被确认为全国青少年校园足球特色学校和福建省义务教育管理标准化学校。推进教师队伍建设，评选选拔25名区级中小学骨干教师培养对象。在全区中小学推行集体配餐服务，将公办幼儿园纳入课后服务范围，解决家长接送难题。出台《扶持民办幼儿园优质普惠发展的若干意见》，争取省、市普惠性幼儿园奖补资金34.91万元，保障普惠性幼儿园平稳运转。结合疫情防控，推进基本公共卫生服务项目，建立健康档案8356人次。开展尘肺病防治攻坚行动，制订《泉州开发区尘肺病防治攻坚行动实施计划》，落实企业主体责任和部门监督责任，未发现尘肺病患者。启动创城创卫工作，推进爱国卫生运动、健康教育和健康促进、公共卫生与医疗服务、病媒生物预防控制等专项行动，利用新闻媒体、大型户外公益广告、宣传横幅等各种载体，采用群众喜闻乐见、生动活泼、能引起思想共鸣的语言和形式，广泛发动群众参与创建活动，营造人人参与、人人支持的氛围。

【招商引资】 2020年，泉州经济技术开发区成立国企、民企、外资等专业化招商小组，通过委托招商、以商招商、设立招商奖励等方式，开展精准化招商。成立专门招商后服务小组，建立和落实对接、落地、投资建设的“一条龙”服务机制，规范招商流程，提升招商质量。组织杭州、深圳等地专场招商季活动，落地特斯拉汽车销售综合体、韵达福建产业园、立邦新型智能化绿色涂料等12个优质项目，总投资超百亿元。组织参加第十八届“6·18”中国·海峡项目成果交易会，征集对接项目23个、技术需求项目15个；参展项目4个。组织参加2020年“厦洽会”，对接3个合同项目，1个意向项目，4个项目合计总投资10360万美元。

2020年泉州经济技术开发区经济和社会发展主要指标一览表

表24

指标名称	实绩（亿元）	比上年增长（%）
地区生产总值	183.77	-17.2%
财政总收入	13.23	-19.2%
地方一般预算收入	6.20	-23.3%
一般公共预算财政拨款支出	3.72	1.64%
第三产业增加值	38.22	-18.0%
社会消费品零售总额	67.12	-13.7%
实际利用外资（验资口径）	2.19	76.2%

【项目建设】 2020年，泉州经济技术开发区实行“一个项目、一套人马、一拼到底”工作机制，逐个项目明确挂钩区领导、部门负责人和跟踪服务人员，破解项目审批、征地拆迁、用水用电等难题，严格把控项目进度和形象节点，逐个责任攻坚，确保重点项目有序推进。15个在建重点项目全年累计完成投资12.9亿元，超额完成年度计划投资。全年“五个一批”谋划项目28个，总投资327亿元，完成任务140%；签约项目24个，总投资122亿元，完成任务200%；开工项目9个，总投资84亿元；竣工投产项目18个，总投资30亿元。利讯、立邦新型材料等11个项目参加全市集中签约活动，项目总投资超100亿元。

【营商环境】 2020年，泉州经济技术开发区建立联络服务员制度，出台打通“五难”（用工难、疫情防控难、交通物流难、供应链协同配套难、市场拓展难）操作链实施方案，出台《企业订货会期间疫情防控工作方案》，帮助企业协调解决招工、防控物资、交通物流、供应链、金融等方面问题100多条，快速帮助企业达产达效。全区112家规模以上工业企业全面复工，平均达产率91%以上。出台《疫情防控期间支持中小微企业生产经营十六条措施》及三条补充措施，整理印发《省、市、区应对新冠肺炎疫情扶持企业发展政策汇编》，召开分行业、企业座谈会、外贸专场座谈会、防疫物资生产及出口通关政策宣讲会，指导企业用好用足各项扶持政策。全年兑现各级各类扶持企业资金1.17亿元，利用应急周转资金帮助37家企业转贷347次，转贷金额25.04亿元。深化商事制度改革，推进“多证合一”“集群注册”“证照分离”“证照合办”，激发市场主体活力。全年新增各类市场主体1574家，注册资本总额31.15亿元，全区有各类市场全体11.4万家，注册资本368.3亿元。坚持“区内事，日内结”，对简易审批服务事项明确实行“即收即办”制度，对无须现场勘察和专家论证的区级审批事项全部实行即办制，当天予以办结。推行政务服务“网上办、快递送”和“事前预约+现场取号”双轨制办事服务，提升行政审批效率，高效便捷服务群众。开发区承担的289项审批服务事项中，全流程审批环节均压缩在3个以内，全区213项行政许可审批服务事项的审批时限由法定4579个工作日压缩至567个工作日，压缩比87.62%。全区70%的行政审批服务事项达到“一趟不用跑”，100项行政审批服务事项达到五星级。实施24小时自助服务，全面推行手机微信终端“自主申报、自动审核、自助打照”个体工商户全程智能化登记新模式，群众办事真正像“网购”一样简单。开发区营商环境指数跃升至全市第3位。

泉州台商投资区

【区情概况】 泉州台商投资区位于泉州市中心城区东部，与泉州市新行政中心隔海相望，依山傍水、临江拥湖，区位优越，配套完善，土地成片，下辖洛阳镇、东园镇、张坂镇、百崎乡，区域面积220平方千米，常住人口33.8万人。耕地面积4300公顷，粮食播种面积1600公顷，粮食产量7900吨。林地面积4500公顷，森林覆盖率20.8%，活立木蓄积量19.50万立方米。矿产资源以花岗岩为主。海水鱼类主要有鳓鱼、黄鲫、遮目鱼、尖头银鱼、鳗鲶、海鳗、鳗鲡、青石斑鱼、乌鲳、银鲳、灰鲳、刺鲳、大黄鱼（亦称黄花鱼）、小黄鱼、白姑鱼、黄姑鱼、鮸鱼、黄唇鱼、黑鲷、断斑石鲈、褐蓝子鱼、带鱼、小带鱼、沙带鱼、蓝点马鲛、扁舵鲣等。旅游景点主要有洛阳桥、海丝艺术公园、海丝生态公园、八仙过海欢乐水世界、华光文博园、张坂上塘雕艺街、月亮湾等。

【经济发展】 2020年，泉州台商投资区完成地区生产总值307.51亿元，规模以上工业增加值比上年下降15.0%；一般公共预算总收入20.29亿元，比上年增长1.2%；一般公共预算收入12.72亿元，比上年增长9.2%；社会消费品零售总额

泉州台商投资区洛阳古街夜景（2020年拍摄）

（图/泉州台商投资区管委会）

126.60亿元，比上年下降9.3%；出口商品总额14.39亿元，比上年增长3.1%；实际利用外资1.14亿元。

落实粮食安全行政首长责任制，全年粮食播种面积0.16万公顷，兑现耕地地力保护补贴、农机购置补贴等各级惠农政策资金293万元；新建各类设施大棚13公顷，落实各级补助资金330万元。区级粮库推广充氮气调绿色新技术，提高储粮品质，储量创历史新高。深化农村集体产权制度改革，以户为单位完成全区股权证书发放。探索建立“三资”管理新模式，在洛阳镇屿头村试点村民委员会事务和集体经济事务分离。完成2018—2019年度村集体资产清查工作，清查资产总额9.25亿元。

工业机电设备、工艺制品、纺织鞋服、造纸及纸制品、石化后加工等传统产业加速转型升级，绿色智能交通装备、高端装备制造、文化旅游服务、健康医疗养生、新材料等新兴产业规模持续扩大，烯石新材料、玖龙二期、立亚新材、八仙过海、舒华健康产业园等一批龙头项目建成投产，亿达扩建、宏力达、唯科等一批龙头项目开工建设。灵通信息、路港、桃城建工等11家企业落户总部经济区。融入福厦泉国家自主创新示范区，培育和引进国家地方联合工程研究中心1家、高新技术企业40家、国家级绿色工厂1家、省级服务业百强企业2家、科技小巨人企业13家、市级以上产业龙头企业11家、工程技术研究中心11家、企业技术中心8家、众创空间（星创天地）4家、新型研发机构3家、行业技术开发中心3家、院士（专家）工作站8家，各类人才总量超4万人。兑现高新技术企业、研发平台奖补、技改专项经费等扶持资金5713万元。盖迪恩医疗科技入选国家疫情防控重点保障企业名单，嘉德利等3家企业入选省税收重点物资保障企业名单，金百利等12家企业列入省级“百千”增产增效行动制造业重点扶持名单，玖龙纸业、德普乐等11家企业列入省、市龙头企业名单。

建筑业有施工总承包企业98家，其中特级企业2家，一级企业8家，二级企业13家，三级企业75家。2020年，建筑业完成总产值260亿，比上年增长164.4%。在建房地产项目20个，建筑面积300万平方米；在售项目13个，在售面积50万平方米。全区房地产行业新增投资额80亿元，比上年增长31%；商品房销售面积118万平方米，比上年增长20%。

第三产业新创办泉州市九九国际旅行社、泉州台商投资区云游旅行社。举办首届“全闽乐购”泉州台商投资区购物节活动。加快国家农业科技园、泉州台商投资区电商园直播基地建设。与石狮东南亚集散中心签订展示馆协议并设立泉州台商投资区展示馆。培育4个中国淘宝镇、13个中国淘宝村，实现中国淘宝镇区域全覆盖。中投贸易、鸿景汽车、八仙过海旅游、汉华东盛文化旅游等5家企业被列入省级“百千”增产增效服务业企业，中南再生资源、华光文博园旅游、海上世界旅游等26家企业被列入市级“百千”增产增效服务业企业。洛阳古街“三留一活”文化复兴工程持续推进。八仙过海欢乐水世界7月9日开园，首个商业综合体宝龙广场12月19日营业。

【重点项目建设】 2020年，泉州台商投资区120个区级重点项目投资192.2亿元，完成年度计划的101.4%，其中在建项目投资191.5亿元，完成年度计划的103.7%。海江大道一期园林景观工程、展硕、欧霖吉模具、龙湖项目、养老补短板工程包、卫生补短板工程包等37个项目开工建设，完成年度计划的108.8%；金百利产业园项目等43个项目建成投产，完成年度计划的122.9%。22个省、市重点项目投资122.05亿元，完成年度计划的122.3%，其中18个在建市级重点项目完成投资120.04亿元，完成年度计划的121.87%。新开工项目3个，完成年度计划的100%；建成项目6个，完成年度计划的120%。149个项目被列入省级“五个一批”项目，投资222.39亿元，完成年度计划的113.81%。新泉州东站站前广场及市政配套工程总投资33.41亿元，于12月开工。蓬莱八仙过海大型生态旅游项目完成投资11.66亿元，完成年度计划的116%。

【城乡建设】 2020年，泉州台商投资区制定《夜景工程实施方案》，明确夜景规划建设实施范围，规范夜景规划建设管养工作。委托央美光成（北京）建筑设计有限公司进行《泉州台商投资区夜景照明专项总体规划》及《泉州台商投资区夜景照明专项详细规划》编制工作。全区首批城市夜景亮化示范项目大部分建成并亮灯，提升城市品质、展示新区城市魅力。高标准对东西大道、杏秀路两条精品示范道路户外广告设置进行督促清理，打造示范街区立面精品景观。完成裸房外立面整治83宗、绿化美化整治18.2万平方米、凌乱缆线治理31处。

全区78个行政村以垃圾处理“减量化、资源化、无害化”为总要求，开展农村人居环境整治工作。全区保洁员952人，实行网格化管理，实现农村日常保洁全覆盖。区市政道路保洁实行环卫市场化运作，配备作业车辆25辆，配备GPS卫星定位系统。启动公共机构生活垃圾分类工作，实现236个公共机构全覆盖。配套出台生活垃圾分类试点、农村生活垃圾干湿分类试点等工作方案，在百崎乡和张坂镇浮山村试点开展生活垃圾分类和垃圾干湿分类工作。全年清运、处理垃圾总量10.07万吨，无害化处理率100%。2020年新建公厕32座，其中城市公厕2座、乡镇公厕2座、农村公厕5座，区级追加建设农村公厕23座。2015—2020年连续6个年度荣获全市城乡环境卫生综合考评第一名。

以“两违”百日大整治为契机，多举措开展重点问题、重点领域集中攻坚，消除“两违”隐患139宗，面积3.38万平方米。以“河长制”为抓手，启动河湖“清四乱”行动，拆除乱搭乱盖186处，清退鱼塘面积2.1万平方米，为百崎湖流域的全面整治扫除障碍。清理人居环境问题100余起。聚焦主次干道、农贸市场、公园、景点等区域，破解点位周边占道经营、流动摊点、油烟污染等市容痼疾3376起。有序清除各类违法设置、影响市容市貌及存在安全隐患的户外广告和招牌存量302处。对渣土车“进出工地、路面运输、倾倒渣土”三环节进行严密监控，立案查处渣土处置案件343件，行政处罚76.80万元。

开展地毯式、无死角安全隐患大排查大整治，各领域排查各类隐患8.21万处（包含房屋安全），发现隐患1.50万处，整改1.41万处，整改率94.5%，企业安全生产隐患自查率100%。建立62家建筑企业挂钩78个行政村制度，抽调企业110名专业技术人员组建14个技术服务组和1个技术专家组，发动区内8家施工总承包一级及以上企业、2家具有可靠性鉴定资质的检测企业，分别挂钩乡镇及行业主管部门，为安全隐患大排查大整治提供技术支持。坚持一房一策，分类管理，排查全区房屋7万栋，重点整治三大类隐患房屋626栋。完成洛阳镇卫生院路段、张坂石子场等13处重点路段交通安全隐患整治。全区29个住宅小区、9个无物业住宅小区、286家人员密集场所完成消防车通道画线和障碍清理工作。开展乡镇安全生产“1+X”全交叉专项督导，移交边督边改问题74个，督促整改落实到位。

【社会事业】 2020年，泉州台商投资区完成湖东学园中学校区、区第十实小附属工程、张坂中学、玉埕中学、秀江中学运动场建设并投入使用。完成省实验幼儿园泉州分园二次装修，秋季招生7个班210名幼儿。全面启动首都师大附属泉州学校和区第三、第五、第六、第七实验小学、屿光小学等项目建设，加快推进区第八、第九、泉州幼高专附属实验幼儿园等4所公办园、堂头等5所小区配套园建设。引进泉州幼高专附属第二实验幼儿园，与泉州师院附小合作创办泉州师院附小泉州台商投资区分校第二校区，扩大湖东实验学园办学规模，张坂中学、第十实小委托首都师大管理，借助名校优质教育资源提速发展。新开办公办园1所、扩容5所，新增公办学位1080个。新认定省义务教育管理标准化学校10所。鼓励、扶持双喜、海事2所中职学校办学。有序推进华光学院升格本科院校各项工作。强化师资队伍建设，为湖东实验学园专项招聘优秀教育人才10人，获评泉州市首批中小学名校长2人。举办2020年廷水秀琴伉俪教育基金颁奖大会，发放奖教奖学金242.18万元。

医疗方面，区医院、东园镇中心卫生院、洛阳镇卫生院三家发热门诊改造升级完成并投入使用。区基本公共卫生服务项目建档23.28万份，建档率90.8%。全区新生儿访视率84.5%；0～6岁儿童健康管理率87.0%。全区早孕建册率68.1%；产后访视率85.0%。全区有65岁以上老年人22275人，老年人健康管理率74.5%，高血压患者规规范管理率65.8%，糖尿病患者规范管理率65.5%。全区发现活动性肺结核任务完成率100%，患者治疗满一年成功率93.9%。65岁以上老年人中医药健康管理率73.1%；0～36个月儿童中医药健康管理率69.7%。辖区内适龄儿童接种乙肝等12种免疫规划疫苗接种率均在95%以上，以麻疹类疫苗为主的国家免疫规划疫苗补种率92.73%。全区网络报告严重精神障碍患者1205人，患者检出率5.13‰，规范管理率、服药率等指标均达到指标要求。

养老方面，截至年底，全区建成各类养老服务设施59家，居家养老服务设施覆盖率由2018年年初的30%提升至2020年年底的75.6%。全区每千名老年人拥有床位数42张，养老机构提供医疗卫生服务率100%。是年，全区开发出镇、村级助老员岗位70个。推进养老服务从业人员职业技能培训工作，完成养老护理员培训128人次，提升养老护理员职业技能培训。

社会保障方面，全区企业养老保险参保人数2.78万人、城乡居民养老保险参保人数12.71万人、机关养老保险参保人数3632人，较上年同期相比，养老保险参保人数增加5950人；工伤保险参保人数5.04万人、比上年增长6%；失业保险参保人数2.37万人、比上年增长23%。城乡居民养老保险基础养老金由160元/人·月提高至170元/人·月，惠及3.05万人；企业和机关事业单位退休待遇调整后，人均增发123.11元/月和205.77元/月，惠及2681人。

行政服务方面，坚持一手抓疫

情防控一手抓审批服务改革，聚焦企业、群众诉求，以办事便利度为导向，创新打造集“惠企、便民、治理、监督”于一体的“亲清家园”智慧监督服务平台，推行工业审批“全程网办”模式，实现“一套材料、一名管家、一次踏勘、一证开工”，最快10个工作日可进场开工，让企业厂房报建“不折腾”；推行惠企政策“掌上直兑”模式，实现惠企政策“掌上提、在线批、直达付、全程督”，从申报到兑现时长不超3天，资金直达企业账户，让企业申报政策“不求人”，以数据跑代替人工跑，全程无纸化不见面，让投资办事更加省时省心省力；推行不动产交易+登记“云签约”模式，实现交易登记一体化、购房合同电子化、申办全程无纸化、交易登记智能化，让群众在售楼现场“签约、备案、登记”一气呵成“免跑腿”。“亲清家园”改革机制做法获全省借鉴推广，入选泉州市十大强基促稳创新示范案例和十佳智慧民生服务案例。

落实“防返贫控新贫稳脱贫”工作机制，2016年以来认定的110户256人相对贫困户全部实现稳定脱贫，无新增贫困监测对象。落实脱贫攻坚综合措施，全区各级领导干部走访慰问110户建档立卡脱贫户400余人次，落实贫困户精准救助项目114个，发放补助资金近50万；统筹专项资金约27万元，帮扶贫困户发展产业项目12个、住房修缮项目10个。健全兜底保障临时救助机制，发放城乡低保金及特困供养金1553万元，覆盖低保对象1566户2712人、特困供养对象48人；实施“因病因残因灾因学”临时救助494人次，发放临时救助资金175万元，有效防止断崖式致贫。建立贫困监测申报审核工作制度，受理41起“12316”网上申报贫困监测，深化核实结果运用，帮助2户边缘户纳入低保帮扶。

【招商引资】 2020年，泉州台商投资区签约项目33个，总投资额144亿元。其中，工业领域项目26个，总投资96.71亿元；台资项目3个，总投资3.1亿元。引入德润及中熙产业园等招商平台载体的项目数14个，总投资3.26亿元。

开展招商引资和项目服务工作，组织到北京、上海、广东、天津、山东、江苏、海南等地考察30次，对接和洽谈一批优质项目；累计接待来区客商近2200人次，重点在谈项目39个、总投资额超500亿元，包括新材料、健康医疗、装备制造、文化旅游等领域。跟踪服务的签约项目74个，总投资额375.8亿元。

加快补充和完善招商工作机制，出台《招商中介机构及项目引荐人奖励规定》，明确具体奖励细则，激发和调动社会各类力量人脉资源和影响力，拓展招商引资渠道。优化和完善《2020年度全民招商专项行动方案》，汇聚各级、各部门招商力量，营造“人人思招商、个个谋招商”的全民招商工作氛围，引进商贸服务类项目84个。成立招商引资项目协调工作联席会议制度，加快破解项目建设过程中涉及规划、政策奖励、征地拆迁等制约问题。

创新招商引资方式和渠道，依托“赛事和平台”招商，牵头和协助举办2020年“创客中国”海峡两岸中小企业创新创业大赛、首届中国•海丝（泉州）新材料高峰会议、泉州市首届“同心杯”留学人员创新创业大赛、智能电网电器产业基地专场招商推介会等活动，利用赛事活动汇集各界精英、专家、学者、企业家，进行泉州台商投资区推介5次，邀请报名、参加的项目企业数450家，对接意向落地企业20家。依托中国投资协会新兴产业中心、中南高科全球招商中心的平台载体，在北京、上海设立招商联络处和人才服务站，协助开展异地招商、搜集企业信息源和筛选评估优质项目等工作，引荐优秀人才投资兴业。协助对接意向企业57家，其中40家考察洽谈，5家基本达成落地共识。在疫情期间，推行“云端”洽谈、“邮寄”签约、“线上”服务的远程互动模式，通过“云上”媒介开展视讯考察，洽谈80余次，对接意向项目30余个。

探索盘活闲置厂房资源新模式，摸排区内闲置资源，建立闲置土地、房产资源信息库，统一入库，方便企业择优租赁。梳理意向出租低效用地、闲置厂房、闲置办公楼，并通过“供需对接平台”，成功盘活部分低效用地、闲置厂房2.67万平方米。通过“先租后建”“租建联动”的模式，让项目先行落户，同步开展规划选址、方案设计、设备采购等落地工作，让优质大项目“快人一步”投产。通过此模式，引入中烯新材料、睿步机器人等7个项目。

2020年泉州台商投资区经济和社会发展主要指标一览表

表25

指标名称	单位	实绩	比上年增长（%）
地区生产总值	亿元	307.51	-7.3%
财政总收入	亿元	20.29	1.2%
地方一般预算收入	亿元	12.72	9.2%
地方财政支出	亿元	19.07	-1.3%
农业总产值	亿元	9.65	5.6%
社会消费品零售额	亿元	126.60	-9.3%
出口商品总值（海关口径）	亿元	14.39	3.1%
实际利用外资（验资口径）	亿元	1.14	-82.2%
城镇居民人均可支配收入	元	48007	2.7%
农村居民人均可支配收入	元	24258	6.8%

信　息　业

综 述

【软件和信息业发展】 2020年，泉州市从软件和信息服务、动漫游戏、泉企上云、工业互联网、公共服务平台发展等方面支持软件企业发展。市工信局联合市科技局、丰泽区政府，在泉州市软件与工业设计基地（泉州软件园）举行招商项目集中签约暨泉州市软件行业协会线上采购联盟发布活动，机器人产业园项目、智慧中国（福建）智能制造科技成果转移转化中心项目等12个项目签约落地。

【工业云平台建设】 2020年，泉州市引进国内外知名工业互联网企业，与SAP、华为对接。10月，在“数字峰会”上与SAP、华为项目签订战略协议。加快探索5G技术与工业领域的深度融合，推动龙头企业与本级电信运营企业开展5G试点应用，促进纺织鞋服、建材家居、机械装备等传统产业转型升级，如九牧5G智慧制造示范产业园、信泰工业互联网平台、乔丹体育智慧工厂、华昂基于5G+MEC智能化休闲鞋生产升级项目、柒牌5G智慧工厂等。启动工业互联网标识解析二级节点建设，市工信局联合市通管办以及三大运营商制定《泉州市工业互联网标识解析二级节点建设方案》，并于10月获中国信息通信研究院通过。组织企业申报工业互联网示范标杆，1家企业入选国家工业互联网示范项目，12家企业入选省级工业互联网示范标杆。

【动漫产业】 2020年，泉州市有动漫游戏相关企业约100家，从业人数约1000人。在制作、发行、衍生品等开发方面发展较好的企业主要有功夫动漫、子燕动漫、熊仔动漫和恒盛动漫。推动动漫游戏产业和传统产业结合，推动传统产业链与创意产业链相融合。推动动漫产业与实体经济深度融合。童装、童鞋、箱包、食品等主要传统行业，通过创意设计与动漫元素相结合、市场开拓与动漫形象相对接、品牌打造与动漫主题相联动，实现产品内涵提升、渠道运营能力提升、企业竞争优势提升。借助国家大力振兴实体经济的机遇，让动漫为实体经济服务、赋能，达到共赢。落实《关于加快泉州市数字经济发展七条措施的通知》，从原创动画播出奖励、动漫企业参展补助、原创动漫游戏形象品牌授权奖励等方面对动漫产业进行扶持，对功夫动漫股份有限公司、熊仔动漫有限公司等4家企业申报的项目下达市级资金补助160.75万元。

数字泉州

【概况】 2020年，泉州市推进“数字泉州”建设，制定出台《泉州市加快线上经济发展实施方案》《泉州市加快区块链技术应用发展的若干措施》等政策文件，印发《2020年数字泉州工作要点》《泉州市本级政府投资信息化项目前期工作导则（试行）》《泉州市级财政性投资信息化项目中介服务管理规定（试行）》，发展数字新基建、5G建设，构建数字政府，推进政务数据中心整合和汇聚共享平台建设，发展数字经济，参与第三届“数字中国”建设峰会，发挥数字技术作用，助力疫情防控，完成“十三五”时期“数字泉州”建设各项目标任务，启动《“十四五”数字泉州专项规划》和《泉州智慧城市总体规划》编制工作，推动数字泉州建设发展。新冠肺炎疫情发生后，泉州市第一时间上线智慧防控小程序、“来泉登记”小程序，登记到泉州人员超过67万人次。推

2020年12月4日，由泉州市数字办主办，市工信局、市通管办协办的以“5G+智慧领航 融入百业”为主题的泉州市5G产业招商暨应用推介会举行

（图/市数字办）

广“闽政通”App，注册人数超过425万，推广使用“八闽健康码”，申领“八闽健康码”人数731万。发布两批数字赋能疫情防控清单，宣传推广掌上办公模式，保障重大项目“云签约”，数字助力精准防控，助推复工复产。

【数字基础设施建设】 2020年，泉州市实施百兆光纤进农村，基本实现农村宽带用户具备百兆接入能力。全市光缆线路总长度超过31万千米，出口带宽达8T，移动基站总数52128 个，其中NB-IoT基站数5641个，4G基站数40493个，全市行政村完成100%光纤覆盖与4G网络覆盖。落实“六稳”“六保”工作部署，印发实施《关于开展“新基建”增规列盘行动的通知》，开展5G建设春季攻坚，协调超过1100个重、难点问题，全年5G建设工程完成投资超15亿元，建成5G基站超过1万个，基本实现泉州市中心城区、各县城主城区及重点乡镇的5G信号连续覆盖。推动5G创新应用，举办5G产业招商暨应用推介会，发布50个5G创新应用示范案例。上线BSN区块链服务网络泉州城市节点，是该服务网络国内首批上线的重要排序节点之一。数字福建（安溪）产业园数据中心、丰泽（福建）联通企业云计算产业园数据中心、中国电信泉州分公司数据中心、中国移动泉州分公司城东数据中心、市政务大数据中心、市电子政务云平台、市数据汇聚平台二期项目等16个大数据中心项目累计完成年度投资超4亿元。

【电子政务服务】 2020年，泉州市深化提升电子政务服务，全面建成市级电子政务云平台，完成政务云平台搬迁，推动全市政务数据中心整合，完成市、县两级466套非涉密业务系统中454套系统的整合工作。市级“互联网+政务服务”一体化行政服务平台上线运行，完善“泉服务”小程序聚合入口，泉服务签约“支付宝”市民中心，推进政务服务电脑端“网上办”、手机端“掌上办”。2020年被福建省列为电子证照应用试点城市，建设电子证照国密应用试点，首创“区块链+电子证照技术”。全市各级、各部门完成电子证照目录登记9082种，生成电子证照2208万份。推进“互联网+监管”平台应用工作，在福建省监管系统中认领监管事项主项3308项，录入监管行为数据47091条、监管动态493条、曝光台信息396条，全市监管行为主项覆盖率99.58%。市公共信用信息平台（二期）整体建设完成，归集各类信用数据2.6亿多万条。

【数字经济发展】 2020年，泉州市推动数字经济发展，发挥《加快泉州市数字经济发展七条措施》《加快区块链技术应用发展的若干措施》等政策文件效应，推进5G、工业互联网、大数据、人工智能、区块链与实体经济深度融合，赋能传统产业转型升级。根据福建省经济和信息中心测算，泉州市数字经济总规模4583亿元，数字经济规模占地区生产总值比重超过45%，其中产业数字化规模4112亿元，数字产业化规模471亿元。数字经济增加值增长率超16.5%，增速全省第二。开展“新基建新经济”基地建设大比拼，39个项目纳入福建省数字经济重点建设项目库，总投资1446亿元，项目开工率100%。梳理对接数字经济领域项目96个，投资总额584亿元，其中，签约项目49个，投资总额366亿元，在谈项目37个，投资总额188亿元，谋划项目10个，投资总额30亿元。全市列入国家智能制造新模式与标准化项目和试点示范项目11个，列入省级智能制造示范企业和样板工厂的67家，建成数字化生产线近800条、智能车间超100个。举办泉州市5G产业招商暨应用推介会，深度发掘5G技术内生需求，打造柒牌5G+AGV智能制造项目、九牧5G智慧制造示范产业园、泉州第一中学5G专递课堂项目、5G无人机方案智慧巡河项目、5G泉州海丝古城（西街）直播秀等一批特色5G应用创新案例，涵盖制造业、医疗、教育、文旅、电力等细分领域，发布50个5G应用典型案例。数字福建（安溪）产业园空天一体化揭牌，项目总投资5亿元，是面向福建省和海峡两岸以及西南太平洋地区，进行商业遥感卫星数据获取、处理和应用分发的海西唯一商业遥感卫星站。建成2个BSN区块链城市节点，立足传统产业优势，推动传统产业与区块链融合发展，全市拥有区块链相关企业120多家，“区块链+电子证照”“区块链+石化”“区块链+陶瓷”等一批区块链应用落地见效。SAP海丝工业互联网（泉州）创新中心、华为（晋江）工业互联网创新中心、LAZADA跨境生态创新服务中心等一批数字公共服务平台签约落地。12月10日，在泉州市软件与工业设计基地（泉州软件园）举行招商项目集中签约暨泉州市软件行业协会线上采购联盟发布活动，会上机器人产业园项目、智慧中国（福建）智能制造科技成果转移转化中心项目等12个项目签约落地。组织全市数字经济企业申报18项省级数字经济专项资金，争取专项资金逾1800万元。承接“闽山闽水物华新”福建产品直播售卖活动（泉州专场），直播当天总成交额1176.5万元，总曝光量1.3亿人次。晨科技的“成迹平台”、功夫动漫的“数字动漫城市IP创新设计服务模式”、师傅邦科技的“师傅共享服务平台”等17个项目入选福建省发布的数字经济百项应用场景。

【大数据发展应用】 2020年，泉州市以大数据产业创新发展为核心，深化工业大数据应用、推动大数据产业聚集，统筹大数据产业布局，培育数字经济新动能。完成市政务数据汇聚与共享应用平台（一期）建设，市直部门70套信息系统和12个县（市、区）113套信息系统（泉州开发区无自建信息系统）实现与市级政务数据汇聚与共享应用平台数据对接，汇聚数据超过22亿条，为全市各级、各部门提供2000多项数据批量交换服务，交换总记录10亿多条。发布200多个API接口，为市、县两级多个应用平台（系统）提供数据共享和业务协同服务，项目获得大数据生态产业联盟大数据应用案例认定。探索公共数据资源开放，根据《福建省公共数据资源开放分级分类指南》，梳理形成《泉州市公共数据资源开放目录及责任清单》，包括信用服务、卫生健康、医疗保障、交通运输、公共服务等26个一级分类、138个二级分类的数据资源，开放164张业务信息表，数据量1860多万条。

【“数字中国”建设峰会活动】 2020年，泉州市承办第三届数字中国建设峰会智能制造分论坛，邀请近500名嘉宾参加活动，其中国家级行业协会负责人、高等院校和科研机构专家以及国内外知名企业代表超过150人。推介泉州制造业的数字化、网络化、智能化改造成果。承办2020数字中国创新大赛机器人赛道，476支队伍报名参赛，泉州市多支队伍获奖。在数字中国成果展上设置数字泉州专区，组织12家企业参展，展位面积162平方米。推荐报送92个项目纳入省团对接项目成果，总投资581亿元，全方位参与峰会“会、展、赛”各项活动。

【数字社会建设】 2020年，泉州市重视数字社会建设，重点围绕社会广泛关注的民生问题，统筹市级财政性投资信息化项目建设，创新建设模式，组织财政性投资信息化项目评审会25场，征集2021年度市级项目34个，通过项目建议书评审的项目19个。12月，与福建广电网络集团泉州分公司签署战略合作协议，泉州市数字泉州建设领导小组办公室携手建设“智慧城市、智慧社区、美丽乡村”，加快推进数字社会建设工作。提升城市服务数字化水平，“城市安全信息系统”在全市范围内部署近18万路的高清智能监控设备，泉州市数字化城市管理信息系统平台实现城市管理问题从发现、上报、受理、派遣、处置到反馈的完整闭环，派遣案件超过125万件，总处置率超过95%；“泉城通平台”注册用户51.5万户，泉码用户突破265万户，日均交易8.6万笔；“Youbike运营数据分析平台”对全市1.66万辆微笑自行车提供服务；民生领域数字化赋能不断加速，全市中小学“校校通”覆盖率100%，开通教育资源公共服务平台、中等职业教育资源平台和教育管理公共服务平台。全市居民健康信息系统2598家医疗卫生机构接入，实现医院之间互联互通、数据大集中和信息共享。建成水务“云计算”数据中心，实现设备工作状态、管网流量、管网压力、供水质量、积水点水位、管网地理信息、现场监控视频等数据资源数字化采集管理；县域数字化建设各具特色，惠安县PPP智慧城市建设项目布局人工智能园、石化园区等智慧园区，安溪县率先创建全国首家“云总院”，石狮市建成智慧石狮管控指挥中心平台，鲤城区打造智慧文创，泉州经济开发区打造智慧水务等。

无线电管理

【概况】 2020年，泉州市加强无线电管理，强化服务意识，合理配置和利用各项无线电管理资源，规范无线电台站审批与管理，加大执法监督检查力度，加快技术设施建设步伐，开展无线电安全保障，维护好空中电波秩序。

【频率台站规范管理】 2020年，泉州无线电管理局落实和推动简政放权，主动服务重点设台单位，落实无线电发射设备销售备案制度，开展服务指南更新维护以及行政审批受理工作。全市党委、政府以及其他民用各类无线电台站1069.1万个。其中，移动电话用户1060万个，各类台站9.1万个（其中蜂窝基站8.8万个、其他0.3万个），核准生产发射设备企业100多家，备案销售发射设备单位1109个。受理行政审批79件，指配频率48个，核发电台执照2万份，换发电台执照3.2万份，注销电台执照3份，审核销售备案主体1109家。

【5G产业发展】 2020年，泉州无线电管理局发挥5G干扰协调工作小组的作用，建立统一高效的协调机制，及时排查卫星地球站受到的干扰，指导5G基站建设规划。推动5G基站与卫星地球站干扰协调，督促指导电信、联通公司和卫星地球站设置使用单位加快地球站技术改造工作，协调解决存在问题。全市建设5G基站4980个（其中泉州电信2339个、移动2578个、泉州联通63个），主要覆盖丰泽、洛江、城东等核心区域。完成19家单位64个卫星地球站的干扰改造，安装75个C波段滤波器，50个窄带高频头，电信及联通公司和卫星地球站设置使用单位签订干扰协调协议，干扰协调完成率100%。

【无线电监督检查】 2020年，泉州无线电管理局开展执法行动22次，出动人员123人次，检查43家单位和个人，立案1起，罚款5万元，没收设备9部；受理及排查干扰投诉4起，完成各类无线电考试保障15起，查处黑广播案件1起。配合省工业和信息化厅对国家2018—2019年第二次无线电发射设备型号核随机抽取在泉州市生产或存放的无线电发射设备生产企业开展无线电发射设备型号核准随机抽查。开展2020年无线电管理“双随机”抽查，发放无线电管理条例等宣传材料10余份，出动执法人员10人次，抽查3家设台单位，未发现违法设置使用无线电台的行为。

【航空干扰排查】 2020年5月，泉州无线电管理局接到晋江国际机场投诉，称其盲降系统航向信号在跑道北端3海里处受到干扰，导致航向信号出现1～2秒的信号不稳或消失，影响飞行安全，请求管理局协助排查。市无线电管理局成立干扰调查小组与投诉人对接，开展排查，在距离鞋纺城直线距离约1千米的一家制鞋厂内找到辐射干扰信号的热合机。经关闭设备后测试，干扰信号消失。管理局执法人员当场要求企业主关闭该设备不得使用，隔日对其开出责令整改通知书。

2020年5月，泉州无线电管理局工作人员在泉州晋江国际机场排查干扰信号 （图/泉州无线电管理局）

【校园移动通信干扰器整治】 2020年7月，泉州无线电管理局对校园安装移动信号屏蔽器的行为开展专项调查和整治工作，与泉州市教育沟通，规范校园移动通信干扰器的使用。

【无线电安全保障】 2020年，泉州无线电管理局完成公务员录用考试公共科目笔试、全国普通高校招生统一考试、全国卫生专业技术资格考试、会计资格考试等8起考试的无线电安全保障工作，维护考试的公平公正。1月，泉州市“两会”召开期间，市无线电管理局监测人员在专项监测中，发现调频广播频段存在频率97.2兆赫兹的不明信号，夜间循环播放药品宣传广告。经核查，该频点未登记备案，涉嫌擅自设置、使用非法广播电台。市无线电管理局会同公安和广电部门对该“黑广播”电台进行查处，当场扣留涉案设备一套，保障“两会”期间的无线电安全和正常通信秩序。

【无线电监测检测】 2020年，泉州无线电管理局加强无线电监测，为无线电管理提供技术支撑。开展日常监测与专项监测，利用监测固定站、移动监测车等开展日常监测、专项监测和无线电安全保障，有效开机监测时间94128小时，其中移动监测1200小时。按时完成超短波频谱的监测任务，监测重点频段，记录信号电平和带宽，统计频段占用度，分析监测数据，排查不明信号；完成频谱监测任务；完成每月边境（界）电磁环境测试的专项监测任务并记录监测结果，提交监测数据月报；及时排查干扰信号，保障民航、水上、高铁等重要通信安全畅通；发挥监测检测技术手段作用，为频台业务审批、执法检查、干扰协调等工作提供技术支持。加强技术设施建设和维护。泉州市边海无线电固定监测站建设、泉州市南安石鼓山固定监测站升级改造以及移动监测车升级改造等三个项目，完成项目建设和验收工作。为提高设备维护质量和效率，市无线电管理局采用政府购买服务方式开展无线电监测及检测设备维修年度服务采购、无线电技术设施维护服务采购及计算机网络及系统运维服务采购等工作，定期开展巡检维护、及时修复故障设备，有效降低设备故障率，确保设备实时可用，发挥作用。

【无线电信息宣传】 2020年，泉州无线电管理局作为成员单位参加全市防范治理电信网络诈骗犯罪“集中宣传月”活动启动仪式，仪式在鲤城区南环路鸿星尔克厂举行，市无线电管理局设置“黑广播、伪基站”宣传板，与仪式参加单位开展互动交流，接受群众和厂区工人的咨询，共同开展联合宣传工作。市无线电管理局参加泉州市“志愿服务集中活动周”启动仪式，展示“黑广播”“伪基站”设备，通过摆放宣传展板、接受现场咨询、发放宣传资料等多种形式，结合实际案例，向现场群众介绍电信网络诈骗的危害和防范知识，回答“伪基站”“黑广播”等方面的社会热点问题。7月29日，市无线电管理局在海西电子信息产业育成基地组织召开无线电发射设备生产企业通报会，通报有关问题，包括生产未进行型号核准设备、生产三无产品、以出口名义非法生产销售等行为，并要求企业加强与管理部门之间的配合联动，做好型号核准、销售备案和事前报备等程序。9月22日，泉州无线电管理局联合晋江机场开展以“管好频率、管好台站、管好秩序、保障安全”为主题的宣传活动，普及与无线电管理相关的法律法规知识。

通信业

【概况】 2020年，泉州市电信业务总量919.43亿元，增长24.4%。年末全市电话用户总数1190.31万户，其中，固定电话用户154.14万户；移动电话用户1036.17万户，其中，4G电话用户859.62万户，净增2.44万户，5G套餐用户198.55万户。全市互联网用户1288.69万户，增加38.28万户。其中，固定宽带用户407.63万户，增加22.6万户，固定宽带家庭普及率132.7%，比上年提高4.6个百分点；移动互联网用户881.06万户，增加15.68万户，移动宽带用户普及率123.5%，比上年提高18.2个百分点。

【中国电信泉州分公司】 2020年，中国电信泉州分公司下设12个县（区）分公司，有全口径员工5613人，服务网点932家，是年收入规模33.13亿元，实现利润总额8.20亿元，上缴税收2.13亿元。拥有天翼（291万部）、宽带（219万部）、天翼高清电视（106万部）、物联网（520万户）等用户1100多万户。响应国家“新基建”号召，率先启动5G网络建设，打造“千兆5G+千兆宽带+千兆Wi-Fi”三千兆智慧城市。在千兆5G方面，加快5G建设进度，打造永春九牧5G智慧示范园、华宇织造5G数字工厂等全省“5G+工业互联网”创新应用标杆；在千兆宽带方面，宽带用户平均速率达到165M，完成全市所有主要光节点10G PON全覆盖工作，全市100%区域具备受理千兆光网能力；在千兆Wi-Fi方面，在千兆宽带基础上实现无线信号全面覆盖。完成天翼云资源池建设、智能视频云扩容、政企OTN城域网扩容，部署UPF/MEC，扩容院前出口带宽与EC产业园，推进云网能力建设。结合泉州制造企业特色，拓展5G工业互联网在智能装配、数据采集、过程监控、质量检测、产品追溯、仓储物流等应用场景，助力企业降本增效提质，发挥行业龙头标杆作用，带领行业企业数字化转型。与九牧公司联合推进5G+工业互联网，促进九牧生产效率提升35%，能源用量减少7%，运营成本降低8%，产品不良率降低5个百分点；与华宇织造达成5G专网合作，实现车间机台管理由以前的人均一台到

2020年，泉州移动为安溪县贫困生提供宽带、教育盒子补助及上网流量赠送等精准扶贫举措，支持他们上网课

（图/中国移动通信集团福建有限公司泉州分公司）

现在的人均四台，产品合格率提升近20%，机台开机率提升25%，生产效率提升显著。落实推进《福建省加快推动企业“上云上平台”行动计划（2018—2020）》，实施“泉企上云”行动，推动企业“上云上平台”，涉及上云行业有纺织、鞋服、医疗、教育、石化、石材、陶瓷等各行各业，形成一批如三六一度、九牧、利郎、鹏泰等企业运营管理应用上云等案例，助力泉州企业信息化基础设施、工具应用软件、开发环境和核心业务系统、生产设备和制造能力、工业知识与应用上云上平台。

2020年1月，泉州移动提供“云视讯+同步课堂”技术，免费为安溪一中提供线上远程直播教学服务　（图/中国移动通信集团福建有限公司泉州分公司）

【中国移动泉州分公司】　2020年，中国移动通信集团福建有限公司泉州分公司实现通信服务收入53.52亿元，净利润14.58亿元。截至年底，公司拥有通信用户数606.6万户，其中5G客户101.5万户、4G客户540万户、宽带用户153.7万户、区域市场份额63.1%。提升支撑产业变革发展的网络基础能力，精耕4G网络质量，4G基站总数1.88万个，加快4G网络扩容补强，扩容小区5043个；紧跟国家新基建战略部署，快速建设5G网络，实现主城区、县城城关、发达乡镇镇区5G SA网络连续覆盖，实现全部网格均达SA商用标准；打造泉州城东和安溪产业园数据中心，完成省级IDC泉州城东节点出口扩容改造工作，实现IDC出口承载能力达到2400G。成立5G工业互联网实验室，携手政府部门和5G产业发展联盟成员，重点打造集团5G应用亮点标杆案例，省级签约数量、5G专网项目数、签约金额均在全省移动系统较为领先。打造惠安5G智慧园区示范项目，为泉州市唯一获2020年“绽放杯”园区赛奖项，为市级媒体打造全省第一个5G+4K“融媒体”项目；柒牌5G智慧工厂项目获国家级媒体宣传报道；与多家政府、高校、企业签订5G行业应用战略合作协议，成立“5G联合创新实验室”，为5G行业应用构建“产、学、研、用”一体化平台；深化云网融合深耕，在信创升级、生态保护、城市管理、医疗教育、党务政务等多个细分垂直场景打造5G典型应用标杆案例，为传统产业数字化转型赋能；加强5G应用创新，借助5G网络+智能设备+AI技术融合方案打造福建省首个5G职工运动会，实现首次高招志愿填报咨询会5G高清直播、泉州市首个5G专递课堂等，推动各行各业组织形态变革和生产效率提升，助力泉州“智慧城市”迈向高质量建设发展阶段。

【中国联通泉州分公司】　2020年，中国联通泉州分公司全业务经营收入13.01亿元，其中固网业务收入4.56亿元；移动业务收入8.44亿元。联通移动网络用户比上年减少12.89万户，总数118.0万户，其中4G用户总数98.3万户；宽带用户（含无线宽带）比上年增加4.2万户，总数33.6万户。推进移动网络方面，全面落地5G共建共享，5G基站与电信100%共建共享，全年建设开通2376个站点，累计开通2542个站点，实现市区覆盖率88%，县城覆盖率77%；推进4G网络共享，做优做强4G网络覆盖，4G人口覆盖率99.7%，4G网络良好覆盖率97.17%，提升1.56PP。在家庭宽带方面，推进光纤入户、宽带免费提速，实现城区、县城及重点乡镇千兆能力覆盖，推动5G千兆引领“三千兆”家庭能力。推进5G、云、智能AI等技术研究，聚焦新沃云、5G+MEC、工业互联网，探索新技术的项目应用，取得一定成果。

对台港澳经贸与技术合作

【概况】 2020年，泉州市克服新冠疫情影响，加强对台湾、香港、澳门经贸与技术合作。举办海峡两岸农产品采购订货会、海峡两岸食品交易会等涉台经贸活动。引进台湾地区投资项目97个，投资总额12.5亿美元，合同台资额6.9亿美元。新批香港地区到泉州投资企业160家，投资总额15.7亿美元。新批澳门地区到泉州投资企业42家，投资总额4086万美元。

【对台经贸平台】 2020年，泉州市举办海峡两岸农产品采购订货会、海峡两岸食品交易会等国家级涉台经贸活动，完善泉州和台湾经贸合作平台。第四届海峡两岸食品交易会是疫情期间国内第一个经商务部备案并如期举办的食品专业展会，参展面积5万平方米、比上届增加8000平方米；吸引693家企业参展，比上届增加243家；达成意向交易额138.6亿元。第13届海峡两岸农产品采购订货会以“线上+线下”模式举行，展位分别有1063个、703个，达成协议合作意向413笔，意向交易额16.1亿元，比上年增加12%。

【对台经贸活动】 2020年，泉州市对接国家、福建省有关部门，开展对台经贸交流活动。组织晋江市、南安市商务和招商等部门，以及半导体高新区参加两岸企业家峰会经贸对接会，开展泉州市对台招商推介，同参会台商积极对接，建立联系渠道。

【对台招商引资】 2020年，泉州市引进台湾地区投资项目97个，投资总额12.5亿美元，合同台资额6.9亿美元，实际利用台资额1.1亿美元。投资领域主要分布在石油化工、电气机械和器材制造业、通用设备制造业、纺织服装、服饰业等行业。

【对港澳招商引资】 2020年，泉州市新批香港地区到泉州投资企业160家，投资总额15.7亿美元，合同资金14.8亿美元，实际投产企业25家，实际利用资金5.4亿美元。新批

2020年9月7日，第十三届海峡两岸农产品订货会在南安开幕

（图/市商务局）

澳门地区到泉州投资企业42家，投资总额4086万美元，合同资金2959万美元，实际投产企业2家。

【与香港经贸交流】 2020年，新冠疫情发生后，泉州市同香港贸发局创新合作内容和方式，挑选100家企业入驻“贸发网采购”，开展“泉州品牌专区”推广计划，为企业提供线上展示交易服务。后台统计显示，专区全年获得7000余个买家询盘，意向成交金额1500万美元。

2020年9月8日，2020年泉州市外资项目签约仪式在厦门举行（图/市商务局）

对外经贸与技术合作

【概况】 2020年，泉州市加强对外经贸与技术合作，新备案外资企业358家，比上年增长14%；合同外资167.6亿元，比上年增长7.5%；实际利用外资46.4亿元，比上年增长5.1%。新备案（含增资）投资总额超亿美元项目8个，投资总额169.5亿元，合同外资81.0亿元。全市完成进出口1970.8亿元，比上年下降6.7%，其中出口1503.6亿元，比上年增长3.4%。

【境外投资】 2020年，泉州市新增经备案（核准）到境外开展对外投资合作的项目5个。对外协议投资总额2.39亿美元，中方协议投资总额1.25亿美元。

2020年11月6日，泉州市联合福建省商务厅在第三届中国国际进口博览会上举行福建新一轮开放政策解读和项目对接会签约仪式（图/市商务局）

【招商引资】 2020年，泉州市全方位开展招商推介活动，签约对接一批优质项目。创新开展云招商、云签约，参与组织举办20多场线上对接、线上签约活动，通过“不见面”方式对接海内外客商1000多名，对接外资有投资意愿项目27个。组织参加2020年“厦洽会”活动，对接项目42个，投资总额271.46亿元，拟利用外资190.4亿元，其中合同项目28个，投资总额196.98亿元，合同外资144.55亿元。在厦门举行2020年泉州市外资项目集中签约活动，现场签约22个外资项目，投资总额203.7亿元，拟利用外资119.3亿元。是年，实际利用外资超亿元项目9个，实际利用外资金额36.5亿元；全市纳入福建省“五个一批”动态管理系统外资项目177个，投资总额1546亿元。

【对外劳务】 2020年，泉州市对外劳务派出人数5413人次，新签劳务人员合同工资总额3211.2万美元。

民企与泉商

综 述

【民营经济概况】 2020年，泉州市在册登记的民营企业有35.1万家，占全市企业的96.6%；实现民营经济增加值8284.08亿元，占全市生产总值的81.5%；民营经济缴纳税收收入550.57亿元，占全市税收收入的75.8%。民营工业占规模以上工业增加值的比重87.3%。民营经济三次产业比例由2015年的3.6∶66.8∶29.6调整至2020年的2.7∶63.3∶34.0，第三产业比重稳步提高。

【泉州民营经济成就万亿生产总值城市奇迹】 2020年，泉州地区生产总值10158.66亿元，首次跨入万亿，这也是泉州连续22年位居福建省第一位。尽管受到新冠肺炎疫情影响，泉州市在做好疫情防控基础上推动经济逐步恢复常态，社会各项事业取得新成效。民营经济是泉州的一大特色，民营经济对泉州的贡献可以概括为“八八九九九”，即贡献全市81%的税收、82.1%的GDP、93%的研发投入、96%的城镇就业、95%的企业数。从产业结构看，泉州九大千亿产业集群中，除电子信息产业外，其余八大支柱产业绝大部分都是传统制造业，尤以纺织服装、鞋业、食品饮料等传统轻工业为主。以民营经济为主体的实体经济支撑着泉州万亿生产总值。2020年，泉州建材家居年产值4584亿元，石材进出口量约占全国的60%；纺织服装年产值3428亿元，产量占全国的10%；鞋业产值2187亿元，运动鞋产量占全国的40%；健康食品年产值1374亿元，糖果产量占全国的20%。

【22家泉州民营企业入选“2020福建省民营企业100强”】 2020年8月27日，福建省工商联发布“2020福建省民营企业100强”“2020福建省民营企业制造业50强”榜单，同时发布《2020福建省民营企业100强分析报告》《2020福建省民营企业社会责任报告》。“2020福建省民营企业100强”榜单中，制造业仍然占主体地位，入围数量达53家，排名前十位的企业中制造业占5家。相比上年，100强涉及行业进一步延展。泉州市22家企业上榜100强。安踏以339.3亿营业收入位居榜单第13位，也是上榜的泉州企业中营收最高的企业。榜单排名前50强的泉州企业，还有恒安集团（第21位）、达利集团（第22位）、百宏聚纤（第26位）、闽南建筑（第30位）、特步（第36位）、辉源金属（第39位）、惠东建筑（第40位）、盼盼食品（第45位）、九牧集团（第47位）。在“2020福建省民营企业制造业50强”榜单中，有安踏集团（第6位）、恒安集团（第10位）、达利集团（第11位）、百宏聚纤（第14位）、特步（第20位）、辉源金属（第21位）、盼盼食品（第24位）、九牧集团（第25位）、匹克集团（第28位）、固美金属（第39位）、七匹狼（第42位）、鸿星尔克（第45位）、恒利集团（第50位）。

市场拓展

【博纯材料获英特尔投资】 2020年5月，英特尔宣布，旗下风险投资机构英特尔资本（Intel Capital）对位于泉州永春的博纯材料股份有限公司进行投资，资金将用于博纯材料的产品研发、产线升级，以及向日本、韩国、美国等重点海外市场拓展。成立于2009年的博纯材料依托自身在高纯度电子特气的生产、纯化、分析技术、存储处理、生产安全管理等环节的竞争优势，在高端制程和先进封装领域赢得市场认可。作为泉州市大力扶持的“金种子”项目，博纯材料2019年营业收入同比增长超100%，处于逐步放量阶段，此次融资成功有助于项目的扩产倍增，完善泉州市半导体产业链条。

【海纳机械登陆香港主板】 2020年6月3日，海纳机械在香港联交所主板上市，成为泉州市第35家香港上市公司。海纳机械首次公开发行1.16亿股，融资1.6亿港元。海纳机械成立于2011年，注册资本2000万港币，从事一次性卫生用品自动化机器的设计、生产。

【九牧收购德国橱柜品牌博德宝】 2020年7月，九牧集团德国公司收购位于德国北莱茵—威斯特法伦州的德国顶级橱柜品牌博德宝（Poggenpoh）。作为德国顶级橱柜品牌的博德宝创立于1892年，是德国最老的橱柜制造商，是世界四大顶级厨房品牌之一。其在北京、上海、广州、杭州、重庆和温州均设有展厅，活跃于中国市场。博德宝负责人表示，博德宝将与九牧一起拓宽国际项目，进军高端与豪华厨房领域，通过厨房和浴室产品的协同，提供不同空间的一站式设计。

【乔丹体育收购茵宝中国】 2020年7月31日，乔丹体育旗下全资子公司香港乔丹投资有限公司以6250万美元（约4.34亿元）的交易金额完成对茵宝中国（Umbro China Limited）的收购。该收购涉及茵宝中国品牌所有业务，其中包括艾康尼斯拥有的所有茵宝中国股权以及茵宝在中国的品牌知识产权。这意味着之后中国销售的绝大部分茵宝产品，都将会由乔丹体育研发生产。此次收购茵宝中国，是乔丹体育多品牌战略中的重要举措。至此，乔丹体育旗下拥有乔丹、百尚PASONZ、茵宝等品牌。其中，乔丹品牌主打运动生活系列，百尚PASONZ主打时尚运动系列，收购的茵宝将会聚焦专业运动系列。

【九牧王拟斥3000万元开展股权投资】 2020年8月，九牧王股份有限公司发布公告，九牧王全资子公司西藏工布江达县九盛投资管理有限公司与上海慕华金誉股权投资管理合伙企业（有限合伙）等主体签署《苏州慕华股权投资合伙企业（有限合伙）之有限合伙协议》，设立苏州慕华股权投资合伙企业（有限合伙），主要进行股权投资、创业投资。该基金拟由上海慕华作为普通合伙人，预计合伙企业的规模不超过5亿元。其中，九盛投资作为有限合伙人，拟出资3000万元。

【安踏接手亚玛芬管理层】 2020年9月18日，亚玛芬体育宣布，Heikki Takala辞去集团总裁和首席执行官的职务，转任亚玛芬体育董事会特别顾问。首席执行官的职责将由现任董事会执行董事郑捷履行，同时任命Michael Hauge Sorensen担任新设立的首席运营官一职。2019年，以安踏为主导的财团收购亚玛芬体育，交易总金额46亿欧元，财团包括方源资本、Anamered Investments Inc.和腾讯控股有限公司。

【舒华体育登陆A股】 2020年12月15日，舒华体育股份有限公司（舒华体育）在上海证券交易所挂牌上市，是2020年首家上市体育公司。舒华体育当日开报8.72元，较发行价7.27元上涨20%。截至收盘，该股报10.47元，达到44%的涨停上限。舒华体育主营业务为健身器材和展示架产品的研发、生产和销售，其中健身器材包括室内健身器材、室外路径产品。作为专业、科学的运动健康解决方案提供商，舒华体育凭借多年制造经验打造的产品供应体系以及贴合市场的产品设计、优异的产品质量和完善的配套服务，已在国内健身器材行业取得领先地位。

创新举措

【三安光电获国家科学技术进步一等奖】 2020年1月10日，2019年度国家科学技术奖在北京揭晓。其中，泉州籍企业三安光电作为“高光效长寿命半导体照明关键技术与产业化”项目的主要完成单位之一，与中科院半导体所等单位联袂获国家科学技术进步奖一等奖。该项目技术实现高性能LED材料、芯片、封装、模组与光源产品的全链条技术产业化推广与应用。三安光电在泉州芯谷南安分园区投资建设的高端化合物半导体七大项目进展顺利，氮化镓项目实现投产。此次技术的成功攻关，将加快氮化镓的产业化推广应用，壮大泉州半导体产业规模。

【安芯半导体出货值近千万元光刻机】 2020年4月，位于南安石井的泉州芯谷南安园区引进的首家半导体设备公司——福建安芯半导体科技有限公司再次出货一台价值近千万元的光刻机并交付国内某研究所用于cmos领域研究。3月，该公司刚出货一台价值近千万元的光刻机订单，交付安防行业龙头企业杭州海康威视数字技术股份有限公司用于生产额温枪。福建安芯半导体是泉州芯谷南安园区引进的首家高科技半导体设备公司，由高新企业北京新毅东科技有限公司投资成立，产品涉猎集成电路、LED、MEMS、显示面板、光伏等黄光设备领域。

【信和新材料研发石墨烯防腐涂料打破国际垄断】 2020年7月20日，泉州市首个新型环保防腐涂料工程中心成立。该中心由信和新材料股份有限公司和中国科学院宁波材料技术与工程研究所共建。泉州石墨烯及相关产业产值突破10亿元，带动形成产值超50亿元的产业链体系。信和新材料公司是泉州市石墨烯产业的龙头企业，研发的石墨烯防腐涂料打破市场被国外涂料巨头垄断的局面。中国科学院宁波材料技术与工程研究所在人才队伍、科研攻关、成果产出等方面表现突出，在石墨烯研制领域更是走在全国前列。双方将利用各自在科研技术、人才培养、市场信息、科技转化能力方面的优势，推动石墨烯在防腐涂料领域的应用。

【九牧厨卫研发针对新冠的智能马桶获大奖】 2020年10月20日，世界四大设计奖项之一的日本G-Mark设计奖（GOOD DESIGN AWARD）官网公布2020年获奖名单。九牧从上千件参赛作品中脱颖而出，获得大奖。获奖的两款作品是九牧CLEANSE系列智能马桶和九牧BREVITY智能马桶。其中，九牧CLEANSE系列智能马桶针对新冠疫情，采用最新研究的消毒装置，每次使用完马桶都自动进行消毒过程，能够有效杀死99.9%的细菌和病毒。这是九牧第二度蝉联日本G-Mark设计奖。作为世界上最著名的设计奖之一，Good Design Award有“东方设计奥斯卡奖”之誉，与红点、IF、IDEA三大工业设计奖项齐名。

展会论坛

【第二十二届鞋博会】 2020年4月19日，第二十二届中国（晋江）国际鞋业（线上）博览会（以下简称“鞋博会”）、第五届中国（晋江）国际体育产业（线上）博览会开幕。受新冠疫情影响，已经举办21届的鞋博会，首次采用线上模式，全程在线办展。通过与阿里巴巴集团合作，以阿里巴巴旗下电商平台“1688”为主会场，阿里巴巴国际站和全球速卖通平台为分会场，设置鞋类成品、体育用品、鞋材鞋机、晋江直播、外贸企业5个展区，吸引德国、秘鲁、孟加拉国、印度尼西亚等“一带一路”沿线国家以及361°、舒华、卡尔美、森地客、双驰等知名品牌超2000家企业参展。全世界的参展商、采购商均可无缝通过展会在线了解展示产品、供采对接、在线洽谈、收获商机。开幕式还组织10个项目集中签约，计划总投资134.57亿元，涵盖“工改工”产业园区综合开发、成品鞋智能制造、高性能鞋材生产、鞋服产业直播平台等领域。

【第十三届海峡两岸（泉州）农产品采购订货会】 2020年9月7日，第十三届海峡两岸（泉州）农产品采购订货会（以下简称“农订会”）在南安举行。该届展会中，泉州市农业农村局、南安市农业农村局根据组委会安排的140个展位设立泉州特色农产品展区，同步举办“2020年泉州农民丰收节、泉州市品牌农产品展销对接会”，分为“三品一标”、名牌农产品、泉台农业融合和乡村振兴特色、南安乡镇特色馆5个展区。南安乡镇特色馆内，南安的诗山、眉山、向阳、蓬华、金淘携带家乡土特产，亮出“一村一品、一镇一业”新成果。

【第六届“海丝”品博会】 2020年10月30日，第六届中国（泉州）海上丝绸之路国际品牌博览会（以下简称“‘海丝’品博会”）在中国石狮国际食品城开幕。该届展会的主题是“丝路合作迎机遇、业态共享新生活”，规模扩大到2.6万平方米，折合1650个国际标准展位，30多个国家和地区的400多家企业参展，展出商品逾万种。该届展会首次尝试双线会展模式，将线下“海丝”品博会进行“云上延伸”，搭建线上展会平台，线上配对线下洽谈。线上展依托官方微信小程序——“泉州海丝国际品牌博览会”为载体，运用信息技术手段和“海丝”品博会全部优质资源，365天不间断地为参展商和上下游企业链品牌企业提供云展示、新品云发布、商贸云对接、云分享等在线服务，促进更多实质性的交易与合作。与此同时，展会以主播带货直播、商家自主直播等多种方式，展示企业，推介产品，促成销售贸易。

【第六届中国（惠安）国际雕刻艺术品博览会】 2020年11月13—16日，由惠安县政府、中国工艺美术学会、中国工艺美术协会主办的第六届中国（惠安）国际雕刻艺术品博览会（以下简称“雕博会”）举行。该届雕博会以“云畅世界石雕之都，传承千年雕艺匠心”为主题，首次以“线上+线下”互联互动的全新模式呈现。线上方面，运用云上360°全景展示平台、云商城、电商直播交易平台，通过云展会、云直播、云洽谈、云对接、云签约、云会议等，同步在各大流量平台为雕艺企业、雕艺大师，特别是雕艺工程开展线上招商推介、直播营销，帮助雕艺企业、雕艺大师将艺术品和工程产品“搬上网”，完成线上布局。线下方面，在雕艺博物馆设置“文旅会客厅”，运用5G、云等前沿技术，邀请行业专家、文旅领头人与部门、企业连线对话及研讨洽谈。策划“雕艺复兴——文旅融合下雕刻艺术的多元未来”论坛及“5G雕艺革新”“闽南古建筑与文化旅游”、国际玉石珠宝行业商贸、国际电商买手商贸五场专题对接会。同时，设置雕艺企业展区及第六届雕博会“雕艺杯”、第三届福建省工艺美术创意设计大赛、“红色记忆”雕塑创作营、“大唐·弘风”福建省首届佛文化雕塑创作技能大赛、“丰盈韵”第六届全国高校毕业生石雕创作营等作品展区，举办“凿·视界”第三届全国影雕创作现场技能大赛，为展商、客商、行业提供多维度的雕艺工程、产品、技艺交流空间。

【泉州智能制造博览会暨泉州铸造工业展览会】 2020年12月3日，以“智能制造、装备先行”为主题的2020泉州智能装备博览会暨中国（泉州）铸造工业展览会（以下简称“泉州装博会”）在南安开幕。泉州装博会由泉州市工信局、南安市政府指导，福建省机械工业联合会携手福建省铸造行业协会、南安市装备制造业协会、成辉国际五金机电城主办，厦门飞驰商务有限公司承办，并得到南安市工信局、南安市商务局的支持，福建省机床工具行业协会、福建省模具工业协会等33家行业商协会参与协办及组团参会。

商会活动

【10家商会获2020年度优秀泉属异地商会】 2020年3月26日，泉州经济年会年度峰会举行。会上，年度优秀泉属异地商会等多个奖项逐一揭晓，南通泉州商会、宜昌市泉州商会、宁德市泉州商会、芜湖泉州商会、山东省泉州商会、泉州市湖南商会、泉州市泉安企业商会、泉州市云霄商会、广东省晋江商会、昆明市南安商会10家商会获“2020年度优秀泉属异地商会”称号。

【泉州市进出口商会换届】 2020年8月17日，泉州市进出口商会第二次会员代表大会暨第二届理事会一次会议举行。会上选举产生新一届理、监事会成员。泉州市进出口商会自2009年成立以来，围绕服务进出口会员企业和发挥桥梁纽带作用的宗旨，在外贸促进活动、政策宣贯、开拓国际市场、配合部门工作等方面积极作为并取得成效。

【泉州台商投资区总商会换届】 2020年9月29日，泉州台商投资区总商会第二次会员代表大会暨第二届理监事会就职典礼举行。新一届总商会将以全国工商联开展的“四好”商会建设为目标，把总商会建成泉州台商投资区“民营经济人士之家”，为“创新、智造、‘海丝’、美丽、幸福”的现代化泉州再创新业、再建新功。同时，在构建以“亲”“清”为核心内容的新型政商关系中发挥独特作用，引导民营经济人士团结在党的周围；服务好会员企业，协助政府营造亲商、安商、富商的氛围；反映民营企业的意见诉求，畅通民营经济人士与党和政府之间沟通渠道。

【厦门市泉州商会换届】 2020年11月8日，厦门市泉州商会召开第三届理监事会履新就职大会。在厦门市工商联（总商会）、市民政局相关负责人监督下，近300名会员以举手表决的方式审议通过第二届理事会工作报告、第三届理事会理事候选人名单、第三届监事会监事候选人名单等会议文件。经举手表决选举产生51位理监事会负责人。

【6家泉州籍商会获评“抗击新冠肺炎疫情先进商会组织”】 2020年11月23日，全国工商联商会工作会议在江苏南京召开。会上宣读全国工商联关于对抗击新冠肺炎疫情先进商会组织通报表扬的决定，表彰全国507家商会组织（福建省21家），其中6家泉州籍商会获评“抗击新冠肺炎疫情先进商会组织”。分别是福州市泉州商会、厦门市南安商会、晋江市英林商会、石狮市锦尚商会、南安市水头镇商会、三明市南安商会。

【芜湖泉州商会换届】 2020年12月，安徽芜湖泉州商会第四届理监事会就职会举行，泉州、芜湖两地市委统战部、市工商联等有关部门负责人与500多位泉州籍工商界人士出席换届会议。芜湖泉州商会有200多家会员企业，涉及汽车配件，光电、纸业、玻璃、电子通信、房地产开发、食品制造、建材工业等领域，总投资超过200亿元。

慈善公益

【泉商泉企驰援疫情防控】 自新冠疫情发生至2020年2月6日，泉州民营经济人士、泉州籍异地商协会捐赠善款逾1.8亿元，用于购买医疗物资，支援疫情防控。1月25日，安踏集团宣布向中华慈善总会捐赠1000万元设立专项基金。这一基金用于救助一线医护人员，奖励表彰在此次疫情中做出重大贡献的一线医护人员。1月27日，九牧公司驰援雷神山医院的第一批物资装车发往建设现场，包括陶瓷马桶、太阳花洒、智能感应龙头等超过3000件的卫浴产品。众多海外乡亲直接捐款捐物给武汉等地。至2月6日，马来西亚、菲律宾、新加坡、印度尼西亚、泰国、越南、柬埔寨、日本、坦桑尼亚等国家和地区的20多个华侨华人社团和数十位侨亲，认捐防护口罩600多万个、医用手套105万副、医用防护服400套、医用隔离服2万套、防护眼镜5000个、防护帽6.8万个、非接触红外线体温计200个、救护车3辆、有创呼吸机（儿童）2台，以及可视喉镜（成人）、可视喉镜（儿童）、高流量氧疗机（成人）、加温加湿器各1台，捐赠现金20万元。

【陈发树向闽江学院捐资3亿元】 2020年1月1日，福建省发树慈善基金会向闽江学院第三期捐资活动举行。福建省发树慈善基金会理事长、新华都实业集团董事长陈发树代表基金会向闽江学院捐资3亿元，用于支持教育事业发展，提升新华都商学院的教育水平。这是发树基金会第三次向闽江学院捐资。

【侯昌财捐资2亿元助力教育事业】 2020年1月7日，南安昌财学村与首都师范大学合作办学签约仪式在南安市罗东镇昌财学村举行。仪式上，南安市政府、首都师范大学、厦门源昌集团三方签订关于基础教育合作办学协议。该次合作由南安市政府主导建设，并承担合作办学的公办学校的正常经费；首都师范大学输出先进管理模式、办学理念、办学体系以及优秀教学团队和优质教育资源，选派优秀核心管理团队实施精细化管理，接受南安市及以上教育行政主管部门的指导和监督；厦门源昌集团负责除公办学校正常经费以外，因合作办学协议所增加的费用（约2亿元）。

【达利集团捐资1000万奖教奖学】 2020年8月26日，惠安县亮亮教育基金颁奖仪式在惠安县文化活动中心举行，颁发奖教、奖学、助学金1000万元，近3000名师生获奖励。2020年，连续发放奖教奖学助学金九年的“达利集团许世辉惠安教育基金”归并到惠安县亮亮教育基金会。

【许健康向复旦大学捐赠5亿元】 2020年9月19日，许健康公益基金会成立仪式暨公益捐赠仪式举行。仪式上，全国政协委员、宝龙集团董事局主席、复旦大学校董许健康宣布，向复旦大学捐赠5亿元用于支持复旦大学国际医学中心项目的筹建。该基金会由宝龙集团成立，资金来源于许健康家族，通过中国光彩事业基金会向上海复旦大学教育发展基金会分期捐赠款项，支持复旦大学谋划打造对标国际一流的医疗机构和全链条的国际医学中心。

【华侨大学获多位泉商捐资助学】 2020年10月28日，华侨大学庆祝建校60周年捐赠仪式举行。恒安集团总裁、华侨大学副董事长许连捷捐资200万元，设立华侨大学恒安集团学生科技创新创业基金和港澳台侨学生“百企千人行”基金。香港太平绅士、禹洲集团董事长林龙安捐赠500万元港币，支持学校奖教奖学。香港德润集团董事长、华侨大学董事骆钢捐资130万元，支持学校发展。华侨大学校董、校友魏腾雄捐资500万元，捐建校园基础设施。

【王安邦捐赠1000万元支持慈善公益事业】 2020年12月2日，晋江梅花伞慈善基金捐赠仪式在晋江市东石镇晋江华亿雨具有限公司举行。王安邦、颜乌喜捐赠1000万元，成立晋江梅花伞慈善基金，用于慈善公益事业项目。

泉商荣誉

【361°成为杭州2022年亚运会官方合作伙伴】 2020年6月21日，361°宣布成为杭州2022年第19届亚运会官方体育服饰合作伙伴。在杭州亚运会中，361°将发挥多年来支持国际大型体育赛事的经验，以及在装备方面兼具设计与科技的优势，为亚奥理事会工作人员、赛会工作人员、技术官员、裁判员、志愿者、火炬手、护跑手、安保人员、医疗人员、啦啦队、开闭幕式表演及仪式上场人员、开闭幕式工作人员等，提供各类运动装备。

【安踏丁世忠上榜福布斯“2020中国最佳CEO”50强】 2020年8月11日，福布斯发布中国最佳CEO榜，50位中国企业CEO上榜。泉州安踏集团董事局主席兼CEO丁世忠上榜，位列第22位，他也是体育用品行业排名最高的上榜企业家。

【许荣茂获香港最高荣誉大紫荆勋章】 2020年10月，香港特别行政区政府公布2020年授勋名单。祖籍石狮的全国政协常务委员、中国侨商联合会会长、世茂集团董事局主席许荣茂获颁最高荣誉——大紫荆勋章。大紫荆勋章是中华人民共和国香港特别行政区授勋及嘉奖制度下12等级中的最高荣誉，自1997年香港回归开始每年度颁授，旨在表彰毕生为香港社会做出重大贡献的杰出人士。香港特别行政区政府称赞表示，许荣茂在香港地产界和建筑界卓有成效，热心参与社会服务，创立新家园协会，为新到香港人士、不同种族人士及弱势社群提供全面服务，并形容他是“卓越的社会领袖，致力维持本港社会和谐及繁荣稳定，并竭力团结海外华侨服务香港。”对于此次获大紫荆勋章，许荣茂表示，定当为香港与祖国内地的同发展、共繁荣继续努力，以感恩之心，报效香港，报效祖国。祖籍晋江的全国政协委员、香港福建社团联会副主席、香港隆诚国际集团董事长施清流获铜紫荆星章。授勋语写道：“施先生积极服务社会，致力协助内地新来港人士，团结在港的宗侨族群，鼓励他们积极参与本港社会事务，培养对香港的归属感。施先生又关心弱势社群的生活，支持本港的慈善活动，建树良多。”此外还有多位泉州籍企业家获得嘉奖，李少榕（祖籍南安）获荣誉勋章，丁煌（祖籍晋江）、林婉滨（祖籍南安）获行政长官社区服务奖，施荣恒（祖籍晋江）、董清世（祖籍石狮）获太平绅士。

【许荣茂家族蝉联泉州籍首富】 2020年11月5日，福布斯发布2020年度中国富豪榜，400位中国富豪登上这份顶级财富榜单。2020年前100位富豪中，包括4名泉州籍企业家，数量与2019年相同，分别是世茂集团的许荣茂家族、达利食品的许世辉家族、安踏体育的丁世忠和丁世家。世茂集团董事局主席许荣茂蝉联泉州籍企业家首富，与2019年相比，虽然排名下降19名，但财富增加59.1亿元。

【林孝发获“全国优秀企业家”称号】 2020年12月1日，由中国企业联合会、中国企业家协会主办的2020年全国企业家活动日暨中国企业家年会在广东东莞举行，现场表彰158位2019—2020年度全国优秀企业家。九牧集团有限公司党委书记、董事长林孝发获2019—2020年度“全国优秀企业家”称号。全国优秀企业家评选活动每两年举办一次，旨在弘扬、激发和保护企业家精神，宣传企业家典型，营造尊重和激励企业家干事创业的社会氛围，鼓励企业家以更大的勇气和智慧投身于企业改革发展，为经济社会发展做出新的更大贡献。

交通　邮政

责任编辑：陈建强

交通建设

【概况】　2020年，泉州市交通运输局牵头谋划超两千亿投资，主要涉及轨道交通新基建、传统交通新赋能、智慧交通新融合三大方块、49个重点项目。主动对接、配合交通部综合立体交通网规划、福建省“十四五”综合交通运输规划等规划编制，启动《泉州市“十四五”现代综合交通运输体系专项规划》的研究编制，完成泉州市“十四五”现代物流转型升级路线图规划。多个项目列入福建省乡镇便捷通高速工程实施方案（2020—2022年），新增4个高速互通，占全省新增11个总数的36.4%，总投资67.1亿元，占全省投资总额的74.5%。全市完成交通基础设施投资126.7亿元（不含铁路），其中高速公路8.9亿元、普通公路41.1亿元、港航22.5亿元、站场建设及运输装备2.1亿元、现代服务业52.1亿元。全市公路通车总里程18147千米，较上年增长407千米，公路密度164.98千米/百平方千米；高速公路通车总里程680千米，高速公路密度6.18千米/百平方千米。全市铁路运营里程360千米，其中高铁里程86.97千米。

2020年8月11日，泉州水运企业购置的4.5万载重吨散装化学品船“兴通789”轮首航　　（图/市交通运输局）

在铁路总里程中，内燃里程243.8千米，电气化里程116.2千米，高铁里程86.97千米。

【泉厦漳城市联盟路泉州段建成通车】　2020年12月25日，泉厦漳城市联盟路泉州段建成通车。该项目起于晋江市永和镇福田村，经过晋江市永和镇、安海镇、东石镇，跨安海湾后进入南安市石井镇，终于石井镇坂头村，与厦门海翔大道相接。项目全线27.318千米，设计时速100千米/小时，双向六车道，设互通5处（其中落地互通3处，分设晋江永和、晋江东石、南安石井西3个收费站），概算投资47.08亿元，运营收费期24年。2015年12月30日开工。

【泉南国家高速公路永春互通至汤城枢纽段改扩建工程开工建设】　2020年，泉南国家高速公路永春互通至汤城枢纽段改扩建工程开工建设。该项目起自永春互通，接已建泉南国家高速公路泉州至永春段，经磻溪、岩峰、蓬壶，止于汤城枢纽互通，接已建泉南国家高速公路相应路段，全长21.7千米。采用不同标准改扩建，其中，永春互通至磻溪枢纽段长3.2千米，双向六车道改扩建，设计速度每小时80千米；磻溪枢纽至岩峰枢纽段长9.3千米，新建双向四车道高速公路，设计速度每小时100千米；岩峰枢纽至蓬壶互通北段长5.3千米，双向八车道改扩建，设计速度每小时80千米；蓬溪互通北至汤城枢纽段长4千米，左幅维持既有双车道，右幅拓宽为4车道，设计速度采用每小时80千米。概算投资30.5922亿元，2020年完成投资8.5亿元。

【沙厦国家高速公路德化至汤城枢纽段改扩建工程开工建设】 2020年沙厦国家高速公路德化至汤城枢纽段改扩建工程开工建设。该项目起自德化，接沙厦高速公路相应路段，经苏坑，止于蓬壶互通式立交，接泉南国家高速公路，左幅利用既有高速公路，全长9.5千米；右幅利用既有高速公路3.2千米，新建11.8千米。采用双向四车道高速公路标准改扩建，设计速度采用每小时80千米。其中，德化至苏坑段3.2千米完全利用既有高速公路，苏坑至汤城枢纽段6.3千米利用既有四车道高速公路改建为高速公路左幅（双车道上行线）。新建双车道下行线长11.8千米，路基宽度采用12.75米。概算投资10.06亿元，2020年完成投资2.5亿元。

【公路养护与拓改】 2020年，泉州市国省干线养护里程1359.292千米，其中国道5条728.79千米、省道6条630.5千米。代养农村公路38条893.89千米，其中县道32条869.51千米、乡道6条24.38千米。投入专养公路建设及养护资金6.7亿元（含地方投入），其中小修养护资金1.45亿元。实现年平均综合好路率95.77%、国道好路率95.88%、省道好路率95.54%，年平均PQI值90.34。办结路政许可、路产损坏、协议式管理案件272件，收取路政赔补偿费248.33万元。全年未发生安全责任事故，安全生产率100%。实施路面改建工程118.45千米，投资60479万元。实施公路安全生命防护工程19.85千米，投资820.3万元。实施标线完善工程74.47万平方米，投资4023.6万元。实施绿化提升工程63.934千米，投资623.71万元。实施公路服务设施标准化改造5个，投资572万元。实施20座桥梁护栏改造，投资419.83万元。实施2座隧道整治工程，投资75万元。泉州大桥拓改工程完成投资1200万元，基本完成各项前期工作；洛阳江大桥拓改工程完成投资150万元，前期工作有序开展。

【普通国省干线公路建设】 2020年，泉州市建设联二线（S310）德化龙门滩至苏洋段等8个项目，新改建54.9千米，完成投资3.86亿元。建成通车S312线安溪县祥华至福田（与漳平交界）第一期（莆永高速福田出口至漳平界）7.8千米、国省干线联二线（S310）德化龙门滩至苏洋段5.9千米。开展交通工程质量安全专项治理，打造S310德化土坂至盖德段等品质工程和绿色公路市级示范项目。

【农村公路建设】 2020年，泉州市农村公路通车总里程位居全省首位，沿海乡镇100%通达二级以上公路，山区乡镇90%以上通达三级以上公路；沿海100%、山区80%以上建制村通达双车道公路。农村公路建设完成年度投资7.2亿元，其中，建设与改造农村路网239.5千米，完成投资5.7亿元；实施农村公路安全生命防护工程925.7千米，完成投资9000万元；完成农村公路危桥改造36座，完成投资6000万元。在全省率先出台创建“四好农村路”示范市实施方案，率先开展示范市创建工作，泉州市被交通运输部定为市级“深化农村公路管理养护体制改革试点”，德化县获评“四好农村路”省级示范县，晋江市获评党建引领“四好农村路”建设全省十大精品示范点。

交通运输

【概况】 2020年，泉州市重点发展网络货运，培育7家网络货运企业，交易运送量769.27万吨，营业收入90.03亿元，纳税2.968亿元。发展先进运输方式，引导晋江陆地港规划建设泉州首个多温层现代化冷链物流中心，指导企业获得购置冷藏运输工具市级补助资金161.04万元、省级补助资金310.32

2020年3月25日，福建陆地港集团“晋江—马尼拉”货运包机从晋江国际机场启程，运送245万个防护口罩以及检测试纸、防护服等捐赠防疫物资飞往菲律宾首都马尼拉 （图/市交通运输局）

万元。推动船舶专业化大型化发展，争取、审核、兑付各级港航业补助资金1.6亿元，推进节能型船舶、高技术含量船舶和专业运输船舶的发展。截至年底，全市有营运汽车6.04万辆，其中客运车辆2.46万辆（含客运班车1167辆、旅游客车358辆、客运包车397辆、公交车3293辆、巡游出租车2611辆、网络预约出租车1.68万辆）、货运车辆3.58万辆（含普通货车2.12万辆、牵引车6420辆、挂车8141辆）。全市公路运输总周转量增幅5.3%，全省排名第三。全市有水运企业68家（新增2家10万载重吨以上企业）；拥有营运船舶246艘（货船245艘、客船1艘），营运货船运力规模361.4万载重吨，居全省各地级市第二，集装箱箱位16.7万TEU，比上年增加5.9%。水路运输总周转量2543亿吨千米，比上年增加8.5%，增幅居全省各地级市第二。受新冠疫情影响，泉州—金门客运航线自2月10日起停航，全年运营194航次，运载旅客7787人次；泉台集装箱班轮运输航线运营124航次，运载集装箱3943TEU；泉州与台湾海上直航运载散杂货物22.3万吨；泉州与金门、马祖、澎湖海上直航运载货物12万吨。

【交通运输新业态】　2020年，泉州市交通运输新业态新模式发展被交通运输部列为试点。枢纽海港方面，晋江陆地港规划建设泉州首个多温层现代化冷链物流中心，晋江陆地港国际陆港口岸累计集装箱吞吐量30.62万标箱；跨境服务口岸报关单量1054.44万件。网络货运方面，培育南安天地汇、泉州闽运兴等7家网络货运企业，成交票数55.08万票，交易运送量769.27万吨，营业收入90.03亿元，为地方创收2.97亿元。冷链物流方面，新增冷链运输汽车39辆，完成年度计划的263.1%，下达2019年度冷藏运输工具购置市级补助资金161.04万元、省级补助资金310.32万元。甩挂运输方面，全年完成投资2776.2万元，占年度投资计划的115.7%，新增（更新）牵引车79辆、完成年度计划的197.5%，新增挂车172辆、完成年度计划的215%，全市甩挂运输车辆拖挂比为1∶1.35。

【道路客运】　2020年，泉州市交通运输局开展道路客运企业经营资质核查，实行道路客运服务质量招投标，引导经营者提高运输安全水平和服务质量。发展旅游包车客运，下达市际旅游包车客运运力93辆，服务旅游城市发展。

【网约车管理】　截至2020年末，泉州市有合规网约车16791辆，取得网约车驾驶员证从业人员4.63万人。据交通运输部全国网约车监管信息交互平台统计数据，2020年泉州市网约车双合规订单率70.05%，排名全省第二、全国第九。

【城乡交通一体化】　2020年，泉州市2055个建制村100%通客车，如期完成交通运输脱贫攻坚兜底任务。其中，采取农村客运班车（含区域运营）及城乡公交通车模式的建制村2054个，采用预约响应式通车模式的建制村1个。完成德化杨梅乡、南安洪濑镇、诗山镇3个乡镇综合运输服务站改建并投产，建设安溪龙门南翼新城综合运输服务站项目。编制完成县、乡、村三级农村物流网络体系规划，建成乡镇物流节点数134个、农村物流节点数1952个。县、乡、村三级农村物流通达率100%、100%、95%。

【铁路运输】　2020年，泉州市完成铁路客运量798.19万人次，比上年减少43.2%；完成铁路货物运输量835.81万吨，比上年减少15.56%。

【航空运输】　2020年，泉州晋江国际机场完成航班起降5.03万架次、旅客吞吐量562.06万人次，分别相当于2019年的77.36%和66.63%，货邮吞吐量7.75万吨，比上年增长2.94%，实现第25个航空安全年。37家国内外航空公司驻场运营，通航航点74个（国内61个、国际地区13个），完成总收入7.9亿元，建设项目投入3.1亿元，停机位增至34个。

【水路运输】　截至2020年年底，泉州港有集装箱班轮航线48条，其中内贸航线34条、外贸航线12条、外贸内支线2条。新增一条至菲律宾马尼拉的外贸集装箱航线，“泉州—马尼拉”航线增至4条。落实省、市扶持航运业政策，争取、审核、

泉州市“四好”农村路——永春县仙夹镇盘山公路航拍（2020年拍摄）
（图　市交通运输局）

兑付各级港航业补助资金1.6亿元，推动船舶专业化大型化发展，鼓励企业规模化发展。全市水路运力规模首次突破360万载重吨，创历史新高；全市万吨以上船舶运力占比83%，全市营运货船集装箱箱位16.7万TEU，可装载集装箱船舶运力占比71%。安通控股公司运营的内贸集装箱船运力规模居全国第三，兴通股份公司运营的内贸危化品船运力规模居全国第一。

【城市公交】 2020年，泉州市新增公交线路22条，优化公交线路16条，新增更新新能源公交车辆134辆，完成投资额6176.05万元，淘汰传统能源公交车。实现中心市区老人乘坐优待全覆盖，完成途经洛江区的12条线路的老年人刷卡优待改造工作，填补万安街道以外区域空白；在全省率先放宽儿童免费乘车身高标准，中心市区儿童免费乘坐公交身高标准由原来的1.2米提高至1.3米（含）。

【汽车维修电子健康档案】 截至2020年年底，泉州市有汽车维修电子健康档案系统注册企业974家（其中一类企业62家、二类企业211家、三类企业701家），对接率100%，完成泉州市汽车维修电子健康档案系统推广应用工作。

邮政业

【概况】 2020年，泉州、晋江市、县两级出台“中国快递示范城市”创建实施方案，出台全国少数以市政府为发布主体的快递集聚发展规划《泉州市快递集聚发展规划（2020—2025）》和配套措施《泉州市人民政府办公室关于推动快递集聚发展若干措施的通知》。推动邮政快递业布局及发展思路纳入市“十四五”现代交通运输、现代服务业、智慧城市等规划及市国土空间规划中。全市邮政业业务总量和业务收入分别完成382.05亿元和127.69亿元，比上年增长39.81%和14.85%。快递业务量和业务收入分别完成17.18亿件和114.6亿元，比上年增长41.19%和19.89%。业务量全省占比首次超50%，居全国第十位。四项指标均居全省首位。

【邮政公司】 2020年，泉州市提供邮政普遍服务的营业场所220处，服务半径4.2千米，平均服务人口4.35万人，电子化营业场所220处，邮筒（箱）374个，村村通邮率100%，村邮站179个，“三农”服务站14个，便民服务站1647个，邮政专用标识车辆335部，新建住宅小区信报箱配置率100%。

【快递企业】 2020年，泉州市有许可法人快递企业73家，登记备案的分支机构和末端网点915家，涵盖国内主要快递品牌和FedEx、DHL等国际品牌超20个，其中业务量超过1亿件的快递品牌6个，业务收入超过10亿元的快递品牌6个。泉州市是福建省内快递业的功能集聚区，设有快递区域总部或省级分拨中心13个。

【行业发展】 2020年，泉州市推进快递企业总部项目取得突破性进展，推动快递成为智慧物流产业基地的重要配套，纳入新基建新经济基地建设比拼方案。泉州市邮政业获地方政策性补助1090万元。推动极兔速递福建省公司和云途物流省级分拨中心落户泉州。

【行业服务】 2020年，泉州市邮政管理部门推进“快递进厂、快递进村、快递出海”。全市较具规模的仓配一体化项目13个。邮政快递服务农特产品“一地一品”铺开，安溪铁观音茶叶年寄递量近2000万件，连续三年获评国家邮政局快递服务现代农业金牌项目。以“邮快合作”“交邮合作”“快快合作”等方式推进快递进村，覆盖率80%，其中邮政村级快递直投到户比例100%，打造安溪县、乡、村三级物流配送体系等典型项目，打通农产品进城及工业品下乡双向通道。泉州国际邮件互换局正式运营，实现与全球200个国家和地区互换邮件。推进实施泉州市住宅小区信报箱智能化建设和改造升级工程，新增智能信报箱超过30组。协调交警解决邮政快递专用电动三轮车上路通行难题，新增备案418辆。推动邮政综合服务平台建设，警邮、税邮、政邮等合作方式更加多样，市、县两级行政服务中心实现政邮合作全覆盖。推动落实邮政业生态环保工程工作目标，瘦身胶带使用比例97.5%，电商快件不再使用二次包装比例81.1%，循环中转袋使用率90%，铺设标准化包装废弃物回收装置689个。

【安全监管】 2020年，泉州市邮政管理部门开展寄递渠道安全专项整治行动，落实“收寄验视+实名收寄+过机安检”三项制度，综合实名率稳居全省前列，推动91台安检机联网，数量全省最多。联合公安、国安、烟草等部门开展寄递渠道涉枪、涉爆、涉恐、涉烟、危化品等执法检查，保障寄递渠道安全。

商贸流通服务业

批发和零售业

【概况】 2020年，泉州市在做好疫情防控的同时，多次组织“购物节”“汽车节”等“全闽乐购”消费促进活动，结合古城旅游推广，发展城市夜间经济，推动消费市场较快回暖。截至年底，全市有限额以上批发零售业法人企业3745家，比上年增加723家，实现商品销售总额7520.95亿元，比上年增长9.6%，其中商品零售额1464.1亿元，比上年下降14.9%。

【各类产品的批发及零售】

农产品批发及零售 2020年，泉州市有限额以上农、林、牧、渔产品批发业法人企业11家，从业人员66人，年销售总额21.51亿元。

食品饮料批发及零售 2020年，泉州市有限额以上食品饮料批发及零售业法人企业464家，从业人员10982人，年销售总额540.69亿元。

纺织、服装及家庭用品批发及零售 2020年，泉州市有限额以上纺织、服装及家庭用品批发及零售业法人企业1139家，从业人员9506人，年销售总额2519.67亿元。

文化、体育用品及器材批发及零售 2020年，泉州市有限额以上文化、体育用品及器材批发及零售业法人企业74家，从业人员649人，年销售总额98.90亿元。

医药及医疗器材批发及零售 2020年，泉州市有限额以上医药及医疗器材批发及零售法人企业70家，从业人员2855人，年销售总额131.39亿元。

矿产品、建材及化工产品批发 2020年，泉州市有限额以上矿产品、建材及化工产品批发业法人企业605家，从业人员3203人，年销售总额2858.18亿元。

机械设备、五金产品及电子产品批发 2020年，泉州市有限额以上机械设备、五金产品及电子产品批发法人企业145家，从业人员1125人，年销售总额177.62亿元。

汽车、摩托车、零配件和燃料及其他动力零售 2020年，泉州市有限额以上汽车、摩托车、零配件和燃料及其他动力零售法人企业373家，从业人员5016人，年销售总额478.74亿元。

烟草批发及零售 2020年，泉州市有限额以上烟草批发及零售法人企业2家，从业人员358人，年销售总额132.86亿元。全市烟草系统实现卷烟销量36.96万箱，比上年增加793箱；实现不含税销售额116.4亿元，比上年增长3.61%；实现税利36.02亿元，比上年增长4.27%。

住宿餐饮业

【概况】 2020年，泉州市推动住宿餐饮业发展，全市限额以上住宿餐饮业法人企业实现营业额53.30亿元，比上年下降18.4%；实现餐费收入和商品销售额37.69亿元，比上年下降16.1%。

【旅游饭店】 2020年，泉州市有限额以上旅游饭店法人企业109家，从业人员6791人，年营业额23.75亿元。

【星级酒店】 截至2020年年底，泉州市有限额以上星级饭店88家，客房总数1.25万间，床位数1.96万个。其中，五星级14家，四星级33家，三星级38家，三星级以下3家。

【一般旅馆】 2020年，泉州市有限额以上一般旅馆法人企业82家，从业人员1920人，年营业额8.15亿元。

【餐饮服务】 2020年，泉州市有限额以上餐饮业法人企业110家，从业人员2867人，年营业额20.24亿元。

会展业

【概况】 2020年，泉州市商务局开展“泉州品牌专区”推广计划，有序组织1028家企业参加127届、128届“线上广交会”，1280多家企业参加“一带一路”、东盟等重点境外线上推介会，100多家企业参加香港“贸发网采购”。组织709家采购商参加第三届中国进口博览会，泉州市意向采购企业及单位137家，采购需求21亿美元，现场采购5.7亿美元，签约采购金额大幅超过上届规模。泉州市贸促部门组织企业参加线上展会，尝试市场拓展新渠道。全年组织32家企业参加中国—拉美（墨西哥）国际贸易数字展览会、中国—阿联酋经济贸易数字博览会、中东非（肯尼亚）贸易数字展和中欧国际贸易数字展览会4个线上展会，组织11家汽配企业参加福建—俄罗斯汽配经贸对接会，助力企业足不出户开拓国际市场。

【线下展会】 2020年10月30日至11月1日，泉州市贸促部门在石狮国际食品城举行第六届“海丝品博会”。该届展商418家，展会期间入场参观人数3.85万人次，专业采购商1196人次，现场成交1.16亿元，意向成交4.3亿元。展会筹备期间，220家企业签约入驻中国石狮国际食品城，展会期间入驻食品城企业签约意向投资金额6.6亿元。其中，生产投资类意向投资3.3亿元，海外省外类意向投资3亿元，商贸类意向投资3000万元。

【车展举办】 2020年，泉州市贸促部门指导第十届中国·泉州国际汽车文化博览会和第十一届中国·泉州国际汽车文化博览会于端午及国庆期间举办，展会面积超6万平方米，销售车辆超1万台。由晋江市政府、泉州晚报社支持，泉州汽车同业协会、晋江市贸促会主办的第二十八届泉州国际汽车展在晋江国际会展中心（新馆）举行。该届车展展出面积4万多平方米，70多个品牌、近800款车型集中亮相。

2020年10月1—4日，第二十八届泉州国际汽车展在晋江国际会展中心（新馆）举行 （图/张九强）

盐 业

【概况】 2020年，泉州盐务局以“防治碘缺乏病日”宣传为契机，围绕“众志成城战疫情，科学补碘保健康”主题，组织开展碘缺乏病防治现场宣传活动。日常则到街道社区、超市、商场、农贸市场，摆摊设点宣传生态海盐系列产品，配合商家开展买送促销活动。常态化做好大中型商超陈列维护和促销宣传导购工作。参加各地各类主题活动，宣传生态闽盐。全年开展专项宣传25场、小规模宣传128场。

【食盐销售】 2020年，泉州市实现盐产品销售总量4.9万吨，完成年计划总量的86.13%。其中小包装盐实现销售量1.98万吨，完成年计划92.8%，比上年增加1541吨，增幅8.4%。大包装盐实现销售量2.92万吨，完成年计划的77.9%，比上年减少1974.1吨，减幅4%。全年营业收入8758.09万元，实现利润总额744.27万元，完成年度目标的75.95%，比上年增加293.77万元。

【食盐市场监管】 2020年，泉州盐政管理支队出动3283次，出动人数13161人次，检查餐饮店32925家、批发零售店41265家、学校和加工用户等176家，发现违规线索1400起、重大违规线索21起，移交各市场监管部门103起，查获涉嫌违规盐产品118.42吨，市场监管部门办结案件81起，没收盐产品11.60吨，罚没款144245.25元，分发盐政法律法规等宣传材料2万余份。

旅 游 业

责任编辑：刘楷彬

综 述

【旅游业业绩】 2020年，泉州市文旅局强化文旅项目带动，培育多元文旅业态，加快旅游商品发展，多举措拉动文旅消费。全市接待国内外游客5173.48万人次，比上年下降33.7%。其中，国内游客5138.32万人次，下降32.6%；境外游客35.17万人次，下降80.0%。全年旅游总收入747.04亿元，下降43.1%。其中，国内旅游收入729.94亿元，下降38.6%；旅游创汇2.48亿美元，下降86.1%。德化县获评国家全域旅游示范区，晋江市、惠安县、永春县获评全省全域生态旅游示范县（市、区）。新增AAA级旅游景区4家、全国乡村旅游重点村2家、省级全域旅游生态小镇2个、省级“金牌旅游村”5个、省级工业旅游示范基地2家。计划建设旅游厕所50座，实际完成建设63座，完成计划数126%，并全部验收通过，百度地图上线率100%。

【专项课题研究】 2020年，泉州市文化广电和旅游局启动编制《泉州市“十四五”文化和旅游改革发展专项规划》，成立泉州师范学院、华侨大学旅游学院联合规划课题组，有序推进规划编制工作。推进“泉州市以人民为中心 推进公共文化服务共建共享机制建设研究”课题研究，成果体现在“一报告三转化”，即形成一个项目报告：《泉州市以人民为中心 推进公共文化服务共建共享机制建设研究》；实现三个成果转化：研究成果转化为论文。形成6.2万字、5篇发表于全国专业刊物的《共建共享•学术探索——泉州市以人民为中心推进公共文化服务共建共享机制研究论文汇编》。理论成果转化政策文件，形成《关于加快推进现代公共文化服务体系共建共享机制建设的实施意见》及8个配套实施方案（简称“1+8”系列文件，即《共建共享•制度引领——泉州市以人民为中心推进公共文化服务共建共享机制文件汇编》）。政策文件转化为实践，泉州市通过研究—试点—提升—实践的过程，形成58个创新实践案例、12万字的《共建共享•实践创新——泉州市以人民为中心推进公共文化服务共建共享的生动实践》。开展“基于全媒体浪潮下的泉州旅游市场营销突围与创新路径”课题研究，形成调研报告。结合新冠疫情对泉州旅游业的影响，借助申报世

2020年8月8日，德化县石牛山景区举行重新开园启动仪式

（图/德化县政府办）

界遗产契机，研究如何突破传统营销方式和理念，结合国内外旅游目的地成功案例，探寻泉州旅游营销模式。

【智慧旅游平台】 2020年，在疫情防控常态化背景下，泉州市A级景区坚持“限量、预约、错峰”，接待游客量不超过最大承载量75%，在泉州智慧旅游云平台上实现线上预约功能。

【导游培训】 2020年，泉州市文化广电和旅游局举办导游业务技能提升培训、古城讲解员纳新及业务提升培训、金牌导游和金牌讲解员专题集训班、闽西南五地市同城化讲解员培训、“泉州：宋元中国的世界海洋商贸中心”系列遗产讲解培训；配合福建省文化和旅游厅做好全国导游人员资格考试（泉州考区）组织工作，泉州考区共有333名考生参加；发动符合条件的导游参加全国中高级导游考试，泉州市新增11名中级导游、2名高级导游。

【“漫游泉州指南”小程序上线】 2020年“五一”假期，由泉州市文化广电和旅游局开发的“漫游泉州指南”小程序上线，市民足不出户就能“云”游泉州。打开小程序，即可看到“印象古泉州”“半城烟火半城仙”“海丝泉州自由行旅游攻略”“泉州旅游指南”等介绍泉州的电子杂志。点开链接，即可在优美动听的音乐里，听取泉州历史、美食、美景等介绍，还有各种游览线路介绍。在“漫游泉州指南”主题里，分为踏春赏花、网红打卡点、乡野放风古村落、踏浪金沙、森系氧吧、必游景点等，涵盖60多个代表性景点和各个线路主题游。开发小程序初衷是为了引流、分流，希望大家疫情防控期间错峰出行。此外还可以给自助游、深度游的游客提供旅游资讯、攻略参考，吃住行购娱的服务信息都有。还有不少阅读类电子杂志，帮助大家了解泉州历史。此外，小程序有电子链接，可以同步分享给更多的人，宣传城市文化。

A级旅游景区建设

【概况】 2020年，泉州市文旅局加大A级旅游景区建设力度，石狮市宝盖山景区、南安市英良印象五号石材文化创意园、德化县顺美陶瓷文化世界、石狮市永宁古卫城4家景区获评AAA级旅游景区。至此，泉州市有A级旅游景区52家，其中AAAAA级1家、AAAA级12家、AAA级26家、AA级13家。清源山（含老君岩、九日山、伊斯兰教圣墓）是唯一一家AAAAA级景区；AAAA级景区有开元寺、安溪清水岩旅游区、牛姆林生态旅游区、崇武古城风景区、德化石牛山景区、中国闽台缘博物馆、泉州市博物馆、德化九仙山、晋江五店市、源和1916创意产业园、泉州安平桥（五里桥）、永春北溪文苑生态旅游区12家。

【景区道路建设】 2020年，清水岩高速出口至景区道路11千米景观绿化提升工程完工，种植景观花木1万株、完成3个主题公园建设。仙公山完成景区下行道绿化工程。牛姆林景区完成1000米景区道路拓宽。石牛山景区完成国道355线改道、瀑布景区悬崖栈道、游步道、主峰悬崖栈道、主峰游步道、塔兜至枣坑公路提级改造、景区电瓶车道提级改造。

【景区设施建设】 2020年，源和1916创意产业园完成园区一、三期灯光亮化工程和导览标识系统设计。清源山完成大山门至老君岩景观提升和标识导览系统优化提升。仙公山智慧景区一期建设完成并投入使用。红星生态园完成游客中心、餐厅、景区标识标牌提升改造。五店市传统文化旅游区更新完成标识系统，完善智慧景区建设。围头战地文化渔村完成旅游标识标牌、警示牌系统更新建设。七匹狼中国男装博物馆完善双语标识系统，制作研学、商务、大众等多主题宣传册资料。郑成功纪念馆完成多语种指示标识标牌、警示标志牌、景区公告栏、构建景区智慧安防系统安装。灵应寺更新导览图、标识标牌。天柱山香草世界建设智慧购票系统，更换多语种标识牌、警示标志、增设可分类垃圾桶。崇武古城景区完成第三卫生间、绿化亮化工程建设。净峰寺游客服务中心增加惠女服饰体验、增设和更新旅游、创城等标识标牌，弘一大师纪念馆项目完工。清水岩景区完成升旗台、文化长廊修复建设项目，智慧门票和智慧停车场安装提升工程完成并投入使用。北溪文苑完成游客中心自助购票系统建设，更新完成景区标识系统，盛华园新增客房62间，一楼自助餐厅和超市、酒店大堂观光电梯等项目完工。乌髻岩景区完成旅游公厕和停车场等基础设施建设。魁星岩景区完成景区标识标牌更换。石牛山景区完成游客服务中心、石牛山主峰酒店内外装修、景区停车场及广场等项目。九仙山景区完成湖景餐厅、景区绿化景观优化、儿童娱乐体验项目建设。华光文博园开展游客中心提升、增设标识标牌，更新闸机验票系统。

【清源山风景名胜区建设与管理】 2020年，清源山风景名胜区管理委员会加强清源山景区松材线虫、白蚂蚁等病虫害的防治工作，完成松材线虫病春季普查工作，监测和巡查覆盖率100%；加强古树名木及核心景区步游道两侧病虫害防治，完成古树名木挂牌制作和所在地GPS定位工作，对古树名木进行枯枝修剪和林下植被清理。加强文物保护和申报世界文化遗产工作，制定文物保护巡查制度，完成圣墓展示馆提升工作，督促相关部门落实巡查工作，落实24小时值班制度，9月中旬在各遗产点中率先完成调整后的遗产区、缓冲区界碑界桩的调整、安装工作。根据国家AAAAA级旅游景区标准要求，提升景区基础设施和服务设施建设，加大资源保护和项目建设管控力度，优化景区环境，实施地质灾害普查、生态修复、绿化美化；按照AAAAA级景区和AAA级旅游厕所标准要求，推进景区“旅游厕所革命”，在主景区内游客量较多的步游道附近新建AAA级旅游厕所3座、改建旅游厕所5座，并配套建设第三卫生间；推进清源山总体规划修编；加强交通配套设施建设，启动清源山上山第二通道等工程、势至路（双拥路）路面及景观改造提升工程；督促清源山旅投公司启动智慧景区、标识标牌、大山门入口景观提升、南台观景平台等建设，加强旅游服务中心及配套设施的建设，对主景区的游客中心进行改造提升，充实游客中心的咨询服务、智能化功能。建设完成清源山主景区森林消防及自来水供水管道工程，总投资2100万元，总长13千米，沿线设置4个加压泵站和5个消防蓄水池。启动建设清源山风景名胜区污水处理工程（总投资8121万元），统一有效地治理景区规划范围内的村庄、景点公厕、寺庙、驻山单位等产生的污水。该工程总长度66.52千米，污水处理系统包括污水处理站及其配套设施，污水处理站共有76座。项目一期部分站点进行调试、部分站点已进入试运行状态。

旅游行业管理

【概况】 2020年，泉州市文化广电和旅游局抓好旅行社和星级酒店的日常监督和管理。组织开展泉州市文旅行业安全生产培训、消防应急演练和反恐防暴演练，推动旅游企业提高安全生产工作，引导旅游企业开展安全培训和应急演练。监督实施旅游行业标准，推进旅游行业信用和质量体系建设。监管旅游服务质量，推动服务品质提升。加强旅游经济运行监测、假日旅游市场综合协调和监管，推动文明旅游、文明行业创建等工作。

【文明旅游宣传引导】 2020年，泉州市文化广电和旅游局举行泉州市文明旅游暨“反对铺张浪费、提倡勤俭节约”主题活动、泉州市文明旅游进景区暨“垃圾不落地　文明安全出游”主题活动，突出泉州文化元素，制定具有泉州特色的文明旅游宣传折页，并推进宣传折页进景区、进酒店、进旅行社，让文明提醒贯彻游客旅游全过程。分季度、分区域、分重点，开展“文明旅游、健康出行”主题宣传等多个活动，年度A级景区志愿活动全覆盖，发放宣传资料3万多份，普及文明旅游常识，引导市民树立出境文明旅游和安全出行意识。

【星级酒店扶持与管理】 2020年，泉州市文化广电和旅游局出台星级饭店应对新冠疫情扶持政策，贴息补助103.23万元。组织力量对企业进行检查指导，并现场培训，督促企业整改，有针对性地抓薄弱环节，主要是加强员工培训工作，提升企业员工业务知识和服务技能；引导各星级饭店根据自己不同的经营重点推行个性化、人性化服务，让宾客产生宾至如归之感。组织开展全市星级饭店服务技能大赛，展现泉州市旅游饭店业从业队伍良好的精神风貌；两名“泉州市技术能手”称号和四枚“五一劳动奖章”分别授予各单项第一名。做好星级饭店监管，撤销1家四星级饭店称号。按照成熟一家评定一家的原则，新评1家四星级饭店。

【旅行社地接业务奖励报批】 2020年，泉州市文化广电和旅游局鼓励泉州市旅行社开展地接业务，扩大客源市场，拉动旅游消费，促进经济增长。全年共有泉州中旅旅行社有限公司等11家旅行社申请2020年度地接境内外游客奖励资金，相关申报材料由所在县（市、区）财政局、文旅局审验，并提交审验报告，确认符合奖励条件的人数。经审验，符合奖励条件人数为境内游客5.15万人，游客奖励资金240.35万元。

2020年11月15日，“梨园戏走进清源山”活动举行

（图/清源山管委会）

旅游市场开发

【概况】 2020年，泉州市文化广电和旅游局围绕疫情防控、市场复苏、促进消费等方面，开展宣传营销、城市文旅形象推广，做好“泉州人游泉州”“福建人游泉州”本地游、周边游市场。

【媒体宣传】 2020年，泉州市文化广电和旅游局利用春运、全国“两会”“5·9”中国旅游日、复工复产和大学生返校高峰、中秋国庆旅游黄金周等重要时间节点，分别在北京大兴国际机场和北京首都机场行李提取大厅电子屏幕、北京首都国际机场T3航站楼国内到达通廊投放“海上丝绸之路起点城市——泉州”“泉州：宋元中国的世界海洋商贸中心”巨幅城市文旅形象电子刷屏和灯箱广告，借助北京这两个大型国际枢纽机场平台，提升“海丝泉州”的知名度和美誉度。疫情防控期间，利用微信、微博、抖音等文旅系统自媒体矩阵加强疫情防控和文旅宣传，新媒体发布防控相关推文600篇，阅读量300多万人次，向市民群众、游客发布温馨提醒短信1500万条。通过人民网、腾讯网、去哪儿网、铁路12306平台等全国性平台开展“云游泉州”线上推广。以举办“第三届闽南美好生活嘉年华”为载体，与抖音合作开展“抖来泉州游”短视频营销，收获1000余个原创视频投稿，获得超1亿次播放量。下半年开设微信视频号，创作发布150余条短视频，阅读量280多万人次。官方微博、微信公众号发布信息3300余篇，阅读数超1000万人次。对接《姐姐的爱乐之程》综艺节目（泉州站芒果TV网络播放6.1亿次、微博话题9.9亿次、抖音话题2.8亿次）和知名演员姚晨到泉州拍摄福建旅游宣传片（视频发布后5天全网传播阅读量4.9亿人次），配合中央广播电视台网络微纪录片《视觉中国第四季——泉州》、央视网“百年百城”专题片拍摄制作，借助明星热点、国家级主流媒体宣传泉州。

【旅游推介】 2020年，泉州市文化广电和旅游局推出“宋元中国　海丝泉州”史迹游、“古韵泉州”、非遗游、“智造泉州”工业游、“全福泉州”祈福游、泉州文博奇妙之旅等“全福游、有全福海丝泉州”等40余条精品旅游线路和20个网红打卡点，设计制作短视频、海报、图文等。对接厦门、三明、南平邵武、江苏无锡、新疆昌吉州，云南楚雄州、德宏州，广东梅州、潮州、汕头等城市到泉州推介交流。组织法国、新加坡、孟加拉国等国在泉人士开展“海外嘉宾感知泉州行”活动。组织参加“中国—摩洛哥旅游论坛”暨“重返伊本·白图泰访华之路”旅游推介会（线上）。通过布鲁塞尔中国文化中心、柏林中国文化中心等开展“云游中国”泉州城市形象、文旅资源线上推介。厦门、漳州、泉州、三明、龙岩五市文旅主管部门在厦门举行“全福游、有全福　山海闽西南”“闽西南e家人”旅游产品发布会及公众销售会，共享区域文旅资源，互推特惠文旅产品，共寻项目合作商机。泉州市组织部分景区、旅行社、文创企业、传统手工艺品、中华老字号、闽南古早味、特色伴手礼等文旅企业参加。第十六届海峡旅游博览会在厦门举行，泉州市组织上百家旅游景区、旅行社、文旅文创商品企业参展，推出众多优惠活动，获组委会“最佳人气奖”“最佳组织奖”。泉州馆设计围绕“全福游、有全福　海丝泉州”文化旅游品牌，造型融合泉州闽南古厝、水密隔舱福船造型等元素，寓意扬帆启航，彰显“泉州：宋元中国的世界海洋商贸中心”的形象特色。设置VR数字文旅体验区，数字化复原宋元时期海丝起点泉州古城风貌和人文历史场景，让观展群众沉浸式体验穿越；文旅商品展销区为泉州文旅商品企业提供集中展销平台，许多企业通过直播卖货线上线下结合的方式，扩大展会推广效果。闽宁特色产品展示展销嘉年华活动在银川国际会展中心举行。泉州市文化广电和旅游局组织各县（市、区）文旅主管部门、旅行社、景点景区、文旅商品、文创伴手礼企业参加福建旅游推介活动。“海丝”泉州文旅资源展示馆以“泉州：宋元中国的世界海洋贸易中心”为主题，突出“海丝泉州”文旅品牌形象、历史人文及蓝色滨海、闽南建筑等特色，给人以整体大气、色彩明快、特色鲜明的视觉冲击。泉州市文化广电和旅游局组团到澳门参加第八届澳门国际旅游（产业）博览会，加强泉州与澳门旅游业界的交流与合作，增进澳门民众对泉州文化的了解，提高泉州城市知名度。2020年福建旅游生活展在福州海峡国际会展中心举行。泉州市获组委会“最佳组织奖”“最佳设计奖”。泉州市组织80余家旅游景区、旅行社、文旅文创商品企业参展，推出众多优惠活动。泉州馆以“泉州：宋元中国的世界海洋商贸中心”为主题，以水密隔舱福船作为主造型，展现泉州作为宋元中国与世界对话的窗口形象特色。泉州馆结合闽南古厝元素设置30个展位及商品展销区、茶文化体验区、商务洽谈区等，展示展销泉州丰富的文化旅游资源、地方特产、伴手礼等。除静态展示外，还组织永春白鹤拳、一都山歌、泉州花灯、刻纸、惠安女、蟳埔女等“非遗”文化展示展演、互动体验。厦门、漳州、泉州、三明、龙岩联袂到陕西西安、四川南充、重庆三地开展文旅产品发布会暨同程品牌馆上线仪式、文化和旅游推介会、文化和旅游市集活动。该活动以“全福游有全福·山海闽西南”为主题，推广闽西南“世遗之歌”“山海舞曲”“人文大戏”

三大文旅核心资源，推出“经典世遗、多彩闽俗、康养山海、红色传承、金鸡影视、潮玩山海、快乐研学、闽味品鉴”八大主题精品线路。

【文旅活动】 2020年，为纪念“5·18”国际博物馆日和“5·19”中国旅游日，泉州文旅系统围绕“致力于平等的博物馆：多元和包容”主题，推出27项系列文博展览、25项文旅优惠措施、12项主题活动以及10条“泉州文博奇妙之旅”旅游线路。端午节期间，泉州市古城办、泉州市文化广电和旅游局举行“海丝泉州、粽情古城”泉州古城文化旅游资源宣传推介活动，由古城英文讲解员带领外国友人游览古城，全程英文讲解，品尝泉州肉粽等美食，向海外游客展示古城文化旅游魅力。全市各地推出近30项文旅主题活动，11个景区（点）推出优惠政策。为致敬最美逆行者，表达对医护人员的敬意，泉州市所有A级景区和泉州“海丝”野生动物世界、后深溪景区、石狮世茂茂险王主题乐园、泉州石狮·海洋世界、惠女风情园、永春县桃城镇南星谷、德化桃仙溪等景区景点对全国医护工作者给予2020年凭本人证件（医师证或护士证）享受门票免费待遇。

泉州洛阳桥全景（2020年拍摄） （图/文旅局）

特色旅游

【概况】 2020年，泉州市文化广电和旅游局加强旅游精品线路策划，推出史迹游、“非遗”游、工业游、祈福游、乡村游等精品线路40多条和网红打卡点20多个。“海丝泉州·绿色生态之旅”入选“全国乡村旅游精品线路”，“海丝茶源·茶旅圣地”入选“2020中国美丽乡村休闲旅游行（秋季）精品线路”。泉州古城文化生态旅游度假区获评省级旅游度假区。17家单位（特色文化旅游示范基地3个、旅游休闲集镇3个、旅游村4个、旅游度假区1个、旅游特色街区3个、特色旅游风景道3条）入选第二批“六大旅游产品”。

【福建“红色旅游村跑”系列主题活动永春站】 2020年10月31日，由福建省文化和旅游厅、福建省体育局主办，泉州市文化广电和旅游局、泉州市体育局协办，中共永春县委员会、永春县人民政府承办的福建“红色旅游村跑”系列主题活动永春站在永春县横口乡福中村举行，泉州、厦门等地近300名村跑爱好者参加。此次“红色旅游村跑”永春站以健身运动为契机，展现泉州红色旅游文化资源，推动“文化 体育 旅游”深度融合发展。横口乡是革命老区乡。1929年，朱德带领3000多名红军将士到该乡福鼎村驻扎休整，战士们刷写革命标语、印发传单、宣讲革命理念，在当地留下众多红色印记。始建于元代的郭氏家庙也是朱德召开三次群众大会的会址。

【乡村旅游】 2020年，晋江市金井镇围头村、德化县国宝乡佛岭村入选第二批全国乡村旅游重点村名录，德化县水口镇、永春县五里街镇入选2020年福建“全域生态旅游小镇”，永春县五里街镇埔头村、德化县雷锋镇潘祠村、安溪县虎邱镇湖坵村、晋江市新塘街道梧林社区、惠安县崇武镇大岞村5个村获评第二批福建省金牌旅游村。德化县赤水镇、桂阳乡，永春县呈祥乡，安溪县湖上乡入选福建省“避暑清凉福地”；石狮市永宁镇、晋江市金井镇，惠安县崇武镇西沙湾入选福建省“滨海休闲度假福地”。全年全市新增省级旅游村12个，新增福建省三星级休闲集镇2个、三星级旅游村4个。

【购物旅游】 2020年，泉州市文化广电和旅游局举行2020年“润物无声”泉州文创旅游商品设计创作大赛，培育优质文创旅游商品，助推购物旅游发展。泉州旅游商品在全国特色旅游商品大赛获2金4银4铜，成绩全省最佳；在全国旅游商品大赛获1银2铜，包揽全省奖项；泉州市文化广电和旅游局组织参加“全福游、有全福”最美福建旅游产品创意设计大赛，获最佳组织奖。

城乡建设与管理

城市建设

【概况】 2020年，泉州市围绕“经济要稳、城市要聚、民生要实、机制要活”的总体要求，推动环湾向湾发展，全市城镇化率68.5%，环湾建成区面积235平方千米，人居环境不断提升，宜居宜业宜创新的现代化新城逐步形成。实施《2020年城乡民生基础设施建设实施方案》，围绕交通畅通、水环境治理、供水安全、防洪防涝、城乡洁净、管网建设、城乡风貌提升、配套服务、智慧城市等九大工程，坚持系统谋划、整体提升，谋划一批重大基础设施项目，强化重大项目攻坚，统筹推进老旧小区、街区、片区和老城区改造，加快推进生活垃圾分类、城乡供水一体化、污水垃圾处理、公厕新建改造、城市排水防涝、海绵城市及黑臭水体治理，加快补齐传统基础设施短板，提高设施质量和运行效率。全年实施城乡基础设施建设项目986个，新开工533个，完工678个，完成投资615.29亿元，占年度计划的112.11%。全市新改扩建城市道路255.95千米、新建改造城乡地下管网801.57千米、新建绿道119.18千米、新增公共停车泊位6508个、新改扩建公厕543座、新增绿化面积197.18公顷，城乡景观面貌改善提升。提升城市生态景观，晋江下游南岸生态整治、百崎湖启动区、蚶江湿地公园等11个生态连绵带项目基本完工，西湖桃花岛、山线绿道二期工程建成开放；全市新改建城市综合公园、社区公园和口袋公园137个、面积700公顷。改善城市治理，出台泉州市文明行为促进办法、电动自行车管理办法，完善创城创卫常态长效机制；垃圾分类实施范围扩大到22个街道（乡、镇）、40多万户居民，实现公共机构全覆盖。南安、晋江、安溪生活垃圾焚烧发电厂完成改扩建，餐厨垃圾资源化处理设施建成投用。全市新改建城镇污水管网345千米，完成柯石、浔美等23个排涝工程建设和83个积水点改造。

【中心市区交通建设】 2020年，泉州市推进交通提升类项目15个，完成投资2.2亿元。其中城东中学人行天桥、泉州东海泰禾广场人行天桥、通港西街—法坊路节点、坪山路—江滨北路节点、坪山路与江滨北路交叉口人行天桥、中骏天峰人行天桥、凯德广场人行天桥等项目完工，刺桐路—田淮渠节点人行天桥开工建设，中心城区交通拥堵状况得到改善。实施城乡公共停车设施建设项目38个，完成投资2.29亿元，新增停车泊位6508位，超两倍完成福建省下达任务。是年，泉州市政府将断头路改造工作纳入政府工作报告加以推动落实，实施38条“断头路”改造项目，截至12月底，完成28条“断头路”改造项目，其余10个项目抓紧建设。

【片区更新改造】 2020年，泉州市推进建设和谐宜居、富有活力、各县特色的现代化城市，提出“城市要聚”理念，改革原有片区开发建设运作模式，统筹成立泉州市城市建设委员会，下设城建办，并建立城东组团、东海组团、北峰组团、江南组团、古城办和老旧片区等6个指挥部，打造“1+6”城市建设指挥体系，突出发挥国有企业在城市建设中的主力军作用。按照“统筹化布局、组团式开发、体系化推进、标准化配套”城市建设思维，全市策划生成32个片区更新改造项目，其中中心城区20个片区［城东组团包括城东南滨江片区、城东至北峰快速通道及两侧片区棚户区改造项目、丰泽南埔山片区、城东金凤屿片区、城东西福片区；东海组团包括法石宝盖安置区、东海后埔片区、东海后渚莲垵及周边片区、东海云山片区、东海金崎片区；北峰组团包括西华洋滞洪片区改造工程、新华路北拓及周边片区；江南组团包括鲤城江南站前大道西侧片区和繁荣片区、江南片区；古城区包括古城街巷综合提升项目、中心市区管网及水系综合整治项目、鲤城龙头山—西街文化片区、鲤城聚宝城南文化街区；老旧片区包括西郊片区棚户区改造项目、田安南拓三期（湖内6号地块）和297个老旧小区改造项目］、13个片区更新改造（鲤城区繁荣片区、丰泽区东海后埔片区、洛江区阳江新城片区、泉港区高铁站站前片区、石狮市城北片区、晋江市科创新区、南安市北山片区、惠安县惠泉片区、安溪县解放路西片区、永春县榜头片区、德化县国际陶瓷艺术城、泉州开发区过田村片区、泉州台商投资区高铁片区），总用地9000公顷，涉及征迁房屋2050万平方米，总投资约1750亿元，以片区更新改造扩投资、稳增长、促转型，推动城市能级提升。截至年底，13个县（市、区）新片区完成投资105亿元；20个中心城区片区完成投资84.9亿元。北峰西华洋片区、晋江入海口和丰泽南埔山3个片区城市设计完成终期成果。东海后渚莲垵、东海云山、新华路北拓和鲤城江南等4个片区城市设计完成中期成果，洛阳江流域综合整治提升方案、新华路北拓市政道路规划方案和云鹿路北拓隧道前期规划研究等3个项目策划形成阶段性成果。

【重要通道、节点沿线人居环境综合整治】 2020年，泉州市开展福厦铁路和沈海高速泉州段沿线人居环境整治提升工作，制定印发《泉州市高铁高速、重要通道和重要节点沿线人居环境综合整治提升工作方案》，按照“客从哪里来、到哪里去”的思路，重点推进高铁高速沿线绿化美化和建筑立面改善等。全市完成房屋建筑立面装饰251宗，坡屋顶改造250宗，规范新建房屋11栋；完成沿线绿化提升73.4万平方米，其中铁路公路夹角地平行地绿化4万平方米。城市重要迎宾窗口进一步美化，打造南安市水头镇大盈溪、永泉山科技园、晋江站、惠安站缓行区等7个绿廊、花廊建设，完成泉州站、惠安站站内绿化整治和晋江站站内外景观提升，“海丝泉州——大型浮雕文化墙”亮相泉州动车站贵宾通道。推动“盆景变风景”，完成泉州北高速出口沿普贤路、泉山路、北清东路至温陵北路口沿线环境综合整治、泉州南高速出口沿南迎宾大道至顺济桥（鲤城段）沿线环境综合整治等38条重要廊道景观提升。打造泉港涂岭寨山郊野公园一期、紫星村、晋江九十九溪田园风光等特色风貌示范段。建立长效机制，在丰州镇燎原村引入业态模式推进“丰美燎原”特色产业；将沿线部分整治村纳入“美丽乡村”创建范畴，强化裸房整治、村容村貌整治、村庄绿化、村庄清洁等四个约束性任务；以裸房整治成效为基础，以建筑瓦工竞赛成效为模板，加强房屋翻建等管控力度。

【历史文化名城保护】 2020年，泉州市完成住建部第三方历史文化名城保护评估工作。11月13日，央视10套播出讲述泉州历史文化名城专题纪录片，这是央视第一次以福建历史文化名城作为选题制作的大型纪录片，分四集分别介绍福州、泉州、漳州、长汀，其中泉州时长约40分钟。11月17日，福建新闻频道以《泉州中山路：匠心改造 留存古城的古早味》为题作专题报道。

【历史文化保护与利用】 2020年，泉州市坚持建设与管理并重，推动硬环境和软环境共抓，围绕推进历史文化保护利用和城乡面貌品质“两个新提升”，策划生成项目424个，总投资942.36亿元，年度计划投资165.1亿元。2020年完工250个项目，在建155个项目，完成投资181.8亿元。启动古城文化整体性保护利用提升工程，分期、分批、分类修缮申遗史迹建筑和文物，完成22个申遗点500多个环境整治项目；先后修缮保护苏廷玉故居、西街116号洋楼、旧馆驿25号等一批传统风貌建筑，作为文化艺术展示空间，使老建筑焕发新活力。修缮后“台魁巷7-1号”闽南古建筑长期举办“古厝映像—泉州传统民居营造技艺展”。完成羊公巷—百源路—南俊北拓和花巷—古榕巷—三朝巷—旧馆驿两条历史文化街巷13个重要节点的景观营造。打造南俊路闽南小埕院、闽南书院等一批富有“家的味道”网红打卡地。按照“一街一特色，一巷一亮点”要求，重塑鲤城区通政巷等29条传统街巷的历史文化肌理。中山路历史文化街区采用低冲击、微干扰的“绣花”功夫，系统实施市政道路、景观路面、骑楼结构加固及立面修缮、景观绿化等改造，落实原真性保护和“不扰民”工作措施。西街历史文化街区在中山路改造经验基础上，重点实施沿街建筑保护修缮、夜景照明设计、步行化环境建设、市政管线提升和功能业态整合等，再现“市井十洲人”景象。

【房屋安全隐患排查整治】 2020年，泉州市成立市级房屋安全隐患大排查大整治指挥部，下设综合协调组等9个专项工作组，13个县（市、区）同步建立由党政主要领导任组长的指挥部。制定《全市房屋安全“百日大整治”行动方案》等文件，指导房屋安全隐患排查整治工作。3月中旬至6月底开展“百日大整治”期间，全市实行市、县、镇、村四级联动，通过镇村排查、县级核查、市级抽查多轮覆盖，摸清房屋底数，排出隐患风险。全市排查房屋169.2万栋，核实确认全市人员密集场所房屋11.3万栋，按照“条块结合、属地为主”的原则，形成合力共同推进。出台

《泉州市房屋安全隐患处置指导意见》，对人员密集场所存在结构安全隐患房屋实行分类处置，实行闭环销号制度。市指挥部组建12个工作督导组，每周下沉一线，对各县（市、区）房屋安全隐患排查、人员密集场所重大安全隐患和一般安全隐患需重点鉴定房屋的处置、房屋安全信息录入、举报信息处置、房屋结构安全鉴定机构监管等工作进行全方位督导。至年底，全市2072栋人员密集场所重大安全隐患房屋全部完成处置并闭环销号，处置率100%。5类需重点鉴定的一般安全隐患房屋完成鉴定5147栋，完成比例100%。鲤城区、丰泽区“特殊情况建房”全部完成房屋结构安全问题处置。

村镇建设

【概况】 2020年，泉州市推进历史文化保护提升、推进新型城镇化建设以及打好脱贫攻坚战等各项决策部署，推进裸房整治长效机制、脱贫攻坚农村危房改造工作。惠安县入选全国农村危房改造激励县（全省唯一），获国务院通报表彰。2020年，泉州市推进小城市培育试点工作，开展小城市培育试点考核，22个试点镇固定资产投资等多项发展指标稳步提升，经济实力持续增强，22个小城市培育试点镇年度实施项目562个，全年完成投资545.9亿元，占年度计划的120.1%。

【特色小城镇建设】 2020年，泉州市开展年度十佳特色小城镇评选，建立正向激励、以奖代补制度，兑现奖励资金1520万元。公布第二批5个特色村镇试点项目，推动第一批11个特色村镇试点项目，建设一批具有明确产业定位、文化内涵、兼具旅游和社区功能的特色村镇，16个特色村镇创建试点年度实施项目137个，全年完成投资55.57亿元、占年度计划的109%。第一批特色村镇试点项目全部完成创建规划编制并通过评审及批复，第二批特色村镇试点启动创建规划编制工作，兑现年度奖补资金700万元。

【历史文化名镇名村、传统村落保护】 2020年，泉州市落实历史文化名城名镇名村传统村落和文物建筑历史建筑传统风貌建筑保护利用措施，推进全市历史文化保护工作。新增16个省级传统村落，新增第二批历史建筑390处，全市累计公布历史建筑1589处，全年累计争取省级补助资金超8000万元。实施历史文化保护利用提升专项攻坚行动，完成投资16.8亿元，占年度计划的108.9%。实施“十镇百村”重点改善提升项目，完成投资6.46亿元，占年度计划的132%。实施历史建筑保护修缮工程，保护提升162处历史建筑，开展测绘建档、保护图则、修缮加固等工作。组织全市21个省级以上历史文化名镇、名村编制保护规划，完成市辖区历史建筑挂牌保护、测绘建档等项目竞争性磋商公告编制，公布10名泉州市首届传统建筑名匠名单，组织174名工匠参评省级传统建筑工匠，组建泉州市历史文化保护与传承专家服务团。全市270处历史建筑明确保护楼长，17个村（镇）试点团队陪护、设计师驻点服务。组织编制《传统村落典型负面案例解读及对策》《泉州市历史建筑测绘建档标准案例手册》等，强化服务指导。

【农村危房改造】 2020年，泉州市建立贫困户动态调整名单实时共享机制，对动态调整的贫困户及时组织住房安全情况评定，确保“一户不漏”。实施农村危房改造193户，实施贫困户“同心安居工程”177户，建立“政府政策+社会力量”的帮扶机制，组织企业对口帮扶177户农村贫困户实施危房改造（每户帮扶4万元）。“十三五”规划实施以来，泉州市排查发现并完成改造农村危房6121户，超额完成省、市《农村危房改造“十三五”规划》5035户的目标任务。

【农房整治】 2020年，泉州市规范农村宅基地管理，推进既有农房（裸房）整治工作，将建筑风貌和建房方案纳入农房建设审查内容，市级编制55套《农房建设通用图集》5000册分发镇、村一线，10个涉农县（市、区）全部编制推广具有地域特色的农房立面图集，实现全市“村村有图集”。出台《加强农村建筑工匠管理的通知》，建立农村建筑工匠管理制度，组织培训农村建筑工匠1520名。实施19个村镇住宅小区建设，4个入选省级示范小区，6个引进台湾建筑师团队项目

2020年，泉州市开展名镇名村保护提升工作。图为德化县美湖镇洋田村俯瞰
（图/市住建局）

获省级奖补300万元。2020年省级下达泉州市1.9万栋农房整治任务，至年底，完工20831栋，超额完成任务。整镇整村推进农房整治，实现农房整治“镇镇有示范”，新增3个乡镇创建“无裸房乡镇”、12个村庄创建“无裸房村庄”，永春县裸房整治经验获全省推广，农村建筑风貌持续提升。

城市管理

【概况】 2020年，泉州市加强城市管理，加快城市设施完善、顽疾治理、管理创新，推进城市品质提升和环境改善，城市园林绿化、排水防涝、垃圾处理、公厕设施建设以及共享单车、占道经营、渣土车治理等工作取得新突破，行业“十三五”规划收官。截至年底，泉州市城市生活垃圾无害化处理率100%、污水处理率97.5%，城镇建成区绿地率43.41%、人均公园绿地面积14.87平方米，中心城区供水能力250.5万吨/日、气化率97.46%、主干道机扫率90.8%、路灯亮灯率99%以上、污水泵站完好率95%以上。是年，泉州市城市管理部门开展立法普法，完善制度建设，提高城市管理依法行政水平，全市城市管理部门作出行政处罚案件4434件，罚款3880.05万元。2月1日，《泉州市燃气管道设施保护办法》施行。9月29日，《泉州市市容和环境卫生管理条例》经福建省第十三届人民代表大会常务委员会第二十三次会议批准公布。11月30日，《泉州市城市管理局权责清单》（共223项）印发。12月31日，新修订的《泉州市城市道路管理规定》印发，市城管部门完成城市管理19个行政审批服务事项“五级十五同”绑定。

【城市污染监管】 2020年，泉州市实行节点守点、动态巡查和错时上班制度，组织开展占道经营专项整治行动，要求沿街店铺入店经营；组织校园周边流动摊点整治，重点查处学校周边流动摊贩无照行为和城市流动饮食摊点；加强农贸市场活禽交易和宰杀场所规范管理；设置便民摊区规范管理流动摊贩。全年查纠各类占道经营行为12.80万起，规划设置中心市区便民摊区56处4113个摊位。开展夜市大排档、烧烤摊专项整治，全年查纠夜市大排档、烧烤摊1.79万起。按照“谁污染、谁治理”的原则，加强城市管理执法巡查，开展露天焚烧垃圾专项整治。全年查纠露天焚烧垃圾973起。组织日常巡查和夜间值班，对投诉热点、易反复、反弹的工地，实行施工单位、业主单位“一案双查”，开展中、高考期间噪声污染专项整治“零点行动”，发现违规行为立即制止、查处。全年查处噪声扰民行为2446件。督促各污水处理厂运营方加强对污泥应急处置全程的跟踪监督，确保安全、规范地进行污泥应急处置；督促运输方制定污泥应急处置实施方案，及时清运污泥。全年安全处置污泥3.62万吨。

【“两违”治理】 2020年，泉州市根据全市安全隐患大排查大整治工作部署，健全完善网格化巡查、执法信息抄告移送和部门联动制度，开展“2020年春季攻坚战”“百日大整治”、治危拆违等专项行动，全市排查出“两违”5929宗、面积432.9万平方米（包括2020年新增的1127宗、37.04万平方米），其中违法占地4485宗、361.9万平方米，违法建设1444宗、71万平方米，组织处置5835宗、427.9万平方米。

【渣土车整治】 2020年，泉州市强化源头治理防控，制定渣土运输行业管理标准，将全市167家车企、7374部车辆纳入平台管控，组织运输安全和执法等专项培训6188人次。开展渣土车运输安全百日攻坚和渣土运输管理安全生产隐患大排查大整治，排查整改问题226个，查处违规车辆8753辆（次），整顿处置相关企业和单位187家，处罚1757.6万元。7月，制定建筑工地（搅拌站）、运输企业、矿山企业和水利项目四类五项渣土运输行业标准化管理样板，组织全市相关职能部门和企业管理人员现场观摩学习。10月、11月，开展2次渣土车运输安全异地交叉执法行动，出动636人次，检查31家运输企业、27个项目工地、8个矿山砂石场、12家搅拌站，查处53辆违法违规车，现场罚款9100元。

【共享电动车整治】 2020年，泉州市城市管理部门联合市交警部门开展中心市区共享电动车综合治理，实行总量控制，首批核定准入并挂牌共享电动车1500辆（其中，美团、哈罗、小遛各350辆，青桔450辆），清退共享电动车5万多辆，清理违规停放共享电动车6606辆、暂扣1619辆。

【“数字城管”建设】 2020年，泉州市完善中心市区“数字城管”平台系统功能，包括优化操作功能、完善系统运维管理、梳理相关数据（新增14个创城小类、21个创卫小类、10个申遗和世中运网格）。完成泉州数据汇聚平台“数字城管”系统的数据汇聚，实现与国家平台网络互通、单点登录。强化系统安全，定期对平台硬件设备线路进行检查，对信息系统进行安全扫描，及时修复发现的漏洞和风险，确保系统正常运行。各县（市、区）“数字城管”平台有效整合城市管理资源，系统功能不断优化。是年，泉州市“数字城管”平台受理案件36.64万件，结案36.59万件。

市政建设

【概况】 2020年，泉州市加强市政公用设施建设，开展市级部分道路综合交通提升工程建设、市级道路积水点改造，开展环境综合整治，完善市政设施配套，优化、提升城市品质。推进垃圾、污水处理及设施建设，泉州中心市区垃圾处理总量47.14万吨。

【市政公用设施建设】 2020年，泉州北高速出口沿普贤路、泉山路、北清东路至温陵北路口沿线环境综合整治（道路优化提升工程）。市级部分道路综合交通提升工程12月完工，完成田安路、湖心街、津淮街等三段道路及新华路—西湖街节点道路交通综合提升。完成宝洲路中骏地产门口、坪山路、南北大道商贸学校、滨海街与泉泰路交叉口、顺济桥桥面、体育街与东辅路交叉口、瑞泰街与安吉路交叉口、泉秀路泉州银行门口慢车道、丰泽街儿童医院、丰泽街南益广场对面积水节点改造、丰泽街与温陵路交叉口等11处。

【垃圾、污水处理及设施建设】 2020年，泉州市中心市区垃圾处理总量47.14万吨，其中外运焚烧处理35.34万吨，室仔前填埋场填埋处理11.80万吨，无害化处理率100%。完成城市生活垃圾处理费征收6625.9万元。完成石狮、晋江、南安、安溪等四个生活垃圾焚烧发电厂技改项目，总投资27.5亿元，新增生活垃圾焚烧日处理能力2850吨，全市生活垃圾焚烧日处理能力9150吨。

公用事业

【概况】 2020年，泉州市推进公用事业发展，推进城市生活垃圾分类，公共机构实现垃圾分类全覆盖。新建、改造城乡公厕，提高泉州市公厕分布密度，推进沿街厕所对外开放。推进中心城区供水旧管网改造，市区供水量1.49亿吨，售水量1.24亿吨，供水管网长度4564千米，注册用水户47.11万户。

【城市生活垃圾分类】 2020年，泉州市公共机构实现垃圾分类全覆盖。生活垃圾分类纳入物业服务企业信用管理体系。在泉州开发区全域推进的基础上，丰泽区全覆盖，鲤城、洛江等14个街道（乡镇）、232个社区开展生活垃圾分类工作，累计1300多个小区、40万户居民参与。丰泽街道创建福建省生活垃圾分类示范片区，泉州市同步配套创建示范社区（小区）9个。编印完成幼儿园、小学、中学生活垃圾分类教材，进入学校课堂教学。淘汰更新老旧转运车辆721辆，增加厨余垃圾转运车38辆。新增焚烧处理能力2850吨，建成泉州首座餐厨处理厂。

【“厕所革命”建设】 2020年，泉州市计划新建、改造城乡公厕274座，实际完成新建改造城乡公厕755座（城市公厕112座、乡镇公厕113座、农村公厕530座），完成率276%。提高泉州市公厕分布密度，推进沿街厕所对外开放，开放沿街机关事业单位、酒店内部厕所320座。结合“创城”工作，市城管部门组织对中心市区公厕导向牌设置情况进行专项巡查，对发现问题通报并要求整改，增设公共卫生间指示牌1200多处，增设残疾人通道、蹲位扶手等无障碍设施92处。

【城市供水】 2020年，泉州市结合水质提升三年行动、市委市政府“为民办实事”项目和“古城双修”行动，推进中心城区供水旧管网改造，改造供水旧管网27千米，完成投资2000万元。

【城市节水】 2020年，泉州市加强城市节水工作，评选市级节水型企业（单位、小区）12家，其中6家企业（单位、小区）获评2020年度省级节水型企业(单位、小区)。加强计划管理，对327个大用水量单位进行走访，指导开展节水管理工作。以“世界水日”“中国水周”“全国城市节约用水宣传周”为契机，多渠道多形式开展节水宣传。疫情期间出台惠企措施，免收泉州中心市区非居民生活用水超定额用水累计加价水费195万元，惠及2315户。12月22日，泉州市节水管理平台于系统上线试运行。

【城市燃气】 2020年，泉州市城镇管道天然气年用气量20亿立方米，占全省管道天然气总用气量51%以上，日最高用气量850万立方米，注册天然气用户66.8万户。全市新建及改造燃气管网173千米，实施“西三线天然气高压管网应用工程”“海西天然气管网工程德化支线对接项目”2个市级重点项目，年度总投资1.53亿元。

【户外广告管理】 2020年，泉州市开展违规户外广告隐患排查和专项整治，摸排及拆除存在安全隐患的户外广告牌283处，拆除单立体屋顶、墙面广告1.53万块，拆除不规范店招5841块，清理布条、横幅、灯箱1.38万处。

【农村生活垃圾治理】 2020年，泉州市提升乡镇生活垃圾转运系统38个，健全、完善“村收集、镇转运、县处理”的城乡一体化垃圾处理体系。完成15处非正规垃圾堆放点整治，并在住建部非正规垃圾堆放点排查整治信息系统销号。

城市园林绿化

【概况】 2020年，泉州市加快城市绿化美化步伐，城市各项绿化指标稳步增长，城市生态和人居环境持续改善。推进“山水园林、文化园林、百姓园林”建设和重要通道景观提升，中心市区完成泉州南迎宾大道、泉州北高速出口至少林路沿线，以及丰海路（山海路—金庄街）等主要通道绿化景观提升，完成西湖公园桃花岛和小山丛竹公园两个精品园林工程，中心市区新建及改造绿地面积39.86万平方米。全市新增公园绿地面积182.76公顷，新建、改造立体绿化40处、林荫景观路23条、小游园123处，城市生态和人居环境持续改善。

【城市道路绿化建设】 2020年，泉州市完成泉州北高速出口、泉州南高速出口至中心市区两条重要通道以及丰海路（山海路—金庄街）绿化景观提升，投资5700万元，建设面积26万平方米，初步建成丰海路宫粉紫荆大道，江滨北路樱花木棉大道、通港街刺桐及黄花风铃木大道、法枋路蓝花楹大道等多条景观花廊，地被则采用木本或多年生草本花卉，节省投资，花化彩化，满足市民“四季有花”的出行需求。

【公园建设和景观提升】 2020年，泉州市完成小山丛竹公园和西湖公园桃花岛两个精品园林工程，完成西湖公园东南侧街边花园该项目全长814米，建设面积2.06公顷，打造“一园一岸一廊桥”的水岸相连景观空间，融入闽南地方特色和历史文脉，彰显闽南文化的独特魅力。

【绿道建设】 2020年，泉州市中心市区完成大坪山步行环线景观项目、山线绿道工程桃花山至观音山绿廊、水线绿道等项目，构筑起长71千米的山水田园城市展示面。

【泉州植物园建设】 2020年，泉州植物园完成年度投资3.2亿元，累计投入11.68亿元。项目一期科普馆、盆艺园、棕榈阁，二期入口区大门及游客服务设施、台湾园主体完工，科普馆完成玻璃幕墙外安装、广场地铺及绿化、屋顶铺砖、屋面绿化；主入口区智能化等设备安装完成；三期工程过境交通道路施工中，完成部分路段沥青层，次入口服务设施完成主体结构。

【“古城植绿”行动】 2020年，泉州市推进街头绿地建设，中心市区新建及改造绿地面积39.86万平方米。因地制宜的建设出具有城市特色的街角绿地公园环境，为人们提供休闲、娱乐的场所。营造“推窗见绿、转角见绿、散步见园”的生态环境。

2020年3月24日，作为泉州旧八景之首的“小山丛竹”复建工程一期景观和建筑类修复完工，图为小山丛竹书院外观　（图/吴寿民）

【城市花化、彩化工程建设】 2020年元旦、春节、劳动节、国庆节等节日期间，泉州市中心市区主要路段、节点绿地进行花化彩化工作，种植时花扮靓城市街头，完成时花种植5万余平方米。在市区各主要道路、渠化岛、重要景观节点等更换、种植时花3.9万平方米，站前南北大道、江滨北路、丰海路、山海路、刺桐路等。为衬托节日氛围，种植的时花大多采用红色、橙色等亮色系的品种，主要包括孔雀草、赤壁鸡冠、矮牵牛、石竹、凤仙等。在丰海路法石片区、道路绿地营造自然生态花海景观，种植醉蝶花1.2万平方米。

建筑业

【概况】 2020年，泉州市建筑企业完成建筑业总产值突破2000亿元，实现正增长，其中，完成建筑业省外产值约1096亿元，比上年增长7.21%，产业外向度54.8%；一级以上企业完成产值约1184亿元，比上年增长7.72%，产业集中度59.2%。

【建筑业稳产提质】 2020年，泉州市印发《促“六稳”“六保”建筑业稳产提质行动方案》，选取106家合同潜力较好、综合实力较强的建筑企业进行重点帮扶。组织建筑企业与银行机构对接争取融资贷款，推动147家建筑企业申请纾困资金8.2亿元。举行2020年建筑业银企对接活动，7家建筑企业与5家银行签约，签约总金额60.24亿元。6家银行向泉州市建筑行业协会签订战略合作协议，授信总额600亿元。

【建筑业转型升级】 2020年，泉州市按照“扶优扶强、做专做精”的原则，引导和帮扶建筑企业提升资质等级，对接106家综合实力较强的企业，实施点对点帮扶。全市建筑业总承包、专业承包企业发展到1415家，其中特级总承包企业4家，一级总承包、专业承包企业256家，占比18.4%。全年企业晋升一级总承包2家，晋升一级专业承包20家；招引回归一级总承包3家，一级专业承包9家。企业经营领域不断拓宽，巩固房屋建筑、市政基础设施、装饰装修、建筑幕墙、古建筑传统专业，向公路、水利、港航、通信、隧道等专业拓展，形成优势专业突出、各专业齐备的建筑业格局。公路、水利、港航、隧道、古建筑等稀缺专业企业总数496家，占比35%。

【装配式建筑发展】 2020年，泉州市装配式建筑新开工项目58个，新增建筑面积207万平方米。新建成省五建装配式建筑产业基地，有装配式建筑产业PC基地4个，钢结构生产基地4个。方圆建设集团有限公司获国家装配式建筑示范基地称号，洲建集团有限公司代表泉州参加福建省“十三五”装配式建筑成果展，该企业的装配式建筑装修研究院、产业孵化基地、众创空间平台、装配式装修示范样板和工艺展示馆，引起各行业组队参观学习。开发“装配式建筑信息化管理平台”，辅助装配式建筑认定工作，实现装配式建筑认定流程可视化、资料存储数字化、管理信息化。

【市场监管】 2020年，泉州市修订建筑施工企业和招标代理机构的行业监管文件，从体制、机制方面规范行业秩序。开展建筑市场监督检查，组织综合执法检查2次，其中建筑市场执法随机抽51个在建工程项目，主要核查建设单位、施工单位、专业承包单位和劳务分包单位的发包与承包关系，发出50份《建筑市场行为督促整改通知书》和10份《建筑市场行为执法建议书》。开展招标代理机构成果文件检查，检查151份成果文件，进行信用扣分1600分，对成果文件质量较好的20家企业通报表扬，对10家企业通报批评。

【建筑业企业减负】 2020年，泉州市推进建筑业企业减负，对建筑行业协会会员企业实行年度投标保证金制度，对全市房建和市政工程施工招标实行电子投标保函形式，对信用较好的施工企业实行上限缴存工资保证金、现金置换保函保证金的形式，落实现金置换保函760万元，5家企业获准上限缴存保证金，1家连续3年守信免缴。

房地产业

【概况】 2020年，泉州市坚持“房子是用来住的，不是用来炒的”定位，落实“稳地价、稳房价、稳预期”要求，深化分片区精准调控措施，防范化解市场风险。面对新冠肺炎疫情冲击，开展房地产业“六稳”“六保”追赶行动、秋季攻坚行动、年终冲刺行动，加快房地产项目建设和销售，多措并举增投资、促销售。多渠道增加市场供应，将预售形象进度下调至±0.0，每月制定可预售房地产项目明细表，并严抓落实。出台《关于促进市级投资项目剩余安置房源上市交易的工作方案》，盘活存量房源，增加房地产市场供给。开展商品房市场拓展活动，指导各县（市、区）根据辖区实际开展商品房促销活动，增加市场活力。推进项目建设提速，对近年来供地项目进行梳理，督促供地未开工项目尽快开工；多次召开现场调度会，加强对在建项目的跟踪服务，协调开发企业加快建设、扩大投资。是年，全市有房地产开发企业1207家，其中一级企业5家，二级企业48家，三级企业227家，四级企业158家。全年完成房地产开发投资962.83亿元，比上年增长5%；商品房销售1496.5万平方米，比上年下降2.9%。

【存量房交易】 2020年，泉州市存量房交易516.0万平方米，比上年增长12.1%，其中存量住房交易382.02万平方米，比上年增长12.6%。市本级存量房交易147.56万平方米，比上年下降3.8%，其中存量住房交易125.16万平方米，比上年增长6.6%。

【商品房价格】 2020年，泉州市全市商品房均价9050元/平方米，比上年上涨6.4%，其中商品住房均价9204元/平方米，比上年上涨8.0%。市本级商品房均价10310元/平方米，比上年上涨10.5%，其中商品住房均价10118元/平方米，比上年上涨14.7%。

【商品房库存】 2020年，泉州市商品房库存1323.11万平方米，去化周期13.0个月，总体合理可控；其中，商品住房库存835.05万平方米，去化周期9.9个月，非住宅库存488.07万平方米，去化周期27.5个月。市本级商品房库存350.32万平方米，去化周期11.8个月，其中，商品住房库存202.93万平方米，去化周期8.0个月，非住宅库存147.39万平方米，去化周期32.4个月。

【物业服务】 2020年，泉州市2033个住宅小区中有1131个交由物业企业进行管理，903个由业主自治或由社区管理，按管理面积计算，全市住宅小区物业管理覆盖率90.6%；已成立767个业委会，其中包含“红色业委会”410个。全市物业服务企业党组织覆盖的小区285个，占全部物业小区的25.2%。全市成立小区党支部729个，占全部住宅小区的35.6%。全市覆盖物业矛盾纠纷调解机制的住宅小区1200个，累计化解物业矛盾纠纷4945起。全市有物业服务企业478家，物业从业人员2.65万人。

教　　育

责任编辑：刘楷彬

综　述

【各级各类学校基本情况】 2020年，泉州市有全日制各级各类学校3347所，在校生198.90万人，教师13.11万人。其中，高等学校18所，研究生招生数2261人，在校生6219人；普通本专科招生数5.82万人，在校生17.45万人；成人本专科招生数9024，在校生1.85万；中等职业教育学校31所，招生3.17万人，在校生8.58万人；技工学校6所，招生4151人，在校生7820人；普通中学329所，招生17.06万人，在校生47.55万人；小学1321所，招生14.51万人，在校生81.82万人；幼儿园1632所，招生14.72万人，在园幼儿39.63万人；特殊教育学校10所，招生1097人，在校生6084人。全市各级各类学校教职工13.11万人，其中专任教师10.49万人；普通高等学校教职工1.22万人，其中专任教师8556人；中等职业教育学校教职工3853人，其中专任教师3249人；技工学校教职工429人，在校生335人；普通中学教职工3.95万人，其中专任教师3.38万人；小学教职工3.75万人，其中专任教师3.71万人；幼儿园教职工3.71万人，其中专任教师2.14万人；特殊教育学校教职工517人，其中专任教师452人。

2020年7月7—8日，泉州市4万多名考生在12个考区48个考点1493个考场参加全国统一高考，图为考生进入泉州九中考点　　（图/吴寿民）

【教育投入】 2020年，泉州市教育经费总投入235.81亿元，比2019年的220.32亿元增长7.03%。其中，地方教育经费235.79亿元，比2019年的220.28亿元增长7.04%；财政性教育经费181.87亿元，比2019年的167.21亿元增长8.77%。

【教师队伍建设】 2020年，泉州市教育局下发《关于健全长效机制制加强新时代中小学师德师风建设的通知》，配套出台教师职业行为负面清单和违反师德行为处理规定；2020年遴选推荐140名教师（教育工作者）获评福建省优秀教师（教育工作者）称号，公布2020年泉州市“教育世家”34户。泉港、市直、永春、石狮、晋江、台商区持续推进师资调配改革工作，并新增德化、南安、洛江、安溪、惠安启动中小学教师“县管校聘”管理体制改革。全市2862名义务教育教师参与县域内校际交流，交流人数占应交流数12.68%，其中712名骨干教师参与交流，交流骨干教师占交流总数24.88%。全市通过省新任统一招考、公费师范生专项招聘、面向研究生和教育部部属院校本科毕业生开展专项招聘、遴选优秀教师、公费师范生双选会和编外教师公开招聘等方式补充公办中小学、幼儿园新任教师3262人。继续实施名师名校长培养工程和领航团队培养工程，培训市级学科带头人201名、骨干教师1449名，认定市级名校长95名、市名师30名、市学科带头人27名；组织第三批领航团队成员30名到上海开展集中研修、到深圳名校挂职跟岗，全年培训乡村校长教师810名、初中校长教师312名、普惠性民办幼儿园教师109名、融合教育师资174名。落实乡村教师生活补助，推动市本级和县（市、区）按省定要求落实义务教育教师平均工资收入水平不低于当地公务员平均工资收入水平。

【城乡义务教育经费保障】 2020年，泉州市落实省政府进一步完善城乡义务教育经费保障机制的实施意见，全市义务教育公办学校生均公用经费按省定基准定额或高于省定基准定额拨款，其中小学750元、初中950元，泉州市本级高于省定标准250元；对公办寄宿制学校学生，按每生每年400元标准增加安排公用经费，足额落实对寄宿制学校和小规模学校增加公用经费的规定；特殊教育学校按普通初中生均公用经费10倍安排生均公用经费。全市城乡义务教育经费投入135.85亿元，其中财政性经费121.75亿元，占义务教育经费投入89.62%。

【校舍建设】 2020年，泉州市义务教育薄弱环节改善与能力提升项目363个，规划改扩建、加固校舍面积14.70万平方米，开工面积16.39万平方米，竣工面积11.48万平方米，完成投资2.699亿元；完成设施设备购置6108.04万元。中小学校舍安全长效保障机制建设项目47个，全部开工建设，完成投资1.81亿元。公办幼儿园建设项目44所，规划建设面积24.51万平方米，总投资9.34亿元，全部开工建设，完成投资5.03亿元。其中，20所入选市委、市政府为民办实事项目，规划建设面积11.44万平方米，完成投资2.55亿元；31所入选省委、省政府为民办实事项目，规划建设面积18.69万平方米，总投资6.53亿元，完成投资4.46亿元。截至“十三五”期，全市新改扩建中小学及设施设备等采购项目1615个，新增学位18.3万个，完成投资41.89亿元；新改扩配建公办园217所，新增学位7万个，完成投资33.8亿元。

【助学与教育扶贫】 2020年，泉州市安排学生资助资金3.9亿元，惠及学生35万人次。覆盖各个教育阶段。全年办理生源地助学贷款1.87万笔，经办银行放款1.3亿元，支付生源地信用助学贷款风险金及贴息539.47万元。市本级、市属高校及12个县（市、区）的学生资助中心全部通过省级标准化达标验收，合格率100%。

【教育督导】 2020年，泉州市教育局做好省“对市督导”迎检工作，通过省政府年度网络评估，针对省上评估反馈意见，跟踪问题整改情况。开展教育“两项督导”评估工作，组织对南安市和安溪县的“两项督导”开展市级核查和跟踪，并通过省级督导评估。对已通过省级督导评估的10个县（市、区），开展问题整改和水平提升跟踪督导，巩固提高督导评估成果。深化实施责任督学挂牌督导制度，加强幼儿园责任督学挂牌督导工作，全市配备责任督学1076名，实现公民办中小学和幼儿园挂牌督导全覆盖。按照“安全、规范、有序”的原则要求，组织8个县（市、区）参加国家和省义务教育质量监测，内容涵盖语文、数学、英语、科学、道德与法制、体育与健康、艺术7个学科。

【招生考试】 2020年，泉州市8814人参加硕士研究生入学考试。高考报名4.44万人，比2019年减少697人，减幅1.5%。高职扩招专项招生报考1568人。1.78万人报考各类成人高校，比2019年增加3800人，增幅27.09%。1月参加高中学考的考生有31.28万科次。6月参加高中学考的考生有19.33万科次。自学考试上半年报考1.39万人，3.15万科次；下半年报考1.36人，3.18万科次。全国计算机等级考试下半年2.1万人报名。全国大学英语四、六级考试及高等学校英语应用能力考试，上半年四级2.16万人、六级7791人、日语四级32人、法语四级23人。下半年四级2.43万人、六级1.1万人、应用能力B级5057人。全国英语等级考试下半年报考人数分别为：笔试880人、口试356人。福建省新增教师编制公开招聘全市1.73万人报名考试。全国中小学幼儿园教师资格考试下半年笔试报名人数3.09万人，面试报名人数8976人。中考9.18万人，初二年地理、生物学考10.27万人。4588人参加专升本考试，比2019年增加1071人。

【民办教育】 截至2020年秋，泉州市有民办学校1123所，其中中等职业学校8所、高中16所、初中13所、小学28所、幼儿园1058所。全市有非学历教育培训机构758所，其中在教育部门办理办学许可证的356所；无证非学历教育培训机构402所，其中限期整改的教育机构301所，依法被取缔的无证教育机构169所。全市有1所民办高中通过省三级达标高中的验收，6所民办园被评为“福建省示范园”，16所民办园被评为“泉州市示范园”。

民办教育分类改革　根据省政府文件精神，在充分调研和征求各县（市、区）、各相关部门的意见后，市教育局拟定泉州市民办教育分类改革实施意见，经市委常委会议和市政府常务会议分别研究通过，市政府于7月出台《泉州市人民政府关于推进泉州市民办教育分类管理改革与发展的实施意见》，对泉州市民办学校实行非营利性和营利性分类管理。

民办教育联席会议制度　经市政府同意，由市教育局牵头于12月建立由市发改委等部门参加的民办教育联席会议制度，加强对泉州市民办教育发展中重点难点问题的协调解决，优化民办教育发展环境，促进泉州市民办教育健康发展。

无证园专项整治　5月出台《关于我市民办幼儿园和校外培训机构消防审验有关问题的通知》，解决长期困扰无证园办证的消防审验问题，加快无证园办证进度。截至12月10日，泉州市已完成无证民办幼儿园的整治任务。全市原有无证幼儿园308所，其中已取缔90所、已办证（含临时办学许可证）218所。

校外培训机构专项治理　根据疫情防控要求，由市教育局牵头，做好校外培训机构恢复线下培训工作，开展校园周边校外培训机构专项治理行动的，做好迎接中央督察前准备工作。经摸排，全市有面向中小学生的校外培训机构702家，其中证照齐全的355家、无证有照的225家、无证无照的122家。对证照不全，但符合设置标准的，且不存在安全隐患的，引导其办理相关证照；对存在建筑、消防、饮食卫生等安全隐患的，限期整改；对在规定期限不能完成整改的，予以关停；对无证无照的，依法予以关停取缔。9月公布第四批“黑白名单”111家（白名单80家、黑名单31家）。

民办学校监管检查　市教育局强化监管力度，结合年检工作，对泉州实验中学、泉州外国语学校、仰恩大学附属中学和泉州市第三实验小学实行“双随机一公开”监管检查，通过随机选派执法检查人员组成检查小组，采用书面材料审核和实地检查的形式，对检查中存在的问题责成各民办中小学进行整改。

2020年泉州市民办学校基本情况表

表26

地区	民办学校总数（所）	民办中职				民办中学									民办小学				民办幼儿园			
		学校数（所）	在校生数（人）	教职工数（人）		学校数（所）						在校生数（人）	教职工数（人）		学校数（所）	在校生数（人）	教职工数（人）		学校数（所）	在校生数（人）	教职工数（人）	
				小计	其中：专任教师	小计	初级中学	高级中学	完全中学	九年一贯制	十二年一贯制		小计	其中：专任教师			小计	其中：专任教师			小计	其中：专任教师
全市合计	1123	8	11528	624	443	29	3	1	9	10	6	62009	5755	4226	28	20166	1927	1266	1058	199293	25000	14287
市直学校	3	0	0	0	0	3	0	0	3	0	0	9803	877	731	0	0	0	0	0	0	0	0
鲤城区	41	0	0	0	0	3	0	0	2	1	0	8274	738	604	3	3089	415	243	35	7309	922	520
丰泽区	94	2	6227	270	214	4	2	0	1	0	1	7844	691	482	3	4823	443	347	85	15989	2390	1384
洛江区	39	0	0	0	0	2	0	0	0	0	2	4408	498	372	1	16	5	4	36	7251	903	507
泉港区	49	2	737	53	38	2	0	0	0	2	0	2594	327	185	2	281	52	30	43	9543	1085	636
石狮市	114	0	0	0	0	2	0	0	0	2	0	3730	353	238	1	307	54	29	111	21933	2885	1621
晋江市	208	0	0	0	0	7	1	1	1	2	2	13365	1131	823	11	9727	731	480	190	39400	4993	2815
南安市	237	2	2541	144	105	1	0	0	0	1	0	493	103	54	1	239	16	14	233	35317	4757	2849
惠安县	113	0	0	0	0	3	0	0	1	1	1	7312	716	481	2	1228	149	79	108	22747	2428	1361
安溪县	118	0	0	0	0	1	0	0	1	0	0	3427	261	208	0	0	0	0	117	21849	2514	1327
永春县	8	0	0	0	0	0	0	0	0	0	0	0	0	0	0	0	0	0	8	1787	247	132
德化县	42	0	0	0	0	0	0	0	0	0	0	0	0	0	1	9	10	5	41	8223	789	487
泉州开发区	7	0	0	0	0	0	0	0	0	0	0	0	0	0	0	0	0	0	7	2027	269	144
泉州台商投资区	50	2	2023	157	86	1	0	0	0	1	0	759	60	48	3	447	52	35	44	5918	818	504

【特殊教育】 2020年，泉州市特殊教育招生1101人，有特教学校10所，在校生6098人，市直特教学校1所362人。义务教育阶段附设特教班34个，特殊教育资源中心13个，普通学校资源教室67个，义务教育“三类”残疾儿童入学率98%。市财政经费特殊教育支出逐年增长，财政生均公用经费提高到普通初中的10倍及以上。全市残障学生全部享受“四免两补”政策，全面实施学前、义务、高中（职业）阶段15年免费教育。在招生意见中明确保障适龄残疾儿童少年受教育权利，建立市、县两级教育、卫健、残联、民政等部门联动机制，成立残疾人教育评估安置专家委员会，科学提出教育安置意见，落实“一人一案”教育安置。在完善泉州市、晋江市特殊教育学校自闭症教学部和自闭症班基础上，惠安县特殊教育学校单独创办1个自闭症班。推动特殊教育向学前和高中阶段“两头延伸”。泉州市第一所融合教育实验幼儿园——泉州市特殊教育学校附属泉州市培蕾实验幼儿园面向社会招收残疾和健全幼儿50人。经批准成立“泉州市至善残疾人职业教育中心”，承担残障学生职业培训、毕业实习及就业创业孵化。在全市确认22个普通学校（园）融合教育试点校（园），市财政落实拨付220万元。加强师资培训，选派特殊教育学校校长、特殊教育教师和工作者参加各类培训，邀请知名专家学者对兼职自闭症专业教师、随班就读基地校、融合试点校和特教班教师等进行培训指导。按照《泉州市融合教育师资培训实施方案》，开展学前师资融合教育培训，将特殊教育培训纳入新教师入职培训重要内容。落实省定中级和高级岗位比例提升标准，特殊教育教师高、中、初级岗位比例全部调整为2.5∶5.0∶2.5，逐步提升特殊教育教师岗位职数比例，促进收入分配向特殊教育教师等特岗教师倾斜，在泉州市教育系统评优评先等方面向特殊教育教师倾斜。

学前教育

【概况】 2020年，泉州市学前教育财政投入13.6亿元，占全市各级各类教育财政投入7.48%，比上年增长0.81个百分点。市教育局推动落实小区配套幼儿园建设联审联批制度和城镇小区配套幼儿园专项治理、无证幼儿园整治工作。推进示范性幼儿园建设，提高优质资源覆盖率，各级示范性幼儿园在园幼儿数占全市41.23%，比上年增长6.03个百分点。截至年底，全市有独立幼儿园1632所，其中公办性质幼儿园573所（公办370所、集体办203所）、民办幼儿园1059所（其中普惠性民办园825所）。小学附设学前班（幼儿班）465个。在园幼儿数39.63万人，其中外来务工随迁子女10.43万人，占比26.32%。学前三年入园率98.72%，公办率51.63%，普惠率89.91%，优质资源覆盖率41.23%，学前教育入园率、公办率和普惠率达到省定2020年指标要求。

【普惠性学前教育】 2020年5月，中共泉州市委教育工作领导小组在福建省率先出台《关于印发〈泉州市推动学前教育深化改革规范发展的十条措施〉的通知》，将学前教育公办率、普惠率两项指标纳入市对各县（市、区）政府考评指标体系，督促各地落实政府责任。贯彻落实《福建省教育厅、福建省财政厅关于加强普惠性民办幼儿园认定与管理工作的指导意见》精神，调动社会资本举办普惠性幼儿园的积极性，促进更多的民办幼儿园提供普惠性教育服务。全市普惠性民办园825所，占民办园总数的77.90%。加大财政扶持，争取省级普惠性民办园奖补资金1951.23万元，下达市级奖补资金730.29万元，各县（市、区）公办园生均公用经费财政拨款均已达到或超过省定600元/生·年标准，督促各县（市、区）按生均补助标准足额拨付给普惠性民办园，让政府性财政支出更多惠及普通民众。

【各级示范园创建】 2020年，泉州市鼓励扶持幼儿园（包括民办园）创建示范园，市级财政对省、市级示范幼儿园分别给予20万元、15万

2020年10月，泉州市丰泽幼儿园城东园区开园，图为该园教学楼外观（图/市教育局）

元的奖励，县级示范幼儿园由各县（市、区）参照制定奖励措施。新增评估确认11所市级示范幼儿园、42所县级示范幼儿园，其中新增的市级示范幼儿园分别为丰泽区第六中心幼儿园、洛江区万安中心幼儿园、石狮市永宁中心幼儿园、石狮市第五实验幼儿园、晋江市金井镇双山中心幼儿园、晋江市东石镇井林中心幼儿园、晋江市永和镇中心幼儿园、晋江市安海镇苗苗中心幼儿园、南安市第二幼儿园、南安市第三幼儿园、惠安县城南第二实验幼儿园。全市各级示范园433所，其中省级50所、市级63所、县级320所。

【幼儿园办园行为专项督导】 2020年，泉州市教育督导室按照5年一周期的评估要求和分级督导评估职责，委托第三方评估公司，在2019年县级督导评估的基础上，按照10%的比例抽取18所幼儿园进行市级复评和整改跟踪，促进幼儿园规范办园行为。

【学前教育优质发展】 2020年8月，泉州市教育局、中共泉州市委机构编制委员会办公室、泉州市财政局、泉州市人力资源和社会保障局印发《泉州市教育局等四部门关于印发泉州市学前教育“总园+”办园体制改革实施方案（试行）的通知》，探索推动优质公办园集团化办学新模式，幼儿园名园办分园达27个，扩大优质资源覆盖面。培育96所学前教育省级保教改革建设幼儿园，组织开展40所省级第二批保教改革建设幼儿园中期评价工作，丰泽区娃娃兵幼儿园、安溪县第十一幼儿园和德化县第二实验幼儿园接受省教育厅评价指导。建立“市—县（市、区）”“县—镇（乡）”“镇（乡）—村”三级结对帮扶机制，下发《关于进一步规范管理泉州市农村小学附设学前班（园）和幼儿教学点的通知》，开展示范园100%精准帮扶乡村小规模学校附设幼儿园（班）工作，提升民办幼儿园、农村薄弱幼儿园管理水平和保教质量。10月，在泉州市温陵实验幼儿园（东海园区）和丰泽区第四中心幼儿园举行泉州市幼儿园“教坛新秀”评选活动，评选出40名幼儿园“教坛新秀”，促进幼儿园教师专业发展。

2020年泉州市幼儿适龄人口入园分县（市、区）情况表

表27

地区	园内外适龄幼儿数（3～5岁）（人）		在园内适龄幼儿数（3～5岁）（人）		入园率（%）	在园幼儿数（人）	毛入园率（%）
	小计	其中：女	小计	其中：女			
合计	398936	176838	393845	166973	98.72	396290	99.34
鲤城区	22315	9902	22315	9902	100.00	22318	100.01
丰泽区	25642	11278	25642	11278	100.00	25650	100.03
洛江区	12181	5239	12006	5164	98.56	12015	98.64
泉港区	18322	8143	18070	8068	98.62	18245	99.58
惠安县	38538	16389	37844	16093	98.20	37844	98.20
安溪县	45593	20131	44732	19731	98.11	45057	98.82
永春县	17278	7522	16971	7408	98.22	17119	99.08
德化县	19717	8501	19454	8383	98.67	20147	102.18
石狮市	32798	14759	32306	14032	98.50	32306	98.50
晋江市	82540	36617	81712	35955	99.00	82403	99.83
南安市	71757	33057	70692	30959	98.52	71058	99.03
泉州台商投资区	12255	5300	12101	5233	98.74	12128	98.96

义务教育

【概况】 2020年，泉州市近67%财政性教育经费投入义务教育。市教育局完成第二批义务教育教改示范性建设学校中期绩效评估工作。加强对全市171所（其中小学132所、初中39所）省级义务教育教改示范性建设学校培育指导，示范带动区域教育教学改革、提升教育质量。实施普通中学学生学业质量监测，建立完善学生学业质量监测、反馈、指导系统。截至年底，全市有小学1321所，一年级招生14.51万人，在校生81.82万人，学龄入学率100%。小学有1.94万个班级，

2020年，洛江区白洋小学被推荐为教育部第二批乡村温馨校园建设典型案例学校，图为该校学生在打篮球　（图/市教育局）

56～65人班级202个，大班额占比1.04%，比2019年减少234个，减少1.27个百分点，基本消除大班额。加强联防联控，实现控辍保学台账动态“清零”。全市普通中学329所（其中初级中学180所、完全中学108所、十二年一贯制学校8所、九年一贯制学校28所）。初中一年级招生12.08万人，在校生33.43万人，毕业生102812人，初中学龄人口入学率99.6%，毛入学率103.55%。

【办学机制体制改革】　2020年，泉州市教育局推进城区小片区管理、农村薄弱校“委托管理”、集团化办学以及“名校办分校”“老校带新校”“强校扶弱校”，扩大优质资源覆盖面，缩小城乡办学差距，促进教育公平，更好实现优质均衡发展。全市城区义务教育学校小学“小片区管理”学校302所，小片区98个，参加小片区管理学校922所，片区内教师交流1267人，开展捆绑考核片区81个。农村薄弱学校“委托管理”承担托管任务学校（优质小学）45所，农村受托管理学校（农村薄弱学校）学校54所、教师963人、学生2.06万人，双方学校交流教师261人。小学办学集团12个，集团内龙头学校教师1620人、学生2.75万人，集团内成员学校66所、学生11297人。全市城区义务教育初中学校“小片区管理”学校93所，小片区19个，参加小片区管理学校数（含参与小片区管理的镇区、乡村学校）63所，片区内教师交流总数325人，开展捆绑考核片区数14（个）。农村薄弱学校“委托管理”承担托管任务学校数（优质中学）10 所，农村受托管理学校（农村薄弱学校）10所、教师535人、学生7810人，双方学校教师交流105人。初中集团化办学集团7个，集团内龙头学校教师1548人、学生1.63万人，集团内成员学校9所、学生1.27万人。

【义务教育管理标准化学校建设】　2020年，泉州市教育局继续以“义务教育管理标准化学校”创建为抓手，深化义务教育学校管理改革，促进学校依法办学与科学管理，推动学校内涵发展与质量提升。全市新增251所小学被确认为“福建省义务教育管理标准化学校”（乡村小学243所），“福建省义务教育管理标准化学校”小学达到678所（乡村小学472所），占义务教育学校（小学）总数51.32%。

【进城务工人员随迁子女就学】　2020年，泉州市强化流入地政府责任，鼓励公办初中学校通过挖潜、扩招等办法扩大招收辖区内的随迁子女就近接受义务教育，健全以居住证为主要依据的随迁子女义务教育入学政策，加强对随迁子女的教育管理服务，确保符合要求的随迁子女能够应入尽入，保障义务教育阶段随迁子女入学权利。全市义务教育学校随迁子女在校生37.68万人，占比33%，规模全省最大，义务教育阶段随迁子女93.02%在公办学校就读。市教育局被国务院农民工工作领导小组授予“全国农民工工作先进集体”称号。在2020年中国城市流动人口社会融合评估中，泉州市流动人口随迁子女教育评估得分排名全国第一。

【小升初免试就近入学】　2020年，泉州市教育局落实“公民同招”，推动义务教育学校免试就近入学全覆盖。严禁以各类考试、竞赛、培训成绩或证书证明等作为招生依据，不得以面试、考试等名义选拔学生。民办义务教育学校招生纳入审批地统一管理，与公办学校同步招生；对报名人数超过招生计划的，全部实行电脑随机派位录取。即严格执行“两个100%”（100%网上报名、100%随机录取）和“三个统一”（教育行政部门统一建立招生平台、统一组织报名、统一组织电脑派位录取）。

【乡村教育发展】　2020年，泉州市教育局贯彻落实乡村振兴战略，推进乡村小规模学校标准化建设，探索将乡村小学办成小而美、小而优的新学校样态。全市有乡村小规模学校（小学）199所，其中完全小学158所、教学点41个，均已通过市级评估，达到省定基本办学标准。遴选市级乡村温馨校园14所，安溪县金谷镇芸美小学被省教育厅确定为第一批省级乡村温馨校园建设典型案例学校，推荐洛江区白洋小学、永春县外山小学、泉州台商投资区塘头小学参评第二批省级乡村温馨校园建设典型案例学校。

【教学改革项目培育】　2020年，泉州市教育局按照省级统筹、市县推进、学校实施的工作机制，培育132所小学义务教育教改示范性建设学校。按照省教育厅中期绩效评估工作方案，立足泉州发展实际，下发《泉州市教育局关于开展第二批福建省义务教育教改示范性建设学校中期绩效评估工作的通知》，对全市第二批65所小学“福建省义务教育教改示范性建设学校”进行中期绩效评估，力求通过业务指导、交流互动和绩效评价，抽取市级专家组指导各地各校坚持问题导向，查找差距，探索泉州教改运作模式，扩充泉州市义务教育优质资源，打造泉州品牌。

【教育教学质量提升】　2020年，泉州市教育局会同泉州市教科所做好2019年福建省义务教育阶段教育质量监测问题整改，针对科学、道德与法治学科存在的学业成绩有待提高、学生课业负担重等问题，从学业质量、德育状况、课程开设、条件保障、教师配备、学科教学和学校管理等相关影响因素分析原因，提出整改措施，发挥质量监测指挥棒和体检作用，提高教育教学质量。深化基础教育课程改革，督促学校开齐开足课程，规范教学用书以及教辅材料征订工作。11月，在南安市第二小学和南安市第五小学举行2020年泉州市小学“教坛新秀”评选活动，分别评出小学“教坛新秀”56名和小学青年教师课堂教学三等奖14名，打造一支高素质专业化创新型师资队伍。实施普通中学学生学业质量监测，建立完善学生学业质量监测、反馈、指导系统，召开2020年中考质量反馈会，科学应用大数据，运用信息化手段加强数据分析研究，针对性改进日常教学与学校管理。全市中考单科及格率82.05%、全科及格率56.48%，全市初中学生三年巩固率98.83%，中考成绩全省走前列。

【小学课后服务试点】　2020年，泉州市教育局做好课后服务的调研、协调、指导、推动工作。全市小学开展课后服务246所，占学校总数19%，参与课后服务学生18.28万人，占在校生22%，参与教师7千多人，市级下拨补助535.25万元（市财政从教育部门专项安排413.28万元、市总工会补助121.97万元）。

2020年泉州市小学教育普及分县（市、区）基本情况表

表28

地区	校内外学龄人口总数（人）	在校学龄人口总数（人）	学龄入学率（%）	在校学生数（人）	毛入学率（%）
合计	811684	811476	100	818225	100.81
鲤城区	52939	52939	100	52952	100.02
丰泽区	44889	44883	100	45181	100.65
洛江区	20991	20991	100	21079	100.42
泉港区	34834	34632	100	34834	100.00
惠安县	70483	70483	100	70631	100.21
安溪县	105936	105936	100	108818	102.72
永春县	38547	38547	100	38760	100.55
德化县	29234	29234	100	29334	100.34
石狮市	66570	66570	100	67056	100.73
晋江市	187437	187437	100	189050	100.86
南安市	139362	139362	100	139887	100.38
泉州台商投资区	20462	20462	100	20643	100.88

2020年泉州市初中教育普及分县（市、区）基本情况表

表29

地区	校内外学龄人口总数（人）	在校学龄人口总数（人）			学龄入学率（%）	在校学生数（人）			毛入学率（%）
		小计	普通初中	职业初中		小计	普通初中	职业初中	
合计	322863	321575	321575	0	99.6	334330	334330	0	103.55
鲤城区	28856	28855	28855	0	100	29450	29450	0	102.06

续表29

地区	校内外学龄人口总数（人）	在校学龄人口总数（人）			学龄入学率（%）	在校学生数（人）			毛入学率（%）
		小计	普通初中	职业初中		小计	普通初中	职业初中	
丰泽区	18626	18626	18626	0	100	18995	18995	0	101.98
洛江区	8362	8362	8362	0	100	8609	8609	0	102.95
泉港区	12865	12538	12538	0	97.46	12753	12753	0	99.13
惠安县	23643	23574	23574	0	99.71	24325	24325	0	102.88
安溪县	54083	53271	53271	0	98.5	56871	56871	0	105.16
永春县	15928	15928	15928	0	100	16192	16192	0	101.66
德化县	11230	11170	11170	0	99.47	11388	11388	0	101.41
石狮市	24655	24651	24651	0	99.98	25999	25999	0	105.45
晋江市	66949	66934	66934	0	99.98	69950	69950	0	104.48
南安市	49964	49964	49964	0	100	51796	51796	0	103.67
泉州台商投资区	7702	7702	7702	0	100	8002	8002	0	103.9

普通高中教育

【概况】　2020年，泉州市教育局成立泉州市普通高中课程教学指导委员会，提高高中课程教学建设专业化水平。组织开展高考综合改革背景下的质量提升工作研讨，加强普通高中新课程方案、学科课程标准研训，开展新教材培训。全市呈现优质学校竞相发展、高考质量稳中有升的态势。截至年底，全市有普通高中121所（其中高级中学5所、完中108所、十二年一贯制8所），普通高中招生4.98万人，毕业生4.27万人，全市在校生14.12万人，其中进城务工人员随迁子女在校生4.8万人。全市有省级达标高中89所。

【中考中招制度改革】　2020年，泉州市教育局做好初中毕业升学考试组织工作，全市10.27万名考生报名参加初二年会考，9.18万名考生报名参加初中毕业升学考试。实行基于初中学业水平考试成绩、结合综合素质评价的招生录取模式，继续实行省一级达标高中等优质普通高中招生总计划按不低于50%的比例定向分配至各初中学校的做法，促进初中学校均衡提升。明确要求公办普通高中的自主招生要遵守相关规定，在中考结束后10天内按自主招生办法和程序组织自主招生；完善全市统一的中考中招信息管理系统，规定凡升入泉州市普通高中学校学习的学生，均需经过泉州市中考中招信息管理系统统一录取，全市普通高中招生秩序进一步规范。

【普通高中建设与发展】　2020年，泉州市教育局统筹指导11所省示范建设高中修订建设方案、落实对口帮扶和特色体育项目建设，培育13所省级和20所市级高中课程改革基地校、20所市级特色高中、10所泉州市学科教学联盟基地校建设。

【达标高中复查评估】　2020年，泉州市教育局开展省达标高中建设，以评促建、评建结合，加强达标复查的过程性指导，推动学校对标整改、依法办学、提升内涵。培育指导3所普通高中申报省一级达标高中，4所中学晋级省二级达标高中，1所中学创建省三级达标高中，2所中学进行三级达标高中复评。

【教育科研】　2020年6月，泉州市教育局确定立项201项基础教育教学改革专项课题。12月，组织泉州市教育科学“十三五”规划（第二批）257项研究立项课题结题验收工作，并发文公布验收结果。编辑出版《泉州教育》4期60多万字，《泉州教育》（电子版）12期100多万字，加强对泉州教育的宣传力度。组织2020年泉州市基础教育教学成果奖评审工作，选出73项教学成果为2020年泉州市基础教育教学成果奖，其中特等奖15项、一等奖26项，二等奖32项，并推荐24项成果参评省基础教育教学成果奖，其中2项获特等奖、5项获一等奖、7项获二等奖。通过优秀课题研究成果展览、课题研究公开课观摩研讨、课题研究成果分享交流讲座、课题研究实施专题辅导讲座等形式推广泉州市教育科学规划课题的优秀成果，为基层学校送去优质的教科研服务，指导帮助基层学校教师提升教科研能力和水平，全年开展12场教科研成果推广运用活动。

【教学教研】 2020年，泉州市名师工作室领衔名师组织线上讲座培训及跟岗活动，共173人参加跟岗培训，提升培训心得800多篇。名师与青年教师同课异构，依托名师工作室开展教科研活动105场次。市教育局组织泉州市初中各学科教学教研指导组成员，编写《泉州市应对疫情防控延期开学的初中毕业班教学建议》，按九个学科分别形成《泉州市2019—2020学年度下学期初中毕业班复学后教学建议》，并根据教学实际和课标要求，组织网上授课。初一年七个中考学科确定86节课，初二年六个中考学科确定68节课，共确定154节课，分别以直播和点播两种方式提供学生自主选择。把教学教研深入基层一线，以实际行动执行《乡村教师支持计划》。开展送教送研下乡及“订单式”研修活动，将优质教育资源直接送到亟须的基层学校。各学段各学科送教送研下乡72场次，涵盖全市各县（市、区）。高中教研室注重高考评价体系学科化的研究，引领命题改革方向依托监测试题展示研究成果，通过质量分析引领研究成果的教学实现，解决新旧高考的过渡问题。组织开展新高考新课改背景下的命题组卷专题培训、初中骨干教师命题组卷培训，504位骨干教师参与，培训结束后组织参训教师举行命题比赛。小学教研室以质量抽查为契机，组织命题工作，组织全市小学学科教师命题能力比赛。还探索多学科组合模式下的强基计划项目质优生培训方式。对泉州市各中小学线上教学开展问卷调查，为做好疫情防控期间“停课不停学”的相关工作提供参考。市教育科学研究所所长带领高中毕业班教学工作暨质优生培养专项调研组调研了解泉州高中毕业班教学的基本情况，分析泉州市高中教学的发展现状与存在问题，总结优质高中在毕业班教学方面的成功经验和发展瓶颈，探讨学科竞赛和强基计划的培养方向。全年各学段各学科进行77次相关调研。

【普通高中教育教育质量提升】 2020年，泉州市教育局召开泉州市普通高中高质量发展超越座谈会，组织举办泉州市普通中学质量提升培训班，邀请高考研究及学校管理专家作专题报告，研究把握2020年高考命题趋势与备考策略。发挥学科教学联盟的教研引领作用，落实“三精”（精心分析、精细指导、精准训练），科学应对新高考。全省文科前50名、理科前100名泉州市有34人，位居全省第一。录取清华大学、北京大学人数46名，居全省前列。建立五项学科竞赛专项奖励激励制度。获五项学科竞赛全国一等奖1人（生物），并入选国家集训队，二等奖2人、三等奖6人，省一等奖71人。

2020年泉州市普通高中分县（市、区）学生基本情况表

表30　　单位：人

地区	毕业生数	招生数	在校生数				
			合计	其中：女	一年级	二年级	三年级
合计	42737	49762	141189	69132	49779	47153	44257
鲤城区	4958	5211	15937	7357	5216	5440	5281
丰泽区	2130	2599	7443	3389	2600	2529	2314
洛江区	1112	2179	5145	2252	2179	1726	1240
泉港区	1933	1838	5517	2857	1838	1799	1880
惠安县	4194	4144	12172	6011	4149	3991	4032
安溪县	4352	6096	16046	7987	6098	5195	4753
永春县	2439	2696	7682	3915	2697	2532	2453
德化县	1751	1933	5546	2767	1933	1835	1778
石狮市	3842	4210	11894	5792	4213	3869	3812
晋江市	8448	10307	29033	14093	10307	9923	8803
南安市	6795	7472	21849	11189	7472	7410	6967
泉州台商投资区	783	1077	2925	1523	1077	904	944

高等教育

【概况】 2020年，泉州市有本科高校6所（公办2所、民办4所）、本科层次职业院校1所（民办）、高职高专院校11所（公办6所、民办5所），在校生15.4万人。另有福州大学石化学院、福建农林大学安溪茶学院在泉州办学。全市高校毕业生3.7万名，就业率98%，其中在福建就业占80%、在泉州就业占40%，毕业生的社会认可度不断提高。2020年，泉州市推动高校分类发展，华侨大学、泉州师范学院入选省“双一流”建设计划。转型发展4所应用型本科高校，泉州师范学院获批省示范性应用型本科高校。泉州师范学院、闽南理工学院入选省2018—2020年硕士学位授予培育单位。黎明职业大学入选中国特色高水平专业群建设单位、国家优质专科高等职业院校、省重点建设项目高职院校。泉州职业技术大学获批全国首批“本科层次职业学校”改革试点（全省唯一）。黎明职业大学、泉州幼儿师范高等专科学校、泉州医学高等专科学校、泉州轻工职业学院入选省级示范性现代职业院校，其中黎明职业大学在终期评估验收中排名全省第一，泉州轻工职业学院是全省唯一一所入选的民办高职院校。

【专业设置与产业发展对接】 2020年，泉州市实施服务产业特色专业（群）建设工程，全市高校共有省级高峰学科、高原学科、服务产业特色专业群、产教融合示范专业点等各类对接产业的学科专业类质量工作项目164个，位居全省前列，初步形成覆盖重要产业链的专业布局。建立职业院校专业设置“正面清单”，对19个产业发展急需、相对艰苦的“正面清单”专业高职学生实施学费减免（每生每学年0.6万元，年均支出2000多万元，惠及4000多名学生）。开展“学历证书+若干职业技能等级证书”制度试点工作，提升职业学生的就业能力和职业教育质量，全市18所高校、职业院校开展70个试点，占全省总试点数的22.2%，涉及智能制造、建筑、信息技术、健康照护、现代物流、新能源、现代金融、汽车等技能人才紧缺领域。

【学生综合素质增强】 2020年，泉州市高校有校内外创新创业实践基地17.7万平方米，入驻项目775个；市级以上创业孵化基地34个，每年孵化项目200多个；省级以上创业培训基地22个，每年培训学生1万名。为推进大学生创新创业，省教育厅与市政府共建福建省大学生创新创业基地（泉州），由市教育局牵头，市直各相关部门和各高校协同配合，泉州师范学院、连捷投资集团有限公司共同管理运营，已入驻大学生企业22家，从业人员200多人。

【师资队伍建设】 2020年，泉州市新引进第九批“桐江学者奖励计划”特聘教授6名、讲座教授18名。依托职业院校联盟，组织职业院校校长、学科带头人、骨干教师到职业教育先进地区考察学习，提高职业院校校长院校治理能力和师资教育教学水平。实施职业教育名师“百人计划”培育项目和职业教育技能名师工作室建设工程，形成一批以名师为核心的高层次教学团队和专家型教师群体。

2020年10月23日，福建省本科教育工作视频会暨本科教育管理人员培训班在泉州师范学院举行 （图/泉州师范学院）

【产教融合和校企合作】 2020年，泉州市高校与2414家企业建立校企合作关系，其中年产值亿元以上企业653家。校企联合推动职业教育集团化发展。由7所高校分别牵头组建3个省级（智能制造、建筑、医药护理）、7个市级（机械、信息、幼教、经贸、纺织服装、鞋业、食品）职教集团，353家行业企业参与。校企联合推行“二元”主导的现代学徒制。获批26个省级“二元制”试点（全省最多）、73个省级现代学徒制试点，试点专业基本覆盖全市主要产业，培养学生2000多人。校企共建实训基地。政府联合企业和职业院校，建设各级各类产教融合实训基地334个（国家级16个、省级39个、市级7个、校级278个）。结合“一带一路”、福建自贸区建设和我市产业转型升级的需要，培育建设1个省级（市教育局牵头）、

4个市级公共实训基地（智能制造、健康照护、汽车后市场服务、茶业），获批21个省级专业群实训基地（占全省1/5）、7个省级VR/AR实训基地，推动教育教学与生产实践有效对接。校企共同探索组建产业学院。支持高校主动面向区域、行业办学，与智能制造、信息技术、化工、纺织服装、海洋等泉州市重点产业领域的龙头企业共建产业学院，实现行业企业全方位全过程参与人才培养。全市9所高校与32家企业共建24个产业学院。推进产学研协同创新。聚焦产业转型升级，打造研发创新团队，共建技术研发平台，提升产教融合的层次和水平。校企共建研发平台57个（国家级4个、省级22个）。开展职业技能培训与鉴定。全市高校设立的职业技能鉴定站可鉴定工种135个，每年面向进城务工人员、企业员工、退伍军人、下岗工人等开展职业技能培训、技能鉴定近11万人次，有效服务从业人员素质提升与再就业。

2020年泉州市本科高校基本情况表

表31 **单位：人**

学校＼项目	在校生数	招生数	毕业生数	办学性质
华侨大学	26447	6670	6028	公办
仰恩大学	6695	2024	1503	民办
泉州师范学院	16719	4644	4303	公办
闽南科技学院	8235	2825	2047	民办
闽南理工学院	15774	4480	3955	民办
泉州信息工程学院	11898	3545	2156	民办
合计	85768	24188	19992	—

【华侨大学】 2020年，华侨大学设有26个学院、90个学系（部、中心）。有18个国家级一流本科专业、26个省级一流本科专业，16个专业通过国际及国内专业认证。教学科研仪器设备7.58万台，图书馆馆藏文献总量495万册。有1700余名专任教师，具有高级职称者占54%、博士学位者占65%、海外留学经历者占35%，45岁以下中青年教师占68%。有双聘院士6人，国家领军人才等各类高层次人才百余名，有科技部“创新人才推进计划”重点领域创新团队等多支高水平研究团队。全日制普通本科生25700人、研究生4338人，有来自中国台湾、香港、澳门地区和80多个国家的学生6140人。

学科专业建设 华侨大学工程学科进入ESI世界排名前5‰，化学、材料科学、计算机科学3个学科居ESI前1%。华侨大学位列泰晤士2021年世界大学排行榜内地高校第七十六名，Nature指数排名位列内地高校第85位，16个学科上榜2020软科中国最好学科排名。立项国家自然科学基金项目、国家社科基金等各级各类科技项目705项。新增石材产业加工技术与装备省部共建协同创新中心，1项成果获省科学技术奖一等奖，3项成果获第八届高等学校科学研究优秀成果奖（人文社会科学）二等奖，2家智库入选省重点智库建设试点单位，1个团队入选省高等学校科技创新团队。1项成果获商务部“2018—2019年度商务发展研究成果奖”。11项成果获2019年度省科学技术奖、6项成果获市级科学技术奖。获专利授权、软件著作权登记394项，转让专利等科技成果17项。18门课程通过国家级一流本科课程认定，排名全国高校第68位；57门课程入选省级一流课程。资助编写教材25本，新建智慧教室5间。组织教师1300人次参加福建省教学能力提升班等教学培训活动12场。学生在国内外学科竞赛中获省级以上奖项245项，台湾学生赖伟通获中国青少年科技创新奖。

60周年校庆系列纪念活动 举办建校60周年纪念晚会、纪念大会等大型纪念活动，第十三届全国人大常委会副委员长蔡达峰和200余位各级领导、各界嘉宾、校董及近500位校友出席。举办校庆系列高端学术活动，邀请卢秉恒等12位中国科学院和中国工程院院士做学术报告。校庆期间举办高层次学术活动23场，全年举办各类学术活动150余场。全面总结办学成果，举办专题办学成果展，启用校史馆新馆，举办廖承志与华侨大学图片展等。开展校友系列活动，2000余名校友返校参加校友联谊会、校友代表大会、校友座谈讲坛等活动。推进校庆宣传工作，出版《华侨大学史（1960—2020）》等宣传书册，推出“60华诞”系列宣传片，在中新网开设校庆专栏。403个单位和个人向学校捐赠和签署合作项目。

2020年11月1日，华侨大学建校60周年纪念大会举行 （图/张 林）

服务地方建设 10月，召开华侨大学服务福建省全方位推动高质量发展超越座谈会，共商校地合作新思路，聚力新福建建设，研讨服务新福建建设新举措。中央统战部副部长谭天星，省委常委、副省长赵龙等出席。与相关单位共建华侨大学（丰泽）“一带一路”侨泽园、华侨大学（集美）政产学研基地、华侨大学（南安）产教融合人才联合培养基地等，推动3个协同创新中心入驻华创园，推选7支科研团队、7家联合企业入驻集美汽车小镇。组织参与项目对接活动26场，走访对接40家企业。学校再次获批福建省人大常委会地方立法评估与咨询服务基地，教师受邀为省政府、市人大做法治专题学习讲座。举办各类培训班29个，培训省内干部1800名。

海外华文教育信息化 完成58个国家“海外华文教育普查”工作，开发“海外华文教育情况调查数据库”，启用华语学习认知神经实验室眼动追踪系统，建设11门华文教育数字在线精品课程。与海外华校、华教机构等开设“孔子云课堂”“华大云课堂”，开展线上汉语教学和华文师资培训，服务泰国、菲律宾、西班牙等国的1500余名华裔青少年、5000多位华文教师。与云知声智能科技股份有限公司达成战略合作协议，共建“智慧华文教育产教融合创新中心”。推出华文学院“云校区”，服务196名境外新生注册报到。

【泉州师范学院】 2020年，泉州师范学院有泉州主校区（校本部）和南安、鲤城2个分校区，占地121万平方米。设二级学院17个，本科招生专业58个。全日制在校本科生、研究生近1.8万人。教职工1400多人，其中专任教师1100多人，台湾全职教师近20人。引进学科带头人3人，引聘博士12人，其中福建省教育科研类引进生3人。新增享受国务院特殊津贴专家2人，闽江学者6人，桐江学者13人，泉州市人才“港湾计划”高层次人才85人。

学科专业建设 加强省级一流学科和应用型学科建设，对标找差、分类建设。以省级一流学科“音乐与舞蹈学”为龙头，美术、艺术设计、广播影视、文学、历史等相关学科加快聚集、协同发展，逐步形成与多学科大学相适应的文化艺术学科群体系。以6个省级应用型学科为支撑，聚焦泉州支柱产业需求，提升产业转型升级支撑能力，构建服务地方经济社会发展的应用学科体系。以加强教师教育为导向，特殊教育、学前教育、小学教育、学科语文、学科数学、学科英语、学科体育等教师教育学科群加快融合、交叉发展，做强教师教育学科体系。推进一流专业建设，特殊教育获批国家一流本科专业建设点，10个专业获批省级一流本科专业建设点。2个专业通过教育部普通高等学校师范类专业第二级认证，2个专业接受教育部普通高等学校师范类专业第二级认证现场考查。

本科教学与人才培养 获批教育部产学合作协同育人项目1项，获批省级新工科研究与改革实践项目3项，省级重大教改项目3项、省级一般教改项目10项。获批国家级一流本科课程5门，获批省级一流本科课程48门。组织学生参加各级各类学科专业赛事获省级以上奖项500多项。加强创新创业教育，获第六届福建省“互联网+”大学生创新创业大赛职教赛道金奖1项、主赛道银奖1项、铜奖3项。2020年，本科毕业生考取研究生262人；2020届毕业生就业率91.76%。

研究生教育 继续扩大研究生招生规模，增加招生方向2个，招收研究生211人，与2019年相比增幅近190%，在校研究生近400人。推进研究生联合培养模式改革，与福州大学、福建师范大学、福建农林大学联合培养硕士研究生近50人。2020届毕业生有35人获硕士学位。新增研究生导师36名。获批福建省研究生教育教学改革项目2项，其中重大项目1项。1篇学位论文获评福建省优秀专业硕士学位论文，省级学位论文抽检合格率100%。

科学研究 获批各级各类科研项目264项，其中国家自然科学基金项目4项、教育部人文社会科学研究项目4项、福建省科技重大专项1项。获评福建省科技进步奖二等奖2项、三等奖1项；获评福建省百花文艺奖二等奖1项。福建省绿色环保功能鞋材工程研究中心、福建省轻纺化工清洁生产产业技术开发基地参加评估获评优秀等次。福建省海洋藻类活性物质制备与功能开发重点实验室通过验收。与教育部语言文字信息管理司、省教育厅共建国家语委丝路语言文化研究中心，与北京大学考古文博学院、泉州市文化广电和旅游局合作共建中国泉州文化遗产研究院。与上海交大医学院附属九院课题组联合开发新型仿生骨修复材料。

社会服务　承担省体育局、泉州市发改委等政府部门委托的发展规划编制、咨询服务项目等90项，承担中国石油化工股份有限公司等企业委托的技术开发、技术服务26项，向福建中益制药有限公司等企业转让技术成果3项。依托“泉州师范学院（石狮）生态智能织物产业工程技术研究院”，研发口罩的新型核心KN95级过滤材料——静电纺丝纳米纤维滤膜，并在福建省大宏实业开发有限公司应用。与湖南省政府、中远海运集团开展就业扶贫海员培训。与省水利厅合作，共建福建省首家河长学院——泉州河长学院。与泉州华中科技大学智能制造研究院等合作，举办泉州市食品行业智能制造人才职业技能提升行动培训班。成立雕刻学院，服务泉州工艺制品千亿产业集群。与绿地控股集团签订全面战略合作协议，在人才培养、员工培训、就业输出、产学合作、捐资办学、附属学校合作办学等方面开展深度合作。完成省级各类培训1987人次，市级校长（教师）、公务员、境外人员等各类培训4215人次。全年招收高等学历继续教育新生2665名。

交流合作　新增6所国外签约合作院校及机构，与马来西亚拉曼大学、日本武藏野大学、泰国宣素那他皇家大学、英国巴斯斯巴大学、突尼斯奥尔特大学等建立校际合作关系；与印度本地治里印中友好协会缔结友好关系，推进与金奈当地高校的合作。作为省委统战部遴选的第一所在疫情防控期间承担海外华文师资线上培训的高校，面向菲律宾和马来西亚华校校长（管理人员）及本土华文教师220人开展线上培训。

2020年12月24日，国家语委丝路语言文化研究中心揭牌仪式在泉州师范学院举行　（图/泉州师范学院）

【仰恩大学】　2020年，仰恩大学占地面积121.76万平方米，校园总建筑面积41.55万平方米，教学行政用房面积15.28万平方米，实验室、实习场所面积5.82万平方米，运动场地面积11.89万平方米。设有9个学院、4个直属系部、21个专业，当年招生专业20个，涵盖管理学、经济学、工学、文学、法学五个学科门类。专任教师315人，占全校教职工总人数的71.6%；外聘教师234人。硕士及以上学位教师占66%，高级职称教师占30.8%。1位教师获批泉州市“桐江学者奖励计划”特聘教授。年内下达普通本科和专升本招生计划2120人，实际录取2120人，报到率95.47%。全日制在校生6695人，生师比为15.5：1。

学科专业建设　优化人才培养结构，培养复合型人才，开展第二学士学位教育，申请并获准备案8个第二学士学位专业，分别为国际经济与贸易、法学、汉语言文学、英语、电气工程及其自动化、电子信息工程、工商管理、会计学。开展专业一流“双万计划”建设，申报一流专业，获批省级一流本科专业（国际经济与贸易）建设1个。完成申报2020年一流本科专业建设点5个，其中国家级2个、省级3个。加强专业升级改造，获批5个教育部第三批1+X证书制度试点项目。落实《教育部高等教育司关于开展2020年度普通高等学校本科专业设置工作的通知》等文件精神，完成艺术教育和网络与新媒体两个新专业的申报工作。制定《仰恩大学辅修专业管理办法》，启动辅修工作，学生在4个专业参加辅修学习。

教学与科研　制定《仰恩大学本科教学团队建设与管理办法》，调整教学团队，强化教学团队教书育人能力建设与教研能力提升行动，组建覆盖全体教师的教学团队48个。举办第四届教学成果奖评选活动，申报项目16项，组织推荐3项成果参加福建省评选，并举办教学成果展览。在新冠疫情防控形势下，推行线上教学，是全省最早开展线上教学的高校之一。制定并落实《仰恩大学延期开学教学工作方案》，完成366门、1236门次课程由线下到线上的替代和迁移。制定线上教学开课、衔接计划、质量监管、线上考试等制度，确保线上教学“质量不减、标准不降”。完成第一次大规模的线上期末考试、线上补考、全员毕业论文线上答辩等工作。立项横向项目1项，新增科技服务项目2项，纵向项目申报88项，立项63项；完成项目结题90项。获得专利授权18项；其中发明专利1项已公告，外观专利5项，实用新型13项。公开发表论文102篇，其中SCI3区收录2篇，北核2篇，一般98篇。

创新创业教育　创业园新增入驻项目15个。参加各级各类创新创业类比赛学生3400人次。克服疫情影响，通过线上方式开展宣传动员，组织举办第六届“互联网+”大学生创新创业大赛，推荐的参赛项目获红色筑梦之旅赛道省赛铜奖。创新创业类学科技能竞赛方面，获奖赛事项目13项，获奖142项，274人次。学生在“挑战杯”福建省课外学术科技作品竞赛等活动中摘金夺银，3名学生获“中国大学生自强之星”称号，1名学生获第九届福建省大学生“创业之星”称号，1个学生团队创业项目获第十一届“挑战杯”福建省大学生创业计划竞赛（普通高校组）银奖。创新创业平台建设持续完善，83个创新创业教育实践基地开展创新创业实践活动。在校大学生参与各级创新创业训练计划项目174人，其中23人参与国家级大学生创新创业训练计划项目，135人参与省级大学生创新创业训练计划项目，16人参与校级大学生创新创业训练计划项目。学生公开发表学术论文8篇，授权专利81项，其中实用新型专利授权33项，外观设计专利授权48项。

交流合作　受新冠疫情影响，在线下难于开展合作交流的情况下，主动开展对外合作线上洽谈，拓展国（境）外合作项目。与泰尔弗教育集团（暨韬客学院）签订合作框架协议，探讨中外合作办学新模式。

职业教育与成人教育

【概况】　2020年，泉州市市、县两级职业教育联席会议制度有效运作，由市教育局牵头制定，并联合市发改委、工信局、财政局、人社局、农业农村局和退役军人事务局等七部门印发《泉州市职业教育改革工作方案》，统筹推动职业教育改革发展。从2016年起，泉州市设立市级职业教育发展专项资金（全省唯一），至2020年累计3.88亿元，重点引导高校、职业院校在专业建设、人才培养模式改革、产学研协同创新、实训基地建设、人才队伍建设等方面，主动对接和服务泉州产业转型升级需求。全市有招生资格的中等职业教育学校31所，技工学校6所。其中11所学校入选福建省“示范性现代职业院校建设工程项目培育校”，并全部通过2020年的终期评估验收。8所学校为福建省规范化中等职业学校，10所学校为福建省达标中等职业学校。全市中职全日制在校生8.58万人，比2019年增长11.19%，五年制大专招生4675人，非全日制学生5585人。全市高中阶段教育在校生“普职比”为52.05∶47.95，全市中职学校专任教师3208人，在编专任教师2685人，比2019年增加114人，编外合同专任教师523人，比2019年增加149人。技工学校招生4151人，在校生7820人。

【中等职业教育质量提升】　2020年，泉州市中等职业教育根据地区产业布局发展趋势，合理规划专业设置。全市中职学校设置专业85个，其中服务第一产业的6个、服务第二产业的25个、服务第三产业的54个。学校在人才培养过程中，注重学生学习能力的培养以及学习习惯的养成，采用丰富多样的教学形式提高学生学习情趣，实现教学效果的整体提升。在学习的同时注重中职生的身心健康，注重强健学生体魄，提高体育教育的实效性。在校生文化课合格率91.89%，专业技能合格率90.99%，体质测评合格率90.83%。各校推进“1+X”证书制度试点工作，将学历证书与职业技能等级证书、职业技能等级标准与专业教学标准、培训内容与专业教学内容、技能考核与课程考试有机衔接融通，推进“1”与“X”的有机衔接，实现“书证融通”。

【技能赛事获奖】　2020年，泉州市有25所中职学校参加市职业技能大赛，参赛率86.21%。21所中等职业学校参加福建省职业院校技能大赛，3所学校代表福建省参加国家改革技能试点赛，获国家级德育类表彰18项、省级德育类表彰6项、市级德育类表彰51项。泉州市学生参加全国职业院校技能大赛改革试点赛，获二等奖2个和三等奖5个。参加全省职业院校技能大赛，获一等奖26个、二等奖51个、三等奖43个。在“网龙杯”2020年福建省职业院校教师教学能力比赛中，泉州市获中职组一等奖5个、二等奖4个、三等奖5个。国赛中，获二等奖作品1件、三等奖1件。

【终身教育和老年教育】　2020年，泉州市有各级老年大学（学校）2535所，市、县、乡三级建校率稳定在100%，村级建校率93.5%，市、县老年大学、乡镇老年学校布点合理，在校学员总数346612人占，全市老年人口总数的30.07%。3所老年大学被评为全国示范性老年大学、省级高水平示范校，9所县（市、区）老年大学被评为省级达标校。全市有32所市一级乡镇老年学校示范校、45所市级乡镇老年学校示范校。各县（市、区）评出407所乡镇、村老年学校示范校。开通老年远程教育接收点2514个，占全市老年大学（学校）总数的98.5%。每年参加学习有24万多人，230多万人次，在全国率先基本实现老年远程教育全覆盖的目标，普及率、入学率继续居全省、全国前列。

2020年泉州市高职高专院校基本情况表

表32 单位：人

项目 学校	在校生数	招生数	毕业生数	办学性质
黎明职业大学	16915	6503	2902	公办
泉州幼儿师范高等专科学校	8190	3121	1582	公办
泉州医学高等专科学校	9243	2894	2637	公办
泉州经贸职业技术学院	9462	4485	1275	公办
泉州工艺美术职业学院	4554	1962	627	公办
福建电力职业技术学院	2277	832	497	公办
泉州纺织服装职业学院	4894	2520	732	民办
泉州华光职业学院	7592	2913	1623	民办
泉州轻工职业学院	8143	2955	1451	民办
泉州海洋职业学院	7424	1879	564	民办
泉州工程职业技术学院	293	218	13	民办
合计	78987	30282	13903	—

2020年泉州市成人高校、中职学校和技校基本情况表

表33

	学校数（所）	毕业生数（人）	招生数（人）	在校学生数（人）	毕业班学生数（人）	教职工数（人）		占地面积（平方米）	建筑面积（平方米）	固定资产（万元）
						小计	其中：专任教师			
成人高等学校	10	3488	9024	18548	5531	—	—	—	—	—
中等职业学校	31	24711	31684	85807	25182	3853	3249	2129469.54	1146117.52	191043.13
技工学校	6	1957	4151	7820	1444	429	335	251160.64	148537.76	13182.12

【泉州黎明职业大学】 2020年，泉州黎明职业大学有丰泽、鲤城2个校区，占地面积50.67公顷，设有14个学院、49个专业，形成以应用工科、现代生产性服务业为主的专业布局。通过国际标准认证专业3个，成为“1+X”证书试点院校，参与18种证书的“1+X”证书试点，覆盖15个专业。国家级重点专业2个，国家级骨干专业5个，国家级生产性实训基地3个，国家级协同创新中心1个。对接“泉州制造2025”，开设“工业机器人技术”等专业，成为教育部与华航唯实、ABB、新时达工业机器人领域职业教育合作项目院校。高度契合泉州纺织鞋服、石油化工、建筑建材、文化创意等支柱产业，形成9个服务产业特色专业群，重点建设高分子材料加工技术“双高计划”专业群，融媒体广告技术、现代建筑、智能制造等省级服务产业特色专业群，按“一院一特色”的要求打造产教融合典范，提升服务产业发展水平。教职员工744人，其中高级职称教师214人（含正高职称28人）、博硕教师477人，学历教育在校生1.6万多人，双师素质教师占92.6%。引进高层次人才6人（其中柔性引进2人）、桐江学者1名；推进大师（名师）工作室建设，拥有校级名师（大师）工作室24个、泉州市市级技能名师工作室4个、泉州市高层次人才123人。2020年实际录取6511人，报到6283人，报到率96.5%。成人学历函授教育（不含自考）招生7530人（含专升本137人），比2019年增加72%，录取人数全省第一。2020届毕就业率98.62%，专业对口率80%，在泉州就业率76%，用人单位满意度95.52%。

科研与社会服务　获全国高职高专院校科研工作先进单位，技术及社会服务收入超过4100万元，148项纵向课题和57项横向课题获立项，325件专利获授权。

2020年8月，黎明职业大学获评福建省示范性现代职业院校五年终期评估全省第一名，图为终期评估验收汇报会现场　（图/黎明职业大学）

《黎明职业大学学报》获全国高职成高学报优秀社科学报称号，以福建省同类期刊首位入选RCCSE核心期刊。做强新型智库，加强省情、市情、校情研究，取得智库决策咨询成果33件，立项校级委托课题18项；获“泉州市高价值专利培育计划项目”立项1项，获批经费100万元。承接16043人次职业技能鉴定和社会考试服务，50924人次社会培训，为农民工学员申请奖补资金50.4万元，1名学生获福建省农民工“最美求学圆梦人”提名奖。深化闽宁职业教育合作，在领导互访、干部教职挂职锻炼、联合招生、师资培养、学生互访、班级共建等方面与宁夏工商职业技术学院深度合作。常态化开展泉州职业教育联盟活动，面向16所中高职院校开展对口支援。

交流合作　发挥“海丝先行区”、校董事会等特色资源优势，拓展“海外朋友圈”。坚持“引进来”“走出去”相结合，入选“鲁班工坊建设联盟”发起单位，筹备成立中国职业技术教育学会21世纪海上丝绸之路职业教育研究会。应邀出席鲁班工坊建设联盟成立大会、21世纪海上丝绸之路职业教育联盟云上峰会、中国—印度尼西亚高等教育国际合作线上交流研讨会、中国教育国际交流协会年会系列活动等。与19个国家（地区）90多家院校及科研单位建立合作关系，在境外建立5个“黎明海丝学院”。推动人才项目落地，构建黎明（印度尼西亚）海丝学院运行体系，推动首个“中文+技能”项目落地，印度尼西亚巴布亚省政府委托学校培养百名懂汉语、会技能的本土旅游管理专业技术技能人才。与马来西亚文化交流中心、瑞基实业有限公司沟通、洽谈，制定与大同韩新学院联合培养影视多媒体技术人员项目及与柬埔寨瑞基实业有限公司、钰齐集团联合培养鞋服技术技能人才项目方案，筹划启动黎明（马来西亚）海丝学院及黎明（柬埔寨）海丝学院。

【福建广播电视大学泉州分校】 2020年，福建广播电视大学泉州分校辖鲤城、南安、石狮、晋江、惠安、安溪、永春、德化、泉港9个工作站（学院）。本部占地0.33公顷，建筑面积5050平方米。有教职员工51人，其中副高以上职称10人、中级职称11人；外聘兼职教师40多人。系全市唯一的公办成人高等教育学校。全年招生2818人，其中春季开放教育全市招生1339人，秋季全市招生1479人。组建“电大师资+领域专家+行业讲师”的“三师型”师资队伍，并整合“国开省开+泉州本校+行业”三类教育资源，构建渐进式教育体系。按照产教融合的思路，加强教学实践，建立10个乡村振兴人才培养实践教学基地，拓展教学资源。疫情期间，通过课堂派、钉钉直播等网络平

2020年10月22日，黎明（印度尼西亚）海丝学院启动暨黎明职业大学—雅加达华文教育协调机构—印度尼西亚巴布亚省政府合作项目线上签约仪式举行　（图/黎明职业大学）

台，开展网络直播课程135门。教务教学改革取得新成效，《开发场景资源 开放融通平台——泉州电大网络文化实践新探》项目获省电大校园文化建设优秀奖。科研课题《辅警学历提升计划》获2020年省电大优秀教学成果二等奖。“刺桐花讲堂”采用“线上线下”相结合的授课方式，运用“微信直播”“网上录播”等直播平台，开展四场直播课程，近5000名学员观看学习；举办11场线下课程。与东南早报、泉州“非遗”艺术馆等合作开展“艺揽闽台——大师与您面对面”“非遗”宣传推广活动，举办石雕工艺、纸刻画、江加走木偶头等讲座进社区展演活动。揭牌成立泉州市老年开放（互联网）大学，实现全市100%地区挂牌成立老年开放（互联网）大学。

2020年7月14日，福建医科大学、泉州医学高等专科学校合作办学协议签约仪式举行　（图/泉州医学高等专科学校）

【泉州医学高等专科学校】 2020年，泉州医学高等专科学校有洛江、惠安、北门街3个校区，占地面积46.43公顷，建筑面积191487.91平方米。校内实训基地面积72496.31平方米，教学、科研仪器设备总值13821.85万元，馆藏图书总量55.57万册。拥有7所附属医院（含直属1家）及分布在全省各地的教学实习医院、实习药企265家。设有12个教学教辅院部、馆、中心和20个专业。有教职员工649人，专任教师455人，其中副高以上职称142人，享受国务院特殊津贴专家1名，省级高校教学名师2名。“双师型”教师占专业教师总数81.9%。全日制大专在校生9014人。年度招生总计划3027人，录取3012人，实际报到2914人，录取率99.5%，报到率96.7%。成人教育设置10个专业，与福建医科大学、福建中医药大学联合举办5个专升本专业，在学函授学生1189人。在全国职业院校技能大赛改革试点赛中，获护理技能（高职组）赛项二等奖；学生在行业技能竞赛中，获团体二等奖1个；在省级技能竞赛中，获一等奖1个、二等奖9个、三等奖5个。主持全国卫检专业目录动态调整调研论证和本科层次职业教育论证工作，并组织撰写高等职业学校卫检专业最新专业简介、本科层次职业教育设置论证报告。主编完成《福建省临床医学专业职业技能测试标准》《福建省口腔医学专业职业技能测试标准》。强化对校级专业带头人及培养对象考核管理。开展专业教研室考核，评选医学检验教研室等8个A级优秀教研室、10个质量建设成果优秀教研室。全校教职医护员工发表论文133篇，其中发表在核心刊物及以上的论文31篇，SCI论文17篇。全校教职医护员工新获授权实用新型专利32项。有市级及以上立项的科研项目28项，获资助经费39.9万元。立项校级科研项目40项，总资助经费65万。

【泉州幼儿师范高等专科学校】 2020年，泉州幼儿师范高等专科学校占地面积36.53公顷，设置2所附属实验幼儿园。建筑面积16.46万平方米，实训基地建筑面积5.3万平方米，固定资产总值4.75万元，教学科研仪器设备总值6785.5万元，信息技术设备总值3862万元，图书馆馆藏纸质图书91万册、电子图书33.07万册。拥有校内实训基地29个，校外实践基地168个，标准恒温游泳馆1座、标准田径场2个、综合体育馆1座、综合技能训练馆1座。设6个二级学院、17个专业。有教职工455人，校内专任教师322人，硕士学位以上教师225人，具有双师素质专任教师占比81.27%，生师比达16.13∶1。面向全国招生，2020年度招收新生2801人，全日制在校生8746人。聚焦服务福建省、泉州市区域经济社会发展需求，开展量体裁衣式的个性化培训与技术服务，建成福建省基础教育教师培训的重要基地。开展干训系列培训6项，24个班次，辐射2330人次，教师系列培训16项，65个班次，辐射5574人次；同时完成7项、20个班次的区域培训工作，总培训辐射受益面1249人次；完成3项线上送教项目，辐射1207人次。响应闽宁职业教育协作助力脱贫攻坚工作号召，在线上面向宁夏片区基础教育师资开展送教活动，辐射193人次；泉州市第十一、十二期乡村小学教师素质提升工程线上送教下乡活动辐射1014人次。职业技能鉴定站完成2个项目，鉴定人数2187人次。

【泉州经贸职业技术学院】 2020年，泉州经贸职业技术学院占地

2020年11月28日，泉州幼儿师范高等专科学校建校130周年庆祝大会举行　　（图/泉州幼儿师范高等专科学校）

面积33公顷，建筑面积11.75万平方米。设八大类35个专业（含方向）。各类学生近万名，教职员工400余人。全年各类招生录取总数5037人（普通高职4322、扩招退役军人273、二元制195、中职247，不含五年专685），其中省内录取普通高职学生3993人，录取率100%；2020届毕业生1275人，毕业率100%，初次就业率90%以上，其中统招专升本录取339名（升学率占参考人数的78.8%）。在2020年度福建省职业院校技能大赛中，获19个项目一等奖2项、二等奖4项、三等奖8项、优秀奖7项。在2020年“洽洽杯”全国大学生新媒体运营实战大赛中，三支代表队在全国选拔赛中获一等奖2项、三等奖1项。通过全国职业院校数字校园建设实验校验收，商务大数据产业学院入选福建省第二批高职院校产业学院试点项目。新增5个新专业，并初步形成4个专业群，电子商务专业群申报立项建设省高水平专业群。深化产教融合，加强校企合作，与厦门布塔信息技术股份有限公司、泉州宏兴记账有限公司、中软国际有限公司、福建双喜集团、顺丰速递公司等企业共建校外实习实训基地112个。其中，开展省级现代学徒制项目4个、省级二元制试点项目5个，校企共建的“商务大数据产业学院”入选福建省第二批高职院校产业学院试点项目。

【泉州工艺美术职业学院】　2020年，泉州工艺美术职业学院占地面积20.33公顷，建筑面积9.24万平方米。设8个教学机构和2个教学辅助机构，有18个全日制专业，面向全国招生。有教授3人、副教授36人，“双师型”教师94人，省级优秀教学团队1个、省级教学名师5人、省级专业带头人5人，省级工艺美术大师7人、省级陶瓷艺术大师9人、福建省工艺美术名人4人、高级工艺美术师14人，另有外聘兼职教授、行业大师40多人，教师作品获省级以上专业奖项100多项。构建服务工艺美术全产业链、技术链、创新链三大专业群。其中，工艺美术专业群服务传统工艺美术传承与发展，文化创意专业群服务现代艺术设计和文化创意产业，“工艺商贸+”专业群服务工艺美术产业的下游产业链。探索“二元制”“大师班”“‘大师+名师’工作室”“跨界培养”等现代学徒制人才培养模式，获国家级教学成果奖二等奖1项，省级教学成果奖特等奖1项、一等奖1项、二等奖3项。传承传统工艺美术文化和发展现代工艺美术创意产业，与60多家大型工艺美术企业建立长期合作关系，建设60多个校内外实训基地；建设成为福建省陶瓷产业技术开发基地、陶瓷新材料应用技术工程中心、陶瓷产品质量检测中心、陶瓷行业职业技能培训与考核中心、福建省高级技师培养基地。主持或参与国家、省、市科研项目80个，国家教学资源库项目4项，合作企业研发技术项目17个，研发陶瓷釉水110多种。

2020年12月3日，泉州工艺美术职业学院邀请中国陶瓷艺术大师许瑞峰到学校做主题分享讲座　　（图/泉州工艺美术职业学院）

科学技术

综述

【科技政策与计划】　2020年，泉州市科技局制定出台《泉州市进一步坚持和深化科技特派员制度的行动方案》，改革创新备案制度，实行正向激励，在实现乡镇科技特派员全覆盖的基础上，服务范围逐步扩大至全市所有行政村。培育各级星创天地61家，其中国家级星创天地13家居全省第一，省级19家居全省第二。泉州国家农业科技园区综合评估达标，在全国157个参评园区中，创新能力指数居全省第一、全国第九位。泉州省级农业科技园区在全省九个农业科技园区验收评估中排名第一，获评“优良”园区。出台《泉州市促进科技成果转移转化的若干意见》，技术合同认定登记额系近四年来首次突破4亿元；新增6家省级技术转移机构，新增数量居全省第二。

【科技投入】　2020年，泉州市争取省级以上科技创新资金3亿元。针对新冠肺炎疫情，启动应对新冠肺炎疫情科技专项，市级立项资助17项，下达经费375万元，带动企业投入5000多万元，为疫情防控提供科技支撑。市科技局引进福建省金骏创业投资有限公司到泉州落地，建设“福建省科技成果转化创业投资基金”，已获科技部批准设立，基金总规模3.75亿元。扶持123家科技型企业登陆海峡股权交易中心挂牌展示，促进企业实现融资1.23亿元。帮助114家科技型企业获得“科技贷”授信额度31.6亿元，发放“科技贷”216笔约12亿元，居全省第二。

【科技企业】　2020年，泉州市605家企业申报高新技术企业，全市高企保有量1037家，比上年增长51.4%；科技小巨人领军企业739家，居全省第一；国家备案科技型中小企业749家，居全省第二。市科技局牵头签约落地新型环保防腐涂料工程中心、北京石墨烯研究院&中烯新材料（泉州）协同创新中心、中科陶瓷智能装备研究院、泉州湖南大学工业设计与机器智能创新研究院等中科系、大学系、军工系、企业系特色产业科研平台。推进时空产业基地、传感智能制造产业基地、软件与工业设计基地建设，签约落地17个项目。首次新增临床医学研究中心科技创新平台建设项目，可移动式传染病诊疗方舱标准模块设计与实施等5个项目获得立项。成立市科技局招商引智工作小组，聘请招商顾问，在北京、上海、广州、深圳等地设立招商引智工作组进行精准招商，策划形成16个在谈招商项目，推动落地签约5个项目。

【科技成果与奖励】　2020年11月25日，福建省政府表彰2019年度省科学技术奖。泉州市（含驻泉州单位）31项成果获2018年度福建省科学技术奖。其中，自然科学奖一等奖1项、三等奖1项，科学技术进步奖一等奖4项、二等奖11项、三等奖14项。

【科技交流】　2020年，泉州市科技局采用举办线上线下对接会的方式，为高校院所和在泉州企业搭建技术成果沟通交流平台。组织泉州市高校院所及企业参加“闽西南协同发展区产业园区技术需求发布及科研院所成果对接会”“南京大学—泉州高新产业成果线上对接交流会”等10多场交流对接活动，推介高校院所最新科研成果和企业技术需求等。同时搭建泉州市人才创新共享联盟成果云平台，打造足不出户尽享科研成果的云端展会。组织企业、事业单位与“一带一路”沿线国家、国（境）外开展对外科技合作，立项支持5个市级对外科技合作领域项目，支持经费190万元。到北京、上海、杭州、西安、南宁等地开展科技招商活动，引进西安交通大学国家技术转移中心设立泉州分中心，引进陕西高校技术转移联盟设立泉州产学研办公室，引进北京中关村硬创空间科技有限公司到泉州建设中试孵化服务平台等。

【科技合作】 2020年5月，泉州市引进上海东华大学陈晓川教授团队成立福建泉州矿英科技有限公司，并入驻市生产力促进中心孵化器，该公司主要从事物联网、大数据分析等“互联网+”业务。8月29日，泉州联兴发公司与美国莱卡公司签订设立莱卡功能性面料检测实验室、共建莱卡面料展示厅项目意向合作协议。同时，泉州联兴发公司与上海工商联纺织服装商会会长单位台宏集团签订共建莱卡面料泉州鲤城区研发总部及生产基地项目意向合作协议。中国科学院宁波材料技术与工程研究所与信和新材料公司在洛江区共建泉州市首个新型环保防腐涂料工程中心。湖南云箭集团有限公司与信和新材料股份有限公司合作共建新材料研究中心。安溪凯鹰电池与中国科学院海西研究院合作共建“中科院海西院—泉州凯鹰铅碳超级电池工程技术研究中心”。市科技局联合泉州台商投资区管理委员会举办首届中国•海丝（泉州）新材料高峰会议，邀请中国科学院张锦院士做《新材料产业发展前景》专题报告，会上有5个合作项目签约，签约总额9.05亿元。10月23日，由市科技局主办，市生产力促进中心、泉州科技大市场、浙江伍一技术股份有限公司泉州分公司承办的石墨烯应用技术推介会在泉州科技大市场举行，吸引石墨烯行业企业、科研院所、专家学者100多人参与在线互动交流，开展技术对接。11月27日，市科技局与福师大泉港石化研究院举行新材料项目成果推介会暨产业协同创新联盟启动仪式。福州大学与福建省佑达环保材料有限公司“水性剥离液的开发与放大”等5个新材料成果转化项目对接签约，“高性能陶瓷增材制造关键技术与应用”等5项新材料成果做现场推介。推介会上，泉州市石墨烯产业技术创新联盟启动成立。

【科学普及与宣传】 2020年，泉州市科技局加大科学普及与宣传力度，围绕国家、省、市科技重点工作做好对外宣传。通过《科技日报》《泉州晚报》等主流媒体陆续刊发多条重要信息、专题报道、政策解读，集中展示泉州各项科技工作进展情况、取得的成效。发挥泉州市科技信息网科技门户网站及微信公众号的作用，加强科技信息宣传工作。在新冠肺炎疫情防控期间，利用《侨乡科技报》，普及疫情防控科学知识。1篇科技情报信息获中央领导肯定并做重要批示，1篇科技情报信息获省主要领导批示，5篇科技参考信息获市主要领导批示。省科技厅采用泉州科技宣传信息83篇，采用率在全省科技系统36家单位中排名第一。

科技人才

【概况】 2020年，泉州市科技局推进人才工作创新发展，克服新冠肺炎疫情带来的不利影响，加强人才工作组织领导，加强科研平台引建，加大科技人才引育，促进成果落地转化，为科技人才创新创业营造良好的生态环境。实施“领军人才+创新团队+创新项目”引才模式和“人才+项目+资金”的育才模式，立项支持50个高层次人才创新创业项目，安排补助资金1450万元，立项支持7个引进高层次人才团队，安排补助资金1000万元。入选团队成员包括国家万人计划专家等一批高端人才，涉及新材料、精细化工、智能制造等领域。2个项目入选国家高端外国专家引进计划、1个项目入选省“乡村振兴及闽台合作引智专项计划”、2人入选第一批福建省“创业之星”。

【科研平台】 2020年，泉州市“大院大所”、科研平台以及180家战略性成长型中小企业引进高水平高校毕业生近200名。其中，清源创新实验室通过“双聘双跨”聚集付贤智院士团队及国家级人才鲍晓军、江莉龙等6个高水平科研团队，引进各类优秀科研人员15名，包括国家青年人才计划专家、国家万人计划专家等高端人才。

【人才联盟】 2020年，泉州市人才创新共享联盟新增成员单位7家，拥有装备制造、新材料、环保、纺织、制鞋和科技服务等领域的25家单位，汇聚科技人才600多名，获得知识产权600多项，承担各级各类科研项目200多项，开展联合攻关项目7项，入选2020年福厦泉国家自主创新示范区重点建设任务6项。面对疫情，各成员单位迅速出击为疫情防控贡献力量。研制三种防疫产品、改造口罩生产线，为疫情防控提供科技支撑，捐赠1台“红外热成像智能人体测温系统”、1万多米防护服面料、500瓶手部抗菌液和15万多元善款等。

【科技特派员培育制度】 2020年，泉州市科技局制定出台《泉州市进一步坚持和深化科技特派员制度的行动方案》，全市选任省级科技特派员300人、市级科技特派员526人，实现乡镇（街道）全覆盖。在防疫初期及时改进工作机制，实施“全程网办+快递”的审批方式，实现外国人工作许可审批“零跑腿”。协调省外专局、市出入境等部门，为企业用工开辟绿色通道，为外籍人才提供便利。全年办结外国人工作许可证申请878项。

科技服务

【概况】　2020年，泉州市科技局围绕产业转型升级和培育新兴业态的需求，推进科技创新平台“提质增效”，推动科技创新引领高质量发展。推进科研院所落实自主权，确保泉州市科研院所自主权落实到位，梳理简政放权政策文件18份，调研6家科研院所，召开座谈会2场。召开总结会对整改落实情况进行总结分析和评估。通过一系列措施，督促科研院所有效承接下放的权限，促进科研院所和科研人员在创新研发、成果转化、人才激励等方面取得较好成效，实现对科研院所简政放权。通过督促落实科研机构实行章程制管理，明确组织形式、业务范围、项目管理、人事管理、绩效考核等管理制度，实现科研自主权“放得下、接得住、用得好”。通过科研项目自主立项和自我管理、下放经费预算、资金使用自主权等“松绑”措施，提升科研院所科研效率，激发机构活力。市级财政科技创新资金安排8150万元用于支持科研院所运营管理、科研项目、人才引进等。通过落实人才评价、薪酬和科技成果转化激励等自主权，激发科研人员的积极性和创造性。截至年底，全市17家大院大所承担各级科研项目521项，获立项资金2.6亿多元；获授权专利606项。完成技术合同登记167项，成交金额6530.18万元，为企业解决技术难题645项，获横向技术服务收入1.2亿多元。

【省创新实验室建设】　2020年，泉州市科技局按照“边筹建、边引才、边科研、边转化”总体要求，推进实验室各项工作落到实处，在基础设施、人才引进、科研攻关等方面取得阶段性成效。省、市财政下达建设资金2.16亿元。建立健全组织架构。成立实验室筹建工作小组、实验室理事会，完成实验室事业单位法人登记注册。基本完成实验室网站、公众号、OA管理系统、财务管理系统平台建设。召开实验室第一届理事会第一次会议和2020年度主任办公会第一次会议，举行电子化学品领域的专家顾问聘任、成果转化基地揭牌、座谈会及产品鉴定会等活动。推进基础设施建设。实验室（基建）项目于12月28日开工建设；分析测试中心一期改造已完成，第一批购置的10套仪器设备陆续安装调试，二期改造进行方案设计；依托中化泉州建设的中小试基地项目建筑施工基本完成。鲍晓军教授主持的项目获国家自然科学基金重大项目资助1000万元，实现福建省高校牵头承担国家自然科学基金重大类项目零的突破；侯琳熙团队与佑达环保材料有限公司开发的“水基清洗液项目”获得较大突破，最新开发的产品“高浓度CF显影液”是国内第一款高浓度显影液（KOH9%），打破国外技术壁垒，已筹备进行立项量产，年产量可达千吨，年产值可达10亿元以上。

【泉州时空产业基地建设】　2020年，泉州时空产业基地确立以高精度大科学装置和时间源为核心，以创新研究院、公共服务平台、微园区和产业基地为支撑，以时空技术研发、信息服务、原子钟及北斗导航定位产品制造、相关衍生产业为主导的基地发展规划。推进建设时空运控中心、产业微园区（孵化基地）和中科海时创新研究院，微园区正式运营，研究院正式挂牌。推进泉州时间源建设和大科学装置选址。建成高精度“泉州城市时间源”（一期），是除国家授时中心之外地级市最精度等级的时间基准，同时按照国家发改委批复的项目可行性研究报告要求，开展高精度地基授时系统泉州站的选址和论证工作。加快时空数据信息服务平台建设和应用。推动基地运营公司依托国家授时中心技术和平台，自主投资建设北斗“海上丝绸之路”高精度位置与时间服务平台。推进产业链招商工作。设立上海招商办事处，探索上海—泉州两地合作新模式，组建专业招商队伍，制定招商方案，加大“走出去、引进来”力度。到深圳、广州、上海、成都等地考察时空产业相关企业，举办基地招商推介会，组织参加第十一届中国卫星导航年会等活动，洽谈对接和推动5家企业入驻时空产业微园区，并确定一批储备企业。11月16日，基地举行招商项目签约入驻仪式。入驻企业与泉州移动公司、亿兴电力公司等开展项目合作和技术示范应用。对接中科院优质科技创新资源，为基地发展夯实基础。邀请中科院国家授时中心副主任、研究员卢晓春在市委中心组学习（扩大）会上做《北斗卫星导航系统建设发展与融合应用》专题报告。

【科技创新平台建设】　2020年，泉州市科技局推动德化县引进中科院沈阳自动化研究所（昆山）智能装备研究院，合作共建德化县中科陶瓷智能装备研究院；推动合作共建泉州湖南大学工业设计与机器智能创新研究院。创新平台引进模式，鼓励民营企业共同参与平台建设，推动信和新材料股份有限公司和中国科学院宁波材料技术与工程研究所合作共建濒海工程装备环保防腐涂料工程中心；中烯新材料（泉州）与北京石墨烯研究院联合创建协同研发创新中心；晋江市食品行业协会牵头组织，盼盼集团、福建久久王食品有限公司、雅客（中国）有限公司、蜡笔小新（福建）食品工业有限公司等食品龙头企业合作共建食品研发检测创新服务平台。天津大学泉州集成电路及人工智能研究院、泉州市云箭测控与感知技术创新研究院等平台加快建设、产生效益。天津大学泉州集成电路及人工智能研究院通过线上线下成果推介交流会，与福建烟草机械有限公司（泉州）、福建天马电子有限公司（泉州）等企业达成合作意向；泉州市云箭测控与感知技术创新研究院办公场所于8月装修完毕并入驻办公，走访对接相关企业，延伸产业链，与北峰通信等企业达成初步合作意向。对泉州装备制造研究所、华中科大研究院开展第一轮建设评估及新一轮合作评估工作。引导推动泉州市民营企业、行业组织等投资创办新型研发机构，新认定市级新型研发机构18家、省级新型研发机构4家，给予经费补助430万元。截至年底，全市有新型研发机构58家，其中省级认定17家。

【众创空间和孵化器建设】 2020年，泉州市科技局组织推荐全市11家符合条件的科技企业孵化器、众创空间申报2020年福建省科技企业孵化器（众创空间）新增孵化用房补助项目，申请补助资金529.07万元。组织孵化器参加国家级科技企业孵化器2019年度评价，2家孵化器评价良好（B类）。组织泉州市孵化器和众创空间在疫情期间为在孵企业、团队减免租金，其中3家科技企业孵化器获省科技厅2020年孵化器减免租金运营补贴项目经费补助27.15万元，属地政府再按减免租金总额的20%给予运营补贴 5.43万元，为中小微企业减免租金32.58万元。推荐1家孵化器申报福建省科技企业孵化器创新平台认定资助项目，获省补助资金100万元；4家众创空间入围国家备案众创空间。新认定泉州市级众创空间14家（其中2家B级、12家C级）。推荐1家申报国家专业化众创空间备案。截至年底，全市有市级以上众创空间70家，其中国家级11家、省级42家；市级以上孵化器35家，其中国家级3家、省级21家。

【泉州科技大市场】 2020年，泉州市认定登记技术合同317项，比上年增长66.84%，技术合同成交金额4.07亿元，比上年增长 197.08%，技术合同成交金额近年来首次突破4亿元。面对突如其来的疫情，发挥科技大市场运营团队作用，在传统线下辅导登记服务基础上，拓展线上培训、线上辅导、线上登记等便利化服务方式，举办一系列成果对接和培训活动。通过线上线下相结合举办18场次成果对接和培训活动，参会1.2万多人次。市科技局走访调研晋华、南威等企业和泉州师范学院、泉州装备制造研究所等高校、科研机构155家，开展企业创新能力体检60家，征集发布企业技术需求108项，发布推介西安交通大学、南京航空航天大学、泉州师范学院、福建（泉州）哈工大工程技术研究院等高校、科研机构技术成果项目848项，服务推动信泰科技、通亿轻工、柒牌时装等23家企业与相关高校科研院所建立技术合作关系。其中，泉州师范学院科技成果“太阳能组件背板材料回收与再利用相关技术”（该项技术可从废弃的太阳能光板中提取聚偏氟乙烯、涤纶树脂等化学原料，从而再利用于生产薄膜材料，实现“变废为宝”）将落地企业产业化，交易金额预计500万元。

农业科技

【概况】 2020年，泉州市科技局组织实施乡村振兴科技支撑行动，提升泉州国家农业科技园区建设水平，推进疫情防控科研攻关，支撑引领农业高质量发展和乡村全面振兴。围绕社会发展与农业发展科技需求，启动社会发展领域科技创新项目、医学与临床科研项目、农业科技园区建设等6大类8个细分申报方向，推荐和受理省、市社发与农业科技创新项目280项。立项支持省、市社会发展与农业科技创新项目189项，争取或下达省、市级科技经费2478万元。清理完成省、市级农业和社发领域科技计划项目结题验收120多项，社农科项目结题率由原来的81%上升到94%以上。紧急启动“新型冠状病毒感染的肺炎防治技术的研究和产品开发”专项征集工作，首次采用互联网进行在线评审，实现在线指导、网上受理、微信评审等方式，华侨大学4个项目通过评审立项，下达科技经费85万元。其中开展“新型冠状病毒（2019-nCoV）快速检测试剂研发”项目已研发出高灵敏、高特异的诊断试剂盒，临床诊断灵敏度96%，诊断特异性97%，反应时间30分钟，新冠检测微流控新装置获欧盟CE认证批准。组织开展全市生物医药产业调研，研究制定《“十四五”泉州生物医药产业规划》，跟踪推动泉州仿制药质量和疗效一次性评价资金补助有关事宜，跟进国脉生物科技遗传疾病筛查项目、泉州台商投资区干细胞与再生医学研究院项目后续进展情况，推动项目加快实施。首次在医学与临床科研领域新增临床医学研究中心科技创新平台建设和产学研用选题方向，搭建医院产学研用创新平台，加强医学科技创新体系建设，加快补齐医疗卫生事业短板。

【农作物新品种选育及推广】 2020年，泉州市科技局加大农业科研推广工作，加快推进特色现代农业提质增效，农业科技创新成效显著。其中泉州市农科所主持或参与农业科技项目57项，育成7个品种通过国家登记、省级审定，2项成果获实用新型专利授权，1项成果获发明专利授权，引进种质资源259份，开展国家作物种质资源观测监测6种类57个品种，建立良种繁育、示范基地11个，推广农作物新品种、新技术10多万公顷。

【国家、省级农业科技园区】 2020年，泉州市科技局根据科技部和省科技厅的部署，采用“两园一中心”（茶叶园、海洋生物园和科技创新中心）的建设布局，谋划修订完善泉州国家农业科技园区建设发展规划，推动安溪铁观音集团“国家茶叶质量安全工程技术研究中心”发展，加速国家农业园区建设及提档升级。立项扶持市级园区研发推广和公共平台建设项目40项，认定第四批泉州国家农业科技园区示范企业62家。

【科技特派员】 2020年，泉州市科技局出台《泉州市进一步坚持和深化科技特派员制度的行动方案》，制定《2020年泉州市推进科技特派员创新创业工作计划》，设立市级科技特派员专项经费1000万元，引导县（市、区）投入1373.5万元，下达泉州市科技特派员正向激励奖励经费100万元。按照备案试行的模式，引导推动高校、科研院所科技人员和企业、农民“点对点、事对事”的高效对接。全年全市选认省级科技特派员300人（台湾籍3人）、法人（团队）科技特派员52个，选认市级科技特派员526人、法人（团队）科技特派员19个。截至年底，全市选认省、市级自然人科技特派员2077名，组建153个科技特派员(法人)团队，比上年增长65.79%、86.59%，在实现乡镇科技特派员全覆盖的基础上，服务范围逐步扩大至全市所有行政村。争取省级科技特派员补助项目1项，立项支持市级项目31项，突破一批关键技术难题，引进、示范、推广新技术、新品种、新成果100多项。组织推荐省级优秀科技特派员2名，收集科技特派员典型经验做法13篇，征集科技特派员活动日记30多篇。

【星创天地】 2020年，泉州市科技局按照“城市众创、农村星创”的发展思路，建设省市级星创天地，引导以高校、科研机构、龙头企业、农民专业合作社、农业园区等为载体，依托科技特派员、大学生、返乡农民工、职业农民等的创新创业主体，新培育2家省级、15家市级星创天地，累计培育各级星创天地61家，其中国家级13家居全省第一，省级19家居全省第二。摸索总结出“科研创新驱动”“互联网＋电商”“特色产业”“龙头企业”等多种星创天地发展模式，集聚创业团队476个、创业导师337名，服务初创企业470个，举办创新创业活动526场次，打造融合科技示范、技术集成、成果转化、融资孵化、创新创业、平台服务为一体的农业农村众创体系。

【星火科技“12396”信息服务平台】 2020年，泉州市科技局采用微信直播的方式，遴选科技特派员工作站新载体20家，与市农业农村局等部门合作，结合农时农事，举办实用技术远程培训10期，组织收看省农村实用技术远程培训12期，受惠5万多人次。联合泉州市农科所组织编印《泉州市淮山高优栽培与贮藏加工关键技术》《果树优新品种与高优栽培》《泉州延陵丝瓜密植高效栽培技术》3部科教片和多媒体课件10部，面向各县（市、区）开展征集科技特派员培训课程9项。

【科技帮扶】 2020年，泉州市科技局落实有关扶贫开发政策要求，研究支持科技帮扶项目14项，下达科技帮扶资金95万元，重点支持石狮市祥芝镇建立科技特派员服务站，帮扶挂钩民族村泉港区山腰街道钟厝村、闽宁协作永春县驻同心办事处，建设泉州台商投资区洛阳镇云庄村科技服务中心、安溪县参内镇田底村，引导和支持贫困地区发展壮大优势特色产业；挂钩帮扶镇村开展科技下乡活动，组织自然资源部第三海洋研究所专家到石狮市祥芝镇开展科技咨询服务，组织市农科所果蔬专家到石狮市鸿山镇开展农业果蔬种植现场技术指导，组织市土肥站和市农科所专家到泉港钟厝村开展土壤盐碱化改造改良现场技术指导，提升贫困地区的科技意识和技术技能。

【农村实用人才】 2020年，泉州市农业农村局实施农村实用人才素质提升工程，科学合理设置培训课程，创新培训模式，通过集中面授、网络视频等形式，年培训农民9.5万人次以上。选送202名符合条件的高素质农民，采取单列考试入学、免费培训的办法，依托福建农林大学、福建农业职业技术学院等农业院校免费进行学历教育和技能培训。选优培育人才，评选泉州市优秀农村实用人才22名。对素质高、能力强、带动好的农村实用人才，优先推荐申报“全国农村青年致富带头人”“全国十佳农民”“科技兴村杰出带头人”等人才项目。推荐安溪县李金登申报2020年度“全国十佳农民”资助项目。宣传典型，营造氛围。在新华网、中国经济网、东南网、《泉州晚报》、泉州广播电视台等媒体刊播蔡喃喃、陈高阳、陈建评、刘欢等优秀农村实用人才代表在不同领域不同行业创业创新、助力疫情防控的事迹，在农村实用人才中引起较大反响。

社 会 科 学

综 述

【社科项目】 2020年，泉州市获国家社科基金项目立项资助27项，其中重大项目1项、重点项目2项、一般项目12项、青年项目6项、高校思政课研究专项1项、后期资助一般项目5项。66个项目获省社科规划项目立项资助，其中重大项目3项、重点项目5项、一般项目28项、青年项目5项、年度项目3项、基地重大项目12项、普及出版资助项目8项、台胞专项扶持项目2项。市社科规划办立年度社科研究规划项目107项，其中委托项目4项、重点项目18项、一般项目34项、青年项目18项、合作项目33项（其中河长制专题10项）。

【社科成果】 2020年，泉州市课题《关于提升地方立法能力的实践与思考——以泉州为例》的成果获省人大常委会副主任檀云坤批示；市课题《加快推进泉州专业市场高质量发展研究》《加强泉州近岸海域污染治理 推进海洋文明建设研究》的成果被列入政协2020年度提案，并获市委领导批示。

【高校社科研究】 2020年，华侨大学3项成果获第八届高等学校科学研究优秀成果奖（人文社会科学）二等奖，1项国家社科基金重点项目研究成果获评“优秀”等级。泉州师范学院获批教育部人文社会科学研究项目4项，与教育部语言文字信息管理司、福建省教育厅共建国家语委丝路语言文化研究中心，与北京大学考古文博学院、泉州市文旅局合作共建中国泉州文化遗产研究院。《黎明职业大学学报》获评“全国高职成高学报优秀社科学报”，以福建省同类期刊首位入选RCCSE核心期刊。

【社科期刊】 2020年，《泉州学林》出版正刊4期，在编发学术理论文章的同时，结合时政热点推出学习贯彻中共十九届四中、五中全会

2020年6月19日，泉州市社科活动重点资助项目“梁披云教育思想与海外侨亲兴学实践”系列活动之“《梁披云全集》读书分享会”在黎明职业大学举行 （图/市社科联）

2020年9月26日，泉州市社科联、洛江区社科联举行亲子研学活动。图为参加活动的小学生在市级社科普及基地体验“非遗”文化

（图/市社科联）

精神和思想政治教育等专栏，发挥阵地作用、窗口效应、示范效果。

社科学会

【概况】　2020年，泉州市社科类社团成立兼合式支部委员会41家。10月30日，市社科联党支部和市社科联社会组织党委举办廉政文化宣传教育活动，组织市社科联机关党员、市社科联社会组织党委委员、所属社团党支部书记以及部分社团会员单位党支部书记近50人，采用专家讲授和实参观考察相结合的方式，参观市区西街董杨大宗祠以及台魁巷、孝感巷、曾井巷、甘棠巷，听取“杨震的清廉品格”专家微讲座以及“泉州西街廉政文化及启示”现场讲解。11月25日，市社科联社会组织党委、机关党支部组织社团党务干部、机关党员到南安市金淘镇泉州市华侨革命历史博物馆开展主题党日活动，进行专题党性教育。

【社科学会建设】　2020年6月20日，泉州市演讲与口才学会成立，耿永泉任首届会长。泉州市演讲与口才学会旨在为全市演讲与口才爱好者提供一个交流平台，开展教学、科研、实践、培训等活动，更好地宣传泉州、弘扬家乡文化。9月28日，泉州市孔子学会第三次会员大会在泉州华侨大厦举行，林振礼当选新一届会长。10月11日，泉州市企业经营管理协会换届大会在丰泽酒店举行，庄刚毅当选新一届会长。

【社科学会活动】　2020年2月，泉州市社科联社会组织党委、泉州市海西社工事业发展中心、泉州市社会发展协会在线上运用直播、抖音、微信公众号等新媒体，线下结合疫情防控排查入户契机分发社工服务宣传折页，在全市开展“加强社会工作宣传　助力社会治理创新”系列活动。9月27日，泉州市闽浙赣研究会纪念惠安暴动90周年座谈会暨理事会举行。10月31日，泉州市高校马克思主义理论教学研究会2020年年会暨学术研讨会在泉州信息工程学院召开。与会人员围绕思政课是落实立德树人根本任务的关键课程这一主题，以及“习近平总书记在学校思想政治理论课教师座谈会上的重要讲话精神”“马克思主义反贫穷理论及其在中国的生动实践”“制度、治理与疫情防控”“纪念恩格斯200周年诞辰、列宁150周年诞辰”等专题，进行学术交流探讨。11月12—13日，泉州市广播影视协会组织各会员单位到上杭县古田会议会址、长汀县福建省苏维埃政府旧址、瞿秋白纪念馆等开展爱国主义教育主题党日活动。11月21日，泉州市演讲与口才学会在南安市石井镇鼓山书苑举行“一路同行闽桂童声诵·山海心连心”儿童公益朗诵会。12月19日，由泉州市孔子学会和福建师范大学文学院主办的百龄教授陈祥耀与国学研究座谈会在泉州市区七彩艺文会馆举行。与会的专家、学者，以及陈祥耀的学生等，就陈祥耀的治学、处世、授业、修身之道，以及其在学术研究、诗词、书法等方面的建树，进行阐述与分享。

泉州学研究

【概况】　2020年，泉州市文物研究、华侨华人研究、泉州港与海上丝绸之路研究、方言研究等方面的研究成果推陈出新，学术研讨气氛浓烈。泉州学研究所发挥组织、联络、协调、服务作用，推进泉州学研究及办好《闽南》杂志。筹备策划推进泉州学丛书——《泉州学概论》项目落地。该书系由泉州学研究所组织编撰的泉州学丛书。通过几年的探索和努力，泉州学研究领域日渐充实和完善，但学科建设仍不够系统、不够全面，是一个亟待推进和丰富的学科，因此亟须进行总结梳理。编撰《泉州学概论》旨在丰富泉州学研究，对今后研究方向作出指导。该项目委托泉州师范学院教授林华东主持书稿写作。继续开展“泉州学讲堂”系列科普公益讲座活动。

【泉州学研讨交流活动】　2020年，泉州学研究所主办了泉州学讲

2020年中秋假期，泉州学研究所举行“红红火火烧塔仔，传承文化迎中秋”活动　（图/泉州学研究所）

堂等公益讲座系列活动。该活动通过开放式讲堂的形式，邀请专家学者围绕泉州学研究领域的各个方面开展宣讲，通过泉州学进机关、进课堂、进社区，宣传和弘扬泉州学，带动泉州学和泉州文化的研究热潮，提升泉州的城市知名度和美誉度。举行第18期“行走的文化，头顶的花园——蟳埔女服饰”（该期讲堂由泉州学研究所和泉州师范学院图书馆合作主办）“泉州学讲堂”活动。此外为带动泉州学和泉州文化研究的普及，泉州学研究所与泉州市闽南文化交流中心合办“生活中的泉州学”活动，举办“红红火火烧塔仔，传承文化迎中秋”“陶瓷魅力不减，千年窑火不断”“手中世界花样多，非遗文化零距离”“剪红刻翠挂桃符，刺桐闽韵纸间行”“走进花灯世界，品味多彩文化”“侨批见证海外侨胞的家国情怀”6次活动，得到热心市民、学生的响应。

【泉州学研究成果】　2020年，泉州市哲学社会科学研究规划结项课题与泉州学有关的有《华侨与泉州开元慈儿院》《韩国汉籍文献中的泉州商民研究》《闽南侨乡社会治理现代化研究》《“一带一路”视域下泉州国际形象对外传播的策略研究》《俞大猷传》《泉州侨批的历史民俗学解读》《工匠精神视阈下泉州红砖雕艺术及其传承现状研究》《李贽与明治维新思想的影响研究》《“一带一路”背景下泉州民俗文化探究（双语）》《泉州传统工艺美术濒危艺种创新自救的发展研究》《唐代诗人韩偓寓泉创作研究》《泉州历史古建筑火灾风险评估与对策研究》《工匠精神视域下的话传统陶瓷产品的设计策略及现代开发》《清朝泉商文化对台湾商业文化的影响研究》《闽南文化进泉州高校的实践效能研究》《泉州侨乡建筑彩画中海外文化影响的研究》《周边传播理论框架下闽南文化的媒介记忆研究》《泉州市历史文化名城名街名村保护与活化路径研究》《光明之城与宋元泉州研究》《闽南语——普通话语码转换与地方文化认同研究》《泉州与台湾关系》《泉州古城古建筑策展集群优化古城业态的构建研究》《闽籍禅僧与中日文化交流研究》《泉州海上丝绸之路文化资源数字化发展研究》《泉州华人华侨文献资源保护、建设与传播研究》等。

2020年，“生活中的泉州学”系列文化活动举行　（图/泉州学研究所）

文　化

综　述

【文化体制改革】 2020年，泉州市委宣传部制定《2020年泉州市深化文化体制改革工作要点》，确定5项重点突破改革事项。出台《泉州市国有文艺院团社会效益评价考核细则（试行）》《泉州市市属媒体所属企业国有资产管理暂行规定》，加强对国有资产监管。修订出台《泉州市市级文化产业发展专项资金管理规定》及实施方案。完成经营性事业单位泉州晚报印刷厂转企改制工作，稳妥退出事业单位序列。《泉州：创新“共建共享”“一县一品”两大机制》《晋江市激活社会资源推进文明实践》被收录到《福建省全面深化改革案例汇编（2019）》，《惠安县打造“草根”宣讲轻骑兵队伍探索理论宣讲新模式》在《福建改革财经情况（工作动态）》刊发。探索宣传经营分离的领导体制和运营机制，有序推进《泉州晚报社、泉州广播电视台深化干部人事制度改革工作方案》落实，年内128名员工通过考试。举办第二届泉州市文化创意产品线上展、福建省首届佛文化雕塑创作技能大赛、第六届全国高校毕业生石雕创作营、泉州市文创市集、“全闽乐购·文化旅游专场带货直播”全省电视联播泉州专场（德化）活动，构建校企人才合作和文化消费新模式。

【文化公共服务体系建设】 2020年，泉州市贯彻落实《中华人民共和国公共文化服务保障法》，构建完善的公共文化服务体系。基本建成市、县、乡、村四级公共文化服务设施网络。贯彻落实政府主体责任，市、县两级均成立以政府主要领导为组长的公共文化服务体系建设领导机构，市委、市政府专题研究《公共文化服务保障法》实施工作及公共文化服务体系建设工作。加强学习宣传，市委以中心组（扩大）学习会形式，邀请专家就贯彻实施《公共文化服务保障法》、公共文化服务体系建设进行专题讲座，统一思想认识，提升工作合力；同时，加大《中华人民共和国公共文化服务保障法》宣传力度，中央、省级和市级报刊刊发泉州市公共文化服务相关消息300多篇（条）。完善投入保障体系，市政府加大公共文化服务的资金投入，确保公共财政在公共文化服务体系建设方面的事业经费支出高于市级财政经常性收入的增长幅度。加强队伍保障体系，落实中宣部、中组部、中央编办、发改委、财政部、人社部《关于加强地方县级和城乡基层宣传文化队伍建设的若干意见》，落实乡镇（街道）综合文化站编制。全市乡镇（街道）综合文化站、村（社区）综合文化服务中心做到有人管理、有人服务。

【文化产业发展】 2020年，泉州市有文化法人企业8000多家，规模以上文化产业企业634家。其中，产值亿元以上的文化企业285家；3家企业被评为“福建省文化企业十强”及提名企业；7家企业被认定为“福建省文化出口重点培育企业”，5家企业被认定为国家文化重点出口企业，3家企业（园区）被评为福建省重点企业（园区）；1家企业被评为国家级文化产业示范基地、26家企业被评为省级文化产业示范基地，185家企业被评为市级文化产业示范基地；16家文旅企业挂牌上市。

【文化交流与合作】 2020年受到新冠疫情影响，泉州市与海外现场互动文化交流活动无法正常进行，但仍通过各种方式开展线上互动交流。选派优秀摄影作品参加9—10月在韩国济州举办的第59届济州耽罗文化节国际摄影展。与韩国光州、日本横滨开展“用影像艺术传达问候”为主题的艺术视频交流活动，以艺术交流促进中日韩文化艺术事业的共同发展，增进彼此友谊，推动“东亚文化之都”的品牌建设与发展。

【文化活动】 2020年，面对新冠肺炎疫情，泉州市委宣传部推出戏剧、歌曲、闽南四句、顺口溜、歌谣、快板、诗词、散文、书法、美术、摄影等各类文艺作品1万多个。组织市、县两级专业文艺院团和广大文艺工作者到农村、社区开展文化志愿服务活动。举办14场“党报送祝福·春联抒真情”活动，2场“我们的中国梦”文化进万家文艺志愿服务活动义务写春联专场。组织文艺志愿者进基层进社区开展文艺演出、书画展览、电影进社区、赠送春联等服务。组建10支文艺小分队，到基层开展“奋进小康路 共筑中国梦”——泉州市文化进万家文艺志愿服务活动20多场。开展“万千百十”文化惠民活动，全市开展公益性惠民演出活动700多场。举行“百姓大舞台”惠民演出活动，全年演出15场。举行2020年泉州市少儿电视艺术节暨泉州市中小学生艺术节（云展播）和“决胜脱贫·小康泉州”征文大赛。举行“迎新春 颂祖国”——泉州市入选第十三届全国美展作品汇报展、春回大地——泉州市抗疫美术作品展、画说刺桐——泉州美术作品展、蔡永辉“海丝传奇——梦回古泉州刺桐”美展等。举行“我们的节日——我与端午的记忆”——第十届端午文化节系列文化活动和“万古安澜 幸福小康”2020年洛阳桥诗会。举办首届“泉州市云艺术节”，吸引2000多人参赛。市文旅局联合市委网信办、泉州网开展《抗击新冠肺炎疫情网络文艺作品联播——“泉”民战疫》直播，节目通过新华社现场云App、央视新闻移动网、泉州网、泉州通App、腾讯大闽网、今日头条等多个网络平台同步推出。泉州市中青年演员比赛暨第十届福建省中青年演员比赛泉州预选赛在泉州梨园古典剧院举行，全市各专业艺术团体及艺术院校、高校101名选手参赛。经角逐共推荐产生49名中青年演员参加在福州举行的第十届福建省中青年演员比赛，获5个金奖、11个银奖、21个铜奖。

群众文化

【概况】 2020年，泉州市文旅局实施文化惠民服务工程，组织梨园、高甲、木偶、南音及音乐舞蹈等各类基层文化活动，创作一批惠民文化艺术作品。实施公共文化服务品牌示范工程，以“政府搭台、群众参与”的形式，生成温陵讲坛、中小学南音比赛、威远楼之夏戏剧节、闽南美好生活嘉年华、古韵鲤城、吉祥泉港、大美晋江以及文化科技卫生“三下乡”集中服务活动等28个公共文化活动示范品牌，实现常态化开展活动，活动超800场（次）。实施社会公众参与公共文化服务工程，通过开设宣传栏、印发小册子、开通微信公众号等形式，提升知晓率和参与度。群众成为公共文化活动的主体，参与各地各有关单位开展的“一县一品、一乡镇（街道）一特色”群众文化活动。开展群众参与公共文化服务需求反馈评议，让群众参与公共文化服务的反馈和评议，提高公共文化服务的精准度。

【城乡“百姓书房”建设】 2020年，泉州市有百姓书房232家。“百姓书房”布局在人口密集、交通便利的区域，实行公益性无偿服务，采用图书馆总分馆建设模式，按照“藏、借、阅、乐”一体的设计理念，具备书报刊阅览、外借、电子文献及网络服务、文化休闲等功能。

【村（社区）综合性文化服务中心示范点改造提升】 2020年，泉州市完成24个村（社区）综合文化服务中心示范点改造提升。在全市11个县（市、区）和泉州台商投资区各改造提升2个村（社区）综合文化服务中心示范点。24个示范点按照国家公共文化服务体系示范区创建标准要求改造提升，基本功能包括宣传栏、图书室（农家书屋）、多功能室、科普活动室、文体活动室等，主要用于宣传文化、党员教育、科技普及、普法教育、体育健身、文化遗产保护等。市级下达补助资金240万元。

【县级文化馆图书馆总分馆制建设】 2020年，泉州市文旅局推进各级图书馆实施统一平台、统一借还方式、统一条码标准，推动图书馆“通借通还”；推行文化馆总分馆制建设，构建以县级文化馆为总馆，乡镇（街道）文化馆为分馆的文化馆总分馆制，以定量形式要求总馆对分馆进行文化培训指导，依托各级文化场所每年开展文艺演出，丰富群众文化生活。

【非物质文化遗产代表性项目代表性传承人保护】 2020年12月17日，联合国教科文组织保护非物质文化遗产政府间委员会第十五次会议召开，中国与马来西亚联合申报的“送王船——有关人与海洋可持续联系的仪式及相关实践”项目入选“人类非物质文化遗产代表作名录”。泉州市拥有的联合国教科文组织非物质文化遗产项目达到5个。泉州市文旅局组织开展第六批泉州市级非物质文化遗产代表性项目评审，公布38个项目；开展第八批市级“非遗”传承人评审、认定的工作，新增县级传承人213位。在资金和政策上鼓励引导传承人开展传承活动。泉州市继续做好21个实施整体性保护的重点区域，将重在文物和历史建筑单项、静态保护的历史文化街区名镇名村等打造成升级版的“留形留人留魂”“见人见物见生活”活态、整体文化空间。继续开展泉州戏曲进校园工程，全年举办109场进校园演出，超过14110名学生参加，省、市公益性演出有26场演出邀请2310名学生到剧场观看，“非遗”项目保护单位进入中小学举办41场培训。虽遇疫情，仍照常举办第30届中小学生南音比赛。泉州非物质文化遗产馆利用周末时间举办“非遗培训班”，40几个“非遗”项目近50位“非遗”传承人参加。做好“非遗”进景区，2020年文化和自然遗产日活动选在清源山举办，吸引众多游客参与。创新表演展示方式，国家级“非遗”项目“梨园戏”在清源山举办沉浸式演出。举办2020年“润物无声”泉州文创旅游商品设计创作大赛，培育优质文创旅游商品，助推泉州旅游购物发展，培育文旅消费新增长点。推动“非遗”+旅游，挖掘泉州遗产旅游、宗教旅游、“非遗”旅游等资源优势，编排推出“古韵泉州”“非遗”游、“宋元中国 海丝泉州”史迹游、“全福泉州”祈福游、泉州文博奇妙之旅等40余条精品旅游线路和20个网红打卡点。

文学艺术

【概况】 2020年，泉州市文旅局实施精品工程，开展惠民演出1699场、文化进校园活动175场，探索完成国有文艺院团社会效益评价考核。文艺创作和舞台艺术取得较好成效。创排复排《倪氏教子》《梁玉红》《安平明月》等近10部剧目；歌舞剧团应邀参加2021年中央广播电视总台春节联欢晚会；舞蹈《茶·飘香》应邀参加文旅部2020年第三届“非遗”春节联欢晚会；高甲剧团、提线木偶剧团创作《金牛送福》参加2021年中央广播电视总台春节戏曲春晚演出，并受邀参加文旅部戏曲百戏（昆山）盛典演出；高甲戏《传承》应邀参加2020年福建春节联欢晚会；《火焰山》等3部作品入选文旅部“庆祝中国共产党成立100周年舞台艺术精品创作工程”重点扶持名录，《大海承诺》等2部作品入选2020福建省舞台艺术重点剧目；第九届省百花文艺奖获一等奖1个、二等奖2个；第五届省“百合花”专业舞蹈大赛获4金、1银、1铜；《公义休出妻》获第34届田汉戏剧奖一等奖；13个剧本在省第28届戏剧会演剧本征文中获奖；第十届省青年演员比赛获5金、11银、21铜，成绩均居全省前列，另有3个节目入选全省中青年演员比赛汇报演出。

2020年12月22日，“送王船仪式与海洋文化遗产保护”专题学术研讨会在中国闽台缘博物馆举行　　（图/中国闽台缘博物馆）

【音乐】 2020年1月15日，由泉州市委宣传部、泉州市文联主办的“奋进小康路，共筑中国梦”文化进万家文艺志愿服务走基层文艺演出在安溪县虎邱镇石山村举行，向当地群众赠送音乐书籍。10月1日，“奋进小康路，共筑中国梦”文化进万家文艺志愿服务走基层音乐快闪活动在晋江梧林传统村落举行。11月15日，由市文联主办的福建省第五届“金钟花奖”声乐比赛泉州赛区选拔赛在泉州市艺术馆剧场进行。经过角逐，美声、民族、通俗组共选出6位优秀选手参加省赛。11月28日，由市文联主办的“名家进泉州”公益讲座（音乐类）——黄蒙拉小提琴协奏分享会在泉州大剧院音乐厅举行。12月3日，“名家进泉州”公益讲座（音乐类）——谢嘉幸“核心素养与信息时代的音乐教育”讲座在丰泽区文化馆剧场举行。12月16日，“名家进泉州”公益讲座（音乐类）——杨弋夫“建立‘声音概念’钢琴教学的理念，提高音乐审美的听觉能力”讲座在丰泽区文化馆剧场举行。市文联联合知名词作家邓永祥、曲作家戚建波，创作歌曲《丝路扬帆》，完成录制工作并发布。创作音乐作品30多件，与全国各地词、曲作家联合，进行跨地区、高速度、高质量的音乐创作，制作作品的音频与MV视频，并发表于学习强国APP等网络平台进行推广和宣传。推选优秀作品参加省委宣传部第八批“中国梦”主题创作欣创作歌曲评选以及2020年度“听见中国听见你”优秀作品评选活动。6个节目获省文旅厅、省教育厅、省文联、省工会主办的第十四届福建音乐舞蹈节奖项。

2020年，泉州市文联创作并宣传推广抗击疫情南音作品，《庚子壮行》被“学习强国”平台推介。曾丽芬获第九届百花文艺奖荣誉奖，南音《泉台相思树》获三等奖。南音说唱《解放军“庙”》获省文联、省曲协主办的“省文艺界践行‘四力’讲好福建故事——百名曲艺家讲百个福建故事”主题创演活动一等奖，南音《培元师生情》获三等奖，南音《守望生命》获优秀奖。参加“国家出版基金”项目、福建省文艺音像出版社有限责任公司承办的《世界“非遗”南音曲库》录制项目。市南音协会常务理事李建瑜担纲组织15位南音艺术家，承担该项目1000首曲目中200首的录制工作。协助省“非遗”中心做好闽南文化生态保护区非物质文化遗产数据库南音数据采集工程。9月29日，由市文旅局、市文联主办的“千秋古城望明月”——泉州市第三届整弦排场过枝套曲弦管古乐会在南音艺苑举行。11月8日，省级南音传承人曾家阳收吴悠为徒拜师仪式在南音艺苑举行。11月21日，历时两周的“北京辛庄师范——第五届泉州弦管游学班”开班。泉州市南音传承中心复排经典剧目《唐风宋韵》进行公演。推进第八届福建省艺术节参演剧目《海丝公主阔阔真》的创排工作。组团到浙江余杭参加第十一届中国曲艺牡丹奖全国曲艺大赛，选送节目《安平明月》获节目入围奖。举办庆祝中华人民共和国成立71周年暨南音列入人类“非遗”代表作名录11周年《千秋古城望明月》泉州市第三届整弦排场过枝套曲弦管古乐会。组团到集美大学参加中国音像与数学出版协会音乐产业促进工作委员会、中国传媒大学音乐与录音艺术学院、集美大学音乐学院主办的“新时代中华民族音乐文化传播研讨会”厦门专场南音演出。组团到厦门大学参加厦门大学百年校庆系列活动“闽南非遗展示演出”。

【戏剧】 2020年，泉州市文联开展抗疫文艺宣传，创作梨园戏清唱《清气吟》、梨园戏动漫《安童与梅香 抗疫放大招》、高甲戏歌《战士终将凯旋》、提线木偶表演《争做文明泉州人》和《致敬英雄》、布袋木偶戏《亲姆拜年》、高甲原创短剧《众援战“疫”》、高甲戏表演唱《正月十五说太平》、高甲戏与三句半“结合体”《叔伯婶姆请注意》、高甲戏歌《万众一心战疫情》，在“学习强国”平台等中央和省部级主流媒体推送。福建省梨园戏传承中心创排新编剧目《倪氏教子》。泉州市高甲戏传承中心创排演出高甲戏传统剧目《梁红玉》、打城戏《汉宫风云》、高甲戏讽刺喜剧《造桥记》等，其中高甲戏讽刺喜剧《造桥记》被列入“2020年福建省精品剧目”。9月，福建省梨园戏传承中心的《陈仲子》获省第九届百花文艺奖二等奖；泉州市高甲戏传承中心的《浮海孤臣》获省第九届百花文艺奖二等奖；安溪县高甲戏剧团的《李光地》获省第九届百花文艺奖三等奖；王仁杰戏曲剧本《荔枝换绛桃》获2020福建省第28届戏剧会演剧本大奖；林清华梨园戏剧本《促织记》获剧本一等奖；谢子丑戏曲剧本《倪氏教子》、张婧婧戏曲剧本《御碑亭Ⅱ》获剧本二等奖，曾芳冰戏曲剧本《魂断寒窑》、吕尔端现代戏剧本《台湾往事》、孙乾歌剧剧本《锡兰王子》获剧本三等奖。10月，梨园戏《董生与李氏》、泉州高甲《连升三级》、泉州木偶《火焰山》三部戏曲入选中宣部、文旅部庆祝建党100周年“百年百部”优秀传统剧目复排计划。史小红剧本《公仪休出妻》参评第三十四届田汉戏剧奖，获剧本一等奖。9月，组织参加省文旅厅主办的第十届福建省中青年演员比赛，获戏剧类金奖5个、银奖8个、铜奖11个。

【文学】 2020年，泉州市文联举办“决胜脱贫·小康泉州”征文大赛、“万古安澜 幸福小康”洛阳桥诗会、“龙文化全国诗联文大奖赛”“新时代双拥工作风采”主题征文活动、第二届“惠艺·匠心”诗歌大赛、“新时代乡村抒写”福建文学系列活动——“石文化 中国梦”创意文案大赛。开展“不忘初心、牢记使命”暨“菊舞金秋、魅力丰泽”采风、“中国石都”水头镇采风等采风活动。11月19—20日，全国40多名知名作家到泉州开展海洋文化主题采访采风活动，了解海上丝绸之路的历史文化、经贸发展、民间交流等情况。活动期间，全国知名作家采风团到泉州海外交通史博物馆、开元寺、泉州湾宋代古船陈列馆、德济门遗址、天后宫、李贽故居等地采风，感受泉州的海洋文明。此次采风由省作协主办，市文联、作协协办。11月29日，市文联、市作协主办的“福田杯”2019年度泉州文学奖颁奖仪式暨2019年度泉州市作协新会员座谈会在南安举行，表彰10件作品。12月8—12日，新时代新福建——“让小说走进人民”暨“海丝”文学创作交流系列活动在泉州举行，众多知名作家到泉州多地采风，感受“海丝”文化，交流分享文学创作理念。此次活动由中国作协《小说选刊》杂志社、省作协、省文学院、市文联主办。活动期间，采风组到泉州海外交通史博物馆、伊斯兰教圣墓、晋江市五店市传统街区、德化县陶瓷博物馆、安溪中国茶都等处采风，与泉州、晋江、德化、安溪的作家互动，共同探讨“海丝”文学、地域文化等文学创作理念。

林筱聆长篇小说《故香》入选2020年中国作家协会重点作品扶持项目。任林举长篇报告文学《晋江，奔流向海》获省第九届百花文艺奖三等奖。4 篇文学作品入选福建省作家协会主办的福建省第33届优秀文学作品榜暨第15届陈明玉文学榜，其中王常婷《桃红四物》中药散文四篇获散文组优秀作品，林筱聆《被判处死刑的鸭子》获短篇小说组提名作品，叶燕兰《瓷花》获诗歌组提名作品，陈小平《泉州：古刺桐港的故事》获报告文学组提名作品。林小玲、蔡飞跃、李锦秋、黄志雄4名作家的作品集登上“读吧！福建”第三届福建文学好书榜。全市作家在《散文》《美文》《散文选刊》等国家级、省级报刊发表作品近200篇（首），数十篇文学作品入选年度选集，作家出版个人作品集10多部。

【美术】　2020年，泉州市文联组织抗疫美术创作，举办“泉州市美术家抗击疫情主题美术作品网络展”“春回大地——泉州市抗疫美术作品展”。举办“迎新春•颂祖国”——泉州市入选第十三届全国美展作品汇报展、“坐看云起时”——黄文中油画展、薛君宁水墨新作展、“山水清音”——黄文中&陈晓萍对话展、迎国庆 颂祖国——泉州美术作品展、“奋进小康路 共筑中国梦——泉州市入选第十三届全国美展作品汇报展”、蔡永辉《海丝传奇——梦回古泉州刺桐长卷》美展、“画说刺桐”——泉州美术作品展、“助力第44届世界遗产大会 促进海峡两岸文化交流”——东南墨韵/罗立人、王绍昌、廖建平、陈怀贵海丝文化四人专题画展、纪念中国人民抗日战争暨世界反法西斯战争胜利75周年国防教育中国画展、“清风涤心——杨洁薇花鸟画展”等展览。6月，由省美协水彩画艺委会、泉州画院主办的“画说刺桐——福建省水彩名家泉州写生行”在惠安县小岞镇举行，邀请全省20位画家参加。6月，“奋进小康路 共筑中国梦——泉州市文化进万家文艺志愿服务活动”——2020泉州美术家走基层系列活动首场活动在德化县举行，市美协主席、泉州画院院长郭宁做“诗性笔意——水彩风景写生浅谈”学术讲座，进行现场风景写生示范。11月28日，市文联主办的“名家进泉州公益讲座”（美术类）首场在泉州画院举办，邀请民盟中央美术院副院长，中国画学会理事、福建省画院名誉院长郭东健做题为“从全国第十三届美展谈中国画创作”的讲座。12月12日，“名家进泉州公益讲座”（美术类）第二场在泉州海交馆举办，邀请中国美协会漆画艺术委员会主任、中国美协理事、省美协副主席、厦门大学艺术学院教授委员会主任、教授、博士生导师陈金华做题为“当代中国漆画发展现状思考”的讲座。

【书法】　2020年元旦、春节期间，泉州市文联开展“送欢乐、下基层”“党报送春联”“奋进小康路 共筑中国梦”等志愿服务活动，组织1000多名书法家到乡村、社区开展义务写春联活动250多场（次），送出春联12万多副。7月，省书协、市文联等举办守望兰亭·全国第十二届书法篆刻展福建入展作者作品展，展出福建省入展全国第十二届书法篆刻展全部36名作者及23名特邀作者的95件作品。12月，邀请李木教、刘文华、倪文东3位名家到泉州开展“名家进泉州”书法讲座，提高创作能力和水平。12月，省书协、市文联举办“守望兰亭”——福建省第六届书坛新人新作展，展出全省书法新秀的135件作品。12月，“守正出新”——泉州市书法家协会2019年新会员优秀作品展举行，展出282件新会员的优秀作品。曾锦溪书法《何绍基书风创作研究》获中国文联2020年青年文艺创作扶持计划资助项目。王志安的行书《快雨堂题跋》获省第九届百花文艺奖一等奖；张聪明的草书《题南安一片寺》获省第九届百花文艺奖二等奖；肖咸松的楷书《林散之论诗二首》获省第九届百花文艺奖三等奖。11人入选全国第五届青年书法篆刻作品展，占全省入展数近70%，5人入选第五届全国正书展，占全省入展数的41%。

【摄影】　2020年，泉州市9件作品获福建省摄影家协会主办的福建省第27届摄影展奖项，黄云华作品《雪中精灵》、戴仲达作品《泉州提线木偶》等4件作品获银奖，1件获铜奖，黄云华作品《山中精灵》、薛文彬作品《水墨渔家》等

2020年7月5日，由福建省书协、泉州市文联主办的“守望兰亭·全国第十二届书法篆刻展福建入展作者作品展”在泉州凿山艺术馆开幕。图为作品展现场
（图/市文联）

4件作品获优秀奖。4月，省摄协、市摄协、南安市英都镇政府主办追梦英都“中能泰丰杯”全国摄影大赛。4月，“生命力量·温暖你我”残疾人主题公益摄影展举行。5月，“奋斗有我 镜见创新”——泉州市2020年“全国科技工作者日”摄影大赛举行。6月，省摄协、市摄协、南安市石井镇政府主办的“成功杯·魅力石井”全省摄影大赛举行。9月，省摄协、市文联、南安宣传部主办的第二届泉州市摄影艺术展举行。12月，省摄协、市摄协、南安市水头镇政府主办的2020年全国“石文化 中国梦”创意文案与多媒体摄影大赛举行。春节期间，组织摄影家到南安英都、翔云、美林等乡镇为村民拍摄个人照和全家福，现场免费打印照片。

【舞蹈】 2020年，泉州市文联组织创作抗疫主题《致敬！〈平凡天使〉》《让爱传出去》等舞蹈作品，制作成视频通过网络传播。录制《你好，中国晋江》参加由中国文联、中国舞协主办的第八届中国舞蹈节——“‘5·15’一起舞”群众舞蹈网络展演活动。创作演出第二期泉州“非遗”项目“记录·传承”工程——泉州闽南民间音乐舞蹈赏析会，对泉州市闽南民间舞蹈音乐、服饰进行挖掘、整理、保护和记录。9月，“新时代 新美育 结对子 种文化”福建省少儿舞蹈美育工程公益教学基地（晋江站）成立。群舞《南音舞韵》入选中国舞蹈家协会新创作舞蹈作品推优项目——首届“中国舞蹈优秀作品集萃”。《〈向大海〉——一个航海者的日志》获省第九届百花文艺奖一等奖，《寒蝉蜕鸣》获二等奖，《茶·飘香》《南音舞韵》获三等奖。2个节目获省文旅厅、省教育厅、省文联、省工会主办的第十四届福建音乐舞蹈节奖项，群舞《古厝·乡韵》获省音乐舞蹈节舞蹈（含广场舞）类一等奖、创作奖二等奖、优秀舞美奖，群舞《花晨月夕》获舞蹈类优秀奖。

新闻出版

【概况】 2020年，泉州市新闻出版（版权）工作全面落实意识形态工作责任制，按照全国、全省有关工作部署要求，推进各项工作，全市新闻出版（版权、电影）行业总体提呈现出稳步发展、提质增效、健康有序的态势，市版权局获评全国打击侵权盗版有功集体，安溪县凤城镇获评全国“扫黄打非”进基层示范点。2020年，泉州市提交年度报告印刷企业886家，其中出版物印刷企业43家、包装装潢印刷企业703家、其他印刷品企业140家。在全国印刷包装百强企业排行榜中，泉州市有5家印刷企业（达利、金百利、南王、泰兴、文松）入选，入选数量位居全省各设区市（含平潭综合试验区）首位，也是全国地级市入选数量最多的城市。全省优质印刷品评比中评出省优产品214件，泉州市印刷企业有61件印刷产品获省优产品。全省首批诚信印刷企业评比评出55家诚信印刷企业，泉州市有17家印刷企业获评福建省诚信印刷企业。

【出版发行】 2020年，泉州市新闻出版局通过全国发行单位年度核验信息系统和福建省印刷发行行业管理系统的填报、管理和应用，提升核验信息质量，提升行业监管水平和产业发展研判能力。对泉州市辖区内新增网上书店备案情况进行核查，落实网上书店实名制，将网上书店纳入“双随机、一公开”抽查范围，规范网上书店的经营活动。突出抓好泉州市中心城区和其他重点地区、重点部位的监管工作，下沉执法力量，加大执法力度，提高执法效能，对反复出现问题的点位，坚持标本兼治，确保取得实效。继续开展无证无照印刷企业、出版物发行单位专项整治，营造健康有序的市场环境。采取“四不两直”方式，对新闻出版、电影行业交叉暗访检查。按法律法规和有关规定要求落实行政审批事项取消、下放工作，优化行政审批服务。

【全民阅读】 2020年，泉州市新闻出版局围绕纪念“4·23”世界读书日，结合新冠肺炎疫情防控实际，开展“无线相约，幸福云读”线上阅读主题活动，通过“线上阅读打卡”“我是领读者”等多种方式与读者互动，培养市民阅读习惯，打造“云阅读节”。组织开展“疫去春来书香相伴”、“云”上相约“疫”起读书、“书香润泽童年 悦读促进成长”等系列全民阅读推广活动。9月下旬，启动为期一个多月的第十四届“书香泉州”全民读书月、线上线下图书展会、云阅读分享会等系列活动，组织开展线上阅读推广活动，发放30万元购书惠民补贴，在全社会营造阅读氛围，中国网、新华网、中国新闻网等十余家新闻媒体进行相关报道。落实《福建省全民阅读“七进”示范点建设标准》，推进全民阅读进农村、进社区、进校园、进军营、进企业、进机关、进家庭，让阅读活动深入基层，普及到群众。组织开展福建省全民阅读“七进”示范点评选，泉州市温陵书院等3个点位获评。通过典型培育，发挥示范引领作用，推动全民阅读“七进”活动深入开展。

【版权保护】 2020年，泉州市版权局开展版权保护系列宣传活动，抓好经费预算、源头监管、督促检查、考核评议等关键环节，巩固扩大全市软件正版化工作成果。开展“剑网2020”专项行动，打击阶段性问题突出的侵权盗版行为，维护版权市场正常秩序。全市版权作品登记量69993件，位居全省第一。

报 刊

【概况】 2020年，泉州市公开发行报纸7家，分别是《泉州晚报》《东南早报》《泉州广播电视报》《海峡都市报·闽南版》《晋江经济报》《石狮日报》《海丝商报》。其中，《泉州晚报》是中共泉州市委机关报；《东南早报》属泉州晚报社旗下子报，是一份综合性市民生活报；《泉州广播电视报》是由泉州广播电视台主办的报纸；《海峡都市报·闽南版》《晋江经济报》《石狮日报》《海丝商报》属福建日报报业集团旗下子报，由福建日报报业集团负责管理。

【《泉州晚报》】 2020年，泉州晚报社开设《在习近平新时代中国特色社会主义思想指引下——新时代新作为新篇章》《认真贯彻落实习近平总书记重要讲话重要指示 全方位推动高质量发展超越》等栏目，做好中共十九届五中全会报道，全年刊发相关稿件200多篇。做好统筹新冠疫情防控和经济社会发展的报道，推出100多个版的报道，总阅读量超120亿人次（包含新媒体）。与市农业农村局联合开设《精准扶贫暖人心》《决战决胜脱贫攻坚》专栏，全年推出脱贫攻坚相关报道100多篇。结合新春走基层活动，推出《来自脱贫攻坚一线的报道》系列报道。策划脱贫攻坚五年回顾报道，于12月14日推出《决战决胜脱贫攻坚》特刊，通过8个版图文报道展示县（市、区）和市直部门在脱贫攻坚方面的工作成效。从人力、财力上扶持新媒体发展，全年投入1600多万元建设媒体融合项目。新媒体用户数增长迅速，“两微一端”（微博、微信、新闻客户端）用户490多万户，总用户1200多万户。其中，东南早报官微再次蝉联全省媒体微信公号排名年度第一。东南早报抖音粉丝数从1月下旬的8万多人激增至557.3万人，总播放量110.2亿人次，点赞数1.8亿人次，一跃成为粉丝数全市最多、全省前列的媒体抖音。新媒体中心形成一套相对成熟的“多元融合H5”模式，开设《我要直播》栏目，尝试慢直播、直播带货。在新开设音频频道方面，泉州通客户端的“泉州FM”电台3月6日在喜马拉雅平台上线后，开设《早安泉州》《朋朋来了》等节目，当年收听量破7000万人次。东南早报厦漳新闻中心推出“寻医在厦门”“买房在厦门”“游玩在厦门”等音频，内容稳居喜马拉雅头条新品榜前三位。探索建立“新闻+政务服务商务”的运营模式，将疫情对广告经营的影响降到最低。全媒体广告经营额8727.7万元，比上年下降3.73%。全年总收入2.79亿元，比上年下降9.2%。全年总支出2.35亿元，比上年下降12%。全年实现利润总额比上年增长7.5%。

2021年1月15日，“农行杯”——“党报送祝福 春联抒真情”活动在泉州晚报大厦举行 （图/林劲峰）

【《侨乡科技报》】 2020年，《侨乡科技报》做好对外科技宣传工作，围绕泉州市科技工作大局，聚焦传统产业转型升级和战略性新兴产业，推出时间中心、人工智能、光通信芯片、区块链技术、口罩产业链等多期产业科技专题系列报道。在新冠肺炎疫情期间，连续性地突出报道统筹推进疫情防控和经济社会发展，及时报道疫情防控下战“疫”产业链加速运转及科技特派员助力基层做好疫情防控和春耕备耕、复工复产等工作；推出“防疫一线 我们在行动——泉州市科技局疫情防控驻村工作队工作日志节选”系列报道等；刊发疫情防控等科普报道200多篇，引导群众日常生活，助力复工复产。围绕“泉州创建全国文明城市”主题，推出多篇相关报道及创城公益广告。全年编辑出版51期，在菲律宾《商报》出版海外版43期，海内外发行60多万份。

【《泉州文学》】 2020年，《泉州文学》坚持做好品牌活动，举办第五届“小城故事会”杯“古城明天”征文比赛颁奖仪式及“我与古城申遗点的故事”为主题的第六届“小城故事会”杯征文活动，讲好古城“申遗”故事。注重对外交流，泉州文学院作为福建省唯一地市级文学院参加第十九届全国文学院院长联席会议，承办第十一届“茅台杯”《小说选刊》年度大奖活动。《泉州文学》2020年第二期新辟“众志成城 同心抗疫”专栏，推出一组诗歌，为疫情防控鼓劲；同时在封二、封三刊登防抗疫情书画作品，并在封四刊登防抗疫情的宣传画。第三期刊登“女诗人抗疫诗歌小辑”，并在封三刊登防抗疫情书画作品。第四期刊登8名作者的一组小说、散文、诗歌，或叙述故事，或记录日常，或抒发情怀，留下疫情防控期间的个人记忆。第五期、第六期继续刊登防抗疫情题材的作品。第二期新辟“‘皮囊文学奖’获奖作品选登”专栏，以扶持、激励文学青年。注重开辟特色栏目，围绕女作者、青年作者、学生创作群体，在“三八”妇女节（第三期）、“五四”青年节（第五期）、“六一”儿童节（第六期），分别推出“女作家散文小辑”“诗歌在线·青年诗人小辑”“校园文学”栏目。扎根本土文化，响应“乡村振兴”战略，提升“世界石雕之都”知名度和美誉度，参与举办第二届“惠艺·匠心”诗歌大赛，策划出版增刊1期。组织刊发公益广告，全年底封均用于刊登公益广告。注重推介传播，发挥传统、新媒体的宣传作用，在“泉州文学”微信公众号、《泉州晚报》及时发布卷首语、目录信息，在中国知网发布电子书，扩大《泉州文学》的知名度，在《小说选刊》“报刊篇目概览”发布小说篇目。

【《闽南》】 2020年，《闽南》杂志创新办刊理念，广泛组稿约稿，提高编印质量，杂志稿件质量不断提高，逐步成为宣传展示泉州经济社会发展成果和闽南文化事业蓬勃发展的重要阵地，成为沟通联系海峡两岸同胞、海外侨胞乡亲情谊的重要纽带。全年编辑出版6期杂志（总75期至总80期）。推出“李贽专题”（《从一篇散文看人们对李贽的尊崇》《试论明清时期福建士人对于李贽的认知心态》《李贽评〈苏长公表启〉述评》《李贽思想览略》）、“李光地专题”（《从〈古乐经传〉看李光地对礼乐制度的认知》《李光地辅政治国的当代启示》《息养生民 以固国本——略说李光地的施政思想》）、“妈祖文化”专题（《霞洲妈祖宫今昔谈》《妈祖文化：海峡两岸情感沟通的永恒媒介》），还推出《李清馥〈闽中理学渊源考〉学术价值举隅》《闽南海洋历史文化初探》《泉州道教碑铭的史料价值》《略论泉台民间信仰宫庙的传承与交流——以德化龙湖寺、石壶祖殿、大卿宫为例》《宋代泉南曾氏文化家族》《〈焚书〉所见明代人名考核与索引》《李贽研究资料辑补四则》等一系列文章；通过微信订阅号、华人头条号等平台全文上网，方便读者上网阅读、检索，扩大杂志普及面。

广播电视

【概况】 2020年，泉州市有广播电台8座（县级7座）、无线电视台1座、有线电视台8座（县级8座）。调频转播发射台9座、电视转播发射台9座。全市广播综合覆盖率99.92%，电视综合覆盖率99.93%。全市广播电台全年播音78302小时55分钟，全年自制节目54566小时18分钟；电视台全年播出60470小时58分钟，全年自制节目5583小时21分钟。泉州广播电视台拥有新闻、交通之声、都市之声和刺桐之声四个频率以及新闻综合、都市生活、影视剧和闽南语四个频道；泉州广播电视报社负责编辑出版以文化生活为主的广电报，每周一期；泉州广电信息中心主要负责发展网站、移动多媒体广播（俗称移动电视）、手机电视等新媒体业务。福建广电网络集团泉州分公司主要负责泉州市广播电视传输网络的规划、建设、运营以及多功能业务的开发和应用。

【主题宣传】 2020年，泉州市加强广播电视媒体“头条”建设和视听新媒体“首屏首页首条”建设，围绕脱贫攻坚、经济发展、民主法治、社会民生等主题，开设“牢记总书记嘱托，书写新福建答卷”“2020年，泉州这么干”“众志成城 共同抗疫”“精准扶贫”“安全生产百日攻坚”等栏目，为“决胜全面小康、决战脱贫攻坚”、为疫情后期的复工复产营造舆论氛围。同时扣紧各阶段工作重点，做好国家安全、移风易俗、国家公共文化服务体系示范区创建、文明旅游、禁毒、打击“精神传销”等主题宣传活动。举办为期四天的全国电视剧名家福建故事（泉州）采风行活动。活动包括“改革开放”“海丝风情”“铁观音茶文化”“白瓷文化”四个主题采风点，编印《新时代泉州故事》画册，制作《海丝风情电视剧外景地掠影》视频，向全国电视剧名家宣传泉州的文化和电视剧制作资源。

【精品创作】 2020年，泉州市广播电视台少儿节目《生活中的科学》获国家广电总局少儿节目精品发展专项资金扶持奖励，功夫动漫股份有限公司的《三星堆荣耀觉醒》被国家广电总局评为2019年度优秀国产动画片。泉州原创文化传播有限公司的《青山人路》被国家广电总局评为第一季度优秀网络视听作品，功夫动漫股份有限公司的《汉字侠 神奇汉字星球》被国家广电总局评为第四季度优秀国产电视动画片。泉州广播电视台广播剧《马兰花开》、纪录片《穿越海上丝绸之路》被评为第九届福建省百花文艺奖三等奖。石狮台《ICU的冬与春》、晋江台《甜蜜溪边》被评为“中国梦 福建故事”二类作品。泉州时空文化传媒公司的《背影》和《不忘初心，与爱同行》、福建省优一影视有限公司的《通水连心 两岸一家》等5件电视公益广告获省广电局年度公益广告扶持，占全省入选数的1/4。泉州时空文化传媒的《路》、安溪广播电视台的《精准扶贫》等5件公益广告获省广电局脱贫攻坚公益广告专项奖励，占全省获奖数的1/3。泉州市还有四件防抗疫情公益广告受到省广电局表扬，占全省总数的1/3。

【对台和对外文化交流】 2020年，泉州市继续做好13档闽南语栏目入台播出，到年底通过“汉雅星空”播出节目3000多期，每天点击量超60万人次。办好“逐梦海丝——2020闽南人少儿春节联欢晚会”，入选国家广电总局“春节文化走出去”重点项目，节目在台湾IM•TV网络台播出，覆盖全岛。借助菲律宾菲中电视台、“国广东方”网络电视台、“魅力中国”网络电视台等媒体，播出一批反映“海丝”文化和中华文化的纪录片、闽南语节目。

文 物

【概况】 2020年，泉州市有各级文物保护单位945处，其中44处全国重点文物保护单位、104处省级文保单位和797处市（县）级文物保护单位，14处（18个点）全国重点文物保护单位和4处省级文物保护单位入选“泉州：宋元中国的世界海洋商贸中心”申报世界文化遗产点；涉台文物保护单位281处，革命文物134处。2020年，泉州市文物局组织开展全市文物安全大排查大整治，年初对全市922处各级文保单位开展拉网式体检，9月又组织安全工作“回头看”，落实文物安全隐患销号管理制度。发现各类安全隐患1052项，整改1009项，整改率96%；未整改部分主要涉及文物修缮方面，按轻重缓急有序推进。完成省级以上（含省级）文物保护单位电气线路套管和智慧用电建设157处（电气线路改造78处、智慧用电建设79处）。该项工作同时在市、县级文物保护单位铺开，全市市、县级文物保护单位791处，需电气线套管475个点，完成261个点，完成率55%；需智慧用电建设473个点，完成284个点，完成率60%。

【考古调查】 2020年，泉州市文物局组织完成泉州市南外宗正司和市舶司遗址（二期）、屈斗宫德化窑址之尾林窑址、安溪县下草埔冶铁遗址（一期）考古发掘；完成南安市邱钟吕璹墓考古调查勘探、泉州承天巷旧人民医院抢救性考古发掘、“申遗”考古调查勘探一期（旧车站、天后宫寝殿后侧、江口码头）、“申遗”考古调查勘探第二期（盘光亭、府后山、南外宗正司遗址）、“申遗”考古调查勘探三期、泉州台商投资区秀涂村海湾大道项目16号段文物考古调查勘探清理、南安文庙考古调查勘探、泉州古城有关街巷等基础设施建设项目的文物考古调查勘探工作。

【文物保护管理】 2020年，泉州市文物局推进文物保护单位实施“三防”工程，其中，全市44处全国重点文物保护单位中，竣工验收13项；新增获批方案12项；新增获批立项22项，占全省近一半，各项工作进度居全省首位。96个省级文物保护单位中，获批“三防”方案4个。建立文物保护修缮项目库，储备项目200多个，按轻重缓急有步骤推进文物保护修缮工作，其中2020年启动修缮项目32项。获国家文物局批复2021年度国保修缮立项11个，占全省近一半。组织文物建筑消防安全标准化管理工作现场会暨灭火器派发仪式，进行消防演练、消防知识普及等，同时集中采购6000多件灭火器，并统一派送至一般不可移动文物建筑。

为摸清文物底数，开展文物自查、补查工作，组织四个专家队伍分到各地督导，落实应保尽保，第一批拟公布新增文物点164处。启动各级文保单位保护标识新增和完善工作；启动省级以上文保单位建档工作，并同步实施文物档案数字化；落实末端管理，各级文物保护单位均有专门机构或专人负责保护管理，实施文物管理和安全责任人公开公示制度。全市配备基层文物巡查员779人，实现有文物的村、社区全覆盖。有序推进各级文物保护单位保护范围和建设控制地带的落图工作，文物保护单位定线落图完成并提交资源规划局纳入国土空间规划管理平台。实施“申遗”点监测及国保监控完善提升工程，前七批33处全国重点文物保护单位纳入“申遗”监测；启动第八批13处全国重点文物保护单位监控完善提升项目，推动国保及“申遗”点可视化监测管理。建设完成不可移动文物信息化管理平台（数据库），解决文物数据一站式交换问题。建立健全文物、住建、资源规划、发改等部门参加的涉及文物的审批联动机制。健全文物行政部门、文化市场综合执法机构和公安、司法机关案情通报、案件移送制度。推动文物行政执法与刑事司法衔接，市文旅局与市中级人民法院、市人民检察院签订文化遗产保护联合行动备忘录，市中级人民法院设立“海丝”史迹巡回法庭，市人民检察院将遗产保护纳入公益诉讼。主动融入纪委监察“1+X”监督机制，建立与纪委监察关于文物保护工作的沟通机制，联合纪委开展文化和自然遗产保护专项监督检查。结合文化遗产日组织专题纪念活动，开展文化遗产保护警示教育，发放《告遗产区群众一封信》。组织宋元中国世界海洋商贸中心中小学生绘画和征文比赛，收到近3000份比赛作品。

【世界文化遗产申报】 2020年，泉州市文物局坚持“目标导向”“力度不减”“机制不变”，做好迎接第44届世界遗产大会准备，按照“赶前不赶后”原则做精做细做完善，细化任务清单，倒排时间表、路线图，内紧外松地推进考古发掘、展馆建设、修缮保护、环境整治、宣传阐释等工作。南外宗正司遗址、市舶司遗址、德化窑址、安溪冶铁遗址4个新增点野外考古工作受到国家文物局领导高度评价，文物本体修缮、遗产点考古、界桩界碑安装、遗产点现场展示馆提升、中英讲解员培训等工作进展顺利。

博物馆

【概况】 2020年，泉州市登记备案的国有博物馆有18家(含非国有博物馆5家)，新增设立石狮世茂海上丝绸之路博物馆，国家一级博物馆2家(闽台缘博物馆和泉州海交馆)，二级博物馆3家(德化陶瓷博物馆、晋江市博物馆，泉州市博物馆)，三级博物馆3家（泉州华侨历史博物馆，南安市博物馆，安溪县博物馆）。全市博物馆总建筑面积超10万平方米，库房面积7000余平方米，常设展厅43个，临时展厅22个。按照新冠疫情防控工作要求，全市博物馆自1月24日起闭馆，5月18日后按照上级关于疫情防控常态化要求陆续有限制地恢复开放。受闭馆和疫情影响，全年全市博物馆参观总人数186万人次，全年度开展线上线下活动近百场次。

【中国闽台缘博物馆】 2020年，中国闽台缘博物馆接待观众15.07万人次，其中台胞81人次。坚持“线上+线下”相结合，推送“风雅六朝——南京、泉州文物联展”“两岸家风文化书法展”“谱系两岸——馆藏族谱展”“法相仙踪——中国闽台缘博物馆馆藏宗教造像集萃”等线上展览9个；策划举办“根在固始——豫闽台书画联展”“契约中国——中国闽台缘博物馆、马鞍山市博物馆馆藏契约联展”等线下展览6个；引进“鸦片战争——文物陈列暨战事回顾展”“朔地恋歌——宁夏博物馆岩画展”，到马鞍山、上海、亳州、阜阳、淮北、镇江等地博物馆输出“指掌春秋——闽台木偶艺术展”6场次；举办各类社教活动50多场次。线上展览浏览人数12万多人次，线下展览参观人数近36万人次。推出“艺揽闽台——大师与您面对面”技艺展示及交流活动，32位工艺美术大师参加作品展示、现场创作并与观众交流互动。立足祖地文化资源优势，加强两岸姓氏族谱和家书家信征集、利用，全年新增族谱147种229册、相关文献资料21种24册；接受电子版族谱捐赠365种1110册、文献资料216种270册；到南平浦城征集见证两岸亲情涉台家书15封；接待两岸同胞族谱查询14批次计28人次。举办“朱子文化寻源之旅——海峡两岸儒学文化交流活动”，来自台湾书院联谊会、象山书院、道东书院、兴贤书院、蓝田书院、磺溪书院、明志书院、大观义学等的营员通过网络云上平台参加，来自山东孔子研究院、江西省书院研究会、铅山县鹅湖书院景区管委会、湖南岳麓书院、浙江余姚市东海城市文化研究院和省内考亭书院、正谊书院、南溪书院、普霖书院、武夷精舍，以及武夷学院朱子学研究中心、南平市朱子文化研究中心、武夷山朱熹研究中心等的营员代表30余人参访泉州石井书院、福州鳌峰书院和正谊书院以及南平考亭书院、紫阳楼、兴贤书院、朱熹墓等地朱子文化史迹，举办2场学术交流活动，收到论文10余篇并结集出版。联合中国社会科学院世界宗教研究所、中国宗教学会、中国宗教学会宗教人类学专业委员会等单位组织召开“送王船仪式与海洋文化遗产保护”专题学术研讨会，50余名专家学者及各界人士参加，围绕“送王船”仪式及相关信俗开展研讨交流。策划并搭建“知行大家谈”研学交流平台，全年举行12场，内容涉及文物修复、水下考古、闽台诗文、馆藏匾额、妈祖信俗、木偶鉴赏、国画艺术以及谱牒研究、社教活动设计等。

【泉州市博物馆】 2020年，由于新冠疫情影响，泉州市博物馆线下陈列相比往年有所减少，结合相关节日活动举办临时展览5场次，主要有“刺桐风雅——泉州两湖书院作品展暨2020年送福送春联公益活动”“翰墨丹青——泉州市馆藏书画修复成果展”“‘海丝’遗珍|漳州贸易番银特展”“翫趣——明清文房精品展”等，接待观众40多万人次。疫情期间，在网上开展精品展览，如民国江加走木偶头、馆藏黄奕缺木偶头、馆藏宗教石刻、馆藏清德化窑青花瓷、馆藏青铜器、馆藏德化窑白釉器、馆藏清代涉台匾额、童真童趣——馆藏“婴戏纹”文物展，在线浏览观看点击量50多万人次。疫情管控常态化后，联合兄弟博物馆举办“海洋考古收获图片展”巡展等展览2场次。举办“文化和自然遗产日”“非遗”进校园活动以及开展泉州市实验幼儿园教育日活动，讲解人员细心讲解馆藏瓷器文化知识，通过绘画馆藏瓷器绘本，培养孩子爱护文物和传承陶瓷文化遗产的意识。主持德化三班梅岭窑址宋元窑址（内坂、尾林）考古调查与勘探及上寮溪水域生产瓷土作坊区遗址的考古调查，参与南外宗正司遗址的考古调查勘探，以及盘光亭和江口码头考古勘探。清理出包括元代泰米尔文墓碑石在内的宋元时期文物。参与《泉州城市考古工作成果汇编》资料、整理、绘图、拍照工作，该汇编选取2008年以来具有代表性的12项泉州市区内的文物调查勘探项目。

【泉州海外交通史博物馆】 2020年，泉州海外交通史博物馆接待海内外游客计24.77万人次，境内人数23.3万人次，占总人数94%，境外人数1.47万人次，占6%，市内参观人数15.4万，其中未成年人数为5.8万人次。举办6场讲座，包括“口岸联盟沙龙——海洋、女性与信仰探微”等4场线下讲座，以及“走向海洋：海洋文明的传播与地方知识制造”系列讲座之“中国古代帆船的导航技术”和“中国最早的轮船及其首任船长”2场线上讲座。举办重要展览11场，包括“泉州宝藏新年艺术展”“丝路锁钥——敦煌历史文物精品展”“春回大地——泉州市抗疫美术作品展”“纪念中国人民抗日战争暨世界反法西斯战争胜利75周年国防教育中国画展”等10场馆内展览。其中“碧海丝路——泉州申遗点图片展”作为外出展览在上海交通大学钱学森图书馆举办。在线上推出网络展览，分别在2月15日、3月13日、3月26日发布固定展陈线上导览部分。除固定展陈导览之外，还推出各类专题特色展示，如以馆藏文物结合中国的传统节气推出的“文物里的二十四节气”线上展示，以“中国的节日”为主题结合馆藏文物推出的“鼠年贺岁”“文物过七夕”“迎中秋　庆国庆”等。为丰富陈列展览藏品及研究展示，集中征集两批蟳埔附近打捞出水的海蛎壳、一方南宋泉州市舶官员郭晞宗墓志铭拓片等。完成宋船保护修复项目的招投标工作，启动船体保护修复项目，组织专家对保护修复实施方案开展论证。2—4月，编撰库房藏品精选6期，每期不少于10件文物，通过博物馆馆微信号发布。

【泉州华侨历史博物馆】　2020年，泉州华侨历史博物馆以三个基本陈列为核心，构建华侨文化宣传交流阵地。全年接待海内外观众4.5万余人，主要以国内青少年学生及各省（自治区、直辖市）涉侨单位与侨界人士为主；通过官网、微信公众号等平台推送网上展览，方便海外华侨华人线上参观；协助市侨联举办线上夏、冬令营活动，促进与华裔新生代的沟通和交流。推进重点项目“南洋华裔族群寻根谒祖综合服务平台”建设，构筑华侨文化交流新平台。于3月签订项目一期建设合同，5月启用建设中心，推进深化设计和软件开发；完成寻根体验馆的建设方案和内容、形式设计；征集并扫描662册族谱，完成第三阶段族谱扫描工作。以精品展览为载体，开展华侨文化宣传工作。与西夏博物馆合作，在“5·18”国际博物馆日举办“探寻逝去的天书”西夏文字图片展，并举行云开幕式；推出“同舟共济、侨光异彩”网上送展专栏；9月与广东华侨博物馆联合举办秘鲁华侨华人历史图片展；12月在晋江五店市举办“故土情深”泉州籍华侨华人家国情怀展；同月，联袂广东江门博物馆举办“游子赤心”南侨机工专题展，展示南侨机工的故事。举办学术活动，推动华侨文化研究。邀请厦门大学历史系曾玲教授做“文化移植与新土创造——马来西亚华人拿督公崇拜的田野调查”专题讲座，邀请厦门大学历史系林枫教授做“华侨谱牒与‘一带一路’”专题讲座，邀请福建省华侨历史学会常务副会长林建华做“福建侨情解析”专题讲座；同时，举办泉州市侨界纪念印度尼西亚归侨回国60周年座谈会，组织南侨机工后代召开南侨机工回国抗战历史研究座谈会等活动。

【南建筑博物馆】　2020年，南建筑博物馆加强传统文化保护和闽南传统建筑构件、旧材料征集工作，参与西华洋片区改造工作，对具有历史意义和保存价值的闽南传统建筑及构件进行摸底造册，配合做好传统建筑遗存相关工作。完成《泉州市南建筑博物馆馆藏碑刻选》出版年度计划工作，并分别向泉州市图书馆、各县（市、区）图书馆、泉州博物馆、泉州文库等相关单位赠书，扩大泉州历史文化传播渠道，为查阅泉州地方文献提供图文并茂的翔实资料。组织编撰“泉州古建筑大系”丛书，其中《泉州古建筑——土楼》初稿已完成。

图书馆

【概况】　2020年，泉州市有县（市、区）公共图书馆12所（丰泽区图书馆尚在建设中），其中一级馆7个（泉州、晋江、南安、石狮、南安李成智、鲤城、永春）、二级馆4个（惠安、德化、安溪、泉港），洛江区图书馆未定级。市图书馆新馆占地面积1.53公顷，总建筑面积4.8万平方米，分为地上七层，地下二层。设计藏书容量200万册，阅览座位2000个。在编职工36人，全年投入250万元文献购置经费，完成10万多册图书的采访、编目、加工、入库工作；完成1418种刊报的订购、登到、上架流通工作；搜集到地方图书987种1946册。馆藏总量153万册，数字资源总量100TB。全年图书报刊总借还数1293552册次，总办证数11388张，接待读者人次60万。完善数据墙、AI机器人、图书自动分拣系统、自助借还办证机、智能书架、预约柜、电子书阅读本、视听设备等图书馆智能化项目。全年举行阅读推广活动306场，其中线上线下讲座178场、线上线下读书活动86场、线下培训30场、线下展览12场。荐读活动方面除开设新书、新刊专架外，还开设热点专题书架、导读宣传栏、微信公众服务号等方式进行阅读推广，为党政领导干部推送决策资讯。

【泉州道德模范馆开馆】　2020年9月20日，泉州道德模范馆在泉州市公共文化中心泉州市图书馆一层开馆。泉州道德模范馆旨在展示新时代道德模范风采，弘扬模范精神，培育文明新风。全馆通过图片、影音、文献资料，结合多媒体手段，增强参观者的体验感，展现道德模范的生动事迹和高尚情操。展馆举办各种交流活动，为市民学习先进事迹、感受好人文化、开展道德实践提供全新平台。

【泉州市图书馆学会2020年学术年会】　2020年12月18—19日，泉州市图书馆学会2020年学术年会举行。这也是泉州市图书馆学会第十八届学术研讨会。年会主题紧扣时代，研讨题目为“滋养民族心灵　培育文化自信”，100多名来自公共图书馆、高校图书馆、中小学图书馆的会员参与研讨会。会上，表彰2019—2020年度泉州市图书馆学会41位优秀会员，表彰学术研讨会30位获奖人员，表彰在疫情期间坚持做好阅读推广的14个先进集体和21名优秀个人。

【“同心捐书”活动捐赠仪式】 2020年11月24日，泉州市委统战部在泉州市图书馆一楼学术报告厅，举行泉州市统一战线“同心捐书”行动捐赠仪式。此次捐书活动得到泉州市海外联谊会、世界泉州青年联谊会、泉州市新的社会阶层人士联谊会、泉州市留学人员联谊会和民建福建省委、民建泉州市委等单位及个人的响应，共向泉州市图书馆捐款100多万元，捐赠图书500册。

档 案

【概况】 2020年，泉州市档案馆落实全国档案局长馆长会议精神和全省档案工作会议部署，以机构改革为契机，以转型升级为主线，积极履职、提质增效，推进全年各项工作任务有效落实。继续牵头实施“乡村记忆文化”项目，全年下拨补助资金225万元，在各县档案部门配合下，完成第二批38个试点村（社区）的指导和验收工作，助力泉州乡村振兴战略实施。联合市档案局报送的《打造档案“乡愁”版，助力泉州乡村振兴——泉州市乡村记忆文化项目建设综述》获评2020年全国经济科技档案工作创新（三类）案例。全年提供利用档案622人次（含民生245人次），1797卷、3497件，11325页。与省档案馆及省内其他8个设区市档案馆分别签订《档案跨馆利用服务工作协议书》，初步建成省、市、县三级档案馆跨馆远程服务网，在全省尚属首创。配合市档案局开展档案登记、目录数据报送和项目指导工作。

【侨批档案】 2020年，泉州市档案馆发挥作为福建省侨批主要官方收藏单位和侨批档案成功“申遗”重要参与方的主体优势，及时推出“倡导厉行节约　弘扬优秀家风”——泉州侨批“家风”文化社科基地巡展、电视专栏、公众号连载报道等一系列成规模、上档次的宣传活动。拟在古城中心中山路建设“泉州侨批馆”，该项目获得市委领导及有关部门的肯定支持，迅速实现从初步设想到落地生根，已确定选址并获30万元的启动资金支持。与晋江档案馆联合在五店市传统文化街区设立固定侨批宣传场所举办侨批展，丰富泉州市侨批宣传阵地。

【档案馆功能建设】 2020年，市档案馆落实档案安全主体责任，完善档案完全风险防控机制，组织开展馆库安全大排查大整治，形成每半年开展一次排查的长效机制。推动市档案馆新馆建设项目如期动工、快速建设，并签订新馆回购协议，为档案馆的安全保管利用奠定基础。重新修订《泉州市档案馆接收档案的若干规定》，制定《泉州市档案馆档案（资料）征集制度》。全年接收档案2091卷、17844件，照片399张，录像15盘（盒），实物档案6件，资料454册。接收政府公开信息136批次，38个单位，纸质文件3822件，电子文件3375件。征集泉州市“乡村记忆文化”项目及省级“乡村记忆档案”示范项目建设成果资料2948件、乡村影像档案20个、照片档案300张。征集市摄影家协会主席洪宗洲拍摄、市书法家协会主席李德谦题额的22米长巨幅摄影书法作品《泉州长卷》1件。针对新冠肺炎疫情档案开展征集，建立援鄂抗疫个人档案14个，其中照片585张、视频25份、实物105件；与市文联、市总工会、市邮政管理局、海峡都市报分别联合针对不同领域发起疫情防控档案征集活动，征集到172件档案和894兆电子照片。

【档案宣传】 2020年，泉州市档案馆线上发布档案文化系列展览活动，推出侨批、乡村记忆、老照片等主题档案展览，线下组织专家到永春五里街开展侨批档案专题踏访，使市档案馆在疫情特殊情况下延续档案馆日活动。聚焦时事热点，利用微信公众号平台，推出12篇档案特色推文；结合决胜全面建成小康社会年，推出“档案见证小康之路”档案图片系列宣传和“展示乡村记忆　见证小康之路”——泉州市“乡村记忆文化”项目建设成果网络展16期。

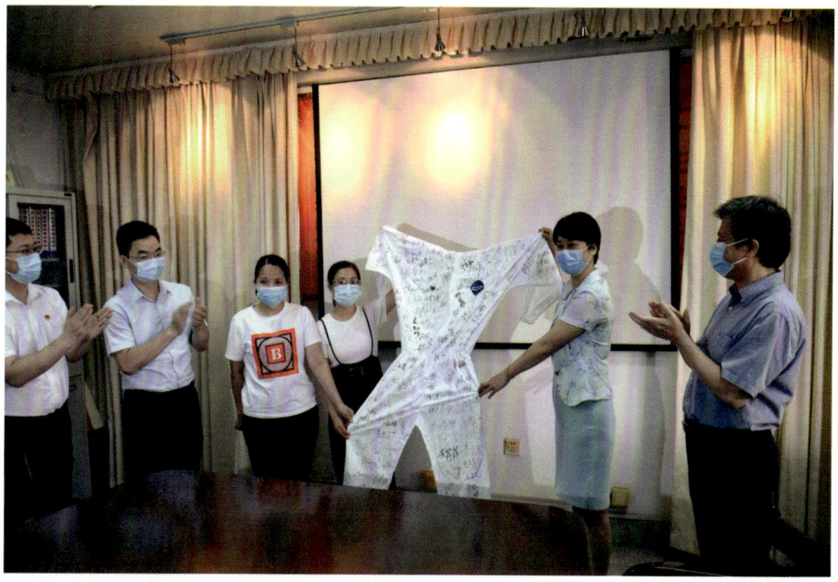

2020年6月9日，泉州市档案馆在档案馆日活动中接受个人抗疫档案捐赠（图/市档案馆）

卫生　体育

医疗卫生

【概况】　2020年，泉州市卫健委全面统筹疫情防控和卫生健康工作，保障全市人民生命健康安全。泉州市获2018—2019年度全国平安医院工作表现突出地区和2018—2019年度“全国无偿献血先进市”称号，全省2020年公立医院公众满意度测评位列设区市第1名，“深化医改和医疗服务群众满意度”居全省设区市第2位，国家基本公共卫生服务项目在省级绩效考核中获第3名，妇幼工作整体水平居全省前列。全市13个医疗卫生市级重点项目完成投资15.83亿元，市一院城东院区二期病房楼、市光前医院综合病房大楼竣工；全年新增床位6508张，千人均床位数达5.4张，达全省平均水平。全市卫生领域10个建设项目获中央预算内投资0.98亿元。推动福建童昌医院、泉州宝璋肿瘤医院等一批社会办医项目建设，社会办医院床位数9481张。年末全市有各类卫生机构（不含村卫生室）2036家，其中医院128家、乡镇卫生院126家、社区卫生服务中心40家、预防疾病控制中心13家、妇幼保健院（所）13家。卫生技术人员5.15万人，其中执业（助理）医师1.96万人，注册护士2.23万人。医疗卫生机构建设床位数4.87万张。全市有乡村医生4615人，实现村级医疗卫生服务全覆盖，建设乡村一体化村卫生所（室）1869家。全年全市报告法定甲乙类传染病病例2.02万例，报告发病率230.98/10万。传染病疫情网络直报县级以上医疗卫生机构覆盖率100%，乡镇卫生院（社区卫生服务中心）覆盖率100%。儿童预防接种四苗接种率99.73%，乙肝疫苗接种率99.84%。

【医疗卫生体制改革】　2020年，泉州市卫健委与医保部门形成合力，共同治理药品、耗材价格虚高。实行药品联合限价阳光采购，开展片区带量联合谈判，全面跟进国家、省上组织药品和耗材集中采购使用，预计每年可为全市医疗机构节省药品采购成本1.8亿元。联合医保局到相关县（市）调研按病种收付费改革落实情况，在现有333个单病种支付基础上，新增30个单病种，扩大按病种收付费覆盖面。确定选取5家公立医院开展DRG试点

2020年4月1日，泉州市首批返回的10名支援湖北医疗队员完成各项医疗救治任务返回泉州，图为欢迎仪式　（图/陈起拓）

改革，初步遴选肺癌等22个疑难重症病种在市、县三级医院开展“四定”（定疾病组、定医药费用、定点医院、定医保支付比例）试点。开展处方点评监控制度，发布两批26种重点药品处方点评监控目录，建立药品临床使用监测和超常预警制度，二级以上公立医院节省支出1.16亿元。

运行泉州市第一医院医疗集团，6家医院纳入集团成员单位，五大医技中心开展新技术214项，服务患者34238人次，双向转诊1.19万人次。现代医院管理制度100%覆盖县级二级以上公立医院，26家县级二级以上公立医院全部实行党委书记、院长分设。加强全成本管控，全面向辖区县级以上公立医院派驻总会计师。通过执行全成本管控，精准预决算，降低运行成本。加强医疗质量安全，规范病案首页传送，录入率近100%，全市医疗纠纷下降32.60%。推广临床路径管理，实行临床路径管理的出院患者平均住院日下降0.4天，住院次均费用下降605元，药占比下降3%。实行公立医院院长、党委书记、总会计师目标年薪制和年度绩效考核制，市属三甲综合医院院长年度绩效考核每1分值，关联医院年度工资总额580万元；以8%为年增长率，核定市属7家公立医院工资总额11.42亿元。优化医院内部绩效分配，实行公立医院工资总额动态调整，医生、护士和行政后勤团队按5：4：1自主分配盈余绩效。推行基层医疗机构医务性收入约80%用于医务人员绩效奖励。

加强26家县级以上公立医院医药费用重点指标监测、预警、分析、通报，开展2轮医改监测指标滞后约谈。组建医改工作专班，每月底对全市医改指标和世行医改项目指标运行情况进行监测通报、会商推进，督导市属公立医院和各县（市、区）整改提升薄弱指标。组织卫健、医保部门业务人员和泉州市第一医院专家组成验证组，对相关县（市、区）开展世行贷款医改促进项目支付关联指标现场验证。全市医疗服务性收入占比33.08%，临床路径管理占比65.01%，均居全省设区市第二位；出院者平均住院日7.61天；按病种付费占比51.13%；基层诊疗量占比56.7%，提升1.42个百分点；医改重点监测指标和世行医改项目支付关联指标、监测指标总体完成较好。市、县两级医院开展新技术1.64万例涵盖253项；二级以上公立医院收治由下级医疗机构转诊住院31271人，向下转诊住院20298人，分别占总住院量的4.89%、3.18%；全市三级公立医院出院患者手术占比和出院患者四级手术占比分别为30.65%、15.38%，分别提升4.67个、2.94个百分点，分级诊疗制度逐步落实。

县、乡医疗卫生资源加快融合共享，世行贷款医改促进项目3个试点县提质运作，开展3个试点县（市）医共体医保基金总额打包支付2019年度考核。新增5个县（市、区）新建8个紧密型县域医共体（晋江3个、南安1个、惠安1个、安溪2个、泉港1个），实现县域全覆盖。实行医改秘书处部分核心单位挂钩联系紧密型县域医共体建设制度。出台紧密型县域医共体医保基金打包支付和绩效考核实施方案，完成与8个县域11个医共体签约工作，签约打包支付总额46.43亿元，覆盖参保人群598.65万人。建立医共体建设效果跟踪评价体系，将县域医共体建成责任、管理、服务和利益的共同体。完成县域消毒供应、医学影像、心电诊断、临床检验、病理检验和远程会诊六大中心以及县乡双向转诊平台、人财物管理平台建设，实现分级诊疗和内部运行管理技术支撑。完善三级医院帮扶医共体总医院、县级优质资源定期到基层坐诊制度，建立县级下转病种清单和基层病种清单，明确双向转诊标准和流程，医疗资源同质化水平和县域服务能力不断提升。

【基层医疗卫生服务体系建设】 2020年，泉州市卫健委通过开展基本医疗有保障“回头看”、大病救治“户户清”、贫困村医保“村村通”、健康扶贫政策落实专项整治行动等活动，开展健康扶贫监测预警，全市181个贫困村全部实现村级基本医疗卫生服务全覆盖，大病救治病种增至34种，开通就医“绿色通道”，实行“先诊疗后付费”和“一站式”结算；全市建档立卡农村贫困人口和省定扶贫标准下低保对象，基本实现应签尽签。重点传染病、地方病综合防控有序开展，妇幼健康项目中有关农村妇女的指标全部完成。推广基层医疗卫生机构“一类机构二类管理”绩效工资机制，推进各地出台乡村医生养老保障政策，对全市158家“空白村”卫生所给予补助632万元。推进基层医疗卫生机构基础设施、基本设备“双达标”和标准化建设。开展“优质服务基层行”活动，达到“国标”基层医疗卫生机构服务能力基本标准93家，其中11家达到推荐标准。强化基层疾病防控职能，安排332万元用于基层医疗卫生机构所有发热诊室和留观诊室改造，调整充实基层医疗卫生机构专兼职公共卫生人员，比例达到54.9%（专职19.7%）。加强乡村两级公共卫生人员“疾控大培训”，提高疾病预防控制知识和技能，强化基层医疗卫生机构 “哨点”作用。实施乡村振兴基层医疗卫生服务能力提升工程三年行动，完成乡村两级医疗卫生机构建设、能力提升、签约服务等目标指标，1869家一体化管理的村卫生所纳入医保定点机构。

【卫生监督体系建设与行业整顿】 2020年，泉州市卫健委对重点场所疫情防控、各类供水单位、医疗卫生机构等开展监督检查，推进公共场所、生活饮用水等的“双随机”监督抽查工作。全市完成“双随机”监督抽查1880家，完成率100%，立案查处27件，罚款3.45万元。全市完成各专业监督检查2.1万户，立案查处850件，罚没款731.59

万元，其中查处医疗机构违法违规行为案件171件，警告134户次，罚没款66.8万元，吊销诊疗科目2家次，销执业许可证3家次，吊销执业证书1人次。查处无证行医行为224起，罚没款572.63万元，移送司法机关2件。开展新冠肺炎生物安全巡回指导工作。推进卫健系统安全生产隐患大排查大整治暨百日攻坚专项行动，排查各类安全隐患。投入资金1050万元，加强反恐安保人防、物防、技防。推进扫黑除恶专项整治，落实卫健 “行业清源”工作。健全职业卫生管理，推进尘肺病防治攻坚行动，共有3342家企业开展“健康企业”活动。

【医政管理与行风建设】 2020年，泉州市卫健委改善群众就医体验，开展无陪护试点和病区智能化管理，加快推进医疗、服务、管理“三位一体”的智慧医疗系统建设，引入第三方护理员公司4家，无陪护试点7家35个病区。二级以上公立医院均设置服务中心，医院“公众号”100%，自助服务设施配置率100%，网络门诊预约率85%（居全省首位），提供医技结果查询等互联网运用技术100%，形成“暖心服务”开放日、领导一线值班、联合查房、多学科门诊、日间手术、门诊医技预约、候诊提醒、满意度调查、一患一陪、预检分诊、病区24小时门禁、文明探视、重点药品点评、慢病长处方等18项常态化医疗服务制度；推行10项特色服务项目。

健全完善守信联合激励、失信联合惩治的工作机制。将违反诊疗常规、诱导医疗和过度诊疗等严重违规行为纳入医疗机构从业人员诚信体系和考评体系，将信用管理与医疗行业作风整治工作相结合，将其纳入医疗机构年度考核工作中，探索“交警记分”管理模式，建立约谈机制，推行医务人员医疗行为记分管理制度。

组织公立医疗机构全面跟进国家集中采购125种药品、四大类高值耗材使用，减轻群众负担5.1亿元。建立临床用药点评机制，发布26种建议点评药品，年采购量节省8000万元。指导公立医院建立疫情防护物资采购联盟，已节省1400万元。

全年全市查处院外购药购耗处理3起，查处医疗机构违法违规行为案件132件，警告101户次，没收违法所得15.7万元，罚款104.22万元，吊销诊疗科目2家，吊销执业许可证3家，吊销执业证书1人次。查处无证行医行为181起，没收违法所得128419元，罚款350.28万元，移送司法机关1件。

【疾病预防控制】 2020年，泉州市卫健委提升疾病控制工作质量，加强人禽流感、登革热、手足口病等重点传染病防控工作，推进艾滋病、结核病防控工作，完成第3轮全国艾滋病综合防治城市示范区创建工作；创新全市疫苗流通和预防接种管理办法，全市规范化预防接种门诊覆盖率100%，创建数字化门诊56家、示教基地17家，各种疫苗报告接种率均在95%以上，疫苗针对传染病发病率均控制在国家指标要求以下；开展慢性综合防控示范区创建活动。全市投入1400万元，连续第三年支持市、县两级疾控机构更新、添置实验室检验检测仪器设备，提升全市疾控机构检验检测能力纳入市委、市政府为民办实事项目，中标并采购到位设备74台。同步做好严重精神障碍救治管理、地方病、寄生虫病、麻风病、性病等防治和卫生监测工作。

【卫生应急与医疗保障】 2020年，泉州市卫健委加强卫生应急工作，编制完善全市应对新冠肺炎疫情应急预案和秋冬季专项应急预案。加强卫生应急队伍精细化管理，全市建立卫生应急救援队伍41支1254人。规范保健门诊，落实干部健康体检工作，组织1.2万名高层次人才年度健康体检工作。做好省委、省政府工作调研检查等重要会议、重大活动的医疗卫生保障工作。（新冠肺炎疫情防控参见专记·泉州市全力防控新型冠状病毒感染的肺炎疫情）

【卫生人才队伍建设】 2020年，泉州市卫健委实施高水平院校毕业生引进专项计划，全市新增卫技人员2271人，新增高层次人才477人，累计2037人，占全市高层次人才的15.66%。实施培养型、实用型人才

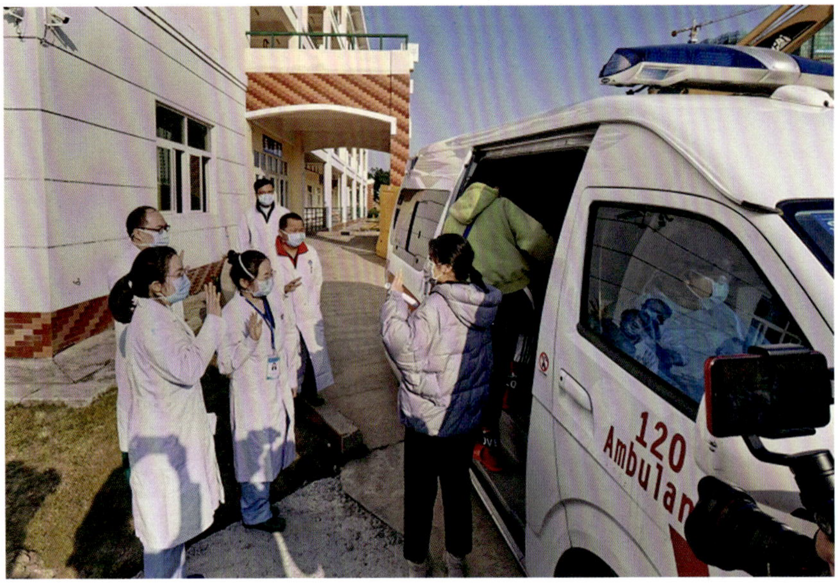

2020年2月9日，晋江市两位新冠肺炎治愈患者与医护人员告别

（图/张九强）

补助、低年资医师岗位津贴和基层高学历卫技人员补贴等各类人才补助，补助3271万元。完成国家基层卫生人才能力提升培训项目，4644名乡村医生完成年度规范化培训，112名在读农村医学中职班，举办乡村全科执业助理医师考前辅导班，新增47名取得乡村全科执业助理医师资格。

【医学教研】 2020年，泉州市卫健委积极创建国家、省、市重点专科，已获得3个国家级重点专科，24个省级重点专科，市级重点专科41个。完善委属医院30个临床科室与北京、上海、广州等地一流临床重点学科合作协作。获得8个省级“创双高”临床重点专科。成为区域医疗中心创建城市，创建区域神经专业、中医肿瘤专业区域医疗中心和国家百家城市医疗集团建设试点。推进晋江国家创伤区域医疗中心建设。

【妇幼保健】 2020年，泉州市卫健委做好“呵护母婴健康”市委、市政府为民办实事项目，提前70天超额完成既定目标任务。加大对省卫健委下达给泉州市免费孕前优生健康检查等6项妇幼健康公共卫生服务项目的推进力度，完成量均居全省设区市首位。营造有利于全面两孩的环境，加大对0～3岁婴幼儿照护的推进和督导力度，全市拥有托育机构22家。推荐石狮市、晋江市参评全国计生优质服务先进单位，参评数量居全省首位；全市新增8家省级“我最喜欢的妈妈小屋”，新增数量居全省首位。落实计生奖扶政策和计生特扶关怀。全市确认农村奖扶对象12840人，提前享受农村奖扶59635人，城镇奖扶22559人，特扶对象1554人。实施关爱女孩“五项工程”帮扶群众36.3万多次。

【中医中药】 2020年，泉州市卫健委推进泉州市中医院与上海中医药大学附属龙华医院合作创建国家级区域（中医）医疗中心。各级各类中医医院开展新冠肺炎防控工作，通过参与救治、远程会诊等方式，全市7家中医院具备新冠肺炎核酸检测能力，发挥中医药在突发公共卫生事件应急处置中的协同作用。在全省率先起草出台《泉州市促进中医药传承创新发展若干措施》。晋江市、安溪县、德化县3家中医院牵头组建县域医共体。开展“传承精华　守正创新”中医药系列讲座，每期均有1.5万人以上网上参与互动。开展中医特色优势门诊病种医保支付方式改革试点工作，对肩痹病、面瘫、痛风病等11个优势病种给予医保门诊支付，年最高支付7200元。安溪县中医院“互联网+中医药”建设县域“共享药房”的经验被收入医改蓝皮书《中国医改发展报告（2020）》。编辑出版《闽南中医药史》。承办全国基层中医药工作先进单位创建工作经验交流会。新建中医馆6家，实现全市基层医疗机构中医馆全覆盖。石狮市中医院建成投入使用，实现县办公立中医院的全覆盖。建设丰泽区城东社区卫生服务中心等4家省级精品中医馆。

【爱国卫生运动】 2020年，泉州市卫健委推进“厕所革命”，抓好农村户厕改造项目，完成新改建农村户厕0.9万户。综合防制，科学除害，国庆和中秋两节期间开展秋冬季环境卫生整治和“除四害”活动，降低秋冬季传染病通过环境传播的风险。开展卫生城镇创建工作，推动石狮市宝盖镇、南安市翔云镇、眉山乡、英都镇和德化县国宝乡、赤水镇申报创建国家卫生乡镇。

【卫生宣传与信息建设】 2020年，泉州市卫健委组建健康教育讲师团，结合新冠肺炎疫情防控、“5·12”护士节、“6·14”热血送暖、爱国卫生月等主题，借助泉州电视台、泉州晚报及新媒介，开展全方位的卫生健康宣传。推进分级诊疗信息系统建设，依托“云HIS”平台，完成覆盖8个县级医院（总医院）、164个基层医疗机构的双向转诊、远程影像、远程心电、区域检验、电子病历等系统建设，世行贷款信息化项目通过专家组验收。推进卫生便民服务体系建设，依托委微信公众号开通6个“线上”便民服务（线上就诊实名制认证、线上分时段预约诊疗、线上义诊平台、线上发热门诊导航、线上确诊病例行程查询、线上疫情进展实时查询），为患者提供线上医疗咨询1.4万次，线上预约挂号10万次。开展远程会诊系统建设，全市新冠肺炎定点救治医院远程会诊平台全部建成上线，开展省、市新冠肺炎病例会诊220多次。建设“泉州市大规模人群核酸检测信息系统”，完成信息系统上线、技术培训和系统演练等相关工作，实现大规模人群采样全流程信息化监测和全流程管控，加快泉州市大规模人群核酸检测采样速度。

【义务献血与血站管理】 2020年，泉州市无偿献血5.69万人，献血量91481.5单位。其中捐献全血5.44万人，献血量87461单位。捐献机采血小板2524人，共4020.5治疗量，增加14.22%。全市血液供应平稳。其中，红细胞类85034.5单位，减少4.54%；供应血小板类增加16.96%，其中单采血小板4150治疗量，增加16.92%；供应浓缩血小板8905单位，增加17.18%；供应血浆类66818.5单位；供应冷沉淀6107单位，增加2.41%。血液初复检57062人次，合格55647人次，不合格1415人次，不合格率2.48%。其中，抗HIV不合格69人次全部按规定送检（确认阳性16例），占总检测人数的0.12%；梅毒不合格295人次，占总检测人数的 0.52%；HBsAg不合格365人次，占总检测人数的0.64%；抗HCV不合格77人次，占总检测人数的0.13%；ALT不合格504人次，占总检测人数的0.88%；HTLV筛选实验共检测57062人次，筛查不合格28人次，占总检测人数的0.05%；核酸筛查不合格101人次，占总检测人数的0.18%。

体育

【概况】 2020年，泉州籍运动员获全国性以上赛事第一名20人次、第二名17人次和第三名13人次。2家单位和2个项目分别获评省级体育产业示范单位和示范项目，卡尔美（中国）有限公司通过省级评审并获推荐参评国家体育产业示范单位。全市新建65座足球场、8座全民健身驿站、10座多功能运动场和10座村级老年体育活动中心，在建2座智慧体育公园。截至年底，全市（军队和铁路系统除外）拥有的各类体育场地数量位居全省第二、面积位居全省第一。全市有国家级体育产业示范单位6个，省级体育产业特色基地1个、示范单位10家、示范项目6个。市体育局推动公共体育场馆设施开放利用工作，实现100%向社会免费或低收费开放，获中央和省级免费或低收费开放补助379万元。

【竞技体育】 2020年，泉州籍羽毛球运动员黄东萍与谭宁合作为福建省获得30年来首个全国羽毛球锦标赛女子团体冠军；举重运动员李发彬在2020年全国男子举重锦标赛暨东京奥运会模拟赛61公斤级获总成绩第一名，其中挺举175公斤的成绩创造新的全国成年纪录，超世界纪录；蹦床运动员林倩麒和男子花剑运动员陈伟全、施嘉洛分别实现该年度全国蹦床、男花团体比赛大满贯。

【群众体育】 2020年，泉州市体育局创新全民健身活动形式，首次组织开展线上全民健身运动会，满足疫情期间群众的健身需求。通过线上、线下、云端等方式，组织举办各类全民健身活动448项，参加人数190930人次。石狮、南安各建设一座省级智慧体育公园，全市建设7座省级笼式足球场、10座多功能运动场、8座全民健身驿站和10座村级老年人体育活动中心。启动“老年人体育强市”创建工作，全市23个乡镇获“老年人体育强镇”称号。开展创建“老年人健身康乐家园”活动，新增省级康乐家园20个，数量位居全省第一。福建省创建工作研讨会在永春召开，泉州市创建经验在全省推广。强化全民健身组织网络，市、县两级有各类体育协会365个，俱乐部214家，基本形成覆盖各单项体育协会、人群体育协会和俱乐部的横向组织网络，80%以上的市、县两级全民健身运动会赛事以政府购买服务方式举办。实施社会足球场地设施建设，新建社会足球场地58座，完成福建省下达的“十三五”期间新增131片社会足球场地任务，建设数量位居全省第一。南安市被国家发改委确定为全国社会足球场地设施建设重点推进城市，系福建省唯一入围的县级行政区。

【青少年体育】 2020年，泉州市继续筹备第十八届世界中学生运动会前期工作，设置18个比赛大项，成立18个项目竞委会，30个比赛场馆全部建设完成，参赛报名、综合保障、宣传推广等工作有序进行。市体育局开展社会组织等级评估工作，推荐20家青少年体育俱乐部参与省级评定工作，其中17家获评省级青少年体育俱乐部。全市58所普通中小学校被评为2017—2021年度省级体育传统特色学校，其中3所获国家级称号。

【体育产业】 2020年，泉州市体育局落实“六稳”“六保”相关要求，建立企业挂钩帮扶机制，选送33家体育企业入选省、市“百千”重点企业清单，审核上报13家中小微体育服务企业申请纾困专项资金，助力泉州市体育企业复工复产复商复市。舒华体育在上海证券交易所上市。市体育局发放市级体育消费券200万元，组织449家体育企业参加省级体育消费券活动，开展“动起来！局长带你去打卡”直播带货系列活动，刺激群众的体育消费热情。全市体育彩票累计销售17.74亿元，位居全省第一。

2020年11月29日，泉州市第二届“乡村振兴杯”篮球赛暨泉州市全民健身村级篮球联赛比赛现场（图/市体育局）

社 会 民 生

居民生活

【概况】 2020年，泉州市居民人均可支配收入4.08万元，比上年增长4.1%；人均消费支出25161元，比上年下降1.1%；人均住房建筑面积68.5平方米。按常住地分，全市城镇居民人均可支配收入5.1万元，比上年增长2.8%，人均消费支出30114元，比上年下降2.1%，人均住房建筑面积61.6平方米；农村居民人均可支配收入2.35元，比上年增长6.0%，人均消费支出16749元，比上年下降0.3%，人均住房建筑面积80.2平方米。城乡居民家庭恩格尔系数分别为32.0%和43.3%。

【全市居民收入水平】 2020年，泉州市居民人均可支配收入4.08万元，比上年增加1617元，增长4.1%。从城乡看，城镇居民人均可支配收入5.10万元，比上年增加1376元，增长2.8%；农村居民人均可支配收入2.35万元，比上年增加1317元，增长6.0%。从来源看，全市居民人均工资性收入2.34万元，比上年增长5.3%，拉动可支配收入增长3.0个百分点；人均经营净收入10334元，比上年增长0.7%，拉动可支配收入增长0.2个百分点；人均财产净收入3869元，比上年增长7.5%，拉动可支配收入增长0.7个百分点；人均转移净收入3203元，比上年增长3.2%，拉动可支配收入增长0.2个百分点。

【全市居民消费水平】 2020年，泉州市居民人均生活消费支出25161元，比上年减少286元，下降1.1%。分城乡看，城镇居民人均生活消费支出3.01万元，比上年减少640元，下降2.1%。农村居民人均生活消费支出16749元，比上年减少45元，下降0.3%。分来源看，食品烟酒类是全市居民消费第一大支出，全市居民人均食品烟酒支出8751元，比上年增长2.4%，食品烟酒支出占生活消费比重（恩格尔系数）为34.8%。居住类是全市居民消费第二大支出，人均居住支出6970元，比上年增长1.5%。交通通信类位居第三，人均支出3023元，比上年下降6.1%。其后依次是教育文化娱乐支出1833元，生活用品及服务支出1483元，衣着支出1337元，医疗保健支出1128元，其他用品和服务支出636元。

2020年3月25日泉州市区主要生活必需品价格一览表

表34

品种	品种规格	计量单位	今日价格（元）	与3月24日价格比		与上月同期比	
				价格（元）	涨跌幅（%）	价格（元）	涨跌幅（%）
晚籼米	二级	元/500克	2.8	2.8	—	2.8	—
粳米	二级	元/500克	2.6	2.6	—	2.6	—
花生油	桶装一级压榨	元/5升	115	115	—	115	—
大豆调和油	一级桶装	元/5升	57	57	—	57	—

续表34

品种	品种规格	计量单位	今日价格（元）	与3月24日价格比		与上月同期比	
				价格（元）	涨跌幅（%）	价格（元）	涨跌幅（%）
鲜猪肉	精瘦肉	元/500克	34	35	-2.86	38	-10.53
鲜猪肉	肋条肉	元/500克	30	30	—	32	-6.25
鲜猪肉	带皮后腿肉	元/500克	30	30	—	32	-6.25
鲜猪肉	肋排	元/500克	42	42	—	46	-8.70
鲜牛肉	腱子肉	元/500克	45	45	—	45	—
鲜羊肉	新鲜带骨	元/500克	42	42	—	42	—
鸡肉	白条鸡、开膛 上等	元/500克	15	15	—	15	—
鸡蛋	新鲜完整	元/500克	4.5	4.5	—	4.5	—
鸭蛋	新鲜完整	元/500克	5.5	5.5	—	5.5	—
虾	活体长10cm左右	元/500克	35	35	—	35	—
鳙鱼	活1500克左右一条	元/500克	9	9	—	9	—
草鱼	鲜条重750克左右	元/500克	8	8	—	8	—
黄瓜鱼	冰鲜400克左右一条	元/500克	20	20	—	20	—
大白菜	新鲜一级	元/500克	2.5	2.5	—	2.5	—
上海青	新鲜一级	元/500克	3	3	—	3	—
黄瓜	新鲜一级	元/500克	3	3	—	3.5	-14.29
西红柿	新鲜一级	元/500克	4	4	—	4.5	-11.11
圆白菜	新鲜一级	元/500克	2.5	2.5	—	2.5	—
菜花	新鲜一级	元/500克	3.5	3.5	—	4	-12.50
苹果	红富士 一级	元/500克	6	6	—	5.5	9.09
梨	鸭梨 一级	元/500克	4	4	—	4	—
香蕉	国产 一级	元/500克	2.5	2.5	—	2.5	—
食盐	精制含碘	元/500克	2.86	2.86	—	2.86	—

2020年12月25日泉州市区主要生活必需品价格一览表

表35

品种	品种规格	计量单位	是日价格（元）	与12月24日价格比		与11月同期比	
				价格（元）	涨跌幅（%）	价格（元）	涨跌幅（%）
晚籼米	二级	元/500克	3	3	—	3	—
粳米	二级	元/500克	2.8	2.8	—	2.8	—
花生油	桶装一级压榨	元/5升	115	115	—	115	—
大豆调和油	一级桶装	元/5升	58	58	—	57	1.75
鲜猪肉	精瘦肉	元/500克	32	32	—	30	6.67
鲜猪肉	肋条肉	元/500克	26	26	—	27	-3.70
鲜猪肉	带皮后腿肉	元/500克	26	26	—	26	—
鲜猪肉	肋排	元/500克	40	40	—	38	5.26
鲜牛肉	腱子肉	元/500克	43	43	—	43	—
鲜羊肉	新鲜带骨	元/500克	42	42	—	42	—
鸡肉	白条鸡、开膛 上等	元/500克	12	12	—	12	—
鸡蛋	新鲜完整	元/500克	5.5	5	10.00	5	10.00
鸭蛋	新鲜完整	元/500克	6	5.5	9.09	5.5	9.09

续表35

品种	品种规格	计量单位	是日价格（元）	与12月24日价格比		与11月同期比	
				价格（元）	涨跌幅（%）	价格（元）	涨跌幅（%）
虾	活体长10厘米左右	元/500克	27	30	-10.00	35	-22.86
鳙鱼	活1500克左右一条	元/500克	9.5	9.5	—	12	-20.83
草鱼	鲜条重750克左右	元/500克	8.5	8.5	—	8	6.25
黄瓜鱼	冰鲜400克左右一条	元/500克	20	20	—	20	—
大白菜	新鲜一级	元/500克	3	3	—	2	50.00
上海青	新鲜一级	元/500克	4	4	—	2.5	60.00
黄瓜	新鲜一级	元/500克	4	4	—	3.5	14.29
西红柿	新鲜一级	元/500克	4	4	—	4	—
圆白菜	新鲜一级	元/500克	3	2.5	20.00	2.5	20.00
菜花	新鲜一级	元/500克	4	4	—	2.5	60.00
苹果	红富士一级	元/500克	6	6	—	6	—
梨	鸭梨一级	元/500克	4.5	4.5	—	4.5	—
香蕉	国产一级	元/500克	2.5	2.5	—	3	-16.67
食盐	精制含碘	元/500克	2.86	2.86	—	2.86	—

2020年大泉州五区商品房成交面积排行一览表

表36

排名	区域	销售面积（万/平方米）	市场占有率	面积同比	销售套数（套）	销售金额（亿元）	均价（元/平方米）
1	晋江市	304.56	34.2%	20.5%	32312	283.88	9321
2	泉州市区	220.52	24.7%	-6.0%	27597	269.20	12208
3	南安市	149.99	16.8%	13.2%	17950	127.27	8485
4	安溪县	123.70	13.9%	-17.1%	13971	105.92	8563
5	石狮市	92.88	10.4%	34.7%	9146	86.74	9339
总计		891.65	100.0%	6.4%	100976	873.02	9791

2020年大泉州五区住宅成交面积排行一览表

表37

排名	区域	销售面积（万平方米）	市场占有率	面积同比	销售套数（套）	销售金额（亿元）	均价（元/平方米）
1	晋江市	251.27	33.9%	20.6%	20773	247.01	9831
2	泉州市区	186.60	25.2%	-2.9%	15989	226.03	12113
3	南安市	133.81	18.1%	17.7%	11840	110.88	8286
4	安溪县	104.28	14.1%	-12.6%	8947	90.47	8675
5	石狮市	65.30	8.8%	12.4%	5183	60.26	9229
总计		741.25	100.0%	7.2%	62732	734.66	9911

2020年大泉州房企商品房成交金额排行一览表

表38

排名	房企	销售金额（亿元）	市场占有率	销售面积（万平方米）	身价（元/平方米）
1	世茂	55.25	6.1%	63.91	8645
2	源昌	49.83	5.5%	52.72	9452

续表38

排名	房企	销售金额（亿元）	市场占有率	销售面积（万平方米）	身价（元/平方米）
3	保利	47.73	5.3%	44.13	10817
4	阳光城	44.42	4.9%	53.77	8261
5	中骏	36.10	4.0%	39.16	9218
6	中海	28.78	3.2%	25.47	11301
7	中南	25.93	2.9%	22.10	11735
8	正荣	23.26	2.6%	22.10	10522
9	碧桂园	23.24	2.6%	20.55	11305
10	西藏城发	21.73	2.4%	16.54	13136

2020年大泉州单盘住宅成交金额排行一览表

表39

排名	项目	区域	销售金额（亿元）	市场占有率	销售面积（万平方米）	套数（套）	均价（元/平方米）
1	源昌江南城	泉州市区	25.49	3.5%	21.31	1630	11966
2	海宸尊域九龙居	泉州市区	20.08	2.7%	15.53	1100	12932
3	保利上城天玺	晋江市	18.26	2.5%	16.52	932	11051
4	中海锦城	晋江市	17.69	2.4%	15.15	1330	11673
5	中骏璟峰	南安市	17.32	2.4%	17.27	1624	10030
6	海峡大都会国府	晋江市	17.04	2.3%	20.39	1715	8358
7	南安世贸璀璨天城	南安市	16.44	2.2%	18.76	1679	8763
8	中南和樾	晋江市	16.00	2.2%	13.18	974	12138
9	东海湾门第	泉州市区	12.85	1.7%	9.24	834	13903
10	上实海上海	泉州市区	12.43	1.7%	9.50	752	13089
11	浔兴华林春天	晋江市	12.38	1.7%	11.52	975	10753
12	星河城	泉州市区	12.06	1.6%	9.94	907	12132
13	万科城市之光	泉州市区	11.55	1.6%	9.60	804	12035
14	晋江阳光城丽景湾	晋江市	11.29	1.5%	13.40	1127	8427
15	檀悦	泉州市区	11.11	1.5%	9.09	757	12222

2020年泉州市区商品房成交金额排行一览表

表40

排名	项目	销售金额（亿元）	销售面积（万平方米）	套数（套）	成交均价（元/平方米）	市场占有率
1	源昌江南城	25.49	21.31	1630	11966	9.5%
2	海宸尊域九龙居	21.73	16.54	1724	13136	8.1%
3	万科城市之光	13.82	11.01	1153	12550	5.1%
4	檀悦	13.43	10.78	1365	12463	5.0%
5	星河城	13.34	11.01	1467	12120	5.0%
6	上实海上海	12.89	9.85	850	13086	4.8%
7	东海湾门第	12.87	9.25	844	13906	4.8%
8	城建水墨芳林	10.85	6.22	542	17458	4.0%
9	正荣宝嘉江滨府	9.81	9.55	900	10273	3.6%
10	龙湖春江悦茗	9.66	8.44	874	11451	3.6%

表41

2020年泉州市区住宅成交金额排行一览表

排名	项目	销售金额（亿元）	销售面积（万平方米）	套数（套）	成交均价（元/平方米）	市场占有率
1	源昌江南城	25.49	21.31	1630	11966	11.3%
2	海宸尊域九龙居	20.08	15.53	1100	12932	8.9%
3	东海湾门第	12.85	9.24	834	13903	5.7%
4	上实海上海	12.43	9.50	752	13089	5.5%
5	星河城	12.06	9.94	907	12132	5.3%
6	万科城市之光	11.55	9.60	804	12035	5.1%
7	檀悦	11.11	9.09	757	12222	4.9%
8	城建水墨芳林	9.81	5.57	451	17604	4.3%
9	正荣宝嘉江滨府	9.80	9.55	898	10264	4.3%
10	龙湖春江悦茗	9.66	8.44	874	11451	4.3%

说明：1.数据来源：所有的销售数据均为网上的备案数据，来源于厦门中原地产研究中心数据库
2.大泉州统计范围：泉州市区（不含泉港）、晋江、石狮、南安、安溪
3.涉及商品房排行的，物业类型含有住宅、办公（SOHO）、商业、车位/车库等
4.时间跨度：2020年1月至2020年12月

人力资源与劳动就业

【概况】　2020年，泉州市加强“稳就业”工作，推进人事管理、职称制度改革、人才工作、劳动保护、就业服务、劳动权利维护、工资监管和指导等工作，全市人才发展指数居全省第一档次，失业保险稳岗返还服务工作获评“泉州市优化营商环境‘最具获得感’十大举措”。开展援企稳岗工作，出台贯彻落实中央和省级关于稳就业政策的措施，落实稳就业、减免社保费、失业保险稳岗返还等政策措施，减轻企业负担，支持企业稳岗。开展就业稳岗暖心服务行动、秋冬季内循环攻坚行动、稳岗返还服务周活动，用好用足用活就业补助资金，拓宽资金使用渠道，发挥稳岗稳就业作用。推进劳动保护和劳动权利维护工作，开展“强基促稳”三年行动，实施促进劳资关系和谐专项行动，推动《保障农民工工资支付条例》贯彻实施，建立、健全“3+5”根治欠薪长效机制，农民工工资支付得到保障。

【人事管理】　2020年，泉州市加强事业单位公开招聘工作，落实稳岗扩岗专项支持行动，全市核准事业单位公开招聘方案59份，涉及招聘计划人数4147人；批准200多家事业单位2020年度考核优秀指标，核准200多家事业单位1.7万多人2019年度考核结果；开展事业单位工作人员定期奖励。完善事业单位岗位设置和聘用管理，推进中小学“县管校聘”改革，小学、初中、高中高级教师岗位比例分别提高5个百分点，初中中级教师岗位比例提高5个百分点，幼儿园高、中、初级岗位结构比例调整为1∶5.5∶3.5，特殊教育学校岗位结构比例参照初中确定。专门为医务人员开辟职称聘任“绿色通道”，给予援鄂医疗队队员、疫情防治一线优秀医务人员和防疫工作者优先评聘，疫情期间办理职称聘任手续1025人，记功奖励援鄂医疗队员18人。调整优化公共卫生人员专业技术岗位结构比例，将市疾控中心高级岗位比例从28%提高到35%，县级疾控中心高级岗位比例从20%左右提高到30%。推进高校教师自主评聘制度改革，完善高校职称评价标准，规范评审程序，累计核准聘任备案1500多人次。加强干部人事档案服务管理，加强人事档案验收，对档案目录信息、分类等方面存在的问题及时加以改正，查缺整理各类材料2万多份。完成机关干部人事档案数字化工作，事业单位干部人事档案数字化工作完成4000多卷。

【职称制度改革】　2020年，泉州市分类推进人才职称评价，推进各类人才参加社会化职称（职业资格）考试、评审，开展基层卫生人才职称专项评审和非公职称评审等工作，壮大专业技术人才队伍。是年新增专业技术人才2.05万人，其中高级1750人、中级6249人。落实中级职称评审权下放，指导县（市、区）组织开展量化评价，累计批准确认一级教师1540人。探索打造行业专业化评审，开展行业协会（学会）工程师职务任职资格评审，批准确认评审通过209人。

【人才“港湾计划”】　2020年，泉州市推进人才“港湾计划”，培养技能人才，针对疫情影响线下培训的实际情况，开展线上培训，超额

完成市政府确定的培训和技能人才认定任务。全年完成培训10.05万人次；开设企业新型学徒制线上培训班，开展以工代训；组织9083名贫困人员参加技能培训。新认定技能人才3.8万人，获“泉州市技术能手”称号43名；新增国家级高技能人才培训基地2家、国家级技能大师工作室1家、省级技能大师工作室14家和泉州市技能大师25人；新认定市高层次人才3883人，总数1.5万人。新增国务院特殊津贴专家7人。开展高层次人才职称直评直聘，直聘高层次人才13人，直接跳评正高级职称14人，实行特设岗位管理18人。开展企业人才自主评价试点，新增试点企业3家，116家试点企业自主认定市高层次人才778人。出台引进博士人才政策，新获批入选国家博士后科研工作站的企业4家。克服疫情对高校毕业生就业的影响，吸引产业急需高校毕业生到泉州就业、创业1.01万人。

【就业服务】 2020年，泉州市城镇新增就业10.1万人，失业人员实现再就业3.8万人；支出就业补助资金1.53亿元；返还稳岗补贴11.58亿元，惠及企业3.24万家，惠及人数43.51万人次，其中困难企业稳岗补贴10.71亿元，惠及7826家企业14.02万人。举办网络招聘会405场，发布网络招聘企业1.2万多家次、招聘岗位33万多个，达成就业意向4.1万多人次，其中举办视频面试“云招聘”176场，参会企业5343家次，提供就业岗位11.47万个次，报名毕业生6.72万人次。

【劳动权利维护】 2020年，泉州市立案查处劳动保障类案件101起，比上年下降15.13%，协调处理举报投诉案件465起，比上年下降10.06%。其中，工程建设领域因近两年推行农民工实名制管理和工资专户大数据平台进行实时动态监管，欠薪发生率持续下降，首次降至50%以下，从以往的超50%大幅下降至23.9%。全面推进建筑工人实名制和专户信息化建设，推行“一卡一户一平台”模式（一名建筑工人一张银行卡、一个项目设立一个农民工工资专户、一个工人实名制和工资专户管理平台），在房建、市政、交通、水利行业全面推行，全市工程项目开设工资专户1333个，监管发放工资近55亿元，涉及实名制工人近18万人。完善农民工工资保证金制度，落实工程建设领域工资保证金差异化缴存办法和商业银行保函等第三方担保制度，全市滚存工资保证金15.68亿元。推行农民工工资保证金全额使用银行保函担保制度，首创专业工程担保机构保证制度，实行上限缴存工资保证金，清理“休眠”工资保证金等政策，为施工企业释放现金缴存的工资保证金约9亿元。完善市、县、乡镇（街道）三级政府欠薪应急周转金制度，筹集资金8224.5万元，发挥应急兜底保障作用。完善企业劳动保障守法诚信等级评价、重大劳动保障违法行为曝光、失信联合惩戒等机制，强化农民工工资支付保障。累计通报用人单位（或自然人）严重违反劳动保障法律法规案件四批30起；评价工资支付行为守信单位364家，一般失信单位11家，严重失信单位22家；将5家拖欠农民工工资用人单位列入欠薪“黑名单”。推进调解仲裁工作，全市处理劳动争议案件9987件，比上年下降8.77%；涉及金额2.98亿元，比上年上升14.18%；涉及人数20887人，比上年下降12.46%；10人以上集体劳动争议案件346件。市、县两级仲裁机构收案5384件，其中立案方式受理4393件，不予受理991件，结案率93.69%，涉及劳动者9445人，其中10人以上集体劳动争议案件175件。基层劳动争议调解机构案外方式调解5594件。终局裁决率为42.27%。开展律师事务所开展劳动争议调裁衔接试点工作，在三家律师事务所试点设立劳动争议调裁衔接中心、律师劳动争议调解工作室。推进劳动人事争议调解仲裁法律援助工作，协调司法局、财政局在市劳动人事争议仲裁院设立调解仲裁法律援助工作站，开展劳动人事争议法律援助工作。

【工资监管和指导】 2020年，泉州市深化事业单位工资制度改革，落实机关单位人员两年一档和五年一级工资待遇调整机制，完善事业单位岗位绩效工资管理制度，健全事业单位高层次人才工资分配政策；推进公立医院薪酬制度改革，落实保障义务教育教师平均工资收入不低于当地公务员平均工资收入水平政策；深化国有企业工资决定机制改革，出台国有企业工资决定机制改革政策及配套文件，指导履行出资人职责机构制定具体实施办法；完善国有企业负责人薪酬管理办法，完成国有企业负责人薪酬制度改革任务；深化企业收入分配制度改革。逐步提高企业最低工资标准、工资指导线，开展制造业人工成本监测工作，定期发布人力资源市场工资指导价位和行业人工成本信息，健全企业工资决定和正常增长机制。

民政

【概况】 2020年，泉州市提高低保和特困人员供养标准，落实城乡一体化，落实社会救助和保障标准与物价上涨挂钩联动机制。破解社会救助工作难点问题，实现3000元以下临时救助审批权限下放，推进低保、特困供养审批权限将下放至乡、镇（街道）试点。开展老区、苏区帮扶，扶持老区发展特色产业，推进革命遗址保护、利用，建立完善革命遗址项目库。加强困境儿童关爱保障和权益维护，落实残疾人补贴发放政策，加强流浪乞讨人员救助管理。推动养老服务事业跨越发展，新增养老床位3334张，保持每千名老年人拥有养老床位38张以上。新建193所农村养老服务设施。推进殡葬管理改革，实施深化违建坟墓专项整治行动计划，形成常态工作机制。指导、规范社区治理事项，提升基层自治组织规范建设水平和服务管理能力。规范社会组织管理，加强社会组织党建。

【社区建设与服务】　2020年，泉州市加强社区建设与服务，提升社区服务供给能力，下达省级补助资金113万元支持16个城乡社区开展城乡社区综合服务建设；下达市级补助资金150万元用于开展15个市级城乡社区服务站建设，实现城乡社区综合服务设施全覆盖；下拨市级补助资金300万元开展30个“共建共享”新型示范社区建设，结合居民自治和协商的既有形式和载体，建立以网格、住宅小区（街巷）、楼栋协商为主要形式的社区“微协商微议事”机制，灵活运用小区协商会、业主协商会、物业协商会、楼栋协商会等形式，协调解决更小范围内微型共同体的公共事务，推动协商民主向基层群众延伸；指导各地挖掘、提炼优秀村规民约和优秀社区工作法，泉港区峰尾镇上楼村村规民约、南安市霞美镇金山村村规民约、惠安县东岭镇许山头村村民公约、永春县外山乡草洋村村规民约获评福建省第一批优秀村规民约，丰泽区丰泽街道源淮社区民主协商“阳光议事厅”工作法、晋江市青阳街道永福里社区“三治融合”工作法获评福建省第三批优秀社区工作法。

明确社区工作权责清单，对社区依法履行职责、依法协助政府工作事项、需社区报送的台账表以及面对社区的检查评比达标活动实行清单化管理，依法厘清基层政府和基层群众性自治组织权责边界；明确4项村（居）民委员会依法出具证明事项和20项泉州市村（居）民委员会不应出具证明事项，规范办事指南，减轻社区负担，方便居民办事。

加强社区工作队伍建设，结合日常调研、专项考评，推动政策落实到位，提升社区工作队伍职业化、社会化、专业化水平；落实福建省高校毕业生服务社区招募计划，招募和培养30名高校毕业生服务社区安溪、永春、德化的城市社区；石狮市湖滨街道玉湖社区居民委员会副主任林丽娜入选中央宣传部、民政部联合开展的“最美城乡社区工作者”宣传推选活动。

推动“强基促稳”工作落实，通过开展社区社会组织提质增能和社区“微协商微议事”专项行动，发挥社区社会组织在基层治理中的积极作用，提升基层自治组织管理和服务能力，推动协商民主向基层延伸。

做好社区疫情常态化防控，落实疫情防控一线城乡社区工作者关心关爱措施，宣传城乡社区防控工作中涌现出的先进人物和事迹，用身边事教育引导身边人，营造全社会关心、支持、参与城乡社区防控工作的氛围。

【社会组织管理】　2020年，泉州市加强社会组织党建工作，将党的建设内容写入章程，发挥党组织的政治核心作用。把党建工作纳入社会组织成立登记、年检年报、等级评估、变更登记四个环节。由市民政局作为党建指导部门的社会组织有131个，成立党组织49个（其中单独组建党组织1个，兼合式党组织48个），覆盖60个社会组织，党员人数324人。举办“社会组织大讲堂”，邀请相关专家授课，培训社会组织党员近300人次。

开展市级社会组织等级评估，确定3A级以上社会组织41家，其中5A级10家，4A级10家，3A级21家。

开展社会组织年检工作，首次采用网上填报和现场审查相结合方式组织年检，应检市级社会组织718家（社会团体545家、民办非企业单位173家），参检567家（社会团体429家、民办非企业单位138家），逾期未参检社会组织151家（社会团体116家、民办非企业单位35家）。

加强社会组织管理，93家社会组织被列入异常名录、33家社会组织被列入失信黑名单。规范市级行业协会、商会收费行为，市级186家市级行业协会、商会收费清单通过“信用中国”“泉州民政网”等网络媒体对外公示，接受社会监督，开展市级行业协会、商会涉企收费情况检查，对抽取的30家市级行业协会、商会开展现场检查，对检查中发现问题的市级行业协会、商会发出整改通知书，对于未完成整改的按要求列入异常名录。

加强社会工作人才队伍建设，做优人才服务环境，成立人才关怀基金，为社工人才及其配偶、子女、父母提供关怀和帮助；设立泉州市社会工作人才书苑，社会工作领域藏书3000多册，促进人才沟通交流；开展首批市级社会工作专业人才基地建设，确定涵盖政府部门设立的社会工作人才基地、社区设立的社工服务站、社会组织设立的孵化园等3个市级社会工作专业人才基地。深入各县（市、区）及部分社区开展调研，宣传推动，实现人才激励政策全覆盖；新增将中国十大社工人物纳入市第三层次人才，将中国百名社工人物纳入市第四层次人才。编制《泉州市社会工作人才教育培训五年规划（初稿）》；是年报考社会工作者职业水平考试人数3468人。聚焦新冠肺炎疫情防控工作，全市有46家社工机构500多名社工直接参与疫情防控服务工作，为困难人群提供心理疏导和资源链接等专业服务，累计服务10万人次；以“三社联动”项目为平台，探索社工介入社区党建工作，形成丰泽区华大社区“党建引领协商自治-社区社会组织培育123计划”、石狮市“1225”党建引领

"三社联动"社区治理等新型社区治理模式。

【婚姻登记管理】 2020年，泉州市办理婚姻（结婚、离婚和补领）登记62370对，其中内地结婚登记38919对、离婚登记14872对、补领登记8294对。涉港、澳、台、侨结婚登记103对、离婚登记26对、补领登记108对。涉外结婚登记38对、离婚登记3对、补领登记7对。

【儿童收养与儿童福利院】 2020年，泉州市办理收养登记23件（涉港、澳、侨、台收养登记2件）。全市有儿童福利机构12家（含综合福利院儿童部），床位428张，在院抚养儿童238人。

【老年福利院与"五老"供养】 2020年，泉州市有各类老年福利机构135家（含福利院、福利中心、敬老院、老年公寓、村级敬老院等），床位4.24万张（含日间照料室床位），年平均入住床位1677.04张。落实革命"五老"人员生活补助金自然增长机制，发放市级生活补助金61.17万元。全市各县（市、区）的革命"五老"定补标准均高于省定标准，其中晋江市革命"五老"人员生活补助金每人每月2395元，位居全省前列。下达2020年革命"五老"医疗补助资金2.34万元，高龄补助3.3万、特困补助3.4万元。开展形式多样的节日慰问，春节期间慰问革命"五老"179人，发放慰问金17.9万元，慰问遗偶581人，发放慰问金17.43万元；重阳节慰问革命"五老"154人，发放慰问金4.62万元。疫情期间，做好革命"五老"人员及遗偶的关心关爱工作，开展走访慰问，发放防控物资，保障革命"五老"人员及遗偶的身体健康和生命安全。

【地名与边界线管理】 2020年，泉州市开展全市行政区划有关资料的收集整理工作，开展大泉州行政区划调整的前期基础准备工作，开展有关撤镇设街道和撤乡设镇等有关基础材料收集和调研工作。6月28日，省政府批复安溪县参内乡撤乡设镇和长坑乡恢复原名设镇；8月10日，安溪县参内乡长坑乡撤乡设镇进行授牌授印。加强各县（市、区）村镇行政区划调整业务指导工作，支持条件成熟的村设立社区居委会，全市新设5个社区。开展有关泉州市行政区划调整变更资料的收集整理工作。开展全市地名的命名、更名调研和指导工作，指导和督促各县（市、区）、台商投资区做好建筑物、新建小区、街路巷的命名、更名工作，命名43个（条）。全市设置街路巷标牌5396块。开展"福建省地名文化遗产千年古镇（古村落）"的调查、审核、指导等工作。根据泉州市标准地址二维码管理应用规范，开展辖区内街巷命更名、门牌号分段分配、行政管辖划分工作。开展全市第二次全国地名普查补查成果资料的认真校对、材料补充完善和建档入库工作。推动和督促各县（区、市）、泉州台商投资区运用地名普查成果资料，开展地名图、录、志、书的编纂工作。根据福建省勘界档案中心的工作要求，进行2019年度全市2条市间县级界线、4条市内县级界线和60乡级界线联检成果资料上报。开展2020年度全市5条市间县级界线、3条市内县级界线和58乡级界线的联检任务，完成县乡两级界线联检上报。开展"平安边界"创建活动，推动全市"平安边界"建设向纵深发展。落实《行政区域界线界桩管理办法》，加强对界桩的管理和维护，查处擅自移动界桩、毁坏界桩、破坏界线实地走向位置等行为，消除边界纠纷隐患。结合界线联检，检查发现界桩损坏、遗失的，及时给予复原。

【福利彩票发行与资金管理】 2020年，泉州市有福利彩票投注站1088家；发行销售福利彩票8.74亿元（其中电脑票7.70亿元、即开型彩票8535万元、视频型彩票1854万元），占福建省福利彩票销售总额的28.55%；2020年度筹集福彩公益金7970万元（其中市本级3105万元、县市级4865万元）。

【殡葬管理】 2020年，泉州市推进殡葬管理改革，推进违建坟墓摸排整治工作，开展安葬（放）设施建设经营专项摸排工作。全面实行火葬，全市火化率100%。加快城乡公益性公墓和骨灰楼堂建设，完善殡葬基础设施，满足群众丧葬需求。推进殡葬习俗改革，倡导丧事简办、文明治丧新风尚。推动文明治丧基本殡葬服务费发放，扩大惠民殡葬覆盖面。推行绿色文明殡葬，推广节地生态安葬。

社会保障

【概况】 2020年，泉州市深化社会保障制度改革，完善待遇调整机制，加强政策宣传解读，推进全民参保计划，鼓励企业扩大参保面，引导灵活就业人员、新业态从业人员参保。全市企业职工基本养老、失业、工伤三项社会保险参保人数新增20.01万人次，城乡居民基本养老保险新增扩面21.3万人。减轻企业社保费负担，落实企业职工基本养老、失业、工伤三项社保费减免缓政策，减负31.54亿元，其中企业职工基本养老保险减免27.71亿元、工伤保险减免1.2亿元、失业保险减免1.76亿元，惠及企业44万家次、288万人。

【养老保障】 2020年，泉州市城乡居民基本养老保险新增扩面21.3万人。企业职工基本养老保险新增7.8万人。推进社会保障扶贫，将符合城乡居民基本养老保险参保条件的9.18万人全部纳入保障，完成应保尽保"清零"目标；实行城乡居民保扶贫对象财政全额代缴最低标准保费政策，为其中5.87万名扶贫对象代缴城乡居民保养老保险费1221.33万元。

【医疗保障】 2020年，泉州市医疗保障参保人数709.59万人（其中职工医保参保人员103.74万人、城乡居民医保参保人员605.85万人）。泉州市城乡居民医保筹资水平800元/人，其中各级政府补助550元/人、个人缴费250元/人，人均筹资比2019年增加60元，政府补助比例68.75%。基本建成覆盖全民、城乡统筹、保障适度、可持续的多层次医疗保障体系。

1月1日起，泉州市执行基本医保新规，降低职工医保住院和门诊特殊病种起付标准、优化住院和门诊特殊病种报销比例及提高报销封顶线，扩大城乡居民医保参保范围、优化调整新生儿参保待遇等。职工医保、城乡居民医保住院（含特殊门诊）实际报销比例分别达到77.43%、56.98%。2020年职工医保、生育保险两险合并实施，实行参保同步登记、基金合并运行的新模式，5月1日起，生育津贴发放延长30天，生育保险待遇水平进一步提高。开展职工医保个人账户改革，拓展职工医保个人账户使用功能，个人账户超出2000元的部分可以划入家庭共济账户，供本人及其未成年子女、配偶等直系亲属使用。

落实疫情防控的医疗保障政策，实施“两个确保”，全面保障新冠肺炎确诊和疑似患者救治费用。预付2.17亿元医保基金给16家定点救治医院，减轻定点救治医院资金垫付压力。支持企业复工复产，落实阶段性减征、缓征政策，减征政策惠及6.13万家企业，减轻企业负担4.2亿元；185家企业申请缓缴，涉及费用3611.17万元。开展“医保服务进万企”活动，组建83支企业医保服务队，挂钩服务6万余家参保企业，发放12万多份宣传材料，实地走访1100余家企业。

建立医保脱贫攻坚“356”工作法，即建立抓事议事、挂钩联系以及督导检查等“三个机制”，织牢基本医保、大病医保、医疗救助、省级精准扶贫医疗叠加保险、市级精准扶贫医保补充补助政策等“五重保障”，对扶贫对象建立工作台账、发放红利告知、实行慢病管理、一站式服务、家庭医生签约及村卫生所医保定点等“六项服务”。是年，全市建档立卡贫困人口医疗费用实际报销比例94.63%。

继续推行以医保支付结算价为基础的联合限价阳光采购改革，发挥药品阳光采购联盟作用，降低药品价格，为全市医疗机构节省药品采购资金1.12亿元。落实、跟进国家组织药品集中采购和使用试点工作，落实国家医保谈判药品政策，114种国家医保谈判药品采购金额27083.94万元，医保报销12900.63万元。指导泉州市县域松散型医用耗材采购联盟开展第一批医用耗材集中采购遴选，相关医用防控物资价格较大幅度下降，最高降幅83.33%，平均降幅38.77%。组建泉州市医用耗材联合带量采购联盟，开展市级医用耗材联合带量采购试点工作，首批选取一次性注射器、一次性使用吸氧管、一体式吸氧管等三个品种，总体价格降幅52.1%，年可为联盟医院节省耗材采购资金超800万元。跟进国家组织冠脉支架集中带量采购工作，中选的冠脉支架产品均价从1.3万元下降至700元，相同企业的相同产品平均降价93%，年可节约采购资金2000万元。推进药品耗材货款结算改革，药品和医用耗材统一结算率分别稳定在99.92%、82.82%。

规范、调整41项公立医疗机构医疗服务项目及最高收费标准，优化医院收入结构。开展按病种收付费，在原有333个病种的基础上新增30个病种，规范19个病种名称、主操作等内容，调整13个病种收费标准，全年实施按病种出院人次18.97万例。实行精神病类疾病住院按床日收付费改革，率先采取“分段分类”精细化管理的模式，在泉州市第三医院试行“按床日收付费”管理，2020年按床日出院人次1223例，医院通过控费增加医务性收入159万元，群众实际报销比例提高3.66个百分点。开展中医特色优势门诊病种医保支付方式改革试点工作，首批选取10个中医优势明显、治疗路径清晰、疗效确切的试点病

2020年7月28日，泉州市成立全国首个台商投资区台胞医保服务中心。图为揭牌仪式 （图/市医保局）

种纳入医保支付范围。联合卫健、财政部门出台泉州市紧密型县域医共体医保基金打包支付和绩效考核实施方案，与全市8个县域11家紧密型县域医共体签订2020—2021年两个年度医保基金打包支付协议，2020年打包支付金额46.4亿元。

开展医保基金监管，市医保部门检查定点医药机构4181家次，发出“三函两牌”1213张，约谈定点医药机构185家次，暂停医保服务47家，解除定点协议11家，暂停医师医保处方权5名，追回医保基金7328.84万元，依协议收取并上缴财政违约金3471.83万元，移送公安部门立案查处涉嫌欺诈骗保线索2起。

实施全市医疗保障经办政务服务事项清单制度，实现全市服务事项名称、经办方式、经办流程、申办材料、办理时限、服务标准“六统一”。扩大医保定点范围，是年泉州市定点医疗机构2170家（含公益性村卫生所1789家），定点零售药店992家；全国联网定点医疗机构241家，全省联网定点零售药店890家。加大医保电子凭证推广应用工作，全年88家定点医疗机构和894家定点零售药店开通医保电子凭证扫码结算服务，全市医保电子凭证激活人数224万人。建立全国首个台商投资区台胞医保服务中心。

【失业保障】　2020年，泉州市失业保险新增8.02万人。保障就业困难人员基本生活，及时兑现失业金，保障就业困难人员基本生活，发放失业保险金5024.40万元，惠及失业人员4.09万人次。落实失业保险扩围政策，发放失业补助金1509.14万元，惠及失业人员1.83万人次。落实社保补贴政策，发放社保补贴3609.62万元，惠及1.1万名就业困难人员。

【工伤保障】　2020年，泉州市推进工伤保障工作，企业工伤保险新增4.19万人。落实企业职工工伤保险费减免缓政策，减免工伤保险1.2亿元。

【住房公积金】　2020年，泉州市住房公积金管理中心以“规范管理，防控风险，提升信息化与服务水平”的总体要求，坚持住房正确定位，提升服务质量，发挥住房消费平台作用，支持职工购建房156.41万平方米（含“公转商”贴息贷款），年末个人住房贷款市场占有率（含“公转商”贴息贷款）12.86%。是年，新开户单位3804家，净增单位3589家；新增归集职工68027人、95.05亿元；全市批准19.72万名缴存职工提取住房公积金79.25亿元，新增发放个人住房贷款10263笔、金额44.82亿元，发放贴息贷款3871笔、17.97亿元，合计发放公积金及贴息贷款62.79亿元，个贷使用率98.47%（不含贴息贷款），比2019年年底下降5.29个百分点；实现业务收入8.54亿元、增值收益3.36亿元。

市公积金中心及时出台疫情防控期间住房公积金阶段性支持政策，做好住房公积金管理服务工作，维护缴存单位和职工权益。受疫情影响不能按期缴存住房公积金的困难企业，可延期至疫情解除后3个月内恢复缴存；受疫情影响未能按时缴存企业的职工如需申请公积金贷款的，因疫情影响一次性补缴月份可视同正常缴存；在疫情防控期间，对全额付清购房款、全额付清征收安置房补差款、建造、翻建或大修自住住房、增设电梯等4种有时限要求的住房公积金提取业务，可延期至疫情结束3个月内办理；租赁住房提取业务，因疫情影响缴存单位采取延后补缴的，补缴月份可视同正常缴存，不影响职工提取权益。至疫情结束3个月内，租房职工可不受距上次提取间隔满12个月限制，灵活安排提取时间。

调整住房公积金政策，深化“放管服”改革，对业务流程和材料进行再压缩再简化，制订精简提取住房公积金偿还商业性二手房按揭贷款证明材料、精简偿还部分银行商业性住房按揭贷款证明材料等多项便民服务措施，方便缴存职工高效办理住房公积金业务。修订《泉州市住房公积金委托逐月提取还贷管理实施意见》，为已办理“冲还贷”职工开通提取“冲本金”业务。将逐月提取还贷业务的申请对象拓展至已办理贴息（组合）贷款的职工，保障其享受公积金（组合）贷款同等待遇。

2020年11月，国家医疗保障局在泉州举办国际医保经验学习培训班，考察学习“全城通办”经办服务经验做法　（图/市医保局）

改进住房公积金服务，推进住房公积金服务“跨省通办”工作情况，底前开通全部8项“跨省通办”业务，服务大厅设置“跨省通办”服务窗口，指定专人负责“跨省通办”工作，结合业务实际，制定“跨省通办”代收代办业务办理流程。完善“线上服务”功能，实现“个人住房公积金缴存贷款等信息查询”“出具贷款职工住房公积金缴存使用证明”“正常退休提取住房公积金”“住房公积金单位登记开户”“住房公积金单位及个人缴存信息变更”“开具住房公积金个人住房贷款全部还清证明”“提前还清住房公积金贷款”7项服务事项的线上办理。

开拓网上办理业务，疫情期间，及时通过中心网站、微信公众号等渠道发布公告，开通网站和微信公众号预约办理业务功能，引导缴存单位和职工通过微信公众号、网上办事大厅等“非接触式”渠道办理业务；网办渠道先后开通公积金网上办事大厅和微信公众号离职提取、偿还公积金贷款本金、偿还商业性住房按揭贷款本息、逐月冲还贷期间提取公积金还本等提取业务；提升信息化水平，与房屋交易中心、不动产登记中心、部分商业银行沟通协调实现信息共享，对接福建省汇聚平台，可直接在业务系统中查询养老信息、社会保障卡信息、个人婚姻信息、个体工商户基本信息、税务信息、工商企业等信息。

【最低生活保障】 2020年，泉州市落实城乡低保标准自然增长机制，落实城乡低保标准一体化，健全城乡低保标准与当地最低工资标准挂钩的自然增长机制。10月起，城乡低保标准由原来的最低工资标准的36%～42%提高至42%～48%。全市各县（市、区）城乡低保标准分别为：石狮市825元/人·月，安溪县、永春县、德化县660元/人·月，其余县（市、区）775元/人·月。完善城乡最低生活保障制度，推进支出型贫困低保政策落地见效，落实因病、因残、因学等刚性支出扣减及重病、重残低保政策。将财产状况符合规定、人均收入（含扣除刚性支出后）在当地低保标准2倍以内的认定为低收入家庭。对低收入家庭中的重残人员和三级智力、精神残疾人，以及重病患者等特殊困难人员，参照“单人户”纳入低保。截至年底，全市有城乡低保对象46366户76900人，城乡低保月人均补助金分别为551元、467元，2020年度发放低保金38781.36万元。强化低保资金保障工作，推动低保实现县级财政兜底，减轻乡镇（街道）财政压力。

养老事业

【概况】 2020年，泉州市将老年健康工作纳入老年健康服务体系建设之中，推进医养结合机构提质扩容，推进鲤城区兴贤医院护理院等8家养医康护示范点建设。二级以上综合医院设立老年病科25家，全市医疗机构主动签约医养合作429对，开展安宁疗护服务试点。落实全市老年教育发展规划，实施老年大学提升工程、发展“互联网+”老年教育、加强老年教育人才培训、开展示范校和精品课程创建活动、加强教师队伍建设、加强志愿者队伍建设；扶持高校老年大学、探索养教结合模式、筹备设立泉州市教育基金会泉州老年大学教育发展专项基金、拓展对外对台民间文化教育交流合作。完成泉州市老年教育“十三五”发展规划目标任务。全市有各级老年大学（学校）2535所，在校学员34万多人，占全市老年人总数30.07%。

【老年远程教育】 2020年，泉州市委、市政府再次把“实施老年远程教育提升工程”纳入为民办实事项目，市级财政投入100万元，县级财政配套150万元，社会捐助100多万元，建设50个基层老年远程教育示范点。至年底，全市开通2514个老年远程教育收视点，基本实现老年远程教育全覆盖。泉州市、永春县被评为第三批全国老年远程教育示范区，惠安县被评为第七批全国老年远程教育实验区。泉州老年大学和晋江、石狮老年远程教育课件制作基地制作40多课时的视频教材。泉州、晋江老年大学报送的课件《猜灯谜》《光辉的历程——新中国70年的伟大奇迹和历史启示》分别被评为第七批全国老年远程教育优秀视频课程、优秀微视频课程。

【泉州老年大学】 2020年，泉州老年大学开展新冠肺炎疫情防控，坚持停课不停学。受新冠肺炎疫情影响，全市老年大学未开学，各级老年大学利用老年远程教育各类平台，开设云课堂，组织发动广大老年学员在家上网课或收看老年远程教育教学视频。市老教委、老年大学录制并上传40多部教学视频，召开3次秋冬季线上教学研讨会，在泉州老年大学微信公众号上开设微课堂，每周上传楷书、音乐、钢琴、古筝、葫芦丝、英语、闽南语等7门8次微课（每次10～15分钟）。泉州、晋江、德化、安溪等老年大学发动学员创作作品，举办“抗疫”及“厉行节约，反对浪费”等网上诗词书画作品展、文艺展演等。

泉州老年大学新校舍项目6月通过验收，7月27日启用。项目建筑面积为28286.4平方米，总概算1.47亿元，建有综合楼、教学楼和礼堂，可容纳2万人次老年人参与学习。

泉州、晋江、石狮三所老年大学采取六项举措（配强领导班子、改善办学场所、保障办学经费、规范教学管理、丰富校园文化、指导服务基层）强弱项、补短板，创建福建省高水平示范性老年大学。12月，3所老年大学被省教育厅、省委

2020年7月27日，泉州老年大学新校舍启用。图为新校舍外观
（图/泉州老年大学）

老干部局评为福建省高水平示范性老年大学，鲤城、丰泽等9所老年大学被省教育厅、省委老干部局评为福建省达标老年大学。

泉州、石狮老年大学利用疫情停课期间，对新校舍进行美化装修，建设校园文化长廊、校史馆、展厅、微展墙等。晋江老年大学加大校园文化建设力度，投入800多万元对校园进行第三期立面改造和景观提升，弘扬先进文化，浓厚办学氛围。丰泽老年大学新增京剧、越剧、礼仪等六个学会，撰写学会章程，完成“校训、校徽、校歌”和《老艺生辉》创作。德化老年大学举办丰富多彩的老年文艺健身节，庆祝建校30周年，丰富校园文化生活。

【老年教育理论研究】 2020年，泉州市老年教育理论研究工作持续开展，印发2020年全市老年教育理论研究课题参考目录；编印出版《泉州老年教育实践与探索》；完成《泉州老年教育理论研究文集（第七辑）》的收集、审稿工作；完成泉州老年大学“文化养老”的调研报告；组织泉州、丰泽、石狮、永春、德化等5所老年大学参与第四批全国老年远程教育7个课题研究；组织晋江、安溪等6所老年大学撰写25篇论文，参加第十四届全国老年教育理论研究论文交流评选等。

慈善事业

【概况】 2020年，泉州市慈善组织广泛开展疫情防控捐赠活动，开展新冠肺炎疫情防控慈善捐赠工作、加强慈善捐赠款物管理使用，各级慈善组织、社会各界爱心单位、爱心人士携手助力疫情防控。全市慈善总会募集款物9.1亿元（其中捐赠资金8.7亿元、物资折价3666万元），募集款物除定向捐赠外其余部分主动交当地疫情指挥部统一安排调度，全部用于支援疫情防控。市民政局协调、配合纪检、审计部门开展疫情防控捐赠款物的检查审计工作，督促落实整改，确保疫情防控捐赠款物使用管理安全。开展第十一届“中华慈善奖”候选对象推荐工作，推荐候选对象4个（其中慈善楷模1个，慈善项目1个，捐赠个人2人）；5月，对在新冠肺炎疫情影响和慈善力量在疫情防控中作出的突出贡献进行补充推荐，推荐候选对象7个（其中慈善楷模3个，捐赠企业3个，捐赠个人1个）。施文博、姚志胜作为“捐赠个人”列入第十一届“中华慈善奖”拟表彰名单。开展2020年“慈善手拉手”专项行动，引导慈善力量发挥自己优势，以慈善帮扶为着力点，主动对接困难群众需求，构建慈善供需体系。全市引导慈善组织筹集帮扶资金4.6亿元，企业资金1391.3万，受益人数6.64万人；政府帮扶资金175.94万，受益人数1856人。开展“慈善助困、慈善助学、慈善助医、慈善助残、慈善助老、慈善公益”六大品牌慈善活动。

【慈善助困】 2020年，泉州市慈善助困投入1457.15万元，立足社会保障扶贫，资助低保户建设安居房，资助特困户，关怀高龄老人、贫困母亲等特殊群体；对接福建省助孤项目慰问孤儿、资助在校高中生孤儿；开展“慈善情暖万家”活动，春节走访慰问81户困难家庭；支援贫困地区脱贫攻坚项目。

【慈善助学】 2020年，泉州市慈善助学投入103.5万元，立足发展教育扶贫，资助 202名贫困大学生，帮扶15名计生二女户、独女户、孤儿大学生、贫困中学生入学。

【慈善助医】 2020年，泉州市慈善助医投入3036.25万元（含物资折价），承接中华慈善总会格列卫、达希纳药品援助项目，援助患者182人；承接中华慈善总会科跃奇资金援助项目，援助患者152人次；与泉南协会合作，下乡义诊送医、送药。

【慈善助残】 2020年，泉州市慈善助残投入13万元，立足助残脱贫，资助贫困残疾人就业创业和自闭儿童教育培训。

【慈善助老】 2020年，泉州市慈善助老投入1803万元，资助老年大学在偏远地区实施远程教育项目，定向捐赠泉州江南老年颐乐园建设。

【慈善公益】 2020年，泉州市慈善公益投入9964.35万元，冠名慈善基金定向资助慈善公益项目，香港福建希望工程基金会定向资助全国希望小学，抗击新冠疫情捐赠支出等项目。

民族与宗教事务

【概况】 2020年，泉州市居住着回族、畲族、蒙古族、满族等53个少数民族成分，少数民族人口22.9万人，约占全市人口的2.82%。有1个民族乡（泉州台商投资区百崎回族乡）、48个民族村（社区），其中回族村30个，人口约6.5万人；畲族村15个，人口约2.6万人；蒙古族村1个，人口约0.27万人；满族村2个，人口约0.27万人。经政府登记的宗教团体40个、宗教活动场所898处（其中佛教466处、道教223处、伊斯兰教2处、天主教6处、基督教201处）；民间信仰活动场所（建筑面积10平方米以上）6962处，其中省、市、县民间信仰联系点151处。全市有宗教教职人员1636人，信教群众（不含民间信仰）70万人，占全市总人口近10%。

【民族乡村振兴】 2020年，泉州市强化扶贫资金在线监管，发挥“制度+科技”精准监督作用，开展2019—2020年民族资金自查和绩效自评工作，确保资金管理更规范、监督反馈更到位。加大项目统筹和项目储备力度，开展2020年资金项目抽查和2021年项目储备情况调研，完成2021年少数民族资金预算数申报和项目库报备工作。全年下达各级民族补助款1053万元，其中中央发展资金340万元、省级民族补助资金253万元、市级民族补助资金460万元，落实推动少数民族特色村寨建设、村集体经济发展、社会事业发展、民族团结进步创建等项目68个。开展“走在前作表率、助力脱贫攻坚”走进民族村科技扶贫活动，落实帮扶产业发展项目3个。

【民族乡村经济社会发展】 2020年，泉州市巩固提升小坝蒙古族村等7个挂牌“中国少数民族特色村寨”建设成果，推动洛江厝斗畲族村等8个第四批少数民族特色村寨试点建设，举办“第三批中国少数民族特色村寨”授牌仪式暨特色村寨建设互观互学活动。将少数民族特色村寨建设纳入全市乡村振兴发展战略整体规划，推动民族乡村水、电、路、网等基础设施建设。其中，安溪县湖上乡盛富畲族村等5个民族村入选全省民族乡村振兴示范点培育对象名录，安溪县湖上乡盛富畲族村被推荐参评全国民族乡村振兴试点乡村。支持民族村建立少数民族文化展示馆、农村书屋，推动民族文化、少数民族非物质文化遗产保护传承发展；加强省级、市级少数民族传统体育运动基地建设，推荐泉州师范学院、泉州幼儿高等专科学校、泉州剑影武术学校、晋江陈埭民族中学等4家单位被确定为2021—2024年福建省少数民族传统体育运动基地，百崎民族中学等7家单位被确定为2021—2024年市级基地。

【民族团结进步事业】 2020年，泉州市推进开展民族团结进步创建，铸牢中华民族共同体意识有关工作，指导市级教育基地台商丝路文化展示馆建设，推动市级和县（市、区）级民族团结进步教育基地全覆盖。晋江市陈埭镇等5家单位被省民族宗教厅命名为第一批“全省民族团结进步重点区重点单位”。开展民族理论政策法规暨精神文明知识网络有奖竞答活动；以“线下表演线上直播”的形式，在石狮市体育馆举办泉州市第十三个民族团结进步宣传月活动启动仪式。宣传月期间，全市召开相关座谈会、学习会、培训会、宣讲会136场次，发放宣传资料23739份（次），张贴宣传标语、海报、户外广告673条，新闻宣传、电视广告、网络宣传120条，举办演出、民族节庆活动、民族体育竞赛活动47场次，慰问帮扶少数民族贫困户72.7万元。

【宗教工作法治化】 2020年，泉州市制定《宗教事务联合执法工作机制》，发挥22个相关市直部门的协同作用，健全议事协商、信息互通、应急联动工作机制，强化宗教工作联合执法力量。制定《泉州市全市性宗教团体重大事项报备制度》，规范宗教团体管理。出台宗教活动场所大型宗教活动、消防安全、自然灾害、食物中毒4个应急预案，健全宗教领域应急体系。用好民族宗教三级网格化服务管理平台，推动各县（市、区）加强基层网格员业务培训。召开宗教活动场所不动产权登记工作推进会，推动解决宗教活动场所不动产登记历史遗留问题，登记确权37处、部分办证58处。制定信访工作制度，规范办理流程，全年办理信访件37件。落实法律顾问、宗教研究专家、安全专家等第三方的“三聘”工作。重新梳理公布权责清单，全年办理民族宗教事项24件。全年清理4份涉宗教工作规范性文件。建立健全工作长效机制，提升宗教事务规范管理水平，推进宗教健康有序发展。加强宗教理论政策和国家法律法规宣讲工作，制定宣讲活动方案，推动宗教界予以落实；加强宗教教职人员认定备案和宗教活动场所主要教职任职工作；针对加强涉宗教网络舆情预警处置工作，制定预警处置工作机制，厘清工作责任、梳理工作程序；针对加强民间信仰规范管理工作，制定工作指导意见，指导基层加强民间信仰事务管理；针对贯彻落实全国和全省性宗教团体坚持中国化方向五年规划，指导各全市性宗教团体制定具体实施意见。

【宗教活动场所管理】 2020年，泉州市规范宗教活动场所管理，组织开展《宗教团体管理办法》学习宣传贯彻活动，推进民间信仰活动场所规范管理，制定出台《泉州市民间信仰工作指导意见》，实行分级负责，分类管理；加强民间信仰管理试点，指导各县（市、区）选择2-3处基础较好、影响力较大的民间信仰活动场所作为试点场所；截至年底，泉州市民间信仰活动场所数量超7000处，确立省、市、县三级民间信仰活动场所联系点151处，其中省级39处，属于2020年新增的省级民间信仰活动场所联系点16处。

【宗教界自身建设】　2020年，泉州市坚持宗教中国化方向，强化宗教思想建设。利用宗教团体例会、会长办公会，组织宗教界学习传达贯彻党和政府重要精神、重大决策指示，开展讲经交流、解经、神学思想研讨活动。11月，泉州11位佛教界代表参加由省民族宗教厅、省佛教协会在福州永泰举办的福建省佛教界中青年人士（外事）培训班。泉州市道教协会在元妙观不定期开展讲经活动，组织教职人员学习教理教义，通过对教义做出符合当代社会发展和中华优秀文化的阐释，展示道风道貌和学修水平。9月15日，泉州市基督教两会在石狮基督教堂举行“纪念中国基督教发起三自爱国运动70周年暨第九次神学思想建设研讨会”，弘扬中国基督教三自爱国运动70周年成果、促进泉州基督教建章立制、培养泉州基督教人才队伍、推进“四进”宗教活动场所活动。指导泉州市基督教界通过专题讲道、和平祈祷、召开座谈会等形式，开展纪念抗日战争胜利75周年和平祈祷活动。

推动“四进”（国旗、宪法和法律法规、社会主义核心价值观、中华优秀传统文化进宗教活动场所活动）。指导泉州市基督教三自爱国运动委员会、泉州市基督教协会9月18日在泉南基督教堂举行以“铭记历史　勿忘国耻”为主题的升国旗仪式。10月1日，开元寺、承天寺、少林寺、元妙观、泉南堂等宗教活动场所举行升国旗仪式，落实国旗进宗教活动场所，以实际行动践行爱国与爱教相统一，走与社会主义社会相适应的道路。

2020年7月3日，由泉州市佛教协会组织的泉州市佛教协会携手各宗教共同抗疫捐赠活动在晋江南天禅寺举行　（图/市民宗局）

开展“正信仰、守戒规、讲修行、树形象”宗教教风建设年主题创建活动。活动以端正信仰、夯实根基为前提，以严明戒规、整改问题为手段，以精进修行、提升正气为核心，以革新风气、树立形象为目的，通过三方面具体措施，即引导发出“一倡议”（全市性宗教团体联合发布《泉州市宗教教风建设年主题创建活动倡议书》）、开展“两活动”（动员发动活动和专项整治活动）、加强“三结合”（创建活动与制度建设相结合、与思想建设相结合、与服务群众相结合），解决宗教教风建设方面存在的问题，提高宗教界自身建设水平。

加强宗教文化建设，引导宗教界挖掘自身优秀文化资源，申报世界文化遗产和非物质文化遗产，其中富美宫与国内外相关场所的“送王船”活动，经联合国教科文组织保护非物质文化遗产政府间委员会评审通过，列入联合国教科文组织人类非物质文化遗产代表作名录。

完善宗教团体工作机制，落实《泉州市全市性宗教团体重大事项报备制度（试行）》和《泉州市全市性宗教团体负责人年度述职考核办法（试行）》。

【宗教界公益慈善活动】　2020年，泉州市宗教界响应乡村振兴战略和服务精准扶贫，在全市开展“泉州宗教齐助力，百家场所帮百村”活动，投入帮扶资金9500多万元。新冠肺炎发生以来，全市宗教界筹集资金2000万元和口罩21.4万个支援抗疫一线；佛教界筹集300万元款物开展“大庙帮小庙”活动，帮扶宗教领域困难群体。

县域概览

鲤城区

【区情概况】 2020年，鲤城区辖开元、鲤中、海滨、临江、江南、浮桥、金龙、常泰8个街道和泉州高新技术产业园区（江南园），81个社区。全区土地面积53.74平方千米，户籍人口27.24万人，常住人口39.61万人。

【经济发展】 2020年，鲤城区统筹推进疫情防控和经济社会发展，出台系列应对措施，落实减税降费政策，开展工业增产增效、“三产提质”扩量、基建扩容等专项行动，启动重点项目建设大比拼、畅通“双循环”年终冲刺攻坚等，经济社会总体呈现稳定转好态势。全区实现生产总值438.08亿元，比上年增长4.1%。一般公共预算总收入20.24亿元，增长2.3%，其中，地方一般公共预算收入12.28亿元，增长9.2%。城镇居民人均可支配收入49217元，增长3.1%。86个项目完成固定资产投资比上年增长15.3%，其中房地产开发投资49.88亿元，比上年增长34.6%。合同利用外资5214万元，按验资口径实际利用外资1488万元，比上年减少63%。社会消费品零售总额453.59亿元，比上年减少4.5%，175家限额以上企业实现零售额194.42亿元，占全社会零售额的42.9%，比上年下降8.6%。全年粮食总产量203吨，农林牧渔业总产值5337万元，比上年增长9.9%。规模以上工业产值438.3亿元，比上年增长1.3%，实现工业增加值134.05亿元，比上年增长3.6%。实现销售产值416.8亿元，出口交货值125.1亿元。产值超亿元企业84家，实现产值394.1亿元，占全区规模以上工业产值的89.9%，比上年增长5.6%。

【城市建设】 2020年，鲤城区开展“项目攻坚2020”行动，安排交通、农林水利、社会事业、城乡建设与生态环保、工业等项目67个，总投资615.99亿元，其中：在建重点项目38个，总投资394.66亿元，年度计划投资91.96亿元，年度总投资85.44亿元，完成计划任务92.91%。实施城建专项攻坚项目24个，实现投资19.6亿元，新开工项目10个、完工项目13个。重点推进5个征收项目，完成江南兴贤路中段片区改造项目、中医联合医院待征地项目、江南花园城配建小学项目等3个项目征收，全区征收土地40.33公顷，完成年度征收计划42.09万平方米，征收房屋面积69.77万平方米，繁荣片区项目75天完成65.42万平方米征收任务，获评全省和谐征收示范项目。加快道路提升改造，泉州七中江南校区配套道路建成通车，江南大街至浮桥街、泉州西高速出入口周边环境完成升级；启动老旧小区改造项目68个，改造改建公厕18座、零星修缮公厕17座，实现社区公厕全面移交区级管养；建成古榕公园，开展延陵公园和晋江南岸（鲤城段）景观提升项目前期工作，东鲁路、二郎巷、学府路完成绿地“补绿”；组织实施7条区级背街小巷提升改造工作，配合市级开展29条古城核心区街巷综合保护提升。

【生态建设】 2020年，鲤城区重点开展大气、水、土壤污染防治，全区环境质量总体稳定，生态环保工作取得明显成效。制定实施《鲤城区大气污染防治强化治理专项行动方案》，完成市级大气污染精准治理减排项目10个，建成重点监控区域环境空气质量自动监测站1座，探索对134家涉VOC重点企业实行“黑白灰”分类管控，PM10、PM2.5年平均浓度分别为38微克/立方米、21微克/立方米，分别比上年下降13.6%、16.0%；全年空气质量优良天数324天、优良率96.7%。开展第二轮碧水清源整治计划，完成排洪渠A段（鲤城段）整治工程，整治南低渠未完成雨污分流的排污口13个，南北二路渠黑臭水体完成整治，消除黑臭，金浦水厂集中式饮用水水源地水质达标率100%，晋江干流省控断面（浮桥）水质达标率100%，水功能区国控监测断面（泉州大桥点位）水质年平均值达到Ⅲ类水质标准，水环境质量持续巩固。推进净土清废，强化固体废物污染防治，转移处置危废117批次、450.4吨。城市功能区声环境质量昼间点次达标率100%，夜间点次达标率81%。完成第二轮中央环保督察交办28件信访件验收销号，办结各类环境信访件349件、办结率100%。

【城市管理】 2020年，鲤城区构建鲤城特色“社区网格化+职能应用+街巷治理微网格”治理模式。推进“雪亮工程”，实现主干道全覆盖；完成社区“天网工程”建设任务，全方位增强基层治安防控能力。推进扫黑除恶专项斗争，抓获涉黑恶犯罪嫌疑人6人，查封、扣押涉案资产500余万元，社会治安形势持续向好。推进安全生产专项整治三年行动，依法依规处理“3·7”欣佳酒店事故，完成385栋小加工作坊和企业厂房、429栋自建房、2211栋群租房的安全隐患整治，安装简易喷淋装置5400套、独立式烟感探测器9844个，设置规范电动车集中充电场所410处。持续整治“两违”，全年拆除违法建设130宗12.41万平方米；巩固垃圾分类成果，推进老城区垃圾分类全面覆盖，基本完成垃圾分类硬件设施配套，探索易腐垃圾就地就近处置。“数字城管”平台全年接案10.63万件，处置10.6万件，处置率99.72%。开展渣土领域执法393次，查处违法违规车辆216部，行政处罚金额8.11万元；开展市容秩序专项整治行动，查处占道经营1.83万起，拆除违规、破损广告牌733块，清理布条横幅、灯箱1071处，清洗“牛皮癣”56万张，劝导关停85处市场外活禽宰杀经营点（店），完成油烟污染整治253件，解决各类市政问题上千处次；开展共享单车整治，执行责任网格、集中整治、约谈询问、挂牌入市，查处违停共享单车（电动）600余辆，罚款4家企业3.5万元、配合市级挂牌入市车辆800辆。

【社会事业】 2020年，鲤城区启动教育事业高质量发展三年行动，成立区教育发展基金会、筹集捐款2.73亿元。新增7所普惠性民办幼儿园，普惠性幼儿园覆盖率87%。泉州市实验幼儿园教学楼、泉州七中江南校区建成投入使用，福师大泉州附属中学改扩建、常泰中心小学等重点项目加快推进；成立特殊教育资源与指导中心。推动文化遗产保护利用、公共文体服务和文旅产业发展，南外宗正司遗址、顺济桥遗址、市舶司遗址被增补为省级文物保护单位，闽台富美宫王爷信俗、送王船、虎标万应茶制作技艺、泉州卤料制作技艺等4个项目获评第六批市级非物质文化遗产代表性项目。木偶头雕刻、花灯制作技艺、佛像雕塑技艺、漆线雕、锡雕技艺等5个项目入选泉州市首批工艺美术振兴目录，木偶头雕刻和花灯制作技艺入选第一批国家传统工艺振兴目录。出台传统建筑构件回收利用条例，完成8处遗产点遗产标识、界桩界碑摸排、核实，成立“海丝史迹保护巡回法庭”，举办中山路百年倒计时线上发布会，全区44处砖木结构类文保单位实现智慧用电全覆盖。古城文化生态旅游度假区获批为省级旅游度假区。推进“健康鲤城”建设，新增床位数205张，万祥医院建成投入使用。初步建立各基层医疗卫生机构信息化网络，完成居民健康档案建档33.1万份、电子建档率82.2%，海滨、临江实现电子健康档案向个人开放，基本完成呵护母婴健康工程目标任务。新冠肺炎疫情发生后，全区坚持实施“外防输入、内防反弹”总体防控策略，疫情防控取得阶段性成效，唯一一例输入型确诊患者治愈出院，成为首批公布的疫情低风险区。实施境外人员全程闭环管理，摸排管控境外入鲤人员697人，实施医学观察中高风险地区入鲤人员1.05万人，排检测6.12万人。完成冷链食品和经营场所外环境核酸检测，完成标本采集3461份，新冠病

2020年4月26日，鲤城法院“海丝史迹保护巡回法庭”揭牌，图为该巡回法庭外立面 （图/吴寿民）

2020年鲤城区经济和社会发展主要指标一览表

表41

指标名称	单位	实绩	比上年增长（%）
地区生产总值	亿元	438.08	4.1
财政总收入	亿元	20.24	2.3
地方一般预算收入	亿元	12.28	9.2
地方财政支出	亿元		
农业总产值	万元	5337	9.9
规模以上工业总产值	亿元	438.3	1.3
社会消费品零售额	亿元	453.59	-4.5
出口商品总值（海关口径）	亿元		
实际利用外资（验资口径）	亿元	1488	-63
城镇居民人均可支配收入	元	49217	3.1

毒核酸检测结果均为阴性。全区财政投入0.74亿元直接用于疫情防控，采购、接受捐赠各类防护设备物资包括口罩115.5万个、N95医用口罩1.22万个、防护服8010件、护目镜2300个等，全区生产生活物资储备充足，市场价格稳定。

【企业智能化、数字化发展】 2020年，鲤城区推进传统产业智能化改造和数字化转型，田中机械、众益太阳能、汉威机械等企业引进高端智能装备、新建数字化车间，总投资10亿元的16个省市技改项目全年增速超10%。新申报国家高新技术企业18家，累计申报82家，省级高新技术企业备案申报34家。新增发明专利申请量276件、发明专利授权量48件，每万人口发明专利拥有量13.67件。新增7家企业列入市级企业技术中心培育名单、7家企业入选市瞪羚企业培育库；10家企业获评2020年福建省科技小巨人领军企业，新增市级众创空间1家；40家企业获评2020年科技型中小企业。8家企业获批2020年度加快机械装备产业和两化融合发展专项资金。

【战略新兴产业建设】 2020年，鲤城区推进毫米电子片式厚薄膜生产线、火炬电子小体积薄介质层陶瓷电容器高技术产业化等2项省战略性新兴产业重点项目建设；实施“单层芯片瓷介电容器研发与产业化”“STVA系列温度补偿衰减器研发与产业化”“铁路通信传输设备数字化技术研发与产业化”3项省级技术创新重大项目。新增国家级“专精特新”小巨人企业2家、省级“专精特新”中小企业1家。泉州市燃气有限公司、泉州鸿荣轻工有限公司、福建鸿星尔克体育用品有限公司等3家企业，入选“2020年福建省工业和信息化省级龙头企业”名单。泉州海天材料科技股份有限公司等13家企业被确认为“2020年泉州市级产业龙头企业”。

【第三产业发展】 2020年，鲤城区推进第三产业发展，发起设立5亿元的泛文旅产业基金，新引进项目36个、总投资35亿元。制定《古城数字文创动漫基地建设工作方案》，引进青春志动漫、万有引力动漫等一批数字文创企业，古城数字文创动漫产业基地初具规模。全年第三产业增加值279.35亿元，比上年增长4.3%，对地区生产总值增长的贡献率64.9%，拉动地区生产总值增长2.7个百分点。在固定资产投资中，第三产业占固定资产投资总额的96.3%，比上年增长14.5%。其中：卫生和社会工作增长71.8%；房地产业增长34.6%。限额以上电子商务类零售额11.84亿元，比上年增长16.7%。全年接待游客558.16万人次，比上年下降40.5%，旅游收入68.19亿元，比上年下降50.6%。

丰泽区

【区情概况】 2020年，丰泽区面积129.63平方千米（东西距离1.6万米，南北距离1.66万米），地处泉州市区中心区域，介于北纬24°51′～25°00′，东经118°32′～118°41′之间。东与惠安县隔洛阳江相望，西与鲤城区、南安市毗邻，南与晋江市隔晋江相邻，北与洛江区接壤，东南濒临台湾海峡。陆地面积105.84平方千米，城市建成区面积55.54平方千米，森林蓄积量23.16万立方米，森林覆盖率30.73%，林地面积3170公顷。省级自然保护区总面积1179.24公顷，省级森林公园1个面积380公顷。水域面积23.79平方千米，海岸线长16.6千米。辖东湖、丰泽、泉秀、华大、清源、东海、城东、北峰8个街道、82个社区。户籍人口299298人，其中男性143516人、女性155782人。出生4508人，死亡1429人，人口自然增长率10.5‰。迁入20122人，迁出8861人。实际耕地面积330.64公顷，基本农田保护面积30.93公顷，均高于上级下达的耕地保有量指标，粮食产量23.1万千克。

【经济发展】 2020年，丰泽区实现地区生产总值763.92亿元，比上年增长3.9%。其中：第一产业1.69亿万元，增加8.6%；第二产业148.76亿元，下降0.5%；第三产业613.47亿元，增长5.0%。人均地区生产总值12.21万元，比上年增长5.0%。规模以上工业产值259.80亿元，比上年增长1.2%。农林牧渔业总产值3.43亿元，比上年下降1.1%。固定资产投资比上年增长9.9%。社会消费品零售总额529.35亿元，比上年增长11.4%。外贸投资总额5.33亿元；企业实际到资2.26亿元，比上年增长5.1%，海关出口总值100.2亿元，比上年增长29.0%。一般公共预算总收入25.6亿元，比上年下降22.3%；其中地方一般公共预算收入16.1亿元，下降19.8%。城镇居民人均可支配收入6.01万元，比上年增长2.9%。

【城区建设】 2020年，丰泽区开展“基础设施建设提速”系列行动，21个城建项目完成投资16亿元。推动片区改造，西华洋片区完成签约99.5%，南滨江片区完成签约93.5%，后埔、南埔山等片区动迁工作全面提速，后渚、金凤屿片区改造前期工作有序推进。加速老城区有机更新，获中央专项补助资金2.1亿元，完成40个老旧小区、9个城中村、23条背街小巷综合整治，培育“美丽社区”示范点4个；打通“断头路”3条，修复破损1622处，改造公厕18座、农贸市场4个，新设便民摊点18处，新增公共停车泊位800余个。完善创城创卫常态长效机制，通过创城总评和创卫省级复审。完成第三次国土资源调查，数字城管采集立案数突破17万件、案件处置率99.56%，200个停车场使用智慧停车管理系统。分类处置安全隐患房屋1343栋，拆除违建面积22.2万平方米。

【生态环境】 2020年，丰泽区开展推动生活垃圾分类，升级改造分类投放点230处，丰泽街道获评“福建省首批生活垃圾分类示范片区”。推广成立出租房屋管理协会，实现街居两级全覆盖，完善城市管理体制，道路保洁、公厕管理等实现市场化运营。“智慧丰泽”一期PPP项目被中国信息协会授予“2020政府信息化管理创新奖”，获评第四批“全国少数民族流动人口服务管理示范城市”。按时完成中央和省、市生态环保督察反馈问题整改，实施10个大气减排项目，加强油烟监管、喷雾抑尘等专项整治，空气质量超标天数比降54.5%。落实河（湖）长制，完成截污改造、雨污分流、排污整治项目76个，北渠饮用水源水质达Ⅱ类标准。加强土壤污染防治，开展水土流失综合治理，完成66.67公顷土壤安全利用。打击环境违法行为，投诉件下降34%。完成植树造林7.87公顷，提升绿化景观20.3万平方米。

2020年12月9日，丰泽区图书馆竣工，图为该图书馆大厅

（图/陈英杰）

【社会事业】 2020年，丰泽区民生福祉持续增进，新冠肺炎疫情开始即设专班，协调重点保供企业扩大库存、拓展货源，做好各类生活物资保供稳价。实施就业稳岗暖心服务行动，发放稳岗返还资金1.06亿元、失业保险待遇1409万元，减、免征社会保险费7亿元，新增城镇就业2.46万人。低保标准提高到每人每月775元。被征地人员养老保障金标准提高至每人每月237元，实现“六连涨”。发放各类救助补助金2214万元。新建、提升居家社区养老服务照料中心2个，区福利中心建设前期工作有序推进。完成区、街、社区三级退役军人服务机构建设，教育发展更加优质均衡，通过省级“教育强区”考核；新改扩建校舍工程22个，新增优质学位4500个，学前教育普惠率超86%；省级义务教育管理标准化学校数量居全市第一；课后延时服务惠及1.2万名学生；新成立5个学校董事会、促进会。卫生健康资源供给持续扩大，泉州正骨医院北峰院区、疾控中心妇幼保健院等项目有序推进，正骨医院获评“全国2020年群众满意的医疗机构”；完善基层医疗卫生服务体系，新增医疗机构41家，推行“互联网+常态化核酸检测”信息化管理，核酸日检测能力2.8万份以上。推进创建“国家公共文化服务体系示范区”工作，新增社区综合文化服务中心示范点2个、多功能运动场所7处，区图书馆项目竣工。

【平安建设】 2020年，丰泽区推进“强基促稳”三年行动，排查调处矛盾纠纷2294起，化解历史信访积案101件。打好扫黑除恶专项斗争收官战，刑事警情下降10.1%。推进安全生产隐患大排查大整治，组织实施“扫雷”系列行动，事故起数、死亡人数、受伤人数实现“三下降”，被评为泉州市年度安

2020年丰泽区经济和社会发展主要指标一览表

表42

指标名称	单位	实绩	比上年增长（%）
地区生产总值	亿元	763.9	3.9
一般公共预算总收入	亿元	25.6	-22.3
一般公共预算收入	亿元	16.1	-19.8
一般公共预算支出	亿元	27.0	14.6
农林牧渔业总产值	亿元	4.0	9.6
规模以上工业产值	亿元	246.8	-4.7
社会消费品零售额	亿元	412.1	-0.7
实际利用外资（验资口径）	亿元	2.3	1.1
城镇居民人均可支配收入	元	60100	2.9

全生产和消防安全目标责任制“双优秀”单位。加强“餐桌污染”治理，开展药械安全专项整治，保障食品药品安全。

【科技创新发展】 2020年，丰泽区产业转型步伐加快，科技创新赋能，完成技改投资10.6亿元，比上年增长26.8%。完成“两化融合”项目6个，总投资1.7亿元，入选泉州市“数控一代”示范项目5个、“两化融合”贯标体系企业5家，匹克态极运动鞋入列“第一批省工业和信息重点新产品推广目录”，加快制造业主辅分离，8家企业获评“市级服务型制造企业”，聚焦规模效应，9家企业入选省、市级龙头企业，南方路机等12家企业入选“上市及场外市场挂牌后备企业名单”。制定数字丰泽建设发展规划，5个省级重点数字经济项目完成投资35.7亿元，建成703个5G基站。参与全市新基建新经济比拼，软件与工业设计基地新引进项目44个，总投资18.3亿元，实现税收比上年增长137.7%；“知创产业基地”完成总体规划，建设中国（泉州）知识产权保护中心，建成三大技术检测公共服务平台，新引进项目14个，总投资7.1亿元。深化“第三产业提升年”活动，67个在建重点项目完成投资167亿元，第三产业增加值比上年增长5%。科学布局建筑服务、中介服务、数字经济等一批小微产业园，泉州建筑服务产业园入驻企业90家、实现产值15亿元。建成8栋高端商务楼宇，全区纳税千万元楼宇38幢，东海总部经济区加速繁荣。

洛江区

【区情概况】 2020年，洛江区辖2个街道3个镇1个乡。土地面积374.81平方千米。年末户籍人口20.8万人，常住人口21.9万人，人口自然增长率4.7‰。耕地面积0.36万公顷，粮食播种面积0.19万公顷，粮食产量1.13万吨。林地面积2.38万公顷，森林覆盖率64.37%，活立木蓄积量138.45万立方米，森林蓄积量133.61万立方米。矿产资源有高岭土、陶瓷土、耐火用黏土、砖瓦用黏土、建筑用花岗岩（凝灰岩）、饰面用及雕刻用辉长岩、冶金用石英岩、建筑用砂、矿泉水等。主要旅游景点有洛阳古桥、国家AAA级景区仙公山、蔡襄祠、俞大猷公园、施琅将军陵、仰恩湖、海丝野生动物园、罗溪省级森林公园、虹山瀑布、石龙谷生态旅游景区，马甲炉田村、罗溪洪四村省级乡村旅游特色项目。

【经济发展】 2020年，洛江区实现地区生产总值284.94亿元，比上年增长2%，其中：第一产业增加值5.41亿元，增长2.6%；第二产业增加值183.6亿元，增长3.2%；工业增加值155.12亿元，增长3.6%；第三产业增加值95.94亿元，比上年下降0.9%。人均地区生产总值136990元，比上年增长5.7%。规模以上工业总产值638.05亿元，比上年增长4.1%。农林牧渔业总产值10.84亿元，比上年增长3.6%。固定资产投资比上年增长1.9%。社会消费品零售总额89.76亿元，比上年增长4.1%。实际利用外资6.5亿元，比上年增长37.6%。一般公共预算总收入21.5亿元，比上年增长1.2%；其中地方一般公共预算收入12.81亿元，比上年增长6.9%。城镇居民人均可支配收入44706元，比上年增长3.3%；农村居民人均可支配收入19929元，比上年增长6.1%。

【城市建设】 2020年，洛江区实施城建攻坚行动，85个在建城建项目完成投资17.6亿元。落实全市新片区更新改造大比拼活动，提速阳江新城片区开发建设，完成土地征收60公顷，片区市政路网、水系治理等5个基础设施项目开工建设，完成投资8亿元。动工建设西环路双阳段，启动万虹路拓改工程，打通安和路、万贤街、滨江路与324国道交叉段等5条断头路，洛滨北路、310县道改造工程、经十路、俞大猷公园大道等基本完成建设。提升汇鑫路、安顺路等15个节点绿化景观，新增、改造绿地20万平方米，建设10处街心公园、口袋公园；改造更新万安中心城区部分路灯及双阳片区5条道路路灯电缆，新建洛滨路三期路灯工程。投入1390万元改造一批老旧小区。投入2805万元开展文明城区、卫生城市创建工作，对中心城区坑洼路面、违规停车、摆摊设点等进行专项整治，修复、硬化主次干道和背街小巷路面9000多平方米，新增机动车停车位3000多个；开展万虹路、滨江路、西环路两侧环境整治，并向村（社区）道路延伸，改造垃圾围347个，拆除“两违”194宗、面积30.2万平方米。

【乡村振兴发展】 2020年，洛江区投资1.4亿元建设47个乡村振兴项目。强化试点示范带动效应，推进4个省级试点村、1个省级特色乡镇、7个市级试点村建设，投入2300万元实施虹山乡环境整治工程和“悠美河市·生态东溪”示范线路建设。发展壮大村集体经济，投入674万元组织实施增收项目39个，所有村集体经营性收入10万元以上，其中20万元以上的村占68.7%。对67个行政村开展房前屋后整治，填埋、改造旱厕216座，提级改造农村公路29千米，整治裸房374栋。新增科技特派员56人、团队9个，清华大学乡村振兴福建洛江远程教学站落地。

【社会事业】 2020年，洛江区开展就业稳岗暖心服务行动，新增城镇就业3808人。推进全民参保，发放养老金1.6亿元。推进城乡低保一体化，城乡低保标准提高至775元/人·月，80周岁及以上低保老人每人每月增发100元，全区发放低保金1049万元。实施居家养老服务工程，新建农村居家养老服务站10个、城乡社区服务站4个。公共服务扩量提质，投入近1亿元建设10个教育项目。河市第二中心幼儿园、万安第二中心幼儿园等建成招生，促成世茂璀璨天城配套幼儿园与泉州市刺桐幼儿园合作办学，新增学位810个；将双阳中心小学、万安中心小学分别更名升格为区第二、第三实验小学，动工建设阳江学园（小学校区），启动塘西学园（十一中塘西校区）、区实验幼儿园前期工作；推动高中达标晋级，促成泉州十一中与南开公能教育集团合作办学，泉州十一中创建省一级达标高中接受省专家组评估验收，奕聪中学通过预评估；加强教师队伍建设，招聘中小学、幼儿园教师189名。区妇幼疾控综合业务用房大楼竣工，泉州宝璋肿瘤医院加快建设，启动占地6.53公顷、床位容量500张的洛江区医院新院区建设。推进国家公共文化服务体系示范区创建，完善区文化馆、图书馆设施设备，建成一批多功能运动场、全民健身驿站、篮球场，南少林国际武术学校入选全国青少年足球培训基地；举办首届青少年武术锦标赛暨两岸武术文化交流活动、洛阳桥诗会，推动成立“蔡襄书院”，新增1个省级全民阅读示范点、9个新时代文明实践中心和站所，建成4个市级乡村记忆文化试点村。

【生态治理】 2020年，洛江区开展污染防治，100%完成第二轮中央生态环境保护督察信访件办理。治理大气污染，完成10个重点治理项目，空气质量优良天数比率97%，比2019年提高2.6个百分点。全面落实河（湖）长制，投资1127万元实施7个流域水质提升精准治理项目，洛江区污水管网配套工程PPP项目加快建设，新建污水管网39千米，消除3处饮用水水源地环境安全隐患，完成洛阳江水质监测站建设，省重点考核小流域西埭桥断面水质稳中向好。

【第二产业提质发展】 2020年，洛江区落实全市新基建新经济基地建设比拼活动，传感智能制造产业基地加快建设，万洋众创城招商中心建成并开放，开工、投产项目12个、总投资59.9亿元。铁拓机械申请IPO获得受理，维盾电器、世创机械等重点企业扩产升级，精镁机械等9个项目建成投产，11家企业26项产品列入市级数控一代示范产品，智能装备产业完成产值120亿元，信和新材料和中科院宁波材料技术与工程研究所共建全市首个新型环保防腐涂料工程中心，泉州市云箭测控与感知技术创新研究院投入运营并启动研发项目。14个省、市重点技改项目完成投资7.7亿元；新增国家高新技术企业18家，32家企业入选“福建省2020年入库科技型中小企业”；3家企业分别获得省科学技术进步奖二等奖、三等奖；规模以上企业研发经费投入2.4亿元、比上年增长58%。省级数字经济项目完成投资8.6亿元，数字经济规模突破50亿元。推动建筑业稳产提质，选取15家建筑业企业进行“点对点”帮扶，实施“回归工程”，新增建筑业企业56家，总数196家，全社会建筑业完成总产值213.73亿元，全年建筑房屋施工面积916.73万平方米，比上年增长5.0%，房屋竣工面积298.5万平方米。

【第三产业提升】 2020年，洛江区落实全市第三产业提升年活动，19个在建服务业重点项目完成投资超16亿元。鼓励扩大消费，出台

2020年洛江区经济和社会发展主要指标一览表

表43

指标名称	单位	实绩	比上年增长（%）
地区生产总值	亿元	284.94	2
财政总收入	亿元	21.5	1.2
地方一般预算收入	亿元	12.81	6.9
农业总产值	亿元	10.84	3.6
规模以上工业总产值	亿元	638.05	4.1
社会消费品零售额	亿元	89.76	4.1
实际利用外资（验资口径）	亿元	6.5	37.6
城镇居民人均可支配收入	元	44706	3.3
农村居民人均可支配收入	元	19929	6.1

《推动夜间经济发展促进消费增长实施方案》，举办首届大美洛江线上生活节、洛阳桥夜间经济文化节、全闽乐购·洛江汽车产业带新零售、蝴蝶兰文化旅游节、虹山音乐啤酒节、“闽南韵·地瓜腔”等系列活动，联合商家发放300万元惠民消费券，限上社会消费品零售总额比上年增长8.5%。推动直播与电商融合发展，全区网络销售企业近万家，网络零售额突破65亿元、比上年增长17.4%，首次入选全国淘宝百强县区。引导文旅企业提档升级，投入1.56亿元完善旅游基础设施和服务配套，提升重点文旅项目13个，虹山乡获评“福建省三星级乡村旅游休闲集镇”，石龙谷获评“福建省体育产业示范单位”；通过海峡旅博会、文博会、宁夏银川文旅专场推介会、西街文旅专场展览等，宣传推介洛江区文旅资源，策划生成9条精品旅游路线，全年接待游客180.1万人次、旅游收入超25亿元。

【特色农业发展】 2020年，洛江区新建高标准农田100公顷，保障粮食、蔬菜、生猪生产供给，农业总产值比上年增长2.5%。加快发展智慧农业、绿色农业，全区建成蔬菜智能温控大棚15.6万平方米，建立无公害农产品生产基地24个，通过无公害农产品、绿色食品、有机农产品认证基地面积200公顷。培育新型农业经营主体，有省、市级农业林业产业化龙头企业24家、农民专业合作社8家。

【脱贫攻坚】 2020年，洛江区建立防止返贫监测预警机制，落实精准帮扶措施，开展“两不愁三保障”及农村饮水安全工作，与省水投集团合作共建城乡供水一体化项目，拨付扶贫专项资金1064.3万元，全区806名市定贫困人口稳定脱贫、人均年收入1.34万元。

【新冠肺炎疫情防控】 2020年年初，新冠肺炎疫情突如其来，洛江区快速响应，成立防控指挥部加强指挥调度，投入4763万元实施区、镇、村三级联防联控，采取“大数据+网格化”精准排摸到洛江区人员1.2万人次，落实物资保障，掌握疫情防控主动权。迅速科学救治唯一一例确诊病例，并于2月9日治愈出院，截至12月31日无新发病例、疑似病例。进入常态化防控期间，做好重点场所、重点人群防控，强化重点疫区和境外入洛人员管控，推广运用“八闽健康码”，使用率95.8%；推动核酸检测“应检尽检、愿检尽检”，检测5.3万人次。根据秋冬季疫情情况，全面分析境外和国内高中风险地区疫情输入、进口冷链食品疫情输入、集中隔离人员传染等五个风险点，开展核酸检测，组织重点人群疫苗接种，做到精准防控、科学防控，为经济社会平稳健康发展提供坚强保障。

【首届洛江夜间生活节】 2020年，疫情防控进入常态化后，洛江区于洛阳桥桥南古街启动首届“洛江夜间生活节”。活动于8月8—29日每周五、周六晚6点到9点举行，以本土、“非遗”、艺文手作为主题，融合千年古街石桥的夜间生活场景，打造“市集+美食轻餐+快闪演出”的夜间生活节活动，探索立足传统与当代、人文与历史、传承与创新的夜间新生活方式。

【盐池农产品展销活动】 5月8日，宁夏优质特色产品泉州展示展销中心开业暨盐池县消费扶贫农产品展销活动在洛江区举办。展销中心位于洛江区万荣街，设有展示展销区、养生休闲区及就餐体验区，是集产品销售、文化交流、旅游推广、品牌推介、城市宣传为一体的综合性销售体验中心。活动有助于深化洛江区与盐池县的对口交流合作，携手推动盐池县优质特色农产品消费，带动盐池县广大农民实现长期脱贫目标，让消费扶贫落实落地。

泉港区

【区情概况】 2020年，泉港区辖6个镇1个街道，土地面积341平方千米。户籍人口42.25万人，粮食播种面积1921.87公顷，全年粮食产量1.10万吨。林业用地1.22万公顷，森林覆盖率41.71%。水产品产量8.83万

2020年，位于洛江区罗溪镇的泉州市区中心粮库启用，图为泉州市区中心粮库俯瞰（图/林劲峰）

吨，主要有牡蛎、鲍鱼、鲈鱼、海带、紫菜等。主要旅游景点有“中国历史文化名村”后龙镇土坑村、涂岭镇樟脚村，“全国文明村”界山镇东张村，“中国美丽休闲乡村”南埔镇惠屿村，山腰盐场，峰尾古城等。是年，获评福建省慢性非传染性疾病综合防控示范区。

【经济发展】 2020年，泉港区实现地区生产总值734.44亿元，比上年增长3.8%。其中：第一产业增加值10.85亿元，比上年增长0.6%；第二产业增加值587.19亿元，比上年增长5.4%；第三产业增加值136.41亿元，比上年下降3.0%。农林牧渔业总产值21.07亿元，比上年增长1.6%。工业增加值517.75亿元，比上年增长5.1%。固定资产投资（不含省反馈铁路数据）下降16.6%。社会消费品零售总额147.28亿元，比上年下降15.4%。实际利用外资（验资口径）5.26亿元，比上年增长277.9%。一般公共预算支出25.58亿元，比上年增长1.0%。居民人均可支配收入30157元，比上年名义增长5.6%，城镇居民人均可支配收入39011元，比上年名义增长2.8%；农村居民人均可支配收入22698元，比上年名义增长5.7%。

【城乡建设】 2020年，泉港区坚持工业进园区、居民进小区，氯碱片区整体搬迁全面启动，石化安控区建设进入扫尾攻坚。总部经济区和荷池、龙山片区等组团式开发，建成47个现代小区，新开工房地产项目建筑面积455万平方米，是“十二五”时期的2.2倍，建成区面积扩大到20平方千米，城镇化率从48.3%提升至55%。实施综合交通、公共配套、特色小镇、美丽乡村、规划管理“五大提升工程”，推进祥云路、驿峰路、驿坂廊道等28条主次干道建设或改造，加快推进七镇连通、口袋公园等一批市政精品。开展农村人居环境整治三年行动，实施农村生活污水治理、“厕所革命”、垃圾收集转运等专项行动，健全完善市容环卫、市政维护、园林绿化等机制，“两违”工作考评成绩连续三年居全市首位。

【社会事业】 2020年，泉港区实行城乡低保统一标准，人均补差498元，受益8855人，低保标准城乡一体化和覆盖率走在全市前列。拓展“救急难”“505”微心愿做法，通过政府救助、免费购险、社会认领等方式，助力困难群体共抗疫情、稳定脱贫。实施3个农村饮水安全巩固提升工程、8个农村自来水改造工程，惠及5.9万人。新建5个村级老年服务中心、6个居家养老服务站，为737户困难老年人家庭实施适老化改造。投入3.2亿元，推进18个教育基建项目，新增中小学幼儿园学位5100个，安控区征迁户子女就学有序安置；开展公办学校教师工作岗位全员竞聘，新招聘教师141人，教师结构性紧缺问题逐步缓解。加快泉港区医院病房大楼2号楼、门诊医技综合楼建设，完成“120”急救指挥系统提升和12个一体化村卫生所建设，完善疾控中心及泉港区医院实验室检验检测设备配置，入选省级慢性非传染性疾病综合防控示范区。加快构建现代公共文化服务体系，新建30个综合文化服务中心，7个镇（街道）文化站提升全部达标验收，百姓书房入选全国服务农民、服务基层文化建设先进集体。

【台湾国乔石化项目落户泉港石化工业园区】 2020年3月2日，国乔泉港石化项目以福州、泉州、台湾高雄三地视频连线方式实现签约，总投资500亿元新台币、年产100万吨丙烷脱氢及90万吨聚丙烯项目落地泉港石化工业园区。省领导于伟国、唐登杰、林宝金出席福州会场见证签约；市领导康涛、王永礼在泉州会场出席签约仪式；区委书记梁炳辉与国乔公司董事长杨品正视频签约，区领导颜朝晖、刘敏坚出席签约仪式。项目推动闽台石化产业融合发展，辐射带动上下游产品和相关行业发展，对石化产业补链、延链、强链起到积极作用。

【石化安控区建设】 2020年，泉港区加快石化安控区建设，通过组建征迁攻坚突击队、出台专项绩效考评方案、一线管理考察干部等措施，建立起分级包干、人人担责的攻坚机制，累计完成房屋签约12369栋、签约率99.89%，腾空11871栋、腾空率95.87%，拆除11412栋、拆除率92.16%。出台《氯碱片区整体搬

位于泉港区的全省最大的200公顷现代设施农业基地俯瞰（2020年拍摄）
（图/市农业农村局）

2020年泉港区国民经济主要指标一览表

表44

指标	单位	实绩	比上年增长(%)
地区生产总值	亿元	734.44	3.8
农林牧渔业总产值	亿元	21.07	1.6
工业增加值	亿元	517.75	5.2
建筑业增加值	亿元	69.58	7.1
规模以上工业产值	亿元	1783.37	3.0
社会消费品零售总额	亿元	147.28	-15.4
一般公共预算总收入	亿元	89.40	-7.8
一般公共预算支出	亿元	35.91	8.9
实际利用外资（验资口径）	亿元	5.26	277.9
城镇居民人均可支配收入	元	39011	2.8
农村居民人均可支配收入	元	22698	5.7

迁方案》，完成片区控规编制、土壤污染状况调查等前期工作。

【新冠肺炎疫情防控】　2020年，泉港区针对新冠肺炎疫情创新采取计时排查法、邀约督查、闭环监督、1对1跟踪服务、百医连百校、千医连万企、海上入境智能化管控等做法，筑牢疫情防控坚固防线，泉港区成为福建沿海县（市、区）少有的无疫情区，中央电视台报道了相关做法。

【安全隐患整治】　2020年，泉港区成立安全隐患大排查大整治、房屋安全隐患整治指挥部，坚持排查专业化、风险标识化、执法战役化、管控明细化，排查安全隐患17345项，整改17194项，其余151项按序时推进。房屋安全隐患排查整治以“零漏排”成绩通过市对区抽查验收，实现重大安全隐患人员密集场所房屋、非人员密集场所房屋、督办件、交办件闭环处置“四清零”，处置进度居全市第一。

石狮市

【市情概况】　2020年，石狮市辖2个街道7个镇，土地面积178.42平方千米。年末户籍人口35.80万人，常住人口41.08万。耕地面积2334公顷，粮食播种面积1100公顷，粮食产量5000吨。林地面积1313公顷，森林覆盖率10.8%。主要旅游资源有万寿塔、六胜塔、石湖码头、峡谷旅游路、红塔湾、古浮湾，景点有宝盖山风景区、永宁古卫城、黄金海岸、石狮服装城、茂险王主题乐园。是年，获得全国文明城市、全国双拥模范城、中国网商创新示范基地、中国直播电商发展示范城市等全国性荣誉称号。

【经济发展】　2020年，石狮市实现地区生产总值937.16亿元，比上年增长2.9%。其中：第一产业增加值24.29亿元，下降4.1%；第二产业增加值423.05亿元，增长2.6%；工业增加值374.97亿元，增长3.1%；第三产业增加值489.82亿元，增长3.5%。石狮市外贸出口额418亿元，比上年增长25.2%；实际利用外资6.46亿元，比上年增长3.6%。一般公共预算总收入56.7亿元、一般公共预算收入36.03亿元；全体居民人均可支配收入5.67万元；全面小康指数位居全国县级市第20位、全省第2位。建成五金水磨加工中心，获评中国校服产业创新基地，智能制造产业完成规模以上产值195亿元，比上年增长10%。市场采购贸易方式试点实现全省通关一体化，完成市场采购贸易出口343.2亿元，比上年增长98.2%。启动网红城市发展计划，举办“海丝”品博会、海博会、校服展、网商大会，建成1000平方米以上的直播基地18家，获评中国服装网商创新示范基地、中国直播电商发展示范城市称号。石湖港5号、6号泊位有序推进，保税物流中心（B型）一期基本建成，华锦码头4号泊位、普洛斯物流园等项目投入使用。组建市文旅集团，世茂海上丝绸之路博物馆、杨孙西文化馆二期、橘若民宿等项目建成，宝盖山、永宁古卫城获评国家AAA级旅

2020年，世茂海上丝绸之路博物馆在石狮市建成，图为该博物馆外观

（图/石狮市委史志研究室）

游景区，郭坑村、古浮村入选全省旅游村。

【城乡建设】 2020年，石狮市推进海岸带建设，共富路（石锦路—沿海大通道）、锦蚶路、锦江外线、锦尚外线建成通车，嘉禄路（群英南路—花园路）、金盛路（南洋路—北环路）等“断头路”打通接续。宝盖山生态公园、环湾湿地公园、红塔湾海岸公园、风炉山山体公园景观配套完善，应急水源工程基本建成，14个景观绿化项目完成投资1.4亿元，15个老旧小区和28处中心市区街坊支路进行局部改造，建成421个5G基站，实现主城区5G信号连续覆盖。启动国家水禽基因库改扩建和肉品加工厂项目，完成祥芝中心渔港扩建，新增高标准农田146.67公顷，古浮村、祥渔村入选省级“一村一品”示范村。新建、改建城乡公厕44座，完成25个村生活污水管网建设，全市生活污水处理率提升至93%。完成将军山存量垃圾、梧垵溪跨境流域整治，建成海洋食品园污水处理厂和鸿山、锦尚生活污水处理厂，完成高新区污水处理厂提标改造，整治废弃石窟13.5万平方米，造林绿化56.8公顷。

【社会事业】 2020年，石狮市民生投入占财政支出70%以上，完成28个为民办实事项目。推进“逐梦——家门口的优质教育”项目，成立9个镇级教育基金会（促进会），募集捐款3.9亿元；46个教育类项目完成投资5.7亿元，世茂小学、宝盖五幼等16个项目投入使用，新增学位6450个。国家级紧密型医疗卫生共同体试点有序推进，市中医院、妇幼保健院新业务楼、凤里新社区卫生服务中心投入使用，福建中医药大学（石狮）医疗保障研究院落地运营，行政村医保和心电图服务全覆盖；试点推行长期护理保险制度，跟进药品、耗材集中采购使用改革，为群众减轻医药负担4000万元。加强文化和自然遗产保护，新增省级文保单位2处，卢厝“刣狮”入选国家“非遗”项目名录；举办“相约云端”第十四届闽台对渡文化节，建成全省首个智慧体育公园，新增村（社区）综合文化服务中心5个，“狮来运转”城市IP动漫上映。发放稳就业、失业保险等补助救助资金1.23亿元，完成职业技能培训7262人次；新建居家养老服务照料中心3个、农村幸福院2个，新增医养结合床位290张；出台残疾人托养服务补助政策，低保标准提高至户月人均825元。

【泉州石湖港保税物流中心获批设立】 2020年1月，泉州石湖港保税物流中心（B型）获得海关总署、财政部、国家税务总局和国家外汇管理局四部委联合批准设立，是泉州地区首个保税物流中心。项目于7月开工。

【石狮市场采购贸易方式实现全省通关一体化】 2020年，石狮市市场采购贸易方式实现全省通关一体化，完成市场采购贸易出口343.2亿元，增长98.2%。

2020年石狮市经济和社会发展主要指标一览表

表45

指标名称	单位	实绩	比上年增长（%）
地区生产总值	亿元	937.16	2.9
财政总收入	亿元	56.70	-3.6
地方一般预算收入	亿元	36.03	-2.0
地方财政支出	亿元	61.44	42.0
农业总产值	亿元	47.00	-3.2
规模以上工业总产值	亿元	1255.6	-2.7
社会消费品零售额	亿元	821.50	-2.5
出口商品总值（海关口径）	亿元	418	25.2
实际利用外资（验资口径）	亿元	6.46	3.6
城镇居民人均可支配收入	元	64830	3.1
农村居民人均可支配收入	元	29023	6.0

晋江市

【市情概况】 2020年，晋江市陆地面积649平方千米，海岸线长121千米。地处福建东南沿海，晋江下游南岸。周边东濒台湾海峡，南与金门县隔海相望，西和南安市接壤，北同鲤城区、丰泽区毗邻，东北紧邻石狮市，三面临海。辖13个镇、6个街道、397个村（社区）。户籍人口121.24万人。耕地面积1.54万公顷，粮食播种面积3472公顷，粮食产量23407吨。林地面积8189.83公顷，森林覆盖率14.53%，活立木蓄积量35.36万立方米。重要矿产资源有土、砂、石等12种。优势矿产主要是饰面用花岗岩、建筑用石材、玻璃用砂和铸型用砂四种。水生生物资源丰富，种类繁多。海洋捕捞的主要渔获种类有100多种，经济价值较高的有带鱼、鲨鱼、海鳗、鲳、鲷、毛虾、梭子蟹、鱿鱼、乌贼等。浅海滩涂和陆上工厂化养殖的主要贝藻类有牡蛎、缢蛏、花蛤、鲍鱼、紫菜、海带、江蓠等。淡水鱼类有青鱼、草鱼、鲢鱼、鳙鱼、鲤鱼、鲫鱼、罗非鱼、胡子鲶、鲈鱼等20多种。海珍品有大黄鱼、石斑鱼、西施舌、鲍鱼、海参、日本对虾、青蟹等10多种。晋江是全国著名侨乡和台湾汉族同胞祖籍地之一，祖籍晋江的华侨华人和港澳台同胞300多万人。主要旅游景点有五店市传统文化旅游区、安平桥（五里桥）

景区、围头战地文化渔村、灵源山风景区、七匹狼中国男装博物馆、紫帽山旅游度假区、深沪湾海底古森林遗迹国家级自然保护区、施琅纪念馆、陈埭丁氏宗祠、安海龙山寺、草庵、南天寺、磁灶窑系金交椅山窑址、西资岩、梧林传统古村落、九十九溪流域田园风光等。是年，城市投资潜力、营商环境跃居全国县域第二，县域经济基本竞争力保持全国第四位，被中央主流媒体誉为全国县域经济发展典范、中小城市建设样板。经济实力连续27年居福建省县域首位。获评“全国双拥模范城”七连冠、全国公共资源交易百强县、福建省节水型城市、首批福建省全域生态旅游示范县（市、区）、全省村庄清洁行动先进县、省级海洋产业发展示范县。入围全国县城新型城镇化建设示范、国家双创示范基地名单，位列“中国社会保障百佳县市”第三，入选全国第二批乡村治理典型案例，2020年中国百强县榜单第四名，“新国货之城”榜单前10的唯一县级市。

【经济发展】 2020年，晋江市实现地区生产总值2616.11 亿元，比上年增长4.2%；总量分别占全省、泉州市的6.0%和25.8%。其中，第一产业增加值20.26亿元，增长2.8%；第二产业增加值1577.32亿元，增长3.7%；第三产业增加值1018.52亿元，增长4.9%。三次产业增加值占地区生产总值的比重，第一产业为0.8%，第二产业为60.3%，第三产业为38.9%。一般公共预算总收入227.67亿元，比上年增长2.7 %，一般公共预算总收入227.67亿元、比上年增长2.7%，其中本级收入139.28亿元、比上年增长1.0%。

全年1898家规模以上工业企业完成产值5906.93亿元，比上年增长5.8%。分经济类型看，股份制企业完成产值3084.19亿元，比上年增长10.8%；外商及港澳台投资企业完成产值2801.09亿元，比上年增长1.0%；股份合作制企业完成产值1.23亿元，比上年下降6.1%；其他经济类型企业完成产值20.42亿元，比上年下降19.3%。分企业规模看，产值超亿元工业企业达1025家，比上年增加85家，实现工业产值5501.49亿元，比上年增长11.9%，其中，产值超10亿元的企业131家，完成产值2679.31亿元，增长8.9%；产值在5亿元至10亿元的企业166家，完成产值1114.96亿元，增长17.6%；产值在2亿元至5亿元的企业376家，完成产值1209.20亿元，增长10.6%；产值在1亿元至2亿元的企业352家，完成产值498.01亿元，增长20.1%。分行业情况看，纺织服装业产值1694.09亿元，增长9.7%；制鞋业产值1448.30亿元，增长3.3%；建材陶瓷业产值699.13亿元，增长11.3%；食品饮料业产值600.97亿元，增长15.7%；纸制品及包装印刷业产值427.02亿元，增长5.8%；新材料业产值302.32亿元，增长0.7%；智能装备及机械制造业产值221.04亿元，增长9.8%；海洋生物业产值88.25亿元，增长25.5%；汽车制造及零部件业产值33.05亿元，增长19.4%；光伏电子业产值29.78亿元，下降54.5%。从能耗情况看，全年规模以上工业单位增加值能耗下降13.2%。

全年社会消费品零售总额1513.54亿元，比上年增长0.1%。在限额以上企业商品零售额中，体育娱乐用品类增长161.0%，家用电器和音像制品类增长30.7%，服装鞋帽针纺织品类增长24.1%，中西药品类增长21.5%，家具类增长19.2%，日用品类增长18.5%，五金电料类增长7.0%，粮油食品类下降6.5%汽车类增长5.5%，建筑及装潢材料类下降17.3%，石油及制品类下降35.7%。

全年全市城乡居民人均可支配收入4.48万元，比上年增长3.2%，其中，城镇居民人均可支配收入5.46万元，增长2.6%；农村居民人均可支配收入2.73万元，增长5.3%。城乡居民人均收入比值为2.00，比上年缩小0.05。

【城乡建设】 2020年，晋江市办赛兴城提速提质，落实16个城市专项行动计划。高效筹办赛事，备战世中运，常态运行国际中体联、中国中体协、执委办三方联络机制，如期建成30个比赛场馆，组建运作18个竞赛委员会，竞赛组织、市场开发、外事外联、志愿服务等有序推进，赛事效应加速释放。完善功能布局，科创新区基本完成征迁，二体中心、清华附中、市民广场等20个项目建成投用，中心城区首位度持续增强。内外交通持续优化，厦漳泉城市联盟路通车，福厦客专加快建设，东石连接线完工，“聚城畅通”工程有序推进，11个交通项目建成投用。市政设施提档升级，公交枢纽站增至8座，公交线路加密6条，新增110千伏输变电站3个，建成公共充电站122座，天然气管网实现镇镇通，18个水利工程建成投用，3个自来水厂互联互通。精致管理城市，推进58个城市品质提升工程，整治裸房4100宗，提升绿化154万平方米，高铁高速沿线、沿海大通道、机场连接线等43条重要通道景观明显提升。大件垃圾处理站启用，垃圾焚烧发电厂完成提标，餐厨垃圾收运试点加快推广。开展文明创建，深度推进市容市貌、农贸市场、老旧小区、交通秩序等322个整治项目，新增智慧停车位3450个，摊点经营、共享单车秩序不断规范，城市更加文明、干净、有序。

【生态建设】 2020年，晋江市强化生态治理，完成第二次全国污染源普查。深沪污水处理厂投用，建成324个农村生活污水处理项目，打通29条污水“断头管”。启动“蓝色海湾”综合治理，划定河道和水利工程保护范围，整治河道12.5千米，梧垵溪等流域水质持续提升。晋江南岸公园、崎山公园全面开放，植树造林168.8公顷，绿化矿山迹地27.67公顷，整治废弃石窟10个，全年空气质量优良率首达100%。“十三五”新增化学需氧量、氨氮、二氧化硫和氮氧化物削减量分别为8692吨、1625吨、9581吨、7420吨，提前一年完成“十三五”减排任务。完成12802家固定污染源排污许可发证登记工作，基本实现晋江市固定污染源排污许可全覆盖的目标。

【乡村振兴】 2020年，晋江市推进乡村振兴，新建公厕140座，新增乡村振兴示范村20个，获评全省村庄清洁行动先进县，乡村治理入选全国典型案例。建设高标准农田，省级以上农业产业化龙头企业增至38家，入选省级海洋产业发展示范县，东石镇获评全国农业产业强镇，围头村入选全国乡村旅游重点村。全市村（社区）集体经营性收入全部突破20万元。

【社会事业】 2020年，晋江市投入民生建设资金90亿元，占本级财政支出72.22%。20件为民实事、200件民生微实事全面完成。社会保障位居中国社会保障百佳县前三。开发公益性岗位118个，新增城镇就业人口2.1万人。发放临时救助资金605万元，救助困难群众8100人次。低保标准提升至每月775元，“四帮四扶”（帮就业、帮就医、帮就学、帮安居和扶贫困、扶老幼、扶伤残、扶志气）186户家庭。创新开展长期护理保险，社会福利中心二期建成投用，新增养老床位600张。2682户家庭回迁安置。新设社区治丧场所10个。优化教育医疗供给，新增优质学位7650个，新改扩建公办幼儿园10所，小学自办食堂20个。晋江一中、养正中学、季延中学分校区加快建设，泉州五中桥南校区招生。新增病床位1692张，柔性引进高层次医疗人才235名，上海六院福建医院签约落地，“张长青名医工作室”开诊运行，市第三医院扩建提升，市医院新院区、省口腔医院闽南分院建成投用。推进公共文化服务，建设公共文化服务体系示范区。编制6个古村落保护规划，梧林传统古村落开放试运营，紫帽山入选省级旅游度假区，获评全省全域生态旅游示范市。完成安平桥、草庵摩尼光佛、金交椅山古窑址3个遗产点文物保护修缮和周边环境整治，潘山庙宇木雕入选国家级“非遗”名录，“送王船”入列联合国人类“非遗”代表作。深化平安晋江建设，深化扫黑除恶专项斗争，推进“强基促稳”三年行动，成立平安行公益慈善基金，群众安全感满意率99.534%。全方位开展安全隐患大排查大整治，排查房屋29万栋、各类生产经营场所6万家，整治安全隐患10万个，生产安全事故数下降12.3%、死亡人数下降12.9%。粮食安全行政首长责任制有效落实，粮食储备库建成投用，完善食品“一品一码”追溯体系，保障粮食食品安全。

【教育医疗资源扩容提质】 2020年，晋江市新增优质学位7650个，新改扩建公办幼儿园10所，小学自办食堂20个。福大科教园实现本硕一体化培养、在校学生突破千人，国科大智能制造学院、清华附中晋江学校正式招生，泉州五中桥南校区建成投用，晋江一中、养正中学、季延中学分校区加快建设，学生用餐、课后延时服务等社会关切问题加快解决；新增病床位1692张，柔性引进高层次医疗人才235名，上海六院福建医院签约落地，“张长青名医工作室”揭牌运行，市第三医院扩建提升，市医院新院、福医大附属口腔医院等建成投用。晋江市医院、中医院、第二医院三个紧密型医共体总院揭牌。

【空气优良率首次达到100%】 2020年，晋江市推进污染防治，推进城乡人居环境整治，完成第二次全国污染源普查，安东园、仙石等一批污水处理设施建成投用，基本实现农村污水处理全覆盖，垃圾焚烧发电厂完成提标改造，晋江南岸、崎山等一批公园绿地建成开放，九十九溪田园风光加快建设，21条流域水质持续向好。是年，晋江市空气优良率100%，高于年度目标97%；细颗粒物浓度19毫克/立方米，优于年度目标26毫克/立方米；6项污染物指标达到国家二级标准，达到年度空气质量改善目标。这是“十三五”以来，晋江空气质量优良率首次实现全年100%。晋江市的蓝天保卫战交出一份“PM2.5和优良天数均提前超额完成‘十三五’目标任务，全面建成小康社会生态环境目标如期高质量实现，人民群众生态环境获得感显著增强”的答卷，实现生态环境与经济社会协同发展。

【家博会、体博会、食交会“双线”展会模式开启】 2020年，晋江市举办的家博会、体博会、食交会交易额超200亿元。晋江市在疫情时期开展“非常之举”，家博会、体博会、食交会探索“双线会展”模式，利用“互联网+”创新传统会展业发展模式，形成互联网上的会展产业闭环生态圈和经济圈实现线下+线上会展的“双线融合”。这也是会展走向“数字化”的必然之举。“晋江家博会”是疫情期间福建省首个线上举办的大型专业展会。

【晋江第二体育中心建成投用】 2020年，晋江市常态运行国际中体联、中国中体协、执委办三方联络机制，如期建成30个比赛场馆，组建运作18个竞赛委员会，竞赛组织、市场开发、外事外联、志愿服务等有序推进，赛事效应加速释放。10月1日，世界中学生运动会主场馆——晋江市第二体育中心对外试运营。晋江市第二体育中心，坐落于晋江市陈埭镇，毗邻晋江国际鞋纺城，辐射泉州、晋江、石狮的中心区域，是2020年第18届世界

2020年10月1日，世界中学生运动会主场馆——晋江市第二体育中心对外试运营，图为晋江市第二体育中心俯瞰 （图/晋江市委史志研究室）

中学生运动会的主场馆，按照国际标准建设，总建筑面积19.28万平方米，整体包括“三馆两区一乐园”（体育馆、游泳馆、训练馆、全民健身区、运动员生活区、嬉水乐园），是全省领先的室内体育场馆。在设计建设过程中，第二体育中心坚持“赛用结合”，不仅是可承办世界级赛事水平的场馆，还是兼具商业价值、生活服务等多功能的体育主题商业综合体。

【梧林传统村落开放】 2020年，晋江市推进文体旅游，完成6个中国传统村落保护发展规划，五店市北区启动建设，梧林传统村落开放迎客。国庆节期间，福建省重点项目——晋江梧林传统村落保护开发项目将开放核心区部分线路，结合“百年闽侨 梧林轶事”主题活动，通过梧林古建筑基础上改造的27栋文化商业体，展现“一楼一故事”，将把梧林历史文化、晋江非遗内容，融入活态化的体验空间，构建出主题性体验动线，并延伸出三个主题场景。以沉浸式体验方式，带领游客体验梧林“家国情、醉闽南、意南洋”的独特魅力，吸引超10万人前来观光。梧林传统村落形成于明洪武年间，面积近一平方千米，户籍人口1855人，旅居海外华侨1.8万余人，是“福建金牌旅游村”“福建省美丽乡村创建示范村”“闽南文化生态保护区晋江展示点”。现存明朝百福墙、清朝官式红砖大厝、近现代哥特式和罗马式洋楼、番仔楼等各式古建筑136幢，展现中西结合的建筑史、闽南华侨的文化史、福建人下南洋的创业史。2016年被住建部列入“第四批中国传统村落”名录，2017年梧林传统村落保护发展项目被定为福建省重点项目。

2020年晋江市经济和社会发展主要指标一览表

表46

指标名称	单位	实绩	比上年增长（%）
地区生产总值	亿元	2616.11	4.2
一般公共预算总收入	亿元	227.67	2.7
一般公共预算收入	亿元	139.28	1.0
地方财政支出	亿元	150.91	8.7
农业总产值	亿元	40.59	3.8
规模以上工业产值	亿元	5906.93	5.8
社会消费品零售额	亿元	1513.54	0.1
实际利用外资（验资口径）	亿元	15.7	4.9
城镇居民人均可支配收入	元	54594	2.6
农村居民人均可支配收入	元	27344	5.3

南安市

【市情概况】 2020年，南安市辖23个乡（镇）、3个街道、2个省级经济开发区。土地面积2036平方千米。年末户籍人口166.71万人，人口自然增长率1.2‰。耕地面积3万公顷，粮食播种面积2.6万公顷，粮食产量15.4万吨。林地面积10.93万公顷，森林覆盖率52.7%，活立木蓄积量538.95万立方米。海岸线长32.8千米。重要矿产资源有铁锰矿、钼矿、钨矿、泥炭、饰面用花岗岩、饰面用闪长岩、工艺用辉绿岩、建筑用花岗岩、建筑用凝灰岩、建筑用砂、陶瓷土、高岭土、绢云母、伊利石、叶蜡石。主要旅游景点有九日山风景旅游区、郑成功文化旅游区、蔡氏古民居建筑群、五里桥、凤山寺风景区、灵应寺风景旅游区、天柱山休闲旅游区、雪峰寺、黄巢山自然风景区、山美湖风景区、光前学村等。是年，南安市获得全国性荣誉称号有：位居全国中小城市百强第17位、最具投资潜力百强第70位、综合经济竞争力百强第27位、工业百强第15位，上榜全面小康指数百强第54位、赛迪营商环境百强县第17位。

【经济发展】 2020年，南安市实现地区生产总值1352.72亿元，比上年增长4.8%。其中：第一产业增加值36.49亿元，增长3.6%；第二产业增加值791.40亿元，增长5.7%；第三产业增加值524.84亿元，增长

3.3%。规模以上工业总产值2804.04亿元，比上年增长6.7%。农林牧渔业总产值64.12亿元，比上年增长4.6%。固定资产投资比上年增长13.1%。社会消费品零售总额722.15亿元，比上年下降4.2%。外贸出口额238.34亿元，比上年增长5.9%；实际利用外资4亿元，比上年增长4.6%。一般公共预算总收入90.56亿元，比上年增长1.5%；其中地方一般公共预算收入53.05亿元，比上年增长6%。城镇居民人均可支配收入50667元，比上年增长2.7%；农村居民人均可支配收入25094元，比上年增长5.9%。

【城市建设】 2020年，南安市开展城市空间更新专题研究，推进国土空间规划编制。启动城南北山、三丰片区更新改造；推进城北唐道时代汇、万人体育场、美的智慧家居科创项目、武夷泛家展贸项目、兴泉铁路南安北站等建设。泉厦漳城市联盟高速路南安段建成通车，省道215线丰州至洪濑段拓改工程主体完工，茂盛路全线贯通，江滨南路二期、南金公路市政化改造二期基本完成，科院北路二期、武荣大桥开工建设。投入70亿元实施城建项目62个，改造提升老旧小区18个，建成投用餐厨垃圾资源化处理厂，加快商业、市政、教育、医疗、养老等项目实施，完善城市功能配套。推进文明提升专项行动，破解硬件设施短板、市容秩序乱象、市民文明素养等问题，推进省级文明城市创建。城西湿地公园、北山森林公园基本建成，新增绿地2.14万平方米、绿道15千米，增加公共停车位2640个，国家园林城市创建步履坚实。完成矿山生态修复治理8.4公顷、植树造林1380公顷、水土流失治理5533.33公顷。建设海洋自然资源监控体系，柳湖水系连通综合整治基本完工，"两溪一湾"（西溪、东溪和石井湾）美林龙峰段主体建成，梅溪小流域治理省级考核为优秀流域，入选全国深化小型水库管理体制改革样板县、省级综合治水试验县，获评省级节水型社会达标建设县。

【乡村振兴】 2020年，南安市推进乡村振兴，16家"百千"增产、增效重点农业企业满产超产，21个特色产业提质增效项目得到发展，实施土地整治1246.67公顷，新增高标农田4000公顷、"三品一标"（无公害农产品、绿色食品、有机农产品和农产品地理标志）认证8个，"金淘盐露豆干"获国家地理标志证书。粮食生产超额完成任务。创建27个省级乡村振兴试点村和3条示范线，完成5个整村裸房整治，新（改）建城乡公厕200座、三格化粪池2800个，新增二级污水处理设施16座、配套管网120千米，提级改造"四好农村路"50千米。出台应对疫情影响"17条"，投入1.6亿元巩固"两不愁三保障"和农村饮水安全。完成农村集体产权制度改革，村集体经营性收入均超10万元。推行带设计方案审批，遏制农村建房乱象。仑苍、官桥入选省级乡村治理示范乡镇，向阳成为省级林下经济示范乡镇。美林溪州村获评全国文明村，省新满山红村、官桥洪岭村、 向阳马迹村被认定为国家森林乡村，眉山高田村、省新满山红村、石井奎霞村入选省级传统村落名录。

【民生事业】 2020年，南安市完成12件57项为民办实事项目。落实重点群体就业帮扶，新增城镇就业9000多人，城乡低保标准从600元提高到775元，全民参保扩面7.08万人，基本实现社会保险法定人员全覆盖。新增养老床位900张，农村养老服务设施覆盖率超过60%。为2.8万多名持证残疾人购买意外伤害保险，落实事实无人抚养儿童、孤儿基本生活保障。实现退役军人服务中心（站）市、镇、村全覆盖，蝉联全国双拥模范城"四连冠"。完成国企退休人员社会化管理移交工作。位居中国社会保障百佳县第22位、全面小康指数百强县第54位。提升教育质量，10名学子被清华、北大录取，落实教师工资福利待遇，山区教师采取积分制有序流动，通过教育"两项督导"省级核查，入选基础教育国家级优秀教学成果推广应用示范区和省级普通高中新课程新教材实施示范区。推行教育项目代建制，组建宏翔教育集团承接住宅小区配建幼儿园运管，创新"国投建设运营+乡镇供地"模式布局普惠性幼儿园，完成"无证园"清零，推动与首都师范大学、昌财学村合作办学，新增幼儿园学位3150个、中小学学位3600个。推进医疗医改，

2020年南安市经济和社会发展主要指标一览表

表47

指标名称	单位	实绩	比上年增长（%）
地区生产总值	亿元	1352.72	4.8
一般公共预算总收入	亿元	90.56	1.5
地方一般预算收入	亿元	53.05	6
一般公共预算支出	亿元	89.5	12.8
农业总产值	亿元	64.12	4.6
规模以上工业总产值	亿元	2804.4	6.7
社会消费品零售额	亿元	722.15	-4.2
出口商品总值（海关口径）	亿元	238.34	5.9
实际利用外资（验资口径）	亿元	4	4.6
城镇居民人均可支配收入	元	50667	2.7
农村居民人均可支配收入	元	25094	5.9

启动紧密型医共体建设，南安市总医院揭牌成立，上海大学附属南安医院主体封顶，新增病床592张。举办“九日山”医学论坛，落实医保“家庭共济账户”和跨省异地就医结算政策，推动“一老一小”健康服务和健康扶贫。推进文体旅融合，参与创建国家公共文化服务体系示范区，建成新时代文明实践所（站）4个、省级红十字博爱驿站示范点1个，“百姓书房”数量居泉州市首位。举办系列文旅活动周，拍摄《石头记》，成功文化产业园动工建设，英都良山村、乐峰湖内村成为省级美丽休闲乡村，官桥竹口村、丰州燎原村入选省级乡村旅游村，获评全国红色旅游摄影根据地。举办全国皮划艇激流回旋秋季冠军赛，体育产业事业融合发展。深化“强基促稳”三年行动，推进扫黑除恶专项斗争，落实禁毒、反诈、道安、信访专项治理，初步通过省级食品安全社会共治示范市考评验收。推进安全生产专项整治攻坚战，安全生产态势平稳向好，全域网格化管理初步成形。

【新冠肺炎疫情防控】 2020年，南安市统筹推进疫情防控与经济发展，推出支持中小企业共渡难关举措12条、复工稳产举措16条、扶持外贸举措16条，专车专列专机接返员工，“点对点”调度企业融资，组建供应链公司补上产销断点，实行“百医连百校”“百警护百校”“百名行长进百企”机制，推进复工复产复学。落实常态化疫情防控，下达防控经费3.67亿元，核酸检测65万多人次。开展促“六稳”“六保”追赶行动和畅通“双循环”冲刺行动，经济持续向好。

【第16届中国（南安）国际水暖泵阀暨消防器材交易会】 2020年6月13—15日，第16届中国（南安）水暖泵阀暨消防器材交易会在成功国际会展中心举行，交易会以“新丝路 新融合 新商机”为主题，设线下展位1520个，展示面积3.5万平方米，线上云展会直播在线观看人数70.6万人次，签订意向合同金额52亿。

2020年，国道358线南安镇山段凤凰花开（图/市公路事业发展中心）

【第13届海峡两岸（泉州）农产品采购订货会】 2020年9月7—9日，第13届海峡两岸（泉州）农产品采购订货会在南安成功国际会展中心举行，展会延续“两岸携手、以农为媒、共享商机、互利共赢”主题，展厅面积2.5万平方米，设置703个国际标准展位和1063个线上展位，现场达成协议合作意向413笔、意向金额16.1亿元，现场销售额4770余万元；线上574款产品参与“直播带货”活动，150万人次观看，成交订单3.2万单。其间，还举办“海峡两岸农产品采购对接会”，组织评选“海峡两岸最受欢迎伴手礼奖”“海峡两岸最受欢迎农产品服务商奖”等。

【2020泉州智能装备博览会暨中国（泉州）铸造工业展览会】 2020年12月3—5日，2020泉州智能装备博览会暨中国（泉州）铸造工业展览会在南安成功国际会展中心举办，博览会以“智能制造、装备先行”为主题，面积2万平方米，设展位890个，332家企业参展、33个专业商协会团组参会，集中展示各类智能设备和先进技术、机器人、数控机床、建材机械和工程机械等，吸引1.8万人次的观众参会，其中专业客商超7000人，现场交易额1.2亿元。其间，还举办国家智能铸造产业创新中心入园签约仪式、泉州智能铸造产业发展高峰论坛等。

【第21届中国（南安）水头国际石材博览会】 2020年12月12—15日，第21届中国（南安）水头国际石材博览会在南安市石材产业展示中心举办，博览会以“创意·智造·共融”为主题，设9个展区，包括1个主展区以及8个常年展区，展示面积107.3万平方米，完成招商332家企业、2508个展位，展会同期举办泛家居项目对接会、泛家居年会、“设计唱响自然”高峰论坛、海西石材荒料文化节等配套活动。

惠安县

【县情概况】 2020年，惠安县实现地区生产总值（不含泉州台商投资区，下同）1010.2亿元，比上年增长3.3%，其中：第一产业增加值26.78亿元，第二产业增加值715.16亿元，第三产业增加值268.26亿元。农林牧渔业总产值49亿元，比上年下降4.7%；固定资产投资比上年下降1.9%。完成一般公共预算总收入76.18亿元，比上年下降3.6%，一般公共预算收入34.62亿元，比上年下降8.7%。全体居民人均可支配收入37336元、比上年增长4.9%。农村危房改造工作得到国务院办公厅通报表扬，获评“全国县域经济综合竞争力百强”“中国工业百强”“中国创新百强”“全省县域经济实力十强”。

【经济发展】 2020年，惠安县234个县级在建重点项目完成投资250亿元。创新“不见面”“云招商”等招商形式，落地远洋智慧物流产业园等82个项目、总投资超800亿元。设立雕艺人才之家、雕艺文创人才基金，举办全国石雕职业技能竞赛、影雕创作现场技能大赛等多项活动。7家建筑企业专业承包资质晋升一级，完成建筑业总产值540.66亿元。食品饮料、纸制品等民生行业开拓市场，实现逆势增长。中化100万吨乙烯项目建成投产，炼油能力提升至1500万吨，实现“炼化一体化”目标，“林德空分”项目建成投产，泉惠石化工业园区综合指标排名中国化工园区第27位。实施智慧城市等36个数字经济重点项目，建成700个5G基站和100个充电桩，创新混合所有制模式，加快慧芯激光项目建设，引进音锋智能物流机器人、恒煦新一代显示屏、唐传生物科技产业园等项目。建成聚龙圣曼等7个直播基地并举办多场带货活动、成交额超2亿元，发放各类惠民消费券1000多万元，带动消费3亿元以上。拓展市场采购贸易和跨境电商业务，完成进出口总额60亿元，比上年增长3%，实际利用外资2.26亿元，比上年增长近3倍。

【城乡建设】 2020年，惠安县惠泉片区改造建设项目完成土地征收34公顷、房屋征迁57万平方米，实施18个“创城”达标提升和18个城镇老旧小区改造项目，县城区主要市政道路沥青化改造全覆盖，建成科山森林公园慢道（三期）和中新花园、溪滨公园改造等项目，县城区人均公园绿地面积13.4平方米。推进兴泉铁路、福厦客运专线惠安段，实施联三线黄塘至虎窟段道路工程等一批重要交通项目，斗尾港区外走马埭作业区16～20号泊位建成投用，“七纵五横一环”现代交通路网基本成型。惠东应急备用水库蓄水运行，基本实现城乡供水“四同”目标，农村饮水安全巩固提升工程如期完成、受益23.7万人。兑现各级支农、惠农补贴超6亿元，建设高标准农田3440公顷，涉渔“三无”船舶存量清零，通过省级农产品质量安全县考评验收。推进村庄规划编制，打造2条市级乡村振兴示范线，完成旧村复垦面积0.8公顷，补充耕地40公顷，崇武镇入选省级乡村治理示范镇，螺阳镇尾透村等10个行政村入选省级乡村治理示范村。

【生态文明建设】 2020年，惠安县推进蓝天碧水净土保卫战，新增造林绿化164.53公顷，矿山生态恢复3.73公顷，水土流失治理220公顷，“绿盈乡村”创建达标比例62%，全县PM2.5平均浓度比上年下降20%以上。深化“河（湖）长制”，推进12个重点水利项目，基本消除建成区黑臭水体，集中式饮用水源水质达标率保持100%，近岸海域环境功能区水质达标率99%以上。推进农村生活污水治理工程PPP项目和配套管网建设，新铺设污水管网124千米，行政村污水处理设施覆盖面扩大至60%，城乡生活生产污水日处理能力10.8万吨，净峰镇坑黄村污水治理入选生态环境部先进典型案例。制定出台石雕行业标准化导则，排查清理“散乱污”企业25家，科学编制国土空间总体规划“一张蓝图”，实行建设用地总量和强度“双控制”，盘活存量用地103.33公顷，拆除“两违”建筑43万平方米。

【社会民生】 2020年，惠安县推进社会民生保障工作，38个教育

2020年10月1日，“庆国庆 圆中秋 军民情”军民联欢晚会在惠安县举行。图为晚会现场 （图/林炜琴 陈家怡 林书修）

2020年惠安县经济和社会发展主要指标一览表

表48

指标名称	单位	实绩	比上年增长（%）
地区生产总值	亿元	1010.2	3.3
财政总收入	亿元	76.18	-3.6
地方一般预算收入	亿元	34.62	-8.7
农业总产值	亿元	49	-4.7
全部工业总产值	亿元	715.15	1.01
出口商品总值（海关口径）	亿元	60	3
实际利用外资（验资口径）	亿元	2.26	376.66
全体居民人均可支配收入	元	37336	4.9

领域工程包项目完成投资8.13亿元，新建、改建、扩建公办幼儿园5所，补充普惠性民办幼儿园8所，新增学位1164个，学前教育普惠率85%；第五实验小学建成投用、新增学位1800个；6名学生被清华大学、北京大学录取，惠安一中通过省级首批示范性普通高中建设学校中期评估验收，亮亮中学建成并引进华中师范大学第一附属中学开展合作办学。县总医院挂牌成立，妇幼保健院区通过二级医院评审，东岭分院升级为二级乙等医院，全县新增42家村级一体化管理卫生所，县域内就诊率62%、较上年提升1.62个百分点，城乡居民基本医保报销比例54.1%。紧急新建6个PCR实验室、核酸日检测能力提升至6000份。新建24个农村居家养老服务站，采取公建民营模式提高镇级敬老院使用效率。镇级综合文化站、村级综合文化服务中心实现全覆盖、全达标，新增4个市级非物质文化遗产代表性项目。深化“强基促稳”行动和平安惠安建设，完成“七五”普法，群众安全感进一步增强。

【企业纾困解难行动】 2020年，惠安县开展企业纾困解难专项行动，新增减税降费4.5亿元，兑现扶持资金5.5亿元，企业开办时间压缩至2个工作日，新增各类企业贷款54.2亿元，减轻利息负担3700多万元，发放企业稳岗补贴7276万元，新增市场主体1.3万家，比上年增长25%。

【服务企业科技创新】 2020年，惠安县出台鼓励科技创新扶持办法，新认定市级龙头企业14家、“瞪羚企业”5家，建立企、事业单位人才自主评聘制度，新增市级以上高层次人才300人。对政府投资的小规模工程实施简易招投标管理，网上中介服务超市平台投入运行，工程建设项目审批时限控制在85个工作日内，全流程网办审批服务事项占比60.8%，“一趟不用跑”事项占比72.8%。

安溪县

【县情概况】 2020年，安溪县土地面积3057.28平方千米，辖15个镇9个乡（城区辖3个乡、镇）。年末户籍人口121.03万人，其中，城镇人口36.30万人，乡村人口84.73万人。耕地面积3.18万公顷，粮食播种面积1.79万公顷，粮食产量8.81万吨。林地面积21.9万公顷，森林覆盖率65.77%，活立木蓄积量905万立方米。主要旅游景点有清水岩风景区、凤山风景旅游区、洪恩岩风景区、志闽生态旅游区、国心绿谷生态茶庄园和花千谷景区等6家A级景区，此外还有李光地故居、云中山、白石岩、溪禾山铁观音文化园等旅游景点。2020年获评中国特色农产品优势区（第三批）、“互联网+”农产品出村进城工程试点县、第四批国家生态文明建设示范县、第一批全国农作物病虫害“绿色防控示范县”、2020全国县域数字农业农村发展先进县等。

【经济发展】 2020年，安溪县统筹开展常态化疫情防控和经济社会发展，开展“六稳”工作，落实“六保”任务，经济运行在承压中平稳向好，各项主要经济指标完成情况良好。全年完成地区生产总值747.63亿元，比上年增长3.3%；工业增加值307.99亿元，比上年增长4.2%；规模以上工业总产值981.07亿元，比上年增长4.3%；第三产业增加值311.89亿元，比上年增长0.8%；一般公共预算总收入43.82亿元，比上年下降14.5%；一般公共预算收入28.65亿元，比上年下降7.6%；固定资产投资比上年增长1.3%；社会消费品零售总额568.42亿元，比上年增长0.9%；居民人均可支配收入比上年增长6.2%。

【城乡建设】 2020年，安溪县开展城区扩容提质，加快解放路西片区、沼涛实小、凤山书院、同德大桥等片区改造；推进东岳小区等6个老旧小区改造提升项目。推进参岭隧道、同德大桥建设，建成安溪六中、金火完全中学2座人行天桥；垃圾焚烧发电厂三期投入运行。凤山书院完成主体工程建设，绿道北线全线贯通，龙湖山公园开工建设。推进城市精细化管理三年行动，完成城区污水管网普查，新增绿化51万平方米，拆除“两违”38.98万平方米。完善公交线路布局，城区公交车全部更新为新能源汽车。加快两翼新城建设，湖头新城启动城市精品街工程建设，推进环城路建设，建成李光地政德文化馆；南翼新城龙门镇区配套环境提升、加快推进环西路等项目，培文大桥建成投用。

推进乡村振兴，完成30个福建省级乡村振兴试点村规划编制。推进农村集体产权制度改革和农村承包地改革与管理，开展农村集体资金、资产、资源清理工作。整合涉农资金2500万元，扶持淮山、茭白、芦柑等特色农业产业化、规模化发展。实施农村物流网络一体化工程，推动“多网融合”，入选全国“互联网+”农产品出村进城工程试点县。获评全国县域数字农业农村发展先进县。推进以食用为目的的野生动物养殖场退养转产转岗，全面禁止和严惩非法野生动物交易行为。开展农村人居环境整治，完成全域旱厕整治，新建、改造公厕217座，完成农村户厕无害化改造3668户；整治“裸房”3243栋，推进危废旧空心房和农村杆线整治。创建3条市级乡村振兴示范线，32个村被确定为泉州市县级乡村振兴试点村；尚卿乡获评全国“一村一品”示范乡镇，福田乡丰田村获评全国文明村。深化科技特派员制度，选认省级科技特派员个人43名、团队5个。推进乡镇片区更新改造，启动长卿镇、感德镇、龙涓乡等片区改造。推进交通建设，纵四线（G355）南翼新城过境段、省道S312线福田高速出口至漳平界建成通车；省道S312线金谷元口至尚卿、国道G355线官桥至虎邱、国道G358线虎邱至西坪等路段完成沥青路面改造；农村公路提级改造工程完成路面硬化665千米，农村客运实现“村村通”。

优化生态环境，实施20个大气精准治理减排项目，空气质量优良天数比例98%。深化“河湖长”制，成立“县河务中心”，投入治水资金5.38亿元，开展“碧水清河”等专项整治行动，综合治理河流29.1千米，主要流域水质达到或优于Ⅲ类标准。落实“山长制”，推进国家森林城市创建，植树造林953公顷，创建省级森林城镇1个、省级森林村庄7个、“绿盈乡村”266个；治理水土流失13.2万亩，全县水土流失率降至15.85%，水土流失面积降幅3.68%。加强土壤污染防治。开展中央环保督察反馈问题整改工作。获评国家生态文明建设示范县。

【社会事业】 2020年，安溪县加强改善基本民生，推进就业稳岗暖心服务，组织各类补贴性培训6150人，举办各类招聘活动32场，新增城镇就业3500人，城镇登记失业率1.6%。城乡居民养老保险参保率99.54%，基本医保参保率95.32%。发放城乡低保、抚恤补助等保障金1.04亿元。落实粮食安全战略，建成高标准农田2987公顷，县中心粮库二期和大米加工生产线投入使用，主副食品、生活必需品供应充足、价格稳定。推进食品生产经营环节“一证通”试点，全县食品生产企业全部进入福建省食品安全信息追溯平台。

推进教育发展，开展18个城区扩容和23个农村薄弱校改造项目，6所公办园、2所县直小学建成投用，公办园在园幼儿占比、普惠性幼儿园覆盖率分别提高53.12%和95.33%。56所中小学通过省级“义务教育管理标准化学校”评估验收。创办全省首个残疾人职业教育特殊教育融合班。招聘在编教师268名、县聘编外教师572名。实施“县管校聘”改革试点；推行教师调配流动新机制。建立师生心理健康排查干预机制。

健全医疗体系，完善重大疫情防控体制机制，健全公共卫生应急管理体系。推进紧密型县域医疗卫生共同体建设，建设县医院和县中医院两个“总院”，基层医疗卫生机构门诊量占比56.21%。公立医疗机构实现卫生信息一体化全覆盖。县医院门诊医技大楼、县妇幼保健院新址投入使用，推进县中医院病房综合大楼改造等医疗卫生基础设施建设，新增床位887张。建成9个乡镇航空医疗救援中转站。

发展社会事业，完成参内镇、长卿镇行政区划调整。建成县社会福利中心二期及112个居家养老服务设施。组织文化惠民演出144场，新建镇村文化广场17个、健身工程点61个。高甲戏《延安颂》完成创排，开展“戏剧宣讲”活动。青阳下草埔冶铁遗址完成阶段性考古发掘，推进“一馆两棚”建设，与北京大学考古文博学院共建安溪研究中心。推进湖头历史文化名镇保护开发工作，推进李光地宅和李光地祠保护修缮工程；金谷镇溪榜村安

2020年12月20日，全球商业遥感卫星福建站揭牌仪式在安溪县举行

（图/市数字办）

2020年安溪县经济和社会发展主要指标一览表

表49

指标名称	单位	实绩	比上年增长（%）
地区生产总值	亿元	747.63	3.3
财政总收入	亿元	43.82	-14.5
地方一般预算收入	亿元	28.65	-7.6
地方财政支出	亿元	68.61	-5.2
农业总产值	亿元	92.76	4.0
全部工业总产值	亿元	981.07	4.3
社会消费品零售额	亿元	568.42	0.9
实际利用外资（验资口径）	亿元	1.26	3.5
城镇居民人均可支配收入	元	35548	2.8
农村居民人均可支配收入	元	19145	6.2

南永德苏维埃政府旧址入选第十批省级文物保护单位。

【安溪铁观音位列区域品牌（地理标志产品）第一】 2020年5月10日，中国品牌价值评价信息发布会上，安溪铁观音以1426.86亿元位列区域品牌（地理标志产品）第一，连续第五年名列全国茶叶类区域品牌价值第一。

【安溪县综合立体大交通（大三环）开工建设】 2020年9月28日，省道S217（联四线）雅兴至东坑段公路工程和东三环罗内段工程开工仪式在蓬莱镇蓬溪村和参内镇罗内村举行，标志着安溪县综合立体大交通“大三环”进入施工阶段。“大三环”及铁观音隧道工程规划建设基本里程64.30千米、总投资54.99亿元，项目总体采用一级公路兼城市主干道、双向六车道标准设计建设，分东三环、西三环、南三环、铁观音隧道及连接线、联四线五个路段推进。

永春县

【县情概况】 2020年，永春县辖22个乡（镇）、236个村（社区），户籍人口60.17万人。永春县地处福建省东南部，面积1456.87平方千米，属亚热带季风气候，湿润多雨，气候温和，有春早、夏长、秋迟、冬短的特点，夏长不酷热，冬短无严寒。全县有农用地12.86万公顷，基本农田保护面积1.66万公顷；林地面积10.56万公顷，森林覆盖率70.43%；水资源总量18.21亿立方米，水力资源理论蕴藏量17.12万千瓦；已发现的各类矿产资源30多种，其中煤炭保有储量8809.57万吨，水泥用灰岩探明储量39001.92万吨，高岭土资源储量1722.41万吨。永春历史悠久，有7项国家地理标志保护产品，4处全国重点文物保护单位，国家级非物质文化遗产2个、省级4个、市级4个。永春旅游资源丰富，有国家A级景区13个，其中AAAA级旅游区2个、AAA级旅游区5个。永春是著名侨乡，有海外华侨华人116万人，海外永春宗亲社团组织115个，分布世界五大洲49个国家和地区。2020年，永春县围绕“全方位推动高质量发展超越”的奋斗目标，推动经济社会持续协调健康发展，获评中国红曲醋都、全国农村承包地确权登记颁证工作典型地区、全国第三批节水型社会建设达标县、全国第四批“绿水青山就是金山银山”实践创新基地和“全国河长制湖长制工作推进力度大、河湖管理保护成效明显的地方”等。

【经济发展】 2020年，永春县实现地区生产总值494.52亿元，比上年增长3.0%。其中，第一产业增加值，26.47亿元，增长3.9%；第二产业增加值306.77亿元，增长3.3%；第三产业增加值161.28亿元，增长2.0%。县财政一般公共预算总收入18.52亿元；比上年下降4.5%；一般公共预算收入11.82亿元，比上年下降3.7%。全体居民人均可支配收入27886元，比上年增长3.2%。

全年实现农业总产值46.61亿元，比上年增长4.9%。建设高标准农田800公顷，新增耕地32.73公顷。实施10个现代农业重点项目，完成投资28亿元。新建生态农业基地37个，新增芦柑标准园133.33公顷、生态茶园133.33公顷。引进沃柑、茂谷柑等品种，实现四季均有柑橘鲜果上市。承办全省“中国农民丰收节”省级主会场活动，举办秋季茶王赛、厨王争霸赛、永春芦柑文化旅游节，推进农产品“一品一码”全过程可追溯，新获绿色食品认证7家。入选全国“互联网+”农产品出村进城工程试点县，获评全国县域数字农业农村发展先进县。湖洋镇、岵山镇获评全国“一村一品”示范村镇。

完成全部工业增加值279.40亿元，比上年增长2.3%；规模以上工业产值828.91亿元，比上年增长4.3%。传统产业不断优化，三信织造完成重组，奔达拍卖盘活，万家美、晋昇中润加大技改投资，福源锌业完成资产重组试生产，美岭水泥实施综合节能改造，年节约1500吨标准煤。新兴产业逐步向好，九牧永春智慧制造产业园一期投产，博纯材料完成股改并加快三期半导体材料生产线建设，美宏科技一期彩色碳粉试生产，冠中环保新材料落地开工。有根产业集聚增效，建成中国香都产业人才传承发展中心，举办全国“心香杯”斗香赛、线上香博览会等活动推广永春香品牌，新增4家香企入驻园区，推出生态香、中药家居香，香产业产值比上年增长20%。盘活原永春化肥厂火电车间，引入侨新老醋文创园项目；实施津源醋厂二期建设，得壹醋业投入生产；规划建设老醋科技园区，举办首届中国红曲醋产业高峰论坛，获评“中国红曲醋都”，老醋产业产值比上年增长19%。完成苏坑陶瓷产业园二期、介福陶瓷产业园一期建设。苏坑镇获评“中国陶瓷特色镇”。新引进陶瓷企业14家、投产11家，2项陶瓷生产专项技术获国家级科技进步奖，陶瓷业产值比上年增长20%。

全年完成社会消费品零售总额116.08亿元，比上年下降2.6%。成立第三产业增产增效9个小分队，精准对接现代物流、商贸服务、房地产等等10个行业77家重点企业。举办“县长带你买好货”“老醋品牌直播”等线上促销，建设“美丽永春”直播带货基地，推广乡镇一把手、驻村第一书记带货直播，电商销售额比上年增长33%。开展“畅游永春”旅游APP，推进五里街镇、玉斗镇2个省级乡村振兴特色乡镇和一都镇三岭村、桂洋镇桂洋村、东平镇东山村等20个试点村建设，打造岵山镇—仙夹镇、五里街镇—石鼓镇、达埔镇—蓬壶镇3条市级乡村振兴示范线路，改建农村公路67千米、危桥6座，完成安保工程73千米，国省干线“白改黑”32千米。当年永春县获评首批省全域生态旅游示范县，五里街镇入选福建省全域生态旅游小镇，县旅游集散中心被评为福建省十佳示范点。

【城乡建设】 2020年，永春县组织开展国土空间总体规划编制，完善国土空间规划治理体系。城市管理实行“智慧城管”及时解决城市存在问题，城市执法按照“主干道严禁、次干道严控、背街小巷规范”的原则强化市容市貌管理，城乡环境卫生整治落实“县月查、镇旬查、村日查”考评机制，出台《永春县2020年垃圾分类工作意见》，各乡镇配置垃圾收集容器6000多个、保洁人员1200多人、垃圾收集车420多辆，形成“村收集、镇转运、县处理”的城乡一体垃圾处理体系。城市建设完成积水点改造解决18处城区内涝，新改建污水管道37千米、燃气管道18千米、供水管道15千米。完成9个老旧小区改造，惠及1773户家庭。规划建设“间绿透绿、显山露水”口袋公园10个，完成东平高速出口景观工程。城乡环境整治宜居建设完成新房美化1195幢、25.66万平方米，裸房装修3002幢、101.41万平方米，古厝修缮189幢、10.79万平方米，危房拆除826幢、15.82万平方米、违建清理1200幢、24.38万平方米。建筑业、房地产业持续发展，启动实施榜头片区项目改造，推动开展桃场片区、金龟山片区开发建设。注重生态环境质量，治理水土流失3133.33公顷，完成晋江防洪工程等项目建设，国家、省级控断面水质达到考核要求，河长制工作受国务院督查激励，桃溪湿地公园被国家林业和草原局评为国家湿地公园，全年全县空气质量优良率保持在95%以上，达到国家二级标准。

【社会事业】 2020年，永春县持续加大民生投入，民生财政支出占一般公共预算支出的78.8%。56个县级为民办实事项目完成投资18.42亿元，占年度计划100.56%。脱贫攻坚工作创新防返贫、控新贫、稳脱贫的脱贫攻坚数据库，设立“防贫保”保险，制定应对疫情冲击17条措施，保障稳定脱贫。社会保障新增城镇就业1298人，城镇登记失业率1.26%。实施全民参保计划，城乡居民养老保险参保率99.99%。完成低保户、特困户、贫困残疾人安居工程201户。新建区域性养老服务照料中心2个，居家养老活动中心56个。营造社会安定稳定，完成“七五”普法工作，深化“强基促稳”三年行动，开展自治、法治、德治相结合的“三治融合”示范村（社区）创建活动，全面推广“135”基层庭所共建机制，排查化解各类矛盾纠纷3468件。推行“村干部兼职辅警”机制，实施网格化服务管理试点，探索基层治理新途径。深化扫黑除恶专项斗争，群众安全感满意率、平安建设知晓率、执法工作满意率位居泉州市前列。开展安全生产专项整治三年行动、安全隐患大排查大整治和房屋安全百日“大整治”活动。

教育事业方面，高考7人录取

2020年6月1日，永春县首届“匠艺杯”工艺美术现场技能大赛举行，图为启动仪式 （图/康庆平）

2020年永春县经济和社会发展主要指标一览表

表50

指标名称	单位	实绩	比上年增长（%）
地区生产总值	亿元	494.52	3.0
财政总收入(一般公共预算总收入)	亿元	18.52	-4.5
地方一般预算收入(一般公共预算收入)	亿元	11.82	-3.7
农业总产值	亿元	46.61	4.9
全部工业总产值	亿元	279.40	2.3
社会消费品零售额	亿元	178.08	-2.6
实际利用外资（验资口径）	亿元	0.00036	6.0
城镇居民人均可支配收入	元	35077	1.8
农村居民人均可支配收入	元	18163	6.0

清华、北大，本一上线率高于全省平均线，永春一中高考特优生培养居全省县域中学第一，永春六中通过省级二级达标中学验收。启动永春一中分校前期工作，新扩建幼儿园5所、中小学校舍3幢，新设立2所县属实验小学。卫生健康工作，深化医疗改革，推进片区医联体试点，构建分级诊疗服务体系。设立福建医大附属一院永春县总医院专家工作站，启动卒中中心建设，柔性引进省协和医院专家团队。改建提升县医院急诊科，完成县疾控中心、县医院、县中医院新冠病毒核酸检测生物实验室建设。县疾控中心改扩建项目建成投用。文体事业方面，完成国家公共文化服务体系示范区创建，镇村综合文化站（中心）全覆盖。新晋2处省级文物保护单位。4处全国重点文物保护单位的消防、安防工程通过国家文物局立项。编制《苦寨坑遗址保护规划》和《苦寨坑遗址公园规划》，做好国家考古遗址公园前期工作。岵山镇获评中国特膳食品（熟地）之乡。举办全省红色旅游村跑、泉州首届定向越野赛等全民运动健身赛事。

【“项目攻坚年”活动】　2020年，永春县坚持疫情有阻、招商不堵，实施以商招商，组建5个产业链招商专班，创新“云洽谈”“云签约”招商模式，新引办千万元以上工业企业98个、年度投资45.1亿元，20个“云签约”重大项目开工建设12个、投产4个。处置批而未供土地60.04公顷，盘活闲置土地18公顷、闲置厂房4.8万平方米，征收土地25.46公顷，报批用地用林326.07公顷。建立专项债“多层次项目库”，申请专项债券项目4个，获发行4.84亿元，为156家企业新增授信14亿元，向356家企业发放贷款15亿元。组织实施“项目攻坚年”活动，实行县领导挂钩包干重点项目制度，坚持问题导向，开展滞后项目存在问题一线协调、一线解决。调整优化绩效年度考核方案，提高项目考核分值权重，增强项目攻坚主动性。全年229个县级重点项目完成投资253.35亿元。新增“五个一批”项目120个，总投资345亿元，其中央企项目2个。

【永春县获评中国红曲醋都】　2020年，永春县采取措施致力发展老醋产业，被中国食品工业协会评为中国红曲醋都。永春老醋又名乌醋或福建红糊醋，是中国四大名醋之一，具有色泽棕黑、浓酸不涩、醇香浓郁的特点，享誉海内外，历史悠久，工艺独特，是国家地理标志产品，泉州市非物质文化遗产。规划建设老醋科技产业园区123.6公顷，出台《关于促进永春老醋产业加快发展的十条措施》，联姻中国食品发酵工业研究院并签订战略合作框架协议。开展专题品牌宣传，与省广电影视集团合作开展品牌直播，组织撰写《永春老醋的历史与传承》，讲好千年红曲、千年红酒、千年老醋的永春老醋“三个千年”的故事，以网络平台、主流媒体、户外广告以及新媒体平台等多方面、多渠道进行宣传，举办首届中国红曲醋产业发展高峰论坛，助力永春老醋的传承发展。支持老醋企业创新发展，在拥有4枚省级著名商标和3枚市级知名商标的基础上，从老醋产业品种、类型、功能多方面开发老醋衍生产品，鼓励老醋企业增资技改，扩大产能，拓展销售渠道，持续开拓内外市场。深化老醋产业“工文旅”深度融合发展，新投产的得壹醋业专门开辟原料种植基地，设立研发实验室、创新生产工艺，永春老醋醋业公司、顺德堂醋业获评省级工业旅游示范点和省观光工厂。

德化县

【县情概况】　2020年，德化县面积2232.16平方千米，户籍人口35.43万，辖18个乡镇、216个村（社区）。耕地面积1.69万公顷，粮食播种面积9248.47公顷，粮食产量6.05万吨。林地面积17.87万公顷，森林覆盖率78.4%，森林蓄积量1847万立方米。年均降雨量1800毫米左右，为福建省多雨区之一；可供开发的水力资源31.2万千瓦，有水电装机容量28.7万千瓦，是中国首批100个农村电气化试点县之一。优越的自然生态环境孕育出“三黑三黄”等生态绿色优质农产品（“三黑”指黑鸡、黑羊、黑兔；“三黄”指黄花菜、德化梨、茶油），拥有德化黑鸡、德化黑兔、德化淮山、德化黄花菜、德化十八学士茶花、德化梨、德化黑羊、大铭生姜等8个国家农产品地理标志及一个地理证明商标“赤水掌瓜”，获评中国早熟梨之乡、中国油茶之乡、中国竹子之乡。重要矿产资源有高岭土、煤炭、石灰石、铁矿石、泥煤、叶蜡石、金、铅、锌、铜、钨、锰等矿藏40多种。其中铁矿石、高岭土、石灰石储量均在亿吨以上，已探明黄金储量20吨以上。矿产资源潜在价值可达几百亿元，开发潜力很大，已发现的大小矿产地270多处。主要旅游景点有“六区两园”（戴云山国家级自然保护区、岱仙湖国家级水利风景区、龙门湖国家级水利风景区、石牛山国家AAAA级旅游景区、九仙山国家AAAA级旅游景区、云龙谷国家AAA级旅游景区、石牛山国家地质公园、石牛山国家森林公园）8块“国”字号生态旅游品牌，位列中国县域全生态百优榜，获评国家全域旅游示范区、国家园林县城、全国绿化模范县、国家生态县、中国最佳生态旅游县、首批国家生态文明建设示范县。

【经济发展】 2020年，德化县实现地区生产总值287.66亿元，比上年增长4.1%。其中：第一产业增加值12.75亿元，增长4.3%；第二产业增加值170.08亿元，增长5.0%；工业增加值130.26亿元，增长4.0%；第三产业增加值104.83亿元，增长2.3%。规模以上工业产值360.05亿元，比上年增长5.4%。农林牧渔业总产值25.21亿元，比上年增长5.3%。固定资产投资比上年增长6.9%。社会消费品零售总额136.39亿元，比上年下降1.4%。一般公共预算总收入19.37亿元，增长2.9%，其中地方一般公共预算收入12.86亿元，比上年增长7.4%。城镇居民人均可支配收入37702元，比上年增长3.0%；农村居民人均可支配收入18105元，比上年增长6.6%。

【城乡建设】 2020年，德化县开展城乡建设提升年活动，获评第六届全国文明城市，入选全国县城新型城镇化建设示范名单。投入11亿元实施24个市政提升工程。推进霞田、官路、世科、科技园等片区改造，瓷艺城被列入全市新片区更新改造比拼项目。新改建污水、供水、燃气管网63.63千米，管线下地缆化6千米。驾云亭公园扩建基本完工，建成唐寨山森林公园休闲绿道13.75千米，新增绿地面积26.5公顷。编制智慧德化规划，建成5G基站580个。开展市容市貌、占道经营、渣土车“滴洒漏”等专项整治，拆除“两违”12.36万平方米，设置地摊244位、便民摊点302位，城区品位不断提升。投资1.49亿元实施172个乡村振兴项目，推进国宝省级特色乡镇建设，完成13个省级乡村振兴试点村规划编制，龙塔被列入全省民族团结进步重点区、首批“省民族乡村振兴示范村”培育对象，3个村获评省乡村振兴实绩突出村，4个村被列入省级传统村落，创建市级乡村振兴示范线2条。完成城关至上涌路段“白改黑”，建设上涌至桂阳镇镇通干线，获评“四好农村路”省级示范县。完成农房整治1000栋，获评福建省村庄清洁行动先进县。

2020年12月15日，首届德化“中国白”中国传统陶瓷艺术双年展开幕式举行（图/德化县政府办）

2020年德化县经济和社会发展主要指标一览表

表51

指标名称	单位	实绩	比上年增长（%）
地区生产总值	亿元	287.66	4.1
财政总收入	亿元	19.37	2.9
地方一般预算收入	亿元	12.86	7.4
地方财政支出	亿元	30.92	9.4
农业总产值	亿元	25.21	5.3
全部工业总产值	亿元	408.11	5.0
社会消费品零售额	亿元	136.39	-1.4
实际利用外资（验资口径）	亿元	0.26	17.2
城镇居民人均可支配收入	元	37702	3.0
农村居民人均可支配收入	元	18105	6.6

【社会事业】 2020年，德化县开展保底创优深化年活动，民生支出23.8亿元，占一般公共预算支出的76.9%，38件为民办实事项目全部完成。脱贫攻坚方面，筹集扶贫资金6610万元、壮大村集体经济资金2720万元，细化出台落实贫困户“战疫”19条，实施“消薄倍增”计划，全县191个村集体经营性收入全部达到10万元以上，其中131个村达20万元以上，占68.6%。教育事业方面，投入2.6亿元推进城区中小学、幼儿园新改扩建项目，竣工投用8个，新增学位4000个。职校、八中分别获评福建省示范现代中等职业学校、福建省二级达标高中，福建省级教育科研基地落户德化县，教育质量稳步提升。医疗养老方面，投入4950万元，建设县妇幼保健院、第三医院、县医院发热门诊楼、龙门滩隔离病区等医疗卫生项目。推进家庭医生签约服务、乡镇巡回医疗服务、分级诊疗平台改造提升等工作。创新建设爱心幸福城，动建县社会福利中心，盘活16个乡镇敬老院，关爱老年人服务体制机制不断完善。文化体育方面，开展文化科技卫生“三下乡”和“墟日文化车”百场文艺展演进乡镇等活动。桂祥图书馆建成开放。推进霞田文体园建设，举办第24届全民健身节、第20届瓷都广场文化节、百场万人体育活动。德化窑遗址被列入“泉州：宋元中国的世界海洋商贸中心”遗产点，完成尾林、内坂窑址考古发掘，建成德化窑宋元遗址展示馆。安全生产方面，开展房屋安全“百日攻坚”、安全隐患大排查大整治和安全生产专项整治三年行动，创新网格化挂钩责任片区工作制度，健全完善安全生产分级分类监管、联合惩戒等长效机制，推进陶瓷企业厂房消防安全、工业燃气安全等11个专项整治，排查各类生产经营单位和场所4698家、完成隐患整改15139项，排查房屋44058栋、完成分类处置871栋，生产安全事故起数和死亡人数连续三年“双下降”。综治平安方面，落实“强基促稳”行动，开展扫黑除恶专项斗争，强化信访案件化解攻坚，建立县级矛盾纠纷多元化解中心，公共法律服务站点乡镇全覆盖，社会治安防控体系不断完善。开展第七次全国人口普查，成立县佛教协会，提升宗教活动场所规范化管理水平，健全完善退役军人服务保障体系。

【德化县石牛山景区经改造提升后重新开放】 2020年8月8日，德化县石牛山景区经三年改造提升后重新开放，超长索道、玻璃观景台、悬崖栈道等项目，吸引众多游客到场体验。2016年，德化启动国家全域旅游示范区创建工作。石牛山景区作为龙头核心景区，于2017年启动改造提升工程，建成总长度7168米超长索道、“天空之心”玻璃观景台、悬崖栈道、“天下第一牛馆”、岱仙瀑布、竹筏漂流等众多旅游体验项目，打造集亲子、科研、探险、观光、休闲、娱乐功能于一体的综合旅游景区。2020年是德化县全域旅游呈现年。该县紧抓三大核心景区建设，打造东线山水休闲游、西线生态栖养游、中线陶瓷文化游，形成以县城陶瓷文化景区为主体，石牛山、九仙山两个AAAA级旅游景区为两翼的全域旅游格局。

【首届德化“中国白”中国传统陶瓷艺术双年展】 2020年12月15日，首届德化“中国白”中国传统陶瓷艺术双年展开幕式暨颁奖典礼在德化县陶瓷博物馆举行。双年展以“弘扬匠心，致敬传统”为主题，由中国陶瓷工业协会、清华大学美术学院、德化县陶瓷发展委员会主办，自2020年起，每两年举办一次。

金门县

【县情概况】 2020年，根据金门县政府数据，金门县面积153.06平方千米（含代管之乌坵2.6平方千米，不含大小嶝、角屿），人口13.93万人（男性6.95万人、女性6.98万人）。主要农作物有高粱、小麦、芋头、地瓜和花生，以及部分蔬果栽培，高粱、小麦由县政府保价收购，供酿造高粱酒之用。渔业发展以近海捕捞及养殖为主，内陆养殖为辅。县设有畜产试验所、动植物防疫所以及梅花鹿野放场附设休闲游乐设施。全县以旅游业等为支柱产业。

【金门就业中心动工】 2020年1月14日，金门就业中心办公楼动工典礼举行。该中心配有全县首座技术师技能鉴定考场，工程完工后将为金门民众提供更舒适、更便捷的就业服务与职业训练。

【金门“1+1振兴券”发放】 2020年7月17日起，金门“1+1振兴券”连续三天在全县5乡镇35个村里、44个领取点发放。县长杨镇浯表示，发放振兴券旨在“刺激内需，调动金门地区消费潜能”。9月23日，杨镇浯宣布，金门“1+1振兴券”约1成剩余券，直接派送金门学生及弱势乡亲，全县受惠乡亲1.6万人。

【金门产游博览园区动工】 2020年8月13日，金门产游博览园区动工典礼举行。县长杨镇浯表示，产游博览园区是产业整合的开始、产业竞争力的起点，最重要的是以后这个园区怎么样营运管理，用什么样的模式来营运管理，才能服务好厂商。该园面积11.92公顷，规划5.66公顷用于产业用地，将建成一个集生活、生产、生态功能，聚集地方特色产业的“三生一体”园区，也是金门县第一个基础设施完整的产业园区。

【优良创新老店选拔】 2020年11月9日，为鼓励老店传承独特核心价值，实现永久经营理念，台湾商业总会举行2019年度优良创新老店选拔暨表扬活动，金门县企业“王大夫一条根”及“陈金福食品”，经初审、复审、网络票选及实地访查后，获得2019年优良创新老店称号。

荣誉 人物

荣 誉

2020年泉州市获得的全国荣誉称号一览表

表52

荣誉名称	颁发机构
全国双拥模范城“九连冠”	全国双拥工作领导小组、退役军人事务部、解放军总政治部
第二批产融合作试点城市	工业和信息化部、财政部、中国人民银行、银行保险监督管理委员会、证券监督管理委员会
跨境电商零售进口试点城市	商务部、国家发展和改革委员会、财政部、海关总署、国家税务总局、国家市场监督管理总局
深化农村公路管理养护体制改革试点城市	交通运输部、财政部
全国居家和社区养老服务改革优秀试点城市	民政部、财政部
2018—2019年度全国平安医院工作表现突出地区	国家卫生健康委员会、中共中央政法委员会、最高人民法院、最高人民检察院、公安部、民政部、司法部、国家市场监督管理总局、银行保险监督管理委员会、国家中医药管理局
“科创中国”试点城市	中国科学技术协会

2020年泉州市各县（市、区）获得的全国荣誉称号一览表

表53

县（市、区）	荣誉称号	颁发机构
鲤城区	2016—2020年度全国科普示范县（市、区）	中国科学技术协会
丰泽区	第四批全国少数民族流动人口服务管理示范城市	国家民族事务委员会
洛江区	2020年淘宝村百强县（市、区）	阿里研究院、淘宝村发展联盟、阿里新乡村研究中心
泉港区	2020年中国工业百强区	中国信息通信研究院
石狮市	全国双拥模范城“六连冠”	全国双拥工作领导小组、退役军人事务部、解放军总政治部
石狮市	2020年全国综合竞争力百强县（市）	中国社会科学院财经战略研究院
石狮市	2020年中国工业百强县（市）	中国信息通信研究院

续表53

县（市、区）	荣誉称号	颁发机构
石狮市	全国县域商标有效注册量前100名	全国县域经济和地理标志专业研究机构
石狮市	中国校服产业创新基地	中国服装协会
石狮市	2020年淘宝村百强县（市、区）	阿里研究院、淘宝村发展联盟、阿里新乡村研究中心
晋江市	第三批大众创业万众创新示范基地	国务院
晋江市	全国双拥模范城“七连冠”	全国双拥工作领导小组、退役军人事务部、解放军总政治部
晋江市	全国县城新型城镇化建设示范县	国家发展和改革委员会
晋江市	2020年全国综合竞争力百强县（市）	中国社会科学院财经战略研究院
晋江市	2020年全国投资潜力百强县（市）	中国社会科学院财经战略研究院
晋江市	2016—2020年度全国科普示范县（市、区）	中国科学技术协会
晋江市	2020年中国工业百强县（市）	中国信息通信研究院
晋江市	2020年中国创新百强县（市）	中国信息通信研究院
晋江市	全国公共资源交易百强县	中国公共资源交易跨区域合作联盟
晋江市	全国县域商标有效注册量前100名	全国县域经济和地理标志专业研究机构
晋江市	2020年淘宝村百强县（市、区）	阿里研究院、淘宝村发展联盟、阿里新乡村研究中心
南安市	全国双拥模范城“四连冠”	全国双拥工作领导小组、退役军人事务部、解放军总政治部
南安市	基础教育国家级优秀教学成果推广应用示范区	教育部
南安市	全国首批深化小型水库管理体制改革样板县（市）	水利部
南安市	2020年全国综合竞争力百强县（市）	中国社会科学院财经战略研究院
南安市	2020年全国投资潜力百强县（市）	中国社会科学院财经战略研究院
南安市	2020年中国工业百强县（市）	中国信息通信研究院
南安市	2020年中国创新百强县（市）	中国信息通信研究院
南安市	全国县域商标有效注册量前100名	全国县域经济和地理标志专业研究机构
南安市	2020年淘宝村百强县（市、区）	阿里研究院、淘宝村发展联盟、阿里新乡村研究中心
惠安县	全国农村危房改造激励县	住房和城乡建设部
惠安县	2020年全国综合竞争力百强县（市）	中国社会科学院财经战略研究院
惠安县	2020年中国工业百强县（市）	中国信息通信研究院
惠安县	2020年中国创新百强县（市）	中国信息通信研究院
惠安县	全国县域商标有效注册量前100名	全国县域经济和地理标志专业研究机构
惠安县	2020年淘宝村百强县（市、区）	阿里研究院、淘宝村发展联盟、阿里新乡村研究中心
安溪县	第三批中国特色农产品优势区	农业农村部、国家林业和草原局、国家发展和改革委员会、财政部、科技部、自然资源部、生态环境部、水利部
安溪县	“互联网+”农产品出村进城工程试点县	农业农村部
安溪县	第四批国家生态文明建设示范县	生态环境部
安溪县	2020年全国综合竞争力百强县（市）	中国社会科学院财经战略研究院
安溪县	2016—2020年度全国科普示范县（市、区）	中国科学技术协会
安溪县	2020年中国工业百强县（市）	中国信息通信研究院
安溪县	全国县域商标有效注册量前100名	全国县域经济和地理标志专业研究机构
安溪县	2020年淘宝村百强县（市、区）	阿里研究院、淘宝村发展联盟、阿里新乡村研究中心
永春县	全国县城新型城镇化建设示范县	国家发展和改革委员会
永春县	“互联网+”农产品出村进城工程试点县	农业农村部
永春县	第四批“绿水青山就是金山银山”实践创新基地	生态环境部
永春县	全国河长制湖长制工作激励县	水利部
永春县	中国红曲醋都	中国食品工业协会

续表53

县（市、区）	荣誉称号	颁发机构
德化县	第六届全国文明城市	中央精神文明建设指导委员会办公室
德化县	全国县城新型城镇化建设示范县	国家发展和改革委员会
德化县	第二批国家全域旅游示范区	文化和旅游部
德化县	全国县域商标有效注册量前100名	全国县域经济和地理标志专业研究机构
德化县	2020年淘宝村百强县（市、区）	阿里研究院、淘宝村发展联盟、阿里新乡村研究中心

2020年泉州市获得国家部委及以上表彰的先进单位一览表

表54

单位名称	荣誉称号	颁发机构
泉州公安微博	第二届“四个一百”优秀政法新媒体账号	中共中央政法委员会
泉州市中级人民法院微信公众号	第二届“四个一百”优秀政法新媒体账号	中共中央政法委员会
石狮法院微信公众号	第二届“四个一百”优秀政法新媒体账号	中共中央政法委员会
南安法院微信公众号	第二届“四个一百”优秀政法新媒体账号	中共中央政法委员会
泉州网警抖音号	第二届“四个一百”优秀政法新媒体账号	中共中央政法委员会
南安市人民法院抖音号、快手号	第二届“四个一百”优秀政法新媒体账号	中共中央政法委员会
泉州市纪委监委	第六届全国文明单位	中央精神文明建设指导委员会办公室
国家税务总局泉州市税务局	第六届全国文明单位	中央精神文明建设指导委员会办公室
泉州海事局	第六届全国文明单位	中央精神文明建设指导委员会办公室
福建医科大学附属第二医院	第六届全国文明单位	中央精神文明建设指导委员会办公室
中国农业银行泉州丰泽支行	第六届全国文明单位	中央精神文明建设指导委员会办公室
国网福建省电力有限公司石狮市供电公司	第六届全国文明单位	中央精神文明建设指导委员会办公室
晋江市公安局	第六届全国文明单位	中央精神文明建设指导委员会办公室
南安市人民检察院	第六届全国文明单位	中央精神文明建设指导委员会办公室
惠安县黄塘镇聚龙社区	第六届全国文明单位	中央精神文明建设指导委员会办公室
福建恒安集团有限公司	第六届全国文明单位	中央精神文明建设指导委员会办公室
福建浔兴集团有限公司	第六届全国文明单位	中央精神文明建设指导委员会办公室
洛江区马甲镇杏川村	第六届全国文明村镇	中央精神文明建设指导委员会办公室
泉港区涂岭镇前欧村	第六届全国文明村镇	中央精神文明建设指导委员会办公室
石狮市永宁镇前埔村	第六届全国文明村镇	中央精神文明建设指导委员会办公室
晋江市金井镇围头村	第六届全国文明村镇	中央精神文明建设指导委员会办公室
南安市美林街道溪州村	第六届全国文明村镇	中央精神文明建设指导委员会办公室
惠安县山霞镇	第六届全国文明村镇	中央精神文明建设指导委员会办公室
安溪县福田乡丰田村	第六届全国文明村镇	中央精神文明建设指导委员会办公室
永春县仙夹镇山后村	第六届全国文明村镇	中央精神文明建设指导委员会办公室
德化县浔中镇浔中村	第六届全国文明村镇	中央精神文明建设指导委员会办公室
晋江市罗山街道兰峰社区毛娟文家庭	第二届全国文明家庭	中央精神文明建设指导委员会办公室
泉州市培元中学	第二届全国文明校园	中央精神文明建设指导委员会办公室

续表54

单位名称	荣誉称号	颁发机构
晋江市第二实验小学（主校区、晓聪校区）	第二届全国文明校园	中央精神文明建设指导委员会办公室
泉州市医疗纠纷人民调解委员会	全国模范人民调解委员会	司法部
泉州第一中学	2019—2020年节约型公共机构示范单位	国家机关事务管理局、国家发展和改革委员会、财政部
鲤城区人民检察院	2019—2020年节约型公共机构示范单位	国家机关事务管理局、国家发展和改革委员会、财政部
丰泽区人民政府办公室	2019—2020年节约型公共机构示范单位	国家机关事务管理局、国家发展和改革委员会、财政部
泉港区人民政府办公室	2019—2020年节约型公共机构示范单位	国家机关事务管理局、国家发展和改革委员会、财政部
晋江市第一中学	2019—2020年节约型公共机构示范单位	国家机关事务管理局、国家发展和改革委员会、财政部
德化县龙门滩镇人民政府	2019—2020年节约型公共机构示范单位	国家机关事务管理局、国家发展和改革委员会、财政部
泉州经济技术开发区管理委员会办公室	2019—2020年节约型公共机构示范单位	国家机关事务管理局、国家发展和改革委员会、财政部
泉州台商投资区管理委员会办公室	2019—2020年节约型公共机构示范单位	国家机关事务管理局、国家发展和改革委员会、财政部
晋江国际鞋纺城	国家市场采购贸易方式试点	商务部、国家发展和改革委员会、财政部、海关总署、国家税务总局、国家市场监督管理总局、国家外汇管理局
泉州福海粮油工业有限公司	第五批国家级绿色工厂	工业和信息化部
福建浔兴拉链科技股份有限公司	第五批国家级绿色工厂	工业和信息化部
福建省百川资源再生科技股份有限公司	第五批国家级绿色设计产品	工业和信息化部
九牧厨卫股份有限公司	第五批国家级绿色供应链管理企业	工业和信息化部
领SHOW天地文化创意产业园	国家小微企业创新创业示范区	工业和信息化部
安溪茶厂	第四批国家工业遗产	工业和信息化部
晋江市东石镇	2020年农业产业强镇	农业农村部、财政部
德化县上涌镇	2020年农业产业强镇	农业农村部、财政部
泉州市现代农业科技示范园区	国家现代农业科技示范展示基地	农业农村部
德化县国宝乡佛岭村	2020年中国美丽休闲乡村	农业农村部
晋江市金井镇围头村	第二批全国乡村旅游重点村	文化和旅游部、国家发展和改革委员会
德化县国宝乡佛岭村	第二批全国乡村旅游重点村	文化和旅游部、国家发展和改革委员会
黎明职业大学泉州市建筑职业教育集团	首批国家示范性职业教育集团（联盟）培育单位	教育部
福建海峡两岸安成青年众创空间	2020年度国家备案众创空间	科技部
华创空间	2020年度国家备案众创空间	科技部
妙思众创空间	2020年度国家备案众创空间	科技部
闽南理工学院创客园	2020年度国家备案众创空间	科技部
泉港区山腰街道钟厝村	第三批中国少数民族特色村寨	国家民族事务委员会
石狮市蚶江镇石渔村	第三批中国少数民族特色村寨	国家民族事务委员会
安溪县湖上乡盛富村	第三批中国少数民族特色村寨	国家民族事务委员会
福建中医药大学附属泉州市正骨医院	2020年度群众满意的医疗机构	国家卫生健康委员会

续表54

单位名称	荣誉称号	颁发机构
泉州老年大学	全国“敬老文明号”	国家卫生健康委员会、全国老龄工作委员会办公室
泉州市禾康智慧养老服务中心	全国“敬老文明号”	国家卫生健康委员会、全国老龄工作委员会办公室
泉州邮政储蓄银行股份有限公司泉州市丰泽区支行	全国“敬老文明号”	国家卫生健康委员会、全国老龄工作委员会办公室
晋江市磁灶中心卫生院	全国“敬老文明号”	国家卫生健康委员会、全国老龄工作委员会办公室
南安市霞美镇金山村老年协会	全国“敬老文明号”	国家卫生健康委员会、全国老龄工作委员会办公室
泉港区界山镇界山村	第二批国家森林乡村	国家林业和草原局
南安市省新镇满山红村	第二批国家森林乡村	国家林业和草原局
南安市官桥镇洪岭村	第二批国家森林乡村	国家林业和草原局
南安市向阳乡马迹村	第二批国家森林乡村	国家林业和草原局
安溪县城厢镇团结村	第二批国家森林乡村	国家林业和草原局
安溪县城厢镇经岭村	第二批国家森林乡村	国家林业和草原局
安溪县尚卿乡新楼村	第二批国家森林乡村	国家林业和草原局
安溪县龙涓乡黎山村	第二批国家森林乡村	国家林业和草原局
安溪县虎邱镇湖坵村	第二批国家森林乡村	国家林业和草原局
安溪县蓬莱镇彭格村	第二批国家森林乡村	国家林业和草原局
安溪县官桥镇驷岭村	第二批国家森林乡村	国家林业和草原局
安溪县长坑乡玉美村	第二批国家森林乡村	国家林业和草原局
安溪县桃舟乡桃舟村	第二批国家森林乡村	国家林业和草原局
永春县岵山镇茂霞村	第二批国家森林乡村	国家林业和草原局
永春县石鼓镇半岭村	第二批国家森林乡村	国家林业和草原局
永春县玉斗镇玉斗村	第二批国家森林乡村	国家林业和草原局
永春县坑仔口镇玉西村	第二批国家森林乡村	国家林业和草原局
永春县达埔镇溪源村	第二批国家森林乡村	国家林业和草原局
永春县桂洋镇桂洋村	第二批国家森林乡村	国家林业和草原局
永春县外山乡草洋村	第二批国家森林乡村	国家林业和草原局
永春县湖洋镇蓬莱村	第二批国家森林乡村	国家林业和草原局
永春县下洋镇溪塔村	第二批国家森林乡村	国家林业和草原局
德化县南埕镇前锋村	第二批国家森林乡村	国家林业和草原局
泉州市丰泽幼儿园	全国家庭教育创新实践基地	中华全国妇女联合会、教育部
石狮市宝盖镇妇联“咱厝边”家庭服务中心	全国家庭教育创新实践基地	中华全国妇女联合会、教育部
许世吟娥家庭	第十二届全国五好家庭	中华全国妇女联合会
陈弼阳家庭	第十二届全国五好家庭	中华全国妇女联合会
吴天真家庭	第十二届全国五好家庭	中华全国妇女联合会
陈荣章家庭	2020年第二批全国最美家庭	中华全国妇女联合会
张汉宗家庭	2020年第二批全国最美家庭	中华全国妇女联合会
黄春生家庭	2020年第二批全国最美家庭	中华全国妇女联合会
郑加平家庭	2020年第二批全国最美家庭	中华全国妇女联合会
泉州市关心下一代工作委员会	全国关心下一代工作先进集体	中国关心下一代工作委员会、中央精神文明建设指导委员会办公室
惠安县关心下一代工作委员会	全国关心下一代工作先进集体	中国关心下一代工作委员会、中央精神文明建设指导委员会办公室

续表54

单位名称	荣誉称号	颁发机构
泉州市第五中学少先队大队	2020年度“全国优秀少先队集体”	中国共产主义青年团中央委员会、教育部、中国少年先锋队全国工作委员会
泉州经济技术开发区实验学校“蜜蜂乐园”中队	2020年度“全国优秀少先队集体”	中国共产主义青年团中央委员会、教育部、中国少年先锋队全国工作委员会
晋江市龙湖镇衙口中心小学六（4）太阳中队	2020年度“全国优秀少先队集体”	中国共产主义青年团中央委员会、教育部、中国少年先锋队全国工作委员会

2020年泉州市获得省委、省政府表彰的先进单位一览表

表55

单位名称	荣誉称号	颁发机构
泉州市第一医院呼吸与危重症医学科党支部	福建省抗击新冠肺炎疫情先进集体	中共福建省委、福建省人民政府
惠安县医院内科党支部	福建省抗击新冠肺炎疫情先进集体	中共福建省委、福建省人民政府
鲤城区江南街道社区卫生服务中心党支部	福建省抗击新冠肺炎疫情先进集体	中共福建省委、福建省人民政府
泉州市疾病预防控制中心病毒检验科	福建省抗击新冠肺炎疫情先进集体	中共福建省委、福建省人民政府
洛江区疾病预防控制中心	福建省抗击新冠肺炎疫情先进集体	中共福建省委、福建省人民政府
泉州市卫生健康委员会	福建省抗击新冠肺炎疫情先进集体	中共福建省委、福建省人民政府
泉州市丰泽区卫生健康局	福建省抗击新冠肺炎疫情先进集体	中共福建省委、福建省人民政府
石狮市卫生健康局	福建省抗击新冠肺炎疫情先进集体	中共福建省委、福建省人民政府
晋江市卫生健康局	福建省抗击新冠肺炎疫情先进集体	中共福建省委、福建省人民政府
泉州市人民政府办公室	福建省抗击新冠肺炎疫情先进集体	中共福建省委、福建省人民政府
泉州市交通运输局	福建省抗击新冠肺炎疫情先进集体	中共福建省委、福建省人民政府
泉州市海外联谊会	福建省抗击新冠肺炎疫情先进集体	中共福建省委、福建省人民政府
泉州市公安局技术侦察支队党委	福建省抗击新冠肺炎疫情先进集体	中共福建省委、福建省人民政府
泉州市卫生计生执法支队公共场所与饮用水卫生执法科	福建省抗击新冠肺炎疫情先进集体	中共福建省委、福建省人民政府
泉州市汉威机械制造有限公司高速口罩机研发团队	福建省抗击新冠肺炎疫情先进集体	中共福建省委、福建省人民政府
丰泽区东海街道党工委	福建省抗击新冠肺炎疫情先进集体	中共福建省委、福建省人民政府
洛江区双阳街道党工委	福建省抗击新冠肺炎疫情先进集体	中共福建省委、福建省人民政府
泉港区宣传系统党委	福建省抗击新冠肺炎疫情先进集体	中共福建省委、福建省人民政府
泉州市公安局泉港分局指挥情报中心	福建省抗击新冠肺炎疫情先进集体	中共福建省委、福建省人民政府
泉州海关驻石狮办事处	福建省抗击新冠肺炎疫情先进集体	中共福建省委、福建省人民政府
石狮市锦尚镇党委	福建省抗击新冠肺炎疫情先进集体	中共福建省委、福建省人民政府
晋江市交通运输局	福建省抗击新冠肺炎疫情先进集体	中共福建省委、福建省人民政府
晋江市陈埭镇党委	福建省抗击新冠肺炎疫情先进集体	中共福建省委、福建省人民政府
南安市水头镇党委	福建省抗击新冠肺炎疫情先进集体	中共福建省委、福建省人民政府
国网南安市供电公司	福建省抗击新冠肺炎疫情先进集体	中共福建省委、福建省人民政府
南安市教育局	福建省抗击新冠肺炎疫情先进集体	中共福建省委、福建省人民政府
惠安县教育局	福建省抗击新冠肺炎疫情先进集体	中共福建省委、福建省人民政府
安溪县城厢镇党委	福建省抗击新冠肺炎疫情先进集体	中共福建省委、福建省人民政府
安溪县教育局	福建省抗击新冠肺炎疫情先进集体	中共福建省委、福建省人民政府
永春县桃城镇党委	福建省抗击新冠肺炎疫情先进集体	中共福建省委、福建省人民政府
永春县一都镇美岭村党委	福建省抗击新冠肺炎疫情先进集体	中共福建省委、福建省人民政府
德化县龙浔镇丁墘村党支部	福建省抗击新冠肺炎疫情先进集体	中共福建省委、福建省人民政府

续表55

单位名称	荣誉称号	颁发机构
德化县浔中镇龙东社区党支部	福建省抗击新冠肺炎疫情先进集体	中共福建省委、福建省人民政府
泉州经济技术开发区福龙商厦党支部	福建省抗击新冠肺炎疫情先进集体	中共福建省委、福建省人民政府
惠安县张坂镇党委	福建省抗击新冠肺炎疫情先进集体	中共福建省委、福建省人民政府
南安市水头镇党委	全省先进基层党组织	中共福建省委
石狮市锦尚镇党委	全省先进基层党组织	中共福建省委
安溪县城厢镇党委	全省先进基层党组织	中共福建省委
泉州市公安局技术侦察支队党委	全省先进基层党组织	中共福建省委
泉州市第一医院呼吸与危重症医学科党支部	全省先进基层党组织	中共福建省委
泉州经济技术开发区福龙商厦党支部	全省先进基层党组织	中共福建省委
泉港区宣传系统党委	全省先进基层党组织	中共福建省委
福建天马科技集团股份有限公司	福建省政府质量奖	福建省人民政府

2020年泉州市获得“福建省五一劳动奖状”“福建省五一先锋号”单位一览表

表56

单位名称	荣誉称号	颁发机构
嘉亨家化股份有限公司	福建省五一劳动奖状	福建省总工会
丰泽区疾病预防控制中心	福建省五一劳动奖状	福建省总工会
永高人儿童用品有限公司	福建省五一劳动奖状	福建省总工会
兴通海运股份有限公司	福建省五一劳动奖状	福建省总工会
南安市纪委	福建省五一劳动奖状	福建省总工会
福建晶安光电有限公司	福建省五一劳动奖状	福建省总工会
永春县总医院	福建省五一劳动奖状	福建省总工会
德化县财政局	福建省五一劳动奖状	福建省总工会
福建路港（集团）有限公司	福建省五一劳动奖状	福建省总工会
安记食品股份有限公司	福建省五一劳动奖状	福建省总工会
鲤城区常泰街道社区卫生服务中心门诊部	福建省五一先锋号	福建省总工会
泉港区医院急危重症医学部	福建省五一先锋号	福建省总工会
晋江市自然资源局不动产登记中心	福建省五一先锋号	福建省总工会
南安市发展和改革局公共资源交易中心	福建省五一先锋号	福建省总工会
安溪县中医院服务中心	福建省五一先锋号	福建省总工会
永春县总工会权益保障部	福建省五一先锋号	福建省总工会
泉州市发展和改革委员会重点项目建设领导小组办公室	福建省五一先锋号	福建省总工会
黎明职业大学材料与化学工程学院	福建省五一先锋号	福建省总工会

2020年泉州市获得国家部委及以上表彰的先进个人一览表

表57

姓名	工作单位	荣誉称号	颁发机构
谢宝缘	福建医科大学附属第二医院	全国抗击新冠肺炎疫情先进个人	中共中央、国务院、中央军委
庄锡彬	泉州市第一医院	全国抗击新冠肺炎疫情先进个人	中共中央、国务院、中央军委
杨婷婷	丰泽区丰泽街道丰泽社区居委会	全国抗击新冠肺炎疫情先进个人	中共中央、国务院、中央军委
洪炳文	福建柒牌时装科技股份有限公司	全国抗击新冠肺炎疫情先进个人	中共中央、国务院、中央军委
林孝发	九牧集团有限公司	全国劳动模范	中共中央、国务院
许福忠	国网泉州供电公司	全国劳动模范	中共中央、国务院

续表57

姓名	工作单位	荣誉称号	颁发机构
吴阿宁	福建万龙金刚石工具有限公司	全国劳动模范	中共中央、国务院
林丽娜	石狮市湖滨街道玉湖社区居委会	全国劳动模范	中共中央、国务院
侯国建	福建柒牌时装科技股份有限公司	全国劳动模范	中共中央、国务院
吴金笔	福建省南安市省新镇省身村	全国劳动模范	中共中央、国务院
刘志军	德化黑鸡产业合作社	全国劳动模范	中共中央、国务院
苏天恭	永春县蓬壶镇仙岭村	全国劳动模范	中共中央、国务院
陈剑洪	泉州市农业科学研究所	全国先进工作者	中共中央、国务院
庄耀东	晋江市中医院	全国先进工作者	中共中央、国务院
曾旭晴	泉州市实验小学	全国先进工作者	中共中央、国务院
杨婷婷	丰泽区丰泽街道丰泽社区居委会	全国优秀共产党员	中共中央
庄丽芬	泉州市南音传承中心	宣传思想文化青年英才	中共中央宣传部
林繁荣	泉州市委文明办	第五届全国未成年人思想道德建设工作先进工作者	中央精神文明建设指导委员会办公室
苏海福	泉州市公安局刑侦支队四大队	第二届全国公安“百佳刑警”	公安部
李海庭	晋江市陈埭镇商会商务人民调解委员会	全国模范人民调解员	司法部
李夏亭	南安市柳城街道人民调解委员会	全国模范人民调解员	司法部
廖桂金	安溪县尚卿乡灶美村人民调解委员会	全国模范人民调解员	司法部
蔡金宝	丰泽区丰泽社区老年协会	全国“敬老爱老助老模范人物”	国家卫生健康委员会、全国老龄工作委员会办公室
连建良	泉港区助老志愿者协会	全国“敬老爱老助老模范人物”	国家卫生健康委员会、全国老龄工作委员会办公室
邱金伍	石狮市鸿山镇东埔三村	全国“敬老爱老助老模范人物”	国家卫生健康委员会、全国老龄工作委员会办公室
李增景	安溪县金谷镇河美村	全国“敬老爱老助老模范人物”	国家卫生健康委员会、全国老龄工作委员会办公室
王华堂	永春县苏坑镇嵩溪村老年协会	全国“敬老爱老助老模范人物”	国家卫生健康委员会、全国老龄工作委员会办公室
陈思旺	德化县憨鼠爱心小分队	全国“敬老爱老助老模范人物”	国家卫生健康委员会、全国老龄工作委员会办公室
杨君其	泉州台商投资区扶老助残志愿者协会	全国“敬老爱老助老模范人物”	国家卫生健康委员会、全国老龄工作委员会办公室
吴美满	泉州市人民检察院	“守望正义——新时代最美检察官”	最高人民检察院
宋长青	泉州市关心下一代工作委员会	全国关心下一代工作先进工作者	中国关心下一代工作委员会、中央精神文明建设指导委员会办公室
蓝荣田	泉州市关心下一代工作委员会	全国关心下一代工作先进工作者	中国关心下一代工作委员会、中央精神文明建设指导委员会办公室
吴绵绵	泉州幼儿师范高等专科学校	全国关心下一代工作先进工作者	中国关心下一代工作委员会、中央精神文明建设指导委员会办公室
骆建国	鲤城区关心下一代工作委员会	全国关心下一代工作先进工作者	中国关心下一代工作委员会、中央精神文明建设指导委员会办公室
孙进荣	石狮市关心下一代工作委员会	全国关心下一代工作先进工作者	中国关心下一代工作委员会、中央精神文明建设指导委员会办公室

续表57

姓名	工作单位	荣誉称号	颁发机构
陈长庚	晋江市关心下一代工作委员会	全国关心下一代工作先进工作者	中国关心下一代工作委员会、中央精神文明建设指导委员会办公室
黄汉忠	南安市关心下一代工作委员会	全国关心下一代工作先进工作者	中国关心下一代工作委员会、中央精神文明建设指导委员会办公室
黄亦桐	泉州实验中学	2020年度“全国优秀少先队员”	中国共产主义青年团中央委员会、教育部、中国少年先锋队全国工作委员会
罗东林	泉州第十六中学	2020年度“全国优秀少先队员”	中国共产主义青年团中央委员会、教育部、中国少年先锋队全国工作委员会
刘德镛	石狮市石光中学	2020年度“全国优秀少先队员”	中国共产主义青年团中央委员会、教育部、中国少年先锋队全国工作委员会
俞　涵	晋江市拔萃双语学校	2020年度“全国优秀少先队员”	中国共产主义青年团中央委员会、教育部、中国少年先锋队全国工作委员会
林　琳	泉州市少先队	2020年度“全国优秀少先队辅导员”	中国共产主义青年团中央委员会、教育部、中国少年先锋队全国工作委员会
刘泽阳	泉港区委宣传部	2020年度“全国优秀少先队辅导员”	中国共产主义青年团中央委员会、教育部、中国少年先锋队全国工作委员会
林玉珍	南安市第三实验小学	2020年度“全国优秀少先队辅导员”	中国共产主义青年团中央委员会、教育部、中国少年先锋队全国工作委员会
苏统谋	泉州市南音协会	中国文联终身成就曲艺艺术家	中国文学艺术界联合会

2020年泉州市获得省委、省政府表彰的先进个人一览表

表58

姓名	工作单位	荣誉称号	颁发机构
陈亚峥	泉州市第一医院	福建省抗击新冠肺炎疫情先进个人	中共福建省委、福建省人民政府
吕亚渣	泉州市传染病防治医院	福建省抗击新冠肺炎疫情先进个人	中共福建省委、福建省人民政府
洪思让	泉州市疾病预防控制中心	福建省抗击新冠肺炎疫情先进个人	中共福建省委、福建省人民政府
刘江艺	泉州市疾病预防控制中心	福建省抗击新冠肺炎疫情先进个人	中共福建省委、福建省人民政府
刘德桓	泉州市中医院	福建省抗击新冠肺炎疫情先进个人	中共福建省委、福建省人民政府
陈雅真	泉州市光前医院	福建省抗击新冠肺炎疫情先进个人	中共福建省委、福建省人民政府
黄春晖	泉州市第三医院	福建省抗击新冠肺炎疫情先进个人	中共福建省委、福建省人民政府
曾继平	鲤城区妇幼保健院	福建省抗击新冠肺炎疫情先进个人	中共福建省委、福建省人民政府
黄凯彬	鲤城区疾病预防控制中心	福建省抗击新冠肺炎疫情先进个人	中共福建省委、福建省人民政府
蔡裕雄	丰泽区泉秀街道社区卫生服务中心	福建省抗击新冠肺炎疫情先进个人	中共福建省委、福建省人民政府
黄增铭	洛江区医院	福建省抗击新冠肺炎疫情先进个人	中共福建省委、福建省人民政府
郑　炜	福建医科大学附属第一医院泉港总医院	福建省抗击新冠肺炎疫情先进个人	中共福建省委、福建省人民政府
孙飞轮	石狮市总医院	福建省抗击新冠肺炎疫情先进个人	中共福建省委、福建省人民政府
郭协力	晋江市医院	福建省抗击新冠肺炎疫情先进个人	中共福建省委、福建省人民政府
龚飞群	晋江市中医院	福建省抗击新冠肺炎疫情先进个人	中共福建省委、福建省人民政府
吴清呼	晋江市疾病预防控制中心	福建省抗击新冠肺炎疫情先进个人	中共福建省委、福建省人民政府
吴佳亮	石狮市疾病预防控制中心	福建省抗击新冠肺炎疫情先进个人	中共福建省委、福建省人民政府
洪友志	南安市医院	福建省抗击新冠肺炎疫情先进个人	中共福建省委、福建省人民政府
陈鑫坛	安溪县医院	福建省抗击新冠肺炎疫情先进个人	中共福建省委、福建省人民政府
林孟新	泉州市第一医院	福建省抗击新冠肺炎疫情先进个人	中共福建省委、福建省人民政府
陈建昌	永春县总医院	福建省抗击新冠肺炎疫情先进个人	中共福建省委、福建省人民政府

续表58

姓名	工作单位	荣誉称号	颁发机构
李新锋	德化县医院	福建省抗击新冠肺炎疫情先进个人	中共福建省委、福建省人民政府
杨兴斌	南安市疾病预防控制中心	福建省抗击新冠肺炎疫情先进个人	中共福建省委、福建省人民政府
叶聿程	安溪县疾病预防控制中心	福建省抗击新冠肺炎疫情先进个人	中共福建省委、福建省人民政府
谢荣宁	安溪县官桥医院	福建省抗击新冠肺炎疫情先进个人	中共福建省委、福建省人民政府
苏志峰	南安市中医院	福建省抗击新冠肺炎疫情先进个人	中共福建省委、福建省人民政府
阮伏龙	丰泽区北峰街道社区卫生服务中心	福建省抗击新冠肺炎疫情先进个人	中共福建省委、福建省人民政府
曾荣东	惠安县总医院	福建省抗击新冠肺炎疫情先进个人	中共福建省委、福建省人民政府
康伟峰	惠安县疾病预防控制中心	福建省抗击新冠肺炎疫情先进个人	中共福建省委、福建省人民政府
陈志平	泉州台商投资区疾病预防控制中心	福建省抗击新冠肺炎疫情先进个人	中共福建省委、福建省人民政府
汪伟阳	惠安县涂寨镇互助村卫生所	福建省抗击新冠肺炎疫情先进个人	中共福建省委、福建省人民政府
邱华巧	泉州市卫生健康委员会	福建省抗击新冠肺炎疫情先进个人	中共福建省委、福建省人民政府
蔡明霞	惠安县卫生健康局	福建省抗击新冠肺炎疫情先进个人	中共福建省委、福建省人民政府
郑友飞	泉州市委办公室	福建省抗击新冠肺炎疫情先进个人	中共福建省委、福建省人民政府
刘小宁	泉州市工业和信息化局	福建省抗击新冠肺炎疫情先进个人	中共福建省委、福建省人民政府
陈　晖	泉州广播电视台	福建省抗击新冠肺炎疫情先进个人	中共福建省委、福建省人民政府
李学炜	泉州出入境边防检查站	福建省抗击新冠肺炎疫情先进个人	中共福建省委、福建省人民政府
邱鸿荣	泉州晋江国际机场	福建省抗击新冠肺炎疫情先进个人	中共福建省委、福建省人民政府
吴艺阳	泉州市市场监督管理局	福建省抗击新冠肺炎疫情先进个人	中共福建省委、福建省人民政府
陈建锋	泉州市拘留所	福建省抗击新冠肺炎疫情先进个人	中共福建省委、福建省人民政府
胡志强	泉州市教育局	福建省抗击新冠肺炎疫情先进个人	中共福建省委、福建省人民政府
吕国庆	鲤城区财政局	福建省抗击新冠肺炎疫情先进个人	中共福建省委、福建省人民政府
郑卫治	鲤城区海滨街道海清社区庄府巷片区党支部	福建省抗击新冠肺炎疫情先进个人	中共福建省委、福建省人民政府
陈政实	丰泽区委统战部	福建省抗击新冠肺炎疫情先进个人	中共福建省委、福建省人民政府
郑耀文	丰泽区住房和城乡建设局	福建省抗击新冠肺炎疫情先进个人	中共福建省委、福建省人民政府
范鸿渊	福建省铁拓机械股份有限公司	福建省抗击新冠肺炎疫情先进个人	中共福建省委、福建省人民政府
陈相成	泉港区人民政府	福建省抗击新冠肺炎疫情先进个人	中共福建省委、福建省人民政府
黄延艺	石狮市人民政府	福建省抗击新冠肺炎疫情先进个人	中共福建省委、福建省人民政府
张国钦	石狮市市场监督管理局	福建省抗击新冠肺炎疫情先进个人	中共福建省委、福建省人民政府
洪兴世	晋江市运输管理所	福建省抗击新冠肺炎疫情先进个人	中共福建省委、福建省人民政府
张少娟	泉州海关驻晋江办事处	福建省抗击新冠肺炎疫情先进个人	中共福建省委、福建省人民政府
吴为军	晋江市龙湖镇埭头村党支部	福建省抗击新冠肺炎疫情先进个人	中共福建省委、福建省人民政府
黄景阳	南安市人民政府	福建省抗击新冠肺炎疫情先进个人	中共福建省委、福建省人民政府
黄保林	南安市诗山镇党委	福建省抗击新冠肺炎疫情先进个人	中共福建省委、福建省人民政府
庄稼祥	安溪县委	福建省抗击新冠肺炎疫情先进个人	中共福建省委、福建省人民政府
王燕群	安溪县官桥镇恒美村党支部	福建省抗击新冠肺炎疫情先进个人	中共福建省委、福建省人民政府
黄连集	永春县人民政府办公室	福建省抗击新冠肺炎疫情先进个人	中共福建省委、福建省人民政府
颜志忠	德化县交通运输局	福建省抗击新冠肺炎疫情先进个人	中共福建省委、福建省人民政府
李晓光	泉州开发区科技经济发展局	福建省抗击新冠肺炎疫情先进个人	中共福建省委、福建省人民政府
陈东阳	泉州台商投资区民生保障局	福建省抗击新冠肺炎疫情先进个人	中共福建省委、福建省人民政府
洪思让	泉州市疾病预防控制中心	全省优秀共产党员	中共福建省委
汪伟阳	惠安县涂寨镇互助村卫生所	全省优秀共产党员	中共福建省委
林孟新	泉州市第一医院	全省优秀共产党员	中共福建省委
黄增铭	洛江区医院	全省优秀共产党员	中共福建省委
吴为军	晋江市龙湖镇埭头村党支部	全省优秀共产党员	中共福建省委

续表58

姓名	工作单位	荣誉称号	颁发机构
郑耀文	丰泽区住房和城乡建设局	全省优秀共产党员	中共福建省委
郑卫治	鲤城区海滨街道海清社区庄府巷片区党支部	全省优秀共产党员	中共福建省委
陈　晖	泉州广播电视台	全省优秀共产党员	中共福建省委

2020年泉州市获得“福建省五一劳动奖章”个人一览表

表59

姓名	工作单位	荣誉称号	颁发机构
蔡晓芹	鲤城区实验小学	福建省五一劳动奖章	福建省总工会
马维谦	泉州市汉威机械制造有限公司	福建省五一劳动奖章	福建省总工会
陈鋆涯	泉州市公安局丰泽派出所	福建省五一劳动奖章	福建省总工会
林文华	福建省沉香神韵酒业有限公司	福建省五一劳动奖章	福建省总工会
杜兰香	洛江区马甲中心卫生院	福建省五一劳动奖章	福建省总工会
吴良江	福建联合石油化工有限公司	福建省五一劳动奖章	福建省总工会
郭焕钢	石狮市总医院	福建省五一劳动奖章	福建省总工会
林磊鑫	泉州太平洋集装箱码头有限公司	福建省五一劳动奖章	福建省总工会
谢萍萍	安踏（中国）有限公司	福建省五一劳动奖章	福建省总工会
宋庆明	福建盼盼食品有限公司	福建省五一劳动奖章	福建省总工会
庄飞虎	晋江市公安局	福建省五一劳动奖章	福建省总工会
张佳雄	福建省鸿官通信工程有限公司	福建省五一劳动奖章	福建省总工会
张琼瑜	南安市红星职业中专学校	福建省五一劳动奖章	福建省总工会
江大钻	泉州市天龙环境工程有限公司	福建省五一劳动奖章	福建省总工会
柯珍珍	福建省闽旋科技股份有限公司	福建省五一劳动奖章	福建省总工会
吴丽川	九牧厨卫股份有限公司	福建省五一劳动奖章	福建省总工会
陈拥军	惠安县义兴木雕有限公司	福建省五一劳动奖章	福建省总工会
何松文	惠安禾协驾驶培训学校有限公司	福建省五一劳动奖章	福建省总工会
郑翔鹏	福建省燕京惠泉啤酒股份有限公司	福建省五一劳动奖章	福建省总工会
王小冬	安溪县公安局	福建省五一劳动奖章	福建省总工会
罗学飞	福建泉州闽光钢铁有限责任公司	福建省五一劳动奖章	福建省总工会
林坤明	中国农业分行股份有限公司安溪县支行	福建省五一劳动奖章	福建省总工会
蔡国辉	永春第一中学	福建省五一劳动奖章	福建省总工会
朱东梅	福建兴隆香业有限公司	福建省五一劳动奖章	福建省总工会
王建兴	永春县教师进修学校	福建省五一劳动奖章	福建省总工会
林心如	德化县青心陶瓷有限公司	福建省五一劳动奖章	福建省总工会
郑雄文	德化县山花陶瓷有限公司	福建省五一劳动奖章	福建省总工会
林卫星	中共泉州市委经济技术开发区工作委员会党务工作部	福建省五一劳动奖章	福建省总工会
刘　伟	中建五局海湾大道（海江大道-16号码头）PPP项目经理部	福建省五一劳动奖章	福建省总工会
陈振裕	中共泉州市委市直机关工作委员会	福建省五一劳动奖章	福建省总工会
吴永志	泉州市铁路建设办公室	福建省五一劳动奖章	福建省总工会
黄华泽	国家税务总局泉州市税务局	福建省五一劳动奖章	福建省总工会
王丹丹	泉州师范学院	福建省五一劳动奖章	福建省总工会
黄婉婷	泉州市交通运输综合执法支队	福建省五一劳动奖章	福建省总工会
李锋平	泉州市疾病预防控制中心	福建省五一劳动奖章	福建省总工会
陈晓阳	福建医科大学附属第二医院	福建省五一劳动奖章	福建省总工会
林志雄	国网福建省电力有限公司泉州供电公司变电运维中心	福建省五一劳动奖章	福建省总工会

2020年泉州市获得市见义勇为表彰一览表

表60

姓名	工作单位或住址	荣誉称号
赖木辉	洛江区罗溪镇亿兴缘手机配件商行	泉州市见义勇为模范
黄金龙	洛江区罗溪镇后溪村	泉州市见义勇为模范
谢中华	晋江骄玛体育用品有限公司	泉州市见义勇为模范
黄志雄	南安市丰州镇金鸡新村	泉州市见义勇为模范
林海原	泉州一杰物流有限公司	泉州市见义勇为模范
郑周毅	泉州市烟草专卖局	泉州市见义勇为模范
李　兴	晋江市陈埭劲踏鞋业有限公司	泉州市见义勇为模范
傅子颙	晋江市池店镇屿崆村	泉州市见义勇为模范
任利明	石狮市永宁镇欢乐海洋店铺	泉州市见义勇为模范
郭朝康	南安市广源石业有限公司	泉州市见义勇为模范
蔡炳城	惠安芊溢服饰有限公司	泉州市见义勇为模范
吕洁振	安溪县城厢镇玉田开发区梓豪水暖加工点	泉州市见义勇为模范
王岚松	福建省广播影视集团	泉州市见义勇为先进个人
赖添丁	洛江区罗溪镇翁山村	泉州市见义勇为先进个人
张松昆	晋江市池店镇钱头村	泉州市见义勇为先进个人
龚诗城	石狮市永宁镇沙堤村	泉州市见义勇为先进个人
褚金册	南安市水头镇劳光村	泉州市见义勇为先进个人
郭志胜	福建省南安市佳鲁食品有限公司	泉州市见义勇为先进个人
林永金	安溪县龙门镇龙门村	泉州市见义勇为先进个人
苏木源	安溪县凤城镇尚学领地小区	泉州市见义勇为先进个人
苏香花	安溪县长卿镇长卿村农贸市场	泉州市见义勇为先进个人
许金美	安溪县龙门镇仙西村	泉州市见义勇为先进个人
黄守文	泉州市维京户外用品有限公司	泉州市见义勇为先进群体
杨文震	贵州百灵企业集团制药有限公司	
刘地印	泉港区峰尾镇诚峰村委会	泉州市见义勇为先进群体
陈荣青	泉港区南埔镇仑头村	
刘荣民	泉州海事局泉港海事处	
陈进全	安溪县公安局交警大队城区中队	泉州市见义勇为先进群体
卓少虹		
徐志强	德化县浔中镇浔中村	泉州市见义勇为先进群体
曾其虎	德化县环境卫生管理处	

人物选介

先进人物

谢宝缘　福建医科大学附属第二医院护理部副主任、副主任护师，全国抗击新冠肺炎疫情先进个人。2020年2月20日，谢宝缘主动报名驰援武汉抗疫，成为福建省第十一批支援湖北医疗队的一员。谢宝缘和战友累计管理患者134人，治愈出院96人，死亡0人，累计护理人数134人；做到患者“零死亡、零事故、零投诉”，医护人员“零感染”。9月8日，全国抗击新冠肺炎疫情表彰大会在北京人民大会堂举行，谢宝缘被授予“全国抗击新冠肺炎疫情先进个人”称号。

庄锡彬　泉州市第一医院医务科副科长、主任医师，泉州市新冠肺炎医疗救治专家组副组长，泉州集中收治新冠病毒感染患者定点医院市传染病防治医院执行院长，全国抗击新冠肺炎疫情先进个人。新冠肺炎疫情来袭，庄锡彬主动请战担任定点收治医院负责人。面对筹备初期定点医院缺医少药、设施不齐等困难，庄锡彬一方面组建团队、完善架构，建章立制、明确职责。成立救治组、物资组、协调组，制定32项医治防的规章制度和预案，组织25场业务培训；另一方面参照“火神山医院”标准，多举措、多渠道紧急筹措医疗、生活物资，在12日内建成符合疫情防控、救治病患需求的环境。2020年9月8日，全国抗击新冠肺炎疫情表彰大会在北京人民大会堂举行，庄锡彬被授予“全国抗击新冠肺炎疫情先进个人”称号。

杨婷婷　丰泽区丰泽街道丰泽社区党委书记、居委会主任，全国抗击新冠肺炎疫情先进个人，全国优秀共产党员。防疫号令刚发布，杨婷婷就与社区两委探讨分析应对之策，建立24小时值班制度，组织社区工作人员“包网格、包楼栋、包住户”。在其带领下，社区党委第一时间把社区党员、网格员、楼栋长、在职党员等各方力量动员起来，组成8支志愿服务队，到社区各个网格一线，开展入户走访排查、楼道消杀等工作。依托LED屏幕、横幅标语和小区业主群等全方位做好防控宣传，最大限度确保居民群众疫情防控知识入脑、入心。2020年9月8日，全国抗击新冠肺炎疫情表彰大会在北京人民大会堂举行，杨婷婷被授予“全国抗击新冠肺炎疫情先进个人”“全国优秀共产党员”称号。

洪炳文　福建柒牌时装科技股份有限公司常务副总裁，全国抗击新冠肺炎疫情先进个人。2020年农历正月初一，洪炳文接到泉州市要求柒牌集团临时转产生产医用防护服的指令。柒牌集团紧急调回版师、技术工人，抓紧研究医用防护服版型。为加大产能、加快生产，将1条生产线增加到4条，从1个车间增加到2个车间。防护服的生产也从最初的一天几件，到了高峰期的一天5万件。9月8日，全国抗击新冠肺炎疫情表彰大会在北京人民大会堂举行，洪炳文被授予“全国抗击新冠肺炎疫情先进个人”称号。

逝世人物

庄炎林（1921—2020）　中国侨联原主席。民国10年（1921年）出生于上海，祖籍安溪县龙门镇。父亲是爱国华侨庄希泉，母亲是爱国华侨、南洋华侨女子教育先驱余佩皋。庄炎林曾任中共广西省委交通联络员、中共桂林市工委书记、《华侨通讯》记者、上海《经济周报》编辑、《上海人民报》总编辑。中华人民共和国成立后，历任青年团福建省委书记，中共福建省委文教部、宣传部副部长，福建省人民委员会秘书长，对外经济联络部办公厅主任，国家旅游总局副局长，国务院侨务办公室副主任兼中国国旅总社社长，国务院侨务办公室顾问。1988年增选为中国侨联第三届委员会副主席。1989年当选中国侨联第四届委员会主席。1997年任“庄希泉基金会”主席。庄炎林于2020年7月27日逝世，享年99岁。

张乾二（1928—2020）　中国科学院院士、厦门大学教授。民国17年（1928年）出生于惠安县。民国36年（1947年）考入厦门大学化学系。1954年从厦门大学化学系研究生毕业后留校任教，先后担任讲师、副教授、教授，厦门大学化学化工学院院长。1987—1992年兼任中国科学院福建物质结构研究所所长。1991年当选中国科学院学部委员（院士）。张乾二早年师从卢嘉锡，打下扎实的结构化学基础，早年参与水溶液中培养晶体、研制粉末衍射仪的照相机等研究；1963年在配位场理论研究方面获得突破；20世纪90年代带领课题组开展价键理论计算程序化的攻坚研究。曾获国家自然科学奖一等奖、二等奖等。张乾二于2020年5月3日逝世，享年93岁。

王仁杰（1942—2020）　泉州市政协原副主席、中国民主促进会泉州市委员会原主委、泉州市戏剧研究所原所长、国家一级编剧。民国31年（1942年）出生于泉州。王仁杰一生致力于为有着800年历史的古老梨园戏延续文脉。创作30余年，主要作品包括梨园戏《节妇吟》《董生与李氏》《皂吏与女贼》；昆剧《琵琶行》《邯郸记》；越剧《唐琬》《柳永》；闽剧《红裙记》；苏剧《满庭芳》；锡剧《蘩漪》等，跨越多个戏曲剧种，获奖无数。其中，《董生与李氏》曾获国家舞台精品工程十大精品剧目榜首，被称为“中国古典戏剧一次漂亮的回归”。此外，王仁杰还获得曹禺戏剧文学奖剧本奖和文华新剧目奖，2006年被文化部授予“昆曲艺术优秀主创人员”称号。王仁杰于2020年5月29日逝世，享年78岁。

附　　录

2020年泉州市国民经济和社会发展统计公报[1]

泉州市统计局
国家统计局泉州调查队
（2021年3月23日）

一、综合

初步核算，全年全市实现地区生产总值（GDP）[2] 10158.66亿元，按可比价格计算，比上年增长2.9%，经济总量连续22年保持全省第一。其中，第一产业增加值226.60亿元，增长1.8%；第二产业增加值5808.15亿元，增长2.8%；第三产业增加值4123.91亿元，增长3.2%。第一、二、三产业对GDP增长的贡献率分别为1.3%、56.8%和41.9%。三次产业比例为2.2∶57.2∶40.6。

年末全市户籍人口766.14万人，比上年末增加5.44万人。

全年全市城镇新增就业人员10.10万人，有3.12万名城镇失业人员实现了再就业；全年培训各类劳动者10.15万人。年末城镇登记失业率为2.07%。

全年市辖区居民消费价格比上年上涨2.5%，其中，消费品价格上涨3.6%，服务项目价格上涨0.6%。12月份，全市新建商品住宅销售价格同比上涨5.5%，二手住宅交易价格同比上涨4.5%。

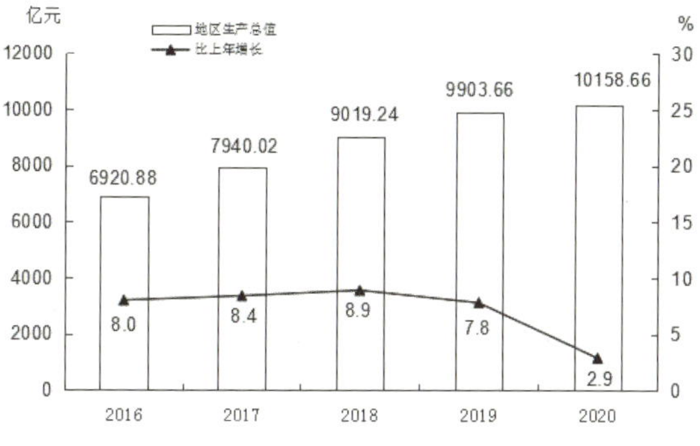

图1 2016—2020年地区生产总值及其增长速度

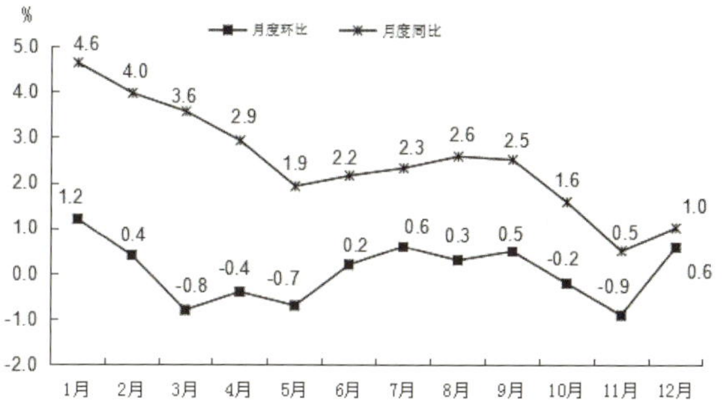

图2 2020年市辖区居民消费价格月度涨跌幅度

2020年市辖区居民消费价格比上年涨跌幅度

表61

指标	比上年涨跌幅（%）
居民消费价格总水平	2.5
一、食品烟酒	7.5
粮食	1.1
鲜菜	-2.0
畜肉	37.7
水产品	4.1
蛋	-12.6
鲜果	-10.7
二、衣着	0.1
三、居住	1.2
四、生活用品及服务	1.1
五、交通和通信	-3.4
六、教育文化和娱乐	0.7
七、医疗保健	-0.1
八、其他用品和服务	4.8

全年全市一般公共预算总收入813.32亿元，比上年下降3.1%。其中，地方一般公共预算收入454.04亿元，下降0.8%。一般公共预算支出715.14亿元，增长8.6%。其中，教育支出162.49亿元，增长7.7%。政府性基金收入337.68亿元，政府性基金支出396.76亿元。税务部门组织各项收入899.03亿元，下降6.0%，其中，税收收入726.24亿元，下降5.2%。海关代征税收收入91.12亿元，下降27.1%。

“十三五”期间，全市生产总值顺利迈上万亿元台阶，年均增长7.2%；一般公共预算总收入累计达到4071.96亿元，地方一般公共预算收入累计达到2252.33亿元，一般公共预算支出累计达到3241.25亿元，分别是“十二五”时期的1.25倍、1.36倍和1.55倍。

二、农业

全年全市农林牧渔业总产值411.42亿元，比上年增长1.8%。粮食播种面积130.33万亩，比上年增加1.53万亩，增长1.2%。其中，稻谷播种面积83.27万亩，增加0.27万亩。烟叶种植面积0.04万亩，增加11亩；油料种植面积22.40万亩，增加0.30万亩；蔬菜种植面积79.71万亩，增加3.34万亩。粮食产量49.83万吨，比上年增加0.85万吨，增长1.8%。其中，稻谷产量33.94万吨，增加0.25万吨，增长0.7%。

图3 2016—2020年粮食产量及其增长速度

2020年主要农产品产量

表62

产品名称	产量(万吨)	比上年增长(%)
粮食	49.83	1.8
春收	4.08	1.2
夏收	13.26	0.3
秋收	32.49	2.4
油料	4.65	2.1
其中：花生	4.49	2.2
油菜籽	0.15	-5.9
糖料	1.04	-12.0
其中：甘蔗	1.04	-12.0
茶叶	9.01	3.4
水果	15.11	8.3
蔬菜	101.21	4.2
食用菌	9.84	5.1

全年全市植树造林总面积8.38万亩，占总任务8万亩的104.8%。其中，人工荒山造林0.98万亩，人工迹地更新5.21万亩，人工促进天然更新0.30万亩，低产低效林改造1.89万亩。全年完成幼林抚育作业面积8.12万亩。年末实有封山（沙）育林面积16.94万亩。全年商品材产量28.24万立方米，下降66.9%。

全年全市肉蛋奶总产量26.49万吨，比上年增长2.6%。其中，肉类总产量17.91万吨，增长0.5%；禽蛋产量8.01万吨，增长7.4%。肉猪出栏119.67万头，增长2.4%，年末生猪存栏85.22万头，增长19.7%。

全年全市水产品产量104.99万吨，比上年下降1.9%。其中，淡水产品产量1.59万吨，增长2.4%；海水产品产量103.40万吨，下降1.9%，其中，海洋捕捞66.34万吨，下降4.7%；海水养殖37.06万吨，增长3.4%。

年末全市国家级、省级农业产业化龙头企业分别为7家和126家；无公害农产品568个，绿色食品167个，有机食品 12个，农产品地理标志产品 23个；福建十大农产品区域公用品牌3个，有效期内福建名牌农产品10个。

三、工业和建筑业

全年全市工业增加值5120.69亿元，比上年增长2.9%，工业对经济增长的贡献率达53.5%。规模以上工业增加值增长3.0%。规模以上工业销售产值下降0.4%，其中出口交货值下降11.7%。年末全市拥有年产值超亿元工业企业2850家，比上年增加41家，其中超10亿元企业354家，增加26家。

2020年规模以上工业增加值主要分类情况

表63

指 标	比上年增长(%)
规模以上工业增加值	3.0
其中：国有控股企业	13.9
其中：国有企业	23.4
集体企业	4.4
股份合作制企业	-2.4
股份制企业	2.9
外商及港澳台投资企业	3.0
其他经济类型企业	4.7
其中：私营企业	3.4
其中：轻工业	-0.8
重工业	8.8
其中：采矿业	-4.1
制造业	3.0
电力、热力、燃气及水的生产和供应业	4.3

2020年规模以上工业重点产业增加值

表64

指 标	比上年增长(%)
规模以上工业增加值	3.0
按三大板块分	
传统产业	1.0
重化产业	9.0
高新技术产业	3.6
按“十三五”规划重点产业分	
主导产业	3.5
#纺织鞋服	-3.8
#纺织服装	-1.9
鞋业	-6.6
石油化工	14.5
机械装备	1.5
建材家居	6.7
特色产业	0.9
#食品饮料	1.5
工艺制品	-2.2
纸业印刷	4.7
新兴产业	
#新一代信息技术	-2.1
生物医药	-8.7

注：上表中重点产业分类并非标准分类，存在小范围交叉。

全年全市规模以上工业企业经济效益综合指数为358.5%，比上年上升13.5点。其中，总资产贡献率17.0%，下降3.3个百分点；资本保值增值率102.0%，下降4.1个百分点；资产负债率44.1 %，下降0.9个百分点；全员劳动生产率36.90万元/人，提高3.95万元/人；流动资产周转率3.49次，下降0.06次；工业产品销售率95.6%，下降1.1个百分点。全年规模以上工业企业实现利润总额1221.99亿元，比上年下降10.6%。其中，外商及港澳台商投资企业、股份制企业和股份合作制企业利润分别下降15.2%、7.5%和8.9%。规模以上工业亏损企业亏损额20.13亿元，增亏1.82亿元。

2020年规模以上工业企业主要工业产品产量

表65

产品名称	单位	绝对数	比上年增长(%)
原煤	万吨	32.00	-55.4
发电量	亿千瓦时	391.92	3.5
罐头	万吨	20.06	-9.1
化学纤维	万吨	189.32	-1.9
纱	万吨	26.77	-74.6
布	亿米	49.24	-33.5
服装	亿件	50.02	3.8
皮鞋	亿双	14.29	-5.3
机制纸及纸板	万吨	173.29	-3.1
原油加工量	万吨	2223.63	-4.8
烧碱	万吨	9.16	-1.0
塑料制品	万吨	133.99	14.6
花岗石板材	万平方米	5184.41	5.6
钢材	万吨	740.21	4.3
饮料	万吨	172.02	8.7
精制茶	吨	79469.82	1.7
中成药	吨	2561.03	3.8
水泥	万吨	925.64	0.6
陶瓷砖	亿平方米	30.51	8.5
卫生陶瓷制品	万件	435.41	4.4
建筑工程用机械	台	42894	5.7
金属切削机床	台	915	-42.6
太阳能电池（光伏电池）	万千瓦	85.62	-1.7
光电子器件	万只（片、套）	8003.20	49.6

全年全市工业用电量351.16亿千瓦时，增长2.5%。

全年全市建筑业增加值695.86亿元，比上年增长1.6%。全市资质等级以上的建筑企业有961个，完成建筑业总产值1970.75亿元。全市建筑业企业房屋施工面积8746.71万平方米，下降8.6%；房屋竣工面积2829.84万平方米，下降11.3%。全市建筑业总产值达到亿元及以上的企业195家，其中5亿元及以上的企业73家。

四、固定资产投资

全年全市固定资产投资（不含省反馈铁路数据）比上年下降2.4%。按三次产业分，第一产业投资下降36.5%；第二产业投资下降2.9%；第三产业投资下降1.8%。工业投资下降2.9%，占固定资产投资的比重为33.0%。基础设施投资下降6.3%，占固定资产投资的比重为18.0%。先进制造业投资下降4.9%，占固定

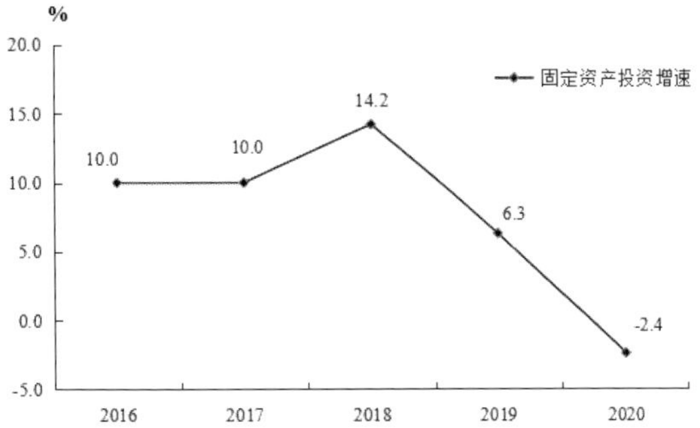

图4 2016—2020年固定资产投资增速

2020年固定资产投资情况

表66

指　　标	比上年增长(%)
固定资产投资（不含省反馈铁路）	-2.4
按构成分	
项目投资	-6.6
其中：国有及国有控股	-13.6
房地产开发投资	5.0
按产业分	
第一产业	-36.5
第二产业	-2.9
第三产业	-1.8

2020年分行业固定资产投资情况

表67

行　　业	比上年增长(%)
总计	-2.4
农、林、牧、渔业	-32.8
采矿业	144.9
制造业	-3.3
其中：食品制造业	-15.4
纺织业	-16.4
纺织服装和服饰业	-22.0
皮革、毛皮、羽毛(绒)及其制品业	17.2
石油加工、炼焦及核燃料加工业	-16.3
化学原料及化学制品制造业	22.1
非金属矿制品业	-3.3
金属制品业	-28.2
通用设备制造业	23.9
专用设备制造业	28.2
计算机、通信和其他电子设备制造业	-5.2
电力、热力、燃气及水的生产和供应业	-1.5
建筑业	-100.0
批发和零售业	66.9
交通运输、仓储和邮政业	7.0
住宿和餐饮业	166.2

续表67

行　　业	比上年增长(%)
信息传输、软件和信息技术服务业	20.9
金融业	-29.6
房地产业	3.9
租赁和商务服务业	-9.7
科学研究和技术服务业	-31.4
水利、环境和公共设施管理业	-20.0
居民服务、修理和其他服务业	-54.5
教育	-17.1
卫生和社会工作	4.2
文化、体育和娱乐业	-27.1
公共管理、社会保障和社会组织	-53.9

资产投资的比重为15.4%。民间投资增长1.1%，占固定资产投资的比重为66.4%。“十三五”期间，固定资产投资年均增长7.5%。

全年全市房地产开发投资额962.83亿元，比上年增长5.0%。其中，住宅投资722.31亿元，增长9.0%；办公楼投资33.75亿元，增长12.2%；商业营业用房投资67.09亿元，下降24.3%。房地产开发企业房屋施工面积7536.04万平方米，增长2.5%，其中住宅施工面积5281.47万平方米，增长4.4%。商品房销售面积1496.49万平方米，下降2.9%，其中住宅销售面积1209.22万平方米，下降5.1%。

2020年房地产开发和销售主要指标完成情况

表68

指　标	单位	绝对数	比上年增长(%)
投资完成额	亿元	962.83	5.0
其中：住宅	亿元	722.31	9.0
其中：土地购置费	亿元	285.16	21.1
房屋施工面积	万平方米	7536.04	2.5
其中：住宅	万平方米	5281.47	4.4
房屋新开工面积	万平方米	1398.19	4.0
其中：住宅	万平方米	995.00	0.5
房屋竣工面积	万平方米	771.89	64.0
其中：住宅	万平方米	479.42	73.2
商品房销售面积	万平方米	1496.49	-2.9
其中：住宅	万平方米	1209.22	-5.1
本年资金来源	亿元	1711.60	5.5
其中：国内贷款	亿元	112.28	72.4
个人按揭贷款	亿元	322.59	8.4
本年土地购置面积	万平方米	113.50	-38.1
本年土地成交价款	亿元	89.81	-5.8

五、国内贸易

全年全市社会消费品零售总额5228.87亿元，比上年下降2.3%。其中，限额以上消费品零售额1494.15亿元，下降4.2%；限额以下消费品零售额3734.72亿元，下降1.5%。“十三五”期间，社会消费品零售总额年均增长9.2%。

在限额以上批发和零售企业商品零售额中，体育、娱乐用品类零售额比上年增长36.3%，日用品类增长18.8%，家用电器和音像器材类增长9.0%，家具类增长6.0%，中西药品类增长5.5%，服装、鞋帽、针纺织品类增长4.9%，饮料类增长4.6%，五金、电料类增长3.5%，汽车类下降1.2%，石油及制品类下降29.9%。全市限额以上批发和零售业企业通过互联网实现商品零售额242.55亿元，比上年增长10.9%。

图5　2016—2020年社会消费品零售总额及其增长速度

六、对外经济

全年全市进出口总额1970.81亿元，比上年下降6.7 %。其中，出口额1503.61亿元，增长3.4%；进口额467.20亿元，下降29.0%。进出口顺差1036.41亿元，比上年增加241.23亿元。“十三五”期间，进出口总额年均增长3.3%。其中，出口额年均增长5.9%。

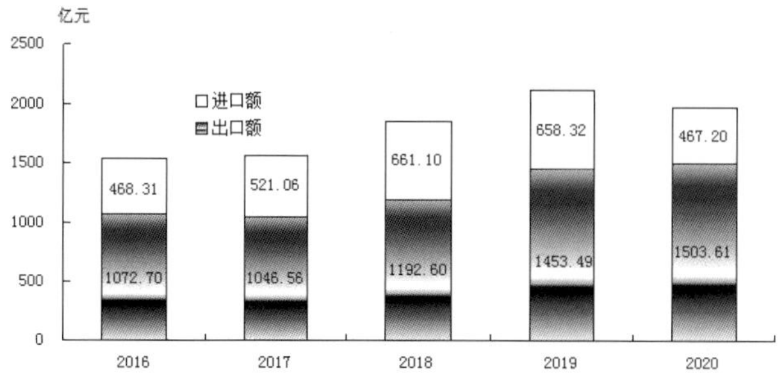

图6　2016—2020年货物进出口总额

全年全市新设外商直接投资企业358家，比上年增长14.0%。投资总额212.54亿元，比上年下降27.4%；合同外资金额167.61亿元，增长7.5%；按验资口径，实际使用外商直接投资46.39亿元，增长5.1%。新批外商投资超千万美元（含增资）的企业35家。在新签使用外资合同中，投向第二产业的合同金额41.41亿元，下降8.0%，投向第三产业的合同金额120.87亿元，增长10.6%。外商投资企业当年累计开业投产40家。

2020年外商直接投资分行业情况

表69

行业名称	新设企业数（家）	合同金额（万美元）	实际使用外资（验资口径）（万美元）
总计	358	1676119	463938
农、林、牧、渔业	19	53312	2278
制造业	85	410563	277485
电力、燃气及水的生产和供应业	1	2400	2070
建筑业	3	1098	0
交通运输、仓储和邮政业	10	23542	244
信息传输、计算机服务和软件业	16	11770	4158
批发和零售业	137	409939	85575
住宿和餐饮业	4	1265	4000
金融业	1	1020	0
房地产业	7	91556	73620
租赁和商务服务业	33	37398	10049
科学研究、技术服务业	21	116678	1569
水利、环境和公共设施管理业	2	6333	0
居民服务、修理和其他服务业	3	162	0
卫生和社会工作	2	125	0
文化、体育和娱乐业	14	508958	2890

全年全市共签订对外经济技术合作合同金额3211万美元，比上年下降58.2%；完成营业额6118万美元，增长1.7%。全年派出劳务人员5413人，年末在外劳务人员共有5108人。全年批准境外投资企业5家，境外投资金额23876万美元。

七、交通、邮电和旅游

全年全市交通运输、仓储和邮政业增加值344.21亿元，比上年增长9.2%。全年全市共新建、改建公路407公里。年末公路通车总里程达18147公里，比上年增加407公里。其中，二级及二级以上高级公路里程2903公里，高速公路里程680公里。公路密度达164.97公里/百平方公里。全市铁路总里程360公里，其中高铁里程86.97公里。

全年全市货物运输量30886.88万吨，比上年增长3.7%；旅客运输量3582.24万人次，下降53.5%。全市港口完成货物吞吐量11805.00万吨，比上年下降7.2%，其中外贸货物吞吐量3766.82万吨，下降11.3%；集装箱吞吐量225.92万标箱，下降12.4%。

2020年各种运输方式完成货物运输量情况

表70

指　标	单位	绝对数	比上年增长(%)
货运量	万吨	30886.88	3.7
铁路	万吨	972.75	-12.1
公路	万吨	14554.72	4.3
水运	万吨	15351.66	4.4
民航	万吨	7.75	2.9
货物运输周转量	亿吨公里		
铁路	亿吨公里		
公路	亿吨公里	120.27	7.1
水运	亿吨公里	2543.44	8.5
民航	亿吨公里		

2020年各种运输方式完成旅客运输量情况

表71

指标	单位	绝对数	比上年增长(%)
客运量	万人次	3582.24	-53.5
铁路	万人次	1581.52	-43.1
公路	万人次	1437.73	-64.7
水运	万人次	0.93	-93.3
民航	万人次	562.06	-33.4
旅客运输周转量	亿人公里		
铁路	亿人公里		
公路	亿人公里	11.92	-61.7
水运	亿人公里	0.0038	-93.3
民航	亿人公里		

年末全市民用汽车保有量172.14万辆（含三轮汽车和低速货车），比上年末增长7.6%，其中私人汽车保有量152.86万辆，增长7.2%。全市民用轿车保有量109.9万辆，增长6.8%，其中私人轿车保有量101.4万辆，增长6.9%。全市共有营运汽车43617辆（不含4.5吨以下货车）。其中，客运车辆7826辆（含客运班车1167辆，旅游客车358辆，包车客车 397 辆，公交车3293辆，出租车2611辆），货运汽车 35791 辆（含4.5吨以上普通货车21230 辆，牵引车6420辆，挂车8141辆）。拥有省际运输船舶246艘，总载重361.37万吨。全市公交运营线路长度 5920.3公里，全年公交客运量10908.1万人次。

全年全市完成邮电业务总量1301.48亿元，比上年增长28.5%。其中，邮政业务总量382.05亿元，增长39.8%；电信业务总量919.43亿元，增长24.4%。年末全市电话用户总数1190.31万户，其中，固定电话用户154.14万户；移动电话用户1036.17万户，其中，4G电话用户859.62万户，净增2.44万户，5G套餐用户198.55万户。全市互联网用户1288.69万户，增加38.28万户。其中，固定宽带用户407.63万户，增加22.6万户，固定宽带家庭普及率132.7%，比上年提高4.6个百分

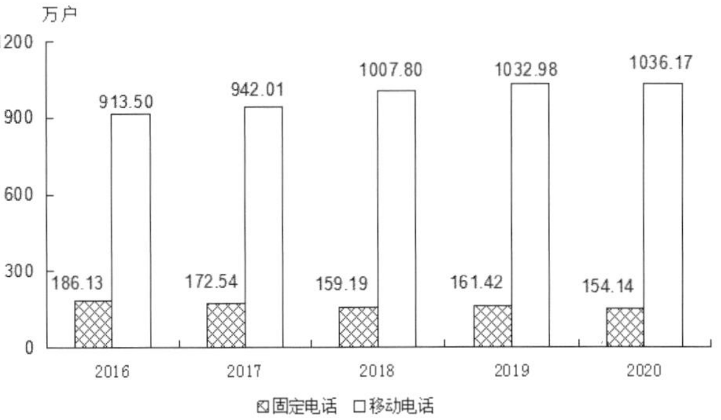

图7 2016—2020年末电话用户数

点；移动互联网用户881.06万户，增加15.68万户，移动宽带用户普及率123.5%，比上年提高18.2个百分点。

全年全市共接待国内外游客5173.48万人次，比上年下降33.7%。其中，国内游客5138.32万人次，下降32.6%；境外游客35.17万人次，下降80.0%。全年旅游总收入747.04亿元，下降43.1%。其中，国内旅游收入729.94亿元，下降38.6%；旅游创汇2.48亿美元，下降86.1%。

八、金融

年末全市金融机构本外币各项存款余额8820.78亿元，比上年末增长14.1%，其中人民币各项存款余额8711.65亿元，比上年末增长13.9%。人民币存款中，住户存款余额4793.8亿

2020年末金融机构本外币存贷款情况

表72

指标	年末数(亿元)	比上年末增长(%)
各项存款余额	8820.78	14.1
其中：人民币存款	8711.65	13.9
其中：非金融企业存款	2407.85	21.4
住户存款	4793.80	11.7
各项贷款余额	8077.21	13.1
其中：人民币贷款	8023.23	12.8
其中：短期贷款	2785.78	10.6
中长期贷款	4771.45	14.7

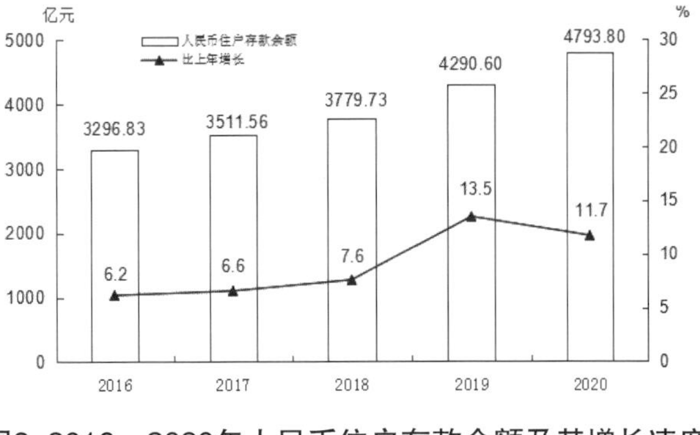

图8 2016—2020年人民币住户存款余额及其增长速度

元，比上年末增长11.7%；非金融企业存款2407.85亿元，比上年末增长21.4%。全市金融机构本外币各项贷款余额8077.21亿元，比上年末增长13.1%，其中人民币各项贷款余额8023.23亿元，比上年末增长12.8%。人民币贷款中，个人消费贷款余额2652.03亿元，当年新增359.35亿元，其中住房贷款余额2039.57亿元，当年新增285.09亿元。

全年全市通过证券市场发行、配售股票共筹集资金5.83亿元，比上年增加5.83亿元。其中，新发行2只，筹集资金5.65亿元，比上年增加5.65亿元；配股2只，筹集资金1750万元，比上年增加1750万元。年末累计境内上市公司（A、B股）18家，总市值1236.26亿元，比上年末增长26.0%；累计境外上市公司86家，比上年末新增2家。

全年全市保险业实现各项保费收入247.14亿元，比上年增长2.8%。其中，财产保险保费收入60.71亿元，下降3.8%；人寿保险保费收入186.43亿元，增长5.2%。赔款及给付支出69.91亿元，增长8.0%。其中，财产保险赔款及给付支出34.46亿元，增长0.7%；人寿保险赔款及给付支出35.45亿元，增长16.1%。

九、人民生活与社会保障

全年全市居民人均可支配收入40772元，比上年增长4.1%；人均消费支出25161元，下降1.1%；人均住房建筑面积68.5平方米。按常住地分，全市城镇居民人均可支配收入50968元，增长2.8%，人均消费支出30114元，下降2.1%，人均住房建筑面积61.6平方米；农村居民人均可支配收入23459元，增长6.0%，人均消费支出16749元，下降0.3%，人均住房建筑面积80.2平方米。城乡居民家庭恩格尔系数分别为32.0%和43.3%。

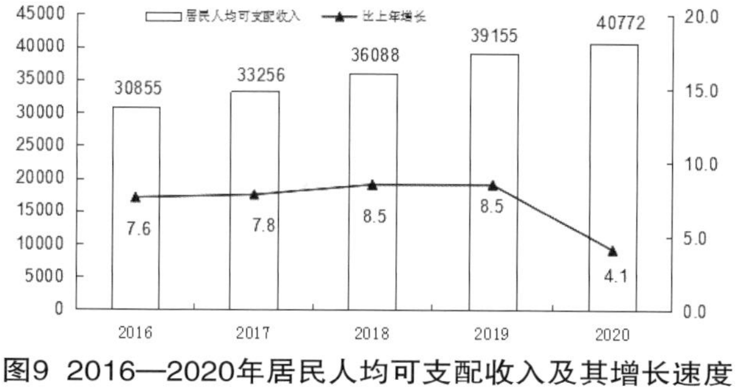

图9 2016—2020年居民人均可支配收入及其增长速度

年末全市参加养老保险人数551.85万人，比上年新增11.12万人。其中，参加企业养老保险人数157.72万人，比上年新增8.37万人，参加机关事业单位养老保险人数20.17万人（含退休），比上年增加0.25万人，参加城乡居民社会养老保险人数373.96万人，比上年新增3万人。年末企业离退休人员领取基本养老保险金人数11.10万人，全部实现养老金按时足额发放。年末全市参加失业保险人数80.92万人，领取失业保险金人数0.74万人；参加工伤保险人数122.85万人；参加生育保险人数83.91万人；参加职工基本医疗保险人数103.74万人；参加城乡居民基本医疗保险人数605.85万人，基本医保参保人数居全省第一。

年末全市收养性社会福利单位有682个。其中，儿童收养性福利机构12个，床位448张，年末在院人数238人；城镇老年收养性福利机构91个。全市养老服务床位46781张。全市社区服务机构和设施3541个，其中，社区服务中心148个，社区服务站2365个，未登记的农村特困人员救助供养机构98个，社区养老机构和设施189个，社区互助型养老设施617个，其他社区服务机构和设施124个。城市有8659人享受到最低生活保障救助，比上年增加228人；农村有68205人享受到最低生活保障救助，比上年增加6793人。全年销售社会福利彩票8.74亿元。全年直接接收社会捐赠款6639万元。

全年全市创建145个省级乡村振兴示范点，投入实际扶持资金2.9亿元。34个省级扶贫开发帮扶村共争取各类资金达1.9亿元，实施帮扶项目314个。

十、教育和科学技术

全市拥有高等院校18所，其中，本科高校5所，独立学院1所，高职高专12所。研究生在校生6219人，招生2261人，毕业生1506人。普通高校本专科在校生17.45万人，招生5.82万人，毕业生3.55万人。全市中等职业学校37所（含技工学校6所），普通高中121所。高中阶段在校生23.48万人；招生8.57万人，其中普通高中4.98万人、中等专业学校3.17万人、技工学校0.42万人。全市普通初中208所，初中在校生33.43万人，招生12.08万人，其中招收外来务工人员子女3.79万人。全市小学1321所，在校生81.82万人，招生14.51万人，其中招收外来务工人员子女3.99万人。全市幼儿园1632所，在园幼儿39.63万人，招生14.72万人，学前三年入园率98.72%。全市特殊教育学校10所，特殊教育在校生2512人。在泉就读进城务工人员随迁子女义务教育阶段在校生37.68万人。

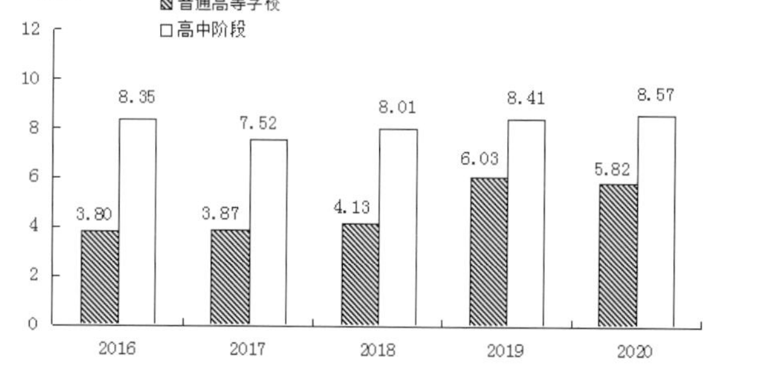

图10 2016—2020年各类学校招生人数

年末全市企事业单位共有各类专业技术人员（不含退休及非公有制企业从业人员）12.96万人，其中高级职称1.54万人，中级职称5.03万人，初级职称4.62万人，未评职称1.77万人（含编外人员）。共设立了21个企业博士后科研工作站，累计引进博士后研究人员270人（次），目前在站博士后53人。

年末全市拥有国家高新技术企业1037家，省级高新技术企业906家，拥有省级、市级工程技术研究中心分别达85个和201个，228家企业被评为福建省创新型企业。全年共实施国家、省、市各级各类科技计划项目329项，其中国家级8项、省级54项、市级267项。全年专利申请59043件，授权55951件，2012年以来累计专利授权量达239272件。其中，本年新增发明专利授权量2229件，2012年以来累计发明专利授权量达13686件，年末每万人口发明专利拥有量达10.44件。全年共签订各类技术合同317项，合同金额40708万元。

年末全市共有产品检测机构274个，其中国家检测中心5个。全市共有法定计量技术机构8个，全年强制检定计量器具24.41万台（件），非强检计量器具0.82万台（件）。全年监督抽查954家生产企业的产品1369批次，合格率达94.7%。

年末全市累计拥有全国驰名商标159件，省政府质量奖4个、市政府质量奖19个， 全国农业标准化示范区项目11个、福建农业标准化示范区23个。

全年全市新增完成6项国际标准修订，84项国家标准制修订，64项行业标准制修订，11项地方标准制修订。

年末全市共有国家级地面气象观测站7个，其中国家基准气候站1个、国家基本气象站1个、国家一般气象站5个；拥有天气雷达观测站1个，风廓线雷达站2个，区域气象自动站260个。全市共有地震前兆台站20个，前兆测项49个，测震台站10个，烈度速报台站152个，强震动观测台站6个，GPS观测基准台6个。

十一、文化、卫生和体育

年末全市共有国有艺术表演团体12个，影（剧）院 74个，群众艺术馆1个，文化馆11个，博物馆（纪念馆）18个（含民营博物馆），乡镇文化站163个，公共图书馆14个。图书馆藏书总量1093万册，电子图书（含电子期刊）643.87万册。文化系统专业艺术表演团体艺术演出1699场，观众47.5万人次；剧场、影剧院演（映）出71.20万场次。年末全市有广播电视台 9 座，调频、电视转播发射台 9 座，广播节目 11套，广播综合人口覆盖率为99.69%；电视节目12套，电视综合人口覆盖率为97.93%。全市有线广播电视覆盖用户236.69万户，实际用户140.48万户，有线广播电视传输干线总长45714.58公里。

年末全市共有各类卫生机构（不含村卫生室）2036家，其中，医院128家，乡镇卫生院126家，社区卫生服务中心40家，预防疾病控制中心13家，妇幼保健院（所）13家。年末共有卫生技术人员51540人，其中执业（助理）医师19635人，注册护士22328人。医疗卫生机构建设床位数48689张。全市拥有乡村医生4615人，实现村级医疗卫生服务全覆盖，建设乡村一体化村卫生所（室）1869家。

全年全市共报告法定甲乙类传染病病例20188例，报告发病率230.98/10万。传染病疫情网络直报县级以上医疗卫生机构覆盖率为100%，乡镇卫生院（社区卫生服务中心）覆盖率为100%。儿童预防接种四苗接种率99.73%，乙肝疫苗接种率99.84%。

全年全市运动员取得7项20人次全国冠军。积极推进全民健身设施补短板工程，全市新建65座足球场、8座全民健身驿站、10座多功能运动场和10座村级老人体育中心，在建2座智慧体育公园。全年通过线上、线下、云端等方式，先后组织举办了各类全民健身活动448项，参加人数19.09万人次。成功举办泉州市2020年全国皮划艇激流回旋秋季冠军暨全国皮划艇激流回旋青年锦标赛全国U系列皮划艇比赛。全年销售体育彩票17.74亿元。

十二、资源、环境和安全生产

年末环湾建成区面积达235平方公里，比上年末增加5平方公里。其中，中心市区建成区面积达159.41平方公里，比上年末增加2.35平方公里。中心市区建成区新增园林绿地33.9公顷，总绿地面积达9148.48公顷，绿化覆盖面积9810.66公顷，绿化覆盖率为43.4%，人均公园绿地面积为14.87平方米。

全年全市自来水供水总量48320万立方米，其中居民家庭自来水用水量16042万立方米，家庭自来水用户114.99万户。全年共铺装天然气管道188公里，年末天然气管道累计达4259公里；天然气用户数49.62万户。全年全市城市生活垃圾无害化处理率100%，城市污水处理率95.29%。

全年全市各城市、县城环境空气质量均达到国家二级标准，其中市区空气质量优良天数共357天，占总天数的97.5%。13个县级以上饮用水水源地Ⅲ类水质达标率保持100%。主要流域14个国、省控断面Ⅰ～Ⅲ类水质比例100%，晋江流域13个国、省控断面Ⅰ～Ⅱ类水质比例46.2%，58个小流域监测断面Ⅰ～Ⅲ类水质比例93.1%。36个近岸海域国、省控站位一、二类水质比例91.7%。全年农村饮水安全受益人口10.85万人。

泉州市本级和10个县（市、区）先后建成国家生态市、县、区并获命名；德化县、永春县、鲤城区、安溪县获评国家生态文明建设示范县（区）。永春县还获得“绿水青山就是金山银山”实践创新基地。全市已建成111个国家级生态乡镇、1659个市级以上生态村。

全市拥有省级以上林业自然保护区4个，其中国家级自然保护区1个；林业自然保护区面积（含保护小区）4.30万公顷，占国土面积的3.4%。另有福建深沪湾海底古森林遗迹国家级自然保护区，面积31平方公里。全市拥有森林公园23个，其中国家级1个、省级22个，森林公园总面积2.35万公顷，占国土面积的2.1%。全市森林面积64.55万公顷，森林覆盖率58.7%，活立木总蓄积量4738.8万立方米，森林蓄积量4380.6万立方米。

全年发生森林火灾7起，过火面积118.8公顷，因森林火灾造成受害森林面积25.3公顷。

全年因主要气象灾害造成的直接经济损失0.16亿元，比上年减少80.7%；全年农作物受灾面积12813.33公顷。

全年全市共发生生产安全事故207起，比上年下降16.2%，死亡124人、上升1.6%，受伤221人、下降0.9%，直接经济损失7817.10万元、上升422.4%。其中，工矿商贸事故（含采矿业、商贸制造业、建筑行业等）12起、下降55.6%，死亡47人、上升38.2%，受伤42人、上升133.3%；道路运输事故194起、下降11.0%，死亡69人、下降18.8%，受伤173人、下降14.4%；渔业船舶事故1起、下降50%，死亡8人、上升166.7%，受伤6人、上升100%。发生重大事故1起，死亡29人，受伤42人，上年同期无重大事故。发生较大事故2起、下降50%，死亡16人、上升6.7%。亿元生产总值生产安全事故死亡人数0.012人，与上年持平；道路交通事故万车死亡人数2.25人，下降10.0%。

注释：

[1]本公报中数据均为初步统计数。各项统计数据均未包括金门县。部分数据因四舍五入的原因，存在着与分项合计数不等的情况。

[2]地区生产总值、各产业增加值绝对数按现价计算，增长速度按可比价格计算。

2020年泉州市国民经济和社会发展统计表格

2020年泉州市国民经济和社会发展结构指标一览表

表73

项目	单位
地区生产总值	100.0
第一产业	2.2
第二产业	57.2
第三产业	40.6
固定资产投资	100.0
国有资产投资	24.4
农林牧渔业总产值	100.0
农业	38.5
林业	1.2
畜牧业	27.2
渔业	30.5
农林牧渔专业及辅助性活动	2.6
客运量	100.0
铁路	44.1
公路	40.1
水路	0.03
航空	15.7
货运量	100.0
铁路	3.1
公路	47.1
水路	49.7
航空	0.03
进出口总额	100.0
进口额	23.7
出口额	76.3

2020年泉州市国民经济和社会发展总量和速度指标一览表

表74

项目	单位	总量	增长（%）
地区生产总值	亿元	10158.66	2.9
第一产业增加值	亿元	226.60	1.8
第二产业增加值	亿元	5808.15	2.8
第三产业增加值	亿元	4123.91	3.2
工业增加值	亿元	5120.69	2.9
规模以上工业增加值	亿元	—	3.0
农林牧渔业总产值	亿元	411.42	1.8
固定资产投资（不含铁路）	亿元	—	-2.4
社会消费品零售总额	亿元	5228.87	-2.3
一般公共预算总收入	亿元	813.32	-3.1
地方一般公共预算收入	亿元	454.04	-0.8
一般公共预算支出	亿元	715.14	8.6
进出口总额	亿元	1970.8	-6.7
出口额	亿元	1503.6	3.4
全体居民人均可支配收入	元	40772.0	4.1
城镇居民人均可支配收入	元	50968	2.8
农村居民人均可支配收入	元	23459	6.0

2020年度泉州市生态环境状况公报

泉州市生态环境局

（2021年6月5日）

综述

2020年是“十三五”规划的收官之年，也是全面建成小康社会的决战决胜之年，泉州市委、市政府深入贯彻习近平新时代中国特色社会主义思想和习近平生态文明思想，全面落实党中央、国务院和省委、省政府决策部署，坚持新发展理念，坚持“生态立市”，突出“生态+”，全面加强生态环境保护，坚决打好污染防治攻坚战，着力推进经济高质量发展与生态环境高水平保护。圆满完成“十三五”规划确定的约束性指标和污染防治攻坚战阶段性目标任务，走出了一条生态“高颜值”、发展“高素质”的路子，生态环境质量稳定保持优良，人民群众的生态环境获得感显著增强，美丽泉州建设迈出坚实步伐。

2020年，泉州市环境质量状况总体优良。市区空气质量达标（优和良）天数为357天，达标天数占比97.5%，比2019年增加5天；空气轻度污染天数为9天，发生率为2.5%，其中细颗粒物超标2天、臭氧超标7天，未出现中度及以上污染日。各县（市、区）空气质量保持优良水平，全市平均达标天数比例为98.4%。主要河流及13个县级及以上集中式饮用水水源地III类水质达标率均为100%。小流域水质稳中向好。山美水库和惠女水库总体均为II类水质，但水体呈现中营养状态。近岸海域一、二类海水水质站位比例91.7%。城市声环境功能区及道路交通的声环境质量基本符合环境噪声限值。

大气环境

2020年，泉州市区空气质量以优良为主，达标天数比例为97.5%。全市降水pH均值范围在5.56～6.58之间。

环境空气质量

按照《环境空气质量标准》（GB3095-2012）评价，泉州市区空气质量持续保持优良水平，细颗粒物（PM2.5）年均浓度达二级标准，可吸入颗粒物

（PM10）、二氧化硫（SO_2）和二氧化氮（NO_2）年均浓度达一级标准，一氧化碳（CO）浓度（24小时平均浓度的第95百分位数）达到一级标准，臭氧（O_3）浓度（日最大8小时平均浓度的第90百分位数）达到二级标准；全市11个县（市、区）和泉州开发区、泉州台商投资区环境空气质量达标天数比例范围为96.7%～100%，全市平均为98.4%。

根据《城市环境空气质量排名技术规定》（环办监测〔2018〕19号），全市环境空气质量按空气质量综合指数排序依次为：德化县（第1名）、永春县（第2名）、安溪县（第3名）、泉港区（第4名）、石狮市（第5名）、惠安县（第6名）、晋江市（第7名）、泉州台商投资区（第8名）、南安市（第9名）、鲤城区（并列第10名）、洛江区（并列第10名）、泉州开发区（并列第10名）、丰泽区（第13名）。

降水

全市降水pH均值范围在5.56～6.58之间，酸雨频率范围在0～13.5%之间。泉州市各县 （市、区）城市区域均属非酸雨区。

水环境

2020年，泉州市水环境质量总体保持良好。晋江水系水质为优；13个县级及以上集中式饮用水水源地水质达标率为100%；山美水库和惠女水库总体为Ⅱ类水质，水体呈中营养状态；小流域水质稳中向好；近岸海域一、二类海水水质站位比例91.7%。

主要河流水质

泉州市主要河流晋江水质状况为优，13个国、省控监测考核断面的功能区（Ⅲ类）水质达标率100%，其中，Ⅰ～Ⅱ类水质比例为46.2%。

集中式饮用水水源地水质

泉州市县级及以上集中式生活饮用水水源地共13个，Ⅲ类水质达标率100%。

水库水质

按照《地表水环境质量标准》（GB3838-2002）评价，山美水库总体水质为Ⅱ类，参考指标总氮劣于Ⅴ类水质标准；惠女水库总体水质为Ⅱ类，参考指标总氮达到Ⅲ类水质标准。按综合营养状态指数评价，山美水库处于中营养状态，营养状态指数为37.6；惠女水库处于中营养状态，营养状态指数为41.9。

小流域水质

泉州市52条小流域的58个监测断面 （厝上桥断流暂停监测）Ⅰ～Ⅲ类水质比例为93.1%（54个），Ⅳ类水质比例为5.2%（3个），Ⅴ类水质比例为1.7%（1个）。

近岸海域水质

泉州市近岸海域水质监测站位共36个（含19个国控站位，17个省控站位），一、二类海水水质站位比例91.7%，泉州湾晋江口、洛江口及安海石井海域水质劣四类，超功能区标准的主要污染因子为活性磷酸盐和无机氮。

声环境、固体废物

2020年，城市功能区及道路交通声环境质量总体保持较好水平。工业危险废物处置利用率、医疗废物处置率和城乡生活垃圾无害化处理率较高。

声环境

城市功能区声环境

2020年，泉州市区功能区声环境质量昼间监测点次达标率为100%，与上年相比上升了6.2个百分点；夜间监测点次达标率为85.3%，与上年相比上升了35.3个百分点。晋江市区昼间监测点次达标率为66.7%，夜间监测点次达标率为0%，与上年持平。石狮市区和南安市区的昼间、夜间监测点次达标率均为100%，均与上年持平。

城市区域声环境

2020年，全市城市（县城）区域声环境质量总体一般。南安市区、德化县城昼间区域声环境质量等级为二级（较好），泉州市区、泉港区、晋江市区、惠安县城、安溪县城、永春县城昼间区域声环境质量等级均为三级水平（一般），石狮市区昼间区域声环境质量等级为四级水平（较差）。

城市道路交通声环境

2020年，安溪县城昼间道路交通噪声强度等级为一级（好），泉州市区、泉港区、南安市区、惠安县城、永春县城、德化县城昼间道路交通噪声强度等级为二级水平（较好），晋江市区昼间道路交通噪声强度等级为三级水平（一般），石狮市区昼间道路交通噪声强度等级为四级（较差）。

固体废物

2020年，全市工业危险废物产生量25.9万吨，处置利用率为98.6%；全市医疗废物产生量0.5万吨，安全处置率为100%；全市城乡生活垃圾产生量288.8万吨，无害化处理率100%。

生态保护与建设

生态保护方面。全市森林覆盖率稳定在58.7%，与上一年度持平；森林蓄积量为4380.6万立方米，比上一年度增加42.1万立方米；湿地保有量96172公顷，与上一年度持平；海洋保护区面积4055公顷，与上一年度持平；新增水土流失治理面积20800公顷；新增废弃矿山生态恢复治理面积60.8公顷；拥有国家级自然保护区2个、省级自然保护区3个，总面积28067公顷，保护区生态环境总体良好。

生态建设方面。一是持续推进环保设施与能力建设大会战，完成或基本完成127个项目和4个工程包。二是开展绿盈乡村建设。紧紧围绕《福建省乡村生态振兴专项规划（2018—2022年）》“山更好、水更清、林更优、田更洁、天更蓝、海更净、业更兴、村更美”的目标，对照“绿盈乡村”建设指标体系找差距并谋划实施一批生态环境补短板项目，建设1330个“绿盈乡村”，逐步提升乡村生态宜居环境。三是推进生态文明示范区建设。泉州河长制工作探索实践做法被水利部河长办作为典型案例，用作全国河湖长制培训教材；河长制、环境治理监管、生态司法保护、生态环境损害赔偿、环保督察落实工作机制等5项改革经验获国家部委复制推广，农村生活污水治理、建设项目环境影响登记表备案事中事后管理、水土流失治理、生态司法多维立体保护等13项改革经验获省上相关部门复制推广；永春县获第四批“绿水青山就是金山银山”实践创新基地命名，安溪县获第四批国家生态文明建设示范区命名，晋江市获得“福建省节水型城市”命名，德化县跻身省级生态产品市场化改革试点，泉州九牧厨卫、浔兴拉链等5家企业入选国家工业和信息化部第五批绿色制造名单。

环境保护措施与行动

落实责任，推动“党政同责、一岗双责”。泉州市生态环境保护委员会实行市委书记、市长“双主任”制，市政府常务副市长任常务副主任兼办公室主任，加强了全市生态环境保护工作的组织领导和统筹协调能力。制定实施《2020年度各县（市、区）党政领导生态环境保护目标责任书》，明确各地各有关部门责任和年度任务，建立健全考核考评机制。市委市政府对重难点问题实施挂牌督办，要求各地党政“一把手”要亲自过问、亲自协调、亲自推动，有力推动党政领导生态环境保护目标责任书的工作落实。

精准施策，打好三大污染防治攻坚战

打好蓝天保卫战。印发实施《泉州市大气污染强化治理专项行动方案》，深入推进涉挥发性有机物、建筑施工扬尘污染、道路扬尘污染、禁止燃放烟花爆竹、油品质量升级、船舶用燃油、露天烧烤污染、露天焚烧垃圾污染等8个专项整治行动。实施大气精准减排治理，完成70个省市重点项目；推进12台65蒸吨以上燃煤锅炉超低排放改造和闽光钢铁超低排放改造；完成16个重点工业炉窑治理项目。深入推进建陶行业污染综合整治，建立分类评级制度，实行污染天气预警错峰生产。加强移动源污染治理，强化区域联防联控和污染天气应对。

打好碧水碧海保卫战。以全面推行“河（湖）长制”为抓手，开展第二轮流域水质提升“碧水清源”专项行动，实施精准治理项目103个；开展饮用水源地保护专项行动，完成市、县及乡镇“千吨万人”水源地环境问题销号整改，实现县级以上水源地水质自动监测监控全覆盖；实施农村污水治理行动，完成36个村庄农村生活污水治理为民办实事项目，开展农村生活污水处理设施建设运营现状和农村黑臭水体调查摸底。强化海漂垃圾源头管控，实施海漂垃圾综合治理，协同推进入海河流精准治理；启动入海排水口专项排查，通过“查”“测”“溯”摸清全市岸线入海排水口底数，为后期推进分类整治和规范管控打好基础。

打好净土保卫战。组织开展“守护净土”和涉镉排查专项行动，开展重点行业企业用地调查，实行疑似污染地块清单动态管理；组织开展危险废物整治三年行动，实行危险废物信息化全过程监管，超一年危险废物贮存量基本清零，开展废铅蓄电池集中收集和跨区域转运制度试点；防控土壤及地下水污染，完成加油站地下油罐防渗改造。

扎实推进，加快中央生态环保督察反馈问题整改落实。统筹推进两轮中央生态环境保护督察反馈问题整改，建立健全问题整改调度机制，督促责任单位落实整改。截至2020年底，第一轮中央环保督察30项整改任务已完成整改26项，剩余4项正按序时进度推进，907件信访件已全部办结；第二轮中央生态环保督察11项整改任务正按序时进度推进，860件信访件已办结854件（办结率99.3%）、已销号843件（销号率98.02%）。

优化服务，助推高质量发展落实赶超。落实“放管服”改革要求，做好环评与排污许可证的有效衔接，梳理环评及排污许可证分级审批权限，全力推进排污许可清理整顿工作和发证登记工作。做好市重点项目环评审批服务，推行环评审批正面清单，扎实推进石化园区环境保护问题整改，完成“三线一单”生态环境分区管控编制工作。推进减排驱动，保障总量指标，开展清洁生产评估工作；完成泉州市第二次全国污染源普查工作。

严守底线，持续强化环境安全风险防控。持续深入开展环境安全隐患排查整治工作，全年共检查各类环境安全企业700家次，发现环境安全隐患问题879个，已完成整改873个。组织放射性物品“一体化”治理，开展饮用水源地暨辐射事故应急演练，提升环境应急响应能力。主动防范化解化工企业“邻避”问题。印发实施《泉州市新型冠状病毒疫情环境风险防控工作方案》《泉州市新冠肺炎疫情医疗废物处置应急预案》等文件，加强疫情期间医疗废物和医疗废水环境风险防控，多项医疗废物环境管理及应急处置措施得到省生态环境厅采纳，全市累计收集处置涉疫废弃物405.7吨，安全处置率100%。

铁腕治污，严厉打击环境违法行为。坚持勤查重

罚，共立案查处环境违法行为648起，实施停产、限产案件6起，查封、扣押案件126起，移送侦办案件37起。持续开展生态环境领域扫黑除恶专项行动，专项行动开展以来共向各级扫黑办、公安机关移送线索75条。

深化改革，完善生态环境保护治理体系

贯彻落实《中共中央办公厅国务院办公厅印发〈关于构建现代环境治理体系的指导意见〉的通知》《中共福建省委办公厅福建省人民政府办公厅印发〈关于构建现代环境治理体系的实施方案〉的通知》，提出《泉州市关于构建现代治理体系的若干措施》（泉委办发〔2020〕 51号），加快构建党委领导、政府主导、企业主体、社会组织和公众共同参与的现代环境治理体系。

印发《泉州市生态环境监管能力建设三年行动方案（2020—2022年）》（泉政办〔2020〕 39号），部署构建覆盖全市的地表水、地下水、大气、土壤等立体化生态环境质量监测网络和污染源监控系统，提高对全市重点区域、重点流域生态环境监管能力。

*推动排污权有偿使用和交易及环境污染责任保险工作。*市生态环境局、发改委、财政局联合印发《泉州市排污权储备和出让管理规定》（泉环保〔2020〕113号），全年共计380家建设单位通过市场完成1017笔排污权交易，受让排污权金额4838.42万元。推动纳入投保范围内超九成企业签订环境污染责任保险合同。

*推进企业环境信用动态评价工作。*有序开展2020年企业环境信用评价工作，组织完成两批1086家强制参评企业评价工作，其中172家环保诚信企业（绿牌）、898家环保良好企业 （蓝牌）、10家环保警示企业（黄牌）、6家环保不良企业（红牌），并对评价结果进行公告。强化企业环境信用动态评价结果运用，实施联合惩戒机制。

*夯实基础，加强环境监测工作与能力建设。*编制泉州市2020年生态环境监测方案，完成全市水、大气、土壤、声等常规环境质量监测和重点污染源等专项监测，为全市各级各部门环境管理与决策、改善生态环境质量、打好污染防治攻坚战、推进生态文明建设等提供真实可靠的环境数据。持续推进重点污染源执法监测，2020年共开展重点排污企业监测232家，其中水环境重点排污单位67家、大气环境重点排污单位29家、土壤环境重点排污单位68家、其他重点排污单位30家、涉重金属企业及相关堆场、尾矿库等排污单位38家，除土壤环境重点排污单位废水污染物平均排放达标率为96.4%外，其他排放达标率均为100%。织密环境监测网络，新建8座重点监控区域空气质量自动监测站并投入试运行，完成4座国控、省控地表水断面水质自动监测站的选址工作；协助省环境监测中心站在德化九仙山建设环境空气质量区域站；完成2个非国控环境空气质量自动监测站数据联网传输。加强监测数据质量监管，组织实施 《泉州市环保重点领域社会化监测机构监测数据质量监督检查方案》，明确委托监测项目有关信息上传、监管要求；指导各地做好重点排污单位自行监测及信息公开，同步开展自行监测帮扶指导；会同市市场监管局对生态环境监测机构开展检查抽查。联合多部门共同举办全市生态环境监测职业技能竞赛，共有12支队伍、 48名选手参加决赛，提高全市环境监测队伍的理论和实操水平。利用大气预警预报系统，开展监测数据分析及数值模型集合预报工作，逐步提高空气质量预测预报水平。

引导公众参与

*及时妥善处置群众诉求。*2020年，全市生态环境系统共受理举报341件、微信举报824件、网络举报256件、来信来访举报事项384件，均及时受理、按期办结，到期办结率达100%。

*办理人大建议政协提案。*2020年，市生态环境局共承办市人大建议25件（独办1件、主办7件、协办17件）、市政协提案25件（主办10件、分办1件、协办14件），办理答复反馈满意率100%。

*注重宣传教育和信息化工作。*一是加强与新闻媒体的沟通与协作，通过开设宣传专栏专题，及时宣传报道我市生态环境保护工作的好做法、新进展和新成效，营造良好的舆论氛围。二是通过举办2020年六五环境日、国际生物多样性日等宣传活动，开展环保宣传进社区、进家庭、进校园以及环保设施向公众开放等活动，提高社会宣传效果。三是强化泉州市生态环境“一网两微”新媒体建设，发挥新媒体作用，提升宣传覆盖面和影响力。四是有序推进省生态云平台各业务模块常态化运用，推进水环境综合管理系统、机动车排放系统的建设和应用。建立固定污染源自动监控智能化管理系统，强化对重点排污单位及建陶行业污染源自动监控数据的应用。

2020年泉州市重点课题调研成果选登

“十四五”加快推进泉州基本公共服务供给侧结构性改革的若干思考

泉州市政府发展研究中心课题组

“十四五”是开启全面建设社会主义现代化国家新征程的第一个五年，而基本公共服务是群众对社会主义现代化建设成果感受最直接的现实问题，也是衡量现代化建设水平的重要指标。近年来，泉州有序推进基本公共服务均等化，基本公共服务水平有了较大提升，但也要看到，与新时代群众日益增长的美好生活需要相比，泉州市教育、医疗、养老等基本公共服务重点领域仍然存在供给不充分、发展不平衡、布局不优化等突出短板，这要求我们必须从新阶段的特点及现实需求出发，深入推进公共服务供给侧结构改革，提高供给质量和水平，不断完善基本公共服务供给体系，让群众在我市全方位推动高质发展超越进程中感受深、得实惠。

一、推进基本公共服务重点领域改革发展的主要成效

近年来，泉州市坚持把保障和改善群众基本公共服务作为发展的出发点和落脚点，持续加大基本公共服务财政投入，每年将超过70%的财政收入投入到教育、医疗卫生、养老服务等基本公共服务，深入实施“四心”工程、泉州“XIN”行动，着力提升基本公共服务供给水平，基本公共服务均等化进程加快，人民群众幸福指数不断提升。

（一）深入推进教育领域综合改革。以办好人民满意的教育为目标，实施教育舒心工程，努力在全省率先基本实现教育现代化。一是推动学前教育优质普惠发展。落实《福建省关于建立学前教育经费保障机制的指导意见》，全市公办幼儿园生均公用经费财政拨款标准都已经达到或超过每生每年450元。鼓励支持民办幼儿园发展，落实普惠性民办幼儿园奖补政策。2019年，新增公办幼儿园学位1.3万个，5所幼儿园被确认为省级示范园、2所幼儿园被确认为泉州市示范园，积极培育96所省级“保教改革建设幼儿园”。二是深化义务教育学校管理改革。加大对薄弱学校的扶持力度，提升农村学校办学条件。推进义务教育管理标准化建设，全市240所（小学191所、中学49所）学校通过“福建省义务教育管理标准化学校”市级评估确认，数量居全省首位。改革公办、民办义务教育学校招生方式，推动义务教育均衡化发展。2019年，新增中小学学位1.2万个。三是推进高中教育特色化发展。2019年，建成11所省首批示范性普通高中建设学校、20所省市普通高中课程改革基地建设学校、10所普通中学学科教学联盟基地校，培育20所泉州市特色普通高中，推动我市普通高中特色办学、多样化发展。省三级以上公办高中达标率93.6%。四是推进职业教育产教融合发展。出台《泉州市职业教育改革工作方案》，闽南科技学院转设为独立设置的应用型本科高校、泉州理工职业学院升格并更名为泉州职业技术大学，组建财贸职业院校联盟，建设具有泉州区域特色的现代职业教育体系进一步完善。15所职业院校（高职4所、中职11所）入选省级示范性现代职业院校，数量全省最多（占全省的22%），我市产教融合型试点城市创建工作得到国家发改委的肯定。五是创新教师队伍管理体制。建立市直学校管理人才库，扩充教师队伍规模，实施“六项”教育工程（领航团队、名师名校长名班主任培养工程，初中“壮腰”工程、乡村校长助力工程、乡村教师素质提升工程，职业院校教师素质提升计划），全市教师队伍综合素质有较大提升，在国家、省基础教育和职业教育教学成果奖评选中，获奖总数均居全省第一。推进教师“县管校聘”管理体制改革，市直学校、泉港区、永春县开展首批试点工作，取得较明显成效。

（二）深化医药卫生体制改革。2018年，泉州市在全省公立医院综合改革评价考核结果排名第二，获得建设国家区域医疗中心资格，医疗服务总体满意度连续三年居全省首位。一是推进医药采购、医疗收入、医保支付方式“三医联动”改革。推进公立医疗机构设施、药品集中采购，年可节约药品费用超亿元。2019年，城乡居民医保政府补助标准每人每年提高到520元。实施院长年薪制，多批次调整提高体现医务人员劳务价值的三级及以上手术类项目价格和多项公立医院普通门诊诊查费项目价格，调整价格纳入医保支付范畴，进一步变“以药养医”为“以技养医”。全市73家公立医疗机构开展按病种收付费，试行按疾病诊断相关分组（DRG）收付费改革。二是

加快医联体建设步伐。入选国家城市医联体建设试点。组建城市医疗集团，泉州市第一医院医疗集团步入运营轨道，紧密型成员单位洛江区医院实质运行，建成远程医疗服务协作网4个。石狮、永春、德化3个世行贷款县域紧密型医共体试点县（市）实质运行，有序推进泉港、晋江、南安、惠安等非紧密型医共体建设。建成市县新生儿危急重症救治、危重症孕产妇转诊救治、中医康复和胸痛中心等专科联盟6家。三是完善现代医院管理制度。规范医院内部治理结构和运行管理规则，19家医院实行党委书记、院长分设，制定医院章程，组建药管委、质量安全管委，医院运行管理日趋规范化、制度化。完善市属医院绩效指标体系，根据考核结果分配财政补助资金，充分发挥绩效考核的促进作用。26家医院运用“互联网+”开通网络预约、检查检验结果查询等多样化服务，服务能力和运行效率不断提高。推广临床路径管理。四是稳步推进公立医院编制改革。实行公立医院编制备案制管理制度，允许公立医院在合理核定的编制范围内自主安排用编计划，聘用人选确定后直接报同级编制部门备案并办理入编手续。探索推行基层人事统筹调剂机制，设立基层卫技人员管理服务保障中心，实行卫技人员“县管乡用”管理。推进基层公选院长，安溪、南安两地公选15名基层医疗机构院长。

（三）推动养老事业创新发展。积极应对全市老年人口增速快、高龄化的趋势，将实施居家社区养老服务工程、建设农村居家养老服务站纳入市委和市政府为民办实事项目，大力引导社会力量广泛参与养老服务，全面推进养老服务业发展。2019年，泉州市千名老人拥有床位数35.66张，提前完成省定目标。一是优化民办养老机构建设运营环境。深化养老领域放管服改革，取消养老机构设立许可，进一步放宽民间资本和社会力量申办养老机构的准入条件，已建运营的养老机构许可完成率100%，位列全省第一，其中民办养老机构占比74%。完善和落实对民办养老机构的优惠政策，支持公建民营、民办公助等方式兴办养老机构。二是培育专业化养老服务社会组织。建成全省首家养老专业化服务组织孵化基地，已吸引11家省内外（含2家台湾地区）养老专业化组织入驻，承接运营福利中心、乡镇敬老院、农村居家养老服务站等养老服务设施，逐步将乡镇敬老院转型升级为农村区域性养老服务中心。2019年，泉州市农村养老服务设施覆盖率57.4%，乡镇敬老院床位使用率70.33%，民营养老床位占比93%，列全省前列。三是推进养老服务医养结合。将居家老年人纳入家庭医生签约服务重点人群，建立居家、社区、机构“三位一体”的老年人长期照护服务体系，保障失能、半失能、高龄老人的生活照料、康复护理、精神慰藉和安宁疗护等长期照护服务。支持基层医疗卫生机构与乡镇（街道）、村（社区）养老服务机构签约合作，为社区居家养老的老年人提供医疗卫生服务，对承办的每家基层医疗机构由市、县财政补助10万元。支持晋江梅岭街道晋阳社区、青阳街道普照社区开展智慧养老服务试点，扶持培育禾康、雅适两家信息服务平台，实现市、县（市、区）“互联网+居家养老”服务全覆盖。

二、存在的主要问题

近年来，泉州市基本公共服务的覆盖面不断扩大，受惠群体不断增加，服务能力不断提高，但仍不适应群众需求规模快速增长、需求层次多样化等新情况，基本公共服务仍存在结构性的短板与不足，主要体现在以下四个方面：

一是需求快增长与供给有限性矛盾逐渐凸显。随着城镇化深入推进、人口老龄化加快以及全面两孩政策的实施，泉州市公共服务供给满足不了群众快速增长的需求。医疗方面，今年，全市医疗机构床位数缺口1.7万张左右，特别是儿科、精神科、产科床位缺口较大。医疗专业人才紧缺，2019年我市千人职业（助理）医师数1.92人、注册护士数2.23人，分别低于全省平均水平（2.31人、2.77人），与泉州市经济社会发展水平不相称。教育方面，学龄人口规模恢复性增长导致学前教育学位不足，供需关系紧张，公办性质、普惠性幼儿园在园幼儿占比为45.43%、78.20%，离2020年目标（50%、85%）要求仍有较大差距。此外，教师队伍缺口较大，全市中小学教师8万多名，其中编外教师1万多，部分县（市、区）未能实现同工同酬造成编外教师稳定性不强。养老方面，居家社区养老场所空间较小、配套设施不到位、功能较简单，服务队伍专业化程度不高等短板突出。

二是基本公共服务资源配置不均衡。由于城乡之间、区域之间的发展水平以及公共资源投入强度的差距，不同地区公共服务水平发展不平衡，公共服务资源配置结构面临较大的调整压力。绝大部分农村地区的公共服务水平落后于城镇，特别是安溪、南安、永春、德化等山区县的农村地区尤为突出，农村的优质公共服务可及性较低。教育方面，优质学校大部分集中在中心市区、中心镇区，校际之间的办学水平和教育质量存在明显差距。医疗方面，县级以下医疗机构投入不足，医疗设施不够先进，高层次人才引进难、留住难，对常见病、多发病的诊治水平有限，群众信任度不高，目前仍未实现“小病在基层、大病进医院、康复回基层”的合理就医秩序。养老方面，农村养老服务设施覆盖率低于全省、全国平均水平，社会化养老水平不高。

三是基本公共服务供给质量不高。目前，泉州市公共服务供给更多停留在保障性、普惠性阶段，公共服务供给质量仍不高，多层次需求还难以有效满足。教育方面，“上好学难”“择校热”等问题仍不能从根本上解决。高等教育、职业教育科研能力不强，总体水平不高，对全市经济社会发展、科技创新的牵引力不强。医疗方面，儿科、精神卫生、全科医生等专业人员缺口较大，特别是公共卫生专业人才严重不足。高端专科医院较少，大病、重病常需转市域外就诊。村级卫生院医保服务水平总体不高，目前全市1875家村卫生所医保定点的开通率仅45.55%，远落后于全省的74%，其中晋江、台商投资区、安溪、石狮、洛江的开通率不足30%，农村看病贵、看病远问题仍普遍存在。养老方面，高端养老机构仍较少，医养结合水平不高，满足不了日益多元的养老服务需求。

四是基本公共服务多元化供给体系尚未健全。泉州市基本公共服务供给以财政性投入为主，“单向投入型”的运行特点仍较为突出。比如，市本级教育支出、医疗支出、社会保障和就业支出已从2015年的18.71亿元、8.47亿元、3.89亿元分别增长到2019年的19.23亿元、27.24亿元、8.52亿元，以上三项支出占市本级一般公共预算收入的比重从2015年的51.34%增长到2019年的77.2%，财政支出压力逐年增大。相比之下，更具灵活性的社会化资本投入较少，投资项目数量不多，公共服务市场化程度较低。以教育为例，社会力量参与更多停留在教育捐赠层面，全方位、专业化、高端化参与教育事业运营服务的机构较少，2019年全市民办小学仅为29家，占全市小学总数的2.2%，民办普通中学仅为29家，占全市中学总数的8.8%。

三、推进公共服务供给侧结构性改革的主要着力点

基本公共服务作为最大的民生工程，不仅事关群众的生活需要，高质量的公共服务还会形成人才、资本的虹吸效应，是提升城市区域竞争力的重要力量。“十四五”期间，要在不断提升基本公共服务均等化水平的基础上，以人民群众新需求为导向，以改革创新为总牵引，破解制约基本公共服务发展的体制机制问题，提高供给的针对性和有效性，努力实现“学有优教、病有良医、老有颐养”，不断增强群众幸福感、获得感。

（一）优化资源配置，推进公共服务供给“均衡化”。立足现阶段泉州市城乡之间基本公共服务发展水平不平衡的最大实际，加大农村基本公共服务供给，加快补齐农村教育、医疗、养老等方面突出短板，增强城乡之间基本公共服务的同步性。一是建立城乡教育资源共享发展机制。推动镇村薄弱学校集团化办学改革，实行镇村一体化、教研片区化管理，鼓励品牌学校采用“优质校+农村校”“优质校+新校”“优质校+弱校”等模式组建办学联合体，与农村学校、薄弱学校分享先进的办学理念、优秀的教师团队、有效的课程教学等，实现优质教育资源利用效益最大化。深入推动5G、人工智能与教育教学深度融合应用，开展名师空中课堂、城乡结对互动课堂等线上教学，扩大优质教育资源覆盖面，实现优质教育资源线上共享，提升薄弱学校的教育质量。二是健全基层医疗机构联动发展机制。镇村卫生医疗机构是直接为基层群众提供基本医疗服务的主体力量。要总结推广石狮、永春、德化建设紧密型县域医疗卫生共同体经验做法，加快医共体建设县域全覆盖，推动县级医疗人才、技术、设备、服务下沉，带动镇村两级医疗水平提升。加大中心市区医院对口帮扶镇村医疗卫生机构建设力度，通过坐诊、巡诊、远程医疗等方式，把优质医疗服务送至基层，逐步实现“基层首诊、双向转诊、上下联动”的分级诊疗模式。统筹推进镇村医疗信息化建设，建立村民电子健康档案和电子病历的连续记录，推进医疗机构健康信息数据共享。三是健全农村居家养老服务运行保障机制。扩大政府老龄事业发展专项引导资金规模，逐步提高用于老年人高龄补贴、意外伤害保险、特困失能老人护理补贴和养老服务设施的建设运营补贴的水平，建立健全与服务保障水平相挂钩的奖补机制。推广农村互助养老新模式，依托村级敬老院、居家社区养老服务照料中心等载体大力发展农村互助养老服务、志愿服务。发挥农村基层党组织、老年协会等作用，积极培育养老服务社会组织，为留守、孤寡、独居、贫困、残疾等老年人提供必需生活服务。

（二）完善标准化管理体制，促进公共服务“提质量”。基本公共服务标准体系不仅是合理配置基本公共服务资源的重要依据，也是衡量均等化水平的主要标尺。积极推进基本公共服务标准建设，以标准化促进基本公共服务均等化、普惠化、便捷化，是破解当前我市公共服务区域发展不均衡的关键一招。“十四五”期间，要深入贯彻落实国家标准化战略，综合考虑全市当前及今后经济发展、人口结构和变动趋势等因素，根据社会对基本公共服务的需求，完善基本公共服务领域的建设标准、管理标准和服务标准，力争建立起系统完善、层次分明、衔接配套、科学适用的基本公共服务标准体系。一是持续推进教育标准化建设。建立健全城镇小区配套幼儿园的建设与管理标准，将其纳入城镇公共设施建设规划，合理布局，确保幼儿园的规模与我市发展和人口增长相适应。持续推进我市义务教育管理标准化学校创建、省达标高中创建评估和省级示范性现代职业院校建设培育工程，既要注重完善学校基础设施建设、信息化教学设备配置等“硬标准”设置，又要加强学科课程、学校管理、教师队伍建设、学生发展质量评价和教育督导评价等“软标准”设置，同时引入第三方评价机制，加强对标准化建设项目的监测与评价，推动教育标准化建设由外延式发展向内涵式发展的转变。二是加快建立健全医疗保障标准化体系。对接国家统一的医疗保障标准化体系，根据实际需求和特点，分批研究制定符合我市市情的管理工作规范、公共服务标准、评价监督标准等地方标准，形成全市医疗保障标准清单，开展动态维护、完善修订。在此基础上，积极推进按疾病诊断相关分组（DRG）收付费改革试点工作，规范医疗机构诊疗行为，激发医疗机构管控药品、耗材成本的积极性，进一步降低医疗费用。持续推进乡镇卫生院、社区卫生服务中心标准化建设，改善基层医疗基础设施条件，全面提升标准化村卫生所医保定点的开通率，为群众提供看病医保报销“一站式”服务，努力实现“小病不出村”。三是加快推进标准化养老服务。根据国家养老服务标准体系框架，结合实际完善养老机构的管理、设施、服务标准和评价体系，以标准化、规范化促进养老机构提高管理和服务水平。健全新建住宅小区配建社区居家养老服务用房和设施的建设、移交与管理等制度，根据老年人口数量和服务半径，分区分级规划设置养老服务用房，提升社区养老场所保障能力。制定农村居家养老服务站基本服务清单，完善失能、失智和高龄独居老年人的家庭照护支持政策。

（三）充分发挥市场机制，推动供给体系“多元化”。随着泉州市城镇化深入推进，群众对基本公共服务需求规模随之大幅增长，财政支出压力也随之加大，亟须培育发展多元化的供给主体，多渠道拓展供给路径。“十四五”期间，既要发挥政府主导作用，维护社会事业公益性，又要充分发挥市场在公共服务生产上更具灵活性和专业性的特点，鼓励和支持各方力量参与，创新社会公共服务供给方式，拓展市场主体参与公共服务提供的力度、范围、广度，形成政府主导、市场和社会充分参与的基本公共服务供给体系，不断提高基本公共服务的供给能力。一是推进公共服务多元主体合作供给。充分发挥泉州市民间资本雄厚、侨务资源丰富、慈善风气浓郁的显著优势，积极引导民间力量参与教育、医疗、养老等社会公共服务事业。鼓励志愿者参与基本公共服务提供，发挥慈善组织、专业社会服务工作机构在基本公共服务提供中的补充作用。深入推进“放管服”改革，进一步放宽民间资本和社会力量申办教育、医疗、养老机构的准入条件，优化审批程序，提高民间资本进入公共服务领域投资便利化程度。完善和落实对民办公共服务机构的优惠政策。二是创新公共服务供给方式。在保基本的基础上，要充分利用互联网、大数据、人工智能等现代信息技术，挖掘需求信息、细分群众需求，准确把握群众公共服务新需求热点、新需求层次，通过开列公共服务项目菜单，群众“点单”的方式提供更多更贴心的智能化公共服务。对适合市场化方式提供的，要动态完善政府购买公共服务指导性目录、规则和管理办法，不断拓展政府购买公共服务的领域和种类。加快服务价格机制改革，进一步理顺基本服务与非基本服务、普通服务与高端服务、公办与民办的比价关系，促进形成“低端有保障、中端有市场、高端有选择”的公共服务新格局。三是多渠道拓展资金投入。针对公共服务事业领域投资规模大、周期长和收益率较低等特点，要发挥政府财政资金的保障性和引导性作用，逐步扩大财政资金扶持社会力量参与公共服务事业发展的资金规模，重点支持社会力量从事非营利性或微利活动，提高财政资金的使用效率。鼓励和引导民间资本用好PPP模式参与教育、医疗、养老等基本公共服务建设和运营管理，支持民办服务机构专业化、连锁化、品牌化发展。支持符合条件的民营企业申报教育、养老、医疗等社会领域产业专项债券，募集资金用于社会领域产业经营性项目建设。支持我市金融机构创新对社会力量参与公共服务事业的授信、审贷、还款模式。

（四）优化基层人才管理机制，强化公共服务“支撑力”。“十四五”期间，泉州市基本公共服务建设能否从服务内容“有没有”提升到服务能力和质量“好不好”上来，关键在于是否创新基层服务人才培养机制，充分调动基层公共服务人才积极性，为提升公共服务水平提供强有力的人才支撑。一是加大对基层公共服务人才激励力度。对在农村、边远地区工作的医疗卫计人员、教师，要逐步提高工资水平、生活补贴、职务晋升等方面待遇标准。优化基层单位专业技术岗位结构，适当提高乡镇卫生院、社区卫生服务机构、农村学校的中高级专业技术岗位比例，特别是对长期（如满20年以上的）在农村的中小学教师、医疗卫计人员，已取得职称资格的，可试行不受岗位职数限制直接聘任，让基层人员“有奔头”。全面实行编内编外人员同工同酬制度，建立编外人员晋升考核机制，实现“多劳多得、优绩优酬”。二是搭建基层公共服务人才培养提升平台。支持泉州师范学院、泉州医高专等本地院校针对基层服务需求，开展“点对点”订单式培养，与基层共建一批高水平的实训基地，开展专业化岗前培训和长期教育培训，扩大教师、卫技人员、养老服务人员等专业人才蓄水池规模。鼓励我市高等院校、职业院校等设立养老服务相关专业，提供统一的课程规划与指导，在教学内容、师资力量上加大扶持。健全高等院校全科医学培养机制，探索建立委托培养、定向培养制度。完善志愿者服务体系，促进志愿者队伍专业化发展。三是健全基层公共服务人才帮扶机制。推广中小学教师、卫生等专业技术人才晋升中高级职称须农村基层（含新校区、新院区）工作服务经历的做法，在基层服务期间原单位岗位、职级、工资福利保留不变，用人单位适当给予工作、生活补助，其基层工作经历和业绩可作为优先晋职、晋级、评聘和晋升专业技术职务的重要依据。实施专家、名师服务基层行动计划，组织专家、名师到基层一线开展技术指导、项目合作、人员培训等活动，推动专家、名师与基层建立经常性的服务联系机制，推动市级、县级优质资源下沉镇、村（社区），促进城乡资源均衡化发展。

课题指导：胡毅雄

课题成员：吕更新 曾金沙 潘 晶 江春平

加快泉州制造业高质量发展超越的研究

泉州市人民政府发展研究中心课题组

省委十届十次全会审议通过《中共福建省委关于深入学习贯彻习近平总书记重要讲话重要指示批示精神，全方位推动高质量发展超越的决定》，强调要加快产业结构优化升级，大力推动产业现代化发展超越，打造一批百亿龙头企业、千亿产业集群、万亿主导产业。当前，新冠肺炎疫情还在全球蔓延，中美贸易摩擦仍在持续，国际产业链和供应链受到前所未有冲击，正加速重构。制造业是泉州的根基，加快在疫后新格局当中找准自己的位置，立足优势、化危为机，大幅提高高技术制造业和先进制造业占比，是泉州制造业现代化发展实现超越的必然选择。

一、我市制造业发展面临的风险挑战和隐忧

前三季度，我市规模以上工业增加值同比增长1%，上半年为-1.6%，终于实现由负转正。二季度的深V翻转，三季度进一步回归常态，表明我市复工复产措施高效有序，前期系列的纾困政策起到了改善预期的效果，更说明我市制造业具有强大韧性。但在喜人的增长数据背后，也暗含着新的风险挑战和隐忧。

（一）全球产业链或将出现内向化的变化趋势。全球疫情继续攀升，加上受到“东西夹击”影响（东边美国步步紧逼，西边印度“无理取闹”），1—9月，全市规模以上工业出口交货值同比下降11.9%，60%的企业反映在手订单少于去年同期，匹克、百宏、添越等重点企业全年出口订单均下降10%以上。据研究，疫后大变局之“变”将进一步加剧，全球产业链未来会朝两个方向进行演化：纵向看，全球产业链趋于缩短；横向看，分工上趋向于区域化集聚。如果这个趋势成立，我市制造业面临的未来竞争可能就会出现产业链跟产业链的竞争、产业集群跟产业集群之间的竞争，意味着以过去产品内分工为主转向集群分工为主。

（二）对转型发展推向深入还未形成强有力的内在支撑。前三季度，传统产业板块仍然处在负增长区间，规模最大、链条最长的纺织服装增长-5.2%，增长最快的石油化工业产销率低于90%。这些数据的背后，一定程度上反映出主动应对外部形势环境和内在支撑条件变化的转型升级之痛。从调研重点产业细分领域发展情况来看，主要有以下方面：

一是不少核心技术、关键设备“受制于人”。本地配套设备的技术含量比欧美产品低，普遍比国外同期设备落后，先进纺织设备、大型食品整套生产线几乎来自从瑞士、德国、比利时、日本等先进制造国家。锻铸件、模具、关键零部件等基础产业专业化程度较低，特别是最关键部位的备件等需要外购，如大圆机数控系统还依赖进口。

二是重要原材料供应和价格影响行业稳定运行。纺织产品仍以普通面料为主，高附加值功能性面料不多，差别化、高性能、高附加值纤维材料占比较低，锦纶（尼龙）产量极少，每年60%高端面料（约10万吨）需要进口或省外购进。鞋用新材料和功能性材料开发应用相对不足，产品档次不高，高品质、高性能的原辅材料主要通过外购。石材业原材料及市场两头在外，企业主要采取视频点料，原材料质量难以保证，且价格上涨约20%。

三是部分主导产品产业链不完整。比如，纺织服装高端染整环节缺失。全市印染企业单位能耗偏高，大部分设备浴比（指浸染方式织物与染液的比值）在1∶8左右（即100千克纺织品用800千克染液），目前国内最先进的“超低浴比”设备可达到1∶3。后整理企业技术尚处于中低端，许多本土企业在采购坯布后，由于没能就地找到后整理加工企业，只能转赴江浙一带委托后整理加工。又如，建材家居重要配套环节缺失。家具、灯饰、水泥、五金饰品等领域尚未形成完整的产业链。

四是生产性服务业低效供给。除部分品牌企业，大部分服装企业处于OEM照样代工生产阶段，缺乏专业的设计师团队和行业设计师领军人物，研发、创意、设计能力较弱，智能制造应用水平整体不高，产业集中在产业价值链低端环节。缺少知名研发设计企业，石材行业产业链“设计—选材—加工—安装”中设计环节主要依靠市外，如广州、深圳、厦门等城市，市内设计能力有待提高。此外，缺乏高级别的检测、技术平台。

五是上下游产业生态链联动发力不足。纺织服装上下游协同反应速度偏慢，最快需要15天、普遍为30天左右，而GAP、H&M等国际一线快时尚企业的设计、生产、交付一般在7天以内。鞋业除部分龙头企业在品牌运作、智能制造、科技研发等方面有一定优势外，其他多数企业研发力量不足，原创性、突破性创新不多，生产工艺水平不够高，难以达到安踏、361度、特步等品牌企业的配套标准。

二、加快制造业高质量发展超越的几点建议

7月30日召开的中央政治局会议提出，要“提高产业链供应链稳定性和竞争力，更加注重补短板和锻长板”。认真贯彻落实好这一精神，我市要抢抓省上大力推动产业现代化发展超越机遇，构建创新引领、结构优化、融合发展的先进制造业体系，推动泉州制造在“双循环”中实现更大作为。

（一）以链为基础构筑共创共赢机制。用好市场和政府“两只手”，发挥多方优势，探索合作共赢的模式，推进产业创新升级，企业做大做强。一是细分领域互促互进，做大产业链联盟。调研中发现，石狮纺织服装产业联盟，把纺织服装各细分行业协会分散的资源高效整合串联起来，促进企业合作和抱团发展，在助力提升产业链协同发展水平、服务产业政策设计与咨询、促进技术创新与交流合作方面卓有成效。建议复制推广石狮纺织服装产业联盟做法，通过各个产业联盟、技术联盟的横向沟通，将产业链相关企业紧密团结起来，同时借助联盟座谈会、产销对接会等平台，把握产业链高端环节发展情况和未来发展趋势。二是“智”“链”融合，建立新型人才培养模式。将应用型能力的培养及职业素质的培养放置于具体的产业链结构中，校为企业培养专业性、高端技能型人才，企业为学校提供专业操作、职业素质的培养环境。三是“银”“链”联动，建立更加稳固的“核心企业+合作伙伴”链网金融。加强银企信息共享和信用共建，实施“一链一方案”精准对接、全程介入。强化重点供应链项目金融支持，推动龙头企业的数字供应链创新、关键技术产业化、供应链平台、国内国际供应链布局等项目建设，实现银企合作“共成长”。

（二）注重核心技术创新和重要环节把控。习近平总书记在企业家座谈会上强调“要提升产业链供应链现代化水平，大力推动科技创新，加快关键核心技术攻关，打造未来发展新优势。”制造业的竞争力，来自于它的核心技术、核心品牌。而对于核心技术的掌握，走好自主创新的自力更生之路，正是泉州制造业在未来的发展方向之一。一是增强“头部”企业引领力。加强国家自主创新示范区泉州片区建设，强化政策、资金、人才、设施等集聚效应，突出先行示范、效率优先，支持企业建设高水平研发机构。支持行业龙头企业与科研院所开展协同创新，争取在半导体、新材料等前沿领域取得创造性突破。充分发挥孵化器、加速器的平台载体作用，促进科技成果尽快投入试用、量产环节，转变为现实生产力。对一些风险大、投入高的研发项目，给予适当的资源支持，组建专家委员会，协助项目推进。二是推动技术交易机制和模式实现重大创新。近日，中共中央、国务院下发《关于构建更加完善的要素市场化配置体制机制的意见》，明确提出“加快发展技术要素市场”，并从五个方面提出具体要求。我市应先行先试，以建立枢纽型技术交易服务机构为重要抓手，加强技术经理人、技术转移团队的培养，建立和完善技术交易的市场化服务体系。全市科技社团要在技术交易中发挥其组织和资源优势，筹建技术交易专家智库，为技术中介行业发展及技术交易提供支撑。三是强化向技术专利核心进军。立足国家亟须、能填补国内空白、泉州自身有基础有望突破的领域，制定重大创新项目和领军型创新企业引进计划，实施一批重大科技基础研究专项、重大科技攻关专项和重大科技示范应用专项，实现对我市经济社会发展起重大支撑和引领作用。四是构建金融对科技创新的支持路径。以金融类企业为核心，聚集“产、学、研、投、创”全链条产业资源，将东海金融集聚区打造成科技金融的创新高地、创投热土。争取知识产权保险、知识产权证券化试点，建立知识产权质押风险补偿机制，引导科技金融产品向创新链上游延伸和成果转化布局，推动更多金融机构开展知识产权质押融资业务。

（三）加快实现数字化、工业化双向赋能。在以新一代信息技术为核心的技术变革背景下，新的要素是数据，新的基建是算力，新的内燃机是算法。抢占数字新基建新风口，推动5G、大数据、人工智能和实体经济深度融合，培育形成若干新产业链。一是提升现有装备的可接入水平和装备间数据交互能力。推动企业大规模技术改造，实施新一轮骨干企业智能化改造行动计划，加快生产设备、装备的互联互通，提升现有装备的加工效率、生产精度和控制水平。二是培育一批专业性强、行业特色明显的智能制造系统集成服务商。重点面向7大千亿级制造业集群，培育一批应用前景广、产业带动强、数字技术嵌入的智能服务型企业，鼓励企业探索推广离散型、流程型、大规模个性化定制、远程运维服务、网络协同制造等智能制造新模式，加快从“生产型制造”向“服务型智造”转变。三是推动企业业务系统云化改造和向云端迁移。鼓励集群龙头企业与知名互联网企业深度合作，培育产业平台化发展生态，打造行业级工业互联网平台和若干在国内有一定影响力的综合性工业互联网平台，努力抢占产业发展主导权。实施“互联网+小微企业”行动，支持中小微企业接入工业互联网平台，低成本、快速化形成信息化、数字化、网络化能力。

（四）着力推动制造业、服务业耦合共生。制造业的转型不是“单打独斗”，而是生产性服务业驱动制造业升级的“协同作战”。环顾全球，德国、日本等发达国家的再工业化发展战略均把生产性服务业作为制造业发展的支撑力量；上海、深圳等地正在朝着“两个70%”的目标不断迈进（即服务业占GDP70%、生产性服务业占服务业70%）。2019年11月，国家发展改革委等15部门联合印发《关于推动先进制造业和现代服务业深度融合发展的实施意见》。近日，苏州提出要打造生产性服务业标杆城市，从“挖掘需求、创造需求，扩大供给、优化供给”两端发力，强化新苏州制造的战略支撑。同苏州一样，我市要在推动先进制造业和现代服务业相融相长上做足文章，全力塑造符合时代发展要求的未来产业形态。一是加强“城与城”融合。世界经济发展规律表明，生产性服务业诞生于制造业、服务于制造业，离生产最近的地方往往最能催生发达的生产性服务业。借势借力，主动承接厦门高端生产性服务业溢出功能，加快建设成为与厦门互补的重要区域性生产服务中心，并加强与周边城市的产业合作，推动形成与闽西南域内城市协同互补的生产性服务业布局。二是加强“点与点”的融合。借鉴苏州做法，从培育条件、培育类型、支持措施等方面着手，培育一批引领行业质态提升、拥有自主品牌影响力、极具行业竞争力的生产性服务业领军企业，加快实现从提供单一产品向提供“智能产品+增值服务”转变。三是加强“链与链”的融合。强化信息技术服务、研发设计、知识产权服务、金融服务等生产性服务业对制造业的全产业链支撑作用，在技术渗透、深度融合中实现产业链重组整合、价值链提升跨越。四是加强“群与群”的融合。着力打造一批先进制造业和现代服务业“两业”融合集聚区，加快东海金融集聚区建设，探索建立国家级人力资源服务产业园。

（五）不断提升全球位势和分工地位。在内循环与双循环背景下，需要紧抓 “一带一路”建设将面临新的任务和重要合作机遇，不仅要继续深化国际产能合作，而且更要在此基础上将其与泉州制造价值链相互衔接，通过全球资源利用、业务流程再造、产业链整合等方式，以高水平开放推动产业链现代化发展。一是深入推进内贸外贸、线上线下一体化。完善“买全球、卖全球”市场网络，统筹海外资源，推广设立贸易投资促进机构，支持企业拓展国际营销网络，巩固提升泉州制造市场份额。深化贸易便利化改革，争取设立中国（福建）自贸试验区泉州新片区，加强跨境电子商务综合试验区、泉州综保区、石狮国际商贸城建设，放大跨境电商、市场采购等新型贸易方式效应，扩大进口，提高应对经贸摩擦专业化能力。二是积极培育创新优势。过去，我市在全球产业分工（尤其在东亚区域生产网络）中的地位属于成本驱动型。如今，仅靠低成本已不能支撑我市参与构建区域产业链，只有依靠科技创新，才能掌握构建区域产业链的主动权。要强化重要资源、技术、产品多元化供应和互利合作，共建科创平台，加强“一带一路”国际产能合作，引导和支持“走出去”企业将研发设计、高端制造、管理总部等环节留在泉州，推动海外企业本地化，加强境内产业园与境外经贸合作区的产业链合作，实现“走出去”和“引进来”相互促进。三是提升在全球范围内的话语权。标准，是国际竞争最重要的话语体系，谁主导国际标准，谁就具备行业控制力。以国际标准、国外先进标准为标杆，支持有条件的企业深度参与、主导国家国际标准、行业标准的制修订，不断提高“泉州制造”的全球市场控制力。

课题指导：胡毅雄 张照绿
课题成员：巫锡柱 曾金沙 邝春辉
执　　笔：巫锡柱

2020年泉州市重点建设竣工项目

一、交通项目

1. 省道215线（原省道307）南安丰州至洪濑段改造工程
2. 石狮锦蚶路
3. 中化泉州乙烯及炼油改扩建项目配套码头工程
4. 泉州锦尚作业区新建4号泊位工程及2号泊位改扩建工程
5. 晋江370县道（快速通道东石连接线）工程
6. 泉州斗尾作业区7号泊位工程
7. 泉厦漳城市联盟路泉州段
8. 石狮共富路工程
9. 石狮市锦江外线

10. 石狮市锦尚外线
11. 省道310德化龙门滩至苏洋路段

二、能源项目

1. 泉州地区10千伏配网基建项目（2020年度）
2. 福能晋南热电联产项目农林水利项目

三、农林水利项目

1. 石狮祥芝中心渔港扩建工程

四、社会事业项目

1. 福州大学晋江科教园建设项目
2. 泉州台商投资区百崎湖东片区实验学园
3. 石狮世茂海西博览馆
4. 石狮杨孙西服饰博物馆
5. 泉州歌舞剧院
6. 泉州七中江南校区
7. 晋江市第二体育中心
8. 泉州市第一医院城东院区二期病房楼
9. 晋江少体校
10. 石狮市中医院
11. 泉州五中桥南校区
12. 福建经贸学校新校区
13. 泉州医学高等专科学校附属人民医院二期综合病房大楼
14. 洛江区妇幼疾控综合业务用房大楼
15. 泉州市丰泽区第二实验小学东海校区
16. 惠安亮亮中学项目

五、城乡建设与生态环保项目

1. 石狮曾坑片区改造（奥园书香府第）
2. 南安瑞鹊片区改造工程
3. 柯石排洪渠生态绿廊工程（桂屿公园、师院段）
4. 石狮市宝盖山生态整治保护项目
5. 洛江滨江大道五金机电产业园至官虹路市政工程（洛滨北路）
6. 安溪县绿道北线景观绿化工程
7. 中山中路（打锡街—钟楼）保护提升工程
8. 永春县安全生态水系建设项目
9. 洛江区污水管网配套建设PPP项目
10. 南安芯谷七星湾人才房项目
11. 晋江经济开发区安东园综合污水处理厂项目
12. 江滨南路南安段
13. 石狮防洪排涝及水环境综合治理工程
14. 德化县大洋段棚户区改造安置房项目
15. 晋江垃圾焚烧发电提标改建项目
16. 泉州台商投资区海湾大道双山段道路及景观工程

六、服务业项目

1. 复星集团泉州城东商贸中心项目
2. 石狮黄金海岸改造开发建设项目
3. 石狮瑞福祥科技仓储项目
4. 普洛斯石狮物流园项目
5. 洛江新宜泉州枢纽物流中心项目
6. 泉州银行总部大楼
7. 安溪安商大厦
8. 惠安中化青兰山成品油罐区扩建项目
9. 晋江金龙广场
10. 丰泽海丝时代创意总部
11. 晋江国际会展中心
12. 丰泽银领国际中心
13. 晋江晋创城市广场
14. 泉州中国国际信息技术（福建）产业园项目
15. 厦航晋江飞行出勤楼
16. 鲤城骏雅轩艺术生活馆

七、制造业项目

1. 安溪天电光电生产项目
2. 南安阳光中科新型高效多用途单晶硅太阳能电池智能生产线项目
3. 惠安林德中化4.2万Nm^3/h空分项目
4. 石狮战地吉普厂房建设项目
5. 泉港福海粮油加工（四期）项目
6. 洛江精镁机械生产项目
7. 永春百胜包装制品项目
8. 中化泉州乙烯及炼油改扩建项目
9. 永春恒钛锻造项目
10. 石狮中科光芯片项目
11. 永春青铃包装生产项目
12. 泉州开发区鑫铂锐半导体零部件研发生产项目
13. 洛江中力机电生产项目
14. 永春印石山新型建材生产项目
15. 泉港百宏年产250万吨精对苯二甲酸项目
16. 泉港联合石化30万吨/年烷基化装置项目
17. 晋江华泰高强度环保型异型陶艺砖生产线改造项目
18. 永春智能光学产品生产项目
19. 泉州厦门（安溪）经济合作区湖里园
20. 泉州厦门（安溪）经济合作区思明园
21. 德化城东陶瓷园区配套基础设施三期项目
22. 丰泽对讲机“模转数”产业化项目（国家新型工业化示范基地建设）
23. 晋江百宏年产33万吨差别化化学纤维项目
24. 晋江百宏年产7万吨功能性聚酯薄膜项目
25. 晋江百宏年产5000吨ES纤维项目
26. 安溪凯鹰电源电器异地技改扩建项目（二期）
27. 永春万润食品生产项目
28. 晋江足力健老人鞋生产项目（二期）
29. 南安聪勤机械年产50万件工程机械零部件生产项目
30. 晋江安琪儿卫生用品生产项目

2020年泉州地区新出版的著作

2020年泉州地区自然科学类著作一览表

表75

书名	编著者	出版社
新编泉州本草	政协泉州市委员会编	福建科学技术出版社
闽南古建筑营造技艺	周雄鹰主编	中国地质大学出版社

2020年泉州地区哲学社会科学类著作一览表

表76

书名	编著者	出版社
柯淳庵诗文集	（清）柯　辂著；粘良图、陈聪艺校注；《晋江文库》整理出版工作委员会整理	鹭江出版社
泉州统计年鉴2020	泉州市统计局、国家统计局泉州调查队编	中国统计出版社
龙湖侨史资料	施能狮主编	海峡文艺出版社
王氏汇刻唐人集	（唐）欧阳詹等著；魏定榔、刘晓平、许莹莹点校	福建人民出版社
带着桃宝游泉州：泉州历史文化亲子游	姚鸣琪著	海峡书局
耕余集	粘良图著	海峡文艺出版社
见证（1978—1988）：一个华大人眼中的母校	李辉主编	中国文化出版社
共和国归侨·福建卷	刘琳主编	中国华侨出版社
哲学思考：思想史上的伟大论辩	欧阳昊译著	新华出版社
仰望星空——凡高传	杨广文著	吉林文史出版社
语言接触视角下闽南语对新加坡英语的影响	梁丽娜著	中国书籍出版社
刺桐风华录：泉州与海上丝绸之路	王　强著	上海交通大学出版社
产品设计程序与方法	王星河著	华中科技大学出版社
论文化创意产业化背景下艺术设计教育中的创意思维	张晓辉、黄艳红著	北京工业大学出版社
影视文学鉴赏研究	左　刚、王俊忠著	西北工业大学出版社
中外影视作品鉴赏及文学原著探析	刘时坤、姬光锋、于永强、黄艳红著	电子科技大学出版社
魅力课堂：小学数学教学案例研究（第一辑）	苏明强编著	东北师范大学出版社
大学生压力应对方式研究	陈秋燕	厦门大学出版社
写作的应用：泉州师院中文学子创新论文选析	李　莉编著	吉林大学出版社
多维视阈下南音的传承与发展研究	白志艺著	九州出版社
“她”力量——泉州女性多群体发展报告	庄灿霞著	海峡文艺出版社
寻访失落的中华礼乐文化——明清以来福建海上丝绸之路的音乐文化记忆及其意义建构	吴少静著	中国戏剧出版社
体验经济视角下民宿客感知价值、满意度及其行为意向的作用机理研究	赵益民著	经济管理出版社
应对研究的进展挑战性问题与新方向	邵　华著	科学出版社
学前特殊儿童教育	叶增编著	南京大学出版社
论体育治理理念	任慧涛著	人民体育出版社
泉州经济社会发展报告（2019）	刘义圣编著	社会科学文献出版社

续表76

书名	编著者	出版社
创业行动学习的概念、测量和理论——以新兴产业为研究背景	陈燕妮著	上海交通大学出版社
社会保障调节收入再分配效应及其政策体系完善研究	汤兆云著	经济日报出版社
基于功能冲突权衡的泉州市建设用地与耕地资源协调共生研究	双文元著	经济日报出版社
政府购买居家养老服务质量评估研究	庄思薇著	厦门大学出版社
大众传媒对农民工政治信任的影响研究	庄思薇著	经济日报出版社
弘一大师全集（第二次修订版）	泉州市弘一大师学术研究会修订	福建省人民出版社

2020年泉州地区文博方志类著作一览表

表77

书名	编著者	出版社
泉州年鉴2020	中共泉州市委党史和地方志研究室编	方志出版社
泉州年鉴2020·泉州日记	中共泉州市委党史和地方志研究室编	方志出版社
道光晋江县志	（清）湖之鋘等纂修；中共晋江市委党史和地方志研究室整理	福建人民出版社
温陵风流：泉州历史名人传略	泉州晚报社编	上海文化出版社
郭志超教授追思集	王逍、蒋俊主编	厦门大学出版社
李灿煌研究	黄良、刘志峰主编	海峡文艺出版社
文庙书院	福建古建筑丛书编委会编	福建教育出版社
城垣城楼	福建古建筑丛书编委会编	福建教育出版社
古道亭桥	福建古建筑丛书编委会编	福建教育出版社
府第民宅	福建古建筑丛书编委会编	福建教育出版社
泉州文史资料新三十五辑·民族英雄郑成功	骆春玲主编	中国文史出版社

2020年泉州地区文学类著作一览表

表78

书名	编著者	出版单位
星光2020	郑丽玲主编；《星光》编委会编	海峡文艺出版社
郭志超随笔诗歌集	萧春雷、叶胜伟主编	厦门大学出版社
漂亮的旅人	王朝晖著	团结出版社
泉州湾上一朵溜溜云：张玉春报告文学集	张玉春著	福建人民出版社
最是凝香处	杨娅娜著	海峡文艺出版社
王健侯诗词集	王健侯著；王守谦、王学谦编辑整理；何锦龙校注	文化艺术出版社
泉商在中国	泉州市工商业联合会、泉州晚报社主编	海峡文艺出版社
小岞，用海盛放	林碧梅著	团结出版社
看见东石第一辑·仁和记忆	泉州市东石文化旅游发展有限责任公司选编	海峡文艺出版社
泉州歌诀杂录	林育毅、谢万智主编；泉州市文化广电和旅游局编	九州出版社

2020年泉州地区艺术类著作一览表

表79

书名	编著者	出版单位
兰亭序与圣教序	张东华著	江西美术出版社
自叙帖推衍	张东华著	江西美术出版社
高甲戏	陈梅生编著	福建教育出版社

新闻报道选载

福建省泉州市欣佳酒店“3·7”坍塌事故调查报告公布

近日，国务院批复福建省泉州市欣佳酒店“3·7”坍塌事故调查报告，认定福建省泉州市欣佳酒店“3·7”坍塌事故是一起主要因违法违规建设、改建和加固施工导致建筑物坍塌的重大生产安全责任事故。

2020年3月7日19时14分，位于福建省泉州市鲤城区的欣佳酒店所在建筑物发生坍塌事故，造成29人死亡、42人受伤，直接经济损失5794万元。事发时，该酒店为泉州市鲤城区新冠肺炎疫情防控外来人员集中隔离健康观察点。

事故发生后，党中央、国务院高度重视，习近平总书记第一时间作出重要指示，要求全力抢救失联者，积极救治伤员；强调当前全国正在复工复产，务必确保安全生产，确保不发生次生灾害。李克强总理立即作出批示，要求全力搜救被困人员，及时救治伤员，并做好救援人员自身防护，尽快查明事故原因并依法问责。应急管理部、住房城乡建设部等有关部门派出工作组连夜赶赴现场，指导地方抢险救援、事故调查和善后处置等工作。国家卫生健康委调派医疗卫生应急专家组，支援当地开展伤员救治等卫生应急处置工作。

这起事故虽然不够特别重大事故等级，但性质严重、影响恶劣，依据《安全生产法》《生产安全事故报告和调查处理条例》等有关法律法规规定，国务院批准成立了由应急管理部牵头，公安部、自然资源部、住房城乡建设部、国家卫生健康委、全国总工会和福建省政府为成员单位的国务院福建省泉州市欣佳酒店“3·7”坍塌事故调查组进行提级调查。事故调查组聘请工程勘察设计、工程建设管理、建设工程质量安全管理、公共安全等方面的专家参与调查。国务院事故调查组通过现场勘查、取样检测、调查取证、调阅资料、人员问询、专家论证等，查明了事故直接原因和性质，查明了事故企业、中介机构违法违规问题，查明了有关地方政府及相关部门在监管方面存在的问题，分析了事故主要教训，提出了防范和整改的措施建议，形成了事故调查报告。

为确保事故调查报告科学严谨、责任认定准确，国务院事故调查组组织清华大学、北京大学、中国人民大学、中国政法大学、中共中央党校（国家行政学院）等多位权威专家，召开第三方专家论证会，对事故调查报告进行了评估论证，认为事故调查依法依规查实了企业主体责任、部门监管责任和党委政府领导责任，事故原因和事故性质分析认定准确，事实清楚、客观公正。

经调查，查明事故的直接原因是，事故责任单位泉州市新星机电工贸有限公司将欣佳酒店建筑物由原四层违法增加夹层改建成七层，达到极限承载能力并处于坍塌临界状态，加之事发前对底层支承钢柱违规加固焊接作业引发钢柱失稳破坏，导致建筑物整体坍塌。

国务院事故调查组认定，泉州市新星机电工贸有限公司、欣佳酒店及其实际控制人杨金锵无视国家有关城乡规划、建设、安全生产以及行政许可等法律法规，违法违规建设施工，弄虚作假骗取行政许可，安全生产责任长期不落实。相关工程质量检测、建筑设计、消防检测、装饰设计等中介服务机构违规承接业务，出具虚假报告，制作虚假材料帮助事故企业通过行政审批。

国务院事故调查组同时认定，福建省、泉州市、鲤城区住房城乡建设部门没有认真履行建筑主管部门安全监管责任，对欣佳酒店建筑物等长期存在的违法建设行为没有制止和查处，组织开展违法建设整治、房屋安全隐患排查整治、住房和城乡建设领域“打非治违”工作不力，严重失职失察。福建省、泉州市国土规划部门，泉州市、鲤城区城市管理部门、公安部门、消防机构履行监管职责不到位、执法不严格，行政审批把关失守，并对泉州市新星机电工贸公司、欣佳酒店违法建设、弄虚作假骗取行政许可等违法违规行为未及时发现查处。泉州市鲤城区常泰街道对欣佳酒店建筑物违法违规建设、改建长期未予报告和查处，属地管理责任严重缺失；在违法建设专项治理和房屋安全隐患排查工作中不认真不负责，存在明显漏洞和严重的形式主义。鲤城区超越权限研究出台并实施特殊情况建房政策，违规审批同意建设欣佳酒店建筑物等大量违法建设项目；在治理违法建设历次重大专项行动中工作不负责任，放任大量违法建筑长期存在；在设置集中隔离健康观察点时忽视房屋建筑质量安全，草率决策。泉州市落实地方党政领导干部安全生产责任制规定不到位，对辖区内长期存在的违法违规审批建设项目情况失管失察，“打非治违”和房屋安全隐患排查工作不实不细，没有认真查处违建项目。

对杨金锵等23名涉嫌犯罪的有关责任人，公安机关依法采取了刑事强制措施。对事故涉及的有关公职人员，福建省纪委监委按照有关规定成立了责任追究审查调查组进行审查调查；国务院事故调查组对发现的地方党委政府及有关部门公职人员履职方面的问题和涉嫌腐败等线索及相关材料，移交福建省纪委监委事故责任追究审查调查组。有关公职人员的追责问责处理意见，福建省纪委监委另行公布。

事故调查报告指出了福建省有关地方和部门“生命至上、安全第一”的理念没有牢固树立、依法行政意识淡薄、监管执法严重不负责任、安全隐患排查治理形式主义问题突出、相关部门审批把关失守、企业违法违规肆意妄为等6个方面的主要教训。同时，举一反三提出了6方面的防范和整改措施建议，强调各地党委政府和有关部门特别是福建省、泉州市、鲤城区要深刻吸取事故惨痛教训，切实担负起防范化解安全风险的重大责任，把确保人民生命安全放在第一位落到实处；各级领导干部要强化法治思维坚持依法行政，提高法治素养和法治能力；住房城乡建设部门要按照“三个必须”“一岗双责”的规定要求和“谁主管谁负责”的原则，严格履行建筑安全监管责任，会同相关部门修订完善有关建筑法律法规和安全标准，全面强化涉疫场所、各类集中安置场所和宾馆、房屋等建筑安全保障水平；地方各级政府和有关部门要深化建设施工领域“打非治违”和安全隐患排查治理；各有关部门要健全部门间信息共享和协同配合工作机制；各地区和有关部门要扎实开展城市建设安全等安全生产专项整治三年行动，从根本上消除事故隐患。

（2020年7月14日 新华社）

泉州制造业的绿色转型探索

生态文明建设是关系中华民族永续发展的根本大计。党的十九届五中全会提出，深入实施可持续发展战略，完善生态文明领域统筹协调机制，构建生态文明体系，促进经济社会发展全面绿色转型，建设人与自然和谐共生的现代化。作为我国制造业大市，泉州的工业总产值约占福建省1/3。推动泉州制造业绿色发展，对本区域乃至福建省全面落实国家生态文明体制改革任务，意义重大。

近年来，泉州先行先试，加快生态文明机制创新，组织实施“生态+”战略，从全方位规划统筹、全链条生态提质和全社会协同共建三个方面，探索形成集约化、创新化、低碳化、共享化、协同化、国际化等6条特色化做法，以生态环境“高颜值”促进经济发展“高素质”，切实打造生态文明建设的“泉州样板”。

全方位规划统筹

泉州市委、市政府高度重视生态文明建设。2016年，泉州成立以党政主要领导任组长的生态文明建设试验区建设领导小组，统筹推进工作，同时下设办公室挂靠在泉州市发改委。领导小组从具体市情出发，通过强化顶层规划设计，形成多个主导产业特色鲜明的县域经济体系和特色园区，确保制造业在空间布局上实现高标准集约化，初步形成产城融合、互促发展的态势。

2018年以来，泉州市委市政府以“两山理论”为指导，提出“清新流域、生态两岸、富美乡村”的建设目标，高标准制定《清新流域建设三年行动方案》，推进清新流域建设。目前，已基本建成26个项目，完成投资10.9亿元。一张张清新流域蓝图展开，一个个项目顺利推进，建设清新流域、助力乡村振兴成为群众共识。比如，在南安诗山镇，群众主动投工投劳参与诗溪清新流域建设，鹏峰村调动包括乡贤名流和乡村基金会在内的社会资源，给予困难户一定补助，实现清新流域项目征地“零补偿”；在德化县雷锋镇，村民们以土地流转、入股分红的形式参与蕉溪清新流域建设，通过生态提升、环境改善，把沉睡的资源转化成发展资本；在永春县桃城镇，桃城镇南星溪流域利用“清新流域建设”和全面治水的有利时机，整合水利、住建、环保等部门项目资金4200多万元，并通过引入社会资本，村集体与旅游开发公司股份合作的方式，开发实施“南星村溪谷”旅游业态植入等项目。

泉州立足实现经济发展与生态环境保护的有机统一，持续深化“生态+”模式，推进存量改造、增量拓展，形成经济发展、生态文明建设和城镇化建设形成相生相促的和谐发展局面。

全链条生态提质

基于自身地形特点和民营企业居多的市情，泉州市坚持走产业集约化、集群化的发展路子，因地制宜地建立科学合理的城镇化推进格局、产业发展格局和生态安全格局。

德化县谋划产业布局，开始实施“大城关”集中发展战略，在城关建设陶瓷产业园区，推动产业连片发展。德化陶瓷制造业大胆开展技术攻关，实现了陶瓷生产能源的清洁化和“千家企业无烟囱”。随着循环经济的不断发展、资源综合利用率不断提升，德化陶瓷产业园区成为福建省首个国家循环化改造示范试点园区。在政企联手推动下，德化加快转型升级，迅速发展电子商务，占领了全国80%的网上茶具销售市场，成为全国最大的陶瓷电子商务产业基地。同时，人口向城关大量聚集，使得德化广袤的农区和林区得以休养生息，森林覆盖率迅速提高。在此基础上，德化筹建县林权收储中心，开展全省林业碳汇项目试点，成为省市林权制度改革先进典型；同时，积极发展全域旅游经济，初步形成了以陶瓷文化和生态休闲为基础，整合生态、宗教、红色旅游等自然、人文景观于一体的独特景观体系。

今天的德化，不仅是现代化绿色瓷都，更是生态强县，域内生态工业、生态农业、生态林业和生态旅游四大体系不断成熟，走出了一条经济、社会、生态“三赢”的全链条生态发展道路。而“德化样板”，也正是泉州深化生态文明建设的一个缩影。

全社会协同共建

生态文明建设是全社会的头等大事，泉州坚持全域总动员，突出绿色创新，凝聚起全社会支持参与生态文明建设的蓬勃力量。

推进绿色金融产品创新是泉州加大对生态文明试验区建设金融支持的一大抓手。通过制定出台《泉州市环境污染责任保险试点工作实施意见》，建立“政府推动、市场运作”模式，如今，环境污染责任保险投保率已超90%。同步持续推进排污权有偿使用和交易工作，截至2020年11月底，全市累计1391家建设单位完成了3903笔排污权交易，购买排污权总金额28705.48万元。

在永春，政府部门统筹社会各界资源，坚持系统治理，强化绿色管护，还环境于清新。在建立立体生态修复体系方面，将水库巡查员、生态公益林管护员、村卫生保洁员等人员与河道专管员进行整合，带动“河湖长制”向“全民治”的转变；在建立常态专项治理体系方面，委托第三方专业机构统一运营维护，推行“户分类、村收集、镇转运、县处理”治理模式；在建立严格监管问责体系方面，创新生态司法模式，率先在全省设立“生态警察”，建立定期协商、联合执法、案件移送等机制，实行补植复绿。此外，促进生态资产向生态资本转变，创新生态企业联营模式，策划生态产品转化项目。大力发展智能制造、新材料、生物医药等高新技术产业，引进九牧智慧制造产业园、博纯材料、永燠制药等一批大项目；培育休闲养生、康体养生等幸福型服务业，扶持香都小镇、白鹤拳小镇等一批精品项目，积极创新绿色产品及融资方式，探索公共资源交易模式和生态产品证券化模式，完善投资方的股权划分机制。永春县生态系统功能不断提升，扮靓了一片“美景”，也带动了一方“民富”。2019年永春县GDP达462.06亿元，公共预算总收入19.27亿元，全体居民人均可支配收入26993元。

从“生态佳”走向“生态+”，泉州市充分发挥区位优势和资源特点，优化经济结构、运用绿色低碳技术，在完善生态文明制度建设的同时，以创造更多的高附加值生态产品满足人民日益增长的美好生活和优美生态环境需求，举全社会之力保障制造业绿色转型路径的最大程度落实。

（2020年12月18日《福建日报》 林发言 颜玉璇）

领导名录

中共泉州市委员会

书　记　康　涛

副书记　王永礼
张永宁

常　委　孔繁军
游宇飞
林万明
林锦明
刘建军
刘文儒
季翔峰
洪自强

秘书长　季翔峰

副秘书长　傅天宝
郑建清
吴达平（至2020年9月）
简国正
廖良结
郭从容
郑少波
蔡琦瑜（2020年8月任）

办公室

主　任　傅天宝

副主任　管东辉
黄万成
林吟啸
杨德生

卢新建

系统党委
专职副书记 郭建鹏
纪检监察组长 郑兴波

市委组织部
部 长 孔繁军
常务副部长 张翼翔
副部长 陈晓蓉
杨远志
陈恬波
纪检监察组长 廖丽芬
副部长 杨德才（2020年9月任）
庄玉海
系统党委
专职副书记 王小寅（至2020年8月）
市委非公企业工委
专职副书记 施晓瑛（至2020年9月）

市委宣传部
部 长 张永宁
常务副部长 郑国防
副部长 唐春晓
郭丹红
赖畅水
叶燕民
许旭明（至2020年3月）
吴建生
陈爱民
纪检监察组长 杨春煌
系统党委
专职副书记 庄仁哲

市委统战部
部 长 林万明
常务副部长 黄碧煌
副部长 庄绍进
陈 晖
纪检监察组长 陈少青
副部长 许颖颖
系统党委
专职副书记 黄子榕

市委政法委员会
书 记 林锦明
常务副书记 曾焕楷（至2020年12月）
副书记 徐义平
张少前
纪检监察组长 吕春香
副书记 谢晓章
系统党委
专职副书记 汪祖培（至2020年12月）
综治办副主任 刘红生（至2020年8月）
政治部主任 郭孙路（2020年8月任）

市委改革办
主 任 季翔峰
常务副主任 廖良结
副主任 许友烈
陈辉煌
刘荣添（2020年8月任）

市委网信办
主 任 陈爱民
副主任 吴家安
蔡永记

市委机构编制委员会办公室
主 任 庄玉海
副主任 叶舒城
邱志民
陈丽水（2020年12月任）

市委军民融合办
主 任 洪自强
常务副主任 柯跃峰
副主任 吴福荣
方向明
吴连金
陈洪生
洪小明

市委台港澳工作办公室
主 任 黄振奋
副主任 郑志强
黄兴顺
李朝晖
林 娜

市委市直机关工作委员会
书 记 张永宁（至2020年9月）
季翔峰（2020年9月任）
常务副书记 黄黎波
副书记 郑天文
吴艺晖
委 员 王志强
苏文笔
吴志宏
谢江山
庄 禾
潘向前

市委巡查办、巡察组
主 任 张荣宝
巡察组组长 何志辉（2020年8月任）
林振约
骆 红
江 渊
洪进星（2020年8月任）
巡察办副主任 王洪龙（至2020年10月）
李进京
林金莲（2020年10月任）
巡察组副组长 刘炳祥
林金莲（至2020年10月）
卓树丛
陈兴发（2020年10月任）
吴鸿荣
张辉鑫（2020年8月任）
李建新（2020年11月任）

市委老干部局
局 长 陈恬波
副局长 黄长春
章伟强
周中华

市委文明办
主 任 赖畅水
副主任 吕宝贝
陈庆宗
黎灵寿（2020年10月任）

市委党校
校 长 孔繁军
常务副校长 苏延辉（至2020年8月）
林希妍（2020年8月任）
副校长 陈毅生
黄雄彪
詹碧英

市委党史和地方志研究室
主 任 张惠评
正处长级干部 尤剑国
副主任 叶芬蓉
高友土

林龙海
许晓松

市档案馆
馆　长　夏丽清（至2020年8月）
廖晓凌（2020年8月任）
副馆长　陈若波

市接待办
主　任　吴达平（至2020年9月）
郭从龙（2020年9月任）
副主任　庄玉龙
黄雪玲
李　强

市委讲师团
团　长　朱林果

市事业单位登记管理局
局　长　王淑绵

泉州市人民代表大会及其常委会

主　任　陈灿辉
副主任　朱团能（至2020年4月）
曾　巍（至2020年1月）
张建生
许文贵
吴友才
蔡思红
吴汉宗（2020年1月任）
黄阳春（2020年1月任）
秘书长　欧阳秋虹
副秘书长　谢立新
庄丽雅
蔡碧毓
唐良元
郭培明（至2020年9月）
专职委员　刘锦川（2020年1月任）
庄金平（2020年9月任）
王伟明
兰　菁
办公室
主　任　谢立新
副主任　蔡向群
辜智钦（2020年8月任）
陈楚亮（2020年8月任）
研究室
主　任　王文郴
副主任　叶睿葆
余经伟（2020年8月任）
人事代表工委
主　任　谢丽华
副主任　戴小平
财经工委
主　任　陈云毅
副主任　许伟灿（2020年8月任）
监察司法工委
主　任　李小兴（2020年9月任）
副主任　郭少梅
环城工委
主　任　王卫红
副主任　叶朝阳
农工委
主　任　庄金平（至2020年9月）
杨永裕（2020年9月任）
副主任　吴文从（至2020年11月）
祝新艳（2020年11月任）
教科文卫工委
主　任　张育凯
副主任　胡佩玉
侨台民宗工委
主　任　何志辉（至2020年9月）
许振煌（2020年9月任）
副主任　徐晓燕
法工委
主　任　李小兴（至2020年9月）
郭培明（2020年9月任）
副主任　黄少鸿
机关党委
书　记　欧阳秋虹
副书记　蔡向群
王晶晶（2020年9月任）
驻人大机关纪检监察组
组　长　傅蔚茹
常务副组长　张青阳

泉州市人民政府

市　长　王永礼
副市长　周真平
李伙金
洪自强
吕　刚
肖汉辉
朱启平
秘书长　廖国文
副秘书长　王克思
林晋炼
林　强
温锦辉
郑宏谋
杨永裕
张文卫
张志铭
办公室
主　任　王克思
党组副书记　苏文雅
副主任　黄文成
洪冬青
纪检监察组长　谢　斌
副主任　倪景云
郑志勇
林清伏
系统党委
书　记　苏文雅
专职副书记　张希伴

市发展和改革委员会
主　任　陈文堃
副主任　林合龙
陈小宝
陈招平
李毓文（至2020年8月）
纪检监察组长　涂志斌
副主任　傅少明（至2020年11月）
黄明土
陈锦霞
王宗锋
郑华江
总经济师　张照绿（2020年10月任）
系统党委
专职副书记　周明星

市教育局
局　长　黄世界
副局长　王瑞钦
纪检监察组长　陈进兴
副局长　刘殊芳
督导室主任　徐昌裕
副局长　蔡琦瑜（至2020年8月）
陈军宣
林长华（2020年10月任）
系统党委
专职副书记　胡建军（至2020年9月）

市科技局
局　长　杨昌文
副局长　潘华培
陈君伟

市工业和信息化局
局　长　黄国富
副局长　吴金埔
王春阳
曾钟远
林曙铭
纪检监察组长　严振旺
副局长　许自霖
总工程师　陈传芳

市民族与宗教事务局
局　长　黄景生
副局长　兰德志
陈　鸿
杨少川

市公安局
局　长　李伙金
副局长　柳新群
曾志敏
副局长　卓庆忠
王连生
陈建新
党委委员　庄文斌
陈爱民
庄金山（至2020年9月）
李森建
副局长　赵振加
党委委员　刘南辉
纪检监察组长　梅　永（2020年9月任）
总工程师　王仙龙
市打私办
主　任　曾志敏（至2020年9月）
庄文斌（2020年9月任）
办公室
主　任　郑洪波
政治部
主　任　刘南辉
国内安全保卫支队
支队长　蔡永义
政　委　曾　辉（2020年9月任）
治安支队
支队长　杨福兴
政　委　陈山东
刑事侦查支队
支队长　张汉沂（至2020年12月）
政　委　陈清平
经济犯罪侦查支队
支队长　柳金盾
政　委　吴志锋（至2020年8月）
曾伟军（2020年8月任）
技术侦察支队
支队长　朱长沙
政　委　吴志锋（2020年8月任）
禁毒支队
支队长　肖珍怀（至2020年8月）
洪超明（2020年8月任）
政　委　苏碧江
网络安全保卫支队
支队长　吴天进
政　委　陈少贤
巡特警察支队
支队长　吴志伟
政　委　陈俊杰（2020年12月任）
交通警察支队
支队长　庄金山（至2020年9月）
李健康（2020年12月任）
政　委　廖启明
海防支队
支队长　杜　强（2020年1月任）
政　委　许三鹏（2020年12月任）
系统党委
专职副书记　黄建民

市民政局
局　长　杜朴生
副局长　蔡永升
何志宏
纪检监察组长　宋小峰
副局长　陈海鹏（2020年11月任）
李玉霜（2020年11月任）

市司法局
局长　黄继业（至2020年12月）
林　强（2020年12月任）
副局长　赵运军
郭惠昆
柯秀丽
林荣奇
柳　璟
陈生校
政治部主任　傅孙满

市财政局
局　长　李清景
副局长　任秀斌
庄尧森
总会计师　林文革（至2020年12月）
副局长　王庆福
朱　亮（2020年12月任）
王小阳（至2020年11月）
纪检监察组长　赖发泽
总会计师　肖金树（2020年12月任）

市人力资源和社会保障局
局　长　刘曙庆
副局长　陈学东（至2020年8月）
骆靖宇
颜细财（至2020年6月）
龚时荣

市自然资源和规划局
局　长　刘文发
党委书记　刘炳华
纪检监察组长　曾伟平
副局长　刘克华
总规划师　苏远红
副局长　郑建南
黄三多
王　珏
总工程师　庄凯融（2020年8月任）

市生态环境局
局　长　李国坤
总工程师　林榕加（至2020年8月）
副局长　钱瑞峰
黄前程（至2020年12月）
黄　华
纪检监察组长　廖德信
副局长　郑天助
郭建华（2020年9月任）
总工程师　林庆梅（2020年9月任）

市住房和城乡建设局
局　长　钟文成
副局长　张春权
纪检监察组长　刘玉珊
副局长　王惠萍
林宇杰

庄绍宁
陈　希（至2020年11月）
蔡海鸿
刘云峰（2020年12月任）
韩兆龙（2020年8月任）

市交通运输局
局　长　刘德旺
纪检监察组长　庄木才（至2020年10月）
副局长　杨琦伟
总工程师　傅远辉
副局长　陈少雄（2020年12月任）
纪检监察组长　蔡崇达（2020年12月任）
副局长　蔡永忠
薛军军
系统党委
专职副书记　吴福铭

市农业农村局
局　长　蔡龙群
副局长　杨文普
陈振荣
陈建兴
万文伟
总畜牧兽医师　陈德利
纪检监察组长　洪懿萱（2020年9月任）
系统党委
专职副书记　傅旺隆
副局长　曾国志（2020年8月任）

市林业局
局　长　林华伟
党组副书记　李丽玲
副局长　廖道彬
纪检监察组长　傅伟林
副局长　黄玉真
刘必成

市水利局
局　长　傅春添
副局长　黄桂元
王逸民
纪检监察组长　林志彬
库区移民局局长　陈能语
总工程师　洪忠建
副局长　张华林

市商务局
局　长　丁　峰
党组副书记　张　良
副局长　黄金跋
郑金福
黄庭瑜
粘学清
简国红

市文化广电和旅游局
党组书记　李伯群
局　长　陈惠平
副局长　苏　悦
林育毅
出宝阳
陈庆风
孙少磊
纪检监察组长　黄礼智
副局长　吕秀家
丁毓玲（至2020年8月）
系统党委
专职副书记　周梁升

市卫生健康委员会
主　任　叶一帆
副主任　曾奕民
吴宗桥
苏培聪
吴达辉
吴鹭阳
纪检监察组长　汪白露
系统党委
专职副书记　邱　龙

市退役军人事务局
局　长　陈金忠
副局长　薛文新（至2020年12月）
刘红生（2020年8月任）
王志明

市应急管理局
局　长　刘烨明（至2020年12月）
邱朝阳
党组副书记　林田平
副局长　杨良木
谢招南
王夏阳
总工程师　刘海明（2020年12月任）
副局长　张树武
李　隽
黄西洋（2020年9月任）

市审计局
局　长　骆振军
总审计师　李锦忠
副局长　黄清安
李小玲
陈延民
肖海华（2020年11月任）

市国资委
主　任　陈劲松
党委副书记　张小红（2020年10月任）
副主任　刘海祥
汪亚彬
总会计师　李维芳
纪检监察组长　陈泉木
副主任　林　鹏
党委委员　周俊杰

市海洋与渔业局
局　长　李建芳
副局长　庄　慧
郑碧钦
王松青

市市场监管局
党组书记　陈开基（至2020年12月）
局　长　蔡天守
纪检监察组长　李金育
副局长　林志良
吴艺阳
刘建军
林梓杰
苏秀梅
食品总监　肖朝晖
副局长　黄婉清
江景灿
欧阳其满
总工程师　吴鹏森（2020年8月任）

市体育局
党组书记　王家声（至2020年9月）
吴忠溪（2020年9月任）
局　长　王家声（至2020年9月）
汪水永（2020年9月任）
副局长　吴永江（至2020年6月）
谢文华

汪国庆
许煌灯（2020年8月任）

市统计局
局 长 李跃民（至2020年6月）
傅少明（2020年8月任）
副局长 李植聪
施能宗
纪华宗

市人防办
主 任 林琪伟
副主任 崔 健
蔡永生
谢文生
张铭芳

市医疗保障局
党组书记 庄冰心
局 长 肖惠中
副局长 翁哲伟
陈 颖

市地方金融监督管理局
局 长 陈德庆
副局长 林文革
黄培群
金融分析师 陈丽蓉
副局长 黄达伟

市信访局
局 长 林 强（至2020年12月）
林祖传（2020年12月任）
副局长 陈丽琨
庄谓聪
吴志耕
沈俊旭

市城市管理局
党组书记 王天祥
局 长 陈进平
纪检监察组长 黄全承
副局长 吴家琅
王宏娥
总工程师 王森江
副局长 卢章雄
王作彪

市数字办
主 任 施国宾
副主任 蒋舒翔（至2020年12月）
杨凯扬

市行政服务中心管理处
主 任 李德雄
副主任 谢秀玲
许玉斌
苏永清

泉州半导体高新区管委会
书 记 吕 刚
主 任 黄辉灿（至2020年12月）
洪武强（2020年12月任）
副主任 蔡映辉
戴庆加
陈志雄

清源山管委会
党工委书记
管委会主任 邱达敏

市政府驻北京联络处
主 任 吴炳煌
副主任 王秀也

市政府驻上海联络处
主 任 张宁滨

市政府驻深圳办事处
主 任 王志明

市政府驻福州办事处
主 任 陈万全

市政府驻厦门办事处
主 任 陈金鑫

市政府驻厦门办事处
主 任 连世扬

市政府发展研究中心
主 任 胡毅雄
副主任 张照绿（至2020年10月）

市地震局
局 长 林田平

副局长 叶 威

市城镇集体工业联合社
主 任 王洪海
副主任 余碧海
蔡文雄

市供销合作社
主 任 郑显章（至2020年11月）
陈拥军（2020年11月任）
副主任 林宗清
吴开元
陈锦忠

市住房公积金管理中心
主 任 张兴水
书 记 郭希纯

医疗保障基金管理中心
主 任 欧家庆

市土地储备中心
主 任 郭根才（2020年12月任）

库区移民局
局 长 陈能语

市公路局
局 长 郭根才（至2020年12月）

市道路运输管理处
处 长 陈少雄

市水路运输管理处
处 长 黄克良

市农机总站
站 长 黄振辉

市森林公安局
局 长 林建真
政 委 陈自力

市龙门滩引水工程管理处
主 任 苏荣薰
书 记 颜建东

市山美水库管理处
主 任 郭明德

书　记　颜沧波

市海洋与渔业执法支队
支队长　王金健
政　委　吴长益

市卫生计生执法支队
支队长　王义进
政　委　陈丹青

市交通运输综合执法支队
支队长　李进碧

市国土资源监察支队
支队长　何　伟
政　委　李启泽

市农科所
书　记　魏　毅
所　长　庄卫东

政协泉州市委员会

主　席　李转生
副主席　骆沙鸣
陈铭福
王祖耀
王瑞强（至2020年9月）
陈　益
洪川夫
林志建
刘志平
王春金
秘书长　陈伟平
副秘书长　方建生
林培新
李金鼠（至2020年9月）
林丽华
专职常委　陈志勇
李德志
周炳忠
王小良
办公室
主　任　方建生
副主任　陈小民
林伟伟（2020年9月任）
研究室
主　任　侯守水
副主任　陈洋锋
提案委
主　任　梁云南
专职副主任　郑瑞鑫
经济和农业农村委
主　任　杨文龙
专职副主任　郭江华（2020年9月任）
社会和法制委
主　任　张继红
专职副主任　王木生
教科文卫体委
主　任　黄聪吟
专职副主任　王忠华
港澳台侨和外事委
主　任　林鸿扬
专职副主任　张月娥
民族宗教委
主　任　郑云梅
专职副主任　吴绥莹
人口资源环境委
主　任　洪南福
专职副主任　黄捍卫
文史和学宣委
主　任　骆春玲（2020年9月任）
专职副主任　骆春玲（至2020年9月）
黄丽红
机关党委
专职副书记　黄阳辉
委员工作室
主　任　孙丽珠
驻市政协机关纪检监察组
组　长　李安安
常务副组长　李　玫

中共泉州市纪委、泉州市监委

书记、主任　游宇飞
副书记、副主任　邓安娜
许锦聪
苏双喜
秘书长　黄克松（2020年11月任）
纪委常委、监委委员　林开通
张维劲
监委委员　黄志强
纪委常委　王团结
纪委常委、监委委员
林文超（2020年11月任）
监委委员　郑燕飞（2020年11月任）
办公室
主　任　黄克松（至2020年11月）
组织部
部　长　杨华民（至2020年8月）
宣传部
部　长　林国章
党风政风监督室
主　任　梅　永（至2020年9月）
信访室
主　任　张聪坤
案件监督管理室
主　任　宋占锋
第一纪检监察室
主　任　胡向阳
第三纪检监察室
主　任　侯洲洋
第四纪检监察室
主　任　陈雄松
第五纪检监察室
主　任　庄志深
第七纪检监察室
主　任　潘自力
第八纪检监察室
主　任　施宣博（2020年11月任）
第九纪检监察室
主　任　钟志锋
案件审理室
主　任　苏墨祥
纪检监察干部监督室
主　任　倪敬哲（2020年11月任）
机关党委
专职副书记　戴卓华

法院、检察院

市中级人民法院
院　长　陈　明
党组副书记　沈毅青（至2020年12月）
副院长　高智辉
陈慧瑛
韩天明
潘丰源
谢希鹏
专职审委　洪完明

政治部主任　江振平
纪检监察组长　黄荣峰
专职审委　胡金琪
李瑞阳
郑　敏

市人民检察院
检察长　傅建飞
副检察长　樊美清
黄灿平
纪检监察组长　赵永奇
政治部主任　齐丹璇（至2020年8月）
副检察长　陈世炎
政治部主任　王小寅（2020年8月任）
副检察长　孙志平
甘泽阳
党组成员　刘锡杰
曾闽宏
专职委员　陈建强
朱永峰
陈凤华
林建平

民主党派、社会团体

中国国民党革命委员会泉州市委员会
主　委　樊美清
专职副主委　陈海鹏

中国民主同盟泉州市委员会
主　委　陈建通
专职副主委　余嘉容

中国民主建国会泉州市委员会
主　委　戴仲川
专职副主委　黄军红

中国民主促进会泉州市委员会
主　委　庄宝玲

中国农工民主党泉州市委员会
主　委　陈　益
专职副主委　谢承华

中国致公党泉州市委员会
主　委　陈铭福
专职副主委　陈剑虹

九三学社泉州市委员会
主　委　王祖耀
专职副主委　李长江

台湾民主自治同盟泉州市委员会
主　委　苏耿聪
专职副主委　张　敏

市总工会
主　席　孔繁军
常务副主席　王茂泉
副主席　江永清
陈宝芳
陈坤生
陈育明（2020年7月任）

共青团泉州市委员会
书　记　杨凤翔（至2020年9月）
徐　悦（2020年9月任）
副书记　徐　悦（至2020年9月）
林仁漳
林少青
郭莎娜（2020年12月任）
陈永洁

市妇女联合会
主　席　庄灿霞
副主席　丁为华
黄宝玲
庄泓鸿（至2020年10月）
杨　韬（2020年11月任）

市归国华侨联合会
主　席　陈晓玉
副主席　王巧丽
钟文玲

市台湾同胞联谊会
会　长　陈严辉

市科学技术协会
主　席　骆沙鸣
党组书记、副主席
章金良
副主席　魏隆福
王建生

市工商业联合会
主　席　周少雄
党组书记、副主席
陈　晖
副主席　黄振骞
傅玉波
黄珍红

市文学艺术界联合会
主　席　许旭明（至2020年6月）
夏丽清（2020年8月任）
副主席　肖一鸣

市社会科学界联合会
主　席　李培德

市残疾人联合会
理事长　白碧英
副理事长　薛文新（2020年12月任）
陈纳新
郭灿辉

市计划生育协会
会　长　王春金
常务副会长　黄源水
党组书记　张艺斌
专职副会长　黄凤南
赵文详

中国国际贸易促进会泉州市支会
会　长　黄岩平
副会长　廖雅滨
喻青松

国家部委、省直驻泉机构

中国闽台缘博物馆
书　记　王辰虎（2020年3月任）
副馆长　陈健鹰
沈文锋
王舜志（2020年12月任）

泉州市税务局
局　长　沈家骏
副局长　符夷杰
朱国彬（至2020年5月）
黄松青
颜伟宏
周志望（至2020年5月）
林丽珠（至2020年5月）

何卫东
黄育文
纪检组长 王 焱
副局长 宋鸿志
总会计师 黄 强
总经济师 庄稼仁
总审计师 张 民（至2020年5月）

泉州海关
关 长 顾红梅（至2020年6月）
叶 云（2020年6月任）
副关长 欧阳钦芬
黄 榕（至2020年7月）
陈元俊
李 炎
张美景
纪检组长 纪育建
副关长 杨志雄
李建强

泉州海事局
局 长 李志强
政 委 吴清平
副局长 郑乃龙（至2020年10月）
王明强
张志坚
黄尚智（2020年8月任）

泉州港口发展中心
主 任 林同钦
副主任 阮其如
陈培焕

国家统计局泉州调查队
队 长 潘诗耀（至2020年3月）
林水明（2020年3月任）
副队长 林秋元（至2020年1月）
洪幼松
纪检组长 张俊飞（至2020年8月）
副队长 黄永辉（2020年8月任）
钟明姑（2020年11月任）

泉州气象局
局 长 洪荣若
副局长 李宏图
纪检组长 许德福
副局长 张 玲

邮政管理局
局 长 薛军军

泉州烟草专卖局
局长、经理 游文忠
副局长 张 军
纪检组长 杨国成
副经理 李春发

国网泉州供电公司
总经理 林国新
党委书记 蒋木春
首席职员 林建勤
资深二级职员 吴进辉（2020年4月任）
林 平（2020年11月任）
工会主席 颜宝塔
纪委书记 王晓彬
副总经理 黄 中
梁捷生
林建昌
总会计师 吴霆声
副总经理 李铭蔚（2020年9月任）
一级协理 林建勤（2020年9月任）

泉州水文水资源勘测分中心
局 长 廖立伟

泉州市盐务局
局 长 姚锦渊
副局长 颜平源

泉州监狱
监狱长 黄全瑜
政 委 张生闽
副监狱长 赖世潭（2020年1月任）
纪委书记 陈志强（至2020年1月）
副监狱长 范群武
政治处主任 俞太洪
纪委书记 陈国书（2020年1月任）

洛江监狱
党委书记 杜心彬
党委委员 黄金磷
刘新晶
范宗芳
林泗水

泉州司法强制隔离戒毒所
所 长 刘长河

政 委 陈 彬（2020年10月任）
政治处主任 张爱民
纪委书记 林 青
副所长 兰翠河（2020年10月任）

无线电管理局
局 长 林 源

人民银行泉州市中心支行
行 长 赖永文
副行长 陈东方
工会主任 蒋培娜
副行长 苏志鑫
纪委书记 邱永春

泉州银保监局
局 长 詹启刚
副局长 方良川
林育新
纪委书记 郑朝红
副局长 陈伟凌

市直新闻单位

泉州晚报社
社 长 叶燕民
总编辑 林耀平
副社长 黄 强
副总编辑 邱志坚
王家声
彭耕耘
吴家阳
副社长 徐春妍

泉州广播电视台
台 长 吴建生
副书记 张伟宏
副台长 高栋梁
杨旭东
苏兴秋

各县（市、区）

鲤城区

区 委
书 记 刘林霜
副书记 苏延辉（至2020年8月）

黄辉灿（2020年8月任）
王明元（至2020年12月）

常　委　吴保忠
黄天凯
陈伟群
洪金城
黄向阳（至2020年7月）
陈　斌（2020年8月任）
曾朝阳
周兴良
许顺达

区人大常委会

主　任　郑进发（至2020年8月）
林清泉（2020年8月任）

党组书记　郭成宗（至2020年7月）
林清泉（2020年8月任）

副主任　黄绍芒
陈财水（至2020年7月）
黄志煌
吴明强（2020年8月任）

区政府

区　长　黄辉灿（2020年8月任）

常务副区长　黄向阳（至2020年7月）
陈　斌（2020年8月任）

副区长　苏毅君（至2020年8月）
张刺治
王江涛
白建胜
吴碧林（至2020年7月）
陈清拥（2020年8月任）
吴振法（2020年11月任）
王垦福
陈志慧（2020年11月任）

区政协

主　席　陈燕飞（2020年8月任）

副主席　高云飞
潘永生
王锦延
郭　瑜（2020年8月任）

区法院

院　长　李清坝

区检察院

检察长　许金标

高新区管委会

书　记　伍伯伟

主　任　吴振法（至2020年11月）
庄蓉梅（2020年11月任）

丰泽区

区　委

书　记　黄景春（至2020年11月）

副书记　高金全

常　委　韩卫华
陈政实
吴毓舟（至2020年5月）
林添盛
林希妍（至2020年8月）
周顺安
邱朝阳（至2020年12月）
黄琪金
张　雄

区人大常委会

主　任　林建扬

副主任　林世川
张维斌
蔡宁波
叶春泉

区政府

区　长　高金全

常务副区长　吴毓舟（至2020年5月）

副区长　谢希圣
洪奕蓉
曾国家
柯晓晖
黄泽鹏
葛　超

区政协

主　席　上官蓝波

副主席　戴在平
李木火
许志达
赖尾兴

区法院

院　长　庄能宗

区检察院

检察长　许金约

洛江区

区　委

书　记　洪飞跃

副书记　颜丽明
杨凤翔（2020年9月任）

常　委　黄清凯
杜韶山
郑进锡
廖晓凌（至2020年8月）
王志宏（2020年10月任）
陈逢生
谢卫东
陈　倩
古领华

区人大常委会

主　任　蔡永生

副主任　林新平
林少槐
林坤聚
何雄峰

区政府

区　长　颜丽明（2020年1月任）

常务副区长　谢卫东

副区长　杨文格
涂德望
李奉恒
庄怀璇
董俊凯
张荣伟
李健康（至2020年12月）
尹益龙（至2020年4月）
刘永辉（2020年6月任）

区政协

主　席　王伊景

副主席　金玲珊（2020年1月任）
王诗榕
王　蔚
彭朝顺（2020年1月任）

区法院

院　长　洪志强

区检察院

检察长　林志铭

泉港区

区　委

书　记　梁炳辉

副书记　颜朝晖
苏松炎

常　委　王志安（2020年9月任）

王晓莺
刘　刚
彭垂鼎
王洪龙（2020年10月任）
张井丽（2020年12月任）
曾华忠（2020年10月任）
松吉泽仁（2020年8月任）

区人大常委会
主　任　陈守川
副主任　赵琼花
黄胜富
邱彬侨
王国明

区政府
区　长　颜朝晖
党组副书记　刘敏坚（至2020年9月）
陈沙龙（2020年9月任）
张井丽（2020年12月任）
陈相成
副区长　傅文星
郭荣华
庄一鸣
陈剑锋
王志强
王艺斌
黄少伟
柯明好
蔡奔腾（2020年9月任）

区政协
主　席　陈龙津
副主席　陈国才
陈庆堂
邱金谋
王梅珠

区法院
院　长　林天法

区检察院
检察长　黄清源

泉港石化园区党工委、管委会
党工委书记　梁炳辉
管委会主任　刘敏坚（至2020年9月）
陈沙龙（2020年9月任）
委员、副主任　张剑辉
杨新智
陈宗旗
谢梓骞（2020年8月任）
委员、纪工委书记
杨柳刚（2020年10月任）

石狮市

市　委
书　记　蔡萌芽
副书记　黄春辉
常　委　林天虎
林振海
陈元生
廖春园
张鸰翔
陈拥军（至2020年11月）
王文晖（2020年10月任）
杨德才（至2020年9月）
施晓瑛（2020年9月任）
白玉成

市人大常委会
主　任　上官跃进
副主任　施心新
吴清木
许赞成
林进全

市政府
市　长　黄春辉
常务副市长　王文晖（2020年10月任）
副市长　张永安
施汉杰
李　斌
黄延艺
邱永丰
刘艺波
陈　波（2020年8月任）

市政协
主　席　林自育
副主席　郭丽莲
陈贤明
丁东福
陈东华

市法院
院　长　林明容

市检察院
检察长　陈　林

石狮高新区管委会
书　记　朱　贤
主　任　赵艺忠

晋江市

市　委
书　记　刘文儒
副书记　张文贤
王明元（2020年12月任）
常　委　林惠玲
许仰东
李自力
黄文福
潘子良
吴忠刘
陈长义
刘文成

市人大常委会
主　任　林仁达
副主任　郭鸿荣
曾献礼
姚志强

市政府
市　长　张文贤
常务副市长　李自力
副市长　张淑语
黄少伟
李志强
张汉杰
庄天怀
李森建（2020年2月任）

市政协
主　席　许宏程
副主席　林庆峰
叶荣宗
洪元程
洪忠信

市法院
院　长　陈水深

市检察院
检察长　王文龙

福建深沪湾海底古森林遗迹自然保护区
管理处主任　苏文伟

南安市

市　委
书　记　林荣忠
副书记　张桂森
常　委　吴跃达

吴忠溪（至2020年9月）
张瑞平
张小红（至2020年11月）
黄景阳
李岩华
王连赞
张纪伟

市人大常委会
主　任　洪顺昌
副主任　林建辉
丁瑞金
叶维新
陈文举

市政府
市　长　张桂森（2020年1月任）
常务副市长　黄景阳
副市长　薛建明
王端峰
庄国阳
吴振强
王昭昭
洪永佳
李少敏（至2020年7月）
许自霖（至2020年8月）

市政协
主　席　黄华强
党组成员　吴顺情
副主席　谢连树
黄文佳
黄春艺

市法院
院　长　林德育

市检察院
检察长　曾宏闽

惠安县

县　委
书　记　黄文胜
副书记　赖清正
王春雷（2020年2月任）
常　委　许贞丽
苏少波
许长春
林育伟
何国平
黄丽琼
蔡旭萌（2020年9月任）
郑明欣

县人大常委会
主　任　张培坤
副主任　黄泉福
骆育敏
黄少山
黄育聪

县政府
县　长　赖清正
常务副县长　蔡旭萌（2020年9月任）
副县长　汪水永（至2020年9月）
王也夫
刘东升
黄丽琼（至2020年8月）
李育杯
庄泓鸿（2020年11月任）
周鹏飞
雷小全（2020年12月任）

县政协
主　席　蒋向群
副主席　张其聪
陈锦满
刘宗斌
康丽红

县法院
院　长　吴泰雄

县检察院
检察长　余冬阳

泉惠石化工业园区党工委、管委会
书　记　黄文胜
主　任　刘建兴
委员、副主任　陈朝阳
庄金良
委员、纪工委书记
王金星
副主任　吴春旭

安溪县

县　委
书　记　高向荣
副书记　吴毓舟（2020年5月任）
庄稼祥
常　委　许锦青
林荣超
史思泉
陈剑宾
陈友爱
叶文德
林文超（至2020年10月）
曾惠彬（2020年10月任）
赵超群

县人大常委会
主　任　廖皆明
副主任　苏志雄（至2020年12月）
黄明哲
叶海强
汪礼才

县政府
县　长　吴毓舟（2020年5月任）
常务副县长　史思泉
副县长　林毅敏
杜双路
肖印章
丁建铭
王礼藕
吴志朴（至2020年10月）
刘华东（2020年11月任）
王晓杰（至2020年7月）
庄凯融（至2020年8月）

县政协
主　席　梁金良
副主席　陈春买
袁霖辉
陈清芳（2020年5月任）
王文礼

县法院
院　长　许良才

县检察院
院　长　胡激洋

永春县

县　委
书　记　庄永智
副书记　吕建成
郭　宁
常　委　刘永强（2020年3月任）
余金南
张金发
王超万
杜明星（至2020年11月）
王文杨
陈守林
蔡英殿

郑川辉
王紫钊（2020年11月任）
王新刚（2020年6月任）

县人大常委会
主　任　康思坚
副主任　余永坚
陈发源（至2020年9月）
颜松龄
郭美西

县政府
县　长　吕建成（2020年1月任）
常务副县长　余金南
副县长　颜一鹏
刘永强（至2020年3月）
陈佩芳
余庆新
钱永新
王洪杰
郭浪滔
董　婧

县政协
主　席　林海鸥
副主席　梁文光
王超万
张敏辉
李江源
汤若狮

县法院
院　长　王志伟

县检察院
检察长　施文凭

德化县

县　委
书　记　梁玉华
副书记　黄文捷
林祖传（至2020年12月）
常　委　王志安（至2020年9月）
刘惠煌
黄晓东
石渊文（至2020年10月）
陈维启
徐明侃
黄俊荣
马金鑫（2020年5月任）
张秋英（2020年10月任）
李毓文（2020年10月任）
江新兴（2020年10月任）

县人大常委会
主　任　王传敬
副主任　苏惠生
郑荣尊
陈东明
陈德峰

县政府
县　长　黄文捷
常务副县长　李毓文（2020年12月任）
副县长　陈祥端
苏毅君（2020年8月任）
张秋英（至2020年12月）
苏锡培
赖有为
蒋文强
刘振铭
苏达志（至2020年8月）
陈荣省
林玉萍

县政协
主　席　温文英
副主席　刘志阳
林文昌（至2020年3月）
颜鸿琪
张晓文

县法院
院　长　苏益铮

县检察院
检察长　王声典（至2020年12月）
叶小全（2020年12月任）

福建戴云山国家级自然保护区管理局
局　长　涂青云

泉州开发区

党工委
书　记　李文生
副书记　林荣川
林明义
委　员　傅国明
陈　斌（至2020年8月）
吴福来
卢　锋
吴志灵（2020年10月任）

管委会
主　任　林荣川
副主任　吴福来
吴志灵
何汉儒（2020年8月任）
吴文从（2020年11月任）
柯贤初（2020年11月任）

纪工委、监察组
书记、组长　林明义

党务工作部
部　长　卢　锋

泉州台商投资区

党工委
书　记　黄景春（2020年11月任）
副书记　刘志平（至2020年11月）
梁炳辉（2020年11月任）
林清泉（至2020年8月）
委　员　刘敏坚（2020年9月任）
陈家强
丁尚光
赖丽水

管委会
主　任　刘志平（至2020年11月）
梁炳辉（2020年11月任）
副主任　刘敏坚（2020年9月任）
丁尚光
赖丽水

纪工委、监工委
书记、主任　陈家强
副书记、副主任
张永忠
吕联章（2020年9月任）

党工委、管委会办公室
主　任　陈明土

党群工作部
部　长　洪亚清

《泉州年鉴》相关名词解释

“四个意识”：政治意识、大局意识、核心意识、看齐意识。

“四个自信”：中国特色社会主义道路自信、理论自信、制度自信和文化自信。

“两个维护”：坚决维护习近平总书记党中央的核心、全党的核心地位，坚决维护党中央权威和集中统一领导。

“五位一体”总体布局：中共十八大报告对推进中国特色社会主义事业做出经济建设、政治建设、文化建设、社会建设、生态文明建设“五位一体”总体布局。

“四个全面”战略布局：全面建成小康社会、全面深化改革、全面依法治国、全面从严治党。

“六个精准”要求：2013年10月，习近平到湖南湘西考察时，首次提出“精准扶贫”概念。2015年6月，习近平在贵州考察时，提出“六个精准”概念，即“对象要精准、项目安排要精准、资金使用要精准、措施到位要精准、因村派人要精准、脱贫成效要精准”。

三大攻坚战：打好防范化解重大风险攻坚战、脱贫攻坚战、污染防治攻坚战。

“双循环”：以国内大循环为主体、国内国际双循环相互促进的新发展格局。

“六稳”：稳就业、稳金融、稳外贸、稳外资、稳投资、稳预期。

“六保”：保居民就业、保基本民生、保市场主体、保粮食能源安全、保产业链供应链稳定、保基层运转。

精准扶贫“一达标,两不愁,三保障”：农民家庭年人均纯收入达到国家现行扶贫标准；不愁吃（含安全饮水）、不愁穿；义务教育、安全住房、基本医疗有保障。

晋江经验：2002年6月，时任福建省省长的习近平到泉州调研，总结了“六个始终坚持”“处理好五大关系”的“晋江经验”。即始终坚持以发展社会生产力为改革和发展的根本方向，始终坚持以市场为导向发展经济，始终坚持在顽强拼搏中取胜，始终坚持以诚信促进市场经济的健康发展，始终坚持立足本地优势和选择符合自身条件的最佳方式加快经济发展，始终坚持加强政府对市场经济的引导和服务；处理好有形通道和无形通道的关系，处理好发展中小企业和大企业之间的关系，处理好发展高新技术产业和传统产业的关系，处理好工业化和城市化的关系，处理好发展市场经济与建设新型服务型政府之间的关系。

“五个泉州”：创新泉州、智造泉州、“海丝”泉州、美丽泉州、幸福泉州。

市委“三大战略”：“打造泉州经济升级版、改革创新示范区、生态宜居幸福城”三大战略。

“1234”现代产业体系：力争到2020年构建“1234”现代产业体系，“1”是1万亿元国内生产总值，“2”是2万亿元工业总产值，“3”是形成传统、重化、高新“三大板块”三足鼎立格局，“4”是服务业占比超40%。

三大板块：传统优势产业、重化产业、高新技术产业“三大板块”。

“两化融合”：信息化和工业化的高层次的深度结合，是指以信息化带动工业化、以工业化促进信息化，走新型工业化道路。

“强基促稳”：加强基础建设，促进社会稳定。

PPP：英文Public-Private Partnership的缩写，即政府和社会资本合作。PPP模式是在基础设施及公共服务领域建立的一种长期合作关系。通常模式是由社会资本承担设计、建设、运营、维护基础设施的大部分工作，并通过“使用者付费”及必要的“政府付费”获得合理投资回报；政府部门负责基础设施及公共服务价格和质量监管，以保证公共利益最大化。

“放管服”改革：“简政放权、放管结合、优化服务”改革的简称。

“多规合一”：在一级政府一级事权下，强化国民经济和社会发展规划、城乡规划、土地利用规划、环境保护、文物保护、林地与耕地保护、综合交通、水资源、文化与生态旅游资源、社会事业规划等各类规划的衔接，确保“多规”确定的保护性空间、开发边界、城市规模等重要空间参数一致，并在统一的空间信息平台上建立控制线体系，以实现优化空间布局、有效配置土地资源、提高政府空间管控水平和治理能力的目标。

“一环一湾十廊道”生态连绵带：“一环”即环城山林田园绿带。“一湾”即环泉州湾生态连绵带，依托滨海带自然和人文要素，打造不同特色、主题的城市蓝绿空间走廊。位于环湾中心片区与外围片区的交界处，是城市的“绿色项链”。“十廊道”即十条廊道型生态连绵带，包括洛阳江生态廊道、晋江生态廊道、主城生态廊道、尖公山—百崎湖生态廊道、将军山—文笔山生态廊道、马鞍山—九十九溪生态廊道、灵秀山—龙湖—围头湾生态廊道、泉港区—湄洲湾生态廊道、宝盖山生态廊道、安海湾生态廊道，构建形成联通山海、体现城市组团特色的蓝绿通廊。

海丝：海上丝绸之路。

非遗：非物质文化遗产。

申遗：申报世界文化遗产。

文物保护和安全“五纳入”：将文物保护和安全纳入领导班子和领导干部政绩综合考核评价体系，督促有关方面履职尽责；纳入各级每年财政预算，保障文物安全经费投入；纳入社会综合治理和平安单位建设；纳入文明城市（县城、城区）和文明乡镇创建考评体系；纳入干部教育体系，充分发挥党校（行政学院）、党委（党组）中心组等阵地载体作用，组织开展文物保护法律法规等文物保护利用常识的教育培训，增强干部文物保护利用意识。

政产学研：政府、企业、学校、科研院所。

“生态连绵带”：是城市规划建设的创新型思路，它将依托泉州自然山水脉络，用绿道串起山林、水体、湿地、田园等自然资源，形成连绵成片的生态体系，让好山好水好风光融入城市之中，满足群众对城镇生态空间的需求，在全国属首创之举。

山线水线：“山线”即山线绿道工程。起点位于西湖公园北大门，经清源山、南少林寺、圣墓、大坪山、桃花山、森林公园等风景区，终点止于东海滨海公园，全长约22.5千米。“水线”即晋江下游生态整治工程（一期）。位于中心市区晋江北岸，北起黄龙大桥，南至滨海公园，全长约16.5千米，总面积约226公顷。建成后命名为“北滨江公园”，设四区十园：野趣水岸区（北峰园、白水营园）、文化水岸区（笋江园、石笋园、笋浯园）、乐活水岸区（田安园、浦西园）、湿地水岸区（沉洲园、汀洲园、滨海园），已建成6园，成为休闲健身滨水绿廊和滨江亮丽风景线。

市委“四心”工程：市委十二届四次全会提出，实施教育舒心工程，卫生与健康暖心工程，养老贴心工程和民生基础设施安心工程。

民生“XIN”行动：为推动解决民生热难点问题，市委、市政府决定于2017—2019年开展为期三年的民生“XIN”行动。聚焦群众反映强烈、历史遗留、存在体制机制障碍、涉及多部门多地区、需要2～3年才能做成的民生实事，首批推出10项具体计划，包括提升便民服务水平；服务全面二孩，加大教育、医疗资源配置；中心城区防洪排涝；内沟河整治提升；老城区背街小巷破损修补；城区部分集贸市场提升改造；工程文明施工与文明行车；小区物业管理逐步规范；安置房不动产权办证；农村生活污水垃圾治理等。2018年民生“XIN”行动十大项目，共安排66个子项目。

“1+X”政策体系：“1”是主体，即《中共泉州市委 泉州市人民政府关于实施创新驱动发展战略建设国家自主创新示范区的意见》；“X”为系列配套文件（动态更新），已出台配套政策14份。重点在促进科技成果转移转化、为科研人员“松绑+激励”、科技金融结合、人才团队引进等方面开展先行试点，以科技创新促进全面创新。

“人才港湾”计划：2017年2月，市委、市政府出台《关于实施人才“港湾计划”的若干意见》，主要围绕推动人才工作由“服务支撑产业”向“引领产业发展”升级，提出坚持“两个规律”（社会主义市场经济规律、人才成长规律）、突出“两个主体”（用人主体、人才主体）、深化“两个创新”（体制创新、机制创新），聚焦人才管理、引进、培养、使用、激励、服务等关键环节，精准推出27条改革动向鲜明的政策措施，打造人才“引得进、留得住、过得好”的梦想港湾、事业港湾、生活港湾。

“百千5311”工程：推广应用数字化生产线100条以上，生产、销售国产工业机器人1000台以上，推广应用国产数控系统5000台（套）以上，打造智能制造示范生产线3条，培养一批智能制造技术人才，培育一家新型研发机构。

农业“一区两园”：“一区”指国家现代农业示范区；“两园”指台湾农民创业园和农民创业园（示范基地）。

三品一标：无公害农产品、绿色食品、有机农产品、地理标志农产品。

供应链融资模式：“N+1+N”，是对原有“1+N”模式的升级，突出对产业供应链上下游小微企业提供融资服务，“1”是产业供应链龙头企业，两个“N”分别是产业供应链两头的小微企业。截至2017年12月末，共建链42条，通过支持58家核心企业带动644家上下游企业实现融资，贷款余额49.68亿元。

小微企业贷款“两增两控”：“两增”，即单户授信总额1000万元以下（含）小微企业贷款比上年增速不低于各项贷款比上年增速，有贷款余额的户数不低于上年同期水平。“两控”，即合理控制小微企业贷款资产质量水平和贷款综合成本水平。

银税互动：在依法合规的基础上，由税务部门、银保监会派出机构和银行业金融机构通过协商，共享区域内小微企业纳税信用评价结果，助力小微企业健康发展。

无间贷：泉州银行“无间贷”是对传统的续贷审批流程进行前置和优化，对符合条件的小微企业，在原贷款到期时无须归还贷款本金，重新签订合同即可完成续贷，解决小微企业贷款期限与实际经营周期不匹配问题，避免企业借助高成本“搭桥”资金续贷造成融资成本上升。2017年11月，“无间贷”业务在全国小微企业金融服务电视电话会议上推广。

助保贷：2013年12月，市政府与中国建设银行泉州分行签订小微企业助保贷合作协议，由政府设立1000万元专项风险补偿金进行增信分险。在总结经验的基础上对该业务进行优化调整，打破单一银行合作模式，引入考评机制，取消原有对企业2%的助保金要求，小微企业提供的抵押物比例降至30%；政策性融资担保机构承担不低于50%的担保责任，担保费率不高于2%；剩余贷款本金风险由银行和政府风险补偿资金按1∶1比例分担；银行按风险补偿金放大15倍发放贷款。

科创贷：2016年以来，市政府在兴业银行泉州分行和中国农业银行泉州分行分别设立3000万元的高新技术企业发展基金，重点扶持泉州地区有发展潜力的高新科技企业。企业缴纳1%的助保金，银行按风险补偿金放大15倍发放贷款。单户企业“科创贷”最高贷款额度为3000万元。该业务已进行优化调整，打破固定银行合作模式，并引入考评机制。

债转股：由金融资产管理公司作为投资的主体，将商业银行原有的不良信贷资产，也就是将企业的债务转为金融资产管理公司对企业的股权。

股改板：海峡股权交易中心展示板、股改板、交易板三大功能板块之一，主要为根据《公司法》规定改制设立为股份公司的中小微企业提供股权登记托管、融资、线下转让等服务。

外贸经营主体“双十、双百、双千”工程：培育“双十”外贸龙头企业，力争实现出口超8000万美元的贸易型龙头企业10家，出口超6000万美元的外贸生产型龙头企业10家；做大“双百”外贸重点企业，确定100家贸易型、100家外贸生产型重点企业，从产品创新、品牌培育、市场拓展、通关便利等方面进行重点服务；助力“双千”成长型企业发展，确定1000家贸易型、1000家外贸生产型重点企业，实行市县联动，实施“助力千企成长”外贸辅导计划，辅导、推动外贸企业发展。

多证合一：在全面实施企业、农民专业合作社工商营业执照、组织机构代码证、税务登记证、社会保险登记证、统计登记证“五证合一、一照一码”登记制度改革和个体工商户工商营业执照、税务登记证“两证整合”的基础上，将涉及企业（包括个体工商户、农民专业合作社）登记、备案等有关事项进一步整合到营业执照上，被整合证照不再发放，实行“多证合一、一照一码”，大幅度缩短企业从筹备开办到进入市场的时间。

证照分离：“证照分离”改革是国务院为破解“办照容易办证难”“准入不准营”等突出问题，加快营造稳定公平透明可预期的营商环境而进行的一项改革。此项改革先在上海浦东首推，2018年11月10日起，在全国范围内对第一批106项涉企行政审批事项分别按照直接取消审批、审批改为备案、实行告知承诺、优化准入服务四种方式实施改革，同时加强事中事后监管，建立部门间信息共享、协同监管和联合惩戒机制，形成全过程监管体系。

“两步申报”：适应国际贸易特点和安全便利需要，所采取的一项重要通关改革措施。在这种通关模式下，企业不需要一次性提交全部申报信息及单证，整个提交过程可以分成两步走。“两步申报”不是“两次申报”，而是一个完整的“过程申报”，企业仅凭提单的主要信息，就可以完成概要申报（第一步申报）并提离货物，在运输工具申报进境起14日内完成完整申报（第二步申报），补充提交满足税收征管、海关统计等所需要的相关信息和单证，按规定完成税款缴纳等流程。减少进口货物因等待申报所需单证而产生的滞港时间，提高通关效率，大幅降低企业成本。

“双随机”抽查：建立检查对象库和执法人员库，通过摇号等方式随机抽取检查对象、随机选派执法检查人员，推进监管执法的科学性、公正性。

“双随机、一公开”监管检查：即在监管过程中随机抽取检查对象，随机选派执法检查人员，抽查情况及查处结果及时向社会公开。

联合国“绿色开发区”：联合国工业发展组织支持的“绿色丝绸之路——绿色工业园区项目”，评定条件涵盖环境管理体系、清洁生产、生态效率、健康与安全、应急响应等方面内容。全国仅有泉州经济技术开发区、烟台经济技术开发区、连云港徐圩新区、张掖经济技术开发区、乌鲁木齐经济技术开发区5个国家级开发区被联合国工发组织授予“绿色开发区”。

古城“七个一”示范工程：一园一区一河一街一路一厝一站“七个一”示范工程。“一园”，就是小山丛竹公园。“一区”，就是龙头山旅游街区。“一河”，就是八卦沟综合整治提升。“一街”，就是西街综合整治。“一路”，就是中山路整治提升。“一厝”，就是老范志古大厝修缮。“一站”，就是旧车站旅游集散改造提升。

社区营造：以政府引导、群众参与、自下而上、协会帮扶、共建共管为主要形式，以决策共谋、发展共建、建设共管、效果共评、成果共享为主要特点，最终达到群众深度参与社区建设管理，完成自组织、自治理和自发展的过程。

社会扶贫“三百”工程：由市委统战部、市侨联、市工商联发起，倡导“扶贫不分地域、守望相助行善举”，实施百企帮百村（组织100家企业与人均可支配收入较低、贫困面较大、基础设施薄弱的贫困村开展村企挂钩帮扶工作）、百会扶百村（发动百家商会、协会结对帮扶100个贫困村，采取创业指导、就业培训、农产品销售等帮扶方式）、百侨助百村（发动各级侨联挂钩帮扶贫困村）扶贫工程。

限房价竞地价：是指政府在土地使用权出让前，事先限定将来房屋销售的最高价格，由参与竞买的房地产开发企业竞拍按出价最高者获得的土地出让方式。该土地出让方式能够稳定市场预期，防止出让价格异常特别是异常高价地出现。

雪亮工程：以县、乡、村三级综治中心为指挥平台，以综治信息化为支撑，以网格化管理为基础，以公共安全视频监控联网应用为重点的“群众性治安防控工程”。通过三级综治中心建设把治安防范措施延伸到群众身边，发动社会力量和群众共同监看视频监控，共同参与治安防范，从而实现治安防控“全覆盖、无死角”。因为“群众的眼睛是雪亮的”，所以称之为“雪亮工程”。

“两违”：违法用地和违法建设行为。

“一社一游一点”三大提升工程：一社即旅行社，一游即导游，一点即景点。

“六大旅游产品”培育计划：培育十大特色文化旅游示范基地，十大旅游特色街区，十大旅游休闲集镇，十大旅游特色村（3星级以上乡村旅游特色村），十大特色旅游风景道，十大旅游度假区。

五个一批：指“谋划一批、签约一批、开工一批、投产一批、增资一批”，包含项目全过程的五个阶段。

“三个三”招商工作机制：由三位市政府领导相对固定对接京津冀、长三角、珠三角等地，成立三个招商小组常驻北京、上海、深圳，重点抓重化、集成电路、化合物半导体三条产业链的招商选资。

农村土地“三权分置”：指形成农村土地所有权、承包权、经营权三权分置、经营权流转的格局。

空壳村：指村集体经营性收入1万元以下的村。

农业“五百示范项目”：到2022年全市培育120个以上省级农业产业化龙头企业；支持建设100个优质农产品标准化示范基地；建成100个农产品初加工中心；新增100个“三品一标”认证农产品；培育100个特色产业示范村。

农房“平改坡”：指在建筑结构许可条件下，将多层住宅平屋面改建成坡屋顶，并对外立面进行整修粉饰，达到改善住宅性能和建筑物外观视觉效果的房屋修缮行为。

“一村一品”：指在一定区域范围内，以村为基本单位，按照国内外市场需求，发挥本地资源优势、传统优势和区位优势，通过推进规模化、标准化、品牌化和市场化建设，使一个村拥有一个市场潜力大、区域特色明显、附加值高的主导产品和产业，从而大幅度提升农村经济整体实力和综合竞争力的农村经济发展模式。

村庄“三边三清”：屋边清理杂草杂物、路边清理乱堆乱放、沟边清理淤泥垃圾。

四好农村路：指农村公路“建好、管好、护好、运营好”。

社会扶贫“三百”工程：由市委统战部、市侨联、市工商联发起，倡导“扶贫不分地域、守望相助行善举”，实施百企帮百村（组织100家企业与人均可支配收入较低、贫困面较大、基础设施薄弱的贫困村开展村企挂钩帮扶工作）、百会扶百村（发动百家商会、协会结对帮扶100个贫困村，采取创业指导、就业培训、农产品销售等帮扶方式）、百侨助百村（发动各级侨联挂钩帮扶贫困村）扶贫工程。

侨务“三新”工程：以新华侨华人、华裔新生代、社团新力量为重点开展侨务联谊和服务工作。

厕所革命：国家旅游局2015年在全国范围内发动一场旅游厕所革命，制定《全国旅游厕所建设管理三年行动计划》，提出实现“数量充足、干净无味、实用免费、管理有效”的目标。习近平多次对“厕所革命”做出指示。

“一革命四行动”：农村生活垃圾治理、污水处理、农房整治、村容村貌提升“四行动”和厕所革命。

“双一流”建设高校：一流大学、一流学科。

一流本科专业建设“双万计划”：建设1万个左右国家级一流本科专业点和1万个左右省级一流本科专业点。

福建省特殊支持高层次人才“双百计划”：每年评选200名科技创业人才、科技创新人才、企业高级经营管理人才、百千万工程领军人才、青年拔尖人才、哲学社会科学领军人才等各类高层次人才，作为福建省特殊支持的高层次人才由省人才专项经费给予特殊支持。

“双高计划”：中国特色高水平高职学校和专业建设计划。

“双师型”教师：一是“双职称型”，即教师在获得教师系列职称外还需要取得另一职称；二是“双素质型”，即教师既要具备理论教学的素质，也应具备实践教学的素质。

职业教育“二元制”：技术技能人才培养模式，实质上是现代学徒制的一种，主要从满足行业（企业）对高素质技术技能人才的需求出发，将传统学徒培训与现代职业教育相结合。

“1+X”证书制度：学生在获得学历证书的同时，取得多类职业技能等级证书。

全面改薄：全面改善贫困地区义务教育薄弱学校基本办学条件的简称。

义务教育学校“小片区管理”：指将设区市所辖区及县（市）城区义务教育的服务区划分为若干个小片区，以片区内的优质校为龙头捆绑周边一般校，实行“师资互派、资源共享、统一教学、捆绑考核”的管理模式，有效整合片区内义务教育学校资源，提高片区内薄弱学校的办学水平。

农村薄弱学校“委托管理”：指城乡学校校际“联姻”，县（市、区）教育局选择若干所优质中小学，授权其作为托管方学校，对域内指定的农村薄弱学校实行“职责授权、资源统调、多元扶持、分年评估”的委托管理模式，通过2～3年的努力，使受托方农村薄弱学校的整体管理水平和教育质量得到明显提高。

教师“县管校聘”：指中小学校长教师归县级政府统一管理，各学校根据需求对这些教师进行聘任。目的是加强公办中小学教师的统筹管理，打破教师交流轮岗的管理体制障碍，引导校长教师树立由“学校人”转变为“系统人”的大局意识，促进学校间教师的合理流动，优化师资配置，增强教师队伍活力，促进教育优质均衡发展。

教育“两项督导”：县级政府教育工作督导评估和县级党政主要领导干部教育实绩督导考核。

“四免两补”政策：免学杂费、教科书费、作业本费、住宿费，补助生活费、交通费。

“万千百十”文化惠民服务：即每年送万场戏、千场文艺培训辅导、百场展览、十批次图书下乡，满足群众的精神文化需求。

文化泉州云：平台主要建设内容包括前台应用门户网站、APP客户端、后台管理系统、文化直播系统等。通过整合全市文化活动、文化设施、文化产品等零散的、孤立的资源及信息，构建数字云平台，运用网站、手机、线下多媒体终端等多渠道形式，为群众提供触手可及的一站式数字文化服务。

世中运：世界中学生运动会。

智慧天网：各级公安机关视频图像信息传输网为基础，以物联网技术为支撑，以数据感知、采集、传输为目标的数字化传输网络，通过各级公安机关联接各种数据采集设备，实现对社会面各类动态数据的采集、传输、汇聚，为公安机关日常工作及政府决策提供数据支撑。因为“天网恢恢、疏而不漏”，所以称为“智慧天网”。

一门一号一窗一网：“一门”，指“一门”服务，即打破上下层级、部门行政界限，将行政审批和公共服务事项归于集中服务大厅办理，实现服务无界限、行政无缝隙、标准无差异。“一号”，指“一号”申请，即以居民身份证及法人社会信用代码作为唯一标识，建设电子证照库及基本信息专属服务空间，实现企业群众办事“一号”申请。“一窗”指按业务相近原则整合为几类业务审批分厅，在中心内按区域分别设置，如工商注册登记类分厅、基础建设审批类分厅等，每个业务审批分厅按受审分离原则设置统一咨询窗口、受理窗口、发证窗口，不再按部门设置窗口。“一网” ，指“一网”通办，即建设市、县、乡、村四级一体化政务服务平台，构建统一政务服务门户网站，实现群众网上办事一次认证、多点互联、“一网”通办。

关检“监管互认”：对海关和检验检疫局双方都需要查验（检验）的部分货物，海关和检验检疫局一方根据规范要求查验（检验）并记录，双方可共享、互认查验结果和数据。

食品安全“一品一码”：一个批次的食品（食用农产品）有唯一的质量安全追溯码。

新冠肺炎：新型冠状病毒感染的肺炎。

《泉州年鉴》参编单位及审、撰（供）稿人名单

单位	审稿人	撰（供）稿人
市委办	林吟啸	卢春庆
市人大研究室	王文郴	陈学明 许小蓉
市政府办	林清伏	龚建伟
市政协研究室	侯守水	王月娇
市纪委办（监察局）	黄克松	翁洵钰
市委组织部	苏黎章	李泽澜
市委宣传部	郑国防	洪伟明 史凌怡 张爱斌 朱添洪 蔡文吉 雷秀婷 石　恒
市委统战部	陈晓玉 许颖颖	胡国龙
市委政法委	庄　争	吴　峰
市委改革办（政研室）	廖良结	黄小寅
市委网信办	吴家安	陈倩如
市委编委办	徐　炜 邱志民	吴真真
市委台港澳办	林国江	林千煌
市委市直机关工委	黄黎波	吴金辉
市委巡察办	张荣宝	陈　筠
市委老干局	陈恬波	林志彬
市委文明办	叶长青	卢远远
市委党校	黄雄彪	苏展辉
市档案馆	陈若波	刘扬宇
市发改委	陈文堃	肖　鹏
市教育局	曾志安	赖文庆
市科技局	杨昌文 潘华培	王少雄 林峰龙
市工业和信息化局	彭加乐	陈　佳
市民族与宗教事务局	黄景生 兰德志 陈　鸿 杨少川	向知燕 黄伟华 吴观宇 廖祥年
市公安局	吴文华	乐彩云
市民政局	李玉霜	郭长弘
市司法局	曾伟程	杨晶晶
市财政局	朱　亮	郭智勇
市人力资源和社会保障局	郑　强 杨明涌	阮崇文
市自然资源和规划局	黄龙腾	林　倩
市生态环境局	郑天助	胡碧洲 吴高焰
市住房和城乡建设局	郭文森	郑彬彬
市交通运输局	黄国华	曾志鹏
市农业农村局	陈振荣	沈　强 黄宏波 刘立新 陈明哲 林婧影 陈钦地 陈辉球 金建涛 曾远程 戴国能 廖苑腾 王河川 蔡英杰 陈碧红 魏晓红 许建华 陈能温 陈微微
市林业局	陈华文	陈秧发

单位	审稿人	撰（供）稿人
市水利局	黄桂元	陈文贵
市商务局	陈清文	叶冠庆
市文化广电和旅游局	周梁升	谢芳泽
市卫生健康委员会	叶一帆	蒋　力
市退役军人事务局	王志明	张　澜
市应急管理局	刘海明 黄教宗	吴伟杰
市审计局	骆振军	陈永泉
市国资委	陈瑞典	张镜宇
市海洋与渔业局	李建芳	朱丹华
市市场监督管理局	许煌灯 李和楷	柯　翔 郑怡策
市体育局	高向阳	吴柏慧
市统计局	李植聪 施能宗 纪华宗 黄延聪	丁庆裕 郑致洲 姚艳蓉 黄银杏 汪江洋 曾开灶 王志辉
市人防办	林琪伟	陈秀聪 尤晓林
市医保局	翁哲伟	盛玲玲
市地方金融监督管理局	黄达伟	林艳旭
市信访局	庄谓聪	张雪萍
市城市管理局	王宏娥	周少华 刘继明
市数字办	张诗琴	陈夏凉
市行政服务中心	林灿荣	林　清
清源山风景名胜区管委会	邱达敏 陈江海	林辉荣
市发展研究中心	巫锡柱	江春平
市地震局	叶　威	刘蔚蔚
市城镇集体工业联合社	蔡文雄	许思思
市供销社	傅建南	林嘉萍
市住房公积金管理中心	郑杰毅	廖静娜
市公路事业发展中心	卢海东	黄水来
市中级人民法院	李永铭	丁吉娜

单位	审稿人	撰（供）稿人
市检察院	林复旺	黄　毓
泉州军分区	张　冰	吕善强
预备役高炮团	李志传	白岩伟
市消防支队	林建忠	刘永强
泉州边检站	石金寿	龚元章
肖厝边检站	李　杰	林奕君
泉州海警局	梁　清	吴育林
民革泉州市委会	张子牙	谢凤娟
民盟泉州市委会	李建辉	陈志文
民建泉州市委会	黄军红	廖晓红
民进泉州市委会	庄宝玲	黄景顺
农工党泉州市委会	杨西治	张　颖
致公党泉州市委会	丁毓玲	朱文婷
九三学社泉州市委会	李长江	张章录
台盟泉州市委会	苏耿聪 张　敏	林雅莉
市总工会	杨晓明	张颖丽
团市委	傅　漪	郑景洲
市妇联	丁为华	苏度法
市侨联	温锦辉	赖彩凤
市台联	陈严辉	张少滨
市科协	章金良	王思颖
市工商联（总商会）	陈　晖 傅玉波	郭舒维
市文联	夏丽清	詹敏芬
市社科联	李培德	朱燕玉
市残联	陈纳新	王庆多 甘元章
市金门同胞联谊会	张亚轮 林　荣	林子旭 许燕松
市计生协会	刘友水	蔡文彬 郑小茹
市贸促会	傅文聪	朱斌德
市红十字会	陈忠顺	郭杰民
市中华职教社	卓晨雷	陈　薇
市关工委	蓝荣田	孙雪萍

单位	审稿人	撰（供）稿人
中国闽台缘博物馆	陈伟平	王凤英 李照斌
国家税务总局泉州市税务局	王秋玲	陈文德
泉州海关	庄忭靓 杨　琳	陈　楠 黄忠族
泉州海事局	黄丽敏 李志强	王苏贞
国家统计局泉州调查队	曾红梅 陈映红 颜福仁	栾佳蓉 修　瑞
泉州气象局	程　思	蓝秋萍
泉州邮政管理局	庄媛媛	许志煌
泉州烟草公司	张志荣	陈常林
国网泉州供电公司	何后裕	郑日铃
泉州水文水资源勘测分中心	林元润	陈　欣
泉州盐务局	姚锦渊	庄丽珍
泉州监狱	吴汉洪	王锦源
洛江监狱	林振焕	王志博
泉州司法强制隔离戒毒所	刘长河	林建星
泉州无线电管理局	林　源	陈亦敏
泉州晚报社	杨　杰	黄连茂
华侨大学	沈剑云	庄　蕾
泉州师范学院	王　锋 李山宏	胡俊梅 赖桂华
仰恩大学	何宝民	游秀玲
泉州黎明职业大学	林忠义	何秋香
福建广播电视大学泉州分校	蔡金铭	黄章明
泉州医学高等专科学校	陈旭东	陈洁琼
泉州幼儿师范高等专科学校	陈金通	王　琳
泉州经贸职业技术学院	杜朝运	李文辉
泉州工艺美术职业学院	林月伯	陈仁府
中国人民银行泉州市中心支行	郑再生	颜建源
泉州银保监局	王恺恬	柯志生
泉州银行	张震山	袁　佼
中国农业发展银行	洪丽娟	赖秀你

单位	审稿人	撰（供）稿人
中国工商银行	闫洪珍	陈　辉
中国银行	叶建川	康　玲
中国建设银行	许孟昌	王婷婷
交通银行	朱惠贞	杨祖杰
兴业银行	王　琳	陈来标
招商银行	陈　伟	魏柳菁
民生银行	王媛媛	陈　琳
邮政储蓄银行	柯清娜 苏连声	徐清锋
市农村信用社 农商银行	黄智星	谢绵绵
晋江机场	黄剑峰	苏红梅
中国电信泉州分公司	吴丽云	江中杰
中国移动泉州分公司	王煌坡 洪文提 邱刚毅	姜琳琳
中国联通泉州分公司	郭国仲	骆龙玲 董帝烺 陈全斌
市公交公司	刘海艺	柳清清
泉州学研究所	王　磊	何　捷
鲤城区	吴英明	陈乐怀 林思克
丰泽区	李美泽	卢承志
洛江区	杜天生	赖云鹏
泉港区	林进辉	陈小燕
石狮市	黄文毅	江芳玲
晋江市	蔡斯坤	林荣国
南安市	黄一郎	林雪铌
惠安县	刘书艺	杨开炜
安溪县	黄雅玲	许充分
永春县	林联勇	陈东升 颜志嘉
德化县	陈志胜	苏忠兴
泉州开发区	苏金波	徐勤友 李振军
泉州台商投资区	许诗旭	曾宪镔

拼音检索

说明

一、本索引采用主题词分析法，按主题词首字汉语拼音字母顺序排列。

二、栏目、分目标题用黑体字。“年度聚焦”“专记”“大事记”“市情概览”“荣誉 人物”“附录”“《泉州年鉴》相关名词解释”“《泉州年鉴》参编单位及审、撰稿人名单”内容不作索引。

三、索引主题词后的数字表示页码，数字后的a、b、c表示栏别左中右。

四、空一字起排的款目为上一主题的“附见”。

A

B

C

D

E

F

G

H

K

L

M

N

R

S

T

W

Y